本书的翻译受国家社会科学基金资助（18BSH009）

社会网络分析手册 下卷

The SAGE Handbook of Social Network Analysis

[美] 约翰・斯科特（John Scott）
[美] 彼得・J.卡林顿（Peter J.Carrington） 主编

刘 军 刘 辉 等译

重庆大学出版社

The SAGE Handbook of Social Network Analysis, by John Scott (Editor), Peter J. Carrington (Editor). English language edition published by SAGE Publications of London, Thousand Oaks, New Delhi and Singapore, John Scott, Peter J. Carrington, 2011.
社会网络分析手册(下卷)。原书英文版由 SAGE 出版公司于 2011 年出版。版权属于 SAGE 出版公司。

版贸渝核字(2012)第 165 号

图书在版编目(CIP)数据

社会网络分析手册.下卷/(美)约翰·斯科特
(John Scott),(美)彼得·J.卡林顿
(Peter J. Carrington)主编;刘军等译.--重庆:
重庆大学出版社,2018.10(2019.12 重印)
(万卷方法)
书名原文:The SAGE Handbook of Social Network
Analysis
ISBN 978-7-5689-0986-0

Ⅰ.①社… Ⅱ.①约… ②彼… ③刘… Ⅲ.①社会网络—分析方法—手册 Ⅳ.①C912.3-62

中国版本图书馆 CIP 数据核字(2018)第 006675 号

社会网络分析手册
(下卷)
[美]约翰·斯科特(John Scott) [美]彼得·J.卡林顿(Peter J. Carrington) 主编
刘 军 刘 辉 等译
策划编辑:雷少波 林佳木
责任编辑:李桂英 邬小梅 版式设计:林佳木
责任校对:关德强 责任印制:张 策
*
重庆大学出版社出版发行
出版人:饶帮华
社址:重庆市沙坪坝区大学城西路 21 号
邮编:401331
电话:(023) 88617190 88617185(中小学)
传真:(023) 88617186 88617166
网址:http://www.cqup.com.cn
邮箱:fxk@ cqup.com.cn (营销中心)
全国新华书店经销
重庆华林天美印务有限公司印刷
*
开本:787mm×1092mm 1/16 印张:26.75 字数:538 千
2018 年 10 月第 1 版 2019 年 12 月第 2 次印刷
ISBN 978-7-5689-0986-0 定价:79.00 元

致　谢

我们感谢诸多领军学者拨冗参与本书的创作。将众多不同研究面向的学者团结起来并非易事,我们希望本书的最终出版是对作者们的慷慨与宽容的恰当回馈。这些成果的版权拥有者允许抽取他们的成果加以再版,本书的编辑和作者们对此深表谢意,我们高兴的是本书已在适当的位置正式致谢。此外,感谢 SAGE 出版公司的 Chris Rojek 对本书的观点提供建议,感谢 Jai Seaman 对本书的付出和对整个创作过程的耐心。作为网络研究者,我们也特别意识到 SAGE 出版公司工作人员的隐藏网络,正是得益于他们的努力,我们的最终成果才得以付梓。本书的筹备得到了加拿大社会科学与人文研究委员会的资助。感谢格莱夫国际有限公司(Glyph International) Kritika Kaul 的审稿和校对。

约翰·斯科特(John Scott)
彼得·卡林顿(Peter Carrington)

简明目录

上　卷

下 卷

第三部分 概念和方法

本卷目录

下　卷

第三部分　概念和方法

第三部分

概念和方法

SECTION Ⅲ Concepts and Methods

社会网络数据分析简介

A BRIEF INTRODUCTION TO ANALYZING SOCIAL NETWORK DATA

⊙ 罗伯特·A.汉尼曼(Robert A. Hanneman)　马克·里德尔(Mark Riddle)

导　言

社会网络分析者用两种数学工具,即图和矩阵来表达社会行动者之间的关系模式信息。本章将极为简要地概述如何利用这些工具来表达社会网络。至于这些表达能使我们更看清楚哪些关系模式,本章也有所讨论。关于整体网的纹理(texture)以及个体以哪些方式嵌入其中,有一些最常问及的问题。在考察如何着手去回答这些问题时,我们的视野还扩展到了社会网络分析的“工具包”。

就这些话题而言,需要讨论的内容远多于本章涉及的内容。在本书中,Lothar Krempel 撰写了一章,该章全面讨论了如何用图形对社会网络进行可视化表达。在数学中,有完整的专攻“图论”和“矩阵代数”的分支学科。社会科学家们只是借用了其中很少的一部分,他们发现,这部分有益于描述和分析社会关系模式。用矩阵来表达数据是处理数据和计算测度(measures)的基础,下一章中将讨论这个问题。(本书中)由 Pip Pattison 撰写的一章会展示一些高级的应用。

通过本章和下一章,我们期望读者能初步了解社会网络中最常使用的一些形式化表达和基本的描述性指标。本章只是一个导引,要想阅读更完整的长篇介绍,可参见 Wasserman 和 Faust(1994)及 John Scott(2000)的著述,也可以参见我们的在线教材(Hanneman and Riddle, 2005)(本章和下一章是其缩减和编排版)。

处理网络数据和计算其诸多性质的测度几乎都要用软件来完成。由于我们最熟悉 UCINET 程序包(Borgatti et al., 2002),所以会展示一些用该软件进行运算的例子。不过,如果读者想练手,还是有很多值得考虑的优秀软件工具,参见本书中 Huisman 和 Duijn 撰写的最后一章。

用图表示社会关系

如果一个图画得很好,它就会直接反映出整个网络结构的一些最重要的特征。所有的点(nodes)都是连通的吗?行动者之间的关系是多还是少?是否存在着这样一些行动者子群或局部"聚类",即子群内部行动者相互之间有关系,却与其他群体无关系?是否一些行动者有许多关系,另一些行动者却很少有关系?

一幅好的图也能表明一个特殊的"个体"(ego)(点)是如何"嵌入到"(关联到)其"邻域"(neighborhood)(与个体有关的行动者以及他们之间的关系)中的。通过探讨"个体"和"个体网",我们能理解一个行动者所面临的结构性限制和机会,也能更好地理解一个行动者在社会结构中发挥的作用。 331

用图呈现的网络是由点(个体行动者)和关系构成的。弧线(单向箭头)或边(无箭头线)分别表示行动者与其他哪些行动者之间有不对称或对称的关系。Knoke 和 Wood(1981)研究了 10 个组织之间的共享信息,如图 23.1 所示。

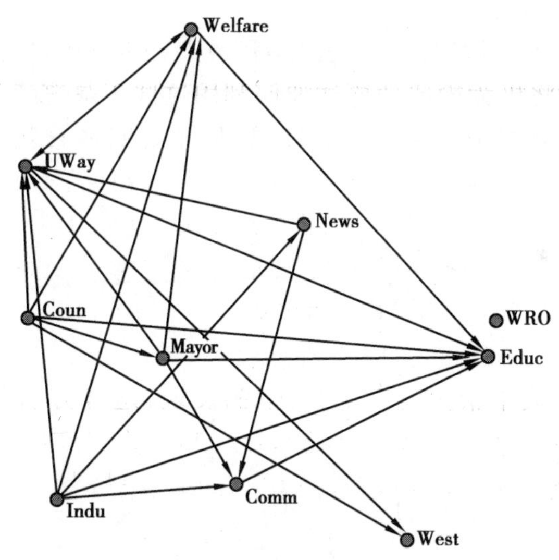

图 23.1 信息关系的有向图(Knoke 的科层体系数据)

图 23.1 是一个"有向图"(directed graph),即该图提供的是不对称信息,未必是相互的信息。在这个例子中,每个点都代表一个组织,每个关系都表示某个组织是否向其他组织提供了信息(如果一个关系取值为零,这个关系就不画出来)。

看一下这个"大图",我们注意到,网络的"纹理"(texture)是不平衡的,除了一个组织之外,每个组织都与其他组织有关联,但整个网络的关系密度并不是很高。至于每个组织是如何关联的,则存在着相当大的变异。这个变异看起来似乎是质的差异,因为不同的组织充当了消息的"提供者""接收者"和"传递者"。

单个组织以相当不同的方式“嵌入”网络之中。教育组织(Educ)拥有多个替代性信息源,它们来自网络中的不同区域,但教育组织却不是其他组织的信息源。福利权利组织(WRO,为 welfare rights organization 的缩写)被孤立了,而联合战线组织(UWay,是 United Way 的缩写)看起来似乎更居于“中心”。

图提供的信息可能多或少,也可能突出或掩盖一些特征。本书中,Krempel 撰写的第 37 章提供了一个延展的可视化处理法。不过,我们下面还是先识别图的少数几个关键特征,它们对入门是有益的。

对点和关系属性进行绘图

如何用点表示行动者的“类型”,可以利用点的颜色和形状来有效地表达这个信息。制度理论可能会认为,同类组织之间的信息交换比不同类组织之间的信息交换更为常见。在这里,一些组织是政府的(包括 Welfare, Coun, Educ, Mayer, Indu);另外一些组织是民间的(包括 UWay, News, WRO, Comm, West)。
332 组织生态理论(organizational ecology theory)认为,“通才”型组织(如执行多种功能,并在不同的领域内运行)和“专才”型组织(如仅从事社会福利的组织)之间的分工可能会影响到信息共享的模式。

在图 23.2 中,我们可以给出一些深黑和浅黑(在我们的网络版教材中,它们分别是红色和蓝色)之间以及圆形和方形之间不同关联程度的假设,该图凸显了颜色和形状这两种属性,因而可以得到这些假设的更多信息。对于这些假设中的任何一个,这个图看起来都不太支持。

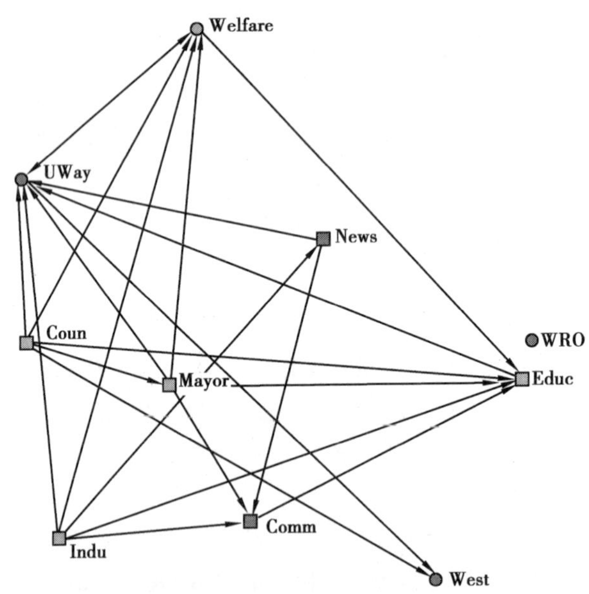

图 23.2　表明了政府/非政府(深黑)和通才/专才(浅黑)特征的 Knoke 信息网络

各个点在量和质上都可能不同。例如,在一个以国家为经济单位的全球贸易流通图中,如果令每个点的大小(size)与其所代表国家的 GDP 成比例就可能是有益的。也可以根据某些量来区分各个点，它是以某些能描述这些点在网络中关系位置的测度为基础的。例如，可以令点的大小与其拥有的关系数成比例。图 23.3 将量和质结合在一起了，那些用颜色和大小表达的特征是可以描述每个点是如何嵌入网络中的。

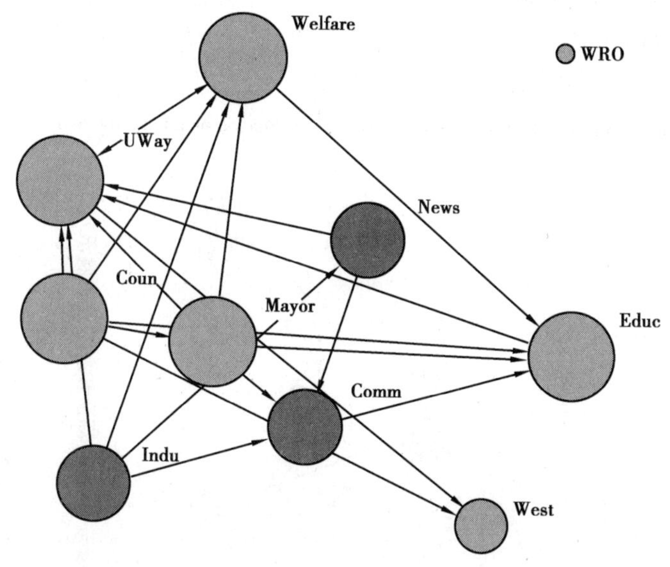

图 23.3 拥有 K-核(k-cores)的 Knoke 信息交换网络

图 23.3 呈现了 4 个子群体，我们使用程度不同的阴影来确认哪些点是哪个“K-核”的成员（K-核是确认图中凝聚子群的一种研究方式，见下一章的讨论）。此外，每个 K-核中点的大小也与 K 核的规模成比例。最大的群包含政府成分，即市长（Mayor）、县政府（Coun）、教育部门（Educ）和一些主要的公共（Welfare）及私人（United Way）福利机构。第二个群以纯黑色表示，成员包括报纸（News）、商会（Comm）和产业发展机构（Indu）。这实际上是有一定道理的！

行动者之间的关系也可以有“属性”。使用颜色和规模来表示诸多关系在类
别和数量上的差异，这是非常有益的。要表达的关系越强，所用的线越粗，这样
就表达了关系的量级（magnitude）。也可以用虚线或颜色不同的线表示行动者之 333
间的各类关系，这样便在一张图中展示了多丛（multiplex）数据（超过一种关系的
数据）。

节点的定位

大多数网络图都绘制在一个二维的“*X-Y* 轴”空间中（Mage 和其他一些软件包可绘制三维旋转图）。一个点或一个关系被绘制在空间的哪个位置上，总体上说是任意的，网络的所有信息都包含在点和关系的列表中。图 23.4 展示了以几种不同方式呈现的同一个网络（Knoke 的资金流网络）。

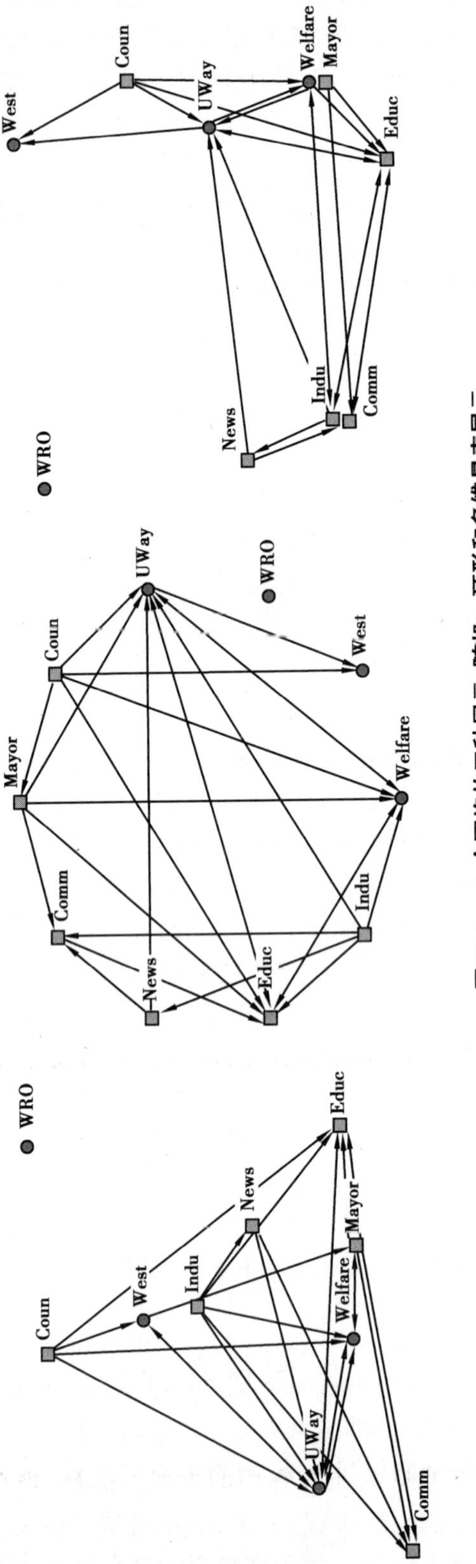

图23.4　一个网络的三种展示:随机、环形和多维量表展示

第一个图中点的定位是随机的,第二个图使用了“环形”,第三个图是根据每 334
个点在二维非量纲(nonmetric)量表上的分数来定位点的,该量表测量的是各个点在其关系截面(tie profiles)上的相似性。如果(根据随机图)创建的图能让某些个案聚在一起或者能生成一些聚类,那么就可以看到群内和群间关系模式上的差异了。环形图凸显了哪些点是高度关联的,哪些则较少关联。如果绘制的图能够表示网络数据的量度(scaling)或聚类(cluster)(就像第三个图那样),那么这样的图就特别能说明问题。在第三个图中,接近程度(根据某种定义,并且有许多可供选择的定义)表示点的相似性。*X* 轴和 *Y* 轴也可能表示需要探索的模式。要注意的是,表示公共组织的点(public nodes)往往被归类到右下角,而私人组织则不是太聚集。

个体网络(邻域)

要想理解复杂的网络图,一个很有用的办法是考察它们是怎样从个体行动者的局部关联中产生的。先选择一个点和与该点直接关联的所有其他点,再将“所有其他点”之间的关系都纳入,这样就得到所谓该点的“个体网”(ego network),或(一步)邻域(针对与个体的距离不小于 2 的个体,也可以找到其邻域)。

为了以单个节点嵌入整体网中的方式进行可视化,画出它们的个体网就是非常有益的。社会网络视角的基本洞见之一是,与行动者有直接关系的人限定了他们的属性和行为,而为了重塑(reshape)这些限制,行动者也可能会采取行动。画出每个个体的局部网并加以比较(例如,是否所有政府行动者的个体邻域都比非政府行动者的邻域大?哪些行动者拥有的邻域主要是由同类行动者构成的?)就能更深刻地洞察到行动者之间的相似性和差异性。

在分析社会网络时,大部分的工作主要是描述性或探索性的,而不是验证性的假设检验。对于一些小网络来说,我们直接用肉眼来考察图形就可以感受到社会结构的整体“纹理”(texture),也可以让我们知道每个个体是如何“嵌入”到更大的结构中去的。实际上,我们下一章讨论的所有量化指标都不过是将数字赋予某些特征的努力而已,这些特征是我们在图中自然而然地“看到的”。与图打交道可以说是其乐无穷,它也有点像施展创造性的通道。要想分享你的高见,一个构造良好的图可能比任何滔滔的话语更为有效。但是,大网络就难以靠视觉来
研究了。网络特性的形式化描述和假设检验都要求我们将图形转换成数字。 335

用矩阵表达社会关系

图是展现社会网络信息的非常有用的方式。但是,当存在许多行动者或多种关系时,图在视觉上就变得复杂起来了,很难看清其模式。这时候就应该用矩阵的形式来表达社会网络信息。我们将简要回顾社会网络数据的一些最常用的

矩阵表达。如果你要处理网络数据,矩阵语言和矩阵运算就很重要了。你无须做数学题(这是我们用电脑的原因),但是数学概念却能提供一种思考数据处理和分析的有效方式。

矩阵无非是数据的排列(或列表)(通常用一个大写字母命名)。Knoke 教授的科层制研究中有 10 个组织,由这 10 个组织的名称构成的列表被称为 A。每一个**元素**(组织名称)都可以根据其在该列表中的位置被**编入索引**(名称 1、名称 2 等)。在社会网络分析中,有几种常常被联合使用的矩阵类型。

向量

矩阵可以只有一个维度(如一份名单)。一维的矩阵被称为**向量**(vector),"水平"的元素列表称为**行向量**,"垂直"的元素列表称为**列向量**。在社会网络分析中,行向量或列向量最常用来表示点的属性信息。图 23.5 给出了 Knoke 教授的组织列表以及它们是官方(1)或非官方(0)的虚拟编码。

图 23.5 实际上有两个列向量:组织的编号(ID)和关于是否为政府组织的编码(行和列标签为 1-10,1G 是 UCINET 软件加上的)。这就使得该数据排列成为一个 10 行 2 列(行数×列数)的矩形矩阵。矩形矩阵只是"列表的列表"(水平的或垂直的)。

大多数的网络数据集都包含着描述点的属性的变量。这些属性可能完全是质性的(例如,组织的名称),或定类变量、定序变量、定距变量(例如,员工人数)。每个变量都可以保存为一个单独的向量,或者如图 23.5 的例子,这些向量可以合成一个矩形阵列(array)。这些属性数据集看起来很像传统的社会科学数据:行表示个案,每个个案的编码用列变量表示。

可以用如图 23.5 所示的阵列来提供每个点的信息。如案例所示,我们可以根据自己的独立观测对此信息进行编码,也可以用基于点的关系性质的一个变量——如它与其他点之间的关系数、该点的"中间中心度"(betweenness centrality)——来描述每个点。在社会网络分析中,用属性向量来标明每个个案隶属于哪个"群体"是极为常见的。这类编码有一个特殊的名称:分区(partition)。可以用分区(如图 23.5 中的 0 或 1 编码)来选择个案子集,重新排列数据,计算汇总性测度(例如,相对于与非政府组织的平均关系密度来讲,政府组织之间的相对关系密度是多少?)。

336

		1 G –
1	COUN	1
2	COMM	0
3	EDUC	1
4	INDU	0
5	MAYR	1
6	WRO	0
7	NEWS	0
8	UWAY	0
9	WELF	1
10	WEST	0

图 23.5 Knoke 科层制数据中的属性向量

方阵

在形式化的数学中,将网络定义为一系列点和关系的集合。一般来说,向量或矩形的向量集被用来描述点的属性。在二维方阵中,行和列都包含相同的点列表,它们被用来描述每一对行动者之间的关系或关联。参见图 23.6 中的例子。

矩阵1:KNOKI(Knoke教授的信息交换数据)

	1	2	3	4	5	6	7	8	9	10
	C	C	E	I	M	W	N	U	W	W
1	0	1	0	0	1	0	1	0	1	0
2	1	0	1	1	1	0	1	1	1	0
3	0	1	0	1	1	1	1	0	0	1
4	1	1	0	0	1	0	1	0	0	0
5	1	1	1	1	0	0	0	1	1	1
6	0	0	1	0	0	0	1	0	1	0
7	0	1	0	1	1	0	0	0	0	0
8	1	1	0	1	1	0	1	0	1	0
9	0	1	0	0	1	0	1	0	0	0
10	1	1	1	0	1	0	1	0	0	0

矩阵2:KNOKM(Knoke教授的资金交换数据)

	1	2	3	4	5	6	7	8	9	10
	C	C	E	I	M	W	N	U	W	W
1	0	0	1	0	1	0	0	1	1	1
2	0	0	1	0	0	0	0	0	0	0
3	0	0	0	0	0	0	0	1	0	0
4	0	1	1	0	0	0	1	1	1	0
5	0	1	1	0	0	0	0	1	1	0
6	0	0	0	0	0	0	0	0	0	0
7	0	1	0	0	0	0	0	1	0	0
8	0	0	0	0	0	0	0	0	1	1
9	0	0	1	0	0	0	0	1	0	0
10	0	0	0	0	0	0	0	0	0	0

图 23.6 Knoke 科层制组织之间的信息关系和货币关系邻接矩阵

最简单、最常见的表示关系的矩阵是二值(binary)矩阵。也就是说,如果有关系,就在一个单元格中输入 1,没有关系就输入 0。对于几乎所有的网络分析来说,这种矩阵都是分析的起点,它被称为"邻接矩阵"(adjacency matrix),因为在我们所测量的关系所映射的社会空间中,它反映了谁和谁"紧邻"(邻接)。图 23.6 展示了这样的两个邻接矩阵。

一个矩阵可能是对称的,也可能不对称。按照惯例,在有向(即非对称)矩阵中,关系的发送者是行,关系的目标是列。现在看一个简单的例子。在图 23.6 中,我们看到组织 1 向组织 2 发送了信息(即在单元格 1、2 项的值是 1),这种关系是互惠的(即单元格 2、1 的值也是 1)。组织 1 也向组织 7 发送信息,但这个关系不是互惠的。不对称的关系未必互惠,尽管它们有这种可能。对称矩阵表示的是"绑定的关系"(bonded ties)或"共享成员"(co-membership)或如下所述的任何种类的社会关系,即如果 A 和 B 有关系,B 在逻辑上一定会和 A 有关系(在大多数制度化的关系或角色关系中都是如此)。

每个点—点(node-by-node)方阵都表示网络中所有一对对行动者(pairs of actors)之间的某种特殊关系的图像。如果存在多重关系,如图 23.6 所示,就会用第三个维度(片层或堆叠)来表达。矩阵中的每个单元值表示(对称数据中)两个行动者之间关系的强度,或者从行中的点指向列中的点的数量。关系强度可以用名义二分法(nominal dichotomy)或邻接(如我们所举的例子那样)或在更高层次上来测量。Peter Marsden 更深入地讨论了数据类型(见本书第 25 章)。

在用矩阵表示社会网络数据的时候,总会出现一个问题:当 $i=j$ 时,如何处理矩阵的元素?也就是说,如上例中的组织 1 给自己"发信息"吗?矩阵中的这部分称为**主对角线**(main diagonal)。主对角线上的值有时毫无意义,可以忽略(留出空白,或用 0、1 填充)。然而,有时候,主对角线可能是非常重要的,呈现的数值具有意义。

多重矩阵

许多社会网络分析的测度都关注结构,这些结构是由行动者之间的某类关系的模式界定的,如友谊、亲属、经济交换、战争等。然而,行动者之间的社会关系通常是多重的,因为行动者同时以多种方式联系在一起。在面对面的人群中,
337 行动者之间可能同时存在情感关系、交换关系、亲属关系和其他关系。组织之间可以交换员工、货币和信息,也可以形成组群和联盟。民族国家之间的关系可用各种形式的文化、经济、政治交换来刻画。

多丛关系数据包含一系列矩阵(或称"片层"[slice]),其中的每一个矩阵(片层)都是方阵,它描述了每一对行动者之间的单一类型的关系。各类关系可能是对称或不对称的,可以在不同的测量层次上被计分。图 23.6 的两个矩阵是 Knoke 教授收集的科层体系数据中的两个片层,它们分别表示 10 个组织之间的信息发送/接收和货币发送/接收关系。

我们可以将网络分析的所有工具分别应用于多丛数据中的每个矩阵。举例来说,组织之间的货币流动网的中心势(network centralization)比信息流动网的中心势更大吗?不过我们也可能希望将相同行动者之间的多重关系的信息合在一起。这里有两个一般的思路:化简和组合(reduction and combination)。化简旨在将同一行动者集合中的多重关系信息合并为单一关系,这个单一关系标示着(index)关系的**量**。组合思路也尝试创建一个单一指标来表达多丛关系,但是这个进路试图反映关系的**质**,结果导致了一种性质分类(qualitative typology)。要从性质上对多丛数据进行化简,一种特别重要的方法就是角色代数(role algebras)(参见本书中 Pattison 撰写的第 30 章)。

当我们有同一社会结构的多个报告或视域时,就会产生一类特殊的多丛数据。这类认知社会结构(cognitive social structure)数据映射(map)了每个片层中

每一对行动者之间的关系,而且针对每一个认知者都会有一个片层。人们可能希望利用矩阵运算将多重认知映射组合在一起(例如,求平均值、最小值、最大值等),也可能希望找到认知者的群体,这些认知者对社会结构有或多或少的相似看法。

隶属关系(2-模)矩阵

社会学分析的核心关注点是个体如何嵌入大的结构中(如家庭、组织、社群、网络、身份类别)。这些大结构常常被视为是个体的能动性引起的。可以用社会网络分析去用于映射和研究多层分析单位内部或之间的关系:个体隶属于群体和组织;各个组织由于成员身份的重叠而在社区生态系统(community ecology)中连在了一起。

任何映射两群不同行动者之间关系的数据阵列都叫作"2-模"(2-mode)的。社会学分析中常见到的情形是,一个模态是个体行动者,另一个是事件、组织或身份类别的集合。这些类型的数据被称为隶属网(affiliation networks),因为它们映射了关系中的成员资格或行动者对结构的隶属性。Borgatti 和 Halgin(参见本书第 28 章)深入地讨论了 2-模数据分析。

将 2-模数据转换为一系列 1-模矩阵并不罕见。例如,可用矩阵展示一个社区中的哪些人是哪些志愿组织的成员,人们可能将该矩阵转换为这样一个矩阵,它表示每一对个体共同参与了多少个组织,即共享成员(co-members)数。也可以将同一个数据转换为这样一个 1-模矩阵,即它显示了每一对组织共享了多少个成员。非对称的 1-模数据也可以被看作 2-模数据,只不过在 2-模数据中列举的是相同的行动者。

像矩阵和超图

关系矩阵表示了哪些行动者与哪些其他行动者有关系,该矩阵极有描述性和实用性。不过,我们的兴趣点经常在于抽象的类(categories)及其之间的关系。例如,我们注意到一件有趣之事,美国从中国进口了许多技术含量相对较低的制成品,反过来又向中国出售许多高技术的产品和名牌商品。然而,对一个世界体系分析者来说,这个关系只不过是一类更大的对等关系的例子罢了,这个对等关系涉及核心国家和半边缘国家。在本书中,由 Ferligoj 等(本书,第 29 章)简要介绍了确认与处理"对等类"(equivalence classes)的方法。

一旦确认了类及其成员点,就可以用图来表示它们之间的关系了。这些超图(hyper-graphs)用点表示类,用对等关系来界定边或弧。当用大量的点将网络可视化时,这种图形能大大降低其难度,并提供强大的分析洞察力。

研究者也可以用矩阵形式来表达超图中的信息。为了将同一类行动者聚在一起,需要将行动者-行动者关系矩阵中初始的行和列重新排列(置换)。这个重新排列的矩阵是由“块”(block)组成的,在对角线块中,它映射了某一类成员之间的相互关系,在非对角线块中,它映射了一类行动者与另一类中的所有行动者之间的全部关系。

在通常情况下,通过概括每一个块内的信息,可以将已分块并置换的矩阵还原为一个新的类-类矩阵。有时候,也可以用关系密度均值或关系强度均值来概
338 括分块矩阵。某种临界值(cut-off)(一般为整体网中关系的均值)常常会被选中,如果关系超出临界值,模块就被赋值为1,如果低于临界值,模块就被赋值为0。这类0-1矩阵中的点表示的是群体或对等类,它被称为“像”矩阵(image matrix)。精心构建的像矩阵可以大大简化那种大量行动者之间的复杂关系模式(当然,构建不良的矩阵也可能掩盖复杂模式)。

动态网

网络动力学(Dynamics)越来越引人关注了,人们尤其想了解,当行动者在某一时刻嵌入到网络中的某个特殊位置上时,这种嵌入是怎样影响到其属性或行为上的变化的,反过来,当关系随时间的建立和破裂时,行动者在某一时点的属性和行为又是怎样形塑了该关系的模式的。Snijders(本书第33章)讨论了几种研究网络动力学的路数,van Duijn 和 Huisman(本书第38章)以及 Robins(本书第32章)讨论了多种尤其适用于分析变化的网络数据的统计模型。

可以用一系列的矩阵截面(cross-sections)来表示动态网络,动态数据往往就是以这种方式被观察到的。这种分析路数会生成一个多丛矩阵,其中一个维度(通常是片层)是以“时间”来定义的。或者,我们可能会知道事件起止的准确时间(例如,行动者什么时候加入和离开网络,关系在什么时候会形成或解体)。随着网络数据收集的数字化工具的使用(如计算机服务器日志、录像等),此类数据会越来越常见。一般来说,这样的动态数据被存储为事件列表(网络分析程序包 Pajek 拥有大量专门为动态数据而设计的数据格式和算法),对列表进行编程就能构建矩阵进行分析了。

结　论

一旦(通过图或矩阵)用一种形式化的方式表达了一群行动者之间的社会关系或关联模式,就可以用数学以相当精确的方式来界定关于社会结构的某些重要思想了。至于在描述整体网的“纹理”(texture)以及单个点在整体网中的位置时,还有哪些最常见的研究路数,下一章将加以考察。

参考文献

Borgatti, S.P., Everett, M.G. and Freeman, L.C. (2002) UCINET for Windows: Software for Social Network Analysis. Harvard, MA: Analytic Technologies.

Hanneman, R. and Riddle, M. (2005) *An Introduction to Social Network Methods*. http://faculty.ucr.edu/~hanneman/nettext.

Knoke, D. and Kuklinski, J.H. (1982) Network Analysis. Beverly Hills, CA: Sage.

Knoke, D. and Wood, J. (1981) *Organized for Action: Commitment in Voluntary Associations*. New Brunswick, NJ: Rutgers University Press.

Scott, J. (2000) *Social Network Analysis: A Handbook*. 2nd ed. London: Sage.

Wasserman, S. and Faust, K. (1994) *Social Network Analysis: Methods and Applications*. Cambridge: Cambridge University Press.

网络分析的基本概念和测度 

CONCEPTS AND MEASURES FOR BASIC NETWORK ANALYSIS

⊙ 罗伯特·A.汉尼曼(Robert A. Hanneman)　马克·里德尔(Mark Riddle)

网络和行动者

社会网络视角强调多层次分析:行动者是怎样嵌入网络之中去的,它会引发诸多的限制和机会,这些又会导致行动者之间的差异;网络的结构和行动建立在行动者之间互动的基础之上,并受其规制。

在本章中,我们将考察形式社会网络分析中使用的一些基本概念和测度。尽管这些思想比较简单,但是在理论上却有充分的理由(在经验上也有丰富的证据)让我们坚信,对于个体和由个体组成的更大的社会结构来说,社会网络的这些基本性质都会带来非常重要的影响。

有许多进行这种考察的方式,我们只能简要地加以介绍。如果想要了解更多的处理方法,读者可以参阅 John Scott 的《社会网络分析》(2000)、Stanley Wasserman 和 Katherine Faust 的《社会网络分析:方法和应用》(1994)、David Knoke 和杨松(Song Yang)的《网络分析》(2008)以及我们自己的著述(Hanneman and Riddle,2005)。

在本章的前半部分,我们将关注作为整体的网络;这种"自上而下"的视角能使我们考察及测量整个社会结构(如家庭、群体、社群、市场、政体)的方方面面,可能预测它们的动态演变。例如,在一个网络中,如果行动者之间所有可能存在的关系中,实际存在的关系占了很大的比例(即"密度"高),这样的网络就比密度低的图更容易出现"信息串流"(information cascades)①(Watts,2003)。为了描述"社会交织"(social fabric)的"纹理"(texture),网络分析者提出了大量的测度。在最广的层次上,我们关心的是整体结构的团结性和稳健性,也关注子结构的存在以及子结构之间的关系。

① 指人们在决策时都会参考其他人的选择,而忽略自己已有或可获得的信息。——译者注

在本章的后半部分，我们将转向“自下而上”的视角。我们关注的一些概念和测度可以洞察个体以哪些方式嵌入网络。例如，通常情况下，“邻域”（neighborhood）中有许多他人（others）（即“自我”与多个“他者”之间有直接关系）的行动者更有影响力，但是有时，与那些有较少直接关系的行动者相比，他们也受到了更多的限制。我们会考察大量的相关研究路数，这些路数认为，行动者“个体网”的各个方面是机会和限制的潜在来源（Wellman et al.，1988）。

本章通篇都是从分析小型、二值有向图的结论入手来阐明各种概念和测度的。这些分析均由 UCINET（Borgatti et al.，2002）完成，但是许多其他优秀的程序包也可以提供类似的工具（特别参见本书最后一章）。

为了便于展示，我们将考察位于美国中西部某座城市中与社会福利问题有关的十个正式组织之间的信息流（Knoke and Wood，1981）。无须深入阅读，只要
花一点时间来考察图 24.1 中的这个网络图即可。 340

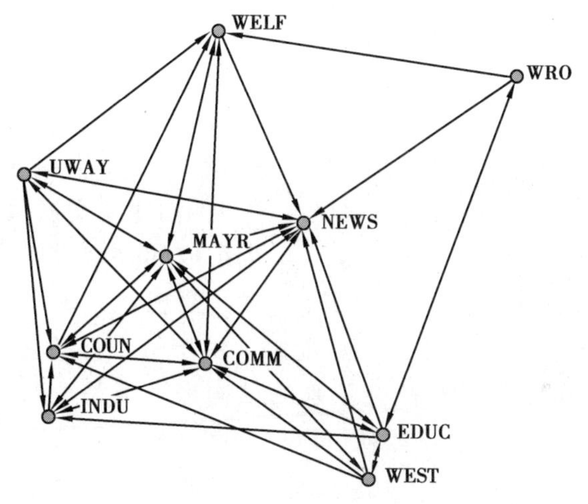

图 24.1　Knoke 的信息交换图

在本章中，我们要讨论的形式方法实际上就是将图中容易看到的诸多特征进行指标化（indexing）。例如，从“自上而下”的视角出发，我们可以看到，其中的行动者数量有限（规模），所有的行动者都关联着（单个成分）。并非每一个可能的关联都存在（密度），并且在结构中存在着一些稀疏的点（结构洞）。还存在着这样一些组织集合，即其中的组织两两互换信息（派系），这些派系通过共享的成员而连在一起（桥）。

“自下而上”地审视同一张图，分析行动者之间是如何连接的时候，就会看出某些不同了；比较一下报纸（News）与倡导福利权益的组织（WRO）吧。仔细观察会发现，某些行动者的关联倾向于互惠（即如果 A 向 B 分享信息，B 也向 A 分享信息），而其他行动者更可能是信息的发送者而不是接收者。由于个体关联性和关系互惠性方面的差异，一些行动者可能更居于“中心”，其他行动者则次之。网络中的行动者可能有“对等的”位置，这些位置构成了“类型”或“角色”。

为了用指标来刻画整体网的这些特征及其中的个体位置，社会网络分析者

和图论学者运用了大量的形式化算法。在本章的剩余部分,我们会快速地浏览最常使用的一些方法。

整体网

鉴于网络是由行动者及他们之间的关联所界定的,通过考察这些非常简单的性质来开始我们的描述就会非常有益。小群体在很多重要的方面都不同于大群体;实际上,在大多数的社会学分析中,总体规模都出现过(Finsveen and van Oorschot,2008;Totterdell et al.,2008)。对于社会组织的“凝聚”(Burris,2005;Fominaya,2007;Moody and White,2003;Sanders and Nauta,2004)“团结”“道德密度”(moral density)和“复杂性”(Crossley,2008;Schnegg,2007;Urry,2006)来说,行动者之间的关联程度可能是一个关键指标。

规模和密度

网络规模通常是非常重要的。设想一个由 12 名学生组成的研讨小组,对于每一名学生来说,充分了解其他每名学生并与他们建立交换关系(如分享读书笔记)并非难事。现在设想由一个 300 名学生组成的大型讲座课堂。任何一个学生要想认识其他所有的学生都是极其困难的,要想建立一个可以交换读书笔记的那种单一的面对面网络几乎是不可能的。由于每个行动者建立和维持关系的
341 资源与能力有限,所以规模对社会关系的结构来说至关重要。我们的范例网络中有 10 个行动者,只计算节点数就可以得到网络规模的指标。

在任意一个网络中,都有 $k×(k-1)$ 个不同的行动者有序对(即 AB 与 BA 是不同的,并且不考虑指向自己的关系),这里的 k 表示行动者的数量。你可能希望通过一些小网络来自行证实这一点。那么请看我们给出的 10 个行动者组成的网络,由于这是有向数据,逻辑上可能存在着 90 个关系。如果我们给出的是无向(即对称)关系,这个数就是 45,因为 AB 关系与 BA 关系相同。随着行动者数量的线性增长,逻辑上可能存在的关系数就会呈指数增长。由此可见,逻辑上可能存在的社会结构的范围也会随着规模而呈指数增长(或者换一个定义来解释,即“复杂性”在增加)。

二值网的密度就是实际存在的关系数与所有可能存在的关系数之比。对于一个多值网络来说,其密度可定义为关系总量除以可能存在的关系数(即实际存在的关系强度总数与所有可能存在的关系总数之比)。对于一些现象——诸如信息在点之间扩散的速度以及行动者具有多大程度的社会资本和/或社会限制——来说,网络密度可提供洞见。

在我们的范例数据中有 10 个点,因而存在着 90 个可能的关联。由于实际存在 49 个关联,网络密度因而是 0.544 4。

关联

规模和密度可以让我们在整体上感受到总体中可能存在的社会结构的范围，但是真正重要的问题是这些关联(connections)的模式或"纹理"(texture)。在对图中关联结构的各个方面进行汇总时，有许多指标得到了广泛的应用。

可达性

如果存在着一个关联集合，我们可以通过它从源头行动者追踪到目标行动者，不管其间经历了多少位其他的行动者，都称前者"可达"(reachable)后者。如果数据是不对称的或有向的，那么行动者 A 可能达到 B，但是反之未必成立。当然，对于对称或无向数据来说，一对行动者之间要么可达，要么不可达。如果网络中的一些行动者不能到达另一些行动者，该网络就有分裂的趋势。或者它可能表明，我们正在研究的总体实际上是由一个以上的子总体组成的。Knoke 的信息交换数据集表明，所有的行动者之间都可达。从网络中任何点发出的消息或信号都可能被所有其他点接收到。

关联性

即便一个行动者可达另一个行动者，它也可能不是强关联。如果两个行动者之间有多条不同的连接途径，信号就可以通过多条路径从一方传递到另一方(Burris, 2005; Crossley, 2008; Finsveen and van Oorschot, 2008; Fominaya, 2007; Haythornthwaite, 2005; Hermann, 2008; Kien, 2008; Kratke and Brandt, 2009)，在这一意义上，称二者有高"关联性"(connectivity)。"关联性"这个测度要计算这样的点数，即为了阻止一方到达另一方所必须移除的点数。图 24.2 展示了 10 个 Knoke 组织之间信息流动的点关联性。

	1 C	2 C	3 E	4 I	5 M	6 W	7 N	8 U	9 W	10 W
1	5	5	3	4	5	1	6	4	4	3
2	5	8	3	5	8	1	6	5	3	4
3	3	3	4	4	3	1	4	3	3	3
4	5	5	3	5	5	1	5	4	3	4
5	5	8	3	5	8	1	6	5	3	5
6	1	1	1	1	1	1	2	1	2	1
7	5	6	3	5	6	1	6	4	2	3
8	5	5	3	5	5	1	5	5	4	4
9	3	3	3	3	3	1	3	3	3	3
10	4	5	3	4	5	1	4	4	3	5

图 24.2 Knoke 信息交换数据的点关联性

342 结果表明,无论是作为信息的发出者(行),还是接收者(列),组织6(即福利权益组织)的关联都是不良的。要把信息传递给大多数其他的行动者,组织6仅有一个选择;倘若这个唯一的组织都拒绝传递信息,组织6就根本接收不到任何信息了。在理解依赖性和脆弱性时,点关联性是一个有用的测度。

距离

到目前为止,我们考察的这些网络性质主要还是关于邻接关系的,或者是从一个行动者到下一个行动者的直接连接的。但是,人们嵌入网络的方式比这要复杂得多。两个人(可称之为A和B)可能都有五个朋友,假设除了A之外,A的朋友再没有任何其他朋友;相比之下,B的五个朋友中的每一位又各有五个朋友。此时B可能获得的信息以及B潜在的影响都比A要大得多。也就是说,有时作为"朋友的朋友"是相当重要的。

为了从这个方面把握个体是如何嵌入网络的,一个通常的思路是考察行动者之间的距离(distance)。如果两个行动者是邻接的,他们之间的距离就是1(也就是说,信号需要一步就从发出者到达接收者)。如果A告知B,B告知C(但A不告知C),那么行动者A和C之间的距离就是2。网络中行动者之间的距离可能是整体网的一个重要的宏观特征。如果距离很长,信息在总体中的扩散就需要花很长时间。一些行动者也可能没有被其他行动者充分意识到,也不受其影响;即使从技术上讲他们是可达的,也可能由于成本太高而不能交换。

网络中两个行动者之间的最常用的距离定义是**捷径距离**(geodesic distance)。对二值数据来说,捷径距离指的是从一个行动者到另一个行动者的最短可能路径上的关系数。不可达的两点之间的捷径距离通常被视为无穷大,或者等于图中观测到的最长距离。多值数据通常被二值化处理后再计算捷径距离。

对于多值网来说,定义距离的方式有多种。如果我们有关系强度测度(如用美元计算的两个国家之间的贸易量),这时两个行动者之间的"接近度"(nearness)(距离的反面)通常被定义为是他们之间最弱路径的强度。如果A向B发出6个单位,B向C发出4个单位,由A到C的路径"强度"(假设A到B到C就是最短路径)就是4。如果我们用"关联建立费用"这个测度(如在"机会成本"或"交易成本"分析中那样),这时两个行动者之间的"距离"就定义为最短路径上的费用之和。如果我们用"关系利用概率"测度,两个行动者之间的"距离"就被定义为这个路径上的各个量之积(如统计学中的路径分析那样)。

也可以通过多种方式对接近度或距离指标进行加权。例如,我们可能推测,当一个信号经过两个行动者之间的越来越多的点时,其价值或潜能会以指数(而非线性)形式衰减。

在我们的例子中,使用的是简单的有向邻接数据,结果(图24.3)相当简明。

由于这个网络的密度适中,所以捷径距离一般会较小。这表明信息可以在 343
这个网络中快速传送。

对于每个行动者来说,他的最大捷径距离被称为他的**离心度**(eccentricity),这个测度测量了一个行动者距离最远者有多远。对于整体网来说,其**直径**被定义为最大离心度。捷径距离的均值(或中位值)和标准差可被用来概括网络中的总距离和距离的异质性。

利用捷径路径(geodesic paths)来考察个体距离和整体网距离的性质通常很有意义。然而也可能有其他情形,即在考察两个行动者之间的距离和整个图的关联性时,最好考虑全部关联而不是仅考虑最有效的关联。例如,如果我发布一个谣言,它不仅会通过最有效的路径,而且更会通过所有的路径传遍网络。另一个人在多大程度上相信我的谣言,可能取决于他从不同渠道听到这个谣言的次数,而不仅取决于他有多讯速地听到了这个谣言(Frank,1996;Gallie,2009;Gurrieri,2008;Lai and Wong,2002;Rycroft,2007)。为了利用这样的距离指标,我们需要考虑行动者之间的所有关联。

为了测量两个行动者是如何关联的,一种思路是询问信息提供者,在源头的邻域中,有多少个不同的行动者是处在指向目标行动者的路径上的。如果我要给你发送一条信息,而我只有一个他人可以将这个信息转发出去,那么即使此人有多条路径可达到你,我的关联度也弱。而如果我可以向四个人发送信息,他们当中的每个人都有一条或多条路径能将我的信息转发给你,那么我的关联度就强。这种"流量"(flow)研究思路表明,我与你的关系强度并不比关联链中的最弱关联链的强度更强,这里的"弱"意味着缺乏备选者。就我们的有向信息流数据而言,UCINET 计算出的最大流量(maximum flow)结果如图 24.4 所示。

捷径距离

	1 C	2 C	3 E	4 I	5 M	6 W	7 N	8 U	9 W	10 W
1	0	1	2	2	1	3	1	2	1	2
2	1	0	1	1	1	2	1	1	1	2
3	2	1	0	1	1	1	1	2	2	1
4	1	1	2	0	1	3	1	2	2	2
5	1	1	1	1	0	2	1	1	1	1
6	3	2	1	2	2	0	1	3	1	2
7	2	1	2	1	1	3	0	2	2	2
8	1	1	2	1	1	3	1	0	1	2
9	2	1	2	2	1	3	1	2	0	2
10	1	1	1	2	1	2	1	2	2	0

图 24.3 Knoke 信息交换中的捷径距离

	1 C	2 C	3 E	4 I	5 M	6 W	7 N	8 U	9 W	10 W
1	0	4	3	4	4	1	4	2	4	2
2	5	0	3	5	7	1	7	2	5	2
3	5	6	0	5	6	1	6	2	5	2
4	4	4	3	0	4	1	4	2	4	2
5	5	8	3	5	0	1	8	2	5	2
6	3	3	3	3	3	0	3	2	3	2
7	3	3	3	3	3	1	0	2	3	2
8	5	6	3	5	6	1	6	0	5	2
9	3	3	3	3	3	1	3	2	0	2
10	5	5	3	5	5	1	5	2	5	0

图 24.4 UCINET 计算的 Knoke 信息网数据"最大流"

读者可以自行证实。例如,在从行动者 1 到 2 的流量中,存在着四条可供选择的路线,但是从 2 到 1 的流中有五个这样的点。从一个行动者到另一个行动者的流量越大,交流就越可能发生,关联的脆弱性就会越发减弱。要注意,行动者6、7和9是相对不利的。特别是行动者6,它要想从所有其他行动者那里获得信息,只能通过一条路径(行动者6的流量列向量)。

互惠性

两个行动者之间的关系,即"二方组"(dyad)是一个图中最小的"社会结构"。对于对称的二方数据来说,两个行动者要么有关联,要么无关联。密度已经为我们提供了大量信息。如果考察有向关系,就有三类二方组(无关系、单向关系和双向关系)。可以用"互惠"关系来刻画总体,刻画的程度会告诉我们总体凝聚的程度。一些理论家认为,不对称的关系通常不稳定,因此,二方关系会趋向均衡,即它或者是无关系的,或者是互惠的。与那些不对称关系占多数的网络(它可能有等级性)相比,无关系或互惠关系占多数的网络可能更"平等"或"稳定"。

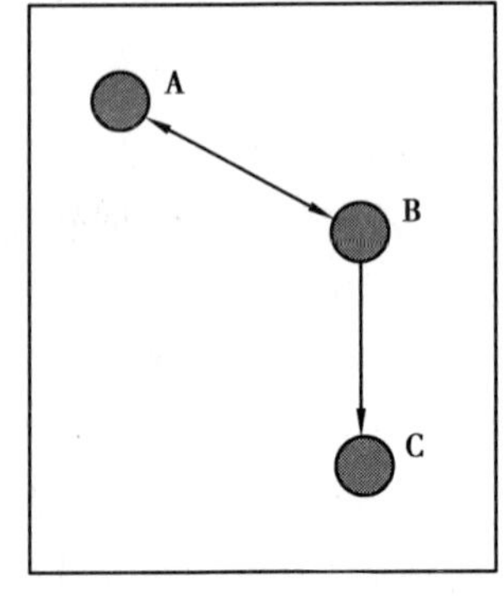

图 24.5 互惠性的定义

在用指标刻画总体中的互惠程度(reciprocity)时,有几种不同的进路(approaches)。请看图24.5中所示的那个非常简单的网络。行动者A和B有互惠关系,B和C有一个非互惠关系,而A和C之间无关系。

344 如何考察这个网络中互惠性的广泛性？一种思路是关注二方组,考察哪些行动者之间存在互惠关系。这样就会在三对可能的关系(AB、AC、BC)中找到一个互惠关系,或得到一个0.333的互惠比例。通俗地讲,分析者关心的是互惠对的数量与有着任何关系对的数量(number of pairs)之比。在大总体中,大多数行动者都与少数他者直接相联,因此,只要两个行动者之间有关系,关注二者的互惠度就是比较合理的。在我们这个简单的例子中,用一个互惠对除以两个关系对,就会得出0.5的互惠率。就Knoke的信息关系网来说,在所有的二方组关联中,互惠性关联占了0.531 3。这个结果本身不"高"也不"低",但是看起来,它确实能够表明这个组织总体内存在着相当程度的制度化横向关联。人们也可以把注意力放在关系而非二方组上,这就需要考察图中互惠关系数与全部关系数之比。对于上例数据来说,这种思路得出的结果是0.693 9。也就是说,在图中的所有关系中,互惠关系占了69%。

传递性

具有真正"社会"特征的最小社会结构是三方组,即由行动者{A、B、C}构成的"三人一组"(triple)。这种结构将二方关系"嵌入"在了一种由"第三人"(other)连同"自我"(ego)和"他者"(alter)都在场的结构中。在(有向)三方组中,我们可以看到涌现出来的趋于平衡一致的社会结构(制度化),也可以看到像均衡性和传递性(transitivity)这样的特征。三方组也是能查看到等级性

(hierarchy)涌现的最简结构。

对于无向数据来说,有四种可能的三方关系(无关系、一个关系、两个关系或所有三个关系)。分别计算这四种关系数与所有可能存在的三方组数——“三方谱系”(triad census)——之比,我们就能知道一个总体在多大程度上表现出“孤立性”(isolation)、“孤对性”(couples only)、“结构洞”(structural holes)(一个行动者与两个他者关联,但后两者无关联)或“聚类性”(clusters)等特征。

对于有向数据来说,三个行动者之间可能存在的关系有 16 类,包括那些显示出等级性、平等性的关系以及排他式群体(例如,两个行动者有关系并排除第三者)的形式。因此,小群体研究者指出,在三方组中可以发现所有真正的基本的社会关系形式。由于有这个好处,所以我们有希望对每一个行动者,也对整体网进行“三方谱系”分析。

在 16 类可能的有向三方组中,有六类涉及 0 个、1 个或者 2 个关系,由于其中没有足够的关系,因而不能表现出传递性。有一类包含了三个关系(AB、BC 及 CB),但是它不包含任何有序的三人组(AB、BC),因此不能表现出传递性。在另外三类三方组中,存在着有序三人组(AB、BC),但是 A 和 C 之间的关系不具有传递性。其余类型的三方组都表现出了不同程度的传递性。

图 24.6 展示了对 Knoke 信息数据进行传递性分析的结果。

```
TRANSITIVITY
------------------------------------------------------------------------

Type of transitivity:          ADJACENCY
Input dataset:                 C:\Program Files\Ucinet 6\DataFiles\KNOKBUR

Relation: KNOKI
---------------

Number of non-vacuous transitive ordered triples: 146
Number of triples of all kinds: 720
Number of triples in which i-->j and j-->k: 217

Percentage of all ordered triples: 20.28%
Transitivity: % of ordered triples in which i-->j and j-->k that are transitive: 67.28%
```

图 24.6　Knoke 信息网的传递性分析结果

在 10 点网络中会有 720 个三方组。然而,只有 146 组拥有足够的能表现出 345
传递性的关系。也就是说,在这 146 组中,如果有 A-B 关系和 B-C 关系,就有 A-C 关系。我们可以通过许多不同的方式来尝试着规范这个计法,这样会更有意义。一种思路是用具有传递性的三方组数除以三方组总数(720),结果是全部三方组中的 20.28%有传递性。也许更有意义的是,可以先计算以一条单链(single link)可能完成的三方组总数,然后用具有传递性的三方组数除以这个总数。换句话说,要根据满足{AB、BC、任意关系}的三方组数对满足{AB、BC、AC}这个传递性条件的三方组数进行标准化。照此计算,在可能有传递性的关系中,约有三分之二或全部实际上也都有传递性。

聚类

在一般情况下,大多数人都会与少数人互动,他们中的许多人相互认识。总体中的局部“聚类”(clustering)程度会让我们充分了解日常生活中的纹理结构(texture)。Watts(1999)和许多学者都注意到,在大规模的(各类事物的)真实世界网络中,经常存在着一种看似有点悖谬的结构模式。

一方面,在许多大型网络(如互联网)中,任何两点之间的平均捷径距离都较短(Field et al.,2006;Hampton and Wellman,1999)。“六度”距离现象就是这样一个例子。因此,即便在非常大的网络中,大多数点之间的距离都可能很近。与同等规模的随机图相比,大型经验网络(empirical networks)中行动者之间的平均距离常常更短。

另一方面,大多数行动者都位于局部邻域内,邻域中的大多数其他人也是相互关联的。也就是说,在大多数的大网络中,全部关系中有相当大的比例是被高度“聚类”到局部邻域中的。如此看来,与我们所预期的同等规模的随机图相比,大图的局部邻域的密度往往大得多。

我们认识的大多数人也可能相互认识,这会带来一个印象,即我们生活在一个极其有限的社会世界里。但是与此同时,我们与极多的根本不认识的人之间却有着相当短的距离。这种“小世界”现象——整个图的平均路径长度较短,却有高度的“派系状”局部邻域——似乎在许多大网络中独立地演化着。

我们讨论了这个现象的一部分,即图中所有行动者之间的平均捷径距离会告诉我们它们之间有多么接近。该现象的另一部分是局部邻域趋于密集的趋势,换言之,即我们正在思考着的“聚类”。

要测量一个图显示聚类的程度,一种常用的办法是考察一个行动者的局部邻域(与自我有直接关联的全部行动者),计算该邻域的密度(自我点不计在内)。对整体网络中的每一个行动者都做如此计算之后,我们就可以用整个图中所有邻域的均值来刻画聚类程度了。

图 24.7 显示了 Knoke 信息网络中的聚类情况。

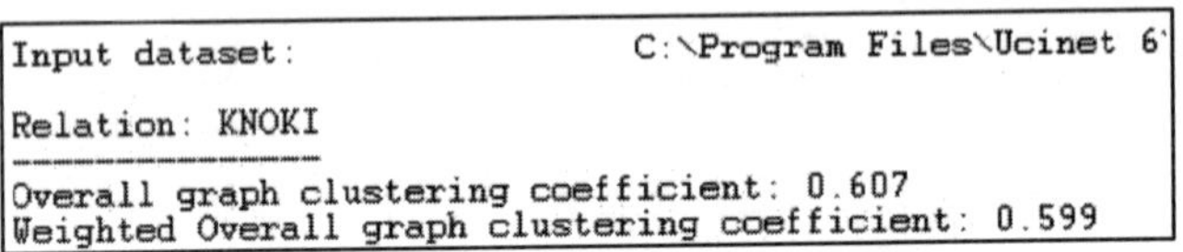

```
Input dataset:                    C:\Program Files\Ucinet 6

Relation: KNOKI
-----------------
Overall graph clustering coefficient: 0.607
Weighted Overall graph clustering coefficient: 0.599
```

图 24.7 Knoke 信息网中的聚类系数

346 有两个可供选择的测度方法。一是“总”图聚类系数,它只是所有行动者邻域密度的均值。二是“加权”系数,加权方式是令邻域密度与其规模成比例;也就是说,在计算平均密度时,有较大邻域的行动者会得到较大的权数。由于大图通常比小图的密度低(但未必),所以,与不加权密度相比,加权的平均邻域密度(或聚类系数)通常低一些。在我们的例子中会发现,所有的行动者都被相当密集的局部邻域所包围;我们的组织高度嵌入密集的局部邻域中。为了避免过度解读,我们一定要记住,在这个总体中,整个图的总密度也是相当高的(0.54)。因此,局部邻域的密度实际上并不比整个图的密度高出很多。在评价聚类程度时,比较聚类系数与总密度通常是明智的。

群体之间的关联

除了二方组、三方组和局部聚类之外，网络中关联的纹理(texture)还可能受到“类别式社会单位”(categorical social units)或“子总体”的影响，它们是根据共有的属性或者情境来界定的。性别相同之人更可能形成友谊关系；同一所学校的求学者更可能熟识。这些子总体开放或封闭的程度(即大多数个体的关系在多大程度上处于这些子群的边界内)可能是社会结构的一个显著维度。

块密度

在一个组织共同体中，我们可能会设想，在同类组织之间可能会有竞争(可表达为信息囤积)，而在不同类的互补型组织之间可能会有合作。我们已经利用属性或分区将 Knoke 信息交换数据中的个案分为三个子总体(政府机构、非政府的一般机构与福利专业机构)，这样我们就可以考察子群内和子群间的关联数量了。然后，我们还可以考察由同类型点组成的“块”内和“块”间的关系模式。参见图 24.8 中的结果。

```
Column
Block Old Code        Members:
----- --------     ----------------
  1        1       COUN EDUC MAYR
  2        2       COMM INDU NEWS
  3        3       WRO UWAY WELF WEST

Relation: KNOKI

                             1
       1 3 5   2 4 7   6 8 9 0
       C E M   C I N   W U W W
      --------------------------
   1 |     1 | 1   1 |     1   |
   3 |     1 | 1 1 1 | 1     1 |
   5 | 1 1   | 1 1 1 |   1 1 1 |
      --------------------------
   2 | 1 1 1 |   1 1 |   1 1   |
   4 | 1   1 | 1   1 |         |
   7 |     1 | 1 1   |         |
      --------------------------
   6 |   1   |     1 |     1   |
   8 | 1   1 | 1 1 1 |     1   |
   9 |     1 | 1   1 |         |
  10 | 1 1 1 | 1   1 |         |
      --------------------------

Density / average value within blocks

              1       2       3
              1       2       3
         ------  ------  ------
 1 1     0.6667  0.8889  0.5000
 2 2     0.6667  1.0000  0.1667
 3 3     0.5833  0.6667  0.1667

Standard Deviations within blocks

              1       2       3
              1       2       3
         ------  ------  ------
 1 1     0.4714  0.3143  0.5000
 2 2     0.4714  0.0000  0.3727
 3 3     0.4930  0.4714  0.3727
```

图 24.8　Knoke 信息网中三个子总体的块密度

1,1 块的密度是 0.666 7。也就是说,在行动者 1、3 和 5 之间可能存在 6 个有向关系,但是实际上只存在 4 个(忽略对角线,这是最常用的做法)。我们看到,3 个子总体表现出了一些差异。政府一般机构(块 1)内部及其与其他类机构之间均有着相当密集的内向-关系和外向-关系。福利专业机构(块 2)将信息高密度地发送到其他两个块(但是其内部缺乏沟通),且从政府组织那里比从非政府组织那里接收到更多的信息。非政府一般机构(块 3)内部关系不少,向外部子群体发出关系,同时也得到其余子群体的关系。

通过考量分区内的标准差,我们就可以评估这些简单的块特征在多大程度
347 上描绘了块内的全部个体(其本质就是分块的效度)。标准差可以测量分区内的异质度或行动者的变异程度。

群外和群内的关系

基于群内关系数与群间关系数的比较,Krackhardt 和 Stern(1988)提出了一种非常简单实用的子群嵌入测度。该测度即外-内指数 E-I(External-Internal Index),它等于群内成员与群外成员的关系数减去其与其他群内成员的关系数后,再除以关系总数。所得指数的取值范围为-1(所有的关系都是子群内关系)至 1(所有的关系都在子群之外)。由于这个测度关注的是成员之间的任何关联,因而关系的方向被忽略不计,即两个行动者之间的关系要么是内-关系,要么是外-关系。

E-I 指数可以被用在三个层次上:整个总体、每个子群和每个个体。也就是说,可以依据子总体的分界性和封闭性来刻画整体网(群体全体)。我们也可以考察子群体封闭程度上的变异性;每一个个体都可以被看作是或多或少地嵌入其子群体中的。

为了评估一个给定的 E-I 指数值是否显著区别于随机混合——子群成员对群内(within-group)关系或非群(without-group)关系没有偏好——带来的预期值,可以做一个置换检验(permutation test)。这需要做大量的试验,在试验过程中,要求子群的分块保持原状,总的关系密度也不变,而实际的关系则要满足随机分布。在假定关系服从随机分布的情况下,计算内部和外部关系数的抽样分布,并用它去评估从关系服从随机分布的总体中抽样时观察结果出现的频次。Knoke 数据的分块结果见图 24.9。

首先呈现的是观测到的块密度。由于任何(内或外)关系都被看作是一个关系,所以本例中的各个密度都相当大。非主对角线的密度(群外关系)比主对角线(群内关系)的密度稍大一些。

接下来,我们看到的是内部关系数(14 个,或 22%)和外部关系数(50 个,或
348 78%),对它们进行计算,得到的初始 E-I 指数是+0.563(未重新调整的值)。也就是说,这个图表明,外部关系在数量上优于内部关系。该图也显示了内部和外部关系在群体规模和密度既定情况下的最大可能数。需要注意的是,由于有这些限制,外部关系在数量上占优的结果就不是不可预期的:在随机分布情况下,E-I 指数的期望值为 0.467,与观测值没有太大的差异。

```
Density matrix

            1     2     3
            1     2     3
          ----- ----- -----
  1 1     0.667 1.000 0.667
  2 2     1.000 1.000 0.667
  3 3     0.667 0.667 0.333

64 ties.

Whole Network Results

                     1      2      3      4
                  Freq    Pct Possib Densit
                ------ ------ ------ ------
  1 Internal    14.000  0.219 24.000  0.583
  2 External    50.000  0.781 66.000  0.758
  3      E-I    36.000  0.563 42.000  0.467


Max possible external ties: 66.000
Max possible internal ties: 24.000

E-I Index: 0.563
Expected value for E-I index is: 0.467

Max possible E-I given density & group sizes: 1.000
Min possible E-I given density & group sizes: 0.250

Re-scaled E-I index: -0.167


Permutation Test
Number of iterations = 5000

                      1       2       3       4       5       6       7
                    Obs     Min     Avg     Max      SD P >= Ob P <= Ob
                ------- ------- ------- ------- ------- ------- -------
  1 Internal      0.219   0.625   0.733   0.844   0.039   1.000   0.000
  2 External      0.781   0.156   0.267   0.375   0.039   0.000   1.000
  3      E-I      0.563   0.250   0.467   0.688   0.078   0.203   0.953
```

图 24.9 Knoke 信息网的 E-I 指数输出结果

我们发现,给定了图的群体规模和密度后,该指数可能存在的最大值(1.0)和最小值(+0.25)都是正数。如果我们重新调整 E-I 指数的观测值(0.563)使之落入这个范围,就会得到一个重调的指数值-0.167。这表明,在给定人口统计学限制和总密度的情况下,群体仍然有一个非常适度的封闭趋势。

计算结果的最后部分给出了基于置换的抽样分布。这里最重要的是该指数的抽样分布的标准差或标准误(0.078)。这个值表明,在一次次的随机试验中,初始指数值上下变动的平均幅度就是这么大。给定这个结果后,就可以比较本例中的观测值(0.563)和期望值(0.467)相对于标准差的大小了。正是由于抽样变异性($p=0.203$)的存在,才会常常出现约 0.1 的观测差异。大多数分析者不会拒绝这里的原假设,即因随机性带来的偏差是不"显著"的。也就是说,我们观测到了轻微偏向群体封闭性的情况,但是,我们不能确信这种偏向不是随机变异。

子结构

结构分析者最常见的兴趣之一就是网络中可能存在的"子结构"。我们先前考察的二方组、三方组和以个体为中心的邻域都可以被视为是子结构。在这一节中,我们将考察一些用来确认更大子群的思路。

理解网络结构的许多进路(approaches)都会强调,密集的关联是怎样从简单的二方组和三方组中建立起来并推至到更大的密集聚类(如"派系")的。这种社会结构视角聚焦在大的社会结构中的团结性和关联性是如何从小的、紧密的成分中建立起来的,这是一种"自下而上"的进路。网络分析者提出了大量实用的定义和算法,它们能找出大结构是如何由小结构组合而成的:派系、N-派系、N-宗派、K-丛和 K-核都用这种方式来考察网络。

我们也可以通过"自上而下"的方式寻找子结构。首先查看整体网,把子结构视为图中的各个域,这些域看似局部密集,却在一定程度上与图的其他部分相分离。这个思想已被用于许多方面,我们会讨论成分(components)、块/切点、K-核、Lambda 集与桥、分派(factions)和 f-群。通过自上而下与自下而上的进路去搜寻图中的子结构通常不会找到同样的分群,注意到这一点十分重要(Moody and White,2003)。研究者出于分析的目的而对某个有意义的子结构作定义,这个定义应该是预示了所选择的方法的。

与其他区域相比,图中某些区域与整体的关联可能会更少,这一现象可能导致对断裂(cleavage)和分隔(division)线的洞察。"社会纹理"中较弱的部分也为经纪行为和受限制较少的行动创造出机会。因此,要想预测群体和行动者所面临的机会和限制以及预测图本身的演变,区域的数量、规模及"关联布局"就可能至关重要。

大多数锁定子结构的计算机算法都是在二值对称数据上运行的。下面的大部分图解都会用到 Knoke 信息交换网络数据。只要算法允许,我们就使用有向形式的数据。有了对称数据,我们就能分析"强关系"。也就是说,为了便于计算,我们坚持认为关系必须是互惠的,即需要将数据进行对称化处理。图 24.10
349 展示了互惠对称数据的矩阵和图。

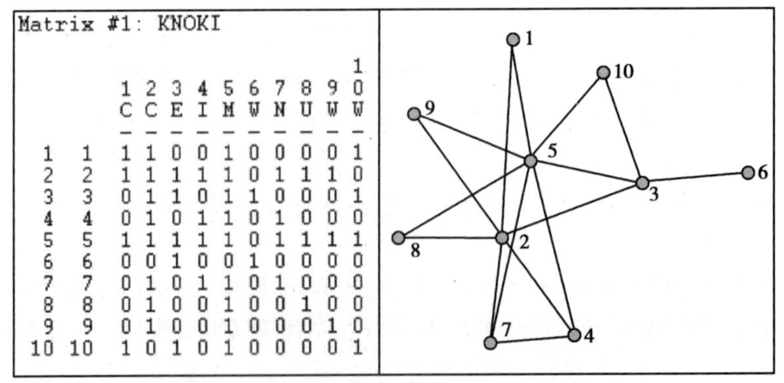

Matrix #1: KNOKI

		1 C	2 C	3 E	4 I	5 M	6 W	7 N	8 U	9 W	10 W
1	1	1	1	0	0	1	0	0	0	0	1
2	2	1	1	1	1	1	0	1	1	1	0
3	3	0	1	1	0	1	1	0	0	0	1
4	4	0	1	0	1	1	0	1	0	0	0
5	5	1	1	1	1	1	0	1	1	1	1
6	6	0	0	1	0	0	1	0	0	0	0
7	7	0	1	0	1	1	0	1	0	0	0
8	8	0	1	0	0	1	0	0	1	0	0
9	9	0	1	0	0	1	0	0	0	1	0
10	10	1	0	1	0	1	0	0	0	0	1

图 24.10 Knoke 信息网络中的互惠关系

自下而上的方法:派系、分派、丛、核和 f-群

从某种意义上讲,所有的网络都是由群体(或子图)组成的。当两个行动者之间有关系时,他们就形成一个“群”。在考察一个网络的子群结构时,一种进路是开始于这种最基本的群,并去考察这种紧密关系能扩展到多远。这是一种有益的思考方式,因为有时候复杂的社会结构是从非常简单的社会结构中进化或涌现出来的。

派系(cliques)是点的(最大)子图,其中各个点之间的所有可能的关系都实际存在。也就是说,派系是这样一个最大可能的点集(大于 2),即其中任何两点之间都直接关联。利用 UCINET 对我们的对称化数据进行派系分析,部分结果见图 24.11。

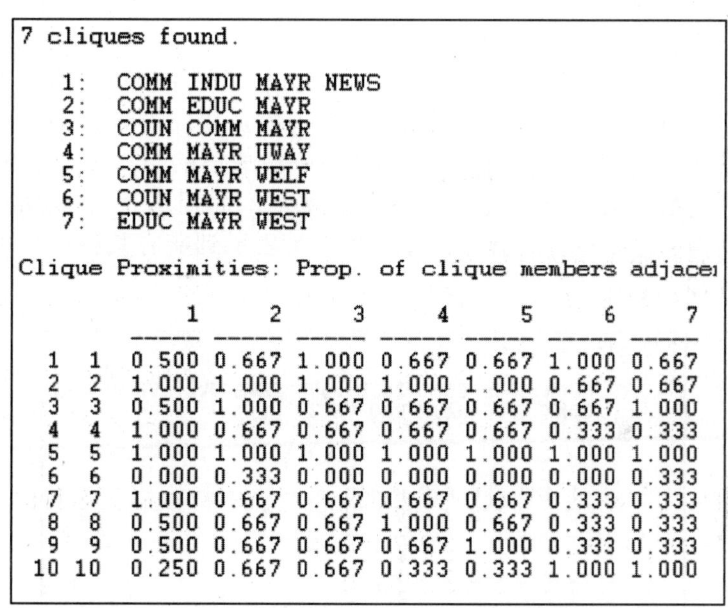

7 cliques found.

1: COMM INDU MAYR NEWS
2: COMM EDUC MAYR
3: COUN COMM MAYR
4: COMM MAYR UWAY
5: COMM MAYR WELF
6: COUN MAYR WEST
7: EDUC MAYR WEST

Clique Proximities: Prop. of clique members adjacei

		1	2	3	4	5	6	7
1	1	0.500	0.667	1.000	0.667	0.667	1.000	0.667
2	2	1.000	1.000	1.000	1.000	1.000	0.667	0.667
3	3	0.500	1.000	0.667	0.667	0.667	0.667	1.000
4	4	1.000	0.667	0.667	0.667	0.667	0.333	0.333
5	5	1.000	1.000	1.000	1.000	1.000	1.000	1.000
6	6	0.000	0.333	0.000	0.000	0.000	0.000	0.333
7	7	1.000	0.667	0.667	0.667	0.667	0.333	0.333
8	8	0.500	0.667	0.667	1.000	0.667	0.333	0.333
9	9	0.500	0.667	0.667	0.667	1.000	0.333	0.333
10	10	0.250	0.667	0.667	0.333	0.333	1.000	1.000

图 24.11 互惠对称的 Knoke 信息网络中的派系

在这些数据中出现了 7 个最大的完备子图(maximally complete subgraphs)。 350
其中最大者由 10 个行动者中的 4 个组成(2,4,5 与 7),所有其他较小的派系都与这个最大派系有某些重叠。第二个板块显示的是每个行动者(行)与每个派系(列)的邻接程度。例如,行动者 1 与派系 5 的三分之二成员相邻接。成员在这些数据中高度共享。

如图 24.12 所示,通过测量派系之间共同拥有的成员数量,就可以考量派系的重叠程度。

对派系接近度作聚类分析,结果显示,派系 6 和 7 与其他派系(有一点)是分离的。也就是说,这里有一种趋于一个较大“派系的派系”和一个较小派系的倾向。

```
Clique-by-Clique Actor Co-membership matrix

     1 2 3 4 5 6 7
     - - - - - - -
  1  4 2 2 2 2 1 1
  2  2 3 2 2 2 1 2
  3  2 2 3 2 2 2 1
  4  2 2 2 3 2 1 1
  5  2 2 2 2 3 1 1
  6  1 1 2 1 1 3 2
  7  1 2 1 1 1 2 3

HIERARCHICAL CLUSTERING OF OVERLAP MATRIX

Level    1 2 3 4 5 6 7
-----    - - - - - - -
2.000    XXXXXXXXX XXX
1.072    XXXXXXXXXXXXX
```

图 24.12　互惠对称的 Knoke 信息网中的派系重叠

N-派系

严格的派系定义(最大连接子图)对许多分析目标来说可能过于苛刻。它强调的是,每一个子群成员都应该与每一个其他成员之间有直接关系。一种备选的界定方法是,只要某个行动者与群体的每一位成员的距离都大于1,就可定义该行动者为派系成员。通常使用的路径距离为2,它对应于“朋友的朋友”。这种定义子结构的进路被称为*N*-派系,这里的*N*表示到所有其他成员的最大路径
351 长度(图 24.13)。

```
2 2-cliques found.

   1:  COUN COMM EDUC INDU MAYR NEWS UWAY WELF WEST
   2:  COMM EDUC MAYR WRO WEST


                             1
        1 2 3 4 5 6 7 8 9 0
        C C E I M W N U W W
        - - - - - - - - - -
  1  1  1 1 1 1 1 0 1 1 1 1
  2  2  1 2 2 1 2 1 1 1 1 2
  3  3  1 2 2 1 2 1 1 1 1 2
  4  4  1 1 1 1 1 0 1 1 1 1
  5  5  1 2 2 1 2 1 1 1 1 2
  6  6  0 1 1 0 1 1 0 0 0 1
  7  7  1 1 1 1 1 0 1 1 1 1
  8  8  1 1 1 1 1 0 1 1 1 1
  9  9  1 1 1 1 1 0 1 1 1 1
 10 10  1 2 2 1 2 1 1 1 1 2

HIERARCHICAL CLUSTERING OF OVERLAP MATRIX

        C I N U W   M E C W
        O N E W E W A D O E
        U D W A L R Y U M S
        N U S Y F O R C M T

                          1
Level   1 4 7 8 9 6 5 3 2 0
-----   - - - - - - - - - -
2.000   . . . . . . XXXXXXX
1.000   XXXXXXXXX XXXXXXXXX
0.833   XXXXXXXXXXXXXXXXXXX
```

图 24.13　互惠对称的 Knoke 信息网中的 *N*-派系(*N*=2)

这个放宽的群体成员定义使得我们前面发现的那些派系更具有包容性了(inclusive)。第一个 N-派系包括除了行动者 6 以外的所有人。第二个要严格一些,包括行动者 6(WRO)与两个核心元素。随着子群越来越大并越来越少,Mayor(5)显得不再重要了。根据这个比较宽松的定义,现在就有了一个行动者"内核"(inner circle),它们是两个更大分群中的共同成员。在共同成员矩阵和聚类分析结果中会看到这一点。

在某些情况下,我们会发现 N-派系有一种不符合许多分析目的的特性:N-派系的成员可能会被其本身不是该派系成员的行动者联系上。对于大部分的社会学应用来说,这都是相当麻烦的。为了克服这一问题,一些分析者提出了一种与之相关的分群,即 N-宗派。"宗派"的成员都以距离 n(或更小)关联在一起,并且所有中间的行动者都必须是宗派成员。

K-丛也是一种对派系成员(即其成员形成一个最大完备子图)放宽要求的备选方法。如果某些行动者与除了 k 个其他成员之外的所有人都有关系,K-丛就承认这些行动者是一个派系的成员。例如,如果 A 与 B、C 有关系,但是与 D 没关系;同时,B、C 都与 D 有关系,在 K-丛的定义下,四个行动者仍然可以在一个派系里,如图 24.14 所示。

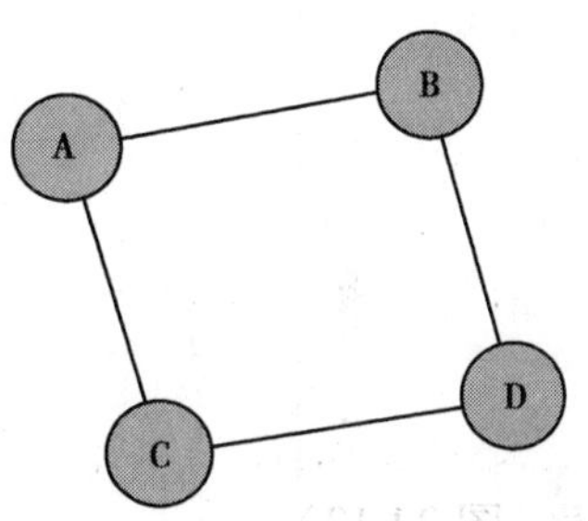

图 24.14 K-丛(K=2)图示

这种进路表明,如果一个点与派系的 n-k 个成员有直接关系,该点就是一个规模为 n 的派系成员。在图 24.15 中,我们令 k 等于 2,但要强调每个 K-丛都应该包括至少四个 352
成员。

与最大的或 N-派系方法相比,定义派系的 K-丛方法更容易找到"重叠的社会圈"。对于许多问题来说,定义子结构的 K-丛方法都很有意义。它要求一个群体中的成员要与该群体的(大多数)其他成员有关系,某点与非派系中间人的关系(这是 N-派系研究进路所认可的)不能使该点具有 K-丛成员资格。产生于 K-丛进路的群体结构图可能会大大不同于 N-派系分析的结果。

K-核是 K-丛的一个变种,它特别有助于分析大量行动者的分派情况。如果行动者们与 k 个成员有关联,且不考虑他们可能与多少个其他成员没有关联,K-核进路就允许这些行动者加入子群。从直观上看,在某些应用方面,K-丛定义是有吸引力的。如果一个行动者与足够数量的群体成员有关系,即使他们并不认识许多(甚至大多数)成员,他们也可能感到与该群体有关系。这可能是因为认同取决于关联而非融于子群之中。

自上而下的进路:成分、切点、块和分派

上文考察的各种进路都始于二方组,并且向外扩展了这种紧密的结构。这些进路认为,网络的整体结构都是从较小成分的重叠和连结之中涌现出来的。换一种方式看,人们就可能从整体网开始,把"子结构"确认为是比整体域更密集

```
15 k-plexes found.

    1:  COUN COMM EDUC MAYR WEST
    2:  COUN COMM INDU MAYR
    3:  COUN COMM MAYR NEWS
    4:  COUN COMM MAYR UWAY
    5:  COUN COMM MAYR WELF
    6:  COMM EDUC INDU MAYR
    7:  COMM EDUC MAYR NEWS
    8:  COMM EDUC MAYR UWAY
    9:  COMM EDUC MAYR WELF
   10:  COMM INDU MAYR NEWS
   11:  COMM INDU MAYR UWAY
   12:  COMM INDU MAYR WELF
   13:  COMM MAYR NEWS UWAY
   14:  COMM MAYR NEWS WELF
   15:  COMM MAYR UWAY WELF


             1  2  3  4  5  6  7  8  9 10
            CO CO ED IN MA WR NE UW WE WE
            -- -- -- -- -- -- -- -- -- --
   1  1      5  5  1  1  5  0  1  1  1  1
   2  2      5 15  5  5 15  0  5  5  5  1
   3  3      1  5  5  1  5  0  1  1  1  1
   4  4      1  5  1  5  5  0  1  1  1  0
   5  5      5 15  5  5 15  0  5  5  5  1
   6  6      0  0  0  0  0  0  0  0  0  0
   7  7      1  5  1  1  5  0  5  1  1  0
   8  8      1  5  1  1  5  0  1  5  1  0
   9  9      1  5  1  1  5  0  1  1  5  0
  10 10      1  1  1  0  1  0  0  0  0  1

HIERARCHICAL CLUSTERING OF OVERLAP MATRIX

              I E C M C N U W W
            W N D O A O E W E E
            R D U U Y M W A L S
            O U C N R M S Y F T

                                1
 Level      6 4 3 1 5 2 7 8 9 0
 ------     - - - - - - - - - -
15.000      . . . . XXX . . . .
 5.000      . . . XXXXX . . . .
 4.000      . . XXXXXXX . . . .
 3.400      . XXXXXXXXX . . . .
 3.000      . XXXXXXXXXXX . . .
 1.909      . XXXXXXXXXXXXX . .
 1.420      . XXXXXXXXXXXXXXX .
 0.082      . XXXXXXXXXXXXXXXXX
 0.000      XXXXXXXXXXXXXXXXXXX
```

图 24.15 Knoke 的互惠对称信息网络中的 *K*-丛群体

或更稀疏的局部性部分。可以用社会交织稀疏的地方定义网络中的分隔或分裂线,也可以用这些地方去指明网络是如何分解成更小的单位。这种自上而下的视角引领我们去思考那些群体选择层次上运行的动力学,去关注行动者是在什
353 么样的限制性条件下建构网络的。

要定义网络中的分隔域和“弱场所”(weak spots),是有许多方法的。下面就

是一些最常用的方法。

图的成分(component)就是这样的子图,即其内部的成员之间有关联,但是子图之间不关联。如果一个图包含了一个或多个"孤立点",这些行动者也是成分。比较有意思的是这样的成分:它们把网络分成相互独立的部分,每个部分就是一个成分,都包含了几个行动者。对于有向图来说,我们可以定义两类成分。一类是弱成分,它是一个诸多关联的点集,不考虑关系的方向。一类是强成分,它要求:如果 A 和 B 处于同一个成分中,需存在一条从 A 到 B 的有向路径。

由于 Knoke 的信息网络只有一个单一的成分,把它作为示例的意义就不大。所以还是换一个例子,现在考察加利福尼亚政治竞选中的大捐赠者网络。在该网络中,如果两个行动者在某一问题上立场相同、共同捐赠,他们之间的关系强度就被定义为共同捐赠的次数(图 24.16)。

```
HIERARCHICAL COMPONENTS

                F
                E
                D         S         G
                E         T         R
                R         A         A
                A     S   T   B     N
                T S D E   E   U     I
                I C E R   _   I H   T
            P   O H M V   E   L E   E           S
            I T N O O I   M R D W   _     J D   T
            E E _ O C C   P E I L   C     O O   E
          P R A O L R E   L E N E   O     H N   P
          A R C F _ A _   O D G T   N R   N A   H T
          M E H _ E T E   Y _ _ T   S O   _ L E E I
          _ _ E T M I M   E H I _   T B   T D L N M
          O O R E P C P   E A N P C R _   _ _ I _ _
          M M S A L _ L A S S D A H U R   W F _ L D
          I I _ C O P O F _ T _ C E C E I A I B _ R
          D D A H Y A Y S A I A K V T I N L S R B A
          Y Y S E E R E C S N S A R I N T T H O I P
          A A S R E T E M S G S R O O E E O E A N E
          R R N S S Y S E N S N D N N R L N R D G R

                5 3 2 2 7 5 1 4 9 7 9 4 7 2 5 9 2
Value     1 2 3 5 7 3 9 4 3 9 7 6 8 9 3 6 1 8 0 6 4
------    - - - - - - - - - - - - - - - - - - - - -
13.000    . . . . XXX . . . . . . . . . . . . . . .
12.000    . . XXX XXX . . . . . . . . . . . . . . .
11.000    . . XXX XXX . . . . XXX . . . . . . . . .
10.000    . . XXXXXXXXXXX . . XXX . . . . . . . . .
 9.000    . . XXXXXXXXXXXXX . XXXXX . . . . . . . .
 8.000    . . XXXXXXXXXXXXX XXXXXXXXX . . . . . . .
 7.000    . . XXXXXXXXXXXXXXXXXXXXXXXXXXX . . . . .
 6.000    . . XXXXXXXXXXXXXXXXXXXXXXXXXXXXXXXXX . .
 5.000    . . XXXXXXXXXXXXXXXXXXXXXXXXXXXXXXXXXXX .
 4.000    . . XXXXXXXXXXXXXXXXXXXXXXXXXXXXXXXXXXXXX
 3.000    . . XXXXXXXXXXXXXXXXXXXXXXXXXXXXXXXXXXXXX
 2.000    . . XXXXXXXXXXXXXXXXXXXXXXXXXXXXXXXXXXXXX
 1.000    XXXXXXXXXXXXXXXXXXXXXXXXXXXXXXXXXXXXXXXXX
 0.000    XXXXXXXXXXXXXXXXXXXXXXXXXXXXXXXXXXXXXXXXX
-1.000    XXXXXXXXXXXXXXXXXXXXXXXXXXXXXXXXXXXXXXXXX
-2.000    XXXXXXXXXXXXXXXXXXXXXXXXXXXXXXXXXXXXXXXXX
```

图 24.16 加利福尼亚捐赠者的弱成分等级

如果我们将 13 个共识性问题设定为临界值,用这个很高的值来定义处于同一成分中的成员,那么我们的图中就只存在非孤立的成分了(由民主党与校工会组成)。逐步降低临界值就会产生多个分离的成分,直到我们达到 7 个共识性问题这个临界点。在这个点上,非孤立的点都被关联到单一成分中了。

块和切点(双成分)是一种被用来发现图中关键"弱"场所的备选进路。移除一个点,结构会被分成不关联的部分吗? 如果有这样的点,则称之为"切点"。我们可以想象这样的切点可能是特别重要的行动者。我们将图被切点分成的各个区称为块(blocks)(它与"块模型"或"块图像"中该术语的用法不同)。块的另一个名字是"双成分"(bi-component)。图 24.17 展示了将双成分思想用到 Knoke
354 数据上的结果。

```
2 blocks found.


BLOCKS:

Block     1:  EDUC WRO
Block     2:  COUN COMM EDUC INDU MAYR NEWS UWAY WELF WEST

Articulation points

                 1
          CutPoint
          --------
  1  1           0
  2  2           0
  3  3           1
  4  4           0
  5  5           0
  6  6           0
  7  7           0
  8  8           0
  9  9           0
 10 10           0
```

图 24.17 Knoke 信息网络中的切点与块

结果识别出两个块,EDUC 同时是这两个块的成员。这意味着如果 EDUC(点 3)被移除,WRO 会变成孤立者。

Moody 和 White(2003)提出了一种用来识别嵌套切点集(nested cut-sets)的新算法,他们有十分充分的理由认为,其关于图子结构的研究进路是与"结构凝聚力"的概念非常一致的。他们的进路能识别由诸多凝聚子群嵌套形成的等级,对识别诸子群在移除个别点时的稳健性以及识别 *K*-成分(最大 *K*-关联子图)也特别敏感。

Lambda 集与桥(bridge)是分析关联性问题的另外两种方法。这里要考虑的是,图中是否存在着某些**关联**(而不是点),这些关联一旦被移除,结构就会断裂。在我们的例子中,唯一符合这个条件的是 EDUC 和 WRO 之间的关系。Lambda 集合的进路将网络中的每一个关系都依据其重要性进行排序,通过评估网络中行动者之间有多大流量会流经每个关系可以得到这个重要性。然后就要确定这样的关系集合,即如果它们不关联,将大大阻断所有行动者之间的流量。这种想法固然简单,但是数学运算却很棘手。我们将这种思想用于 Knoke 的数据上,得到图 24.18。 355

```
LAMBDA SETS

HIERARCHICAL LAMBDA SET PARTITIONS

                  U W C E I M C N W
                W W E O D N A O E E
                R A L U U D Y M W S
                O Y F N C U R M S T

                                  1
Lambda          6 8 9 1 3 4 5 2 7 0
------          - - - - - - - - - -
     7          . . . . . . XXX . .
     3          . . . XXXXXXXXXXXXX
     2          . XXXXXXXXXXXXXXXXX
     1          XXXXXXXXXXXXXXXXXXX
```

图 24.18 Knoke **信息网络中的** Lamda **集合**

这种方法确认,2 和 5(COMM 和 MAYR)的关系是图中最重要的关系:它承载着大量的运力,如果移除它,图就会被严重破坏。

M.E.J. Newman(2006)提出了密切相关的"模块性"(modularity)思想,并把它作为一种区分图中子结构的进路。Newman 的思路是这样定义子结构的,即与基于点度数的期望值相比,子群内部的关系更多,子群之间的关系更少。这是对早期研究进路的一个重要发展,因为早期的研究寻求的是子群之间的桥关系数最少,并不考虑群规模和点度数。

分派(factions)是这样的子群体:想象这样一个社会,其中每个人都与其所在子群内的所有人关系密切(即所有的子群体都是派系),而所有的子群之间都没有任何联系(即每一个子群都是一个成分)。分派要求子群内完全关联,子群间却完全无关。这只是"理想型",大多数现实的总体都不会这样,但是要评估总体中"分派化"(factionalization)的程度,它却是一个有用的参照点。

在这种理想型的社会中,如果考察每个"分派"中的所有成员,将它们的行与列合并在一个邻接矩阵中(即将矩阵进行置换,使得同一子群的所有成员占据着邻接的行与列),我们就会看到一个由"1-块"和"0-块"组成的独特模式。一个分派内的行动者之间全部关联着,不同分派的行动者之间都不关联。对于多值数据,块内平均关系强度要高一些,块间平均关系强度会低一些。

可将这种思想用到 Knoke 数据上。在运行多次备选的块数之后,我们认定,对我们的研究目的来说,4 块是有意义的。结果参见图 24.19。

可以用"最终误差数"(final number of errors)来测量矩阵"分块"的"拟合优度"。这个计数(27)等于分派内(这里假设所有的关系都像在理想型中一样是存在的)0 的总数加上非对角线块中(不同分派成员之间的关系,假定它们像在

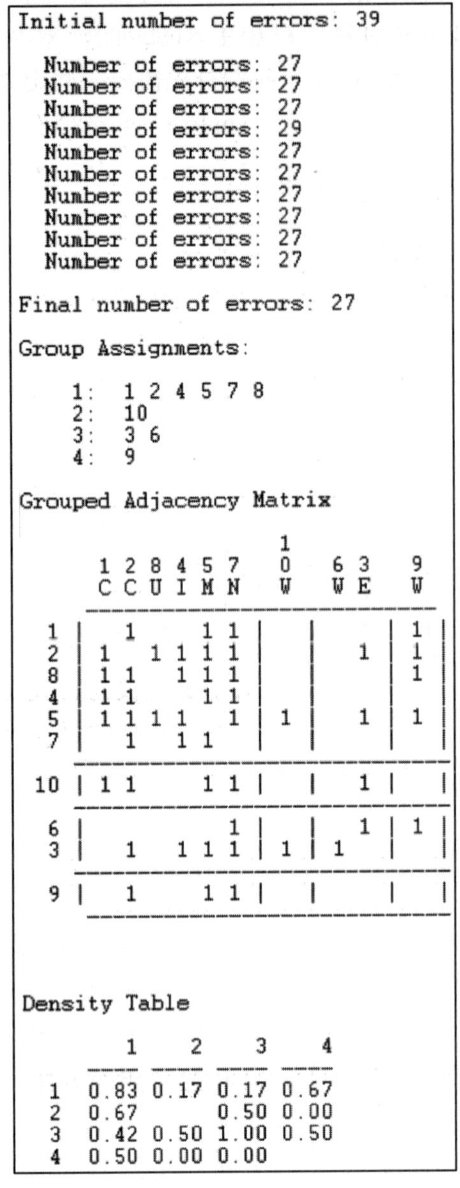

```
Initial number of errors: 39

  Number of errors: 27
  Number of errors: 27
  Number of errors: 27
  Number of errors: 29
  Number of errors: 27
  Number of errors: 27
  Number of errors: 27
  Number of errors: 27
  Number of errors: 27
  Number of errors: 27

Final number of errors: 27

Group Assignments:

    1:  1 2 4 5 7 8
    2:  10
    3:  3 6
    4:  9

Grouped Adjacency Matrix

                    1
      1 2 8 4 5 7   0   6 3   9
      C C U I M N   W   W E   W
     ----------------------------
  1 |   1     1 1 |   |     | 1 |
  2 | 1   1 1 1 1 |   |   1 | 1 |
  8 | 1 1   1 1 1 |   |     | 1 |
  4 | 1 1     1 1 |   |     |   |
  5 | 1 1 1 1   1 | 1 |   1 | 1 |
  7 |   1   1 1   |   |     |   |
    ------------------------------
 10 | 1 1     1 1 |   |   1 |   |
    ------------------------------
  6 |           1 |   |   1 | 1 |
  3 |   1   1 1 1 | 1 | 1   |   |
    ------------------------------
  9 |   1     1 1 |   |     |   |
     -----------------------------


Density Table

        1    2    3    4
     ---- ---- ---- ----
 1   0.83 0.17 0.17 0.67
 2   0.67      0.50 0.00
 3   0.42 0.50 1.00 0.50
 4   0.50 0.00 0.00
```

图 24.19 有向的 Knoke 信息网中的 4-理想分派解决方案

理想型中一样是不存在的)1 的数量。在我们的数据中共有 49 个关系,因此,有 27 次错误并不是拟合得太糟糕。不过,对四个“分派”来说,这已经是我们能做到的最好结果了。结果确认了四个分派,但是要注意的是,其中的两个都是个体(分别是 10 和 9),一个是二方组(3,6)。

“分块”或“分群”的邻接矩阵展示了一幅解决方案图。从中可以看到,“非主对角线”位置的密度相当大,这里本不应该如此。最后一个表报告了“块密度”,它是块内实际存在的关系数与所有可能的关系数之比。

基于案例的关系模式,核心-边缘和其他块模型把分派的思想扩展到了确认案例的子群或“类型”(或者从技术上说是对等类)上(Boyd et al.,2006;Clark,2008;Raval and Kral,2004)。在社会学数据中经常会发现核心和边缘模式;在这种块模型中,核心成员之间的关系多,边缘成员之间的关系少,在核心和边缘之间也有一些关系(其定义各不同)。基于案例在图中所处的位置或角色的相似性把案例分成各类子群体,这种做法已经被证明是最重要的确认社会结构中的子结构的进路之一了。Ferligoj 等(本书)全面论述了这一问题。

“嵌入中”的个体:个体网

到目前为止,我们所考察过的各种探索网络的进路往往都“自上而下”地看问题。也就是说,它们将注意力放在了整体网的结构、纹理(texture)和子结构上。对于许多问题来说,“自下而上”地看待社会网络,关注个体及其间的关联可能会很有益处。个体嵌入“局部”社会结构中的方式是有变异的,对这些变异进行描述并指标化是**个体网**(ego networks)分析的目标。我们首先需要一些定义。

“自我点”(ego)是单个“聚焦”点。一个完备网络(complete network)有多少个点,就有多少个自我点。不过,我们的数据也可能由一个或多个相互无关联的个体网组成。自我可以是个人、群体、组织或整个社会。 356

1-步邻域(one-step neighborhood)由自我点和所有与自我点直接关联的点组成。重要的是,这个邻域也包括与自我关联的所有行动者之间的全部关系。路径长度大于1的邻域在社会网络分析中很少用到。当我们使用“邻域”这个词时,就意味着1-步邻域。某些点与自我点的距离不大于 N,再考虑这些点之间的全部关系,就得到邻域的扩展,即 N-步邻域。

内邻域、外邻域及其他类邻域

大多数个体网分析都使用简单图形,即只关注关系有或无的对称图,不考虑关系的方向。如果使用一个有向图,就可能定义不同种类的自我-邻域。**外邻域**(out neighborhood)包括自我点将关系**指向**的所有行动者。**内邻域**(in neighborhood)包括将关系直接**发给**自我的所有行动者。对于那些仅与自我有互惠关系的行动者来说,我们也可以定义为邻域。这些只是少数几种定义自我邻域的方式;对于每个研究问题来说,不存在唯一“正确”的方式。

强关系邻域和弱关系邻域

大多数个体网分析都使用二值数据(行动者是关联或不关联的),这使得自我邻域的界定相当简单明确。不过,如果已经测量了两个行动者之间的关系强度或关系强度的价(valence)(正或负),我们就必须选择“邻接”的定义。对于用强度或概率来测量的关系来讲,一种合理的思路是定义某个临界值(或用更可取的方式,即探索出几个合理的备选值)。当关系有正有负时,最常用的方法是分别分析正关系邻域(positive tie neighborhood)和负关系邻域。

可以用调查法来收集个体网信息,个体网数据通常以两种方式出现。第一种方式是,我们可以要求每一位被调查者都确认全部与其有关联的行动者,并(以线人身份)向我们报告这些他者之间的关联。另一种方式是使用滚雪球法:首先要求个体确认与其有关系的其他人,然后询问被确认的每一个人与另外一些人的关系。最后每经过一个阶段,网络规模都会增大,直到原初抽取的成分中,每一个成员都被包括在内了。

通过这种方式收集到的数据并不能直接告诉我们个体网络在一个总体中的
整体嵌入性,但是它能告诉我们,甚至在非常大的总体中,各类个体网都会有着
怎样的盛行度(prevalence)。这类探究会产生一种由一系列网络组成的数据结 357
构。由于每个网络中的行动者都可能有所不同,所以需要把网络看作是相互分

离的行动者-行动者矩阵,保存为不同的数据集。

收集个体网数据的第二种主要方式是,从规则的完备网络数据(regular complete network data)中“提取”它们。这是我们的例子中要使用的方式。我们不把 Knoke 的信息交换网看作是单个网络,而是看成 10 个个体网(它们恰巧是关联和重叠的)。例如,人们可能从一个整体网中提取出所有男性的个体网,将它们的结构与所有女性的个体网进行比较。从单个全网络中提取出每个个体网,这样就创建了一个个体网样本,需要记住的是,这些个体网不是来自一个总体的独立样本,正态统计抽样的假设在此不适用。

关联性

自我-邻域中有相当多的特征可能会引起人们的兴趣。图 24.20 展示了许多最常用的自我邻域纹理(texture)测度方法。Knoke 的信息交换数据中有 10 个个体,在这个例子中,我们看到了其中每一个个体中的 1-步外邻域。也就是说,自我向某些行动者发出信息,这些行动者定义了每一个自我的邻域。同理,对内邻域的分析也可能很有意思。

Density Measures

	1 Size	2 Ties	3 Pairs	4 Densit	5 AvgDis	6 Diamet	7 nWeakC	8 pWeakC	9 2StepR	10 ReachE	11 Broker	12 nBroke	13 EgoBet	14 nEgoBe
1	4.00	11.00	12.00	91.67	1.08	2.00	1.00	25.00	100.00	29.03	0.50	0.04	0.00	0.00
2	7.00	24.00	42.00	57.14	1.43	2.00	1.00	14.29	100.00	18.75	9.00	0.21	8.17	19.44
3	6.00	17.00	30.00	56.67			1.00	16.67	100.00	23.08	6.50	0.22	8.25	27.50
4	4.00	11.00	12.00	91.67	1.08	2.00	1.00	25.00	100.00	28.13	0.50	0.04	0.33	2.78
5	8.00	29.00	56.00	51.79	1.57	3.00	1.00	12.50	100.00	16.98	13.50	0.24	14.67	26.19
6	3.00	2.00	6.00	33.33			1.00	33.33	100.00	42.86	2.00	0.33	1.00	16.67
7	3.00	6.00	6.00	100.00	1.00	1.00	1.00	33.33	88.89	36.36	0.00	0.00	0.00	0.00
8	6.00	24.00	30.00	80.00	1.20	2.00	1.00	16.67	100.00	20.45	3.00	0.10	0.00	0.00
9	3.00	6.00	6.00	100.00	1.00	1.00	1.00	33.33	100.00	36.00	0.00	0.00	0.00	0.00
10	5.00	16.00	20.00	80.00	1.20	2.00	1.00	20.00	100.00	23.68	2.00	0.10	0.33	1.67

1. Size. Size of ego network.
2. Ties. Number of directed ties.
3. Pairs. Number of ordered pairs.
4. Density. Ties divided by Pairs.
5. AvgDist. Average geodesic distance.
6. Diameter. Longest distance in egonet.
7. nWeakComp. Number of weak components.
8. pWeakComp. NWeakComp divided by Size.
9. 2StepReach. # of nodes within 2 links of ego.
10. ReachEffic. 2StepReach divided Size.
11. Broker. # of pairs not directly connected.
12. Normalized Broker. Broker divided by number of pairs.
13. Ego Betweenness. Betweenness of ego in own network.
14. Normalized Ego Betweenness. Betweenness of ego in own network.

图 24.20 Knoke 信息网外邻域的个体网关联项

某些个体网结构的测度与完备网络的一些结构测度相类似。不过,很多其他的测度却反映了“自下而上”式分析的独有趣味,并根据个体嵌入其局部关联结构中的方式描述了自我的机会和受到的限制。

个体网的规模是自我 1-步邻域中的点数再加上个体点本身。可见,行动者 5 拥有最大的个体网;行动者 6、7 和 9 拥有最小的个体网。有向关系数是个体网中所有点之间的关联数。点 1 的个体网络中的 4 个行动者之间存在着 11 个关系。有序对的数量是每个个体网中可能存在的有向关系数。在点 1 的网络中有 4 个行动者,因此有 4×3 个可能的有向关系。密度是实际关系数除以点对

(pairs)(即可能的关系)数。注意,行动者 7 和 9 处于所有行动者向所有其他行动者发送信息的邻域中,他们嵌入非常密集的局部结构中。福利权益组织(节点 6)处于一个其成员联系得不是很紧密的小世界里。行动者在其局部邻域中所面对的限制和机会存有差异,这种差异可能非常重要,正如我们在下文讨论“结构洞”时将要看到的那样。

在个体网中,平均捷径距离指的是所有关联对之间最短路径长度的均值。
当每个人都彼此直接关联(如节点 7 和 9)时,这个距离就是 1。在我们的例子 358
中,行动者 5 的关联邻点的平均路径距离最长(其邻域成员之间的平均距离是 1.57)。个体网的直径是关联的行动者之间的最长路径的长度(正如在任何网络中一样)。网络直径的思想就是要将网络的范围或跨度指标化:两个最远的行动者相距多远?就现有的例子而言,在大多数行动者的个体网中,成员们相距得都不太远。

一个自我邻域的规模、密度和距离与整体网中与之对应的概念非常类似。除了这些相当基础和简单的测度外,为了理解自我在与其邻域关联时所充当的角色,也为了理解自我的位置优势和劣势,个体网分析者还提出了许多方法。

一个令人感兴趣的特征是,自我邻域在多大程度上包含着相互分离的分派(faction)成分?在联系他者方面,自我在多大程度上扮演着重要角色?在不考虑关系方向的前提下,如果关联着的行动者数量达到最大,它就是一个弱成分(强成分关注有向数据中关系的方向)。在图 24.21 中,如果自我点(E)与 A 和 B 都关联(他们相互关联),与 C 和 D 也都关联(他们相互关联),但是无论如何 A、B 与 C、D 都不关联(除非通过每个人与自我关联的路径),那么在自我点 E 的邻域中就有两个“弱成分”。

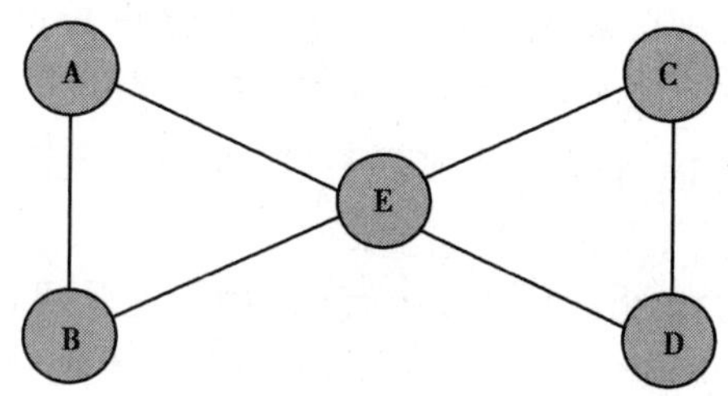

图 24.21 行动者 E 邻域中两个弱成分图的说明

我们的例子中不存在这样的情况,即每一个自我都嵌入单个成分邻域(component neighborhood)中。也就是说,不存在这样的自我点,即去掉它以后,整个网络就分离成不相交的行动者集合。如果关联是随机的,那么在自我邻域内存在一个以上弱成分的概率就是邻域规模的一个函数。因此,在给定网络规模的条件下,自我与诸多成分都有关联,为了掌握自我在关联时扮演的角色是否“意想不到”,有必要用规模(size)对成分的计算进行标准化。在我们的例子中,由于不存在多成分的情况,因而这种操作没什么意义。

2-步可达域(two-step reach)超越了自我的 1-步邻域,它会报告从自我出发 2 步可到达的点数占整体网中所有行动者数的百分比。在我们的例子中,只有点 7 不能通过“朋友的朋友”这 2 步距离向其他所有人发送信息。到达效率(reach efficiency)对 2-步可达域进行了标准化,即 2-步可达数除以规模。这里的思想是,我在每一个单位的初级联系人(primary contact)那里能得到多少个(非冗余的)次级联系人(secondary contact)呢? 如果到达效率高,用于维持初级联系的单位投入就能使我到达更广的网络,我便会收获到“更多的回报”(bang for my buck)。另一方面,如果我与邻点共享许多关联,到达效率就低。

自我点可能是其他行动者的“中间人”。在一个个体网中,自我与每一个其他行动者都有关联(这是其定义)。如果这些其他行动者之间并不直接关联,而自我点处在他们之间的路径上,此时自我点就是一个“经纪人”(broker)。一个令人感兴趣的问题是,对于每一个行动者来说,其在这个网络中发挥经纪行为的可能性有多大(个体网中有多少对邻点是间接关联的)。在我们的例子中,行动者 5 几乎与每一个人都关联着,它处在经纪人位置,可以为许多点牵线搭桥。标准化的经纪行为(经纪行为数除以对子数)可以评价自我在多大程度上扮演经纪人的角色。一个人可以多次处于经纪的位置,但是在网络的全部可能的关系中,这个比例会很小(例如网络比较大的时候)。由于行动者 5 的网络规模很大,它当经纪人的相对频次之高就不那么令人意外了。

中间度(betweenness)是“中心度”这个大概念的一个侧面。在个体网中,如果自我点位于从一个行动者出发到另一个行动者的最短有向路径上,自我点就处于二者“中间”。对于自我点来说,其邻点之间一般存在多条捷径,其中经由自我点的捷径数与总捷径数的百分比就是自我点的中间测度(betweenness measure)。中间测度可以标准化,这需要计算与自我点所在的同等规模和关联度的网络邻域中可能出现的最大中间中心度,再将自我点的实际中间中心度除以这个最大中间中心度。当自我居于一个“星形”网的中心时,就会得到中间中心度的“最大值”;此时,任何邻点之间都不进行直接交流,而邻点之间的有向交流都要经过自我点。

自我在其邻域里是如何居于中心或有权力的,这是可以指标化的,经纪行为和中间性思想与两种指标化方式是略有不同的。它们主要关注的方面是,行动
359 者的嵌入性是怎样为自身带来战略优势的。下面两节将探讨结构洞和经纪行为,并会详细阐明各种看待个体行动者的位置优势和限制的方式。

结构洞

Ronald Burt(1992)创造并普及了“结构洞”(structural holes)这一术语,结构洞指的是个体在占据位置优势和劣势上的某些非常重要的方面,位置的优势和劣势源自他们是如何嵌入其邻域的。Burt 对这些思想进行了形式化处理,提出了大量的测度(他编写的计算机程序**结构**[Structure]也提供了这些测度计算与其他工具),这些都大大激发了学者们的深入思考,即一个行动者的关联方式是

怎样以及为什么会影响他们的限制度与机会,又是怎样进一步影响到其行为的。

这里的基本思想很简单,好的思想常常是这样。设想由三个行动者 A、B 和 C 构成的一个网络,其中任何两个行动者都有关联。假设行动者 A 想要影响另一个行动者,或与之交换。假设 B 和 C 对于交往或交换都感兴趣。在这个网络中,行动者 A 将处于不利的谈判位置,因为 A 的两个潜在交换伙伴 B 和 C 除了 A 之外都有备选者;他们可以孤立 A,然后二者互换。

现在设想我们在行动者 B 和 C 之间打开一个"结构洞"。也就是说,B 和 C 之间的联系或关系"没了",因而不能直接交换了(也许他们没有察觉到对方,或者建立关系时的交易成本太高)。在这种情况下,行动者 A 就处在优势位置,因为他或她有两个备选的交换伙伴;而行动者 B 和 C 如果选择(或必须)交换,却仅有一个伙伴。现在,相对于有依赖性的两个他者来说,自我点 A 便拥有了权力,它不可能被排除在交换机会之外,不会受到这种威胁的限制。

Burt 提出了一系列与结构洞有关的测度,用多值数据、二值数据都可以计算这些测度。在社会学研究中,常规做法是使用二值数据(有关系或无关系)。对于多值数据来说,很难解释这些测度。结构洞指标可以用有向数据或无向数据来计算,当然,其解释取决于使用什么样的数据。这里我们使用的是有向二值数据。在我们的数据中有 10 个自我点,利用 UNINET 对每个点的邻域执行"结构洞"分析,结果如图 24.22 所示。 360

在结果中,**二方冗余度**(dyadic redundancy)意味着自我到某个他人的关系是"冗余"的。如果 A 与 B 和 C 都有关系,B 与 C 也有关系,那么 A 与 B 的关系就是冗余的,因为 A 可以通过 C 来影响 B。对于自我邻域中的每一个行动者来说,二方冗余度指标计算的是该邻域中有多少个其他行动者还与给定的他者有关系。在这个邻域中,与给定"他者"有关系者所占的比例越大,自我的直接关系就越"冗余"。在该例中,我们看到行动者 1(COUN)与行动者 2(COMM)的关系有大量冗余,因为在自我的其他邻点中有 72%也与 COMM 有关系。展示出高度二方冗余度的行动者是那些嵌入到局部领域中的行动者,在这些局部邻域中很少有结构洞。

自我与其邻域中的每一个他者之间的关系都会"限制"自我,二方限制度(dyadic constraint)是刻画这种限制程度的指标。在 1992 年出版的专著中,Burt 给出了完整的描述,只是这一指标的建构有点复杂。不过它的核心是,A 与 B 的关系在多大程度上限制 A,取决于 A 在多大程度上没有很多备选者(A 除了与 B 的关系之外只有很少的备选者),并且 A 的其他备选者也与 B 有关系。如果 A 只有很少的备选者与 B 交换,并且如果这些备选的交换伙伴也与 B 有关系,那么 B 就很可能会限制 A 的行为。在我们的例子中,限制度指标并不太大,因为大多数行动者都有几个关系。不过,COMM 和 MAYR 对其他行动者施加了更多的限制,它们却不怎么受他者的限制。这种情形之所以出现,是因为 COMM 和 MAYR 拥有大量的关系,而与他们有关系的许多行动者却没有很多的独立信息源。

Dyadic redundancy

	1 COUN	2 COMM	3 EDUC	4 INDU	5 MAYR	6 WRO	7 NEWS	8 UWAY	9 WELF	10 WEST
1	0.00	0.72	0.00	0.61	0.78	0.00	0.72	0.61	0.56	0.39
2	0.43	0.00	0.33	0.47	0.87	0.00	0.57	0.40	0.33	0.40
3	0.00	0.50	0.00	0.50	0.60	0.05	0.70	0.00	0.00	0.35
4	0.61	0.78	0.56	0.00	0.78	0.00	0.61	0.61	0.00	0.00
5	0.44	0.81	0.38	0.44	0.00	0.00	0.56	0.38	0.31	0.31
6	0.00	0.00	0.13	0.00	0.00	0.00	0.38	0.00	0.13	0.00
7	0.54	0.71	0.58	0.46	0.75	0.13	0.00	0.50	0.46	0.38
8	0.69	0.75	0.00	0.69	0.75	0.00	0.75	0.00	0.63	0.00
9	0.63	0.63	0.00	0.00	0.63	0.06	0.69	0.63	0.00	0.00
10	0.50	0.86	0.50	0.00	0.71	0.00	0.64	0.00	0.00	0.00

Dyadic Constraint

	1 COUN	2 COMM	3 EDUC	4 INDU	5 MAYR	6 WRO	7 NEWS	8 UWAY	9 WELF	10 WEST
1	0.00	0.13	0.00	0.04	0.15	0.00	0.06	0.04	0.04	0.03
2	0.05	0.00	0.04	0.05	0.11	0.00	0.06	0.04	0.04	0.02
3	0.00	0.09	0.00	0.03	0.10	0.04	0.06	0.00	0.00	0.06
4	0.04	0.13	0.03	0.00	0.13	0.00	0.10	0.04	0.00	0.00
5	0.05	0.09	0.04	0.04	0.00	0.00	0.06	0.04	0.03	0.03
6	0.00	0.00	0.27	0.00	0.00	0.00	0.11	0.00	0.07	0.00
7	0.03	0.10	0.04	0.06	0.11	0.01	0.00	0.03	0.03	0.02
8	0.05	0.15	0.00	0.05	0.15	0.00	0.06	0.00	0.05	0.00
9	0.05	0.13	0.00	0.00	0.13	0.02	0.06	0.05	0.00	0.00
10	0.04	0.08	0.12	0.00	0.17	0.00	0.06	0.00	0.00	0.00

Structural Hole Measures

	1 EffSize	2 Efficie	3 Constra	4 Hierarc
1	2.611	0.373	0.481	0.103
2	4.200	0.525	0.401	0.052
3	3.300	0.550	0.386	0.044
4	2.056	0.343	0.479	0.082
5	4.375	0.547	0.387	0.032
6	2.375	0.792	0.454	0.139
7	4.500	0.500	0.424	0.097
8	1.750	0.292	0.514	0.079
9	2.750	0.458	0.436	0.101
10	1.786	0.357	0.486	0.072

图 24.22 Knoke 信息交换个体网的结构洞分析

网络的**有效规模**(effSize)等于自我拥有的他者数与每一个他者所拥有的他者数的均值之差。假设 A 与其他三个行动者有关系,再假设这三者之间两两无关系。那么,该个体网的有效规模就是 3。或者再假设 A 与三个他者有关系,并且这三个他者之间也都有关系。此时 A 的网络规模是 3,但是关系是“冗余”的,因为 A 可以通过任何一点就可以到达全部 3 个邻点。此时,其他点的平均程度是 2(每一个他者都与另外两个他者有关系)。所以,网络的有效规模是 1,即它的实际规模(3)减去冗余度(2)。

效率(efficie)是用个体网的实际规模除以其有效规模;也就是说,它测量了

"非冗余"关系数在自我的关系域中的比例。个体网的有效规模可以告诉我们有关自我点的总影响的信息;效率则会告诉我们,自我在利用关系上的单位投入带来了多大的影响。行动者可以有效却没效率,也可以有效率却无效。

限制度(constra)是一种汇总性指标,它测量的是自我发出的关系在多大程度上指向相互关联的行动者。如果自我的潜在交易伙伴都互视对方为潜在的交易伙伴,自我就是高度受限制的。如果自我的交易伙伴在邻域中没有其他备选者,他们就不能限制自我的行为。这个逻辑十分简单,但是测度本身却不简单(参见 Burt 于 1992 年出版的著作)。限制度的思想很重要,因为它指出,拥有很多关系的行动者实际上可能失去而不是获得行动上的自由,这取决于与其他行动者之间的关系。这一思想与 Bonacich 对影响和权力之差别的分析一样,都是基础而深刻的洞见。 361

等级度(hierarchy)是另一种相当复杂的测度,它描述了对自我进行限制的性质。如果对自我的全部限制都集中在唯一的他者身上,等级度就较高;如果限制来自自我邻域中的多个行动者,等级度就较低。等级度指标不直接评估限制的程度,但是在某种既定水平上对自我加以限制后,等级度就会测量出依赖性的一种重要性质,即在邻域内的所有他者中,对自我限制的分布有不均等性。

群体之间的经纪行为

经纪行为、中间性和结构洞分析的焦点都是自我在多大程度上处于他者的"中间",这是个体网分析中的一个重要主题。考虑到自我和他者也可能隶属于社会群体,Gould 和 Fernandez(1989)就以一种有趣的方式扩展了这些思想。

假设个体网由男性和女性(或在性质上有差异者)组成。我们可能感兴趣的是,在这个网络中,自我在多大程度上处于男性和女性"中间",而不只是关心自我在整体上是否具有高的中间性。Gould 和 Fernandez 的"经纪行为"概念是从自我充当群(或类)间关系代理人(agent)的视角出发的,他们考察了自我与其领域之间的关系。

为了考察给定的行动者扮演的经纪角色,我们就要找到该行动者处于其他两个行动者之间有向路径上的每一种情况。这样,每个行动者就可能有许多充当"经纪人"的机会。对自我充当"经纪人"的每一种情况,我们都要检核它涉及**哪类**行动者。也就是说,对三个行动者来说,每个人的群体成员身份是什么? 这里存在着五种可能的组合。

如果自我处在两个成员之间的一条有向路径上,且自我与他们同属一类(如一个女性处于两个女性之间的路径上),则称自我为**协调员**(coordinator)。如果自我处在一个群体的两个成员之间的路径上,而自我与他们不属于同一个群体(如一个男性处于两个女性之间的一条路径上),则称自我为**顾问**(consultant)。如果自我处在另一个群体的成员到自我所在群体的成员之间的一条路径上(如自我是一个男性,它处于一条从一个女性到另一个男性的路径上),则称之为"**守门人**"(gatekeeper)。如果自我处于一条从它自己所属群体的成员指向另一个群体的成员之间的一条路径上,就称自我为“**代表者**”(representative)。最后,如果自我处在一条从一个群的成员到另一个不属于任何群体的成员的路径上,自我就是一个**联络人**(liaison)。

以我们的 Knoke 信息交换网络为例,它把每个组织划分为三类:一般的政府组织(群 1)、私人的非福利组织(群 2)和组织化的专业组织(群 3)。

对 Knoke 有向信息网络中 10 个自我点的经纪角色作一基本分析,结果如图 24.23 所示。

	1 Coordinat	2 Gatekeepe	3 Represent	4 Consultan	5 Liaison	6 Total
1	0	0	0	1	1	2
3	0	1	1	2	5	9
5	2	6	5	5	9	27
2	0	3	7	5	6	21
4	0	0	1	1	0	2
7	0	5	0	0	1	6
6	0	1	0	0	0	1
8	0	0	0	0	0	0
9	0	0	2	0	0	2
10	0	0	0	1	0	1

图 24.23　Knoke 信息网络中经纪角色的分值

结果显示,行动者被类聚在各个“分区”之中。例如,行动者 1、3 和 5 是一般的政府组织。在全图中,每位行动者都可能充当五个角色中的每一种,图中的每行都计算了每位行动者所充当的各角色的原始次数。尽管我们分析的是整个图,然而还是应该将分析限制在每个自我点的 1-步邻域内。有两个行动者(5 和 2)是三个组织总体之间相互联络的主要根源。第三个总体中的组织(6、8、9、10)
362 即福利专业组织,它们的经纪行为率总体来说偏低。第一个总体中的组织(1、3、5)是政府组织,它们似乎更多地充当了联络人的角色而不是其他角色。第二个总体中的组织(2、4、7)是非政府的一般性组织,它们扮演了更多样化的角色。总的来说,每个总体内几乎都没有协调者。

中心度

网络分析者经常把行动者嵌入关系网的方式描述为是给行动者施加限制和提供机会(Granovertter,1982)。一些行动者比其他行动者受到的限制少,拥有的机会更多,这样的行动者往往位于有利的结构位置上。占据有利位置意味着行动者在交换中会更有利可图,更有影响力,也可能得到位于不利位置者的尊重和关注。

拥有“有利的位置”“更多的机会”或者“更少的限制”,这些指的是什么? 这个问题没有唯一正确的最终答案。如前文所述,行动者的邻域中有结构洞可能会带来优势;处在子结构之间的经纪人位置也可能提供结构上有利的位置。

个体相对于其邻域点来说有优势或劣势,要想理解这种优势或劣势的结构性来源,最广为使用的进路是“中心度”(centrality)。其核心思想十分简单:在社会结构中处于“中心”的行动者可能更具有影响力或权力(不过也可能更受限制)。但是,什么是“居于中心”,这个简单的思想却不那么简单。请看图 24.24 中三个简单网络中行动者 A 的情况。

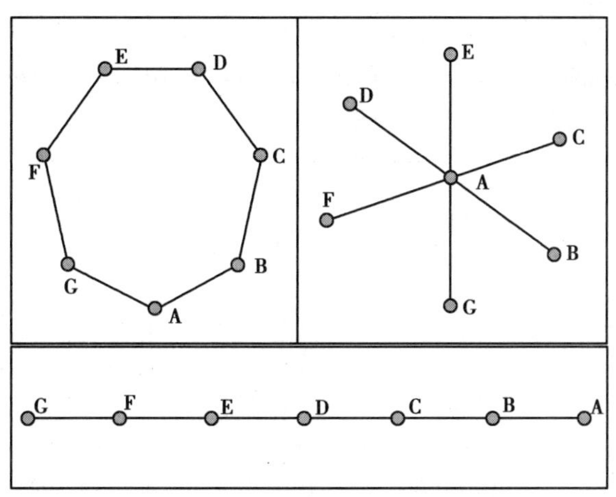

图 24.24 环形网、星形网与线形网

稍加审视就能看出,行动者 A 在星形网中(图 24.24 右上)拥有一个十分有利的结构位置。星形网展示的邻域具有最大的不平等性:A 是中心,其他点都同样身处边缘。在环形网中(图 24.24 左上),邻域中的所有行动者都处于对等的(equivalent)位置上,A 不比其他任何点更居于中心或更远离中心。在图 24.24 的线形网中,A 似乎是边缘化的,邻域中各个点的优势的总体分布处于星形网和环形网这两极之间。

但是,在上述图形中,自我的优势或劣势源自何处?网络分析者通过三种方式探讨了自我相对于他者的中心性。第一种进路关注的是行动者的度数(degree)。拥有更多关系(或“跟对了”他人)的行动者就拥有更高的度数,可能占据优势。基于度数的中心度进路与“社会资本”概念密切相关。第二种进路依据的是接近度(closeness),该进路认为,能够以较少努力“到达”更多他者的自我会占据优势位置。第三种主要的进路认为,桥接他者**之间**间隙的自我具有优势。 363

度数中心度:关联性

在无向数据中,不同点之间的差异仅在于它们有多少个关联。然而对于有向数据来说,基于点入度(in-degree)和点出度(out-degree)来区分中心度就可能十分重要。如果行动者接收到许多关系,一般就会认为他们是杰出的,或者威望高。也就是说,许多他者希求与他们建立直接关系,这可能表明了他们的重要性。有些行动者的点出度异常高,他们能够与许多人交换,或者是使许多他者意识到他们的观点。一般认为,点出度高的行动者是有影响力的。

Linton Freeman(1979)基于行动者的度数,提出了几类中心度的基本测度。图 24.25 展示了 Knoke 信息网络中每一个自我点的点出度和点入度。

	1 OutDegree	2 InDegree	3 NrmOutDeg	4 NrmInDeg
1	4.000	5.000	44.444	55.556
2	7.000	8.000	77.778	88.889
3	6.000	4.000	66.667	44.444
4	4.000	5.000	44.444	55.556
5	8.000	8.000	88.889	88.889
6	3.000	1.000	33.333	11.111
7	3.000	9.000	33.333	100.000
8	6.000	2.000	66.667	22.222
9	3.000	5.000	33.333	55.556
10	5.000	2.000	55.556	22.222

DESCRIPTIVE STATISTICS

		1 OutDegree	2 InDegree	3 NrmOutDeg	4 NrmInDeg
1	Mean	4.900	4.900	54.444	54.444
2	Std Dev	1.700	2.625	18.889	29.165
3	Sum	49.000	49.000	544.444	544.444
4	Variance	2.890	6.890	356.790	850.617
5	SSQ	269.000	309.000	33209.875	38148.148
6	MCSSQ	28.900	68.900	3567.901	8506.173
7	Euc Norm	16.401	17.578	182.236	195.316
8	Minimum	3.000	1.000	33.333	11.111
9	Maximum	8.000	9.000	88.889	100.000

Network Centralization (Outdegree) = 38.272%
Network Centralization (Indegree) = 50.617%

图 24.25 Knoke 信息网络中自我的度数中心度

行动者 5 和 2 拥有最大的点出度,可以认为它们最有影响力(虽然这可能是由于他们发送信息造成的,但是这个测度并没有考虑这个问题)。分析点入度会发现,7(报纸)联系了行动者 5 和 2。其他组织可能是为了发挥影响力才与这三个组织共享信息。可以将这种信息共享看作一种依从行动,或者是认识到了行动者 5、2 和 7 的位置可能是值得设法去影响的。如果我们想要比较不同规模或密度网络中的影响力,那么对点入度和点出度进行"标准化"就会很有用。在第一个表的最后两列,所有的度数都表达为与网络中行动者总数(减去 1 个自我点)的百分比。

如果在完备网络(这里便如此)而非分离的自我邻域(如果从总体中抽取样本,收集样本中每个个体的个体网信息,这就是自我邻域)中分析自我,我们也可以检验个体中心度的分布,以便更多地了解作为整体的总体。由图 24.25 可见,行动者的平均度数为 4.9,考虑到这里只有 9 个其他行动者,这个度数因而是相当高的。点入度的范围比点出度的范围(最小值和最大值)略大,且在所有的行动者中,点入度比点出度具有更高的变异(基于它们的标准差和方差)。度数(以及其他网络性质)的范围与变异性可能相当重要,因为它们描述了总体在结构位
364 置上是同质的还是异质的。最后,Freeman 给出了图的中心势测度(centralization measures),它在宏观层次上描述了作为一个整体的总体。图的中心势测度将网络中的不平等程度或变异程度表达为与同等规模的完备(perfect)星形网中该程

度的百分比。在这个案例中,图的点出度中心势(outdegree centralization)是理论最大值的51%,点入度中心势是理论最大值的38%。由此得出如下结论,在这个整体网中存在着较大的集中度或中心势。也就是说,该网络中个体行动者的权力差异很大。这意味着,该网络中各个位置的优势分布总体来说相当不均衡。

度数中心度:影响力和权力

Phillip Bonacich(1987)对度数中心度进路进行了修正。假设 Bill 和 Fred 各有五个密友。然而 Bill 的朋友恰好都是相当孤立的人,他们除了有 Bill 这个朋友之外,没有多少其他的朋友。相比之下,Fred 的每一位朋友又有许多朋友,这些朋友的朋友又有很多朋友,以此类推。那么谁更有中心性呢? 一种观点认为,Fred 更具有影响力,因为他能迅速到达很多其他行动者,但是,如果与他有关联的行动者们相互之间也关联较多,他们就不会很依赖于 Fred。Bonacich 认为,与相互有关联的一些行动者有关联,这会使一个行动者有影响力但不是有权力。有些讽刺意味的是,与那些相互联络较少的行动者相关联能使一个人有权力,因为这些行动者依赖于你,而联络良好的行动者并不依赖于你。

在我们的信息交换数据中,可以检查一下每个自我点的 Bonacich 影响力和权力位置。在计算 Bonacich 影响力和权力指数的时候,要用到一个衰减因子(attenuation factor) β (beta)或权数(weight)。这样就会显示出,该指数是随着与自我有关联的那些人的度数的增加而增加(影响力),还是减少(权力)。对信息交换网络的计算结果参见图 24.26 和图 24.27。

Actor Power

	1 Power
1	-2.732
2	-3.938
3	-3.235
4	-2.855
5	-4.428
6	-1.167
7	-2.610
8	-3.526
9	-2.488
10	-3.472

STATISTICS

		1 Power
1	Mean	-3.045
2	Std Dev	0.856
3	Sum	-30.452
4	Variance	0.732
5	SSQ	100.056
6	MCSSQ	7.321
7	Euc Norm	10.003
8	Minimum	-4.428
9	Maximum	-1.167

图 24.26 Knoke 信息网络中的 Bonacich 影响力指数(β=+0.50)

Actor Power

	1 Power
1	4.667
2	-9.333
3	12.667
4	6.000
5	-8.000
6	-11.333
7	8.667
8	1.333
9	7.333
10	0.667

STATISTICS

		1 Power
1	Mean	1.267
2	Std Dev	7.828
3	Sum	12.667
4	Variance	61.284
5	SSQ	628.888
6	MCSSQ	612.843
7	Euc Norm	25.078
8	Minimum	-11.333
9	Maximum	12.667

图 24.27 Knoke 信息网络中的 365
Bonacich 权力指数(β=-0.50)

如果考察指数得分的绝对值,我们会看到一个熟悉的故事。行动者 5 和 2 显然是最中心的点。这是因为他们的度数高,相互关联并与其他行动者高度关联。根据这种测度来看,行动者 8 和 10 也显现出高中心度,这是一个新的结果。这种结果出现的原因是,这些行动者以高的度数与所有其他行动者关联。行动者 8 和 10 都没有特别多的联络人,但是它们有“对的联络”(the right connections)。

再看看该指数的权力方面,其算法相同,不过计算时将负权重赋予了联络多的关系,将正权重赋予了联络少的关系。

这些结果与上文考察过的许多其他结果极其不同,这并不出乎意料。自我 2 和 6 的表现很显眼,这是因为他们的联系大多数是与那些度数高的他者建立的,与这些有权者交往,行动者 2 和 6 就“弱”。自我点 3、7 和 9 与度数少的他者有较多关系,有弱邻相伴,他们就显得“强”。

接近中心度

度数中心度测度只考虑一个行动者的直接关系或邻点关系,不考虑与所有其他行动者的间接关系,因此,它可能会受到批评。一个行动者可能与很多其他行动者有关系,但是,这些行动者却可能与整体网关联不大。在此类情况下,行动者可能很有中心性,但是只是居于一个局部邻域的中心。当然,如果我们唯一可利用的数据就是自我点的 1-步或 2-步自我邻域的数据,这就最好了。但是,如果我们拥有全(full)网数据,那么就会有大量可供利用的影响力中心度测度了,这些测度是建立在图中每个点到所有其他点的全部接近度的基础之上的(参见 Hanneman and Riddle,2005,第 10 章)。一些接近度指标,如捷径距离、特征向量中心度(eigenvector centrality)、可达中心度(reach centrality)、Hubbell 指数、Katz 指数、Taylor 指数、Stephenson 和 Zelen 指数等都将影响力中心度思想扩展到了大网络(或全图)上。

中间中心度

假设我想通过发送信息来影响你,或者我想就某些资源的交换达成交易,但是为了同你商谈,我必须经由一个或多个中间人。对于我来说,这就给位于我和其他行动者“中间”的人以一定的权力。然而,如果我能通过多条路径达到其他行动者,我对任何一个中间人的依赖度都会下降(Cook et al.,1983)。

邻域中他者之间的关联度在多大程度上依赖于自我,这要视情况而定。在星形网中,自我居于所有联络的中间;在派系中,每个他者都能相互到达而无须自我的帮助。自我的“中间性”程度可能是相对权力的一个重要维度。

在二值关系网方面,Freeman(1979)基于个体行动者之间的捷径路径中间性和全图中心势,创建了个体行动者的几种中心度测度。Freeman 等(1991)还将这个基本思路扩展到处理行动者之间的全部路径上。

在二值数据中,如果行动者处于其他行动者之间的捷径上,中间中心度就认为这样的行动者处于有利位置。也就是说，人们越是依赖我去建立与他人的关系，我就越有权力。但是，如果两个行动者可以通过一条以上的捷径建立关联，而我却不在这些捷径上，那么我就失去了某种权力。对于每一个行动者来讲，如果将他位于他者“中间”的次数加起来，就会得到一个自我“中间”中心度测度。如果将其表达为一个行动者的实际中间中心度与该行动者可能拥有的最大中间性之比，就会得到其标准值。就 Knoke 信息网络来讲，计算结果参见图 24.28。 366

	1 Betweenness	2 nBetweenness
5	17.833	24.769
2	12.333	17.130
3	11.694	16.242
7	2.750	3.819
9	1.222	1.698
4	0.806	1.119
1	0.667	0.926
10	0.361	0.502
6	0.333	0.463
8	0.000	0.000

DESCRIPTIVE STATISTICS FOR EACH MEASURE

		1 Betweenness	2 nBetweenness
1	Mean	4.800	6.667
2	Std Dev	6.220	8.639
3	Sum	48.000	66.667
4	Variance	38.689	74.632
5	SSQ	617.290	1190.760
6	MCSSQ	386.890	746.316
7	Euc Norm	24.845	34.507
8	Minimum	0.000	0.000
9	Maximum	17.833	24.769

Network Centralization Index = 20.11%

图 24.28 Knoke 信息网络的 Freeman 中间中心度分析

将整体网视为每个行动者的邻域，这是图 24.28 中的这些计算结果的基础。不过，可以在每个自我的 n -步邻域中计算中间性。我们在这里看到，自我点 5 居于最中心，并且存在着一个明确的“内圈”(inner circle)（自我点 5，2 和 3）。不同自我的中间性显然差异很大（均值为 4.8，标准差是 6.2，得出的变异系数为 130）。

考虑中间性的另一种方法是追问哪些**关系**（而非行动者）处于最中心。此处可以很容易应用 Freeman 的定义：如果一个关系是诸多对行动者之间捷径的一部分，该关系就居于**中间**。应用这种思想，我们就能够计算二值图中每个关系的中间性测度。

假设两个行动者想要建立关系，但是二者之间的捷径被一个难对付的经纪人阻断了。这时，如果存在着另一条路径，这两个行动者就可能会启用它，即使它长而且“效率低”。一般来说，行动者愿意使用将他们联络起来的所有路径，而不仅仅是捷径。从流量中间度（flow betweenness）角度分析中心性的进路扩展了中间中心度概念（Freeman et al.，1991）。该进路假定，行动者会以与路径长度成比例的方式启用所有的关联路径。此时中间度的测量是这样的：它是两个行动者之间的全部流量（即通过了联结他们的全部路径）与其中一个既定行动者在诸多路径上的总流量之比。对于每一个行动者来说，他都在一定程度上卷入到所有其他一对对行动者（pairs of actors）之间的全部流量中，这个测度加总了该行动者的所有卷入的程度（对一对以上的行动者的计算量是惊人的！）。我们预计，这个指标值的大小会随着网络的纯规模和网络密度的增加而增加,所以通过计算每个行动者的流量中间性,并除以不包括该行动者在内的全部流量中间性,就会得到这个指标的标准值,这样做是有益的。图 24.29 展示了信息网络中每一个自我的流量中心度。

	1 FlowBet	2 nFlowBet
1	3.854	5.352
2	20.783	28.866
3	16.954	23.547
4	4.220	5.861
5	25.876	35.939
6	1.500	2.083
7	8.401	11.668
8	2.954	4.102
9	4.054	5.630
10	4.092	5.683

Network Centralization Index = 25.629%

DESCRIPTIVE STATISTICS FOR EACH MEASURE

		1 FlowBet	2 nFlowBet
1	Mean	9.269	12.873
2	Std Dev	8.230	11.430
3	Sum	92.687	128.732
4	Variance	67.725	130.642
5	SSQ	1536.335	2963.609
6	MCSSQ	677.249	1306.421
7	Euc Norm	39.196	54.439
8	Minimum	1.500	2.083
9	Maximum	25.876	35.939

图 24.29 Knoke 信息网络的流量中间中心度

从这个更为全面的中间中心度测度来看,行动者 2 和 5 显然是最重要的中介者。当仅考虑捷径流量时,行动者 3 曾经非常重要,现在可不那么重要了。虽然全图变化不太大,但是如果追问谁更居于该网络的中心,那么这种对中间度的
367 精致定义还是给了我们一种别样的印象。

结 论

社会科学中的社会网络分析进路强调,行动者之间的关系与行动者的属性是同等重要(或许更重要)的。社会网络分析进路也着重强调个体与其所处社会环境的互动。个体以其能动作用造就并制约着社会结构,但是他们也嵌入到更大的社会织构(fabric)的纹理(texture)中,占据着其中的位置,作出的选择也受到

这种位置的严重制约。

在本章中，我们考察了在初级社会网络分析的量化进路中最常使用的一些概念和测度。在具体的进路中，常常出现难以处理的复杂情况，其核心问题是社会结构的一些基本思想。规模、密度、关联、距离、子结构（包括子群和对等类别）以及它们的相互关联都表现为社会结构的重要结构性质（无论是整体的还是局部的），因此成了普遍性的主题。正如社会网络分析者曾反复表明的那样，这些思想尽管简单却强大有力，它们既有利于洞见整体的社会结构，也有利于形成并规约该结构的个体行为。 368

参考文献

Bonacich, P. (1987) 'Power and centrality: A family of measures', *American Journal of Sociology* 92: 1170-82.

Borgatti, S.P., Everett, M.G. and Freeman, L.C. (2002) UCINET for Windows: Software for Social Network Analysis.Harvard, MA: Analytic Technologies.

Boyd, J. P., Fitzgerald, W. J. and Beck, R. J. (2006) 'Computing core/periphery structures and permutation tests for social relations data', *Social Networks* 28: 165-78.

Burris, V. (2005) 'Interlocking directorates and political cohesion among corporate elites', *American Journal of Sociology* 111: 249-83.

Burt, R. S. (1992) *Structural Holes: The Social Structure of Competition*. Cambridge: Harvard University Press.

Clark, R. (2008) 'Dependency, network integration, and development', *Sociological Perspectives* 51: 629-48.

Cook, K.S., Emerson, R.M., Gillmore, M.R. and Yamagishi, T. (1983) 'The distribution of power in exchange networks: Theory and experimental results', *American Journal of Sociology* 89: 275-305.

Crossley, N. (2008) 'Small-world networks, complex systems and sociology', *Sociology* 42: 261-77.

Field, S., Frank, K. A., Schiller, K., Riegle-Crumb, C. and Muller, C. (2006) 'Identifying positions from affiliation networks: Preserving the duality of people and events', *Social Networks* 28: 97-123.

Finsveen, E. and Wim van Oorschot. (2008) 'Access to resources in networks: A theoretical and empirical critique of networks as a proxy for social capital', *Acta Sociologica* 51: 293-307.

Fominaya, C.F. (2007) 'The role of humour in the process of collective identity formation in autonomous social movement groups in contemporary Madrid', *International Review of Social History* 52: 243-58.

Frank, K.A. (1996) 'Mapping interactions within and between cohesive subgroups', *Social Networks* 18: 93-119.

Freeman L. C. (1979) 'Centrality in social networks: Conceptual clarification', *Social Networks* 1: 215-39.

Freeman L. C., Borgatti S. P. and White, D. R. (1991) 'Centrality in valued graphs: A measure of betweenness based on network flow', *Social Networks* 13: 141-54.

Gallie, E.-P. (2009) 'Is geographical proximity necessary for knowledge spillovers within a cooperative technological network? The case of the French biotechnology sector', *Regional Studies* 43: 33-42.

Gould, J., and Fernandez, J. (1989) 'Structures of mediation: A formal approach to brokerage in transaction networks', *Sociological Methodology*: 89-126.

Granovetter, M. S. (1982) 'Alienation reconsidered: The strength of weak ties', *Connections* 5: 4-16.

Gurrieri, A. Rosa. (2008) ‘Knowledge network dissemination in a family-firm sector’, *The Journal of Socio-Economics* 37: 2380-89.

Hampton, K. N. and Wellman, B. (1999) ‘Netville online and offline: Observing and surveying a wired suburb’, *American Behavioral Scientist* 43: 475-92.

Hanneman, R. and Riddle, M. (2005) *Introduction to Social Network Methods*. Riverside, CA: University of California.

Haythornthwaite, C. (2005) ‘Social networks and Internet connectivity effects’, *Information, Communication & Society* 8: 125-47.

Hermann, R. J. (2008) ‘National security challenges and competition: US defense and space R&D in a strategic context’, *Technology in Society* 30: 371-81.

Knoke, D. and Yang, S. (2008) *Network Analysis*. 2nd ed. Thousand Oaks, CA: Sage.

Knoke, D. and Wood, J. (1981) *Organized for Action: Commitment in Voluntary Associations*. New Brunswick, NJ: Rutgers University Press.

Kien, G. (2008) ‘Beijing, 2006: International connectivity the way it is supposed to be’, *Qualitative Inquiry* 14: 1264-71.

Krackhardt, D. and Stern, R. N. (1988) ‘Informal networks and organizational crises: An experimental simulation’, *Social Psychology Quarterly* 51(2): 123-40.

Kratke, S. and Brandt, A. (2009) ‘Knowledge networks as a regional development resource: A network analysis of the interlinks between Scientific Institutions and regional firms in the metropolitan region of Hanover, Germany’, *European Planning Studies* 17: 43-63.

Lai, G. and Wong, O. (2002) ‘The tie effect on information dissemination: The spread of a commercial rumor in Hong Kong’, *Social Networks* 24: 49-75.

Moody, J. and White, D.R. (2003) ‘Structural cohesion and embeddedness: A hierarchical concept of social groups’, *American Sociological Review* 68: 103-27.

Newman, M. E. J. (2006) ‘Modularity and community structure in networks’, *Proceedings of the National Academy of Sciences* [PNAS] 103(23): 8577-82. www.pnas.org/cgi/ doi/10.1073/pnas.0601602103.

Raval, V.V. and Kral, M.J. (2004) ‘Core versus periphery: Dynamics of personhood over the life-course for a Gujarati Hindu woman’, *Culture & Psychology* 10: 162-94.

Rycroft, R.W. (2007) ‘Does cooperation absorb complexity? Innovation networks and the speed and spread of complex technological innovation’, *Technological Forecasting and Social Change* 74: 565-78.

Sanders, K. and Nauta, A. (2004) ‘Social cohesiveness and absenteeism: The relationship between characteristics of employees and short-term absenteeism within an organization’, *Small Group Research* 35: 724-41.

Schnegg, M. (2007) ‘Blurred edges, open boundaries: The long-term development of a peasant community in rural Mexico’, *Journal of Anthropological Research* 63: 5-32.

Scott, J. (2000) *Social Network Analysis: A Handbook*. 2nd ed. Thousand Oaks, CA: Sage.

Totterdell, P., Holman, D. and Hukin, A. (2008) ‘Social networkers: Measuring and examining individual differences in propensity to connect with others’, *Social Networks* 30: 283-96.

Urry, J. (2006) ‘Complexity’, *Theory, Culture & Society* 23: 111-15.

Wasserman, S. and Faust, K. (1994) *Social Network Analysis: Methods and Applications*. Cambridge: Cambridge University Press.

Watts, D.J. (1999) *Small Worlds: The Dynamics of Networks between Order and Randomness*. Princeton, N.J.: Princeton University Press.

Watts, D.J. (2003) *Six Degrees: The Science of a Connected Age*. New York: W.W. Norton.

Wellman, B., Carrington, P. J. and Hall, A. (1988) ‘Networks as personal communities’, in Barry Wellman and S.D. Berkowitz (eds), *Social Structures: A Network Approach*. Cambridge: Cambridge University Press.

网络数据的调查方法 25

SURVEY METHODS FOR NETWORK DATA

◎ 彼得·V.马斯登(Peter V. Marsden)

引　言

在收集个体或其他社会行动者之间的关系数据时,人们广泛使用了调查法和问卷法。这些方法传承已久:早在 1920 年代,研究人员就用这些方法来探究儿童的人际关系(Freeman,2004)。到了 21 世纪,在关系和交易测度方面,基于管理记录或电脑媒介通信系统的档案测度变得更为丰富,也易于获取。尽管如此,在许多情况下,这样的记录并不存在,或者并没有包括我们感兴趣的关系信息,或者那些直接观察、日记和其他收集网络数据的方法并不切合实际。这时候,调查就是一个重要的网络数据来源。

本章回顾了网络调查的基本问题,首先介绍网络数据调查用到的一般方式,有哪些进路可以定义研究总体的界限,选择被试/受访者的方法。然后要讨论的是,在整体网和个体网设计中用于数据收集的工具,并用经验研究来展示不同的进路。接下来,我们综述了开展和管理网络调查时需要记住的一些认知上的考量(cognitive considerations)。使用调查法获取网络数据时是存在着质量上的问题的。本章最后还回顾了一些探讨这些质量问题的研究,并强调了网络调查过程中可能会出现的特殊的保护人类被试问题。

网络数据的模板

网络调查主要有两类,它们关注的是有关系却不同的测量对象:“整体网”和“个体网”。**整体网研究**收集群体内将诸多单位或行动者联接在一起的一类或多类关系数据,并以此去测量某种有界社会群体的结构。**个体网研究**的目标更为限定,即通过测量一个或多个焦点单位或行动者的邻域(vicinity)中的关系来描述局部的社会环境。整体网研究在某种意义上包括个体网研究,即整体网数据包括每个行动者的个体网数据。[1]

最为常见的情况是,整体网调查要收集 1-**模**网络数据,它是关于单个集合中要素之间关系的数据,由多个单位或行动者构成该集合。如在一所学校的学生之间的友谊,或一个组织中将雇员联系起来的合作关系。然而,这种调查有时候也会测量 2-**模**网,该网基于两个不同的集合的要素之间的关系。这类例子包括,学校网络中,学生群体参与了像课外俱乐部或运动队这样的群体;组织网络中,员工群体参与了的委员会或项目小组。

许多设计上的变异均源自这些宽泛的研究模板。最小的设计只测量单一场合中的唯一一类关系,如友谊或咨询。扩展的设计包括:测量多个场合下某个群
370 体内部行动者之间的关系,单一时间点上的多类关系(如友谊、咨询与合作)。除收集网络数据之外,大多数研究还补充收集了有关单位/行动者属性、二方关系属性的信息,或者两种属性兼具的信息。在两组或多组网络的测量研究中也可能包括群体层次的属性数据。

研究总体的定义和抽样

在进行社会调查之前,就应该界定需要描述的目标总体,建构一个可以列举的抽样框(或提供获取渠道)。对于网络研究来说,需要确定测量元素及其关系的总体,这是个众所周知的"边界设定问题"(boundary specification problem)(Laumann et al.,1989)。

整体网研究

对于某些整体网研究来说,要在感兴趣的群体内部确定内含者,形式或位置标准可提供相对来说是不证自明的界定。这类例子包括医师执业(Keating et al.,2007)、学校教室的分配(Hansell,1984)以及某一街区的居民(Kirke,1996)等。

对于没有被正式定义的群体,如海滩边的"常客"(Freeman and Webster,1994)、政策领域(Laumann and Knoke,1987)或者社会服务传输系统(Doriean and Woodard,1992)等,其边界的划定可能具有挑战性。在这样的总体中,可以用位置标准识别出一些行动者。观察(或参考归档记录)一系列相关事情的参与情况也会有帮助。例如,在 Laumann 和 Knoke(1987)的研究中,基于某些标准确认了一些参与到美国健康和能源政策领域中的组织。这些标准有,在相关的国会委员会面前出现、法庭之友(amicus curiae)向受理上诉的法院作简报归档以及游说者登记等。(在数据采集之前)要请见多识广的线人根据声誉来提名参与者,这也可以补充边界设定的位置确定法和事件确定法。

社会关系本身也能显示一个总体中的内含部分,没有关系则可以标识出群

体的边界。Laumann 等(1989)称之为边界设定的“关系”策略。例如,在一项关于美国科罗拉多州科泉市(Colorado Springs)的高风险行为人群的研究中(Klovdahl et al.,1994),妓女的性伙伴和注射吸毒者都被登记到研究总体中去了。服务传输系统的研究可能始于一些核心机构,随后,被这些核心机构推荐了客户的其他机构,且这些机构也被加进去了(Doreian,1992)。在田野研究的过程中,也常常使用关系标准将行动者加入研究总体中去,这基于的是与先前的被访者有关系或被他提名。还可以同时使用位置的、基于事件的、声誉的和关系的标准去确认网络研究总体。一项研究可能始于一份基于位置的行动者清单,然后在田野研究开始之前再利用基于事件的或声誉的标准来加以补充。

规范设定过程通常会生成一份研究总体的完整列表或名册。这对整体网的数据收集来说是极其重要的帮助。

个体网研究

当我们做的个体网研究是代表性抽样调查的一部分时(如 Marsden,1987),就要遵循该调查对目标总体的定义来界定边界了。在个体网研究中,任何给定的被访者的个体网中都有“他者”的集合,要对这个集合划界,这就是第二个边界确定问题。在实践中,用来找出个体网数据的“提名法”(name generators)(见下文)常常能服务于这个目的。

网络抽样

与社会科学的诸多调查相比,网络调查只是在有的时候才会抽取样本。例如,整体网研究常常试图收集一个总体内所有行动者之间关系的数据,因为它们想探究全部元素之间的关系性质的测度(Lazarsfeld and Menzel,1980)。当使用调查法收集数据时,这仅适用于小规模到中等规模的总体。利用抽样方法选取一个有代表性的焦点行动者集合,就在抽样调查中获得了个体网数据。

可以通过网络抽样来估计整体网的结构性质。通过选择单位或行动者,或者选择关系都可以得到样本。在调查中,选择哪些行动者常常要出于实践上的考量,因为接触到行动者才能收集数据。Frank(1981)描述了几种网络抽样设计 371
的框架。一种框架是抽取一个由多个行动者构成的概率样本(例如,通过使用简单随机或贝努里设计抽样),然后只观察被抽到的行动者子集内的关系。另一种也是一个抽取行动者的概率样本,但是观察的是发生在这些行动者身上的所有关系。[2]通过关系-追踪法(link-tracing)也可能抽到网络,这种方法始于行动者的概率样本,找出他们的联系人,再对联系人进行抽样(如 Liebow et al.,1995)。因此,关系-追踪法可能重复一次或多次,以形成多个抽样的“随机线路”(random walks),它们包含着三个或更多关系的行动者。[3]

从不同的抽样设计中可以对网络性质作不同的推论,所以,当设计网络抽样计划时,我们必须深思要对网络的哪些性质进行评估。此时可以参考有关网络抽样的文献(参见本书 Frank 撰写的第 26 章)。

测量网络的工具

在获取社会关系数据时可以使用标准化的问卷和访谈,本节介绍其中常用的进路。首先介绍测量整体网的方法;然后转向测量个体网的技术,主要探讨“提名法”这一工具,它能够产生大量的网络数据;最后,本节介绍一些更短的工具:总体调查项(global survey item)和多项工具,可以用这些工具来测量一个或多个特定的个体网性质,但是它们无法报告特定的行动者—行动者关系。

整体网数据的工具

测量整体网是需要有充分信息的,这样才能指派一个值 $a_{ij}(i \neq j)$,使之表示网络中每一对(有序)行动者 i 和 j 之间的关系。我们这里关注的是 1-模网的工具。

社会计量测验

要评估整体网的调查研究,通常会用到 Moreno(1953)开发的社会计量测验(sociometric test)的某种变体。其基本技术是:要求网络中的每个人 i 去确认实际与自己有或打算有某类既定关系的“他者”(j),这样就得到了一个基于 i 的“选择”或 j 的“不选择”的 a_{ij}值。最初提出社会计量测验是为了测量与他人建立(或避免)联系的偏好。后经一般化后,就被用来测量“实际存在的”关系(如沟通、友谊、支持)。通过邀请受访者报告自己所属的群体成员资格或其他我们感兴趣的隶属关系,它同样能很好地适用于测量 2-模网。社会计量项(item)已经被用于大多数的调查模式了,尤其是在面访(in-person interviews)和自填式问卷中。在当代,许多对该测验的应用都使用了电脑辅助模式,这就简化了问题的呈现和数据的处理。

研究者可利用各种标准作社会计量选择,这些标准应该受到他们提出的实质性问题的指引。表 25.1 给出了一些标准的问题。Keating 等(2007)调查了初级保健医生,得到了他们关于妇女健康问题的重要对话。Singleton 和 Asher(1977)向三年级学生询问:他们喜欢跟谁一起玩,愿意(单独)与谁一起工作。Espelage 等(2007)要求七年级学生说出他们在学校里与谁“最常在一起”。Laumann 和 Knoke(1987)询问的线人代表着美国能源政策领域内的组织,他们要求这些线人指出其组织“惯常与该领域中的哪些其他组织讨论国家能源政策问题”。许多研究会探索两类或多类关系。例如,Brass(1985)询问了一家报纸出版公司员工的如下关系:工作流程中的关系、与工作有关的沟通以及亲密的友谊。

表 25.1 整体网测量任务举例

A.单一标准识别(recognition)问题(Keating et al.,2007)

在过去的六个月里,您已经与下列的(诊所名)每一位初级保健医生谈了话,其中有多少次谈话影响到了您对女性健康问题的思考?请在谈话次数上画圈。(下面是按医生首字母顺序排序的列表以及作答的类别“0 次”“1~3 次”和“≥4 次”)

B.多标准识别问题(Singleton and Asher,1977)

在学校里,您在多大程度上愿意和这个人一起玩?

在学校里,您在多大程度上愿意和这个人一起工作?

(呈现的全班学生名册要按照首字母顺序排列,以数字 1—5 来作答,并伴有从愁脸到笑脸的多个小脸图标)

C.自由回忆问题(Coleman,1961)

您最经常和学校里的哪些同伴聚在一起?(给出姓和名)

(本题项来自男孩版本的问卷;女孩接受的是一份措辞上略有不同的问卷)

D.认知社会结构任务(Casciaro et al.,1999)

请您将 X 放入下列矩阵的相应格子中,以这种方式标明您是否认为每一行中所列的人将每一列中所列之人当作自己的朋友。例如,如果你认为 J 先生(第九行)将 N 先生(第 N 列)视为朋友,就将“X”放入对应的第 9 行第 N 列(9N)的格子中。

(下面是对每个人进行列表的方阵,对角线的格子中[自我关系]是实心的阴影)

E.社会认知的映射任务(自由回忆)(Cairns et al.,1985)

现在请说说您的班上有一些同学常聚在一起吗?他们都是谁?是否有一些同学就是不愿意与某个特定的小组打交道?他们又是谁?

在使用社会计量项的调查中,许多调查会提供一个花名册,册上有该网络中可能包含的人,以供受访者在提名同伴时参考。使用这种识别技术进行研究的例子包括 Hansell(1984)对五、六年级课堂的研究,Lazega(2001)对一家律师事务所律师的研究,Provan 等(2009)对亚利桑那州一个县里的严重精神病患者服务机构的研究。其他的版本则要求受访者通过自由回忆记起他们的关系,正如 Coleman(1961)对高中内部网络的研究、Brass(1985)对报纸出版公司的研究,或者 Burt(2004)对供应链经理的研究那样。

名册法可以提醒受访者想起那些网络内符合条件的他者,简化报告任务。Brewer(2000)证明,使用名册会限制因忘记同伴而带来的测量误差。Sudman(1985)的实验表明,用识别法会产生大网络(也参见 Hlebec and Ferligo,2002)。然而,对于受访者来说,回忆和考虑一个庞大花名册上的所有名字可能是一个缓慢而又乏味的任务。因此,使用任何一种进路时都要保证能关照到他者的名字: 372
当回忆法是以不同的名字(如昵称、头衔、拼写的变化)去引用那些人们都熟知的他者时,必须确保这些名字被正确地匹配了,而用于辅助识别的名册则必须使用那些人们确实熟知的名字。

在早期的社会计量测量指南中,一些指南建议对受访者作的选择数不设上限(Lindzey and Borgatta,1954),另一些指南则提出要限制在 3~4 个(Northway,

1952)的范围内。使用这种限制的网络调查有,Coleman 等(1966)对医生的研究以及 Laumann 和 Pappi(1976)对社区领袖的研究。在实施调查时,对选择数施加限制有实际的好处:简化并指定了受访者的社会计量任务,减轻了他的负担。然而,这里要考虑测量误差。设限既可能导致少报(false negatives)(如果受访者的实际同伴人数超过限定数),也可能导致多报(false positives)(为了达到限定数而鼓励受访者说出额外的他者)。因此,在很多基本的网络结构统计量[包括度数分布,诸如二方谱、三方谱这样的网络汇总统计量等(Holland and Leinhardt, 1973)]中都会产生偏误。

社会计量题项使用各种作答类别和格式集合来测量关系。其中二值测量很常见:如果受访者与他者有某种既定关系,可以将他们列成清单,也可以在名册或者检查表上将他们标记出来,或者对每个人都单独作出"是/否"的回答。后面的"必选"(forced-choice)格式更为耗时,但有可能鼓励受访者作更深度的处理,给出更熟虑的回答(Smyth et al., 2006)。许多研究要求作定序测量:Keating 等(2007)在研究医生时使用了一个 3-类频次量表(0,1—3,或 4 次及以上谈话);Fernandez(1991)使用 5-点量表(从"极小"到"极大")测量了一个财政机构中的尊敬关系;Johnson 和 Orbach(2002)要求政治行动者在一个 11-点量表上确定他们之间的互动等级。在关于小学生或青少年的一些研究中(Singleton and Asher, 1977;Hansell, 1984),研究者用图标补充了有序作答的类别,例如,开朗的笑脸表明受访者"很"喜欢某个他者。

认知社会结构的任务

典型的社会计量题项要求受访者只报告他们直接卷入的关系。而认知社会结构(Cognitive Social Structure, CSS)设计(Krackhardt, 1987)则将受访者作为线人(informant),请他们说出他者之间的社会关系以及他们自己的关系。通过这种方式去测量对整体网的感知(perception)。就每个行动者发出的关系分别提问可以收集到相应的数据。正如 Krackhardt(1987)的研究所问,"X 在工作中会找谁征求意见?"或者要求作为线人的行动者填写矩阵格值(Casciaro et al., 1999;见
373 表 25.1D)。无论用哪一种方式,CSS 任务对受访者的时间与记忆都提出了相当的要求,尤其是对于中等规模的网络来说更是如此。

一项 CSS 任务可以产生关于每个有向关系的多重评估值$\{a_{ij}^{(k)}\}$,这里,$a_{ij}^{(k)}$是第 k 个线人对有序对(i,j)给出的感知值。为了将这些评估值结合在一起,以得到整体网中每一个关系 a_{ij} 的唯一测度,Krackhardt(1987)提出了几种方法。令$a_{ij}=a_{ij}^{(i)}$,即将每一个线人都看作她或者他发出关系的权威。这样就会得到一个"局部加总结构"(locally aggregated structure)。该结构实质上相当于通过典型的社会计量题项而获得的数据。还有一种"一致结构"(consensus structure)法,它用的是平均估计值 $\frac{1}{K}\sum_k a_{ij}^{(k)}$ (其中 K 是估计值的总数),或基于平均估计值是否

超出某个阈值给出 a_{ij}的二值测量。

社会认知映射和归堆法

有一类社会认知映射过程法(Socio-Cognitive Mapping,缩写为 SCM;Cairns et al.,1985),它能在受访者没有太大负担的情况下产生一种认知社会结构形式的数据。这种过程可以引导受访者说出自己关于派系与聚类的感知。SCM 任务主要用于测量儿童与青少年的网络,它要求受访者通过自由回忆来报告“经常待在一起”的人都有谁(见表 25.1E)。Freeman 和 Webster(1994)使用归堆任务法(pile-sorts task)来测量感知的网络。该任务类似于 SCM 过程,但它使用的是识别方法。归堆法向每个受访者随机提供一套卡片,上面写有网络中各个行动者的名字,并要求受访者把它们分成互斥的堆(piles)。这些堆包含一些彼此亲密或互动频繁的行动者子集。

无论使用 SCM 工具还是归堆法,各个受访者的报告都会生成一个二元矩阵(binary matrix),其元素表明线人是否将某个给定的人归入一个特定的子群中。可以将这些矩阵组合为一种对整体网中关系的一致性感知。这样,多值就是把两个行动者置于同一子群中的线人数的函数,它可以被赋给 a_{ij}。

个体网的提名法工具

被称为“提名法”(name generator)工具的一套调查问题能生成个体的二方关系数据,以及焦点行动者邻域中的“他者”行动者数据。该工具之所以有此称呼,是因为在测量之初,它要用一个或多个提名生成法问题来找出受访者个体网中的他者名册,从而建立它的边界。提名法很像社会计量题项,但是它们常常依赖于受访者的回忆。这是因为在个体网研究中,合乎条件的他者名册通常是得不到的。使用提名法工具的调查通常将受访者视为线人,请他们提供关于其周围的整个个体网的数据;一般不亲自调查或采访个体网中的他者。在提名法之后就会有**释名法**(Name interpreter),即追问特定的他者或关系的属性。当他者或者需要释名的项目数量很大时,使用这些工具就需要相当多的时间。分析者后来将提名法与释名法的作答结合在一起,这样就可以测量更为多样的个体网性质了。

正如社会计量题项一样,提名法问题必须详述一类特殊关系。常见的标准是角色关系(如朋友、邻居)、关系形式的某些方面(如接近性或接触的频次),或者某些特定类型的资源转让或交换。后一类标准尤其常见,它利用某种特定的关系内容找出他者。其中广泛使用的是“讨论重要事项”的提名法(参见表 25.2 的面板 A)。它在 1985 年的综合社会调查(General Social Survey,GSS)中首次使用,生成了受访者“核心”网络中的他者(Marsden,1987)。其他研究则依据其论题内容来修改提名法;例如,Huckfeldt 和 Sprague(1995)请受访者说出与自己“最经常一起讨论去年大选事件”的那些人的姓名。 374

表 25.2 提名法示例

A.单一提名法(源自 1985 年和 2004 年的综合社会调查;Davis 等,2007)

大多数的人时常与其他人讨论一些重要问题。回首过去的 6 个月,您与谁讨论过一些对您来说是重要的问题?只要告诉我他们的名或姓名的首字母即可。

如果说出的名字不足 5 个,请再追问:还有其他人吗?

B.多重提名法(Kogovšek et al.,2002:14)

1.人们有时会向其他人借东西,比如一台设备,或者就家内外的一些小事儿请人帮忙。通常您会请哪些人来帮忙?

2.人们有时会在自己的生活发生重大变化时去征求他人的意见,例如工作的变动或严重的事件。当您的生活发生了这样的重大变化时,您通常会征求哪些人的意见?

3.人们时常与他人交往,如互相拜访、结伴旅行或共进晚餐。您通常会与哪些人一起做这些事?

4.人们有时会与其他人一起讨论重要的私人问题。例如,他们与亲近的人争吵、在工作中遇到麻烦或其他类似的情况。在这些情况下,您会找哪些人讨论一些对您来说是重要的私人问题?

5.假设您发现自己处于这样一种情形下:当您需要一笔钱时,如平均 5 个月的工资(约 500 000 托拉尔)(译注:斯洛文尼亚货币单位),但自己手头却没有,您会找谁(一个人,而不是如银行这样的机构)去借这笔钱呢?

为了方便提名法的后续实施,提名法通常会要求受访者只通过名(first name)来确认他者,个体网设计则不需要对他者与受访者的名字进行匹配。一个提名项后面可能会跟着一个或多个探查项(probes),它们会提示受访者另外一些他者。Marin(2004)论证说,使用这样几个探查项可以大大增加个体网络的规模,因为受访者会补充上先前遗忘的他者。但是,用探查项时应该明智而审慎,尤其是当受访者必须亲自去定义那些行为不具体的提名项时,更应该谨慎。受访者可能会把宽的探查项看成一种暗示,即暗示自己说出比已经说出的名字还多的他者。这会导致他们改变其对提名法中关系内容的定义。

一些提名法工具还引入了可视化界面来辅助被访者。例如,Kahn 和 Antonucci(1980)要求受访者将他者放入围绕自己的同心圆内,这样就可以找出社会支持网。还有学者(McCarty and Govindaramanujam,2006)提出了一种动态可视化界面,受访者在其中可以加入相互之间有关系的他者,从而简化了释名法数据的收集。

两个或多个提名法可以为个体网划界。例如,Fischer(1982a)用九类提名法生成了社会支持网络;Van der Poel(1993)则推荐使用 3~5 个提名法构成的集合来测量个人支持网络。在表 25.2 的 B 部分中,社会支持的多重提名工具包括的提名有:工具性的小帮助、建议、社交、倾诉私人问题及重要的工具性帮助。在使用多重提名法进行研究时应该注意,多重提名法可能对被访者在回应特殊问题时给出的他者数有次序影响(order effects)(Pustejovsky 和 Splinance,2009)。

如在整体网测量中一样,一些提名法工具要求受访者说出一个指定的他者数。例如,Laumann(1973)要求说出 3 个"最好的朋友",而 Huckfeldt 和 Sprague

(1995)要求说出3个讨论政治问题者,Wellman(1979)要求受访者说出6个感觉最亲密的人。“重要事项”提名法(见表25.2)则不限制他者数,但是只在受访者说出的他者数小于5个时,才会探查更多的他者。许多其他的研究(如Fisher,1982a)不限定他者数。

在提名法确定了受访者个体网的边界后,后续的释名法问题要求追问信息的形式和内容。由于有这个释名法,与整体网工具相比,个体网数据的采集对受访者提出的要求会更多一些。

表25.3中列举了三类常见的释名项。第一部分包括的问题是,要求代言者(proxy)报告一个网络中他者的属性,如种族/族裔或年龄问题。第二部分询问了有关自我-他者之间关系的性质问题,如情感的亲密性、冲突/不适、认识多长时间或者接触的频次。这样的释名法有可能会问到一些一项研究特别感兴趣的特殊问题。例如,在全国社会生活、健康和老龄化项目(National Social Life, Health and Aging Project,缩写为NSHAP)中,研究者问到了受访者与每个他者相互讨论健康问题的可能性(Cornwell et al.,2009);而在一项关于1984年印第安纳州南岸市(South Bend,Indiana)选举的研究中,受访者被问到了与他者讨论政治问题的频次(Huckfeldt and Sprague,1995)。最后,释名法可能会问到他者们内部的关系(表25.3的C部分),这样就可以测量个体网的密度和个体网结构的其他方面了。

表25.3 释名法示例

A.他者特征释名法(源于1985—2004年的综合社会调查(GSS);Davis et al.,2007)

1. 他(姓名)是亚洲人、黑人、西班牙裔人、白人,还是其他类型的人?

针对每个名字提这一问题

2. 这个人(姓名)多大年龄?

追问:你猜一下最有可能是多大。

针对每个名字提这一问题

B.自我与他者的关系性质释名法(Kogovšek et al.,2002:14-15)

1. 你觉得与这个人亲近吗?请在一个从1到5的刻度上描绘一下你觉得亲近的程度,其中1表示不亲近,5表示非常亲近。

2. 这个人隔多长时间会让你感到心烦意乱?

(回答可以是常常、有时、很少、从来没有)

C.个体网结构释名法(源于1985—2004年的综合社会调查;Davis et al.,2007)

请你想想刚才提到的这些人之间的关系。其中一些人可能相互陌生,即便街上撞见也会认出彼此。其他人可能十分亲近,他们相互之间的亲近度就像你和他们之间的关系一样。

首先,请说出(**名字**1)和(**名字**2)。

1.(**名字**1)和(**名字**2)是完全陌生的人吗?

如果是,转入下一对名字

2.他们特别亲近吗?

追问:他们相互之间就像他们和你那样亲近或较亲近吗?

对每一对名字均重复上述提问

围绕“他者-样式”(alter-wise)的模块包括关于每一个他者的所有问题,围绕“问题-样式”(question-wise)的模块则对所有他者都问一个给定的问题。上述工
375 具可以组织“他者”块或“问题”块里的释名法问题(Vehovar et al.,2008)。“问题”块(如表25.3的A部分)要求受访者回答几个连续的问题,这些问题具有相同的答案选项。有学者(Alwin,2007)认为这种“排组”格式(battery format)会生成不很可靠的调查数据。但是,Vehovar等(2008)发现,问题-样式呈现方式的流失率和题目无应答率明显较低,从一些数据质量的评判依据看,这种呈现方式要更好一些。由于受访者知道他们说出的他者数,但是不知道一份问卷中的释名法的项目数。因此,他者-样式(alter-wise)能让他们更好地预料释名法任务的长度。在Vehovar等(2008)的研究中,“他者-样式”呈现方式(如表25.3的B部分)的实施时间较少,这也许是因为在这种格式中受访者能够更迅速地获知一个给定他者的不同片段的信息(Kogovšek et al.,2002)。

无论是用他者-样式(alter-wise)还是问题-样式(question-wise)来呈现问题,对释名法的回答都是重复、耗时的,尤其是当受访者有很大的个体网的时候更是如此。鉴于此,一些研究在询问释名者时,追问的是一个他者的子集。如果一项研究旨在测量受访者个体网的性质,而不是个体受访者-他者的二方性质,那么一个他者的子集数据就足够了。例如,White和Watkins(2000)只请受访者说出与之聊天的四个他者就够了,因为他们的受访者发现释名法问题冗长无味。综合社会调查(GSS)使用的提名法工具(Burt,1984)只使用了前五个被引出的他者的释名项(然而,很少有受访者说出五个以上的名字)。在回答五个不同的提名项时,回答者会先提出几个名字。Fisher(1982a)针对由这几个名字组成的他者子集追问了一些释名项问题。因为受访者往往最先说出他们最亲近的联络人(Burt,1986),因此,基于提名(citation)顺序来选取他者更适于测量较强关系的提名法数据。McCarty等(2007)以及Marin和Hampton(2007)都建议随机选择他者。要想以足够的信度来测量一个给定的个体网性质,所需要的他者数是依赖于各个受访者内部的他者特征的同质性的(Marsden,1993;McCarty et al.,2007)。

提名法工具已经用作一些调查形式中的一部分了,包括综合社会调查(GSS)中的面对面访谈(Marsden,1987)、电话访谈(如Kogovšek,2006)、邮寄问卷(如Marin and Hampton,2007)以及网络调查工具(如Vehovar et al.,2008)。提名法工具内含着某种复杂性:往小了看,为了实施释名法,他者的名字必须被恰
376 当地编目与组织。用多个提名法的工具时,必须在展示释名法之前删除掉多余的名字,那些对一个他者子集实施释名法的人则必须使用一个一致的数据协议(protocol)来选择子集。在这些过程中,训练有素的访问员可以帮助受访者避免组织上和导引上的错误,但是,计算机辅助工具——无论是自填式的,还是由访问员填写的——都会在这一设置环节中具有特殊的吸引力(Gerich and Lehner,2006)。

当受访者认为调查内容敏感时,如果自填的提名法工具能提高受访者敞开心扉的水平(Gerich and Lerner,2006),就会提高数据的质量。根据 van Tilburg(1998)和 Marsden(2003)的研究,自填也会避免提名法作答时的访问员差异。然而,当回答自填式问题时,受访者也会犯错误。例如,在对提名法作答时,他可能输入了复数的他者或群体(如"我的双亲"),或者答案中没有说出具体的他者(如"不想回答")(Manfreda et al.,2004)。此外,访问员在场有可能诱导并鼓励受访者留心眼。而当私下里对在线的提名法工具作答时,受访者就可能会倾向于满足调查者的最低要求。Matzat 和 Snijders(2010)比较了不同的模式,完成的报告引起了对这个问题的关注。无论如何,自测工具的视觉化设计都要当心。例如,受访者可能会认为,一个提名法问题后面的大量空间暗示了研究者期望他们说出的他者数(Lozar Manfreda et al.,2004;Vehovar et al.,2008)。

分析者用提名法工具测得的数据能构造各种测量个体网质的指标(如 Marsden,1987)。对于受访者 i 来说,其中最基本的指标是个体网的规模(n_i),即提名法生成的他者数。来自他者之间关系的释名法数据可以被用来构造局部密度测度,如 $d_i = \frac{2\sum_{j=2}^{n_i}\sum_{k=1}^{j-1} r_{jk}^{(i)}}{n_i(n_i - 1)}$,这里 $r_{jk}^{(i)}$ 测量的是在受访者 i 的个体网中,他者 j 和 k 之间的关系强度。网络组合(composition)的测度则以他者的释名法数据为基础,如属性 $c_i = \frac{\sum_{j=1}^{n_i} x_j^{(i)}}{n_i}$ 的平均水平(这里,$x_j^{(i)}$ 是 i 的网络中他者 j 的属性值)或者 i 的网络中有一个给定属性值的他者的比例。同样,网络异质性测度也可以建立在他者特征变异性的基础之上,如标准差 $s_i = \sqrt{\frac{\sum_{j=1}^{n_i} (x_j^{(i)} - c_i)^2}{n_i - 1}}$ 或者其他适合于类别测量的指标。可以用提名法工具测得的数据来构造 Burt(1992)的"结构洞"(structural holes)系列指数和其他许多个体网测度。

有关个体网性质的全局问题

许多单项的调查测度要求受访者提供个体网性质的某种概括性的评估,最常见的是非正式社会接触的数量或水平。这些调查得到的不是具体的行动者-行动者关系数据。表 25.4 提供了一些例子。第一个题项问的是受访者与一类特殊的他者(邻居以外的朋友)进行交往的频次,第二个题项问的是受访者的"密友"网的规模,第三个题项请受访者估计他或她每日直接进行社会接触的总人数,第四题项则要求对友谊网密度作一个定序的评估,第五题项测量了某个知己的存在。

表 25.4　个体社会网络性质的单项测量示例

A.与朋友社交的频次(来自 1974—2008 年的综合社会调查(GSS);Davis et al.,2007)

你会隔多久做一次以下的事情,请您使用这张卡并告诉我最接近的答案是……

与住在街坊外的朋友度过了一个社交之夜。

(卡上的答案是:几乎每天,每周一两次,一个月几次,大约每月一次,一年几次,约一年一次,从不)

B.友谊网的规模(来自 1998 年的综合社会调查;Davis et al.,2007)

你感觉自己有亲近的好朋友吗?

如果有,你大约有多少位好朋友呢?

C.典型的日常社会接触(Fu,2005:173)

在具有代表性的一天里,平均而言你会接触到多少人,包括所有那些你打过招呼、聊过天、交谈过或与之讨论过问题的人,无论你是面对面、通过电话,还是通过邮件,或是互联网上接触的,也无论你是否认识这个人,都请您估计一下人数,并从下列那些最符合您的估计值的类别中挑选出一个:(1)0~4 人,(2)5~9 人,(3)10~19 人,(4)20~49 人,(5)50~99 人,(6)超过 100 人。

D.友谊网的密度(来自 1985 年的综合社会调查;Davis et al.,2007)

某些人的朋友之间大都彼此熟悉,另一些人的朋友之间却彼此互不相识。请您说一下,在您所有的朋友中,他们是相互认识、大部分相互认识、只有少数相互认识,还是谁都不认识谁?

E.可依靠的知己(Lowenthal and Haven,1968)

您有任何特别的人可以向其倾诉或与之谈论你自己或你的问题吗?

在抽样调查中,像这样的全局性题目是易于实施的。它们的格式类似于其他常见的调查问题。它们有效率,只需要较少的访问时间。一些指标有建构效度,因为它们与其他令人感兴趣的现象(如个人的福祉)指标有稳健的统计关系。

多项工具

定位法

定位法(position generator)工具(Lin et al.,2001)测量的是受访者与特殊类型的他者之间的关系。它不生成与特殊个体之间的关系。这个工具是在社会资本框架内提出的,它假定职业声望较高的他者更容易获得有价值的社会资源,通常评估的是人们与社会经济地位各不相同的职业位置(position)的关系。这种测量策略还可能被用来评估与其他类型社会位置(如种族群体或宗教群体)的关系。

表 25.5 展示的定位法要求受访者标出,他们是否与一个特殊社会经济位置
377 上的任何人有着某种指定类型的联系(这里指亲属、友人或熟人)。接下来的问题是要求与特殊位置有联系的受访者指出,这个关系是强(亲人、友人)还是弱(相熟)。接下来还可以添加其他问题。

表 25.5 定位法示例

在您的亲戚、朋友或熟人中,有人从事以下工作吗?
a.高中教师
b.电工
c.小厂(公司)主
d.护士
(等等)
对于受访者回答"是"的每种工作来说,则追问:
他/她与您是什么关系?
1.亲人
2.朋友
3.熟人
(如果受访者认为有上述工作的联系者不止一个,则问其头脑中浮现的第一个联系人)

来源:林南等(Lin et al.,2001:77)

定位法的诸多作答通常会被组合在一起,这样就形成了被访者个体网构成(composition)与极差(range)的概括性测度。有三种得到广泛使用的概括性指标,它们是**外延度**(extensity)、**上限可达度**(upper reachability)及**极差**(Lin et al.,2001)。令 x_{ij}为一个指示变量,用它来说明受访者 i 与位置 j 之间是否有联系,令 p_j表示位置 j 的声望。这样,受访者 i 的网络外延度(即其联系着的位置数)就可以用 $\sum_{j=1}^{J} x_{ij}$ 来测量,这里的 J 是该工具中包含的全部位置数。i 的网络的"上限可 378
达度"被定义为能联系到的诸多位置中的最高声望者,$\max_j(x_{ij}p_j)$。最后,一个回答者的网络"极差"指的是,在该网络中发现的最高声望位置与最低声望位置之差,即$\max_j(x_{ij}p_j)-\min_{j|x_{ij}=1}(x_{ij}p_j)$。也可以通过复杂的多变量方法提出其他定位法数据的概括性指标(van der Gaag et al.,2008)。

定位法是一种效率较高的工具,与上述的提名法工具相比,它要求更少的访问时间。在提出定位法时需要作出一个重要的决策,即呈现给受访者的位置集合是什么。在一项研究中,研究者对某些定位感兴趣,所呈现的位置就应该包括该定位背后各维度的全系列变异(例如,对职业定位研究来说,要关注声望或社会经济地位),而且在感兴趣的总体内,它们应该是那些比较常见的职位。定位法工具要求受访者能够清点他们的某类联系,评估其中的一人或多人是否与某个占据着特定位置的人(如银行柜员)有联络。随着位置数和每个位置的后续问题数的增加,这种工具对受访者的要求也就越来越高。在 Lin 和 Erickson(2008)报告的 19 项包含定位法的调查中,位置数介于 6 到 40 之间,中位数是 17。这些应用涉及面对面、电话及邮件。

资源生成法

通过询问受访者是否与拥有某种资产或能力的任何人有私人关系,资源生成法(resource generator)(Van der Gaag and Snijders,2005)就会直接评估社会资源的获取渠道。与定位法一样,资源生成法也不测量个体关系。表 25.6 列出了一些资源生成法项目的例子。如果一位受访者至少有一位控制着某种既定资源的联系人,该工具就会探查出其中的最强联系的强度。

表 25.6 资源生成法示例

你知道谁…… a.能修理汽车\自行车等? b.在修理家用设备方面心灵手巧? c.熟悉政府法规? d.在你申请工作时可以为你献良言? (等等) (注:“知道”一个人的意思是说,如果受访者在大街上偶然遇到这个人,他或她会说出此人的名字,并且双方会主动与对方交谈。) **针对受访者回答“是”的每一项,需要追问:** 他/她与你是什么关系? 1.家属 2.朋友 3.熟人 **(对于一个给定项来说,如果受访者知道一个以上的联系人,就只对最强的关系编码,即家庭成员优先于朋友,朋友优先于熟人)**

来源:Van der Gaag 和 Snijders(2005:12)。

与定位法一样,资源生成法也不单独列举他者或测量网络结构:它把注意力放在与资源有关的网络构成上。同典型的提名法工具相比,资源生成法的施测时间更少。在资源生成法数据的基础之上,Van der Gaag 和 Snijders(2005)利用潜特质分析(latent trait analysis)提出了社会资本方面的一些测度。

社会支持量表

大量的社会支持文献中都包含了无数的工具,这些工具可以激发人们去报告那些感觉能得到的支持或实际得到了的支持(Wills and Shinar,2000)。一些测度采用提名法工具的形式,将个体的他者与支持联系起来(如表 25.2 的 B 部分
379 所示)。另一些测度则询问受访者能否找到可提供某类支持的人,其形式类似于资源生成法,参见 Cohen 和 Hoberman(1983)的人际评估清单(Interpersonal Support Evaluation List)。还有一些其他的社会支持工具,这些工具关注从不同类型的他者(如家庭、朋友和同事)那里能获得什么样的支持,并对此提出了相互独立的问题(如 Turner and Marino,1994)。

对网络调查的认知思考

受访者是如何回答调查问题的,最近的思想强调了四-阶段认知模型(four-stage cognitive Model):理解一个问题,从记忆中提取相关信息,整合所提取的相关信息(也许加入了其他的考虑)以便给出关于某个作答的判断,在调查工具指

定的格式中提供答案（Tourangeau et al.，2000）。本节要讨论一些研究，它们与涉及他者的问题过程以及受访者与他者之间的关系有关。

当社会计量问题问到发散的、行为上不具体的关系时，这些问题就可能会被误解或者以不同的方式被理解。有人倡导使用“具体交换”（如倾诉、社交）而非情感性（如亲密性）或角色关系（如朋友、邻居）的标准来表达提名法。这些人引用的一个依据是，受访者在回答交换问题时更容易有一贯性（McAllister and Fischer，1978）。不过，对于广为使用的“重要事项”提名法，人们给予它的理解还是有分歧的，一些研究对此作了考察。Bailey 和 Marsden（1999）用认知访谈法（cognitive interview）听取了受访者执行任务的情况。他们发现，有人将“重要事项”理解为是询问亲近的或频繁接触的人，并且大多数人认为跟家庭或个人生活相关的事件才是“重要事项”。他们认为，访问的情境可能会影响到受访者对重要事项的定义：当一系列包括政治内容的调查题项出现在提名法之前时，政治就容易成为重要事项的一部分；也可参见 Bearman 和 Parigi（2004）。Cornwell 等（2009 年）把他们的提名法工具放在“全国社会生活、健康和老年研究计划”NSHAP① 访问的开始部分，以便避免这样的语境效应。Bearman 和 Parigi（2004）要求受访者报告他们最近讨论过的重要事项，他们发现，涉及金钱和家庭财务的事项是最经常被提及的。还有五分之一的受访者“沉默”，他们说，在最近的 6 个月的期间里没有与任何人讨论过任何重要的事情。

在社会计量问题中，“朋友”居于较常使用的角色关系标准之列。然而，那些使用了多种方法的诸多研究表明，与“友谊”有关的定义和行为之间还是存在着很大的语境变异的（contextual variability），尤其是在性别和阶层方面（Adam and Allan，1998）。Fischer（1982b）探讨了一个加州人样本是怎样确认“朋友”的。他发现，“朋友”的意义相当模糊：他们在用它时是相当不具体的，以至于将没有什么标签的关系也涵盖进来了，这些关系常常是与他们有交往的、长期的、年龄相仿的、非家族内的关系。

社会计量问题有赖于自由回忆，这种问题会将受访人的注意力吸引到组织其对他人的回忆方式上去，在提取信息阶段，该方式会形塑信息的可获得性。有关个人记忆的研究也指出，用什么样的问题措辞或答案探索方式能促使人们准确报告出其联络人。Brewer（1995）作过的几项研究揭示，社会结构性因素可以组织对他人的记忆。例如，让被试回想一下那些就读研究生的人，他们往往会给出那些同期就读者中的名字。更普遍的情况是，他们回忆起的人与其所感知到的社会接近度（proximity）（Brewer et al.，2005）相对应：被知觉为常相互联系的他者也往往被一并记住了。

Brewer（2000）的其他研究证明了自由回忆任务中普遍存在的关系遗忘，对弱关系来说，这种情况更严重。Bell 等（2007）报告说，关系越不具体（与性伴侣或吸毒同伴相比之下的“朋友”）、越不明显（吸毒同伴对性伴侣），参照期

① 它是 The National Social Life，Health，and Aging Project 的缩写。这是一项历时性的、基于总体的研究项目，它关注的是健康和社会因素之间的关系。——译者注

(reference periods)越久远,遗忘就越严重。上述对记忆加以组织的研究表明,使用探查和提醒可以让受访者注意到相关的语境,或者注意到那些与已被说出名字时空临近的联络人,这样就有可能减少遗忘。Brewer(2000)也认为,这些工具应该包括几个提名法,这样才能为受访者提供说出他者的其他机会。

一些释名法题项要求受访者代替他人报告他者特征,当开发这样的题项时,研究者就应该注意到回忆自己与回忆他人之间的区别(Sudman et al.,1994)。人们是通过观察或交流而非经验去获得他人数据的。与自我回忆相比,对他人的记忆可能不太详尽易得,也不容易被组织成一些概括性的判断。受访者可能需要估计而不是提取关于他人的数据,他们通常就是这样做的,即代替他人报告他们自己的态度与行为(Sudman et al.,1996)。这种代替性报告有一个优点,即报
380 告他人时的社会期许压力(social desirability pressures)比报告自己时要小一些。

除了组织对他人的记忆,还有对他们之间关系的记忆。Freeman(1992)表明,人们往往将传递性施加于关系之上,即会回想起这些人之间有关系,事实上却没有。这和 Brewer 的结论相一致,后者认为,群体隶属关系会组织人们的记忆;但是,群内二方关系的细微差别却不能被精确编码。

要设置对受访者认知能力有高要求的社会网络题项并不困难。请考虑如表 25.4 所示的全局性题项。"密友"的第二项要求受访者先定义"朋友"和"亲密",然后列举或估计这种关系人的数目。或许正由于此,当比较全局项作答和用其他工具收集到的网络数据时,结果反映出了全局性问题在信度上的有限性。Sudman(1985)指出,一些网络测量是建立在认知和自由回忆的基础之上的,它们耗时较多;相比之下,对网络规模的诸多全局性估计值则呈现出相当大的响应方差。更有可能的是,"人造"(ersatz)网络密度题项(表 25.4 中的 D 部分)对记忆力和判断力提出了更高的要求。Burt(1987)指出,对它的回答与用提名法工具的数据构造的局部密度测度仅是弱相关的。

在回答释名法关于个体的他者及其关系的问题时,所涉及的判断性任务相对于全局项来说要简单一些,虽然其数量要多得多。如果追问个体网中有没有**任何一个人**(而不是问**多少人**)拥有所要研究的属性或资源,那么在回答诸如定位法与资源生成法工具中的题项时,所涉及的判断性任务就更为简化了,如表 25.5 和 25.6 的例子所示。

一旦受访者得出一个判断,他或她就必须将其形式化,以便与一个调查问题中所提供的答案类别相一致。如果可能,这些工具应该避免呈现涉及"模糊量词"(vague quantifiers)(Bradburn and Miles,1979)的答案类别,如"很少""经常"或"一些",而是要受访者报告数值,或者是提供一些涉及广为理解的测量单位的答案选项(如"每天"或"每月至少一次")。虽然在后一种结构中,受访者有可能难以作出准确判断,但是使用这种分类会减少某种测量误差,这些误差来自所有受访者将所作出的判断划归为模糊的量化类别时所产生的变异。Alwin(2007)推断,当题项使用了模糊量词时,对既往行为进行报告时的信度是较低的。

数据的质量

在社会网络的调查数据中，许多来源都会产生测量误差。例如，在自我报告的关系数据中，由于受访者记忆力有限，或受访者在作答时力图更好地呈现自己，他就可能错误地报告与某些他者的关系，同时又忽略与其他人的联系，这些都会产生误差。研究者也可能会提出与其所测量的概念不相符的问题，或受访者有可能会以不同于预期的方式去理解它们。不同的访员还可能会用不同的方式对调查题目施测（如提名法），从而产生误差。

因此，一些人对调查得到的网络数据持怀疑态度。不过，某些调查设计可以获得重复的测度，这是对测量质量进行系统考察时所要求的。针对基于调查的社会网络测度，很多研究考察了其数据质量的诸多方面。其中的很多研究都提供了令人信服的证据，证明对调查的作答项能可靠并有效地反映潜在的社会网络现象。然而，这样的研究是采用不同的标准（如效度、信度、项目无应答）来评价数据质量的，它们关注不同的测量对象（如二方关系、他者特征、个体网性质），检查本质上不同的网络关系，利用不同的指数和量纲测量数据质量。至于更一般的调查数据（Alwin，2007），其网络数据的质量评估则因总体而变，因此，任何给定调查的研究结果都是建议性的而非确定性的。

现有的数据质量研究并没有得出一个关于网络调查测度质量的单一或明确的意见。一些测量显得非常有效度与信度，而另一些并非如此。在这里，我们建议人们去关注这个领域内一些有影响的研究，而不是试图去全面考虑或综合整理所有相关的方法论研究。至于更深入的讨论，请参阅 Marsden（1990，2005）。下文首先讨论那些评估受访者-他者关系测度数据质量（社会计量项和提名法）的研究。随后，我们会涉猎那些考察释名法题项和网络组成测度的研究。

关系题项的精度和效度研究

Bernard 等人（BKS，1981）总结了有关“线人精度”（informant accuracy）的一些重要的和有影响的研究，这些研究考察了所报告的整体网中的沟通关系的精
度与效度。这些研究也比较了基于社会计量项的关系报告与使用日记、日志或 381
系统观察法得到的行为“金本位”（gold standard）测度。在使用不同测量方法（如排列与定级）进行调查的几个小总体中，调查得到的报告和基于沟通得到的“行为”测量至多只表现出中等程度的一致性。这些研究结果指出，用调查法获得的社会关系的“认知”报告存在着严重的质量问题，虽然我们同时注意到，行为日记法和观察法也可能包含着测量误差。至于用社会认知映射法（Social Cognition Mapping，SCM）获得的调查数据的质量高低，一项有类似设计的教室研究（Gest et al.，2003）给出了一些令人振奋的结论。

BKS 的研究激发了许多元分析（meta-analysis）和后续研究。Kashy 和 Kenny

(1990)将调查报告和行为数据之间的总体对应分解为两个"单独的"成分,一个成分是行动者层次上的与他人沟通的倾向,另一个是"二方"成分(dyadic component),它涉及这些人与特定他人进行沟通的倾向。他们的数据分析表明,在行动者层次上,在接收到的调查引述项(survey citations)和观测到的总体互动水平之间有较为紧密的对应,而在二方层次上,有中等程度的相关关系。然而,作出的调查引述项(citations)和观测到的互动水平之间则对应得很不好。后来,Feld 和 Carter(2002)对这个结论作出了回应,他们发现了"扩张偏误"(expansiveness bias)——在调查的网络数据中,向外(outgoing)发出的关系数报告在行动者层次上存在着很大变异。这些研究表明,调查数据比其他数据更能有效地测得一些网络性质。

Freeman 和 Romney(1987;也可参见 Freeman et al.,1987)开辟了一条独立的研究路线。该路线认为,在调查既往的社会互动时,报告结果的测量误差不是随机的,而是偏向长期的模式。这些研究得到的是 2-模调查数据,其中的受访者要报告是否其他人出席了近期的一次会议。然后,将这些报告与会议记录——既包括所关注的一次特殊会议,也包括一个长时段内举行的一系列会议——加以比较。他们发现,有人被误报出席了所研究的那次会议,这样的人往往参加了多数会议;有人被错报缺席了最近的一次会议,这样的人往往在较长的时段内很少参加会议。这些研究发现表明,调查的受访者可以有效地报告出稳定的社会互动模式,却不能精确地回忆起具体时间上发生的事件。当回答那些要求其报告出事件日期的调查题项时,受访者会面对认知上的挑战,这个一般性的研究结果响应了上述的研究发现(Tourangeau et al.,2000:第 4 章)。

关系题项的信度

其他的许多研究则比较了基于同一数据的两次或多次调查的测量结果,进而评估测量工具的信度。其中的一种进路是考察引述项(citations)的互惠性(reciprocation)。该进路的推理逻辑认为,一个在概念上无方向的关系应该由参与其中的两个行动者都报告出来。Marsden(1990)列举了几个互惠性研究,他发现,互惠率的变化范围很大,并有某种迹象表明,关系越亲密,互惠性越高。在最近的一些研究中,Feld 和 Carter(2002)报告了大学生们的互惠率约为 58%,请他们回答的问题是,"与谁一起共度时光"。而 White 和 Watkins(2000)则报告了肯尼亚农村妇女的非正式家庭计划讨论情况("聊天"),其互惠率只有 20%。对于高危人群(性工作者、静脉吸毒者及其性伙伴)来说,Adams 和 Moody(2007)报告了更高的互惠水平:性关系的互惠率为 85%,毒品共享关系为 72%,"社交"关系为 79%。如果考虑到时间因素,这些比率会略微下降,只有当他们所指的时间间隔是重合的(overlapping time intervals)时候,才把他们所报告的引述项看作是互惠的。Gest 等(2003)表明,在互惠的二方关系中,观察到的互动是较多的,这在某种程度上证明,互惠引述项的效度也可能较高。

与 CSS 的报告相类似的是,在 Adams 和 Moody(2007)研究的数据中,受访者也要报告其联系人的联系人的信息。这些关系中参与者的自我报告常常印证了其联系人的联系人之间的关系,虽然其比率要低于上面所引的互惠水平。特别要指出的是,观察者的报告很少与关于性关系的自我报告相一致,性关系通常发生的场所是不对其他观察者开放的。

施测-再测研究(Test-retest studies)比较的是两个或多个测量结果,这些测量应该是在不同场合下使用同一工具完成的。施测-再测(Test-retest)之间的相关系数反映的是所研究现象的稳定性和测量工具的信度的某种组合,所以它们不是数据质量的明确指标。对于网络调查数据来说,可以在不同的层次上进行重测信度评估。一些研究考察了各个他者的引述项的稳定性/失误性(turnover)百分比。例如,Morgan 等(1997)的研究显示,在提名法生成的他者中,约 55%的人
在两个月后会被再次提名。White 和 Watkins(2000)开展了一项跨越两年的研 382
究,他们发现,在受访者第一次报告的与其"聊了"家庭计划的同伴中,后来只有 18%的同伴被再次提名。Bignami-Van Assche(2005)在马拉维(Malawi)作过类似的研究,其报告的间隔是三年,该研究给出了一个更低的数字(约 10%)。在间隔时间很短(大约十天)的两个场合下,低于 30%的他者都被提名了。一些他者与受访者关系弱,相比之下,与受访者关系密切的他者更容易在不同的场合中被反复报告。有关在各轮追踪研究(panel study)中他者被反复引述的其他证据,参见一些述评性文章(Marsden,1990;Brewer,2000)。

如果网络形式和构成的测度在行动者层次上保持稳定,那么尽管受访者说出的个别他者中有着大量流失,很多工具还是可以在各种测量场景中可靠地测量出受访者的个体网性质的。在一项研究中,Morgan 等(1997)重复测量了受访者的个体网规模和家庭成员百分比,其测量间隔时间为两个月,两轮报告之间的相关系数大于 0.6。另一项研究(Bignami-Van Assche,2005)在短时间间隔内实施重新测量,所采用的提名法引出了相似的他者数,虽然受访者常常并不报告同一个具体的他者。

还有几项数据质量研究是采用多质多法(Multitrait-Multimethod,缩写为 MTMM)的进路来估计网络调查测度的信度的。这种研究会用不同的方法重复测量几种关系,因此既能评估测量的信度,也可以评价可靠方差(reliable variance)在多大程度上归因于方法上的差异。对于八项整体网性质的课堂研究来说,Ferligoj 和 Hlebec(1999)报告说,四个社会支持测度都有较高的信度水平(0.85 以上)。与信息支持和同伴关系测度相比,他们的情感和信息支持测度都有稍高一些的信度。虽然与那些涉及定序尺度的测量相比,使用二值反应量表(binary response scales)作测量显得稍不可靠,但是,在真值(true score)上,与方法有关的变异则是颇为适度的(也参见 Hlebec and Ferligoj,2002)。

释名法数据:代理报告及网络构成测度

一些个体网测度是用提名法工具生成的数据建构起来的,对于大多数这样的个体网来说,其内容是由对释名法的回答提供的。关于数据质量研究是在

他者的层次上来考察释名法的作答的,它们根据这些数据评估了诸多指标和量表。

代替的报告

当调查对象回答释名法的他者特征时,他们会“代替”他者做汇报(proxy reporting)。调查研究的文献中包括了大量考察此类报告质量的研究(如 Moore,1988),大多数是关于受访者报告其配偶或其他家庭成员的。Alwin(2007)评估了代替配偶报告其社会经济地位数据的信度,他发现,它们还是比较可靠的,虽然与自我报告相比稍有不足。Sudman 等(1994)推论,代理性报告的质量应该随受访者-他者互动的增加而提高。

许多有关代理性报告的研究直接从他者那里得到他的自我报告,然后把它们与原始的受访者代理性报告进行比较。如果我们视他者为其个人特征的权威表达者,这种设计就评估了代理性测度的效度。某些社会网络研究使用这样的设计来评估关于朋友或其他非家人等他者的代理性报告的质量。一个共同的发现是,受访者能够很好地报告关于他者的可观察数据——年龄、性别、家庭财产、子女数目,而关于不太容易观察的特征(如政党归属或避孕品的使用)的代理答案,其质量就会偏低(Laumann,1969;White and Watkins,2000),而且这样的测量常常偏向于代理受访者自身的价值。参见 Marsden(1990)的深入讨论。

网络构成测度的信度

如上文所说,很多描述个体网的测度都是释名法题项测得数据的受访者内(within-respondent)均值;例如,个体网密度可以表示为一个受访者网络中每一对他者之间关系强度的均值。Marsden(1993)使用概化理论(generalizability theory)方法评估了这些测量的信度。它们的信度随着不同他者测度的同质性与数目的增加而提高。利用引出五个或更少他者的提名法工具,可以可靠地测量许多这样的性质(但不是全部)。

其他一些研究使用多质多法设计(MTMM)来评估这类测度的信度。例如,有学者(Kogovšek and Ferligoj,2005)报告了个体网中他者的平均联系频次与平
383 均接近程度的信度系数,该系数大于 0.8。他们发现,行为测量比情感测量的信度更高。但是,在由访问员施测的模式中,释名法的“他者-样式”(alter-wise)呈现比“问题-样式”(question-wise)呈现有更高的测量信度(Kogovšek et al.,2002;Kogovšek and Ferligoj,2005)。然而,在互联网模式的研究中,问题呈现方式的研究进路更可信(Coromina and Coenders,2006;Vehovar et al.,2008)。他们(Kogovšek and Ferligoj,2002)发现,与包括弱关系在内的“扩展”(extended)网相比,由强关系构成的“核心”网的构成测度有更高的信度。

还有一系列的多质多法研究探索了来自提名法工具的数据的等级结构,在这些提名法工具中,对他者的观察嵌套在诸多受访者内部。这就允许对不同受访者内部的信度系数和受访者之间差异的信度系数进行估计。有学者

(Coromina and Coenders,2006)针对一些研究小组成员之间的建议、合作、信息交换和社交关系,在两个层次上都报告了大于 0.8 的信度系数。关于合作的报告最有信度,而关于社交的报告最无信度。对于常见的关系强度测度,如接近度和接触频次,Coromina 等(2004)报告了类似的结果。

人类被试保护和网络调查

在收集社会网络数据的调查研究中必须遵守全部法律、法规和规范。其中包括,自愿参与、受访者的知情同意、风险最小化以及数据收集完成后发布研究报告或数据集归档之时要保护他们的隐私(参见 Citro,2010)。在调查时,如果追问的关系信息涉及受访者的敏感行为(如性行为或吸毒),就更要特别警惕。至于在这种情况下可以采取哪些步骤,参见学者的讨论(Klovdahl,2005;Woodhouse 等,1995)。

关于网络的调查常常收集第三方信息,第三方指的是与受访者相关联的同伴与他者。一些人将第三方视为研究的参与者,认为研究者必须将他们视为“次级被试”(secondary subjects),从他们那里得到并寻求知情同意,尽管这一观点是有争议的(见 Klovdahl,2005;Morris,2004:3)。不过,毫无疑问研究者有义务保护次级被试免受因研究数据披露所带来的伤害,确保其承担的任何风险最小,并将风险置于潜在的研究利益之上。Woodhouse 等(1995)认为,如果研究发现由于初级被试(primary subjects)的行为而使次级被试也处于风险之中,那么对于这样的第三方,调查者就更有广泛的责任。

结 论

调查方法是而且似乎仍然是收集社会网络数据的一种主要方法。同其他研究方法一样,它们也有缺点。收集调查数据既耗时又费钱,对于大样本或大总体来说更是如此。许多方法论的研究探讨了网络数据调查中可能存在的测量误差,但是,它们也可能包括由不作答或访员差异这样的因素所导致的误差。

然而,任何研究数据都可能包括误差,对调查进路的这种关切是合理的,但不应该让我们对其优点视而不见,其中的很多优点都与它的灵活性有关。当研究者作调查时,他们会控制网络边界的定义。调查方法可以探索各类关系,而不仅是在一种特殊媒体如电子邮件中所记录的那些关系。调查研究者在研究中可以测量自己感兴趣的关系概念(conceptual interest),而不(例如)依赖于那些通过档案管理系统(record-keeping system)追查到的关系,这样就会提高效度。调查数据是在相对标准化的条件下收集的。与一些替代性的方法(如日记)所提出的要求相比,调查法通常只需要参与者有适度的时间投入。

展望未来,我们可以预期,评估和减少调查数据中不同形式的误差仍然会引起持续的关注。同样,谋求开发更为有效率的工具和在调查数据收集模式上进行创新,这样的研究前景也被看好。互联网调查提供了许多可预期的收益,包括大幅节省时间与成本、作答方便、有可能使用新的和不同的可视化界面。然而,这些创新的方法得到的数据质量如何,针对社会网络的调查数据来说,这种探究
384 才刚刚开始。

致 谢

感谢 Perter Carington, Anuška Ferligoj 和 Sameer Srivastava 提出有益的评论。

注 释

1.不过,关于整体网数据与个体网数据之间关系的这种观点需要一个假设,即对于对应的整体网来说,我们感兴趣的所有焦点行动者(focal actors)的任何边界之内的个体网都可以建立。在实践中,许多个体网研究是在大的、开放的总体中开展的,对于这样的总体来说,这个假设是站不住脚的。

2.在方便抽样中,获得受访者的个体网数据类似于这个设计。

3.我们省略了关于网络抽样方法的讨论,如受访者驱动的抽样(respondent-driven sampling)(Heckthorn, 1997)。这个方法利用少见的总体或隐秘总体元素之间的关系来抽取这些总体中的行动者样本,本质上不是对整体网或局域网
385 抽样。

参考文献

Adams, J. and Moody, J. (2007) 'To tell the truth: Measuring concordance in multiply reported network data', *Social Networks*, 29 (1): 44-58.

Adams, R. G. and Allan, G. (eds) (1998) *Placing Friendship in Context*. New York: Cambridge University Press.

Alwin, D.F. (2007) *Margins of Error: A Study in the Reliability of Survey Measurement*. Hoboken, NJ: Wiley Interscience.

Bailey, S. and Marsden, P. V. (1999) 'Interpretation and interview context: Examining the General Social Survey name generator using cognitive methods', *Social Networks*, 21 (3): 287-309.

Bearman, P. and Parigi, P. (2004) 'Cloning headless frogs and other important matters: Conversation topics and network structure', *Social Forces*, 83(2): 535-57.

Bell, D.C., Belli-McQueen, B. and Haider, A. (2007) 'Partner naming and forgetting: Recall of network members', *Social Networks*, 29 (2): 279-99.

Bernard, H.R., Killworth, P.D. and Sailer, L. (1981) 'Summary of research on informant accuracy in social network data, and on the reverse small world problem', *Connections*, 4 (summer): 11-25.

Bignami-Van Assche, S. (2005) 'Network stability in longitudinal data: A case study from rural Malawi', *Social Networks*, 27 (3): 231-47.

Bradburn, N.M. and Miles, C. (1979) 'Vague quantifiers', *Public Opinion Quarterly*, 43(1): 92-101.

Brass, D. J. (1985) 'Men's and women's networks: A study of interaction patterns and influence in an organization', *Academy of Management Journal*, 28(2): 327-43.

Brewer, D.D. (1995) 'The social structural basis of the organization of persons in memory', *Human Nature*, 6(4): 379-403.

Brewer, D.D. (2000) 'Forgetting in the recall-based elicitation of personal and social networks', *Social Networks*, 22(1): 29-43.

Brewer, D.D., Rinaldi, G., Mogoutov, A. and Valente, T.W. (2005) 'A Quantitative review of associative patterns in the recall of persons', *Journal of Social Structure* 6. http:// www.cmu.edu/joss/.

Burt, R.S. (1984) 'Network items and the General Social Survey', *Social Networks*, 6 (4): 293-339.

Burt, R.S. (1986) 'A note on sociometric order in the General Social Survey network data', *Social Networks*, 8(2): 149-74.

Burt, R.S. (1987) 'A note on the General Social Survey's ersatz network density item', *Social Networks*, 9(1): 75-85.

Burt, R.S. (1992) *Structural Holes: The Social Structure of Competition*. Cambridge, MA: Harvard University Press.

Burt, R.S. (2004) 'Structural holes and good ideas', *American Journal of Sociology*, 110 (2): 349-99.

Cairns, R.B., Perrin, J.E. and Cairns, B.D. (1985) 'Social structure and social cognition in early adolescence: Affiliative patterns', *Journal of Early Adolescence*, 5(3): 339-55.

Casciaro, T., Carley, K.M. and Krackhardt, D. (1999) 'Positive affectivity and accuracy in social network perception', *Motivation and Emotion*, 23(4): 285-306.

Citro, C.F. (2010) 'Legal and human subjects considerations in surveys', in Peter V. Marsden and James D. Wright (eds.), *Handbook of Survey Research*. 2nd ed. Bingley, UK: Emerald Group Publishing. pp. 59-79.

Cohen, S. and Hoberman, H. M. (1983) 'Positive events and social supports as buffers of life change stress', *Journal of Applied Social Psychology*, 13(2): 99-125.

Coleman, J.S. (1961) *The Adolescent Society: The Social Life of the Teenager and Its Impact on Education*. New York: Free Press.

Coleman, J.S., Katz, E. and Menzel, H. (1966) *Medical Innovation: A Diffusion Study*. Indianapolis: Bobbs-Merrill.

Cornwell, B.L., Schumm, P., Laumann, E.O. and Graber, J. (2009) 'Social networks in the NSHAP study: Rationale, measurement, and preliminary findings', *Journal of Gerontology: Social Sciences*, 64B (S1): i47-i55.

Coromina, L. and Coenders, G. (2006) 'Reliability and validity of egocentered network data collected via Web: A meta-analysis of multilevel multitrait multimethod studies', *Social Networks*, 28(3): 209-31.

Coromina, L., Coenders, G. and Kogovšek, T. (2004) 'Multilevel multitrait multimethod model: Application to the measurement of egocentered social networks', *Metodološki zvezki*, 1(2): 323-49.

Davis, J.A., Smith, T.W. and Marsden, P.V. (2007) *General Social Surveys: Cumulative Codebook*: 1972-2006. Chicago: NORC.

Doreian, P. and Woodard, K.L. (1992) 'Fixed-list versus snowball selection of social networks', *Social Science Research*, 21 (2): 216-33.

Espelage, D.L., Green, H.D.Jr. and Wasserman, S. (2007) 'Statistical analysis of friendship patterns and bullying behaviors among youth', in Philip C. Rodkin and Laura D.

Hanish (eds), *Social Network Analysis and Children's Peer Relationships*. San Francisco: Jossey-Bass. pp. 61-75.

Feld, S.L. and Carter, W.C. (2002) 'Detecting

measurement bias in respondent reports of personal networks', *Social Networks*, 24(4): 365-83.

Ferligoj, A. and Hlebec, V. (1999) 'Evaluation of social network measurement instruments', *Social Networks*, 21(2): 111-30.

Fernandez, R. M. (1991) 'Structural bases of leadership in intraorganizational networks', *Social Psychology Quarterly*, 54(1): 36-52.

Fischer, C.S. (1982a) *To Dwell Among Friends: Personal Networks in Town and City*. Chicago: University of Chicago Press.

Fischer, C. S. (1982b) 'What do we mean by "friend": An inductive study', *Social Networks*, 3(4): 287-306.

Frank, O. (1981) 'A survey of statistical methods for graph analysis', in Samuel Leinhardt (ed.), *Sociological Methodology* 1981. San Francisco: Jossey-Bass. pp. 110-55.

Freeman, L.C. (1992) 'Filling in the blanks: A theory of cognitive categories and the structure of social affiliation', *Social Psychology Quarterly*, 55(2): 118-27.

Freeman, L.C. (2004) *The Development of Social Network Analysis: A Study in the Sociology of Science*. Vancouver, BC: Empirical Press.

Freeman, L. C., Romney, A.K. and Freeman, S.C. (1987) 'Cognitive structure and informant accuracy', *American Anthropologist*, 89(2): 311-25.

Freeman, L. C. and Romney, A. K. (1987) 'Words, deeds and social structure: A preliminary study of the reliability of informants', *Human Organization*, 46(4): 330-34.

Freeman, L. C. and Webster, C. M. (1994) 'Interpersonal proximity in social and cognitive space', *Social Cognition*, 12(3): 223-47.

Fu, Y.-C. (2005) 'Measuring personal networks with daily contacts: A single-item survey question and the contact diary', *Social Networks*, 27(3): 169-86.

Gerich, J. and Lerner, R. (2006) 'Collection of ego-centered network data with computer-assisted interviews', *Methodology*, 2(1): 7-15.

Gest, S. D., Farmer, T. W., Cairns, B. D. and Xie, H. (2003) 'Identifying children's peer social networks in school classrooms: Links between peer reports and observed interactions', *Social Development*, 12(4): 513-529.

Hansell, S. (1984) 'Cooperative groups, weak ties, and the integration of peer friendships', *Social Psychology Quarterly*, 47(4): 316-28.

Heckathorn, D. D. (1997) 'Respondent-driven sampling: A new approach to the study of hidden populations', *Social Problems*, 44(2): 174-99.

Hlebec, V. and Ferligoj, A. (2002) 'Reliability of social network measurement instruments', *Field Methods*, 14(3): 288-306.

Holland, P.W. and Leinhardt, S. (1973) 'The structural implications of measurement error in sociometry', *Journal of Mathematical Sociology*, 3(1): 85-111.

Huckfeldt, R. and Sprague, J. (1995) *Citizens, Politics, and Social Communication: Information and Influence in an Election Campaign*. New York: Cambridge University Press.

Johnson, J. C. and Orbach, M. K. (2002) 'Perceiving the political landscape: Ego biases in cognitive political networks', *Social Networks*, 24(3): 291-310.

Kahn, R. L. and Antonucci, T. C. (1980) 'Convoys over the life course: Attachment, roles and social support', in Paul B.

Baltes and Orville G. Brim (eds), *Life Span Development and Behavior*, vol. 3. San Diego: Academic Press. pp. 253-86.

Kashy, D.A. and Kenny, D.A. (1990) 'Do you know whom you were with a week ago Friday? A re-analysis of the Bernard, Killworth, and Sailer studies', *Social Psychology, Quarterly*, 53(1): 55-61.

Keating, N.L., Ayanian, J.Z., Cleary, P.D. and Marsden, P. V. (2007) 'Factors affecting influential discussions among physicians: A social network analysis of a primary care practice', *Journal of General Internal Medicine*, 22(6): 794-98.

Kirke, D.M. (1996) 'Collecting peer data and delineating peer networks in a complete network', *Social Networks*, 18(4): 333-46.

Klovdahl, A.S. (2005) 'Social network research and human subjects protection: Towards more effective infectious disease control', *Social Networks*, 27(2): 119-37.

Klovdahl, A.S., Potterat, J.J., Woodhouse, D.E., Muth, J.B., Muth, S.Q. and Darrow, W.W. (1994) 'Social networks and infectious disease: The Colorado Springs study', *Social Science and Medicine*, 38(1): 79-88.

Kogovšek, T. (2006) 'Reliability and validity of measuring social support networks by Web and telephone', *Metodološki zvezki*, 3(2): 239-52.

Kogovšek, T. and Ferligoj, A. (2002) 'The quality of measurement of personal support networks', *Quality and Quantity*, 38(5): 517-32.

Kogovšek, T. and Ferligoj, A. (2005) 'Effects on reliability and validity of egocentered network measurements', *Social Networks*, 27(3): 205-29.

Kogovšek, T. Ferligoj, A., Coenders, G. and Saris, W.E. (2002) 'Estimating the reliability and validity of personal support measures: Full information ML estimation with planned incomplete data', *Social Networks*, 24(1): 1-20.

Krackhardt, D. (1987) 'Cognitive social structures', *Social Networks*, 9(2): 109-34.

Laumann, E.O. (1969) 'Friends of urban men: An assessment of accuracy in reporting their socioeconomic attributes, mutual choice, and attitude agreement', *Sociometry*, 32(1): 54-69.

Laumann, E.O. (1973) *Bonds of Pluralism: The Form and Substance of Urban Social Networks*. New York: Wiley Interscience.

Laumann, E. O. and Knoke, D. (1987) *The Organizational State: Social Choice in National Policy Domains*. Madison: University of Wisconsin Press.

Laumann, E.O., Marsden, P.V. and Prensky, D. (1989) 'The boundary specification problem in network analysis', in Linton C. Freeman, Douglas R. White, and A. Kimball Romney (eds), *Research Methods in Social Network Analysis*. Fairfax, VA: George Mason University Press. pp. 61-87.

Laumann, E.O. and Pappi, F.U. (1976) *Networks of Collective Action: A Perspective on Community Influence Systems*. New York: Academic Press.

Lazarsfeld, P.F. and Menzel, H. (1980) 'On the relation between individual and collective properties', in Amitai Etzioni and Edward W. Lehman (eds), *A Sociological Reader on Complex Organizations*. 3rd ed. New York: Holt, Rinehart and Winston. pp. 508-21.

Lazega, E. (2001) *The Collegial Phenomenon: The Social Mechanisms of Cooperation Among Peers in a Corporate Law Partnership*. New York: Oxford University Press.

Liebow, E., McGrady, G., Branch, K., Vera, M., Klovdahl, A., Lovely, R., Mueller, C. and Mann, E. (1995) 'Eliciting social network data and ecological model-building: Focus on choice of name generators and administration of randomwalk study procedures', *Social Networks*, 17(3-4): 257-72.

Lin, N. and Erickson, B. H. (2008) *Social Capital: An International Research Program*. New York: Oxford University Press.

Lin, N., Fu, Y.-C. and Hsung, R.-M. (2001) 'The position generator: Measurement techniques for investigations of social capital', in Nan Lin, Karen Cook, and Ronald S. Burt (eds), *Social Capital: Theory and Research*. New York: Aldine de Gruyter. pp. 57-81.

Lindzey, G. and Borgatta, E. F. (1954) 'Sociometric measurement', in Gardner Lindzey (ed.), *Handbook of Social sychology*. Vol. 1. Reading, MA: Addison Wesley. pp. 405-48.

Lowenthal, M. F. and Haven, C. (1968) 'Interaction and adaptation: Intimacy as a critical variable', *American Sociological Review*, 33(1): 20-30.

Lozar Manfreda, K., Vehovar, V. and Hlebec, V. (2004) 'Collecting ego-centred network data via the Web', *Metodološki zvezki*, 1(2): 295-321.

Marin, A. (2004) 'Are respondents more likely to list alters with certain characteristics? Implications for name generator data', *Social*

Networks, 26(4): 289-307.

Marin, A. and Hampton, K. N. (2007) 'Simplifying the personal network name generator: Alternatives to traditional multiple and single name generators', *Field Methods*, 19(2): 163-93.

Marsden, P.V. (1987) 'Core discussion networks of Americans', *American Sociological Review*, 52(1): 122-31.

Marsden, P. V. (1990) 'Network data and measurement', *Annual Review of Sociology*, 16: 435-63.

Marsden, P.V. (1993) 'The reliability of network density and composition measures', *Social Networks*', 15(4): 399-421.

Marsden, P. V. (2003) 'Interviewer effects in measuring network size using a single name generator', *Social Networks*, 25(1): 1-16.

Marsden, P.V. (2005) 'Recent developments in network measurement', in Peter J. Carrington, John Scott, and Stanley Wasserman (eds), *Models and Methods in Social Network Analysis*. New York: Cambridge University Press. pp. 8-30.

Matzat, U. and Snijders, C. (2010) 'Does the online collection of ego-centered network data reduce data quality?' *Social Networks*, 32(2): 105-11.

McAllister, L. and Fischer, C. S. (1978) 'A procedure for surveying personal networks', *Sociological Methods and Research*, 7 (2): 131-48.

McCarty, C. and Govindaramanujam, S. (2006) 'A modified elicitation of personal networks using dynamic visualization', *Connections*, 26 (2): 61-69.

McCarty, C., Killworth, P. D. and Rennell, J. (2007) 'Impact of methods for reducing respondent burden on personal network structural measures', *Social Networks*, 29 (2): 300-315.

Moore, J.C. (1988) 'Self-proxy response status and survey response quality: A review of the literature', *Journal of Official Statistics*, 4(2): 155-72.

Moreno, J. L. (1953) *Who Shall Survive? Foundations of Sociometry, Group Psychotherapy, and Sociodrama*. Beacon, NY: Beacon House.

Morgan, D. L., Neal, M. B. and Carder, P. (1997) 'The stability of core and peripheral networks over time', *Social Networks*, 19(1): 9-25.

Morris, M. (ed.) (2004) *Network Epidemiology: A Handbook for Survey Design and Data Collection*. New York: Oxford University Press.

Northway, M.L. (1952) *A Primer of Sociometry*. Toronto: University of Toronto Press.

Provan, K. G., Huang, K. and Milward, H. B. (2009) 'The evolution of structural embeddedness and organizational social outcomes in a centrally governed health and human services network', *Journal of Public Administration Research and Theory*, 19(4): 873-93.

Pustejovsky, J. F. and Spillane, J. P. (2009) 'Question-order effects in social network name generators', *Social Networks*, 31(4): 221-29.

Singleton, L.C. and Asher, S.R. (1977) 'Peer preferences and social interaction among third-grade children in an integrated school district', *Journal of Educational Psychology*, 69 (4): 330-36.

Smyth, J.D., Dillman, D.A., Christian, L.M. and Stern, M.J. (2006) 'Comparing check-all and forced-choice formats in Web surveys', *Public Opinion Quarterly*, 70(1): 66-77.

Sudman, S. (1985) 'Experiments in the measurement of the size of social networks', *Social Networks*, 7(2): 127-51.

Sudman, S., Bickart, B., Blair, J. and Menon, G. (1994) 'The effect of participation level on reports of behavior and attitudes by proxy reporters', in Norbert Schwarz and Seymour Sudman (eds), *Autobiographical Memory and the Validity of Retrospective Reports*. New York: Springer-Verlag. pp. 251-65.

Sudman, S., Bradburn, N. M. and Schwarz, N. (1996) *Thinking About Answers: The Application of Cognitive Processes to Survey Methodology*. San Francisco: Jossey-Bass.

Tourangeau, R., Rips, L. J. and Rasinski, K. (2000) *The Psychology of Survey Response*. New

York: Cambridge University Press.

Turner, R. J. and Marino, F. (1994) 'Social support and social structure: A descriptive epidemiology', *Journal of Health and Social Behavior*, 35(3): 193-212.

Van der Gaag, M. and Snijders, T. A. B. (2005) 'The resource generator: Social capital quantification with concrete items', *Social Networks*, 27(1): 1-29.

Van der Gaag, M., Snijders, T.A.B. and Flap, H. (2008) 'Position generator measures and their relationship to other social capital measures', in Nan Lin and Bonnie H. Erickson (eds), *Social Capital: An International Research Program*. New York: Oxford University Press. pp. 28-48.

Van der Poel, M. G. M. (1993) 'Delineating personal support networks', *Social Networks*, 15(1): 49-70.

Van Tilburg, T. (1998) 'Interviewer effects in the measurement of personal network size', *Sociological Methods and Research*, 26(3): 300-328.

Vehovar, V., Lozar Manfreda, K., Koren, G. and Hlebec, V. (2008) 'Measuring ego-centered social networks on the Web', *Social Networks*, 30(3): 213-22.

Wellman, B. (1979) 'The community question: The intimate networks of East Yorkers', *American Journal of Sociology*, 84(5): 1201-31.

White, K. and Watkins, S.C. (2000) 'Accuracy, stability, and reciprocity in informal conversational networks in rural Kenya', *Social Networks*, 22(4): 337-55.

Wills, T.A. and Shinar, O. (2000) 'Measuring perceived and received social support', in Sheldon Cohen, Lynn G. Underwood, and Benjamin H. Gottlieb (eds), *Social Support Measurement and Intervention*. New York: Oxford University Press. pp. 86-135.

Woodhouse, D.E., Potterat, J.J., Rothenberg, R. B., Darrow, W.W., Klovdahl, A.S. and Muth, S.Q. (1995) 'Ethical and legal issues in social network research: The real and the ideal', in Richard H. Needle, Susan L. Coyle, Sander G. Genser, and Robert T. Trotter (eds), *Social Networks, Drug Abuse, and HIV Transmission*. Rockville, MD: National Institute on Drug Abuse. pp. 131-43.

网络中的调查抽样 26

SURVEY SAMPLING IN NETWORKS

◉ 奥夫·弗兰克(Ove Frank)

引　言

网络结构出现在许多不同的领域:个体之间的社会关系、经济交易、传染病传播、儿童之间的行为模式、罪犯的协同犯罪、互联网网址之间的关系,等等。在一项特定的网络调查中,收集到的数据通常只限于该网络的部分信息。人们正在开发特殊的统计学方法论,既是为了网络建模、网络调查的规划和设计,也是为了分析网络数据和得出恰当的结论。在这种关系研究中,调查抽样起到了怎样的作用,这正是本章的主题。

在 1930 年代,由于需要提高民意调查的质量,从而对选举结果作出更有信度的预测,普通总体中的调查抽样在这一阶段得到了巨大发展。通过采用概率抽样设计,抽样的方差(sampling variance)可以被量化,一些概念——如总体未知量不同取值的可能性和样本值(sample quantities)误差估计的置信度——可被赋予某种技术上的意义。人们还可能计算较大样本规模的效应,用抽样成本对所希望的置信水平加权。调查者还应该根据一些重要的因素将总体分层,实施一种可控的概率抽样设计。很多学者(Särndal et al.,1992;Cassel et al.,1993;Thompson,1997;Mukhopadhyay et al.,2001)都描述了基于普通总体进行调查设计的现代方法。

对有关系结构的总体进行调查,此方面的兴趣始于 1960 年代。当时计算机技术的飞速发展使新型的运算成为可能,使得社会科学家有可能将图论数学工具与有效的数值算法结合起来。在 Goodman(1961)、Proctor(1967)、Stephan(1969)、Frank(1969)、Capobianco(1970)和 Sirken(1970)早期发表的文章和两部专著(Bloemena,1964;Frank,1971)中都分别研究了图中的抽样问题。此后,Granovetter(1976)、Morgan 和 Rytina(1977)也都注意到了网络抽样的必要性。在 1970 年代,许多关于网络调查和估算的方法论研究成果得以出版。更多的内容可参见 Frank(1977,1980,1981,1987)和 Proctor(1979)的论述。

图论是数学中一个古老的组合论(combinatorial)分支。随机图论是现代图论中的一个正在扩展、充满活力的领域,最早由 Erdös 和 Renyi(1959,1960)开创。关于图与随机图(random graph)的著述很多,高等数学方面的书籍也不少(Bollobas,2001;Diestel,2005;Janson et al.,2000)。随机图方面的文献主要关注大图的渐近(asymptotic)结果。如果一个伯努利图有 n 个点(vertice),且它的边(edge)的概率由 n 决定,为 $p=p(n)$,那么这个图的简单结构就会令人惊奇地展示出许多内在的渐近结果。有着特定度数分布的随机图是当代大多数研究关注的对象,由 Bonato(2008)所描述的万维网促进了人们对巨大图模型方面的兴趣。 389

接下来的两部分界定了调查抽样中的基本概念,介绍了属性数据和关系数据的网络结构。我们需要特别指出局部网和全局网在性质上的区别,因为这个区别是网络样本数据进行推断的基础。对全局属性的推断要求用网络模型补充样本数据。回顾一些统计性网络模型也能服务于引入适于网络分析的各类统计量的目的。有了这种充分的准备,接下来就要展示各种网络抽样设计,说明基于现有样本数据的统计估计方式。本章关注的是用各类数据构造估计量(estimator)的原则。特别强调了滚雪球设计和线路抽样设计(walk sampling designs),本文会在不同的小节中分别加以讨论。

调查抽样

数据和样本

一种常见的数据结构是由一个单变量或多变量的 n 个独立观测值 $x_1,x_2,\cdots x_n$ 组成的,变量的取值处于某个值域空间(range space)R 内。空间 R 可能是有限的或无限的。标准的模型假设是将观测值视为 n 个独立同分布的随机变量的实现值。R 的不同区域或不同值上的观测值的相对频次可以被用作向 R 中区域或数值进行概率分配的估计值。然而,如果观测值是在不同的总体单位上以不同的概率选取的,那么对这些概率的解释就可能有问题。这样的选取意味着所观察到的相对频次不能反映这个值在据以选取的总体中的相对频次。这是调查抽样理论的关注点,它在某些网络调查中特别重要。在这类网络调查中,可能有颇具说服力的理由让我们相信,选择概率(selection probabilities)因抽样单位的不同而有所差别。

人们设计的调查抽样常常是为了抽取概率能以方便的方式变化。有时,这个设计并不受研究者的控制,反而是观测过程的结果。在这种情况下,对观测过程进行概率建模可能会恰到好处。网络调查是可以从受控抽样设计和建模抽样设计中受益的,本章将具体阐释这一点。

有限总体中的抽样设计

令 U 表示有 N 个观测单位的有限总体,x 是一个在 U 中定义、在 R 中取值的变量。对于 R 中的值 r 来说,取值为 $x(u)=r$ 的单位子集用 U_r 来表示,其规模表示为 N_r。总体单位中各种值的相对频次 $P_r=N_r/N$ 定义了总体的分布 $(P_r)_R=(P_r:r\in R)$。

从 U 中以等概率及重置(with replacement)方式抽出样本单位 $u_1,\cdots,u_n$,得出的样本值 $x_1,\cdots,x_n$ 是一个随机变量的独立同分布观测值,其概率分布等于总体分布。如果 n_r 是满足 $x_i=x(u_i)=r(i=1,\cdots,n)$ 的观测值数,那么 $(n_r)_R=(n_r:r\in R)$ 就是参数为 n 和 $(P_r)_R$ 的多项式分布。于是 n_r/n 便是 R 中 r 的 P_r 的无偏估计量。

如果样本单位以等概率抽取但不放回,$(n_r)_R$ 就是参数为 n 和 $(N_r)_R$ 的超几何分布。n_r/n 仍然是 R 中 r 的 Pr 的无偏估计量。

如果以概率 $(P_u)_U$、有放回的方式选取样本单位,那么 $(n_r)_R$ 就是参数为 n 和 $(p(U_r))_R$ 的多项式分布,这里,$p(U_r)$ 是 U_r 中 u 的概率 p_u 的和。现在,n_r/n 就是 $p(U_r)$ 的无偏估计量,而且这个概率一般不等于总体频率 P_r。实际上,当且仅当 U_r 中的 N_r 个单位的平均抽取概率是 $1/N$ 时,才有 $p(U_r)=P_r$。这样的情况就是上述所考虑的均匀选择分布(uniform selection distribution),在该分布中,U 中所有 u 的概率都为 $p_u=1/N$。当 N_r 未知时,便不能设计满足 $p(U_r)=P_r$ 条件的其他选择分布了。

假设值域空间 R 由正实数构成,在选取单位时,如果以它们在 x 变量上的值成比例的概率来选取,即对某个常量 c 以及 U_r 中的 u 来说,若 $p_u=cr$,那么有 $p(U_r)=crN_r$。由于这些概率之和为 1,于是有 $c=1/\sum_r rN_r$。现在,如下两个期望值之比,即:

$$E(n_r/r)=ncN_r$$

和

$$E\sum_r(n_r/r)=ncN$$

之比就等于总体的相对频率 P_r,因此比率值:

$$(n_r/r)\Big/\sum_r(n_r/r)$$

390 便可以被用来估计在 R 中的 r 的 P_r。这个估计量在大总体中是渐近无偏的。这个估计量也可表达为:

$$(n_r/r)\Big/\sum_r(n_r/r)=hn_r/rn$$

其中,

$$h=n/\sum_r(n_r/r)=n/\sum_i(1/x_i)$$

是观测值的调和平均值(harmonic mean)。这说明当抽样设计不是简单、均匀(uniform)的随机抽样时,就必须对样本的相对频率 n_r/n 进行调整,这样才可以作为总体相对频率的估计量。此时的调整因子(adjustment factor)为 h/r。我们也注意到,总体均值:

$$\sum_u x(u)/N=\sum_r rP_r$$

是根据

$$\sum_r (rhn_r / rn) = h$$

来估计的，它恰恰是样本观测值的调和平均值。这个值通常小于观测值的算术平均值 $\sum_i x_i/n$ 。通过使用调和平均数，我们便对偏向变量的较大值的选择偏误进行了补偿。

当以概率$(p_u)_U$、有放回的方式选取样本单位时，同一个单位 u 能够被多次抽出。对于 U 中的 u 来说，令$(m_u)_U$为其阶数，即：

$$m_u = \sum_i I(u_i = u)$$

于是，$(m_u)_U$就服从参数为 n 和$(p_u)_U$的多项式分布。对于 R 中的 r 来说，样本频率：

$$n_r = \sum_u m_u I(u \in U_r)$$

也服从参数 n 和 $p(U_r)$的多项式分布。如果令 $S_u = I(m_u > 0)$表示单位 u 是否包含在样本中，那么 U 和 U_r中不同的样本单位数可以表示为

$$d_r = \sum_u S_u I\ (u \in U_r)$$

并且 $d = \sum_r d_r$。S_u这些指标是各自独立的伯努利变量(Bernoulli variables)，且有

$$ES_u = 1 - (1 - p_u)^n$$

和

$$Cov(S_u, S_v) = (1 - p_u - p_v)^n - (1 - pu)^n(1 - pv)^n, \text{其中 } u \neq v$$

使用上述样本多项式和样本包含指标，总体频数 N_r的两个无偏估计量可表示为

$$N_r' = \sum_u [m_u I\ (u \in U_r)/Em_u]$$

$$= \sum_u [m_u I(u \in U_r)/np_u]$$

和

$$N_r'' = \sum_u [S_u I\ (u \in U_r)/ES_u]$$

$$= \sum_u [S_u I(u \in U_r)/(1 - (1 - p_u)^n)]$$

即使 N 已知，通过 N_r'/N' 和 N_r''/N''来估计 P_r也可能更好一些，这就要使用 $N' = \sum_r N_r'$ 和 $N'' = \sum_r N_r''$。尤其是，对 U 中的 u 以概率 $p_u = 1/N$ 进行均匀抽样(uniform sampling)时，这意味着 $N_r' = Nn_r/n$ 和 $Nr'' = d_r/[1-(1-1/N)^n]$。

因此，$N_r'/N = n_r/n$ 和 N_r''/N 可以被用作无偏估计量，$N_r''/N'' = d_r/d$ 可作为 R 中 r 的总体相对频次 P_r的渐近无偏估计量。一般来说，建立在不同单位基础上的估计量更适合那些涉及重数(multiplicities)的情形。

超总体

对 U 中的 u 来说，当总体的值 $x(u)$被看作固定的，且可用总体分布$(P_r)_R$适当地概括时，推断的不确定性就完全来源于抽样的变异了。测量误差、无作答及不确定性的其他来源都必须被建模。在调查抽样的文献中，所谓超总体建模

(super-population modelling)是一种允许总体值存在不确定性的工具。在数据值域空间 R(data range space R)上,总体值 $x(u)$ 是被作为独立同分布的随机变量的实现值而被建模的,该空间服从由某个未知的多变量参数 θ 所设定的理论概率分布。因此,推断的焦点就可能从实现的总体分布转向由 θ 所描述的超总体了,假定总体值已经生成。还有一个被称为模型辅助推断(model-assisted inference)的中介式研究(intermediate approach)。实际上,无须更多的假定,超总体本身就是一个粗略的总体模型,也无须注意 θ,该模型仅被用于推测性地去推断总体的一些有趣的概括性测度。因此,对这种测量进行基于设计的推断有助于加深对
391 总体的认识。

网　络

图和网络

社会网络分析中使用的图可以包含以点或边来界定的变量。它们的值可以是类别型的,也可以是数值型的。与传统的社会数据分析一样,点变量能够详细说明个体的性质。包含分类的点变量图有时会被描绘为一个点-着色图(vertex-coloured graph)。用边来定义变量的图被称为多值图。例如,边变量可被用来指定个体之间联系的强度或密度。

当一个图中有几个用点和边定义的变量,并且关注的焦点是变量之间的相互关系时,人们就常将多值图看成是一个网络。包含许多点并有复杂结构的大网络是许多应用性研究的兴趣所在。因此,一般来说,对网络中诸多性质的统计推断是建立在不完全知识的基础之上的,这种不完全知识来自于从网络中收集到的样本信息。通过以各种不同的方式去选择样本单位和观测单位,网络便提供了将抽样设计多样化的可能性。网络的结构和构成性质也可能意味着在网络中所作的观测是通过选择程序获得的,而研究者并不控制这一程序。关于受控抽样设计和基于模型或模型辅助的估计量的调查抽样理论工具也能适用于网络调查。

局部网与全局网的性质

现在考察一个包含 N 个单位的有限总体网络,将这些单位视为网络中的点。在值域空间 R_1 中,有 N 个点值 $x(u)$,在值域空间 R_2 中,有 $N(N-1)$ 个边值 $y(u,v)(u\neq v)$。点值和边值的频次分布描述了这个网络的构成,但不足以描述该网络的结构性质。各种结构性质的概括性测度可以通过计算二方组得到,该计算能够说明 $N(N-1)/2$ 个无序点对(unordered pairs of vertices)是如何在 $R_1^2R_2^2$ 中分布的。这个测度也可以通过计算三方组得到,该计算能够说明 $N(N-1)(N-2)/6$ 个无序三方组(unordered triples of vertices)是怎样在 $R_1^3R_2^6$ 中分布的。更高阶中的

计算有星型计数(star counts),它能说明 K-星是如何在 $R_1R_2^{2k}$ 或 $R_1^{k+1}R_2^{2k}$ 中分布的($k=1,2,\cdots$)。这样的计算描述了网络的局部性质,可以告诉我们网络结构的部分信息,如对称性、传递性和隔离性。计算局部性质并不能把握诸如关联性、距离和聚类这样的全局性质。因此,为了获得某些特殊的全局网性质信息,绝对有必要在概率抽样设计的基础之上补充一个概率建模。

一般来说,总体网可视为值域空间

$$R = R_1^{\ N} R_2^{\ N(N-1)}$$

上的一个数据点和符合基于 R 的一个概率分布的一般随机网络。给出一项有意义的设定(specification)便能大大地减少分布的维度或自由度。这样的建模必须包含一个多变量参数 θ,用它来把握我们所感兴趣的性质。由 θ 规定的网络模型能够产生网络的点值和边值,可视之为随机变量的实现值(realisations)。因此,一个超总体网络就是一个随机网络,其点值和边值之间有依赖关系,并尽可能多地反映了总体网络的已知信息。这与常规的调查抽样中的超总体进路形成对照,在普通调查抽样中,总体值是通过独立同分布的随机变量产生的。网络建模可视为是对时间序列模型的扩展,该模型可用于由单一链或路径构成的网络。在网络建模中,令人感兴趣的随机结构的例子有随机点阵(lattice)和随机域。

网络模型

基于概率抽样设计的概率总体模型固然比较粗糙,除了捕捉到网络中某些大致的结构性趋势之外不能把握更多的东西,但是这样的模型有时很有用。这个模型的好处是,它可以得出作为重要的总体参数的基本网络统计量,基于设计的方法能对这些参数加以估计。这些模型也可以作为"基准"(baseline)模型来检验网络的具体性质,体现出它们的有用性。

拥有独立二方组、分类点变量和边变量的随机有向图可以被用作各类社会结构模型。早期的方法论论文来自 Holland 和 Leinhardt(1970,1975,1981)以及 Frank(1981)。Wasserman 和 Faust(1994)的教材提供了很多参考。Wellman 等(1991)将调查抽样应用于一个潜类点变量。应用性研究常常需要用探索性的变量选择方法,这样才能选到适于二方组统计量的点变量和边变量。Frank 等 392
(1985b;Frank et al.,1985a)用了一项针对二方组选择的聚类分析技术。当存在定类点变量和边变量时,Frank(1988)还给出了用于非同构的(nonisomorphic)二方组或三方组的一般公式。Snijders 和 Nowicki(1997)、Nowicki 和 Snijders(2001)则探讨了块模型。

Frank 和 Strauss(1986)介绍了马尔可夫图(Markov graph)。Robins(1998)、Robins 和 Pattison(2005)进一步探讨了马尔可夫图。近期的很多论文都推广了指数模型,该模型采用的是随意(arbitrary)结构统计量。可参考的文献有很多(Wasserman and Pattison, 1996; Pattison and Wasserman, 1998; Wasserman and Robins, 2005; Snijders et al., 2006)。Snijders(2002)描述了一种用于指数模型的

重要估计技术。关于统计性网络调查的近期趋势,更进一步的文献参见(Corander,2000;Hagberg,2003;Jansson,1997;Karlberg,1997;Koskinen,2004;Schwein-berger,2007;Spreen,1999;Tallberg,2003)等论文,在诸多文集(Brandes and Erlebach,2005;Carrington et al.,2005;Hagberg,2002;Meyers,2009)中,我们也可以发现相关的论述。

网络统计量

经典的贝努利图模型只用单个参数 p,这仅能把握图的边密度。图中诸多点可以形成 K 个块。块模型变体(blockmodel variant)则使用了块内与块间的不同边概率,该变体有这样一个假定:存在一个 K-类的点变量,它会影响边的发生。这就引出一个以点变量为条件、有 $K(K+1)/2$ 个参数的模型。如果点值是作为一个 K-类随机变量的独立结果而产生的,那么另外 $K-1$ 个参数就会加入模型中去。这个伯努利块模型(Bernoulli blockmodel)拥有由二方组计算得到的$K(K+1)$个充分统计量(sufficient statistics)。将 $2K(K+1)(2K+1)/3$ 个三方组计量值与根据二方组计算估计的对它们的期望值相比较,就可以判断伯努利块模型是否适当。

对有向图来说,一个简单模型中的二方组是独立同分布的,通过相对的二方组频次可以估计二方组概率。利用这些估计值,我们就可以比较各类三方组值(count)及其估计的期望值,据此判断同质的二方组独立模型(the homogeneous dyad independence model)是否可用。如果拟合得不好,备选模型可能是非同质的二方组独立模型,该模型允许参数因点而异(vertex-specific parameters)。包含独立二方组的有向 K-类块模型具有 $(2K+1)K$ 个非同构的二方组,自由度为
393 $(3K+1)K/2$个。通过相应的二方组计算可以给出充分统计量。

对块模型中二方组独立性的研究可谓百家争鸣。点变量的值可视为已知或未知的固定值,这些值也可以视为独立同分布的点变量的取值。这些点变量是由 K 类值的共同概率分布设定的,因此模型就增加了 $K-1$ 个自由度。这个 K-类块模型有

$$4K(8K^2+3K+1)/3$$

个三方组计数,可以将这些数与其估计的期望数相比较,期望数可以利用二方组计算得到。将对应于特别小的期望频次的诸多计数组合后,就可以判断拟合优度了。

还有一种备选的非同质二方组独立模型,它能够反映局部网的结构,该模型有这样的假设:二方组的概率取决于点入度(in-degree)、点出度(out-degree)以及在伴随点(incident vertices)上的局部互惠度(local mutuality)等效应。这就导出了一个自由度为 $3N-1$ 的结构二方组独立模型(structural dyad independence model),以及由点入度、点出度和每个点上的双回路(two-cycles)数所给出的充分统计量。当 K 接近$(2N)^{1/2}$时,该自由度等同于 K-块模型的自由度。经典的霍-林模型(Holland-Leinhardt model)进一步简化了这个结构性二方组独立模型。该模

型给出的假定是:局部互惠效应对于所有点来说都一样。这就导出了一个自由度为 $2N$ 的模型,以及由双回路(互惠边)总数和每个点的点入度、点出度所给出的充分统计量。当 K 接近 $(4N/3)^{1/2}$ 时,霍-林模型的自由度与 K-块模型的自由度相等。

无向图的马尔可夫模型具有边数、m-星数($m=2,\cdots,N-1$)和三角边数所给出的充分统计量。将边与星的计数替换为度数(degree)分布,就可以得到一个充分统计量的对等集合。因此,在同质性和马尔可夫依赖性(Markov dependence)条件下,度数分布和三角计数就是充分统计量。如果将度数分布的统计量限定在它的均值和方差上,这相当于仅关注边、2-星和三角关系的计数,并令所有关于 3-星和更大星的参数等于零,这一点很有趣。在这种情况下,四个三方组计数就是充分统计量。

同质有向图的马尔可夫模型具有边数、互惠边数以及各类三角关系和星型数给出的充分统计量。充分统计量的一个对等集合是三角计数和三方变量(trivariate)的度数分布,该分布根据点入度、点出度和互惠边数来计算点数。一个自然的简化是将统计量限定在三方变量的度数分布的均值、方差和协方差上。这 9 个统计量与 7 个三角计数合在一起,可得出一个自由度为 16 的模型,这一模型似乎没有得到应有的关注。三角计数和三方变量(trivariate)的度数分布的矩(moments)都是关于总体的量,如下文所示,利用基于设计的估计量,可以很容易地从样本数据中估计出这些量来。

在一般的指数模型中,所选择的充分统计量是为了反映网络中需要控制的一些结构特征。这些性质并不源自邻接矩阵的某个指定的依赖性结构。因此,这些充分统计量能够被调整为任何可用的结构统计量。已有很多研究致力于估计和检验一般指数模型的数值方法。

网络抽样设计和数据

概述

网络数据可以通过很多不同的设计来收集。抽样单位可以是点、点对、边、线路、星型或其他子图,观测到的数据可以是点值与边值,它们以不同的方式与抽样单位相关。

如果令抽样单位为点,由点样本可以引出子图,那么一个常见的数据集就是由该子图中的点值与边值的观测值构成的。另一个数据结构是由与任何被抽到的点相伴而生的全部边的边值构成的。本部分要考察的数据是基于导出的子图(induced subgraph)和由某个点样本生成的发生星(incident stars)的。这一部分也考察了不同的点抽样设计和估计方法。在网络中使用多抽样阶段的其他设计有线路抽样(walk sampling)和滚雪球抽样。在本章后面一些独立的部分中,会考察此类设计和从中收集到的数据。在线路抽样和滚雪球抽样中,会遇到哪些具体设计上的可能性,我们将用例子来说明这一点。下文也讨论了长路径和多轮滚雪球的各种方便估计原则。应该指出的是,本部分中所讨论的一般点抽样设计估计法也适用于线路抽样和滚雪球抽样。

点抽样

令 V 表示由 N 个点构成的有限点集合,$(u_1,\ \cdots,u_n)$ 为根据某种特定的概率设计从 V 中选取的点样本序列。令 S 表示由样本序列中的多个不同点构成的集合。根据抽样设计,对于 V 中诸点 $u,v,\cdots$ 来说,其包含概率(inclusion probability)可表示为:

$$P(v \in S)=\pi(v),P(u \in S \ \&\ v \in S)=\pi(u,\ v),\cdots$$

等。特别地,$\pi(v,\ v)=\pi(v)$。如果序列$(u_1,\cdots,u_n)$是随机无放回地均匀抽取的,则有

$$\pi(v)=n/N \text{ 和 } \pi(u,v)=n(n-1)/N(N-1),(u \neq v)$$

如果序列的抽取是有放回的,且概率为 $p_v(v \subset V)$,其中 $\sum_v p_v=1$,则包含概率为

$$\pi(u)=1-(1-p_u)^n \text{ 并且}$$

$$\pi(u,\ v)=1-(1-p_u)^n-(1-p_v)^n+(1-p_u-p_v)^n(u \neq v)$$

特别地,有放回地均匀随机抽样的包含概率为:

$$\pi(u)=1-(1-1/N)^n\text{并且}$$

$$\pi(u,\ v)=1-2\ (1-1/N)^n+(1-2/N)^n(u \neq v)$$

这两个均匀抽样设计例示了同质性设计,这种设计拥有的任何 k 个不同点$v_1,\cdots,v_k$的包含概率只取决于数字 k,

$$\pi(v_1,\cdots,\ v_k)=\pi_k,(k=1,\ 2,\ \cdots)$$

同质性设计的第三个例子是伯努利(p)抽样。根据这一设计,V 中的单位是以一个常见的概率 p 独立抽出来成为集合 S 的。上述三种同质性设计有

$$\pi_k=n^{(k)}/N^{(k)}\text{(无放回)}$$

$$\pi_k=\sum_{j=0,\cdots,k}(-1)^j(k^{(j)}/j!)(1-j/N)^n \quad \text{(放回)}$$

$$\pi_k=p^k \quad \text{(伯努利)}(k=1,2,\cdots)$$

394 一个一般性的伯努利设计也很有趣。对于每个点 v 来说,v 是否严格以 0 到 1 之间的某个具体概率值 $\pi(v)$ 被选进 S,这个决策是独立作出的。因此,对于不同的点来说,

$$\pi(u,\ v)=\pi(u)\pi(v) \quad (u \neq v)$$

等等。

导出子图中的数据和对总量的估计

假设由点样本 S 得到的数据包括由 S 导出的子图中的点值与边值。我们由

此会观测到 S 中 u 的 x_u 和 S 中不同 u 和 v 的 y_{uv}。那么总体的点值总量为：

$$T_1 = \sum_u x_u$$

边值总量为：

$$T_2 = \sum \sum_{u \neq v} y_{uv}。$$

为了估计这些总体的总量，可以给出下面这个通用的总量公式：

$$Z = \sum_u \sum_v z_{uv}$$

其中 N^2 个项目是随机变量，其期望值为：

$$Ez_{uv} = \mu_{uv}$$

协方差为：

$$Cov(z_{uv}, z'_{u'v'}) = \sigma_{uvu'v'}$$

为了求解

$$Var\ Z = \sum \sum \sum \sum \sigma_{uvu'v'}$$

中的 N^4 个项目，可将 V^4 中的序列分成 $C_1, \cdots, C_4$ 这四类，其中 C_k 由有着 k 个不同点 $(k=1,\cdots,4)$ 的序列 (u,v,u',v') 组成。针对不同的 u 和 v，C_2 中的序列被进一步分为七类，它们是 (u,u,u,v)、(u,u,v,u)、(u,v,u,u)、(v,u,u,u)、(u,u,v,v)、(u,v,u,v) 和 (u,v,v,u)，针对不同的 u、v 和 w，C_3 中的序列被进一步分为如下六类：(u,u,v,w)、(u,v,u,w)、(u,v,w,u)、(v,u,u,w)、(v,u,w,u)、(v,w,u,u)。于是，C_1 就有 N 个序列，C_2 有 $7N^{(2)}$ 个序列，C_3 有 $6N^{(3)}$ 个序列，C_4 有 $N^{(4)}$ 个序列。T_1 和 T_2 的无偏估计量为

$$T_1' = \sum_v [x_v S_v / \pi(v)]$$

和

$$T_2' = \sum \sum_{u \neq v} [y_{uv} S_u S_v / \pi(u,v)],$$

在这里，$S_v = I(v \in S)$ 是指示变量(indicator variables)。对于 $u \neq v$ 来说，定义

$$z_{uv} = y_{uv} S_u S_v / \pi(u,v) \quad (u \neq v)$$

和

$$z_{vv} = x_v S_v / \pi(v)。$$

于是有：

$$Z = T_1' + T_2'$$

和

$$Var\ Z = Var\ T_1' + Var\ T_2' + 2Cov(T_1', T_2'),$$

其中 $Var\ Z$ 是 15 个子总和(sub-sums)的总和，对应于 C_k 个类别及其子类。写出所有的子总和，我们就得出

$$Var\ T_1' = \sum_v x_v^2 [1 - \pi(v)] / \pi(v) + \sum \sum_{u \neq v} x_u x_v$$
$$[\pi(u,v) - \pi(u)\pi(v)] / \pi(u)\pi(v),$$

$$Var\ T_2' = \sum \sum_{u \neq v} y_{uv}(y_{uv} + y_{vu})[1 - \pi(u,v)] / \pi(u,v) +$$
$$\sum \sum \sum \neq (y_{uv} + y_{vu})(y_{uw} + y_{wu})[\pi(u,v,w) -$$

$$\pi(u,v)\pi(u,w)]/\pi(u,v)\pi(u,w)+$$
$$\sum\sum\sum\sum{}_{\neq} y_{uv}y_{u'v'}[\pi(u,v,u,v')-\pi(u',v')$$
$$\pi(u',v')]/\pi(u,v)\pi(u',v'),$$
$$Cov(T'_1,T'_2)=\sum\sum_{u\neq v}x_u(y_{uv}+y_{vu})[1-\pi(u)]/\pi(u)+$$
$$\sum\sum\sum{}_{\neq} x_u y_{vw}[\pi(u,v,w)-\pi(u)$$
$$\pi(v,w)]/\pi(u)\pi(v,w)。$$

特别地,对于同质性的抽样设计来说,这个公式可简化为:

$$Var\ T'_1=\sum_v x_v^2(1-\pi_1)/\pi_1+\sum\sum_{u\neq v}x_u x_v(\pi_2-\pi_1^2)/\pi_1^2,$$
$$Var\ T'_2=\sum\sum_{u\neq v}y_{uv}(y_{uv}+y_{vu})(1-\pi_2)/\pi_2+$$
$$\sum\sum\sum{}_{\neq}(y_{uv}+y_{vu})(y_{uw}+y_{wu})(\pi_3-\pi_2^2)/\pi_2^2+$$
$$\sum\sum\sum\sum{}_{\neq} y_{uv}y_{u'v'}(\pi_4-\pi_2^2)/\pi_2^2,$$
$$Cov(T'_1,T'_2)=\sum\sum_{u\neq v}x_u(y_{uv}+y_{vu})(1-\pi_1)/\pi_1+$$
$$\sum\sum\sum{}_{\neq} x_u y_{vw}(\pi_3-\pi_1\pi_2)/\pi_1\pi_2。$$

对于一般的抽样设计和同质性设计来说,方差和协方差都进一步取决于总体量而不仅仅是 T_1 和 T_2。为了估计这些总量,我们注意到,它们全都是在 V、$V^{(2)}$、$V^{(3)}$ 或 $V^{(4)}$ 这些集合上的总量,因此能够以与 T_1 和 T_2 总和值估计相类似的方式对它们进行估计。一般来讲,以适当的包含概率(inclusion probability)来划分
395 点样本,就可以用有修正项的样本 $S^{(k)}$ 的总数来估计 $V^{(k)}$ 的总数。在同质的情况下,这就是 π_k。例如, $Cov(T'_1,T'_2)$ 有一个无偏估计值

$$[Cov(T'_1,T'_2)]'=$$
$$\sum\sum_{u\neq v}x_u(y_{uv}+y_{vu})S_uS_v[1-\pi(u)]/\pi(u)\pi(u,v)+$$
$$\sum\sum\sum{}_{\neq} x_u y_{vw}S_uS_vS_w[\pi(u,v,w)-\pi(u)\pi(v,w)]/$$
$$\pi(u)\pi(v,w)\pi(u,v,w),$$

在同质的情况下可简化为

$$[Cov(T'_1,T'_2)]'=\sum\sum_{u\neq v}x_u(y_{uv}+y_{vu})S_uS_v(1-\pi_1)/\pi_1\pi_2+$$
$$\sum\sum\sum{}_{\neq} x_u y_{vw}S_uS_vS_w(\pi_3-\pi_1\pi_2)/\pi_1\pi_2\pi_3。$$

任意的总体计数,如二方组数、三方组数以及更多子图的一般量都能够通过这种估计技术来处理。

度数发布的估计

基于总体 $V=\{1,\cdots,N\}$ 的无向图由其邻接矩阵 $y=(y_{uv})$ 给出,在该邻接矩阵中,有 $y_{uv}=y_{vu}$, $y_{vv}=0$(u 和 v 在 V 中)。度数是 $y_u=\sum_v y_{uv}$,度数分布由公式

$$N_k=\sum_u I(y_u=k)\ (k=0,\cdots,N-1)$$

给出,令

$$M_k = \sum_{j=0,\cdots,N-1} j^k N_j = \sum_u y_u^k$$

表示度数分布的第 k 个矩(moment)($k=1,2,\cdots$)。特别地,前两个矩是

$$M_1 = \sum_u y_u = \sum \sum y_{uv}$$

和

$$M_2 = \sum_u y_u^2 = \sum \sum \sum y_{uv} y_{uw},$$

度数分布的均值和方差分别为:

$$\mu = M_1/N$$

和

$$\sigma^2 = M_2/N - M_1^2/N^2$$

现在考虑一个有着点样本 S 和样本包含指标 $S_u = I\ (u \in S)$ 的概率抽样设计,包含概率是:$ES_u = \pi(u)$,$ES_u S_v = \pi(u,v)$,等等。

假设获得的数据是由 S 导出的子图组成的,S 中点 u 在 S 内的度数由 $\sum_v y_{uv} S_v$ 给出,S 内度数分布由

$$n_k = \sum_u S_u\, I\left(\sum_v y_{uv} S_v = k\right) \quad (k = 0,\cdots,n-1)$$

给出,其中 $n = \sum_u S_u$ 为 S 的规模,令

$$m_k = \sum_j j^k n_j = \sum_u S_u \left(\sum_v y_{uv} S_v\right)^k$$

为在 S 内度数分布的第 k 个矩。特别地,前两个样本的矩为:

$$m_1 = \sum_u S_u \left(\sum_v y_{uv} S_v\right) = \sum_u \sum_v y_{uv} S_u S_v$$

和

$$m_2 = \sum_u S_u \left(\sum_v y_{uv} S_v\right)^2 = \sum_u \sum_v \sum_w y_{uv} y_{uw} S_u S_v S_w。$$

为了估计总体矩

$$M_1 = \sum_u y_u = \sum \sum y_{uv}$$

和

$$M_2 = \sum_u y_u^2 = \sum \sum \sum y_{uv} y_{uw} = M_1 + \sum \sum \sum_{v \neq w} y_{uv} y_{uw},$$

用估计总数的一般技术会生成如下无偏估计量

$$M_1' = \sum \sum y_{uv} S_u S_v / \pi(u,v)$$

和

$$\begin{aligned} M_2' &= \sum \sum \sum y_{uv} y_{uw} S_v S_w / \pi(u,v,w) \\ &= M_1' + \sum \sum \sum_{v \neq w} y_{uv} y_{uw} S_u S_v S_w / \pi(u,v,w)。\end{aligned}$$

对同质抽样设计来说,估计量可以简化为:

$$M_1' = \sum \sum y_{uv} S_u S_v / \pi_2 = m_1 / \pi_2$$

和

$$M_2' = M_1' + \sum \sum \sum_{v \neq w} y_{uv} y_{uw} S_u S_v S_w / \pi_3$$

$$= m_1/\pi_2 + (m_2 - m_1)/\pi_3。$$

同样的技术还提供了 $M_1^{\ 2}$、μ 和 σ^2 的无偏或渐近无偏估计量,及其方差的无偏或
396 渐近无偏估计量。例如,在同质抽样设计的情况下,度数分布的均值和方差分别估计为:

$$\mu' = m_1/N\pi_2$$

和

$$(\sigma^2)' = [\ m_1/\pi_2 + (m_2 - m_1)/\pi_3]/N - [2m_1/\pi_2 + 4(m_2 - m_1)/\pi_3 + (m_1^{\ 2} + 2m_1 - 4m_2)/\pi_4]/\ N^2$$

N 的无偏估计量由 $N' = n\ /\pi_1$ 给出,N^2 的无偏估计量为 $(N^2)' = n(n-1)/\pi_2 + n\ /\pi_1$。

现在,让我们考察一下如何估计度数为 k 个点的不同总体的频次 N_k $(k=0,\cdots,\ N-1)$。可以用样本内的度数分布去估计总体中的度数分布。考虑一个根据无放回均匀随机抽样得到的样本。如果 $S_u = 1$ 和 $y_u = k$,那么样本度数 $\sum_v y_{uv}S_v$ 就有一个条件超几何分布(conditional hypergeometric distribution),其参数为 $(n-1,k,N-1)$。超几何分布的概率由

$$h(j;n - 1,k,N - 1) = \binom{k}{j}\binom{N - 1 - k}{n - 1 - j}\bigg/\binom{N - 1}{n - 1}$$

来界定。而且对于 $j = 0,\cdots,\min(k,n-1)$ 来说,它们满足:

$$h(j;n - 1,k,N - 1) = h(j;k,n - 1,N - 1)。$$

于是,样本度数为 j 的样本点的频次 n_j 具有如下期望值:

$$En_j = \sum\nolimits_{k=j,\cdots,N-1}(n/N)\ N_k h\ (j;n - 1,k,N - 1)\quad (j = 0,\cdots,k)$$

这是一个线性方程组,除非我们作进一步的限定,否则它不可解。可以假定 $N_k = 0(k \geqslant n)$,这应该是自然的,它意味着样本规模大于总体的最大度数。这就导致了一个三角方程式(triangular equation),通过把 N_k/N 作为 $En_j/n(j=k,\cdots,n-1$ 和 $k = 0,\cdots,n-1)$ 的线性函数,就可以解这个线性方程组。在这些解中,用 En_j 取代 n_j,就得到 N_k 的无偏估计量 N'_k。它们能被形式化地表达为:

$$N'_k/N = \sum\nolimits_{j=k,\cdots,n-1}(n_j\ /n)\ h\ (k;j,N - 1,n - 1)\quad (k = 0,\cdots,n - 1)$$

现在假定样本 S 是根据伯努利(p)设计选取的。在 $S_u = 1$ 和 $y_u = k$ 的条件下,样本度数是二项式(k,p),因此:

$$En_j = \sum\nolimits_{k=,\cdots,n-1} pN_k\ b\ (j;k,p)\quad (j = 0,\cdots,n - 1)$$

在这里

$$b\ (j;k,p) = (k^{(j)}/j!\ )p^j(1 - p)^{k-j}。$$

通过假定 $N_k = 0(k \geqslant\ n)$,就得到了一个三角方程式,对于 N_k 来说,可用 En_j 项$(j=k,\cdots,n-1$ 和 $k=0,\cdots,n-1)$ 解这个方程组。用 En_j 代替 n_j,N_k 的估计量可以形式化地表达为:

$$N'_k = \sum\nolimits_{j=k,\cdots,n-1}(n_j\ /p)\ b\ (k;j,1/p)$$

其中 $k=0,\cdots,n-1$。

从点样本中获得的星型数据

假设从点样本 S 中获得的数据是由点值 x_u(u 在 S 中)和边值 y_{uv}(u 在 S 中,v 在 V 上)组成的。与前面一样,$y_{vv}=0$。因此,以被抽取的点为中心的星结构的边值与星型中心点的点值都被观测到了。可以精确地估计总体的点值总数 T_1,正如前面处理过的导出子图情况一样。对于总体中的边值总数 T_2,现在可以得到更好的估计值,因为有更多的边数据可以利用。

令 $y_u = \sum_v y_{uv}$,则有 $T_2 = \sum_u y_u$。因此,估计量、方差和方差估计量的公式都可以仿照 T_1公式,只需要用点度数 y_u取代点值 x_u即可。两个估计量 T_1'和 T_2'之间的协方差可以通过相同的技术被处理。我们发现:

$$Cov(T_1',T_2') = \sum\sum x_u y_v[\pi(u,v) - \pi(u)\pi(v)]/\pi(u)\pi(v)$$

$$= \sum_v x_v y_v[1-\pi(v)]/\pi(v) + \sum\sum_{\neq} x_u y_v[\pi(u,v) - \pi(u)\pi(v)]/\pi(u)\pi(v),$$

一个无偏的协方差估计量可用以下公式给出:

$$[Cov(T_1',T_2')]' = \sum_v x_v y_v S_v[1 - \pi(v)]/\pi(v)^2 +$$

$$\sum\sum_{\neq} x_u y_v S_u S_v[\pi(u,v) - \pi(u)\pi(v)]/\pi(u)\pi(v)\pi(u,v)$$

对于同质的抽样设计来说,协方差公式可简化为:

$$Cov(T'_1,T_2') = \sum_v x_v y_v(1 - \pi_1)/\pi_1 + \sum\sum_{\neq} x_u y_v(\pi_2 - \pi_1{}^2)/\pi_1{}^2,$$

协方差的估计量公式可简化为:

$$[Cov(T_1',T_2')]' = \sum_v x_v y_v S_v(1 - \pi_1)/\pi_1{}^2 + \sum\sum_{\neq} x_u y_v S_u S_v(\pi_2 - \pi_1^2)/\pi_1^2\pi_2。$$

对所有 k 度数的星型中心点的逆包含概率实施加总,得出 N_k的无偏估计统 397
计量。据此可以从星型数据中估计出度数分布:

$$N'_k = \sum_u S_u I(y_u = k)/\pi(u)。$$

滚雪球抽样

背景

Frank(1977,1979)等学者(Thompson and Frank,2000)对滚雪球抽样的统计问题作过研究。Frank 和 Snijders(1994)利用滚雪球抽样估计了隐藏总体的规模。还有学者(Sudman and Kalton,1986;Salganik and Heckathorn,2004)讨论了隐藏总体调查和受访者驱动抽样。Thompson(2006)处理过路径抽样。网络调查可能在基于设计的统计推断和基于模型的统计推断之间无明确的区分。但是,抽样调查中的包含概率和其他工具可能是有用的,即使它们也需要估计。Frank 和 Carrington(2007)在一项犯罪同犯的研究中给出了一个关于这方面的说明,该研究显示了网络调查方法在处理关于罪犯和犯罪统计中的暗数(dark figure)方面的优势。

基本的定义和结果

在现有的滚雪球样本中相继加入所谓的多轮样本,这就是滚雪球抽样。最初的点样本 S_0是根据任意的抽样设计首先从 $V=\{1,\cdots,N\}$ 中选取的。得到初始样本 S_0后,在其邻接的未被抽取的各类点的子集中,根据某种概率抽样设计选取首轮(first wave)样本 W_1。因此,W_1是

$$(V-S_0)\cap A(S_0)=\{v \in V: S_{0v}=0 \ \& \ \max_u S_{0u}y_{uv}=1\}$$

的子集合,其中,$S_{0v}=I(v \in S_0)$(v 在 V 中)。初始样本和首轮样本合在一起,就是1-轮(one-wave)滚雪球样本 $S_1=S_0UW_1$。一般来说,在最后一轮之后,在未被抽取的那类邻接点集之中根据某种概率抽样设计,即可选出第 k 轮 W_k。因此,W_k是

$$(V-S_{k-1})\cap A(W_{k-1})=\{v \in V: S_{k-1,v}=0 \ \& \ \max_u W_{k-1,u}y_{uv}=1\}$$

的子集,其中,$k=1,2,\cdots,S_0=W_0$。标示变量(indicator variable)用 $S_{kv}=I(v \in S_k)$ 和 $W_{kv}=I(v \in W_k)$ 来表示(v 在 V 上,且 $k=1,2,\cdots$)。k-轮滚雪球样本由并集(union)$S_k=S_{k-1}UW_k$给出,其中 $k=1,2,\cdots$。各轮之间互不相交并满足

$$W_k=S_k-S_{k-1}$$

和

$$S_k=W_0\,U\cdots U\,W_k \quad (k=1,2,\cdots)$$

在第 k 轮 W_k后,如果全部邻接点都已经在先前的各轮中被抽出,那么这个滚雪球抽样就止于阶段 k,S_k被称为饱和雪球样本(saturated snowball sample)。因此,称滚雪球过程达到一种饱和态(saturated state)。滚雪球过程($S_k:k=0,1,\cdots$)是由一个包含两步记忆的随机过程形式演变而来的。在($S_0,\cdots,S_{k-1}$)的条件下,S_k的概率分布取决于 S_{k-1}和 $W_{k-1}=S_{k-1}-S_{k-2}$,即只取决于 S_{k-1}和 S_{k-2},$k=2,3,\cdots$。由于 S_k、W_{k+1}、S_{k+1}中的任何两个都足以决定所有这三个集合,因此,处理滚雪球过程的另一个备选的、对等的方式是,将这个过程的第 k 个状态思考为:由当前雪球和最后一轮雪球对(pairs)(S_k,W_k)组成的。滚雪球过程[(S_k,W_k):$k=1,2,\cdots$]是一条包含转移概率(transition probabilities)的马尔可夫链:

$$P(S_{k+1},W_{k+1}|S_k,W_k)=P(W_{k+1}|S_k,W_k)$$

其中,$S_{k+1}=S_kU\,W_{k+1}$。马尔可夫链被假定为有时间齐次(time-homogeneous),因此转移概率不由阶段参数 k 决定。这意味着 W_{k+1}轮的选取要根据(S_k,W_k)条件的设计,它依赖于由 W_k中的 u 和 $V-S_k$中的 v 构成的 y_{uv},而不是取决于 k。如果将相关的邻接指标集合表示为:

$$y_k=y(W_k,V-S_k)=\{(u,v,y_{uv}):u \in W_k \ \& \ v \in V-S_k\}$$

于是,转移概率就可以写为:

$$P(W_{k+1}|S_k,W_k)=P(W_{k+1}|y_k),$$

而且 k-轮滚雪球样本的边缘分布等于

$$P(S_k)=\sum\cdots\sum P(W_0)P(W_1|y_0)\cdots P(W_k|y_{k-1})$$

这里针对 S_k合集(union)中所有不相交的轮 $W_0,\cdots,W_k$取总和值。初始样本为

$S_0 = W_0$，并且每个新的一轮都需要包含至少一个点，这样 S_k 才能包含至少 $k+1$ 个点。如果 S_k 包含更多的点，那么针对各轮之间这些点的每一种可能的分布，这个 398
总和都会有一个表述项。通常，我们无须决定滚雪球抽样的选择概率，只需决定它们的低阶（low-order）包含概率即可。S_k 中点 v 的包含概率等于：

$$ES_{kv} = EW_{0v} + \cdots + EW_{kv}$$

由于各轮之间不相关，不同轮的包含（inclusion）因而是互斥事件。下一节在介绍方便滚雪球过程之后，会回到如何确定滚雪球样本的包含概率这个问题上来。

招募的设计

关于滚雪球抽样有一个便捷模型，即对新点进行独立招募（recruitment）的一般伯努利设计。在新抽到每个点 u 后，与 u 邻接的点 v 在下一轮中以概率 p_{uv} 被独立招募，其中，如果 $y_{uv}=1$，则 $0<p_{uv}<1$；如果 $y_{uv}=0$，则 $p_{uv}=0$。一个简单的样本就是 $p_{uv}=py_{uv}$，其中 $0<p<1$，但是最好将这些基本的招募概率建模成某种潜在的或可观测的点性质的函数。例如，有可能建立 $p_{uv}=f(a_u, b_v)$，其中，a_u 和 b_v 分别是具有招募活跃度（activity）水平 K_1 和招募吸引力（attraction）水平 K_2 的分类点变量。因此，每个点至多属于 K_1K_2 个类别中的一个，而且如果 $y_{uv}=1$，那么 u 的活跃度（activity）和 v 的吸引力（attraction）就会决定招募概率。利用这种模型，至多有 K_1K_2 个基本的招募参数。

根据招募的一般伯努利设计，就会给出滚雪球过程的转移概率为：

$$P(W_{k+1} | S_k, W_k) = P(W_{k+1} | y_k) = p(W_k, W_{k+1})q(W_k, V - S_{k+1})$$

其中，对于 V 的任意子集 A 和 B 来说，

$$p(A,B) = \prod_{v\in B} p(A,v) = \prod_{v\in B}[1 - q(A,v)]$$

是 B 中的每个点被 A 中至少一个点所招募的概率，同时

$$q(A,B) = \prod_{v\in B} q(A,v) = \prod_{u\in A, v\in B} q_{uv}$$

是 B 中任何一个点都没有被 A 中的任何一点招募到的概率。这里，$q_{uv} = 1 - y_{uv}p_{uv}$，而且如上所说，$p_{uv}$ 是由上述至多 K_1K_2 个基本参数所设定的招收参数。

为了确定 k-轮滚雪球样本 S_k 的选择概率，需要扩展数值运算。然而，通常情况下，确定低阶（low order）的包含概率就足以建立估计量及其方差估计量了。初始样本以及第一轮、第二轮样本的包含概率就足以建立简单的估计量，Rao-Blackwellisation① 过程可以基于全部可用的滚雪球数据从而将这些简单的估计量扩展为一个新的估计量。但是，Rao-Blackwellisation 过程也需要计算机进行大量计算。

---

① 统计学里，1950 年代提出来的 Rao-Blackwell 定理是以一个任意的原始估计为起点，寻找最小方差无偏估计量（MVUE）。假设 $g(X)$ 是参数 θ 的任意一个估计量，T 是一个充分统计量，那么在给定 $T(X)$ 条件下，$g(X)$ 的条件期望就是一个比 $g(X)$ 好的估计量（至少不差于）。这个理论是以 Calyampudi Radhakrishna Rao 和 David Blackwell 两人的名字命名的。应用 Rao-Blackwell theorem 寻找新的更优估计量的过程通常被称为 Rao-Blackwellization，寻找到的新统计量被称为 Rao-Blackwell 统计量——译者注。

包含概率

对于 V 中的点 v 来说,假定初始样本 S_0的包含概率为 $\pi_{0v}>0$,而且如上所述,利用一般伯努利设计进行各轮招募。令样本、轮次和招募指标分别表示为:

$$S_{kv}=I(v\in S_k),W_{kv}=I(v\in W_k)\ 和\ z_{uv}=I(u\ 招募\ v)$$

为了找到包含概率

$$ES_{kv}=\pi_{kv},EW_{kv}=\pi_{kv}-\pi_{k-1,v}\ 和\ ES_{kv}S_{kw}=\pi_{kvw}(k=1,2,\cdots),$$

需要考虑下面这个关系,即如果 v 要么包含在 S_k内,要么为最后一轮 W_k中的至少一个点所招募,那么该关系会说明 v 被包含在 S_{k+1}里:

$$S_{k+1,v}=S_{kv}+(1-S_{kv})\max_u W_{ku}z_{uv}$$

在(S_k,W_k)条件下,对于 V 中的不同 v 来说,各个指标 $S_{k+1,v}$相互独立,它们的期望值等于

$$E(S_{k+1,v}\mid S_k,W_k)=S_{kv}+(1-S_{kv})p(W_k,v)$$

其中,如前所言,

$$p(W_k,v)=1-q(W_k,v)=1-\prod_u(1-W_{ku}p_{uv})$$

于是,第一阶和第二阶的内含概率由

$$\pi_{k+1,v}=1-E[(1-S_{kv})q(W_k,v)]$$

给出,而且对于不同 v 和 w 来说:

399 $$\pi_{k+1,vw}=\pi_{k+1,v}+\pi_{k+1,w}-1+E[(1-S_{kv})(1-S_{kw})q(W_k,v)q(W_k,w)]。$$

在这些方程中,利用一个第一阶近似值

$$(1-S_{kv})q(W_k,v)=1-S_{kv}-\sum_u W_{ku}p_{uv}$$

导出内含概率的下一个近似值

$$\pi_{k+1,v}=\pi_{kv}+\sum_u(\pi_{ku}-\pi_{k-1,u})p_{uv}$$

和

$$\pi_{k+1,vw}=\pi_{k+1,v}-\pi_{kv}+\pi_{k+1,w}-\pi_{kw}$$
$$+\pi_{kvw}-\sum_u(\pi_{ku}-\pi_{k-1,u})(1-q_{uv}q_{uw})$$

其中,$k=1,2,\cdots$,并且 v 和 w 不同。这些递归式(recursions)所需要的初始值由初始样本的包含概率 π_{0v}和 $\pi_{0vw}=\pi_{0v}\pi_{0w}$给出,1-轮滚雪球抽样的包含概率的精确值为

$$\pi_{1v}=1-\prod_u(1-\pi_{0u}p_{uv})$$

和

$$\pi_{1vw}=\pi_{1v}+\pi_{1w}-1+\prod_u[1-\pi_{0u}(1-q_{uv}q_{uw})]$$

在这里 $p_{vv}=1$,v 在 V 中。

线路抽样

基本定义和结果

滚雪球抽样有这样一种特殊情况,即在每个选择阶段只选择一个更远点,这被称为是线路抽样(walk sampling)。如果选择的每一波都只有一个单位(one-unit wave)而不是多个,那就很方便了。在简化分析和提供更多功能的可能设计方面,线路抽样会提供帮助。近期对万维网的研究,尤其是对网页等级(page ranks)研究就使用了线路抽样。线路抽样似乎很有可能被用于在大型数据库或互联网上进行社会网络分析。

在一个邻接矩阵为(y_{uv})的子图里,现在考虑基于其中点集合 $V=\{1,\cdots,N\}$ 的一个随机线路抽样。根据一个时间齐次的马尔可夫链(time-homogeneous Markov chain),可以依次选出样本序列 $(u_1,u_2,\cdots)$,其转移概率为:

$$P(u_{k+1}=v \mid u_k=u)=P_{uv}$$

这里,P_{uv}独立于阶段参数k,对于V中的u来说,有$\sum_v P_{uv}=1$,并且当且仅当$y_{uv}=0$时,$P_{uv}=0$。可以任意选取初始点u_1,但是如果可能的话,最好根据平稳分布(stationary distribution)$(p_v)_V$选取这个初始点,这个稳定分布满足$p_v=\sum_u p_u P_{uv}$,其中v在V中,$\sum_v p_v=1$。

马尔可夫链条应该是不可化约的(irreducible)、非周期性的(aperiodic)。对于无向图来说,这意味着图应该是关联图,包含至少一个长度为 1 或 3 的回路。对于有向图来说,要求有强关联性,所有回路长度都不能是公因子 2 或更大的公因子的倍数。随着n的增加,一个不可化约的、非周期性的、时间齐性的马尔可夫链条有这样一个独特的极限分布

$$P(u_n=v \mid u_1=u)$$

该分布独立于u,并且对于所有V中的v来说都是正的。这个极限分布等于平稳分布$(p_v)_V$。如果图是无向的,并且所有邻接点的转移概率都相等,那么,

$$P_{uv}=y_{uv}/y_u$$

其中$y_u=\sum_v y_{uv}$是点u的自由度。于是,平稳分布就等于

$$p_v=y_v/\sum_u y_u \quad (v=1,\cdots,N)$$

因此,一个转移的均匀分布就意味着极限分布与自由度成比例。

如果根据平稳分布抽取到第一个点u_1,那么样本序列中任何点u_k的边缘分布也是平稳分布。对于任意一个固定的初始点u_1,或者对于根据某个不同于平稳分布中所选出的一个初始点来说,随着样本规模n的增大,u_n的分布渐近地接近于平稳分布。根据遍历性理论(ergodic theory)也会得出,当n趋向无穷大时,

样本序列($u_1,\cdots,u_n$)的经验分布会向平稳分布收敛。更准确地说,如果

$$m_v = \sum_i I(u_i = v)$$

是样本序列中点 v 的多重度(multiplicity),那么($m_1/n,\cdots,m_N/n$) 在分布上收敛于由平稳分布给出的极限分布($p_1,\cdots,p_N$)。

平稳分布对于衡量点值总数和边值总数的估计量来说是有用的。例如,点值总数 $T_1 = \sum_v x_v$的估计量为:

$$T_1' = \sum_i \sum_v (x_v/p_v) I(u_i = v)$$

如果初始点是根据平稳分布选取的,那么这个估计量就无偏。否则,它就是渐近

400 无偏的。与此相似,一个边值总数 $T_2 = \sum\sum_{\neq} y_{uv}$的估计量为:

$$T_2' = \sum_{i=1,\cdots,n-1} \sum\sum_{\neq} (y_{uv}/p_u P_{uv})\ I(u_i = u \ \&\ u_{i+1} = v)。$$

从随机线路样本(random walk sample)中获得的样本序列($u_1,\cdots,u_n$)有时可简化为序列中不同点的集合 S。这就需要确认出样本序列中的重复点。例如,针对 $u_i=v$所收集的数据应该包含对 v 的确认。基于 S,可以将 T_1的一个估计量表示为:

$$T_1'' = \sum_{v\in S} [x_v/\pi(v)],$$

其中,包含概率 $\pi(v) = P(m_v > 0)$是点 v 被包含进样本序列的概率中。为了从基于 S 的数据中估计一个边值总数 T_2,我们需要有包含概率

$$\pi(u,v) = P(m_u > 0 \ \&\ m_v > 0)。$$

除非线路样本序列非常短,否则是难以计算包含概率的。对于长的线路样本序列来说,最好是保持拥有多重性的样本序列,并且使用极限平稳分布(limiting stationary distribution)来调整样本数据。

设计极限分布

要从随机游走样本中作出推断,平稳极限分布是根本。因此,重要的是,有可能设计出线路抽样以便获得任何一种预先指定的极限分布。通过修正由总体图所决定的转移概率 $P=(P_{uv})$,就能够实现这一点。

为了获得一个任意指定的极限分布 $q=(q_1,\cdots,q_N)$,在没有研究者作专门检查的情况下,根据 P 所作的转移是不可用的。根据 P 所作的试验转移应该被接受或拒绝。对 V 中所有的 u 和 v 来说,为了具体说明一个接受从 u 到 v 的转移规则,我们要考虑新的转移概率 $Q=(Q_{uv})$,它满足一个可逆性条件:

$$q_u Q_{uv} = q_v Q_{vu}$$

这个遵照 Q 的平稳分布是由 q 给出的,因为有可逆性:

$$\sum_u q_u Q_{uv} = \sum_u q_v Q_{vu} = q_v,$$

其中 v 在 V 中。如果 Q 被定义为:

$$Q_{uv} = \min(P_{uv}, q_v P_{vu}/q_u) \quad (u \neq v)$$

和

$$Q_{uu} = 1 - \sum_{v\neq u} Q_{uv},$$

于是，Q 满足了可逆性的条件。实际上，

$$q_u Q_{uv} = \min(q_u P_{uv}, q_v P_{vu}) = q_v Q_{vu} \qquad (u \neq v)。$$

如果阶段 k 这一步的位置是在 $u_k = u$ 上，那么下一个转移就取决于两步。首先，根据 P 做一次转移试验。它会以概率 P_{uv} 指向 v，但是在第二步中，接受的概率为 Q_{uv}/P_{uv}，拒绝的概率为 $1-Q_{uv}/P_{uv}$。因此，在第二步之后，转移要么以概率 Q_{uv} 转到 v，要么会根据 P 执行的另一次转移试验而被迫停留在 u。研究者必须能够决定是接受还是拒绝一次转移。因此，必须知道可接受的概率为：

$$Q_{uv}/P_{uv} = \min(1, q_v P_{vu} / q_u P_{uv})$$

而且必须能够判断从下一个被建议的位置 v 返回到 u 的概率 P_{vu} 是否小于 $q_u P_{uv}/q_v$。

为了说明这个过程，现在考虑一个点出度为 $a_u = \sum_v y_{uv}$ 的有向图，且对于 u 的所有邻接点来说，其相等的转移概率都为：

$$P_{uv} = y_{uv}/a_u$$

可能很难发现平稳分布。假设我们要调整转移概率，以便它的平稳分布具有与点出度成比例的概率：

$$q_u = a_u / (a_1 + \cdots + a_N)。$$

根据上述公式，被修正的转移概率应该等于

$$Q_{uv} = \min(y_{uv} / a_u, q_v y_{vu}/a_v q_u) = y_{uv} y_{vu}/a_u \qquad (u \neq v)$$

这意味着，当且仅当在 u 和 v 之间有相互边(mutual edge)时，从 u 到 v 的转换才是可接受的。 401

再举一例，假设期望的平稳分布应该有与点入度 $b_u = \sum_v y_{vu}$ 成比例的概率。由于：

$$q_u = b_u / (b_1 + \cdots + b_N),$$

于是，转换概率应该被修改为：

$$Q_{uv} = \min(y_{uv} / a_u, q_v y_{vu} / a_v q_u) = (y_{uv} y_{vu}/a_u) \min(1, r_v / r_u) \quad (u \neq v),$$

其中，$r_u = b_u/a_u$ 是 V 中点 u 的点入度与点出度之比。这意味着从 u 到 v 的转移被接受为拥有概率 $\min(1, r_v/r_u)$ 的相互联系。如果 $r_v \geqslant r_u$，那么点 v 若有到 u 的交互边，就始终会被接受，否则，它就会以概率 r_v/r_u 被接受。现在，研究者必须能核实相互性(mutuality)，并计算被抽取的点的比率 r_u。例如，研究者可能观测到被抽取的点的点入度和点出度。

最后，对于 V 中的 v 来说，可以考虑如何得到一个均匀的(uniform)极限分布 $q_v = 1/N$。转移概率应该等于

$$Q_{uv} = \min(P_{uv}, P_{vu}) = (y_{uv} y_{vu} / a_u) \min(1, a_u/a_v) \quad (u \neq v)。$$

这里仍然是只允许转移到互惠关系。一些 v 的出度小于 u 的出度，这些 v 总会被
接受。其他的 v 则以概率 a_u/a_v 被接受。研究者应该有能力去确证相互性，并观 402
测被抽取的点的点出度。

参考文献

Bloemena, A.R. (1964) *Sampling from a Graph*. Amsterdam: Mathematical Centre Tracts.

Bollobas, B. (2001) *Random Graphs*. Cambridge: Cambridge University Press.

Bonato, A. (2008) *A Course on the Web Graph*. Providence, RI: American Mathematical Society.

Brandes, U. and Erlebach, T. (eds) (2005) *Network Analysis*. Berlin: Springer Verlag.

Capobianco, M. (1970) 'Statistical inference in finite populations having structure', *Transactions of the New York Academy of Science*, 32: 401-13.

Carrington, P.J., Scott, J. and Wasserman, S. (eds) (2005) *Models and Methods in Social Network Analysis*. Cambridge: Cambridge University Press.

Cassel, C.M., Särndal, C.E. and Wretman, J. (1993) *Foundations of Inference in Survey Sampling*. Malabar, FL: Krieger Publ. Comp.

Corander, J. (2000) 'On Bayesian graphical model determination'. PhD dissertation, Stockholm University, Stockholm.

Diestel, R. (2005) *Graph Theory*. New York: Springer Verlag.

Erdös, P. and Renyi, A. (1959) 'On random graphs. I', *Publicationes Mathematicae Debrecen*, 6: 290-97.

Erdös, P. and Renyi, A. (1960) 'On the evolution of random graphs', *Publ. Math. Inst. Hungar. Acad. Sci.*, 5: 17-61.

Frank, O. (1969) 'Structure inference and stochastic graphs', *Swedish Research Institute of National Defence FOAReports*, 3(6): 1-10.

Frank, O. (1971) 'Statistical inference in graphs', PhD dissertation, Stockholm University, Stockholm.

Frank, O. (1977) 'Survey sampling in graphs', *Journal of Statistical Planning and Inference*, 1: 235-64.

Frank, O. (1979) 'Estimation of population totals by use of snowball samples', in P. Holland and S. Leinhardt (eds), *Perspectives on Social Network Research*. New York: Academic Press. pp. 319-47.

Frank, O. (1980) 'Estimation of the number of vertices of different degrees in a graph', *Journal of Statistical Planning and Inference*, 4: 45-50.

Frank, O. (1981) 'A survey of statistical methods for graph analysis', in S. Leinhardt (ed.), *Sociological Methodology*-1981. San Francisco: Jossey-Bass. pp. 110-55.

Frank, O. (1987) 'Random sampling and social networks—a survey of various approaches', *Mathematique, Informatique et Sciences Humaines*, 26(104): 19-33.

Frank, O. (1988) 'Triad count statistics', *Discrete Mathematics*, 72: 141-49.

Frank, O. and Carrington, P. C. (2007) 'Estimation of offending and co-offending using available data with model support', *Journal of Mathematical Sociology*, 31: 1-46.

Frank, O., Hallinan, M. and Nowicki, K. (1985a) 'Clustering of dyad distributions as a tool in network modelling', *Journal of Mathematical Sociology*, 11: 47-64.

Frank, O., Komanska, H. and Widaman, K. (1985b) 'Cluster analysis of dyad distributions in networks', *Journal of Classification*, 2: 219-38.

Frank, O. and Snijders, T. (1994) 'Estimating the size of hidden populations using snowball sampling', *Journal of Official Statistics*, 10: 53-67.

Frank, O. and Strauss, D. (1986) 'Markov graphs', *Journal of the American Statistical Association*, 81: 832-42.

Goodman, L.A. (1961) 'Snowball sampling', *Annals of Mathematical Statistics*, 32: 148-70.

Granovetter, M. (1976) 'Network sampling: Some first steps', *American Journal of Sociology*, 81: 1287-303.

Hagberg, J. (ed.) (2002) *Contributions to Social Network Analysis, Information Theory and Other Topics in Statistics. A Festschrift in Honour of Ove*

Frank on the Occasion of His 65th Birthday. Stockholm: Dept. of Statistics, Stockholm University.

Hagberg, J. (2003) 'On degree variance in random graphs', PhD dissertation, Stockholm University, Stockholm.

Holland, P.W. and Leinhardt, S. (1970) 'A method for detecting structure in sociometric data', *American Journal of Sociology*, 76: 492-513.

Holland, P.W. and Leinhardt, S. (1975) 'Local structure in social networks', in D. Heise (ed.), *Sociological Methodology*. San Francisco: Jossey-Bass. pp. 1-45.

Holland, P.W. and Leinhardt, S. (1981) 'An exponential family of probability distributions for directed graphs', *Journal of the American Statistical Association*, 76: 33-65.

Janson, S., Luczak, T. and Rucinski, A. (2000) *Random Graphs*. New York: Wiley.

Jansson, I. (1997) 'On statistical modelling of social networks', PhD dissertation, Stockholm University, Stockholm.

Karlberg, M. (1997) 'Triad count estimation and transitivity testing in graphs and digraphs', PhD dissertation, Stockholm University, Stockholm.

Koskinen, J. (2004) 'Essays on Bayesian inference for social networks', PhD dissertation, Stockholm University, Stockholm.

Meyers, R. (ed.) (2009) *Encyclopaedia of Complexity and Systems Science*. New York: Springer Verlag.

Morgan, D.L. and Rytina, S. (1977) 'Comment on "Network sampling: Some first steps, by M Granovetter"', *American Journal of Sociology*, 83: 722-27.

Mukhopadhyay, P. (2001) *Topics in Survey Sampling*. New York: Springer Verlag.

Nowicki, K. and Snijders, T. A. B. (2001) 'Estimation and prediction for stochastic blockstructures', *Journal of the American Statistical Association*, 96: 1077-87.

Pattison, P. and Wasserman, S. (1998) 'Logit models and logistic regressions for social networks. II: Multivariate relations', *British Journal of Mathematical and Statistical Psychology*, 52: 169-93.

Proctor, C. H. (1967) 'The variance of an estimate of linkage density from a simple random sample of graph nodes', *Proceedings of the Social Statistics Section of the American Statistical Association*, 342-43.

Proctor, C.H. (1979) 'Graph sampling compared to conventional sampling', in P.W. Holland and S. Leinhardt (eds), *Perspective on Social Network Research*. New York: Academic Press. pp. 301-18.

Robins, G.L. (1998) 'Personal attitudes in interpersonal contexts: Statistical models for individual characteristics and social relationships', PhD dissertation, University of Melbourne, Melbourne.

Robins, G. L. and Pattison, P. (2005) 'Interdependencies and social processes: Dependence graphs and generalized dependence structures', in P.J. Carrington, J. Scott and S. Wasserman (eds), *Models and Methods in Social Network Analysis*. Cambridge: Cambridge University Press.pp. 192-214.

Salganik, M.J. and Heckathorn, D.D. (2004) 'Sampling and estimation in hidden populations using respondent-driven sampling', *Sociological Methodology*, 34: 193-239.

Särndal, C.E., Swensson, B. and Wretman, J. (1992) *Model Assisted Survey Sampling*. New York: Springer Verlag.

Schweinberger, M. (2007) 'Statistical methods for studying the evolution of networks and behaviour', PhD dissertation, University of Groningen, Groningen.

Sirken, M.G. (1970) 'Household surveys with multiplicity', *Journal of the American Statistical Association*, 63: 257-66.

Snijders, T.A.B. (2002) 'Markov chain Monte Carlo estimation of exponential random graph models', *Journal of Social Structure*, 3(2).

Snijders, T. A. B. and Nowicki, K. (1997) 'Estimation and prediction of stochastic blockmodels for graphs with latent block structure', *Journal of Classification*, 14: 75-100.

Snijders, T.A.B., Pattison, P., Robins, G.L. and Handcock, M. (2006) 'New specifications for exponential random graph models', *Sociological Methodology*, 36(1): 99-153.

Spreen, M. (1999) 'Sampling personal network structures: Statistical inference in Ego-graphs', PhD dissertation, University of Groningen, Groningen.

Stephan, F. F. (1969) 'Three extensions of sample survey technique', in N.L. Johnson and H. Smith Jr. (eds), *New Developments in Survey Sampling*. New York: Wiley.

Sudman, S. and Kalton, G. (1986) 'New developments in the sampling of special populations', *Annual Review of Sociology*, 12: 401-29.

Tallberg, C. (2003) 'Bayesian and other statistical approaches for analyzing network block-structures', PhD dissertation, Stockholm University, Stockholm.

Thompson, M. E. (1997) *Theory of Sample Surveys*. London: Chapman & Hall.

Thompson, S.K. (2006) 'Targeted random walk designs', *Survey Methodology*, 32: 11-24.

Thompson, S. and Frank, O. (2000) 'Model-based estimation with link-tracing sampling designs', *Survey Methodology*, 26: 87-98.

Wasserman, S. and Faust, K. (1994) *Social Network Analysis*. Cambridge: Cambridge University Press.

Wasserman, S. and Pattison, P. (1996) 'Logit models and logistic regressions for social networks. I: An introduction to Markov random graphs and p*', *Psychometrika*, 60: 401-26.

Wasserman, S. and Robins, G.L. (2005) 'An introduction to random graphs, dependence graphs, and p*', in P.J. Carrington, J. Scott and S. Wasserman (eds), *Models and Methods in Social Network Analysis*. Cambridge: Cambridge University Press. pp 148-61.

Wellman, B., Frank, O., Espinoza, V., Lundquist, S. and Wilson, C. (1991) 'Integrating individual, relational and structural analysis', *Social Networks*, 13: 223-49.

社会网络的质性研究 27

QUALITATIVE APPROACHES

⊙ 贝缇娜·霍斯坦(Betina Hollstein)

引　言

从一开始,网络研究就利用质性数据,利用结构性低的方法收集数据,用诠释性(interpretive)方法来描述和分析社会网络。在20世纪50年代和60年代,一些英国社会人类学家就在挪威小岛上的教区(Barnes,1954)、在中非城镇的网络(Mitchell,1969)以及在他们本国的个体网络中(Bott,1957),就阶层结构进行社区民族志研究。Roethlisberger 和 Dickson(1939)对西部电气公司的研究影响深远,他们对组织研究作出了开创性的贡献。这一研究采用了探索性、解释性和归纳性的进路,对所研究的工作组中正在发生的事件保持了开放性与反应性。除了实验之外,他们大多依赖于工作场所的参与观察和非结构化访谈(nondirective interviewing)。在这些研究中提出的概念成了网络研究中重要的参照点,如密度(Mitchell,1969)、派系和聚类(Bames,1969),或者正式和非正式组织之分(Roethlisberger and Dickson,1939)。

然而,质性研究进路在网络研究中的潜在好处不只限于能有机会探索和提出新概念。数据收集和分析的质性进路是强大的工具,它们能大大丰富社会网络的研究。除了其他方面之外,为应对网络研究中所面对的挑战,质性研究方法也提供了一些特殊的工具,既阐明了网络结构和行动者之间关联的能动性(agency)问题,又论述了那些与社会网络的组成和动力有关的问题。当共同使用质性方法、用于描述网络结构的更为标准的方法以及量化方法时,就会取得更为丰硕的成果。

本章回顾研究社会网络时所使用的质性进路和方法,系统阐述质性方法对社会网络研究的贡献,并用来自各种研究领域的经验研究来例说这些贡献。

不过,当我们说到质性研究和质性数据时,首先我们必须比较严谨地确定其意义是什么。

社会实在的质性研究:探究意义

当论及质性方法时,我们指的是一个异质性的研究场景,这种场景因异质而难以全面说明。其中包括不同的观察形式、标准化水平低的访谈技术(如开放的无结构式访谈、部分或半结构式访谈、引导性或叙事性访谈)以及文件或档案资
404 料的收集。与此同时,可以用建立在各种理论假设和方法论立场上的大量方法来分析。其中包括符号互动论、知识社会学、现象学、常人方法学和建构主义等,这列举的仅仅是一小部分研究进路。不过,尽管这些进路之间有差异,它们却具有某些共同的基础,例如,作为“解释范式”的倡导者,它们都坚持社会实在本质的某些思想(Hollstein and Ullrich,2003)。首先,社会实在不只是给定的,还是建构的。回忆一下著名的托马斯定理,“如果人类把某种情境定义为真,那么在他们的推论中它们就为真。”其次,社会实在被社会意义所塑形。社会实在始终是一种**有意义**的实在,并在表达意义的过程中指向了一种行动的情境,行动者就是在这个情境中(有意识地)组织行动的。第三,社会实在总是取决于某个**观点**或视角,因此与社会位置有关。最后,由于社会实在具有协商性,所以它始终是**动态**的:社会实在是一个过程。由此,我们可以发现,像符号互动理论、常人方法学或现象学这样的不同方法论立场是有一个共同基础的。[1]

解释性进路把社会实在的这些方面视为是极其重要的,以至于建立了一个社会研究领域,该领域也要求有属于它自己的合适的方法论。质性方法的明确特征是赋予**意义理解**(*Sinn-Verstehen*)以重要角色。质性研究旨在系统地重建这样的意义,换言之,它涉及德国人所说的**对他人的有条理地控制性理解**(methodically controlled understanding of the other)。质性进路强调,理解行动和意义(口头表达也是谈话行为)总是涉及理解他人。在此方面,他们采取了一种类似于日常沟通的立场,这种立场从根本上取决于解释和理解(一阶建构)(first-order constructs)。在这一点上,它与研究者所运用的理解过程(二阶建构)没有什么不同。但是,与研究对象相反,研究者有一种能够反思与重建情境的特权,他没有被要求去行动,也不会在情境所强加的时间限制下去被迫采取行动。质性进路之间是有分歧的,这个分歧取决于人们接纳的“意义”观念和/或想要分析的“意义”类型。例如,现象学关注的是行动者的主观视角。相比之下,客观诠释学旨在重建潜在(无意识)的意义和互动系统的内在逻辑(Oevermann et al.,1979;参见 Titscher et al.,2000)。最后,常人方法学对意义的主题内容并不感兴趣(相反,它聚焦于行动的“如何”维度、行动者的意义构建实践以及交流的正式规则)。

给定了理解意义的目标之后,就可以引出两个最重要的分析方面。首先,如果某物有某个“意义”,可以理解为该意义不能脱离某个情境而存在,也就是说不能脱离某个具体的参考框架。这就是**情境性**(contextuality)的基本思想:只有参照意义或表达的情景,才能够理解某个行动的意义和/或表达性行为。例如,在自传式面谈中,参考框架(情境)就是整个生活史。其次,如果一个进路坚持**对他**

人有条理地控制性理解的路线，就要求研究者对主题保持开放的态度，承认对这个主题的任何**先前理解**都只是个初步：还没有被认识到的内容是不能定义的。这并不意味着可以以一种幼稚的方式去处理对素材的先入之见。例如，只是单纯否定先入之见的存在。相反，一个具有探索性和归纳性的进路会系统地保持着它的开放性，这样的进路必须首先说明自己对所关注事件的先入之见和常识性知识。在作此类说明的同时，也应该对新的和意外之事保持敏感，即对研究对象保持开放性(Hopf，1979)。

确定了意义理解的目标后，接下来就有一些数据收集和分析的方法论原则。[2]收集数据时要求有开放的程序(例如，尤其是半结构化访谈和观察方法，或在利用已有的文献时)，数据分析要求使用**诠释的**(interpretive)方法。数据的收集过程要有开放性，这是高于一切的，它意味着要以一种尽可能涉及广泛数据流的方式去设计那些用于此目的的工具。我们必须留意，不要因为我们的研究工具设计而事先将某些数据排除掉(即用非常一般性的术语来设问，以避免暗示性问题，允许受访者在给出回答时阐述自己的相关框架和符号系统)。因此，应该允许以一种尽可能不失真的形式去展开意义的情境。相应地，对于那些与所研究的表达性实例(instance)有关的行动情境、意义系统、参考框架来说，任何一种能推断它们的表达性举动(act of expression)(可能是行动、口头表达或书面文本)都会被认为是**质性数据**。

总的来说，当人们集中关注研究对象时，质性进路就会以一种开放的精神、 405
渐进的归纳和反复的(iteration)方式做到这一点。为了确保效度，也为了有条理地控制研究者受其视野的限制的事实，可以采用不同的方法。例如，像扎根理论(Glaser and Strauss，1967)那样的理论抽样和比较分析，研究小组中的素材解释和讨论，以及分析步骤的说明和呈现。当然，这样一个阶梯式的、渐进的通向主题的进路不能宣称自己有代表性。相反，当作出超出样本范围的表述时，一定要基于具体的结果和程序来提供详尽的理论辩护。这意味着应该认真考虑调查个案的选取以及所应用的抽样标准。

到目前为止的讨论试图在表明，质性方法尤其适合于某些类型的研究问题和研究对象(Hopf，1979)。从形式方面讲，新的现象、边缘现象或尚未研究过的现象可以归入这一类。就内容方面而言，我们必须在解释、相关性(relevance)和复杂解释系统之间进行区分，还要在结构性社会实体和交互系统之间进行划界。后者是由松散的互动系统(如对话或协商)、群体和派系关系，以及工业、国家和其他类型的组织组成的(Hopf，1979)。

质性进路对网络研究的贡献

既然已经确定了质性方法论的本质，下面就论述它在网络研究中可能有怎样的应用。实质地讲，有六个领域最适于质性研究：网络探索、网络实践、网络导向与评估、网络效应、网络动力学、网络数据的确证我们。可以期望质性进路能在这些领域中产生最有希望的成果。我们也将会利用各种网络研究领域中的经验性个案研究来例示这些成果。

网络探索

首先,有一个经典领域已经应用了质性研究的程序,但问题是人们对它们知之甚少,这是因为它们或者是全新的领域,或者是还有待研究的领域。在这些情况下,用质性研究可以探索新的或尚未探索的网络形式、整合模式和网络实践,随后伴以量化的、假设检验式的研究。这可能涉及探索某些人或某些人群的个体网,例如贫民区中的"街角男孩"网络(Whyte,1955)、移民网络(Wong and Salaff,1998;Schütze, 2006)或者是穿梭于洲际之间的那些谋求学术发展的初级研究人员的网络(Scheibelhofer,2009)。组织网络也可以成为这种探索的对象,例如,社区精神健康网络(Ptovan and Milward,1995)的有效性或公司所嵌入其中的网络(Uzzi,1997)。最后,还可以探索整体网:小村庄中的网络(Barnes,1954)、乡镇中的网络(Mitchell,1969)、社会运动网络(Broadbent,2003;Mische,2003,2008)或者跨国发行的网络之中的行动者、知识实践和网络活动(Riles,2000)。

在许多情况下,这种探索只是最初的准备阶段,这个阶段会导向主体研究部分,接下来才是量化设计。例如,研究之初,是要根据重要的论题、事件、行动者和合作的类型来评估政策网络或合作研究者网络的(Franke and Wald,2006;Baumgarten and Lahusen,2006)。在这些情况下,所选择的方法就是典型的文献研究和专家访谈。在量化、标准化的整体网研究中,尤其要进行全面、初步的质性研究和前测。由于这样的研究通常需要在数据收集上花大功夫,所以,拥有所研究领域的细节性知识是研究取得丰硕成果的重要前提(Baumgarten and Lahusen,2006)。

网络实践

具体的行为、实践、互动和交流模式是遵照其各自所发生的情境的,因此,行动者实际做了什么,以及他们是如何连成网络的,这些都可以用质性研究的进路。哪些类型的交换模式刻画了移民网络关系(Menjivar,2000;Dominguez and Watkins,2003)或创业型公司之间关系的特征(Uzzi,1997)?创新网络中的合作和互动模式看起来是什么样的(Franke and Wald,2006;Gluesing et al.,即将出
406 版)?什么样的文化实践涉及意大利文艺复兴时期贵族阶级之间的"建网艺术"(art of networking)(McLean,1998)?或者,巴西青年组织中的主要对话机制是什么(Mische,2003,2008)?

在探究网络实践时,传统的社会人类学方法最有价值。其所使用的方法主要是观察技术和深度访谈。例如,挪威小岛上教区的阶层结构研究(Barnes,1954),或者对中非的社会网络中流言的调查(Epstein,1969)。芝加哥学派和伯明翰当代文化研究中心则在他们自己的社会中运用了民族志进路,尤其是在边缘群体文化实践和亚文化的研究中,正如威廉·富特·怀特(Whyte,1955)对意大利贫民窟的经典研究《**街角社会**》中那样。此外,民族志进路、观察技术以及开放式访谈也可以被用于研究合作和创新网络、新工作模式、新出现的角色以及全

球网络化组织中的新意义(Gluesing et al.,即将出版)。民族志研究也在观察话语模式、沟通模式以及谈话动力学(conversational dynamics)方面起到了关键作用,这在 Ann Mische——关系社会学的一位倡导者——对巴西社会运动的研究中有体现(Mische,2003,2008)。

有时,文档是发掘网络文化实践信息的主要来源。例如,在对意大利文艺复兴时期的建网艺术的研究中,Paul McLean(1998)分析了佛罗伦萨人为相互寻求支持而书写的数百封私人信件。他基于对自我和政治文化进行展示的互动论(interactionist)进路,分析了在这些写作中反映出来的策略,这个社会中的成员恰恰是运用这些策略去建构与庇护人的网络关系,去建立自己的事业。"网络工作"(Network work)也可以通过重建行动者的类型加以探究。例如,在一项现象学分析中,Engelbrecht(2006)就是这样检验宗教网络中的知识动力学的。基于对宗教社会团体中主要成员的深度访谈,他在宗教网络中区分出了两种形式的联系(桥),他称其中一种为"外交官",另一种为"旅行者"。外交官在宗教对话中主要发挥调解者、翻译者和创新者的作用,而旅行者有灵修(spiritual learning)特征,能够超越宗教团体和传统所划分的惯常界限。

网络导向与评估

质性程序尤其适于收集行动者解释、个体关联系统及行动导向的数据。在网络研究中,质性数据收集会获得行动者对关系和所属网络的知觉和评估的相关数据。例如,归入此类的研究可能探讨的问题有:人们在自己的社会网络中是如何定位的;人们的归属感或孤独感又如何,正如移民(Wong and Salaff,1998;Schütze,2006)、通勤者(commuters)(Scheibelhofer,2009)、社会运动成员(Höfer et al.,2006)或老人(Schütze and Lang,1996;Hollstein,2002)的整合模式与网络策略研究那样。这些研究都专注于个人网络中的个体知觉、意义、导向和策略。有时,仅有某些关系可以执行质性分析,例如友情的各种意涵(Pahl and Spencer,2004)。其他研究则专门考察了关系的某些方面,例如,在父母决策中哪些关系发挥了作用(Keim et al.,即将出版),情感亲密度的重要性(Hollstein,2002),或者当人们在美国综合社会调查(GSS)中说到他们在"重要事项"上向他人咨询时,他们指的是什么意思(Bearman and Parigi,2004)。然而,个体的知觉和评估不仅在个人的、个体的中心网中发挥作用,也在组织内和组织间的网络中担当角色。关于"研究与创新网络"运转和评价的研究(Franke and Wald,2006)或关于精神健康系统有效性评估方面的研究(Provan and Milward,1995)也属于这个类别。这些例子都是将受访者作为其行动领域的专家而加以研究的。他们对其环境的感知(行动的情境)受到其具体的社会位置的形塑。他们界定了问题和目标,指定了相关要素,寻求着相应的策略。

通常情况下,非结构化或半结构化访谈和开放式问卷都可以被用于数据收集,它们能让受访者按照自己的相关系统去最大限度地自由作答。当然,用标准化的资料收集方法和形式化的分析方法也可以评估感知、相关系统与意义的归因(Krackhard,1987;Carley,1984,1997)。尽管如此,在任何一项更具有探索性质的研 407

究中,在受访者之间的个体意义或相关系统相互之间大相径庭的情况下,或者是在有理由怀疑受访者的感知和研究者所假设的相关系统之间是大不相同的地方时,一个开放的、归纳的研究进路都是必要的(Hollstein,2001;Franke and Wald,2006)。

前文给出的质性进路的用途主要是描述性的,不过它也有探索性价值:有助于揭示网络实际上是如何起作用(例如,网络的效应)和网络是如何随着时间的推移而演变的。这里,如果我们预计**情境**和**行动者策略**会大大决定网络影响、网络组成及网络动力,那么采用开放、低结构化的数据收集程序和诠释的数据分析方法就是妥当的(Provan and Milward,1995;Mische,2003;Franke and Wald,2006)。

网络如何起作用

质性方法不仅可以洞悉网络是如何运作的(即建网的实践),而且有助于更好地了解网络是如何产生重要影响的。质性方法与量化研究进路相结合,还有助于更好地理解什么样的机制和条件会带来某些网络结果。例如,Sandra Susan Smith(2005)在城市黑人贫民中考察了找工作时的援助情况和激活社会资本的策略。深度访谈显示,对于拥有与工作有关的信息并在此方面有某些手段的人来说,由于涉及时间与情感上的付出,并且在某些情况下可能会危及个人名誉,所以,他们很不愿意提供求职方面的帮助。很多研究都采用了质性访谈法和参与观察法,例如对穷困移民中的援助实践(Menjivar,2000;Dominguez and Watkins;2003)、个体网对移民决策的影响(Wong and Salaff,1998)、个体网对生育决策的影响(Bemardi,2003;Bemardi et al.,2007),以及对网络位置与转换之间关联性的分析(Smilde,2005)。质性与量化方法也可以用于组织研究,例如,阐明研究或创新网络的成败(Franke and Wald,2006),确认精神健康系统有效性的条件(Provan and Milward,1995)。组织的成员被认为是其所属网络的专家。因此,他们会被问到其对一些问题(例如,为什么研究团队之间的合作失败了?)以及行动的具体情境和策略(例如,在纳米技术、天体物理学和微观经济学领域中的解释模式与框架条件)的感知和评估(Franke and Wald,2006)。通过在创业公司中进行民族志的田野研究,Brian Uzzi(1997)确认了公司之间嵌入式关系的特征(信任、精细信息的传递、共同的解题安排),并解释了嵌入性是通过哪些机制形塑着组织及经济的结果的。值得注意的是,那些根据**理解**(verstehen)来解释网络影响的研究是超越了**深描**(thick descriptions)(Geertz,1973)的,它们总是比较性的研究。通过系统地比较个案,考虑到不同的行动情境(如Provan and Milward,1995;Franke and Wald,2006)以及仔细分析(第一眼看上去的)矛盾性的观察(如Provan and Milward,1995;Mische,2003),就能概述这些研究,构想扎根于数据的理论模型(Glaser and Strauss,1967)。

理解网络动态

除了关注“网络是如何运作的”这个问题以外,那些与形成条件、动态过程和网络变迁有关的问题都对网络研究提出了最为重大的理论与方法论挑战(参见

Jansen,1999;Snijders,本书)。这不仅涉及网络随时间的波动和变化,还涉及网络在物理空间上的波动和改变(如移民网络)。质性社会研究(在**投入理解**的意义上)提供了理解网络变化的独特手段:由于到目前为止我们对网络的涌现和变迁还知之甚少,所以,质性研究往往就满足了网络探索的需要。行动者的导向(orientation)和策略是获取有关网络形成和变化的洞见的头等资源。然而,由于网络的动力总是涉及至少两个行动者,因此,对具体互动和网络实践的分析就是了解网络发展动态方面的关键。例如,通过深度访谈创业公司的管理者,Uzzi(1997)揭示了嵌入式关系(embedded ties)是如何形成的。**嵌入式关系**区别于所谓的认钱不认人的保持距离关系(arm's-length ties),它是由特殊的信任纽带规定的,该纽带蕴含着具体的竞争优势。嵌入式关系是第三方推荐网(third-party 408
referral networks)和既有的个体网的产物;在建立这种关系时,所谓的中间人(go-betweens)(将先前没有关联的行动者联络起来的那个人)发挥了重要的中介作用(Uzzi,1997)。网络动力研究也寻求了解网络定位和网络实际变化之间的关联,在这样的研究中,对于具体的网络、那些网络中的变化、行动者的定位以及在这种定位中的移动,关于它们的纵向数据是最为适用的。由 Menjivar(2000)和 Schütze(2006)进行的移民同化的研究,或由 Bidart 和 Lavenu(2005)进行的青年社会化和社会整合的研究等都是这种研究的例证。对网络变化的诠释性分析也可以建立在文献分析的基础之上,如 Crossley(2008)关于曼彻斯特乐坛变化的研究。如果研究关心的是具体的社会互动和行动者实践对网络动力的影响,那么可以预期,长期观察能为这一目的提供最好的数据基础。Gluesinget 等(即将出版)关于全球团队中创新网络的研究或 Ann Mische 关于巴西青年运动的研究(Mische,2003,2008)就是例证。根据参与观察和半结构式访谈,Mische 重建了不同的会话机制:身份资格审查、时间提示、一般性转移和多重命中(identity qualifying,temporal cuing,generality shifting,and multiple targeting),其中每一个都对那些依赖于制度背景的网络建构和网络动员具有不同的影响(Mische,2003,2008)。

网络数据的确证与田野进入

除了刚刚提到的应用,在分析社会网络数据时,甚至是在那些只依赖于社会网络分析形式化程序的研究中,以质性方法去补充从标准化调查中得到的数据都是值得的。这样做有以下几个优点。首先,以这种方式来组合数据可以作为确证网络数据的策略。例如,在研究社区精神健康系统的网络有效性时,Provan 和 Milward(1995)采用了以下三种提高数据效度和结果效度的质性策略:与组织成员深入会面,焦点是复查问卷的项目与答案,以确保受访者是按照研究人员的意图作出诠释的;运用电话跟踪和回访来收集缺失数据,将问卷答案与田野记录作对比,检核那些对比后显得不那么准确的数据;最后,对数据作初步分析,然后与组织成员共同讨论研究的发现("现实检查"),以确保主要结论与成员对系统操作的理解相一致(Provan and Milward,1995)。其次,系统的、标准化的调查要确认他者和关系的内容,研究设计要能够比较,这样的调查涉及大量的时间和精力(Marsden,本书)。出于这个原因,整体网的标准化研究大多将自己限于只评估少数联系人和关系变量,只询问比较一般的关系模式。因此,在异质性行动者群体(如在政策网中)或多丛关系(multiplex)的研究中,可以证明,在网络结构的某些方面使用开放式、低结构化的数据收集方法比只依赖于标准化程序更为有效。在这种情况下,针对受访者的相关性及意义系统的开放式问题可能会更适于捕捉这些网络的多维性(Baumgarten and Lahusen,2006;Franke and Wald,2006)。再次,质性访谈中会采用“软”方法,有时候,它可能是从某些总体中获取信息的最好(或唯一)方式。与标准化问卷相比,低结构式访谈的优点在于它在很大程度上类似于“正常的交流”。此外,它们能很容易地去适应各个受访者和当下处境的要求。例如,当受访者的时间紧(如政治家)、从事非法活动(如黑手党、吸毒者)或者身临危险(如专制政体下的人权活动家)时,低结构式访谈都能从这些总体中获得网络信息,这才是至关重要的。网络数据也会涉及敏感的,有时甚至是微妙的数据。当这样的数据不仅与个体网有关,而且与他者有关时,就更可能敏感了。

数据收集及分析的质性策略

上文表明,社会网络研究运用了各类质性数据和一系列不同的数据收集模式:观察技术、各种形式的访问、开放式问题以及收集各种文件和档案材料。在
409 分析数据时可以采用不同的解释方法。可以采用的理论的和方法论的参考点是符号互动论(Fine and Kleinman,1983;Lazega,1997;McLean,1998)、实用主义(Franke and Wald,2006)、关系社会学(Mische,2008)、现象学、知识社会学(Engelbrecht,2006)以及行动者-网络理论(actor-network theory)(参见 Mützel,2009;Knox et al.,2006)。在网络研究中,数据收集和分析所采用的质性方法与其他质性社会研究方法论本质上是相同的。因此,当在社会网络分析中采用质性研究策略时,下文只限于提供概要的说明。要了解个别方法的细节,读者可以翻阅相关文献(如 Miles and Huberman,1984;Denzin and Lincoln,2005;Bryman and Burgess,1999;Bernard,1994,2000)。

数据收集

在选择收集数据的方法时需要考虑诸多方面。首先,澄清要研究社会关系的哪些方面,如何从理论上将关系和网络概念化(Marsden,1990)。关于这方面的一个关键问题是,这项研究关注的是实际存在的关系(如网络实践)还是行动者感知到的关系(如网络定位和评估)。这个区分对网络效应问题来说尤其重要:“准确地了解实际存在的关系对于某些研究(如了解某些传播过程)来说很重要……而感知的关系可能更适于研究关于态度或意见的社会影响”(Marsden,1990:437)。当研究网络动力时,关注点也可以指向行动者**之间**的具体互动。此外,对于那种旨在个体行动者层次上描述策略和网络定位的研究来说,这种进路

也适合(如 McLean,1998)。选择使用观察数据,还是依靠行动者的自我报告(通过访谈或自我书写的文件),这个决策取决于实际行为或行动策略,以及对关系的感知是否成为关注的核心。

探索性研究常常采用一种**整体性的、民族志的进路**,这种进路以其主题的最大开放性为标志,旨在尽可能全面地理解所研究的现象。在这里,要从多个来源(观察数据、文件、访谈、日记和问卷)中尽可能多地收集数据,以便从不同的角度来揭示现象。某些网络研究始于一个探索性阶段,在这个阶段中,要编辑所有可以利用的数据,确认重要的行动者、关系和沟通方式。这尤其与整体网研究相关,这样才有能力确定网络的边界(参见 Marsden,2005),而在网络不断变动的情况下,如社会运动(Diani and McAdam,2003)或跨国 NGO 网络(Riles,2000),确定网络边界就是一个特别有挑战的任务。当网络研究关注的是陌生的社会世界(如其他文化),如组织(Provan and Milward,1995;Uzzi,1997;Gluesing 等,即将出版)、移民社区(Menjivar,2000;Dominguez and Watkins,2003)或比较文化分析(Lonkila and Salmi,2005)等的时候,研究者一定要先熟悉它。这时,以这种整体的、民族志的方式初入田野地点通常是有益的。此外,这种多源进路利用的是不同类型和来源的数据(如将参与观察和访谈相结合),它反映的是一种确证数据的策略(例如,Provan and Milward,1995;Uzzi,1997;Gluesing et al.,即将出版)。

当然,方法的选择也牵涉到务实的考虑,特别是涉及可以利用的时间和资金。例如,观察非常耗时,而档案数据的优点常常是方便易得、经济节约。有时,由于只有某些数据是可用的,实际上在方法选择上没有什么余地,正如 McLean(1998)关于文艺复兴时期佛罗伦萨贵族寻求支持性信件的研究中的那样。这种情况迫使研究者要仔细考虑,哪些类型的问题以及网络的哪些方面可以根据现有数据来加以处理。因此,McLean(1998)在分析信件时,是专心于自我呈现(self-presentation)的策略以及行动者是如何通过写信来动员社会资本的。一般情况下,千万要注意数据发生的条件。要想评价某些数据是否适于回答一个具体问题,并且可以将它们视为是有效的,该数据发生的条件便是终极测度(参见 Marsden,2005)。

观察

观察方法属于民族志专家的传统工具包。在早期的网络研究中,观察法在社会人类学研究中的功效最突出(例如,Mitchell,1969;Epstein,1969)。今天,观察法被用于研究社会运动(Mische,2008;Broadbent,2003)、组织(Provan and Milward,1995;Uzzi,1997;Gibson,2005;Häussling,2006;Gluesing et al.,即将出版)和族群共同体(ethnic communities)(Dominguez and Watkins,2003;Menjivar,2000;Smilde,2005)。观察数据很少充当主要的数据源,正如 Gibson(2005)对管理者谈 410
话实践的调查或 Häussling(2010)对学校班级中互动和网络形成的研究那样。在大多数情况下,观察被用来补充别的数据。一方面,它被用于接近田野(行动者、关系内容、互动形式)。例如,在社会运动研究中,为了确认实际的交谈、主题和重要的参与者(Broadbent. 2003;Mische,2008),需要参加各种群体的聚会和集会。一些研究者会跟踪行动者,正如 Gluesing 等(即出)所做的,他花费很多天去陪同被研究的创新团队成员,以便能发现他们见过谁、见面的频率、谈了多久以及谈论的是什么话题。另一方面,在对其他来源数据加以补充和检查方面,观察数据也发挥了重要作用(如 Provan and Milward,1995;Uzzi,1997)。在这一脉络上,Gluesing 等(即出)的研究分析了成千上万封电子邮件(文件)和(观察的)面对面的相遇(encounter),揭示了在电子邮件使用上的国家之间的差异。当研究者主要关心的是实际行为(即关系的内容和交流的模式)时,就可以认为观察数据是特别可靠的(参见 Marsden,1990,2005)。[3]当然,观察数据的质量可能有天壤之别。例如,它可能非常依赖于所选取的观察眼镜(window)(时间采样;Kashy and Kenny,1990;参见 Marsden,2005)。无可否认,在一个长时段里进行反复观察是确保一个高质量数据的恰当策略(如 Menjivar,2000;Dominguez and Watkins,2003;Mische,2008;Gluesing et al.,即将出版)。然而,它也非常耗时。对与观察有关的研究人员数、培训、记录设备(录像、录音)选择、录音设备放置以及转录模式等,都要倍加谨慎。

访谈

在本综述讨论过的几乎所有的质性研究中,都运用了某些类型的开放式访谈:深度访谈(如 Wong and Salaff,1998;Menjivar,2000;Broadbent,2003;Smith,2005;Gluesing et al.,即将出版)、叙事访谈(如 Hollstein,2002)、专题的或以问题为中心的焦点访谈(如 Lonkila and Salmi,2005;Bernardi et al.,2007;Scheibelhofer,2008),还有作为标准化调查中一部分的单一的开放式问题(如 Bearman and Parigi,2004)。在研究实际行为的时候,质性访谈通常用于补充其他数据,尤其是观察数据(网络实践;见上文,如 Uzzi,1997;Gluesing et al.,即将出版)。在研究行动者的网络策略、网络定位和评估时,这些方法都是首选(因此,我们会得到行动者所赋予的独特意义以及对关系和网络的知觉)。它包括个体网的整合研究(Hofer et al.,2006;Schütze,2006)、网络对生命历程决策的影响(Lonkila and Salmi,2005;Bernardi et al.,2007),或者是对组织网络之间与组织内部的网络策略与网络成就的评估(Provan and Milward,1995;Uzzi,1997;Franke and Wald,2006)。此外,要想熟悉所要研究(探索)的田野以及要接近某些总体(政治家、罪犯;见上文),开放式访谈是一个有效的方式。考虑到节约,在探究重要的关系和关系内容时,也有必要采用开放式进路。例如,由于关系或内容的多样性(multiplexity),一项标准化调查会过于耗时(Franke and Wald,2006;Baumgarten and Lahusen,2006)。此时,Franke 和 Wald(2006)认为,作为一项经验法则,应该将问题设计为开放式的。问题越开放,对某个现象越知之甚少,个体行动者的策略和相关系统就会越重要,就可以假定情境因素越有影响。

在自我报告的情况下,我们必须牢记,(作为一种视角的)话语(utterances)总是与社会定位绑在一起的。这可能是研究的特殊焦点,那些将个体感知整合进个体网的研究便是如此。然而,在将行动者视为是具体行为(如日常工作、其他行动者或组织中的关系)的专家与他们接近时,一定要评定个体在选择访谈伙伴与解释表述上的社会知觉的偏差性。例如,与处在边缘位置上的人相比,占据网络中心位置的人会更了解网络中的事件(Krackhardt,1990)。两个人越接近,他们关于对方的陈述就越精确(Bondonio,1998)。已经有一批研究成果探讨了哪些因素会影响自我报告的精确度;其中尤其值得注意的是 Bernard 等(1981)的追随者所做的工作(相关概述参见 Johnson,1994;Marsden,2005;本书)。 411

最后,必须指出的是,一般情况下,甚至是最开放的和非结构化的访谈也要与某种形式的标准化调查相结合,在用提名法与释名法获取信息时更是如此(Hanneman and Riddle,Marsden,本书;如 Franke and Wald,2006;Bernardi et al.,2007)。这种三角互证法(triangulation)确保了(全部个案之间以及某个个案的诸多方面之间的)数据的可比性。与此同时,它超越了对"网络"这个术语的全然的隐喻性指称,作出了有关网络结构的实体性陈述(参见 Johnson,1994)。另一种收集质性数据的有用工具就是网络图,如个体网(参见 Straus,2002;McCarty et al.,2007;Hogan et al.,2007)。Kahn 和 Antonucci(1980)的同心圆便是这种工具的一个很好的例子。由于这个工具有半标准化的设计,它也支持案例之间的可比性。此外,在描述关系时,网络的图形表达也起到了辅助认知的作用,它会跟踪访谈中所讨论的关系。在质性访谈时可以绘制(mapping)网络,使之尽可能接近受访者的相关系统和行动定位。当这种网络对叙事的生产提供了某种强刺激时,就成了一种有利于关系讨论的行之有效的手段(如 Hollstein,2002;Bernardi et al.,2007)。

文档和档案数据

除了通过观察和访问获得质性数据外,也可以把各种文件用于与网络有关的调查中:档案数据、报刊文章、传记、信件、电子邮件、博客等。这类数据的主要优点是,它们大都方便易得,成本低廉。近年来,在网络研究中,利用计算机中介系统提供的数据越发重要。由于此类数据数量巨大,它们通常会被计算机化,更加标准化,并用形式化的数据挖掘方法加以分析(见下文;关于档案记录,请参阅 Batagelj et al.,本书)。在这些情况下,文档多半是原始数据的来源。另一方面,基于诠释分析法的研究通常却只是为了补充信息才会利用文档。例如,在关于政党和社会运动的研究中要利用报纸文章、书籍、档案材料(如 Broadbent,2003;Mische,2008),或者在公司个案研究中要利用公司文件和公司简况(如 Gluesing et al.,即将出版)。当然,在历史研究中,文档是数据的主要来源。这类网络研究的例子有,在分析求助信的基础上,McLean(1998)所做的关于佛罗伦萨贵族网络实践的研究;或在音乐家传记和自传以及互联网资源的基础上,Crossley(2008)所做的关于 1970 年代曼彻斯特乐坛变动的研究。文件反映的数据"并不是加工好了的专供社会研究的数据"(Marsden,2005:24)。这就提出了更高的要求,即针对各个研究问题,谨慎地思考数据发生的条件(见上文)。对数据的解释要求考量很多方面,如动机、目的、数据生产模式、媒介所提出的具体要求、发起方和有意向性的受众等。

数据分析

原则上,质性数据是可以用诠释的和形式(量化)的分析方法加以分析的。本章提及的大部分质性研究都选用了扎根理论的方法(如 Lonkila and Salmi,2005;Bernardi et al.,2007),它们常常与民族志的描述合在一起(如 Provan and Milward,1995;Uzzi,1997;Menjivar,2000,Broadbent,2003;Dominguez and Watkins,2003,Gluesing et al.,即将出版)。然而需要强调的是,诠释性方法取决于研究的重点和方法论的取向(互动论、结构主义、实用主义或知识社会学导向的)。这些方法有资格成为很适于网络实践分析、网络定位和网络评估的候选方法。这些分析方法包括框架分析(如 McLean,1998)、谈话分析(如 Mische,2003)、各类互动分析(如 Häussling,2006)、叙事分析(如 Uzzi,1997;Hollstein,2002)以及基于知识社会学或现象学的分析程序(如 Engelbrecht,2006)。

然而,质性数据也可以用量化的或其他比较形式化的方法来分析。适用于质性数据的这类方法有很多,如设计用来分析文本(抄本、文档)以得到形式结构的方法、量化的内容分析(Franzosi,2008)、语义网络分析(Carley,1984,1997)、叙事性网络分析(如 Bearman and Stovel,2000;Smith,2007)或伽罗华格分析(Galois lattice analysis)(如 Yeung,2005;Mische,2008)。这些分析方法都在更高的程度
412 上被标准化了,它们很少有诠释性。在这一意义上,可以降低数据的复杂性。出于这个原因,当有处理大数据的任务时,它们就有明显的优势(参见 Bagatelj et al.,本书)。随着互联网以及软件开发的不断发展,大数据的获得更为便捷(参见 Huisman and van Duijn,本书),这些方法的优势也愈加明显。

本章不宜详细讨论各种方法。取而代之,正如到目前为止所论及的质性研究中所观察到的那样,最后要思考在分析质性数据时要坚守哪些一般策略。通过其研究发现的普适性、其所作出的关于解释范围的声明,我们可以辨别出这些一般性策略。系统地将网络结构的质性数据与量化数据相结合(即所谓的混合方法设计),提高分析的解释力,人们在这一点上已经有某种共识。

深描和分类法

分析质性数据时,常见的策略是通过"深描"的方式(Geertz,1973)对个案予以详细说明。"深描"旨在追踪行动或事件如何展开,以及它们有什么样的影响,目的是使它们变得可理解(投入理解)。理解个案是目标,就此而言"理解本身就是目标",Riles(2000)对国际问题网络中知识实践和建网活动的研究即属此例。在另一项策略中,分析过程是通过系统的比较和抽象来实现的,这些比较与抽象旨在提出能捕捉到可能的变异范围的分类法。在某个行动领域内,这些变异的范围是可以预期的。一个例子是 Engelbrecht(2006)提出的"旅行者"和"外交官"分类法,这一分类可以说明在不同的宗教共同体之间进行桥接的各种模式。

提出模型和理论

关于各种类型在什么条件下涌现以及它们有什么样的影响,基于描述的分类法对此未予回答。概括研究发现和构想基于数据的理论模型(Glaser and

Strauss，1967）都要求使用各自的数据去系统地比较案例，去对照行动模式及行动周围的条件（如 Provan and Milward，1995；Franke and Wald，2006），还要系统和细致地去分析那些（初看是）矛盾的结果和异常值（如 Provan and Milward，1995；Mische，2003）。这也涉及要谨慎地思考样本的组成和案例的选择（参见 Frank，本书）。

混合方法设计带来的盈余

混合方法设计为数据分析提供了一系列机会（参见 Tashakkori and Teddlie，2003；Axinn and Pearce，2006；Bryman，2006；Creswell and Plano，2007）。在网络研究中，它指的是，第一，既采用质性数据又采用标准化数据的研究设计，可以被用来描述网络的形式性质，如网络规模、密度测度、中心度等。这种具体的三角互证法（data triangulation）模式（Denzin，1970）是网络研究的关键，目的是作出关于实际网络的实质性陈述。这就超越了只在隐喻的意义上使用“网络”这个术语（Johnson，1994）。以这种方式将数据关联起来也具有理论意义，因为质性数据更接近个体行动者以及（与关于关系和网络结构的关系数据相比）他们的相关性系统（systems of relevance）。因此，将质性数据和结构性数据相混合，便提供了一种将诸多理论视角——要么关注的是结构，要么关注的是能动性——联系在一起的方式（Hollstein，2001；Häussling，2006）。自 1990 年代初以来，关系社会学的倡导者就一直在论证这一结果（White，1992，Emirbayer and Goodwin，1994；Mizruchi，1994）。由此看来，我们可以预期，这一路线上的经验研究也会得出理论上的启发式洞见。

此外，混合方法设计可以提高陈述的解释力和普适性。第二，如果也将质性和量化的**分析策略**结合在一起，就会出现这种情况（“三角互证法”；Denzin，1970）。质性和量化分析的结合可以有截然不同的形式，这取决于要做的研究。量化分析可以提供一个总体框架，用这个框架选择质性分析所需要的具体个案（如典型个案、特例个案），（根据数量、分布、相关性等）决定他们的重要性（即图绘；如 White，1961；McLean，1998；Wong and Salaff，1998；Hollstein，2002）。McLean（1998）采用了这种方式，他用多维量表技术测绘了佛罗伦萨贵族的建网策略。量化分析不仅可以较精确地评估某些行动模式在某个总体中的传播程度，而且对于这种模式发生作用的条件（制度环境），量化分析也有助于给出一幅比较完整的图（Mische，2003，2008）。例如，为什么有人拥有与工作有关的信息却不愿意传给他人，通过对城市黑人贫民中援助实践的深入访谈，Smith（2005）将这个问题提至前台。然后，她用量化的调查数据检查了怎样的环境（关系强度、邻域 413
的社会经济地位等）可能促进援助发生。在其他的研究中，量化和质性进路是被同时使用的，并且通过运用形式程序，如跨地点显示（cross-site display）（Miles and Huberman，1984；Uzzi，1997 的网络研究有采用）或质性比较分析（Ragin，1987；在 Smilde，2005 的网络研究中运用过），两种进路被更强有力地整合在一起了（如 Häussling，2006；Bernardi et al.，2007；Gluesing et al.，即将出版）。

我相信，上文已经论证了质性进路对社会网络研究的重要贡献。它们在探索网络、确证网络数据、描述网络实践、执行网络定位和评估、洞察网络影响和动力等方面都有一定的优势。将质性数据和量化数据相结合并进行分析,有望得到最丰硕的成果。

注　释

感谢 Janet Salaff,Stephan Elkins,Laura Bernardi 和 Werner Rammert 对初稿作出的有益点评。

1.虽然这些进路具有共同的基础假设,但是它们关注的是不同的细节。例如,一些进路更关注行动的过程与实在的建构(如常人方法学),另一些进路则更关心建构过程的结果,即"意义的结构"(如客观诠释学;参见 Titscher et al.,2000)。

2.要想详细地了解质性进路和个别的方法,可参见(Miles and Huberman,1984;Denzin and Lincoln,2005;Bryman and Burgess,1999 and Bernard,1994,2000)中的综述。

3.特别参见 Bernard 等(1981)关于线人精度的开创性研究。要了解这些研究所引发的重要辩论的细节,参见(Johnson,1994;Marsden,1990,2005,本书)。

4.可以在不同层次的意义上分析表达性行为,例如,可考虑其有意的或深思熟虑的意义,也可考虑其潜在的意义。根据分析者锁定的那个意义层次,或者选用更为现象学的进路(它关注行动者的视角),或者选择基于更为深层的、结构性的诠释学分析方法(如客观诠释学,它关注意义的潜在、无意识方面和行动逻辑;Oevermann et al.,1979;参见 Titscher et al.,2000)。

参考文献

Axinn, W.G. and Pearce, L.D. (2006) *Mixed Method Data Collection*. Cambridge: Cambridge University Press.

Barnes, J.A. (1954) 'Class and committees in a Norwegian island parish', *Human Relations*, 7: 39-58.

Barnes, J.A. (1969) 'Networks and political process', in J. Clyde Mitchell (ed.), *Social Networks in Urban Situations. Analyses of Personal Relationships in Central African Towns*. Manchester: Manchester University Press. pp. 51-77.

Baumgarten, B. and Lahusen, C. (2006) 'Politiknetzwerke—Vorteile und Grundzüge einer qualitativen Analyse strategie', in Betina Hollstein and Straus, Florian (eds), *Qualitative Netzwerkanalyse. Konzepte, Methoden, Anwendungen*. Wiesbaden: VS Verlag für Sozialwissenschaften. pp. 177-199.

Bearman, P.S. and Parigi, P. (2004) 'Cloning headless frogs and other important matters: Conversation topics and network structure', *Social Forces*, 83(2): 535-57.

Bearman, P.S. and Stovel, K. (2000) 'Becoming a Nazi: A model for narrative networks', *Poetics*, 27(2-3): 69-90.

Bernard, H.R. (1994) *Research Methods in Anthropology: Qualitative and Quantitative Approaches*. Thousand Oaks, CA: Sage.

Bernard, H.R. (2000) *Social Research Methods*:

Qualitative and Quantitative Approaches. 2nd ed. Thousand Oaks, CA: Sage.

Bernard, H. R., Killworth, P. and Sailer, L. (1981) 'Summary of research on informant accuracy in network data and on the reverse small world problem', *Connections*, 4(2): 11-25.

Bernardi, L. (2003) 'Channels of social influence on reproduction', *Population Research and Policy Review*, 22: 527-55.

Bernardi, L., Keim, S. and von der Lippe, H. (2007) 'Social influence on fertility. A comparative mixed methods study in Eastern and Western Germany', *Journal of Mixed Methods Research*, 1(1): 23-47.

Bidart, C. and Lavenu, P. (2005) 'Evolutions of personal networks and life events', *Social Networks*, 27(4): 359-376.

Bondonio, D. (1998) 'Predictors of accuracy in perceiving informal social networks', *Social Networks*, 20: 301-30.

Bott, E. (1957) *Family and Social Network*. London: Tavistock.

Broadbent, J. (2003) 'Movement in context: Thick networks and Japanese environmental protest', in Mario Diani and McAdam, Doug (eds), *Social Movements and Networks. Relational Approaches to Collective Action*. Oxford: Oxford University Press. pp. 204-29.

Bryman, A. (ed.) (2006) *Mixed Methods Set*. 4 vols. London: Sage.

Bryman, A. and Burgess, R. G. (eds) (1999) *Qualitative Research*. 4 vols. London: Sage.

Carley, K. (1984) 'Extracting culture through textual analysis', *Poetics*, 22(4): 291-312.

Carley, K. (1997) 'Network text analysis: The network position of concepts', in Carl W. Roberts (ed.), *Text Analysis for the Social Sciences: Methods for Drawing Statistical Inferences from Texts and Transcripts*. Mahwah, NJ: Lawrence Erlbaum. pp. 79-100.

Creswell, J. W. and Plano, V. L. (2007) *Designing and Conducting Mixed Methods Research*. Thousand Oaks: Sage.

Crossley, N. (2008) 'The man whose web expanded: Network dynamics in Manchester's post/punk music scene 1976-1980', *Poetics*, 37(1): 24-49.

Denzin, N.K. and Lincoln, Y.S. (eds) (2005) *The SAGE Handbook of Qualitative Research*. 3rd ed. Thousand Oaks, CA: Sage.

Denzin, N.K. (1970) *The Research Act*. Chicago: Aldine.

Diani, M. and McAdam, D. (eds) (2003) *Social Movements and Networks. Relational Approaches to Collective Action*. Oxford: Oxford University Press.

Dominguez, S. and Watkins, C. (2003) 'Creating networks for survival and mobility: Social capital among African-American and Latin American low-income mothers', *Social Problems*, 50(1): 111-35.

Emirbayer, M. and Goodwin, J. (1994) 'Network analysis, culture, and the problem of agency', *American Journal of Sociology*, 99(6), 1411-54.

Engelbrecht, M. (2006) 'Netzwerke religiöser Menschen-Die Dynamik von Wissensbeständen und Netzwerken religiöser Traditionen zwischen kollektiver Selbstabgrenzung und individueller Wahl', in Betina Hollstein and Florian Straus (eds), *Qualitative Netzwerkanalyse. Konzepte, Methoden, Anwendungen*. Wiesbaden: VS Verlag für Sozialwissenschaften. pp. 243-67.

Epstein, A.L. (1969) 'Gossip, norms and social network', in J. Clyde Mitchell (ed.), *Social Networks in Urban Situations. Analyses of Personal Relationships in Central African Towns*. Manchester: Manchester University Press. pp. 117-28.

Fine, G.A., and Kleinman, S. (1983) 'Network and meaning: An interactionist approach to structure', *Symbolic Interaction*, 6: 97-110.

Foote Whyte, W. (1955) *Street Corner Society The Social Structure of an Italian Slum*. Chicago: University of Chicago Press.

Franke, K. and Wald, A. (2006) 'Möglichkeiten der Triangulation quantitativer und qualitativer Methoden in der Netzwerkanalyse', in Betina Hollstein and Straus, Florian (eds), *Qualitative Netzwerkanalyse. Konzepte, Methoden, Anwendungen*. Wiesbaden: VS Verlag für

Sozialwissenschaften. pp. 153-77.

Franzosi, R. (ed.) (2008) *Content Analysis.* 4 vols. Beverly Hills, CA: Sage.

Geertz, C. (1973) *The Interpretation of Cultures.* New York: Basic Books.

Gibson, D.R. (2005) 'Taking turns and talking ties. Network structure and conversational sequences', *American Journal of Sociology*, 110(6): 1561-97.

Glaser, B. G. and Strauss, A. L. (1967) *The Discovery of Grounded Theory. Strategies for Qualitative Research.* Chicago: Aldine.

Gluesing, J., Riopelle, K. and Danowski, J. A. (forthcoming) 'Innovation networks in global organizations: Understanding network practices and dynamics by mixing ethnography and information technology data', in Silvia Dominguez and Betina Hollstein (eds), *Mixed-Methods in Studying Social Networks.*

Häussling, R. (2006) 'Interaktionen in Organisationen. Ein Vierebenenkonzept des Methodologischen Relationalismus und dessen empirische Anwendung'. Karlsruhe: Universität Karlsruhe.

Häussling, R. (2010) 'Allocation to Social Positions in Class: Interactions and Relationships in First Grade School Classes and Their Consequences', *Current Sociology*, 58 (1): 119-138.

Höfer, R., Keupp, H. and Straus, F. (2006) 'Prozesse sozialer Verortung in Szenen und Organisationen-Ein netzwerkorientierter Blick auf traditionale und reflexiv modern Engagementformen', in Betina Hollstein and Florian Straus (eds), *Qualitative Netzwerkanalyse. Konzepte, Methoden, Anwendungen.* Wiesbaden: VS Verlag für Sozialwissenschaften. pp. 267-95.

Hogan, B., Carrasco, J. A. and Wellman, B. (2007) 'Visualizing personal networks: Working with participant-aided sociograms', *Field Methods*, 19(2): 116-44.

Hollstein, B. (2001) *Grenzen sozialer Integration. Zur Konzeption informeller Beziehungen und Netzwerke.* Opladen: Leske+Budrich.

Hollstein, B. (2002) *Soziale Netzwerke nach der Verwitwung. Eine Rekonstruktion der Veranderungen informeller Beziehungen.* Opladen: Leske +Budrich.

Hollstein, B. and Ullrich, C.G. (2003) 'Einheit trotz Vielfalt? Zum konstitutiven Kern qualitativer Sozialforschung', *Soziologie. Forum der Deutschen Gesellschaft fur Soziologie.* pp. 29-44.

Hopf, C. (1979) 'Soziologie und qualitative Sozialforschung', in Christel Hopf and Elmar Weingarten (eds), *Qualitative Sozialforschung.* Stuttgart: Klett-Cotta. pp. 11-41.

Jansen, D. (1999) *Einfuhrung in die Netzwerkanalyse.* Opladen: Leske+Budrich.

Johnson, J.C. (1994) 'Anthropological contributions to the study of social networks: A review', in Stanley Wasserman and Joseph Galaskiewicz (eds), *Advances in Social Network Analysis.* Thousand Oaks: Sage. pp. 113-51.

Kahn, R. L. and Antonucci, T. C. (1980) 'Convoys over the life course: Attachment, roles, and social support', in Paul B. Baltes and Olim G. Brim (eds), *Life-span Development and Behavior.* New York: Academic Press. pp. 383-405.

Kashy, D.A. and Kenny, D.A. (1990) 'Do you know whom you were with a week ago Friday? A re-analysis of the Bernard, Killworth, and Sailer Studies', in *Social Psychology Quarterly*, 53: 55-61.

Keim, S., Klärner, A. and Bernardi, L. (forthcoming) 'Qualifying social influence on fertility intentions: Composition, structure, and meaning of fertility-relevant social networks in western Germany', *Current Sociology.*

Knox, H., Savage, M. and Harvey, P. (2006) 'Social networks and the study of social relations: Networks as method, metaphor and form', *Economy and Society*, 35(1): 113-40.

Krackhardt, D. (1987) 'Cognitive social structure', *Social Networks*, 9(2): 109-34.

Krackhardt, D. (1990) 'Assessing the political landscape: Structure, cognition, and power in organizations', in *Administrative Science Quarterly*, 35: 432-69.

Lazega, E. (1997) 'Network analysis and

qualitative research: A method of contextualisation', in Gale Miller and Dingwall, Robert (eds), *Context and Method in Qualitative Research*. London: Sage. pp. 119-38.

Lonkila, M. and Salmi, A.-M. (2005) 'The Russian work collective and migration', *European-Asia Studies*, 57(5): 681-703.

Marsden, P. V. (1990) 'Network data and measurement', *Annual Review of Sociology*, 16: 433-63.

Marsden, P.V. (2005) 'Recent developments in network measurements', in Peter J. Carrington, John Scott, and Stanley Wasserman (eds), *Models and Methods in Social Network Analysis*. Cambridge: Cambridge University Press. pp. 8-31.

McCarty, C., Molina, J. L., Aguilar, C. and Roth, L. (2007) 'A comparison of social network mapping and personal network visualization', *Field Methods*, 19(2): 145-62.

McLean, P.D. (1998) 'A frame analysis of favour seeking in the Renaissance: Agency, networks, and political culture', *American Journal of Sociology*, 104(1): 51-91.

Menjivar, C. (2000) *Fragmented Ties: Salvadoran Immigrant Networks in America*. Berkeley: University of California Press.

Miles, M. and Huberman, M. (1984) *Qualitative Data Analysis*. Newbury Park, CA: Sage.

Mische, A. (2003) 'Cross-talk in movements: Rethinking the culture-network link', in Mario Diani and Doug McAdam (eds), *Social Movements and Networks: Relational Approaches to Collective Action*. New York: Oxford University Press. pp. 258-80.

Mische, A. (2008) *Partisan Publics. Communication and Contention across Brazilian Youth Activist Networks*. Princeton: Princeton University Press.

Mitchell, J.C. (ed) (1969) *Social Networks in Urban Situations. Analyses of Personal Relationships in Central African Towns*. Manchester: Manchester University Press.

Mizruchi, M.S. (1994) 'Social network analysis: Recent achievements and current controversies', *Acta Sociologica*, 37: 329-43.

Mützel, S. (2009) 'Networks as culturally constituted processes: A comparison of relational sociology and actor-network-theory', *Current Sociology*, 57 (6): 871-887.

Oevermann, U., Allert, T., Konau, E. and Krambeck, J. (1979) 'Die Methodologie einer "objektiven Hermeneutik" und ihre allgemeine forschungslogische Bedeutung in den Sozialwissenschaften', in Hans-Georg Soeffner (ed.), *Interpretative Verfahren in den Sozial- und Textwissenschaften*. Stuttgart: Enke. pp. 352-434.

Pahl, R. and Spencer, L. (2004) 'Personal communities: Not simply families of "fate" or "choice"', *Current Sociology*, 52 (2): 192-221.

Provan, K.G. and Milward, H.B. (1995) 'A preliminary theory of interorganizational network effectiveness: A comparative study of four mental health systems', *Administrative Science Quarterly*, 40(1): 1-33.

Ragin, C. C. (1987) *The Comparative Method. Moving beyond Qualitative and Quantitative Strategies*. Berkeley: Universityof California Press.

Riles, A. (2000) *The Network Inside Out*. Ann Arbor: University of Michigan Press.

Roethlisberger, F.J. and Dickson, W.J. (1939) *Management and the Worker*. Cambridge, MA: Harvard University Press.

Scheibelhofer, E. (2008) 'Combining narration-based interviews with topical interviews: Methodological reflections on research practices', *International Journal of Social Research Methodology*, 11(5): 403-16.

Scheibelhofer, E. (2009) 'Understanding European Emigration in the Context of Modernization Processes: Contemporary Migration Biographies and Reflexive Modernity', *Current Sociology*, 57 (1): 5-25.

Schütze, Y. (2006) 'Quantitative und Qualitative Veränderungen in den sozialen Netzwerken junger Migranten—Eine Langzeitstudie', in Betina Hollstein and Florian Straus (eds), *Qualitative Netzwerkanalyse. Konzepte, Methoden, Anwendungen*. Wiesbaden: VS Verlag für

Sozialwissenschaften. pp. 295-311.

Schütze, Y. and Lang, F.R. (1996) 'Integration in family, kinship and friendship networks', in Heidrun Mollenkopf (ed.), *Elderly People in Industrialized Societies*. Berlin: Sigma. pp. 25-40.

Smilde, D. (2005) 'A qualitative comparative analysis of conversion to Venezuelan evangelicalism: How networks matter', *American Journal of Sociology*, 111(3): 757-796.

Smith, S.S. (2005) '"Don't put my name on it": Social capital activation and job-finding assistance among the black urban poor', *American Journal of Sociology*, 111(1): 1-57.

Smith, T. (2007) 'Narrative boundaries and the dynamics of ethnic conflict and conciliation', *Poetics*, 35: 22-46.

Straus, F. (2002) *Netzwerkanalysen*. Wiesbaden: Dt. Univ.-Verlag.

Tashakkori, A. and Teddlie, C. (eds) (2003) *Handbook of Mixed Methods in Social and Behavioral Research*. Thousand Oaks, CA: Sage.

Titscher, S., Meyer, M., Wodak, R. and Vetter, E. (2000) *Methods of Text and Discourse Analysis, in Search of Meaning*. London: Sage.

Uzzi, B. (1997) 'Social structure and competition in interfirm networks: The paradox of embeddedness', *Administrative Science Quarterly*, 42 (1): 35-67.

White, H.C. (1961) 'Management conflict and sociometric structure', *American Journal of Sociology*, 67(2): 185-99.

White, H. C. (1992) *Identity and Control*. Princeton: Princeton University Press.

Wong, S.-L. and Salaff, J.W. (1998) 'Network capital: Emigration from Hong Kong', *British Journal of Sociology*, 49(3): 358-74.

Yeung, K.-T. (2005) 'What does love mean? Exploring network culture in two network settings', *Social Forces*, 84(1): 391-420.

隶属关系网分析 28

ANALYZING AFFILIATION NETWORKS

⊙ 斯蒂芬·P.博加蒂(Stephen P. Borgatti)　丹尼尔·S. 哈尔根(Daniel S. Halgin)

在社会网络分析中,"隶属关系"这个术语通常指的是成员属性或参加事项的数据,如关于哪些行动者参加了哪些事件的数据。这里的假设是,群体或事件中的共同成员(co-membership)是社会关系的一个潜在指标。例如,Davis 等(1941)利用当地报纸社会版所提供的数据,发现了一群女性的独特社交圈。同样,Domhoff(1967)和其他学者则利用多个公司董事会的共同成员来寻找社会精英(如 Allen, 1974; Carroll et al., 1982; Galaskiewicz, 1985; Westphal and Khanna,2003)。换言之,我们可以认为,共同参与某些事件为社会关系的发展提供了机会,社会关系反过来也为观念之类的东西在行动者之间的流动提供机会。例如,Davis(Davis, 1991;Davis and Greve,1997)研究了像毒丸计划和金色降落伞(poison pills and golden parachute)这类的企业实践是如何扩散的。他发现的证据表明,毒丸计划通过连锁董事链(interlocking directorates)而得以扩散,在这些董事中,一些身居多个董事会的成员充当了不同公司之间战略信息的通道。隶属关系数据的一个重要优点是,它常常可以在无须接近行动者的情况下实现远距离观察(如政府档案、新闻报道等),在有关精英的研究中更是如此。

本章关注与隶属数据分析有关的问题,至于对隶属数据的收集或理论解释,则不在讨论之列。

基本概念和术语

隶属数据由两套题项中的成员之间的二值关系组成。例如,在 Davis 等(1941)收集的知名数据中,记录了一个南部小镇中有哪些女性参加了哪些社会事件。因此,这里有两套题项,即女性和事件,还有一个将它们关联起来的二值关系,即"参加"关系。图 28.1 给出了 Davis 等人(以后简称 DGG)的数据矩阵的原始形式。行对应于女性,列对应于她们参加的事件。

	E1	E2	E3	E4	E5	E6	E7	E8	E9	E10	E11	E12	E13	E14
EVELYN	1	1	1	1	1	1	0	1	1	0	0	0	0	0
LAURA	1	1	1	0	1	1	1	1	0	0	0	0	0	0
THERESA	0	1	1	1	1	1	1	1	1	0	0	0	0	0
BRENDA	1	0	1	1	1	1	1	1	0	0	0	0	0	0
CHARLOTTE	0	0	1	1	1	0	1	0	0	0	0	0	0	0
FRANCES	0	0	1	0	1	1	0	1	0	0	0	0	0	0
ELEANOR	0	0	0	0	1	1	1	1	0	0	0	0	0	0
PEARL	0	0	0	0	0	1	0	1	1	0	0	0	0	0
RUTH	0	0	0	0	1	0	1	1	1	0	0	0	0	0
VERNE	0	0	0	0	0	0	1	1	1	0	0	1	0	0
MYRNA	0	0	0	0	0	0	0	1	1	1	0	1	0	0
KATHERINE	0	0	0	0	0	0	0	1	1	1	0	1	1	1
SYLVIA	0	0	0	0	0	0	1	1	1	1	0	1	1	1
NORA	0	0	0	0	0	1	1	0	1	1	1	1	1	1
HELEN	0	0	0	0	0	0	1	1	0	1	1	1	0	0
DOROTHY	0	0	0	0	0	0	0	1	1	0	0	0	0	0
OLIVIA	0	0	0	0	0	0	0	0	1	0	1	0	0	0
FLORA	0	0	0	0	0	0	0	0	1	0	1	0	0	0

图 28.1 DGG 女性-事件矩阵

一般来说,我们认为,是隶属关系的那类二值关系一般会限定在部分/整体关系之内,如"是……的一个成员"或"是……的一个参加者"或(在拥有某种特性的意义上)"有……"。在社会科学文献中,已经有较多的隶属数据实例了,包括公司董事会成员(如 Mizruchi,1983,1992,1996;Carroll et al.,1982;Davis,1991;Lester and Canella,2006;Robins and Alexander,2004;Westphal,1998)、参加事件(如 Davis et al.,1941;Faust et al.,2002)、俱乐部成员(如 McPherson,1982;McPherson and Smith-Lovin,1986,1987)、参加网上群体(Allatta,2003,2005)、文章的署名(如 Gmür,2006;Lazer et al.,2009;Newman et al.,2001)、生产班组的成员
417 (Uzzi and Spiro,2005),甚至是高中生的上课模式(如 Field et al.,2006)。此外,隶属关系数据在社会科学界之外也广为人知,正如数值分类学中的物种-特性(species-by-trait)矩阵那样(Sokal and Sneath,1973)。

我们可以用数学图来表示隶属关系(Harary,1969),其中的点对应于实体(如女性和事件),线对应于实体之间的隶属关系。图 28.2 提供了一种对 DGG 数据的表达。隶属关系图在表达二部性质(bipartiteness)时独具特色,这意味着图的点可以被区分成两类,这样的话,所有的关系就只发生在两类之间,绝不可能发生在一类之内。从图 28.2 中可以看出,线只存在于女性和她们所参加的事件之间。尽管所有的隶属关系图都是二分的,但是在我们看来,相反的情况却未必真。在经验性的网络数据中,图的二分性可能只是因为偶然产生的,或许因抽样误差之故。隶属关系图的与众不同之处在于,其中的两个点集是两类不同的实体,点集内不存在关系,这是因设计产生的,而非偶然事件。从形式上讲,可以将一个隶属关系图定义为一个二部图 $G(V_1,V_2,E)$,其中,V_1 和 V_2 是与不同类实体

相对应的点集，E 表示一个隶属关系，它映射了从 V_1到 V_2的元素。这种关系通常被设想为是一个无序对集合，在这个集合中，每一对关系中的一个元素属于 V_1，另一个元素属于 V_2。在我们讨论多图的语境中，用符号 $V_1(G)$ 表示图 G 中的 V_1 点集，$E(H)$ 指图 H 中的关系。

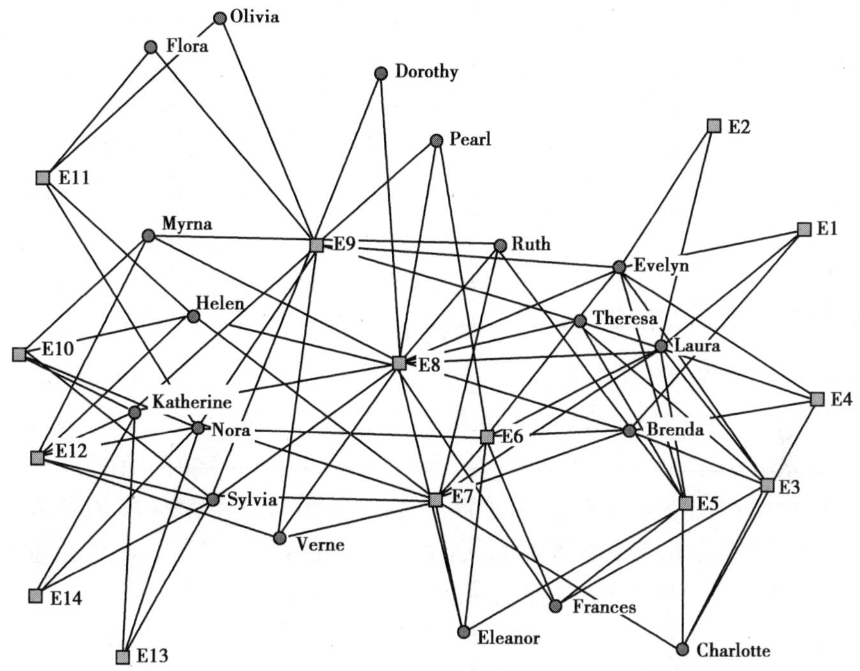

图 28.2 DGG 女性-事件图

隶属关系图或网络常常被称为是“2-模图”(two-mode graph)。“模”这一术语指的是一个矩阵中的行和列中所提及的实体的种类数。1-模矩阵是正方形，它的行和列指的是同一类实体，即它是一个单一的模。其例子之一便是图 28.3 展示的著名的霍桑研究(Roethlisberger and Dickson,1939)。[1]

	I1	I3	W1	W2	W3	W4	W5	W6	W7	W8	W9	S1	S2	S4
I1	0	0	0	0	1	0	0	0	0	0	0	0	0	0
I3	0	0	0	0	0	0	0	0	0	0	0	0	0	0
W1	0	0	0	0	1	1	0	0	0	0	0	1	0	0
W2	0	0	0	0	0	0	0	0	0	0	0	0	0	0
W3	1	0	1	0	0	1	0	0	0	0	0	1	0	0
W4	0	0	1	0	1	0	0	0	0	0	0	1	0	0
W5	0	0	0	0	0	0	0	0	0	0	0	0	0	0
W6	0	0	0	0	0	0	0	0	0	0	0	0	0	0
W7	0	0	0	0	0	0	0	0	0	1	1	1	0	0
W8	0	0	0	0	0	0	0	0	1	0	1	0	0	1
W9	0	0	0	0	0	0	0	0	1	1	0	0	0	1
S1	0	0	1	0	1	1	0	0	1	0	0	0	0	0
S2	0	0	0	0	0	0	0	0	0	0	0	0	0	0
S4	0	0	0	0	0	0	0	0	0	1	1	0	0	0

图 28.3 个体-个体的正向关系 1-模矩阵

	Gr1	Gr2	Gr3	Gr4	Gr5
I1	1	0	0	0	0
I3	0	0	0	0	0
W1	1	1	1	0	0
W2	1	1	0	0	0
W3	1	1	1	0	0
W4	1	1	1	0	0
W5	0	0	1	0	0
W6	0	0	0	1	0
W7	0	0	0	1	1
W8	0	0	0	1	1
W9	0	0	0	1	1
S1	0	1	1	0	0
S2	0	0	0	0	0
S4	0	0	0	0	1

图 28.4 个体-群 2-模矩阵

相比之下,一个 2-模矩阵是矩形,它的行和列指的是两类不同的实体,即两个模。例如,图 28.4 展现了一个 2-模的 $n \times m$ 个人—群体发生阵,这个矩阵也是建立在霍桑数据的基础之上的。发生阵的行对应的是点,列对应的是连接点集的 n 元边(n-ary)(也称为超边)。在这个例子中,矩阵表明的是每个人对五个不同团体中的每一个的成员资格。[2]这个矩阵明确地表达了隶属关系,实际上所有的隶属关系图都可以表示为 2-模矩阵,其中的两个模对应于隶属关系图中的两个点集。

虽然隶属关系图可以用 2-模矩阵来表示,但是并非所有的 2-模矩阵都可以看成是隶属关系图,注意到这一点很重要。例如,一个标准的社会学的个案-变量(如个人-人口特征)矩阵有可能被看作是 2-模的,但通常情况下不能称其为隶属关系。当数据是由某类参加者或成员构
418 成时,如处于事件、项目或群体中的人们,才是"隶属关系"。[3]本章将注意力放在隶属关系数据上,但是我们所讨论的技术适用于一般的 2-模数据。

共同隶属关系

在某些情况下,收集隶属关系数据的目的不是理解两个集合之间的关系模式,而是理解这些集合中某一个的内部关系模式。如果是这样,收集隶属关系数据似乎就有悖常理,因为根据定义,隶属关系数据并不包括任何一个集合内成员之间的关系。然而事实上,隶属关系数据给定之后,只要定义了**共同隶属关系**(co-affiliation)(如参加同一事件、是同一公司董事会中的成员),就能构造一个点集成员之间的某类关系了。例如,对于 DGG 数据来说,我们可以构造一个女性-女性矩阵 S,其中 s_{ij}表示女性 i 和女性 j 共同参加的事件数(见图 28.5)。如果我们愿意,就可以进行二值化,从而使得当且仅当两个女性共同参加了至少一定数量的事件时,她们之间才有一个关系。因此,隶属关系数据导致了共同隶属关系数据,它由一个集合内部诸点之间的关系构成。

之所以依赖共同隶属关系,一个理由是认为共同隶属关系为各种社会关系的发展提供了条件。例如,人们越经常参加同类事件,他们就越有可能互动并发展出某种关系。Feld(1981)认为,那些围绕同类中心(如志愿者组织、工作地点、住所、家庭等)进行活动的个体往往会随着时间的推移而形成人际联系。空间上的邻近性(这只是关于空间坐标的共同隶属关系)显然也是一个促成互动的主要

	EVE	LAU	THE	BRE	CHA	FRA	ELE	PEA	RUT	VER	MYR	KAT	SYL	NOR	HEL	DOR	OLI	FLO
EVELYN	8	6	7	6	3	4	3	3	3	2	2	2	2	2	1	2	1	1
LAURA	6	7	6	6	3	4	4	2	3	2	1	1	2	2	2	1	0	0
THERESA	7	6	8	6	4	4	4	3	4	3	2	2	3	3	2	2	1	1
BRENDA	6	6	6	7	4	4	4	2	3	2	1	1	2	2	2	1	0	0
CHARLOTTE	3	3	4	4	4	2	2	0	2	1	0	0	1	1	1	0	0	0
FRANCES	4	4	4	4	2	4	3	2	2	1	1	1	1	1	1	1	0	0
ELEANOR	3	4	4	4	2	3	4	2	3	2	1	1	2	2	2	1	0	0
PEARL	3	2	3	2	0	2	2	3	3	2	2	2	2	2	1	2	1	1
RUTH	3	3	4	3	2	2	3	2	4	3	2	2	3	2	2	2	1	1
VERNE	2	2	3	2	1	1	2	2	3	4	3	3	4	3	3	2	1	1
MYRNA	2	1	2	1	0	1	1	2	2	3	4	4	4	3	3	2	1	1
KATHERINE	2	1	2	1	0	1	1	2	2	3	4	6	6	5	3	2	1	1
SYLVIA	2	2	3	2	1	1	2	2	3	4	4	6	7	6	4	2	1	1
NORA	2	2	3	2	1	1	2	2	2	3	3	5	6	8	4	1	2	2
HELEN	1	2	2	2	1	1	2	1	2	3	3	3	4	4	5	1	1	1
DOROTHY	2	1	2	1	0	1	1	2	2	2	2	2	2	1	1	2	1	1
OLIVIA	1	0	1	0	0	0	0	1	1	1	1	1	1	2	1	1	2	2
FLORA	1	0	1	0	0	0	0	1	1	1	1	1	1	2	1	1	2	2

图 28.5 DGG 事件重叠的女性-女性矩阵

因素,如有违反,就会阻碍互动(Allen,1977)。另一个理由几乎与第一个相反,即共同隶属关系可能是联系的结果。例如,已婚夫妇共同参与了很多事件,共同属 420
于很多群体,实际上他们可能还共享很多活动、兴趣和信念。因此,可以将共同隶属关系看作是那种可能无法直接观察到的(如情感)社会关系的一种可观察到的外显。

如果这两个理由中的任何一个都有效,那么,只是由于收集隶属关系数据比收集点集之间的直接关系更方便,我们才去搜集隶属数据的。例如,如果对研究名人之间的关系感兴趣,我们就可以试着就他们与其他名人之间的关系去访问他们,不过这可能很难安排。而仅阅读名人新闻,记录下谁参加过什么样的好莱坞社交活动,或者谁做过什么样的项目,这样就容易多了。

在决定是否要用隶属关系数据替代社会关系数据时,一个有益的尝试是思考在哪些条件下这些理由有可能被证明为是有效的。一个要考虑的问题是隶属关系事件的规模。例如,假设我们有一个个人俱乐部矩阵,它表示谁是哪一个俱乐部的成员。如果俱乐部很小(如一个董事会),我们的理由似乎就是正当的。但是,如果俱乐部的规模较大(约数千名成员),其共同成员就不大可能完全表明给定一对成员之间的社会关系了。两个人可能都是同样(多的)俱乐部的成员,或者都参加了同样(多的)事件,但是他们可能甚至不知道彼此的存在,也从没见过对方。

还应注意的是,在用共同隶属关系代替社会关系时,我们混淆了社会邻近性(social proximity)和社会相似性(social similarity)这两个概念。在其他语境下,这两个概念是备选的两个竞争性概念(Burt,1987;Friedkin,1984)。为了理解共同隶属关系就是相似性数据,请看图 28.5 中的女性-女性共同隶属关系网,这个网络是从原始的 2-模女性-事件参加数据中构造出来的。对于每一对女性来说,我们都在矩阵 X 中查看一下她们各自的行,数一下她们在同一地方出现 1 的次数。

这只是行相似性的非标准化测度。实际上,对于任何一对女性来说,我们都可以构造一个简单的 2×2 列联表,如图 28.6 所示,该表展示了她们在行对子(pair of row)之间的关系。

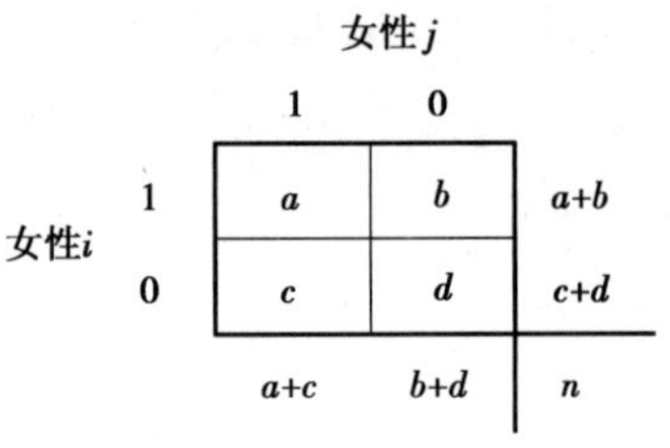

图 28.6 列联表

数量 a 给出的是女性共同参加一个事件的次数。数量 $a+b$ 给出的是女性 i 参加事件的总数,$a+c$ 给出的是女性 j 的对应值。数量 n 只是事件数,即矩阵 X 中的列数。要想把 a 限定在 0 和 1 之间,并提高不同数据之间的可比性,一个简单的办法就是用 a 除以 n,如式 28.1 所示。

$$a^{*} = a/n \tag{28.1}$$

以最大可能分值(score)来限定 a,就引出了其他考虑女性特征(如她们参加的事件数)的标准化概念。例如,如果女性 i 和女性 j 共同参加了三个事件,女性 k 和女性 l 也是如此,我们就认为这两对女性的接近程度一样。但是,如果还知道 i 和 j 各自只参加了三个事件,而 k 和 l 各参加了 14 个事件,我们就可能得出如下结论:i 和 j 之间有 100%重叠,k 和 l 之间有 21%的重叠,i 和 j 比 k 和 l 之间的重叠显示出更大的接近度。

因此,如果想用每个女性参加的事件数对数量 a 标准化,我们就可以用 a 除以 $a+b$ 和 $a+c$ 之间的最小值,如式 28.2 所示。产生的系数介于 0 和 1 之间,其中,对于给定的女性 i 和 j 所参加的事件数来说,1 表示最大可能的重叠。两个女性之间的重叠数不能超过她们当中任何一个所参加的事件数,这种进路考虑到了这一点。

$$a_{ij}^{*} = \frac{a}{\mathrm{Min}(a+b, a+c)} \tag{28.2}$$

另一个有名的、将 a 标准化的进路是由雅可比系数(Jaccard coefficient)提供的,等式 28.3 对该系数进行了描述。它给出的是共同参加的事件数与"可参加"的事件数之比,这取决于两位女性中至少有一位参加了事件的事实。

$$a_{ij}^{*} = \frac{a}{a+b+c} \tag{28.3}$$

421 另一种选择是,我们可以将 $a+d$ 作为社会接近度的原始测量。我们之所以将 d 纳入,实际上是想主张,选择不参加一个给定事件与参加一个事件所表达的社会忠诚(allegiance)没什么两样。等式 28.4 给出了常见的将 $a+d$ 标准化的方法,它等于矩阵 X 中第 i 行和第 j 行之间的简单皮尔逊相关系数。

$$r_{ij} = \frac{\frac{1}{m}\sum_{k} x_{ik}x_{jk} - u_i u_j}{s_i s_j} \tag{28.4}$$

还有一种进路是由 Bonacich(1972)专为隶属关系数据设计的。他根据等式 28.5 提出了对共生矩阵的标准化。实际上,给定 i 和 j 各自参加的事件数后,这种测量就会给出在 i 和 j 之间观察到的重叠数超出我们期望的随机重叠数的程度。

$$a_{ij}^{*}=\frac{a-\sqrt{adbc}}{ad-bc},\text{其中 } ad\neq bc \tag{28.5}$$

所有这些标准化本质上都是把隶属关系数据的性质从共现的频次转向共现的倾向或揭示出对共现的偏好。如果我们把共现的频次解释为信息或商品的流动或互动机会数,那么原始的、非标准化的测度就是测量共同隶属关系的恰当指数。相比之下,如果研究隶属关系是因为共同隶属关系能揭示人们之间看不见的关系(如社会经济偏好),那么标准化的测度就最合适不过了,因为在控制了一些干扰变量(如行动者被观察的次数)后,这些标准化测度会从根本上为我们提供一对行动者共现(co-occur)的倾向或偏好。标准化测量会告诉我们,与两个行动者有可能共同参加的次数相比,他们共同参加的频繁程度有多大。

请看下面这个假想的研究项目。假设一个小组有 13 人,他们分别参加不同的社交俱乐部(16 个)。我们的兴趣点是通过其成员身份分析 13 个人之间的联系。由于我们对理解这 13 个人之间的关系感兴趣,所以我们将隶属关系数据(个人-社交俱乐部)转换成共同隶属关系数据(个人-个人)。我们构造了一个原始的非标准化的共同隶属关系矩阵和一个标准化的共同隶属关系矩阵。图 28.7 是用标准图形输出算法对原始共同隶属关系网做的图形展示。用 a 到 m 标记个体。连接两个个体的线表示他们是同样一些社交俱乐部中的至少两个俱乐部的成员。点的规模随着每个个体所属的社交俱乐部数而变化;因此,点越大,个体的社交就越积极。图 28.8 描述的是每对个体的雅可比系数,连接两个个体的线表示的是,其社交俱乐部成员资格截面(profiles)之间的相关系数大于 0.38。 422

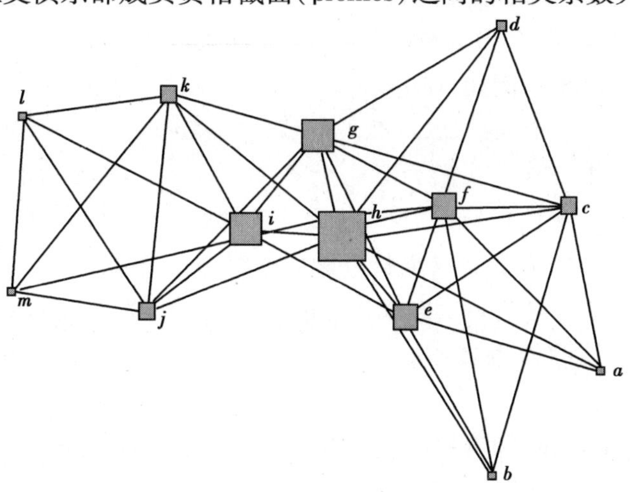

图 28.7 两个或多个社交俱乐部中的共同成员

注:点的规模建立在每个个体所隶属的社交俱乐部数的基础之上

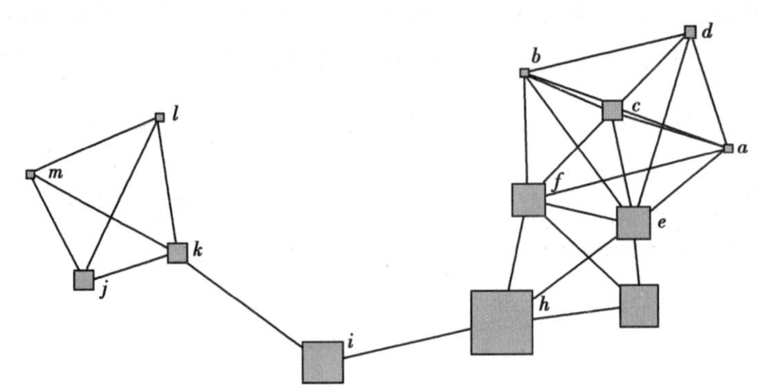

图 28.8 雅可比(Jaccard)系数的弹簧嵌入

注:如果 c_{ij}>0.38,就会出现一条边。点的规模建立在每个个体所隶属的社交俱乐部数的基础之上

可以把原始的共同隶属关系网(如图 28.7 所示)描述为一种核心-边缘结构,因为其中有一群核心个体,他们是多个社交俱乐部的成员(个体 e,f,g,h,i),还有一群联系不太紧密的个体围绕在他们周围。我们发现,在 13 个人中,多数都有互动机会。然而,核心个体的频繁社交活动使他们置于了图的中心,这往往会遮掩任何一种子群结构。现在考察一下雅克比(Jaccard)相似性网络(如图28.8所示)。对具有不同成员资格截面的个体进行划分就可以得到两个群体,这个图有效地突出了这两个群体。这个图也有效地揭示出个体 i 的搭桥角色,而把个体之间的非标准化共生关系可视化时,这种搭桥角色根本无从识别(见图28.7)。

另一种标准化值得一提,它与个体所属的事件(或社交俱乐部)规模有关。在分析隶属关系数据时,如果我们认为更多的共同隶属关系能创造出更多的机会去建立社会关系,那么当测量个体-个体共同隶属关系时,就可能要考虑到各种事件的相对规模了。例如,在 DGG 数据中,如果两个女性共同参加一个事件,而该事件一共只有 5 个人参加,那么他们彼此觉察到、见过以及实际上改变了关系的可能性就会相当高。我们会对这个事件赋以多一些的权重。另一方面,如果还是上述那两个女性,她们共同参加了一次数千人在场的事件(如一个音乐会),我们对这个事件给予的权重就可能微乎其微。那么,一个明显的进路就是根据事件的规模对事件进行反向加权。因此,再看图 28.6,数量 n 变成了 i 和 j 共同参加的这些事件的权重之和。于是,无须进行修正就可以计算等式 28.1 到28.4所描述的指标。

在给定一个人对共同隶属关系性质所持态度的情况下,哪些标准化进路是适宜的? 表 28.1 对此进行了概括。为方便起见,我们假定 2-模隶属关系数据是行动者-事件数据,并对构造行动者-行动者共同隶属关系矩阵感兴趣。这样的话,我们就将行动者/所在行指涉为“变量”,事件/所在列指涉为“个案”。因此，上述第一种标准化就可以被指涉为是“变量的标准化”，第二种是“个案的标准化”。

表 28.1 凭借数据进行恰当的标准化

作为机会的共同隶属关系	作为指标的共同隶属关系
无须标准化（简单的重叠计数） 个案标准化（如用事件规模反向加权）	变量标准化（如雅克比系数或皮尔逊相关系数）

共同隶属关系分析

构造了一个共同隶属关系矩阵之后，我们通常会使用社会网络分析的所有工具来分析数据，正如对任何其他类型的关系数据进行分析一样。大多数情况下这是没有问题的，除非遇到警告。我们通常遇到的主要问题是，共同隶属关系 423
矩阵是多值的（valued），而很多网络分析技术假定的是二值数据，尤其是那些根植于图论的技术。在这些情况下，数据需要二值化。由于选择的二值化水平有任意性，因此，正常的程序是在不同的层次上做二值化，并且用各种被认为是有关系的临界值来构造网络，获得其各类指标。在其他情况下，则无须二值化。例如，特别是当值为“正”，即大值被理解为能增强流动性和协调性的意义上，特征向量中心度（Bonacich，1972）和 beta 中心度（Bonacich，1987，2007）就非常愿意接受多值数据。为了处理多值数据，其他中心度测量就需要加以修正。一般来说，只要能合理地将数据转化为距离或成本，那么基于路径长度（如中间中心度和接近中心度）的测度就可以被方便地加以修正，这样就可以处理多值数据了（Brandes，2001）。例如，可以从事件总数中减去两个女性共同参加的事件数，然后提交进行多值中间度分析。

关于隶属关系数据的另一个可能难题是，作为相似性的量纲（metrics），它们往往有社会网络数据可能不具备的某种数学性质。例如，大多数相似性量度都是对称的，这样才有 $s(u,v)=s(v,u)$。我们可以构造非对称的相似性测度，但极少使用，而且我们上面考虑的测度中没有一个是非对称的。诸如皮尔逊相关系数这样的相似性矩阵也有很多其他的性质，例如，它们是半正定的（如所有的特征值都非负）。一般来说，其主要的结果是，关于共同隶属关系数据的网络测量规范或基线预期值不应该建立在那些针对社会计量数据提出的规范或预期值的基础之上（参见 Wang et al.，2009）。

行文至此，关于共同隶属关系数据的讨论即告一段落。下面把注意力全部放在这样一个问题上，即无须转换为共同隶属关系就可以直接可视化并分析隶属关系图。

隶属关系图的直接可视化

通常情况下,使用那些用于普通图的图形布局算法就可以将隶属关系图可视化。原则上,当某些算法——如关于路径距离的弹簧嵌入法(spring embedder)或多维量表法——被用于二部图时,它们应该不是最优的,因为这些算法将点置于空间中,使得它们之间的距离与把它们分开的路径距离只是大致成比例。由于属于同一点集的点必定最小有两步相隔,因此,我们会预期在二部图中检测到分组是有些困难的。但是,实际上这不是一个问题,常规的图形布局算法对于二部图同样适用。

针对隶属关系数据,我们通常一定要作的唯一调整是,在视觉上区分两个点集,可用不同的颜色和形状代表不同集合中的点。例如,图 28.2 用画图软件 NetDraw 中的弹簧嵌入(spring embedding)程序,展示了 DGG 数据的可视化(Borgatti,2002)。女性用圆圈表示,事件用正方形表示。在图中,可以看到最左边的一组女性连同一组只有她们参加的事件(E1 到 E5)。在右边可以看到另一组女性,她们也有她们单独参加的事件(E10 到 E14)。在图的中间是两组女性共同参加的四个事件(E6 到 E9)。该图也清楚地表明,Olivia 和 Flora 与网络的其他部分有一点分离,并在结构上相似,因为她们参加了完全相同的事件。

另一个进路是使用 2-模多变量分析技术(如对应分析)去定位点。对应分析(correspondence analysis)提供了一张图,在图中,对应于一个 2-模 $n \times m$ 矩阵 n 行 m 列的点都被表达在一个联合空间(joint space)中。从计算角度讲,对应分析由对数据矩阵的双重标准化组成,这样可以减少行总和与列总和中变异的影响。接下来是奇异值的分解(singular value decomposition)。就女性-事件矩阵来说,其结果是,在控制事件规模的条件下,两个女性的事件截面(profile)在多大程度上相似,她们就在多大程度上被置于彼此接近的位置。在控制参加者总参加率的条件下,如果两个事件的参加者截面(attendee profiles)有相似的倾向,就令它们彼此接近。对于 DGG 数据来说,对应分析结果如图 28.9 所示。一般来说,对应表达的优势是,图中的距离原则上是有意义的,它可以精确地连回到输入数据。大多数图形布局算法并非如此,因为它们要对多个标准作出反应。例如,避免将点直接放在其他点上面,或者保持线的长度大致相等。对应分析布局图的缺点是,它们可能不太容易被读懂。例如在图 28.9 中,Olivia 被 Flora 掩盖了,至于 Flora,Olivia,事件 11 究竟与其他部分有何不同,要对此进行(准确的)描绘就会
424 使得这个显示图中的大部分难以被解读。

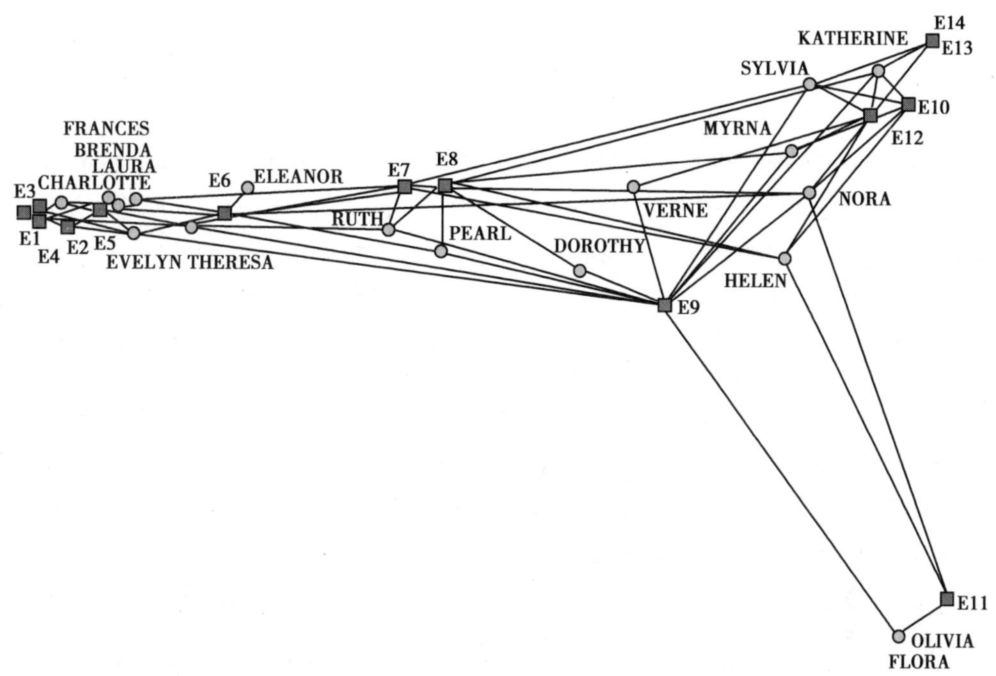

图 28.9 2-模 DGG 矩阵的对应分析

隶属关系图的直接分析

有几种不同的分析隶属关系数据的进路，它们无须转换为共同隶属关系。由于隶属关系图就是图，一个明显的进路就是使用网络分析工具箱中所有那些适用于一般图的标准算法和技术。这样做的时候，我们要么假定隶属关系图的特殊性质实际上不影响到技术，要么假定那些点集内的关系本来有可能发生，只不过没有发生。这个进路对少数方法有用，但绝不是对所有的方法都起作用。它不起作用的一种情况就是测量传递性：因为传递性三方组（transitive triples）不可能出现在二部图中，所以计算不了传递性（因为所有的关系都存在于点集之间，这意味着如果 $a \to b$，$b \to c$，那么 a 和 c 一定是同一类别中的成员，因此不能有关系，从而使传递性成为不可能）。

另一个备选的进路是，由于观察到的网络不是因偶然事件而二分的，而是因设计需要才二分的，这个设计与对数线性建模中的结构零（structural zeros）概念相类似。考虑到这一事实，就发展出了新的特别为二部（bipartite）情况（隶属关系图）而设计的量度（metrics）和算法。这听起来像是需要做大量的工作，但是在实践中，常常只需运用一种恰当的事后（post hoc）标准化，就可能调整那些为一般图而设计的量度。这就是我们在将中心度用于隶属关系数据时所采取的策略。在其他情况下，则必须建构一个完全不同的进路。例如，对于测量传递性来说，我们可能根据四方组（quadruples）重新定义传递性，这样的话，如果 $a \to b$，$b \to c$，$c \to d$，$a \to d$，则该四方组（quad）就具有传递性。

中心度

如本书其他地方所讨论的(参见 Hanneman 与 Riddle 的章节),中心度指的是点位置的一系列性质。人们提出了很多中心度概念以及与之相关的测度(Borgatti and Everett,2006)。在这一部分中,我们针对四种众所周知的中心度概念,考察其测量方法。

度数

425 在普通图中,度数中心度 d_i 被定义为点 i 上发生的关系数。当然,在隶属关系情况下,一个点的度数是它拥有的与另一个点集成员之间的关系数。所以,在 DGG 数据中,对于女性来说,度数是她们参加的事件数,而对于事件来说,度数是参加的女性数。如果把隶属关系表示为一个二部图,我们就可以按常规计算度数中心度,得到完全可解释的值,至少对原始计数是这样。然而,通常将度数值除以一个同等规模图中的最大可能值,得到中心度测度的标准化值。对于普通图来说,最大值是 n-1,其中 n 是图中的点数。但是,对于隶属关系图来说,这不太正确,因为一个点不能与它自身的点集有关系,所以,$n-1$ 是达不到的。[4]最大度数总是另一个点集的规模数。在 DGG 数据中,一个女性的最大可能度数是事件数(14),一个事件的最大可能度数是女性总数(18)。因此,就隶属关系数据来说,为了将度数中心度标准化,我们必须运用两个单独的标准化,这个标准化取决于点属于哪个点集,如式 28.6 所示。

$$d_i^* = \frac{d_i}{n_2}, i \in V_1$$
$$d_j^* = \frac{d_j}{n_1}, j \in V_2 \tag{28.6}$$

用这种方式将度数中心度标准化,其关键的好处是,我们不仅可以估计两位女性或两个事件的相对中心度,而且可以估计一位给定的女性是否比一个给定的事件的中心性更强。如果点集的规模相同,却没有这样的标准化,那么有同样关系倾向的点就可能只有相等的度数。然而,虽然用标准化可以解决可比性这个数学问题,但是,如何从实质上去解释与某个事件有关的某位女性的中心度,这仍然是一个问题,它取决于研究情境的细节。例如,可能的情况是,事件是向所有人开放的,隶属图中的关系只反映了一位女性在选择参加哪些事件上的能动性。在这种情况下,如果一位女性比一个给定事件有更大的度数,就可以说她的集群性比事件的吸引力要大,尽管这意味着度数中心度指标对女性与事件进行测量时的内容不同,并且这与对隶属关系图作直接分析的基本思想是背道而驰的。另一方面,事件有可能只通过邀请才能参加,在这种情况下,女性和事件都有一种能动性。一般来说,当隶属关系是由某种双边匹配过程(bilateral matching process)所引起的时候,如速配(speed dating),此时的中心度测量就会得到最直截了当的解释。

接近性

在普通图中，接近中心度 c_i指的是从点 i 到网络中所有其他 $n-1$ 个点的捷径距离之和。因此，它是一个中心度的逆(inverse)测度，其中较大的接近中心度是用一个较低的得分标示的。如果一个点和每个其他点之间都有一个关系，此时该点到所有其他点的总距离为 $n-1$，它就是接近中心度的最低值。为了将接近中心度标准化，我们通常用 $n-1$ 除以原始得分，得到的商就是个反向测度，因此，得分越高，表示接近中心度越大。[5]

与度数中心度一样，运用那些用于任何图的相同算法，就可以在隶属关系图中计算原始的接近中心度。不过，也像度数中心度一样，我们必须做点不同的事情，才能将隶属关系情况下的接近度标准化。在隶属关系图中，一个点与所有其他点最为接近的距离可能是 $n_2+2(n_1-1)$，其中距离 1 发生在该点与另一个点集中所有点之间，距离 2 发生在该点与自身点集中的所有其他点之间。因此，为了将二部图中的接近度标准化(且同时反向化)，我们用 V_1中一个点的原始接近度去除 $n_2+2(n_1-1)$，用 V_2中一个点的原始接近度去除 $n_1+2(n_2-1)$，如式 28.7 所示，其中 c_i表示原始接近中心度，n_1和 n_2分别表示每一个点集之中的点数。

$$c_i^* = \frac{n_2 + 2(n_1 - 1)}{c_i}, i \in V_1$$

$$c_j^* = \frac{n_1 + 2(n_2 - 1)}{c_j}, j \in V_2 \tag{28.7}$$

用 DGG 数据进行说明，我们发现，与某个女性的距离为 1 的点数最多是 14(因为有 14 个事件)，与 18 位女性中任何一位的距离为 2 的点最多为 17(因为有 18 位女性)。因此，一位女性的接近中心度的理论上的最小值是 14+2×(18-1)，一个事件的接近中心度的理论最小值是 18+2×(14-1)。

中间度

在任何图中，中间中心度 b_i指的是在一个网络中途经点 i 的最短路径的"份额"(share)，如式 28.8 所示。

$$b_k = \frac{1}{2}\sum_{i \neq k}^{n}\sum_{j \neq k}^{n}\frac{g_{ikj}}{g_{ij}} \tag{28.8}$$ 426

为了将中间度标准化，需要除以最大可能值。就一个普通图来说，最大可能值是通过一个星型网的中心点获得的，如图 28.10 所示。

在二部图的情况下，除非一个点集中只包含一个点，否则一个隶属关系图是不能达到那种中心势水平的。于是，在一个二部图中，任何一点的最大可能中间度都受两个点集的相对规模的限定，如式 28.9 所示。为了将中间度标准化，我们只用 b_i除以 $b_{v1\max}$或 $b_{v2\max}$(见式 28.9)即可，这取决于点 i 属于点集 V_1还是 V_2。

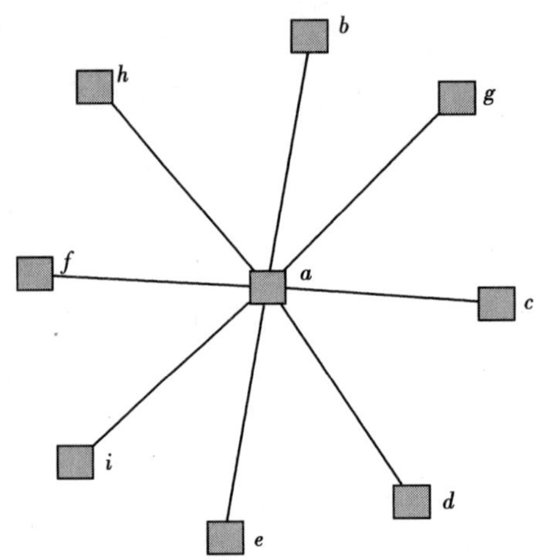

图 28.10 星形网络

$$
\begin{aligned}
b_{V_1\max} &= \frac{1}{2}\left[n_2^2(s+1)^2 + n_2(s+1)(2t-s-1) - t(2s-t+3) \right] \\
& \quad s = (n_1 - 1) \text{ div } n_2, t = (n_1 - 1) \bmod n_2 \\
b_{V_2\max} &= \frac{1}{2}\left[n_1^2(p+1)^2 + n_1(p+1)(2r-p-1) - r(2p-r+3) \right] \\
& \quad p = (n_2 - 1) \text{ div } n_1, r = (n_1 - 1) \bmod n_2
\end{aligned}
\tag{28.9}
$$

特征向量

特征向量中心度(eigenvector centrality)e_i被定义为一个图的邻接矩阵中的主特征向量,如式 28.10 所示(Bonacich,1972)。在特征向量中心度中,一个点的得分与其诸多邻点的得分总和成比例。在一个如由 DGG 所创建的二部图中,这意味着一个女性的中心度会与其参加的诸多事件的中心度总和成比例;与之类似,一个事件的中心度会与参加该事件的诸多女性的中心度总和成比例。于是,应用于一个隶属关系图中邻接矩阵的特征向量中心度,就在概念上和数学上与 2-模发生矩阵中的奇异值分解(Eckhardt and Young,1936)完全一样了。[6]此外,二者都相当于对一个简单的共同隶属关系矩阵作特征向量分析。

$$
e_i = \lambda \sum_j a_{ij} e_j \tag{28.10}
$$

λ 是矩阵 $\boldsymbol{A}$ 的特征向量。

中心度测量的经验解释

就图 28.2 展示的 DGG 二部图来说,作为一个示例,图 28.11 呈现了上文讨论过的所有四类中心度的标准化中心度得分。请注意,除了标准化的度数中心度以外,三个事件(E8、E9 和 E7)在所有的测度上都比任何一位女性更居中心。同样值得强调的是,E7 有 10 个关系,而 Nora 只有 8 个,但是 Nora 有稍高一些的标
427 准化度数中心度,这是因为事件数比女性数要少。所以,这里的数字 8 反映的可

能关系数的百分比较高。

点	关系数	标准化的度数中心度	标准化的接近中心度	标准化的中间中心数	标准化的特征向量中心度
E8	14	0.78	0.85	0.24	0.51
E9	12	0.67	0.79	0.23	0.38
E7	10	0.56	0.73	0.13	0.38
Nora	8	0.57	0.80	0.11	0.26
Evelyn	8	0.57	0.80	0.10	0.33
Theresa	8	0.57	0.80	0.09	0.37
E6	8	0.44	0.69	0.07	0.33
Sylvia	7	0.50	0.77	0.07	0.28
Laura	7	0.50	0.73	0.05	0.31
Brenda	7	0.50	0.73	0.05	0.31
Katherine	6	0.43	0.73	0.05	0.22
E5	8	0.44	0.59	0.04	0.32
Helen	5	0.36	0.73	0.04	0.20
E3	6	0.33	0.56	0.02	0.25
Ruth	4	0.29	0.71	0.02	0.24
Verne	4	0.29	0.71	0.02	0.22
E12	6	0.33	0.56	0.02	0.20
Myrna	4	0.29	0.69	0.02	0.19
E11	4	0.22	0.54	0.02	0.09
Eleanor	4	0.29	0.67	0.01	0.23
Frances	4	0.29	0.67	0.01	0.21
Pearl	3	0.21	0.67	0.01	0.18
E4	4	0.22	0.54	0.01	0.18
Charlotte	4	0.29	0.60	0.01	0.17
E10	5	0.28	0.55	0.01	0.17
Olivia	2	0.14	0.59	0.01	0.07
Flora	2	0.14	0.59	0.01	0.07
E2	3	0.17	0.52	0.00	0.15
E1	3	0.17	0.52	0.00	0.14
Dorothy	2	0.14	0.65	0.00	0.13
E13	3	0.17	0.52	0.00	0.11
E14	3	0.17	0.52	0.00	0.11

图 28.11 DGG 隶属关系图中的标准化中心度得分

凝聚子群

凝聚子群指的是一个网络中的密集区域,与网络的其他部分相比,该区域通常在群内有更多的关系。隶属关系数据为凝聚子群分析提出了特殊的问题,这是由于一个点的“朋友”之间不能彼此成为朋友,所以,任何给定点的周围区域都不可能是密集的。因此,对于二部图的情况,寻找子群的传统图论方法需要加以修正。

其中一个最基本的子群概念是派系(Luce and Perry,1949)。派系的定义是最大的完备子图(maximally complete subgraph),这意味着派系中的每个成员都与其他每个成员有关系(这就是完备性),且在不违反完备性要求的情况下,再也没有其他的点可以加到子图的点集中去(这就是极大性)。大规模的派系在普通图中极为罕见,在二部图中也不可能有。因此,将普通派系的算法应用到隶属关系图中就不会令人满意。

一个解决方法是使用 N-派系概念,它放宽了派系的思想。在一个 N-派系中,我们不要求派系的每个成员都与其他每个成员之间有直接关系,相反,这个成员与其他每个成员之间的距离至多为 n。选择 $n=2$,会提供给我们这样一个子集,即其中所有成员对(pairs of members)之间的距离都不超过 2。当该定义被用于普通图时,会得出比普通派系“松散”的子群,这意味着密度不足 100%。但是,当该定义被用于一个隶属关系图时,一个 2-派系就有可能被认为是完备的,这是因为有二部图的约束,所有可能的关系都存在。出于这个原因,Borgatti 和 Everett(1997)将隶属关系图中的 2-派系命名为**双派系**(biclique)。实际上,一个双派系对于隶属关系图就如同一个派系对于普通图一样。

由于双派系可能数量众多并重叠,所以通过构造一个点-派系矩阵,计算其全部双派系中的每个点截面(profiles)之间的相关系数,从而使得同一类双派系中的许多成员点都有较高的相关系数,进行这样的二次分析常常是有帮助的。因此,可以将这个相关系数矩阵看成一个多值邻接矩阵,并用标准的图形布局算法将其可视化。图 28.12 展示了这种分析的结果。这些结果引人注目,因为它们区分了与两组不同事件有关系的两组妇女。此外,该图明确地显示出了 Flora 和 Olivia 之间的分离以及 Ruth 的搭桥位置。

结构对等性

428 结构对等性指的是一对点在多大程度上与相同的第三方存在关系。在如 DGG 数据这样的隶属关系图中,行动者在多大程度上参加了同样的事件,她们就在多大程度上是结构对等的,事件在多大程度上有同样的行动者参加,它们就在多大程度上是结构对等的。严格地说,在隶属关系图中,不同点集的点之间是没有对等性的,因为它们没有任何共同的点。因此,隶属关系图的结构对等性分析与行动者-行动者和事件-事件共同隶属关系矩阵的分析几乎完全相同。例如,一个在普通图中测量结构对等性的标准进路是,计算邻接矩阵的行(与列)的相关系数,然后对相关系数矩阵作层次聚类分析,以便确认近似对等的一些点。如果将这个进路用于一个隶属关系图的 $(n+m)\times(n+m)$ 邻接矩阵上,就会在无形中确

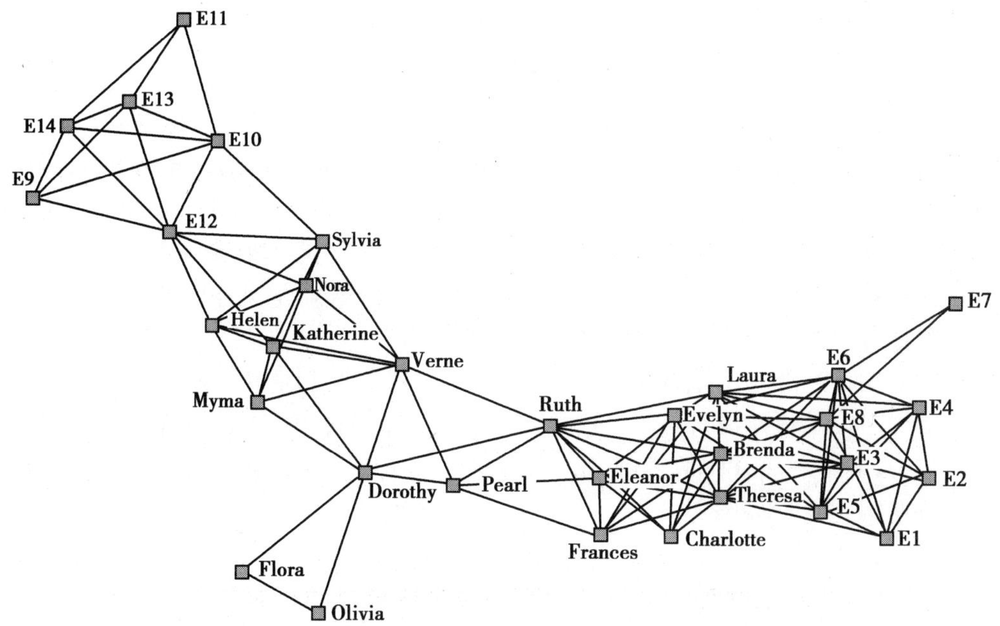

图 28.12 一条联系线表明两点之间的相关系数大于 0.6

保我们能发现这个隶属关系数据的两种模态,并将其作为这个层次聚类中的主分区。接着,下一个分区就会分割两个点集中的一个,等等。最后,如果我们只是对每个共同隶属关系矩阵分别进行聚类分析,结果本质上也是一样的。

结构对等性的另一种方法是块建模(blockmodeling)(White et al.,1976)。在普通图中,块建模指的是对邻接矩阵中的行和列进行分区,目的是将那些对应于近乎对等点的点放置在同一类当中,如图 28.13 所示。基于结构对等性对行和列进行分区,产生的效果是将邻接矩阵的单元进行分区,成为矩阵块。这些矩阵块具有同质性的特征模式:块中的所有格值要么都是 1(称为 1-块),要么都是 0(称为 0-块)。块建模算法的一个任务是要找到一种行和列的分区,这个分区使得每个矩阵块都尽可能同质(Borgatti and Everett,1992)。

	A1	A2	A3	B1	B2	B3	B4	C1	C2	C3
A1	0	0	0	1	1	1	1	0	0	0
A2	0	0	0	1	1	1	1	0	0	0
A3	0	0	0	1	1	1	1	0	0	0
B1	1	1	1	0	0	0	0	1	1	1
B2	1	1	1	0	0	0	0	1	1	1
B3	1	1	1	0	0	0	0	1	1	1
B4	1	1	1	0	0	0	0	1	1	1
C1	1	1	1	1	1	1	1	0	0	0
C2	1	1	1	1	1	1	1	0	0	0
C3	1	1	1	1	1	1	1	0	0	0

图 28.13 一个普通邻接矩阵中的结构对等性块建模

将这种进路直接用于隶属关系图,就意味着对二部(bipartite)的$(n+m)\times(n+$
429 $m)$邻接矩阵 $\boldsymbol{B}$ 的行和列作分区。这是可以做到的,但是这个二部结构会施加某种限制。例如,涉及模内关系(within-mode ties)的矩阵块(如女性-女性,事件-事件)必定是 0-块。此外,最佳的 2-类分区几乎都是模分区(无价值的情况除外),一般来说,所有的其他分区都是模态分区的细化(即它们被分级嵌套在模态分区内)。

一个更精巧(并且计算上更高效)的进路是直接从 2-模发生矩阵 $\boldsymbol{X}$ 入手(Borgatti and Everett,1992)。为了做到这一点,我们重新定义了块建模概念,它指的不是一个而是两个独立的分区:一个是行分区,一个是列分区。然后,我们用某种算法找到能得出最同质的矩阵块的分区对。换句话说,这个 2-模发生矩阵的结构对等性块建模是这样一个模型,即其中如果行点有相似的行,它们就在同一类中,如果列点有相似的列,它们就在同一类中。一个涉及四类行和三类列的例子如图 28.14 所示。

	E1	E2	E3	F1	F2	F3	F4	G1	G2	G3
A1	1	1	1	1	1	1	1	0	0	0
A2	1	1	1	1	1	1	1	0	0	0
A3	1	1	1	1	1	1	1	0	0	0
B1	1	1	1	0	0	0	0	0	0	0
B2	1	1	1	0	0	0	0	0	0	0
B3	1	1	1	0	0	0	0	0	0	0
B4	1	1	1	0	0	0	0	0	0	0
C1	0	0	0	1	1	1	1	0	0	0
C2	0	0	0	1	1	1	1	0	0	0
C3	0	0	0	1	1	1	1	0	0	0
D1	0	0	0	1	1	1	1	1	1	1
D2	0	0	0	1	1	1	1	1	1	1

图 28.14 2-模结构对等块模型

规则对等性

在普通图中,规则对等性(regular equivalence)的思想是,对等的一对点不必与相同的点有关联(如在结构对等性中的那样),而是与对等的点有关联(White and Reitz,1983)。换言之,说点 u 和 v 是完全规则对等的,这意味着如果 u 有一个朋友 p,就可以预期 v 有一个与 p 对等的朋友 q。用块建模的术语来讲,这就转移到一个邻接矩阵的行和列的分区上了,如此产生的矩阵块要么是 0-块,要么是一类特殊的 1-块,其中每个行和列都至少有一个 1。

在结构对等性的情况下，有可能将这个概念用于一个隶属关系图的邻接矩阵上，从而使得用现有的算法/程序去计算它成为可能。在规则对等性的情况下，则有一处复杂的地方。规则对等性定义各个分区的格为全都具有规则性质（Borgatti，1989；Borgatti and Everett，1989）。大多数标准的规则对等性算法都提供了最大的规则对等性。不幸的是，隶属关系图通常使用无向数据，而在无向数据中，如果把所有的点都放在相同的类中，最大规则对等性就总是微不足道的。处理这个问题的方式有几种，但是其中有一个较好的进路是 Borgatti 和 Everett（1992）所提出的那样，重新定义 2-模发生矩阵中的规则对等性。当处理结构对等性问题时，他们重新定义了块模型概念，这里的块模型指的不是一个而是两个独立的分区：一个为行分区，一个为列分区。规则对等性意味着我们可以把矩阵切割为矩形块，从而使得每个块是一个 0-块或一个规则的 1-块。例如，如果图 28.15 中所示的 2-模规则块模型指出了哪些消费者光顾了哪些饭店，那么该隶属关系图就确认了光顾三类饭店的四类不同的消费者。同类消费者未必光顾同样的饭店，但他们确实光顾了同类的饭店。因此，所有第一类消费者都光顾了前两 430
类饭店，而所有第二类消费者都只光顾了第一类和第三类饭店。

	R1	R2	R3	R4	R5	R6	R7	R8	R9	R10
C1	1	0	1	0	1	1	0	0	0	0
C2	0	0	1	0	0	1	0	0	0	0
C3	0	1	0	1	1	0	1	0	0	0
C4	1	0	0	0	0	0	0	0	1	1
C5	1	0	1	0	0	0	0	1	1	0
C6	0	1	0	0	0	0	0	0	1	1
C7	0	1	1	0	0	0	0	1	0	1
C8	0	0	0	0	1	1	0	0	0	0
C9	0	0	0	0	0	1	0	0	0	0
C10	0	0	0	1	1	0	1	0	0	0
C11	1	0	1	1	0	1	0	0	1	1
C12	0	1	0	0	1	0	1	1	0	1

图 28.15　一个 2-模的规则对等性块模型

2-模关系代数

在社会网络分析中，通常用术语“关系代数”来非常粗略地指代关系的复合性。例如，如果同时测量一系列点之间的友谊关系和“师生”关系，我们就可以建构新的、连接行动者的复合关系，如“老师的朋友”或“朋友的老师”，以及“朋友的朋友”或者“老师的老师”。如果将关系表达为邻接矩阵，复合关系就相当于邻接矩阵的布尔矩阵积，[7]因此，如果 F 表示朋友关系，T 表示“为师”关系，那么布尔矩阵积(product)FT 就表示"老师的朋友"关系。由于复合的结果只是另一种关系,我们就可以建构复合的复合,从而得出一长串布尔矩阵积。例如,字符串 FTTF 给出的就是这样一种关系,即如果 u 通过这种关系与 v 有关系,它就表示 v 被某人的一个学生所喜欢,这个人是 u 的一个朋友的老师(注意转置阵 T'被用来表示"被某人教"这个反向关系。

假设两个发生矩阵是匹配的,那么关系的复合计算也可以被用于隶属关系数据。例如,假设我们有一个二值个人-组织矩阵 M,它表示哪些人是哪些组织的成员。假设同样有一个组织-事件矩阵 S,它表示哪些组织是哪些事件的赞助者。最后,假设我们还有一个个人-事件矩阵(A),它表示哪个人参加了哪个事件。那么乘积 MS 就是一个新矩阵,其中 $MS(u,v)>0$ 表示的是个体 u 属于至少一个赞助事件 v 的组织。在一个给定的研究情境中,我们可能用 MS 解释矩阵 A,即检验这样一个假设,即人们更愿意参加由其所属的组织所赞助的事件。

关系代数可以将隶属网和普通网的混合体纳入进来。例如,如果同样有一个矩阵 F,它表示哪些人是哪些其他人的朋友,我们就可以生成像 FMS 这样的复合关系,其中 $FMS(u,v)>0$ 表示个体 u 有一个朋友,这个朋友是赞助事件 v 的某个组织的成员。Krackhardt 和 Carley(1998)在他们的 PCANS 模型中用了此类复合,该复合将个人、任务、资源彼此关联起来,包括个人-个人的沟通和工作-工作的从属。例如,如果矩阵 A 表示哪个人被分派到哪项工作,矩阵 P 表示哪项工作先于另一项工作,那么乘积 AP 就将每个个体 u 与每个任务 v 联系起来,它表示个体 u 是否有一个先于任务 v 的任务。三方组(triple)乘积 APA'将每个个体 u 与每个个体 v 联系起来,表示个体 u 是否有一个先于个体 v 的任务的任务,即它指的是个体 v 是否依赖于个体 u 来完成工作。

结　论

本章介绍了隶属关系数据的分析。讨论了两个基本的进路:转换进路和直接进路。转换进路包括共同隶属关系分析,或者基于一个点集中的元素在另一点集中的截面来分析这些元素之间的相似性。因此,相似性经常被视为是点之间的关系。为了确认互动的机会(如商品或信息的流动),或者人们之间看不见的关系(如社会经济偏好),人们通常需要分析共同隶属关系。直接进路包括同时分析两个点集,在平等的基础上处理每个点集中的元素。如已讨论的那样,直接进路经常要求使用新的专为二部图设计的那些量度和算法。

我们的考察聚焦于分析,其中包括一些网络概念的测量,如中心度、凝聚子群、结构对等性和规则对等性。在分析这些概念时,我们没有讨论统计建模,如关于隶属关系数据的指数随机图模型,这是新兴的领域(详细讨论参见本书中由 Robin 撰写的第 32 章)。

行文至尾,我们可以对隶属关系数据分析的未来提出一些建议了。在隶属关系研究中，一个尚待探索的要素是时间维度。将时间引入隶属关系分析的重要方法有两种。一种方法是随时间而变化的隶属关系图。我们可以将它概念化为一系列的个人-组织矩阵，它们表示不同的时间切片，或者是一个单一的3-模隶属关系网络。在这个网络中，每个关系都将个体、组织和时间段连在一起。本章讨论的直接分析技术大都可以推广到这种3-模情况中去（Borgatti and Everett，1992）。

另一种重要的情况出现在2-模个人-事件数据的分析中，其中的事件按时间 431
排序。例如，如果研究好莱坞电影项目，我们通常有一个演员-电影的数据矩阵，电影是按照发行时间（或开拍时间等）排序的。演员先前的合作关系是如何影响到他们共同参加的一个电影项目的质量的，如果对这个问题感兴趣，我们就需要建构随时间而延续下来的合作网络，因为我们不想基于电影出品后才发生的合作来预言电影的成功。诸如UCINET（Borgatti et al.，2002）这样的社会网络分析程序也才刚刚开始将这类分析工具纳入进来。

还有一个时间序列隶属关系数据的例子，这就是关于职业生涯轨迹的研究。利用3-模进路，我们可以考察行动者（根据组织和时间）的共同定位（co-location）关系是如何影响到他们未来的职业生涯的。或者，我们可以观察个体是如何沿着有向路径从组织到组织流动的。这里可以对每个个体按照时间进行不同的组织排序，虽然一个关键的研究问题是，这些组织的潜在排序（underlying ordering）（如地位）是否会在个人的职业生涯流动中创造出一致性。

注　释

1.点标签表示个体是一个检查员（I）、工人（W），还是一个监督者（S）。

2.这些群是由本文作者基于派系分析建构的，是达到例示的目的。

3.这不意味着该数据必须是二元的，因为我们可能有这样的数据，即其中人们在各种群体或事件中有一定程度的成员资格或参与性。

4.有时候，一个顶点集合之中只包括一个节点。在这种特殊的情形下，其中的唯一成员点除外。

5.当然，这是一个非线性转换，与所有其他中心度的标准化不同。为了保持一致性，我们可以用原始接近度除以它的最大值，且只需要记住它是一项反向测量即可。

6.此外，奇异值分解会得出由Kleinberg（1999）所提出的枢纽（hub）与权威测度。因此，在隶属关系数据中，特征向量中心性、枢纽和权威是相同的概念，它们在普通图中不为真。

7.布尔代数乘法无非是一种普通的矩阵乘法，其结果矩阵被二值化，任何大于0的值就被指派为1。

参考文献

Allatta, J. T. (2003) 'Structural analysis of communities of practice: An investigation of job title, location, and management intention', in M. Huysman, E. Wenger, and V. Wulf (eds), *Communities and Technologies*. Amsterdam: Kluwer Academic Publishers. pp. 23-42.

Allatta, J. T. (2005) *Worker Collaboration and Communities of Practice*. Ph. D. dissertation, University of Pennsylvania.

Allen, M. (1974) 'The structure of interorganizational elite cooptation: Interlocking corporate directorates', *American Sociological Review*, 39 (3): 393-406.

Allen, T. (1977) *Managing the Flow of Technology*. Cambridge, MA: MIT Press.

Bonacich, P. (1972) 'Factoring and weighting approaches to status scores and clique identification', *Journal of Mathematical Sociology*, 2: 112-20.

Bonacich, P. (1987) 'Power and centrality: A family of measures', *American Journal of Sociology*, 92: 1170-82.

Bonacich, P. (2007) 'Some unique properties of eigenvector centrality', *Social Networks*, 29 (4): 555-64.

Borgatti, S. P. (1989) *Regular Equivalence in Graphs, Hypergraphs, and Matrices*. University of California, Irvine.

Borgatti, S. P. (2002) *NetDraw: Graph Visualization Software*. Harvard: Analytic Technologies.

Borgatti, S.P. and Everett, M.G. (1989) 'The class of all regular equivalences: Algebraic structure and computation', *Social Networks*, 11: 65-88.

Borgatti, S. P. and Everett, M. G. (1992) 'Regular blockmodels of multiway, multimode matrices', *Social Networks*, 14: 91-120.

Borgatti, S. P. and Everett, M. G. (1997) 'Network analysis of 2-mode data', *Social Networks*, 19(3): 243-69.

Borgatti, S. P. and Everett, M. G. (2006) 'A graph-theoretic framework for classifying centrality measures', *Social Networks*, 28(4): 466-84.

Borgatti, S.P., Everett, M.G. and Freeman, L.C. (2002) *UCINET for Windows: Software for Social Network Analysis*. Harvard, MA: Analytic Technologies.

Brandes, U. (2001) 'A faster algorithm for betweenness centrality', *Journal of Mathematical Sociology*, 25(2): 163-77.

Burt, R. (1987) 'Social contagion and Innovation: Cohesion versus structural equivalence', *American Journal of Sociology*, 92 (6): 1287-335.

Carroll, W. K., Fox, J. and Ornstein, M. D. (1982) 'The network of directorate interlocks among the largest Canadian firms', *Canadian Review of Sociology and Anthropology*, pp. 245-68.

Davis, G. (1991) 'Agents without principles? The spread of the poison pill through the intercorporate network', *Administrative Science Quarterly*, 36(4): 583-613.

Davis, G. and Greve, H. (1997) 'Corporate elite networks and governance changes in the 1980s', *American Journal of Sociology*, 103 (1): 1-37.

Davis, A., Gardner, B. and Gardner, R. (1941) *Deep South*. Chicago: University of Chicago Press.

Domhoff, W. (1967) *Who Rules America?* Englewood Cliffs, NJ: Prentice-Hall.

Eckhardt, C. and Young, G. (1936) 'The approximation of one matrix by another of lower rank', *Psychometrika*, 1: 211-18.

Faust, K. Willber, K, Rowlee, D. and Skvoretz, J. (2002) 'Scaling and statistical models for affiliation networks: Patterns of participation among Soviet politicians during the Brezhnev era', *Social Networks*, 24: 231-59.

Feld, S. (1981) 'The focused organization of social ties', *American Journal of Sociology*, 86: 1015-35.

Field, S., Frank, K., Schiller, K., Riegle-Crumb, C. and Muller, C. (2006) 'Identifying positions from affiliation networks: Preserving the duality of people and events', *Social Networks*, 28(2): 97-186.

Friedkin, N. (1984) 'Structural cohesion and equivalence explanations of social homogeneity', *Sociological Methods and Research*, 12: 235-61.

Galaskiewicz, J. (1985) *Social Organization of an Urban Grants Economy*. New York: Academic Press.

Gmür, M. (2006) 'Co-citation analysis and the search for invisible colleges: A methodological evaluation', *Scientometrics*, 57(1): 27-57.

Harary, F. (1969) *Graph Theory*. Reading, MA: Addison- Wesley.

Kleinberg, J. (1999) 'Authoritative sources in a hyperlinked environment', *Journal of the ACM*, 46(5): 604-32.

Krackhardt, D. and Carley, K.M. (1998) 'A PCANS model of structure in organization', in *Proceedings of the* 1998 *International Symposium on Command and Control Research and Technology*. Monterey, CA. pp. 113-19.

Lazer, D., Mergel, I. and Friedman, A. (2009) 'Co-Citation of Prominent Social Network Articles in Sociology Journals: The Evolving Canon', *Connections*, 29(1): 43-64.

Lester, R. and Cannella, A. (2006) 'Interorganizational familiness: How family firms use interlocking directorates to build community-level social capital', *Entrepreneurship: Theory & Practice*, 30(6): 755-75.

Luce, R. and Perry, A. (1949) 'A method of matrix analysis of group structure', *Psychometrika*, 14(2): 95-116.

McPherson, J. M. (1982) 'Hypernetwork sampling: Duality and differentiation among voluntary organizations', *Social Networks*, 3: 225-49.

McPherson, J.M. and Smith-Lovin, L. (1986) 'Sex segregation in voluntary associations', *American Sociological Review*, 51(1): 61-79.

McPherson, J.M. and Smith-Lovin, L. (1987) 'Homophily in voluntary organizations: Status distance and the composition of face-to-face groups', *American Sociological Review*, 52(3): 370-79.

Mizruchi M. (1983) 'Who controls whom? An examination of the relation between management and boards of directors in large American corporations', *Academy of Management Review*, 8: 426-35.

Mizruchi, M. (1992) *The Structure of Corporate Political Action: Interfirm Relations and Their Consequences*. Cambridge, MA: Harvard University Press.

Mizruchi, M. (1996) 'What do interlocks do? An analysis, critique, and assessment of research on interlocking directorates', *Annual Review of Sociology*, 22: 217-98.

Newman, M. Strogatz, H. and Watts, D. (2001) 'Random graphs with arbitrary degree distributions and their applications', *Physical Review* E., 64: 1-17.

Robins, G. and Alexander, M. (2004) 'Small worlds among interlocking directors: Network structure and distance in bipartite graphs', *Computational & Mathematical Organization Theory*, 10(1): 69-94.

Roethlisberger F. and Dickson, W. (1939) *Management and the Worker*. Cambridge: Cambridge University Press.

Sokal, R. and Sneath, P. (1973) *Numerical Taxonomy*. San Francisco: W.H. Freeman.

Uzzi, B. and Spiro, J. (2005) 'Collaboration and creativity: The small world problem', *American Journal of Sociology*, 111(2): 447-504.

Wang, P., Sharpe, K., Robins, G. and Pattison, P. (2009) 'Exponential random graph (p *) models for affiliation networks', *Social Networks*, 31(1): 12-25.

Westphal J.D. and Khanna, P. (2003) 'Keeping directors in line: Social distancing as a control mechanism in the corporate elite', *Adminis-*

trative Science Quarterly, 48(3): 361-98.

Westphal, J. D. (1998) 'Board games: How CEOs adapt to increases in structural board independence from management', *Administrative Science Quarterly*, 43: 511-37.

White, H.C., Boorman, S.A. and Breiger, R.L. (1976) 'Social structure from multiple networks, I: Blockmodels of roles and positions', *American Journal of Sociology*, 81: 730-80.

White, D. and Reitz, K. (1983) 'Graph and semigroup homomorphisms on networks of relations', *Social Networks*, 5: 193-224.

位置与角色 29

POSITIONS AND ROLES

⊙ 阿奴斯卡·佛里高吉(Anuška Ferligoj)　帕特里克·多瑞安(Patrick Doreian)
弗拉迪米尔·巴塔格耶(Vladimir Batagelj)

本章首先讨论由位置和角色所组成的社会系统。接下来是一系列用于确认位置和角色以及描述社会网络结构的方法。最后,我们列出一些需要解决的重要的、开放的问题,这样就能更好地理解角色系统的结构和运行。

引　言

在社会科学的术语中,位置和角色这一对概念最为基本。直观地看,位置思想指的是在某种社会结构中的一种定位,角色思想指的是对应于这个定位的一系列预期行为(如 Faust and Wasserman,1992)。假定家庭就是一个社会系统,父母是一种位置,父母的角色包括一些抚养孩子的得当行为。孩子是另一种位置,该位置承载着儿童对其父母所作出的适当行为的预期,对预期的评价因年龄而异。父母和孩子的期望结合在一起就构成一个角色系统。同样,在一个组织中,结构中的一些位置是刻板的,存在着等级性,还存在着与这些位置关联在一起的角色。人们的预期包含着诸多规则,即领导和下属在其组织内遵循怎样的规则相互行事。对于等级制中所有的层次和位置来说,角色都已经被规定了,这就形成了一个关于预期的结合系统(coupled system)。当然,这个简单的描述只确认了一种理想化的形式,不过它可能是千变万化的。关键的经验问题涉及厘清社会系统中的位置,确认对应于这些位置的角色、这些角色的性质、角色存在的程度,考察角色系统和社会结构是怎样随着时间的推移而变化的。

社会网络分析提供了一系列工具,其中所包含的一些映射社会结构的方式是有助于确认位置和角色的。当用这些工具来研究历时态的社会结构时,它们会帮助分析者理解社会结构和角色系统是如何随时间而变的。如果只有关于历时态网络的简单描述,就可以称这种活动为网络动力学研究。然而,对于观察到的历时态变化来说,如果我们有能力去确认那种导致它的过程性规则,那么我们就是在考查历时态的社会结构的演化了。虽然网络动力和网络演化都在研究位置和角色方面各居其位,但是对于建构累积性知识、理解角色及位置来说,刻画演化的特征都更为需要,也更加重要。

社会网络

一个简单的社会网络是由一系列被称为是社会行动者的单位组成的,这些
434 单位为一个单一的关系所规定。例如,这个单位可能是孩子,这个关系可能被定义为“与谁一起玩”。对于一个家庭来说,单位就是父母和孩子,一个关系就是家长对其子女行使的“控制”。比较复杂的网络具有多个关系。对于操场上的孩子们来说,被研究的关系可以是“与谁一起玩”和“喜欢谁”这两个。更复杂一些的网络会有多个关系和多个层次。对于一个家庭来说,一个层次是对父母和孩子来说的,要研究的关系可能包括“控制”、“爱”(和/或讨厌)、“尊重”和“倾诉”。再考虑的层次可能包括多代人。在正式的科层组织中,单位可以是在多个层次上占据着位置的个体,拥有着关于“报告”“寻求与工作有关的帮助”“提供与工作有关的帮助”和“茶歇时的社交”等关系。

社会网络中的单位也可以是群体、组织和国家,以及在这些更大更广泛的单位中的个体。如果这个群体是帮派,他们之间的关系就包括同盟关系和敌对关系。在组织中,关系可能包括在组织之间输出商品或外派人员、共享信息或结成联盟。而对于国家来说,关系可能包括出口、进口、提供援助、隶属于军事同盟和发动战争。网络也可以由那些没有明显(在个人、群体、组织或国家的意义上的)行动者身份的对象组成。一个例子就是在一个或多个科学领域中的一系列科学文件。这些单位包括书籍、文章和研究报告。基于这些对象所定义的一个关系就是引用关系。每份科学文件都包含着对先前有关工作的参考文献,这个相关关系就是后来的文件对先前文献的引用。诸多专利也形成了一系列类似的单位,这里要在法律上承认先前的发明和他们的专利,引用要受到法律上要求的制约。对于科学论文来说,因学科领域不同,因而有不同数量的独著出版物和合著出版物。在合著出版物中,共同作者界定了文章作者之间的关系,可以将它加入引用网络之中,据此创建一个网络数据库,其中的网络就涉及了大不相同的诸多单位。网络中的关系常常是多值的,能捕捉到诸如强度、频次或数量这些维度的值,这取决于所考虑的关系的性质。一般来说,可以创建既有大规模网络又有多类型单位的数据集。不管网络有多么复杂,都可以考虑它们的位置和角色观念。显然,这样的做法取决于所考虑的网络的规模和复杂性。但这是可以完成的,被称为广义块建模(generalized blockmodeling)的路数提供了确定位置和角色的工具,从而以一种非常普遍的方式勾勒出社会的结构。为了便于说明,我们的大部分讨论都集中在简单的网络上,不过这些工具也可以用于任何程度的复杂网络。

块建模

Lorrain 和 White(1971)引入了结构对等性概念(其定义见下文),并将其作为一种对位置和角色进行操作化的方法,这篇文章极大地改变了网络分析者描绘与考察(作为网络结构的)社会结构的方式。通过这一研究,他们奠定了严格地研究经验性社会结构和考察角色系统的基础。这导致了块建模的创建。基于他们的洞见,Breiger 等(1975)提出了一种在网络中确立位置的实用算法。该算法的基础是一种特殊的结构对等性操作化方法。Burt(1976)提供了一种替代性的操作化方法,伴之以一种不同的算法。Sailer(1978)则提供了另一种思考块建模的方式。此后,由于 White 和 Reitz(1983)引入了规则对等性(regular equivalence),并将其作为结构对等性的形式概括(generalization),块建模就被形式化了。1992 年,该领域的旗舰刊物《社会网络》(*Social Networks*)出版了一期关于块建模的专刊,从有助于定义这个领域的早期论述以来,人们创建了各种研究路数,该专刊对这些路数作了重点介绍。这些研究都有助于创造出广义块模型出现的条件,使得广义块模型成为这一路数中的一种系统性陈述,它保障了块建模研究的基础(Doreian, et al.2005)。在下文中,我们并不详尽地讨论用于建立块模型的各种算法。相反,我们关注的是核心思想。我们把块建模的讨论区分为了经典块建模和广义块建模。在讨论时,我们把形式的/数学的基础置于一旁。这里所做的非数学陈述背后都有技术和形式上的细节,我们讨论中所引用的那些文献会提供这些细节。

经典块模型

下面要用一些术语来准确地描述网络。行动者用**点**来表示,他们之间的社会关系用**线**来表示。标示一个网络的快捷方式是 $N=(V,R)$,其中 V 表示点集,
R 表示关系。只包含一种关系的网络可视为简单网络。为了表示包含多个关系 435
的网络,这种标记法可自然地扩展为 $N=(V,R_1,R_2,\cdots,R_r)$,用它来表示有 r 类关系的一个集合。下面要讨论的思想适于所有网络,为了便于说明,我们用的是简单网络。

有些关系本质上是对称的,例如合作发表一篇科学论文。对于这样的关系来说,用线表示对称关系,该线被称为是**边**。其他社会关系本质上是不对称的。例如,"谁的父母"关系是一条从父母到孩子的线。孩子不可能是其父母的父(母)亲。对于只有非对称关系的网络而言,这个线被称为弧线。有些关系的定义是有内在方向的,但却包含着对称的边。"喜欢"就是这样一个有明显方向的例子,但是如果一个人喜欢另一个人,并且这种感情是互惠的,那么对于这样的一对,他们之间就存在着一种对称关系(边)。其他的喜欢关系无须得到互惠,所以存在一条从一个人到另一个人的弧线。这样的网络既包含弧线,也包括边。

当思考位置和角色时,要将弧和边的区别考虑在内。

当两个行动者是以完全相同的方式与网络中的其他行动者相关联时,则称二者**在结构上对等**(structurally equivalent)。在 Doreian 等(2005:172)的研究中可以找到一个形式化定义。从本质上看,它们在结构上完全相同。在结构上对等的一系列行动者被称为是一个**位置**。如果网络中只有结构对等的行动者集合,它与结构对等性就完全一致。这意味着点集 V 可以分区成为包含 k 个聚类的集合$\{C_1, C_2, \cdots, C_K\}$,这样的话,聚类 C_i中的点在结构上就完全相同。在这个意义上,给定了这种对等性定义后,网络中就有 k 个位置(反映了一种社会结构)。这就对作为聚类的"位置"术语作了精确的定义和操作化。给定两个位置 C_i和 C_j,从 C_i中所有行动者到 C_j中所有行动者的关系集合就形成了一个**块**。给定 k 个位置,就有 k^2个块,整个结构都用这些块来表示。存在着 k 个这样的块,即其中的关系都位于位置内,这些块被称为**对角线块**。**非对角线块**有 $k(k-1)$个,这些块包含着位置之间的关系。如果网络中有 n 个行动者,且 n 比 k 大得多,那么大网络可由**块模型像**(blockmodel image)来表示,其中只有位置和块。换句话说,初始网络用位置和块的集合来建模,因此有块模型这个术语。White 等(1976)主张,用块模型的像(image)来表达某个网络,就是用清晰的位置和角色公式去精确地描述一种角色结构。这也使得有可能用关系代数来研究角色结构。

上文描述的块模型并不能完全描述大多数的经验性网络。多对行动者可以与相同的其他行动者有几乎相同的关系。从这个意义上看,行动者对(pairs of actors)更可能是"几乎在结构上对等"的。这些差异如果数量不多,就会假定经验上不那么重要,这样的话,用块模型表示观察到的网络的思想还是被允许的。这就从经验上提出了如何决定位置和块的问题。虽然处理这个问题的方法很多,我们还是只关注那些最常用的方法。在这些方法中,有两个取决于行动者在结构上对等的程度。Breiger 等(1975)提供了一种算法,该算法建立在用相关性来表示"几乎结构对等"观念的基础之上。一个行动者在网络中的**位置**是涉及该行动者(在场与不在场)的关系向量。对于一个无向图来说,行(或列)就是位置。对于一个有向图来说,一个行动者的行关系和列关系都表示他的位置。如果两个行动者在结构上对等,其位置的相关系数就是 1。如果两个行动者位置之间的相关系数"足以接近 1",那么他们就"几乎在结构上对等"。由 Breiger 等(1975)提出的算法通过反复使用位置之间的相关系数来确认位置,由此也确认了块。

Burt(1976)运用位置之间的欧式距离提出了另一种"几乎在结构上对等"的操作化方法。如果两个行动者在结构上对等,他们位置之间的欧式距离就为 0。"几乎在结构上对等"就成为"欧氏距离足以接近 0"。位置矩阵因而转化为距离矩阵,然后就可以用标准的聚类方法处理了。Doreian 等(2005)将 Burt 和 Breiger 等人提出的排序算法描述成"间接法",这是因为网络数据被转换成(非)相似性数据之后才能被聚类。这些路数有三大问题:(1)有很多构造(非)相似性的方法，并非所有的方法都与结构对等性相兼容；(2)聚类算法数以千计，选中其中之一似乎是专断的；(3)这些方法只能被用于归纳模式。检查聚类图或树状图是为了辨识出需要标记其位置的那些聚类，因为有此事实，才有了第三个问题。要想超越结构对等性思想，却没有可用的概念化，分析者可以将某种(非)相似性测量与聚类算法结合起来，接受由此得到的结果。这些问题促使 Batagelj 等(1992a)去探究一种他们所说的块建模的“直接路数”。它被进一步形式化为“广义块建 436
模”(generalized blockmodeling)(Doreian et al.,1994,2005)，这是一种将网络分区为位置和块的一般方法。他们的分析表明，在对等性概念的基础上，直接路数比间接路数产生了更加拟合的分区。即便如此，间接路数仍然是有益的，与(下文描述的)直接路数所能处理的内容相比，间接路数可以被更有效地用于大网络。

广义块建模

作为网络数据的一种直接研究路数，广义块建模(Batagelj,1997;Batagelj et al.,1992a,1992b;Doreian et al.,1994,2005)建立在一些简单的思想之上。第一，在思考结构对等性时，它不将其视为测量(非)相似性而得到的近似值，而是思考什么类型的块与结构对等性相一致，这种思考更有用。这样的块在数量上很少：(1)对角线块只有两种形式，(2)非对角线块也只有两种形式与结构对等性相一致。非对角的理想块或默许块(permitted block)中只有 0 或者只有 1。它们被分别称为是**虚无块**(null block)和**完备块**(complete block)。这确实捕捉到了居于不同位置上的行动者对(pairs of actors)以同样的方式与其他行动者相关联的思想。同样的逻辑也适用于对角线块，但其中的默许块看起来略有不同。在一个默许的对角线块中，除了对角线之外其余值都为 1，对角线上只有 0。另一种默许的形式是各处都为 0，而 1 只在对角线上。这两个块中的第二种在现实中很少出现。我们使用术语“完备块”和“零块”来描述对角线块和非对角线块。

经验块模型可以与基于结构对等性的理想块模型(它可以在任何地方都有完备块和虚无块)有同样数量的位置和块，直接路数比较了这两种模型。一般来说，经验块模型会接近理想块模型。二者之间的差异很容易在概念上加以构造。无论 1 出现在一个虚无块中的哪个地方，都存在着一类不一致性，无论 0 出现在一个完备块中的哪个地方，都存在着另一类不一致性。我们必须做的全部事情就是计算这些不一致，探寻经验上的分区，使不一致数尽可能小。要做到这一点，可以用一个能反映所有块中全部不一致之和的**准则函数**(criterion function)来对某个聚类问题实施形式化。该聚类问题是这样的：在所有可能的分为 k 个聚类的分区集合中，我们根据所选定的准则函数寻求最好的分区。如果断定一类不一致比另一类更重要，就可以将这两类不一致赋予不同的权重。如果认为虚无块是一个网络结构中的重要部分，那么网络中存在的 1 就会被严罚掉，这样的话，被确认的虚无块就不包含任何 1。

解决聚类问题不那么容易。要比较所有可能的理想块与所有可能的经验块，这听起来有用，但是只对很小的网络才可以做到这一点。因此，需要有某种启示探索法(heuristic)。一个用于解决广义块建模问题的方法是重新定位(relocation)算法,这个算法可以对可能的理想分区和经验分区作局部比较。选中某个分区数(k),网络被随机地分区为 k 个临时位置。这样一种分区的**邻域**是由其他分区组成的,而要想得到这种分区,有两种改变中的任何一种即可。一种改变是将一个点从一个临时位置移向另一个位置,第二种是在两个临时位置之间交换一个点对。对于每一种改变,都可以在改变之前和之后计算准则函数。如果准则函数不下降,就抛弃新的分区。不过,如果它确实下降了,我们就移向新的分区并重复新区中的改变(在两个位置之间移动一点或交换一对点)。如果一种改变降低了准则函数,我们就再次移向新的分区并继续下去,直到不可能再有进一步下降为止。由于这是一种局部优化法,所以对于达到某种整体上最好(最优)的分区来说,多次重复这个过程可以使这种分区的可能性达到最大,而不只是达到某种局部上最好(局部)的分区。

White 和 Reitz(1983)将结构对等性思想推广到了规则对等性。如果两个行动者以对等的方式与对等的行动者相关联,他们就是**规则对等的**(regular equivalence)(其形式定义可以在 Doreian et al.,2005:173 中找到)。用正式层级系统可以对这个有点神秘的定义作出最好的说明,该系统有多个层级,这些层级在每个部门中都会以同等的程度下移。基于规则对等性的分区会把这些层级中的每一个都确认为是一种位置,并会漂亮地捕捉到位置角色的思想。(一个位置上的)下属会被期望以同样的方式与其上级(老板)相处,老板会被期望以同样的方式对待下属。而结构对等性却不会导致这种分区。White 和 Reitz(1983)证
437 明,规则对等性是对结构对等性的适当的推广。有一个定理能表明规则对等性是可以纳入广义块建模中的,该定理只允许规则对等性中存在两类块,即虚无块和那种其每行和每列中都至少有一个 1 的块。后者这样的块被称为 1-覆盖块(1-covered blocks)。(结构对等性的完备块是一种非常特殊的 1-覆盖块,这就表明规则对等性是对结构对等性的适当推广。)此外,为了表达规则对等性的理想块和实际块之间的不一致,可以构造一个准则函数,且可以使用上文描述的局部优化法。

广义块模型的潜在策略也简单,即描述一类对等性的定义,并将它转化为一系列默许的块类型。结构对等性只允许虚无块和完备块。规则对等性只默许虚无块和 1-覆盖块。为了建立某类对等块与其默许块之间的联系,需要一个驱动性的原理,它能为一类对等性创建它的默许块。为了扩展对等性类型,建立新型的块模型,一个自然的途径就是扩展默许块的类型。在 Doreian 等(2005:第 7 章)的研究中可以找到一个扩展的默许块类型的集合。这些新类型包括:行-规则块(row-regular block)(每行都是 1-覆盖的)、列-规则块(每列都是 1-覆盖的)。这些块被用在了对狒狒抚养网(baboon-grooming networks)的分区上,这个分区是在两个时点上完成的,而结构对等性和规则对等性在这里都无计可施。这种扩展块类型的一般策略也是扩展块模型类型的一般策略,它允许将块建模无限地扩展到不同的实际领域上,在这些实际领域中,新的块类型要比只依赖于结构对

等性或规则对等性的类型更一般和更有用。Davis 和 Leinhardt(1972)探索了小团体网络的结构,他们指出,这种结构存在一种形成排序的聚类(ranked-cluster)系统的趋势。基于这些想法,Doreian 等(2000,2005:第 11 章)提出了一种"等级聚类"块模型,他们用它来研究儿童的网络结构以及 18 世纪、19 世纪的拉古萨(Ragusa)——现在名为杜布罗夫尼克(Dubrovnik)——贵族的婚姻系统。

使用广义块建模有一些重要的和有用的结果。首先,通过用一种与某类块模型完全兼容的准则函数来构建一个聚类问题,这个准则函数就成了块模型的一个明确的拟合度测度。当然,要根据不同类的块模型来定义不同的准则函数,每个定义都要根据所使用的块模型类型加以调整。这意味着准则函数值不能被用来比较各类块模型的拟合情况。这种研究路数的逻辑是用公式来表示模型的,然后运用与这个块模型类型相兼容的某种适当的准则函数,就能使这个公式化模型与数据相配。每个块模型都独自成立或无效,以拟合数据。在各种最优化路数的基础上,Brusco 和 Steinley(2006,2007)展示的结果表明,通常情况下,对于小网络来说,用于广义块建模的(重定位)启示法确实会得到最优的分区。

第二,在"将模型公式化并拟合它们"的标题下,可以做的工作还有很多。到目前为止,我们描述了归纳路数的块建模:所有重要的块模型都是关于对等性的陈述,通常是结构对等性或规则对等性。然后,用某种聚类算法来寻找位置和块。虚无块、完备块和 1-覆盖块的概念都先置一旁,它们可能出现在通过一个算法而返回(returned)的块模型中的任何地方。然而,与一类特殊对等性的可用性相比,我们通常是更了解网络的。我们对网络知道得越多,或者认为知道得越多,就越能够"预先设定"一个块模型。我们可能不仅知道默许块的类型,还知道它们中的一些出现在块模型中的位置(事实上,我们有可能知道它们全体出现在块模型中的哪里)。如果我们已经有了一些知识(它可能只是经验知识,也可能有一个理论基础),就可以用这个知识预先设定一个块模型,这种做法是有益的。这样做的时候,就是演绎地利用了广义块建模。

由理论驱动的演绎块建模的例子是同结构平衡理论一起被发现的(Heider,1946;被 Cartwright and Harary 所形式化,1956)。如果一个符号网络(signed network)是平衡的,就可以从这样一对结构定理中得到分区的结构。这一对定理指出,网络中的行动者可以被分区到两个位置(Cartwright and Harary,1956),或分区到两个或多个位置(Davis,1967),这完全取决于平衡是如何定义的。这样的话,所有的正关系都在位置之内,所有的负关系都在位置之间。Doreian 和 Mrvar(1996)指出,这意味着一个特殊的、有着两类块的块模型结构,**正块**(positive blocks)只包含正关系或虚无(Null)关系,**负块**(negative blocks)只包含负关系或虚无关系。它暗示的块模型在对角线上有正块,非对角线上有负块。Doreian 和 Mrvar 提出了一种将符号网络加以分区的方法,使之尽可能地接近完备结构平衡(exact structural balance)所预期的那种分区。他们提出的准则函数计算了两类不一致:负块中的正关系和正块中的负关系。如果需要的话,可以对这些不一致赋予不同的权重。前文描述的重新定位算法可以被用于解决这种聚 438

类问题,现在,该算法是广义块建模路数中一个不可或缺的部分了。

另一个认识要素是,一些行动者一起归属于一个位置,或者某些对行动者(pairs of actors)会归属于不同的位置。这种认识是以限制形式来表达的,即在什么限制条件下可以将行动者放置在哪些位置上。极端的认知层次是,我们知道块模型像(blockmodel image)的结构以及所有行动者所属的位置,这可以表达为一种**完全预先设定的块模型**(completely prespecified blockmodel)。更有可能的情况是,如果可以预先设定的话,它也只会是部分的设定。有关某些预先设定的块模型例子可参见 Doreian 等(2005:233-46)的研究。当然,如果不了解预先设定的块模型,块建模的归纳用法就是首选的方案。

还有学者(Nuskesser and Sawitzki,2005)也基于位置概念展示了对块建模的形式化回顾,并将块建模与更为广泛多样的网络表达和方法联系在了一起。

新近对广义块模型的扩展

可以将下述例子中所展示的思想和分析视为以不同的方法扩展了广义块建模思想,这些方法大有前景。

2-模和 3-模网络阵列

在《社会网络》杂志中,有两期特刊专门探讨了块模型,其中 Borgatti 和 Everett(1992)建议将块建模思想应用于多元网络阵列(array),并提供了一种实施的方法。这个路数超越了对 1-模网的分析。这种扩展也可以被公式化为一个广义块建模问题,其中的网络由多套单位和它们之间的关系来界定。Doreian 等(2004,2005)在为 2-模网建构块模型时就是这样做的。他们应用的例子包括经典的远南(Deep South)数据集以及最高法院为一届任期(a single term)进行投票的数据集。最近,Batagelj 等(2006)还将这些思想用在三维(three-way)网络数据了。除了用三种不同类的社会对象来分析网络数据外,他们还考虑了两种特殊情况。第一种情况允许一个三维阵列(three-way array)的模态中有两个是相同的,第二种情况允许三维阵列中始终存在着同样的模态。可以用 Krackhardt(1987)的办公室数据来说明这一路数。网络中 22 个行动者中的每一个都提供了他们办公室的 1-模关系数据的映像(image)。当这 22 个感知的关系连在一起时,就创建了一个完整的三维阵列。即便是这种特殊情况也提出了直接路数还不能解决的严重的计算问题。Batagelj 等(2007)反其道而行之,他提出,可以对所有这三种情况的结构对等性作相异性测量,并采纳了间接的路数。为达到此目的,他们用三维网中诸模态之间的可互换性条件表示结构对等性。这样就能构造一个兼容的相异性测度。利用 Ward 的聚类方法,通过层次聚类就能获得三维分区。

还有学者(Roffilli and Lomi,2006)针对 2-模网提出了一种完全不同的块建模路数。它建立在所谓支持向量机(Support Vector Machines,SVM)的一系列学习算法的基础之上。当重新构造回归和密度估计问题时,由支持向量机提供的分析框架就为解决许多分类任务提供了灵活的统计环境。他们也使用了远南数据,将他们的结果与那些采用不同方法对这些数据所作的其他分区进行了比较。他们的方法相当于一个独立于数据的预处理阶段,能够降低聚类问题的复杂性。这种复杂性的降低使得更为简单的聚类方法成为可能。

多值网络

Doreian 等(2005)将他们的注意力限于二值网络,即其中的关系只是存在或不存在。鉴于收集到的多值网络数据越来越多,限于二值网的计算明显有局限性。于是,将广义块建模扩展到多值网络上就成为一个必要的和重要的发展。这个任务最初是由两位学者(Batagelj and Ferligoj,2000)来做的,后来由 Žiberna (2007)加以发展。Žiberna 提出,如果关系值至少是以定距尺度(interval scale)测量的,就有三种多值网络广义块建模的路数。

Žiberna(2007)提出的第一种路数是,直接将二值网的广义块建模推至多值块建模。他用了一个阈值参数,对关系的评定就与这个阈限值有关(无须将网络二值化)。作为块类型的标识,块内模式仍然要加以检查以便确认块类型。出现的一个问题是,我们无法区分开关系模式相同但是存在着关系的取值却不同的两个模块。这意味着,不能用这种关系值之差找到最优分区。这个问题导致 439
Žiberna(2008)考虑第二种路数,他称之为同质性块建模。在这种路数中,与相对应的理想块相比,经验块的不一致是用块内值的变异度来测量的。在理想情况下,一个块内的所有值都相同。这与块的基本思想(即块由完全相同的关系组成)是完全一致的。(同质化分区不考查关系是否存在着 1 这个值,而是创建拥有最小块内关系值变异的块)。虽然这种路数有助于确认某些多值块,在这些块中,那些需要有关系的地方的关系值尽可能同质,但它还是遇到了另一个问题。即对于二值块建模来说,其虚无块和其他类型块之间有明显的区别。然而,虚无块是同质的(其值为 0),在同质性块建模下,它不能方便地作为一个特别独特的一类块被区分出来。因此,虽然同质性块建模非常适合于区分那些建立在关系值基础之上的经验块,发现基于这种差异的分区,但是它不太适合于区分那些建立在块类型基础之上的经验块,并发现基于这种差异的分区。这就导致 Žiberna 考虑多值网络的隐性(implicit)块建模。

隐性块建模可以区分基于关系值和块类型的经验块。但是,它受到块最大值的严重影响,对块的划分常常不同于预期。因此,它创建的分区受到块分类的严重影响,这会导致不符合要求的分区。如果再使用块最大值标准化的话,问题就更为突出。它生成的分区可能是得到改善了,但是这种改善是以牺牲隐性块建模的主要优势为代价的,这个优势就是它有区分虚无块类型和其他块类型的能力。

虽然 Žiberna 提出的这三种多值关系块建模路数都有问题,但是,要对这类网络分区问题建立更优的解决方案,最好还是视这些问题为重要的起步。当检查一个明显的多值网络块建模策略时,这些问题会被提出来,它们在某种程度上是对 Žiberna 所得结果的一个回应。这就要选择某种阈值,并用这个阈值将网络二值化:不低于阈值的关系被编码为 1,阈值以下的关系被设为 0。然后,就可以用 Doreian 等(2005)所提倡的路数处理这个二值化网络了。Žiberna 指出,作为总策略中的第一步,二值化并不好,因为它所创建的分区可能不稳定,选择的阈值不同,产生的块模型也不同。因此,每当在定距尺度上测量网络时,与二值块建模相比,用 Žiberna 提出的三类多值网广义块建模中的一种更可取。多值网广义块建模会产生更好的分区和拟合度同样良好的更少的分区,这是因为它比较精确地测量了块的不一致性。这里遇到的问题反映出了一个残酷的事实,即从二值网络转向多值网络时会使我们走进一系列艰难的分区问题。

我们注意到,对于结构对等性来说,间接路数是可用的,因为针对多值网数据,它可以计算像相关系数这样的相似性以及像欧式距离这样的相异性,只要它们与结构对等性兼容即可。规则对等性可不是这样,对于规则对等性来说,仍然没有一个被广为接受的方法去计算网络中的点在多大程度上是规则对等的。

Nordlund(2007)也从规则对等性角度处理多值网的分区问题,他的论点与 Žiberna 一致,即直接将适于二值网络的技术应用于多值网络,这是有问题的。在给定行动者的角色集合的基础上,他基于关系结合模式提出了一种将关系视为规则的形式启发法。他将这一思想与针对块标准完成情况的测度结合起来,创建了简化图(reduced graph),其中使用的方法对关系模式(而不是强度)更敏感。

Weber 和 Denk(2007)针对作为网络的输入-输出关系,提出了一种多值块建模路数。工业或经济部门之间的流量(flow)(如企业之间的流量汇总)显然是多值的。将企业作为单位,可以在一个“较低”层次上分析国家投入产出表中的流量。不管这些流量数据是否表达了商品数量、服务流量或者是它们的货币价值,都不能将这些数据看成是二值数据,否则就是愚蠢之举。因此,如果考虑运用块建模,就必须处理多值数据,其值可能差异很大。给定单位之间的商品和服务流后,自然会视之为 2-模数据,行是发送者(出口商),列是接收者(进口商)。Doreian 等(2005:265-69)对杂志-杂志引文网的研究也是如此。对于企业-企业之间的交易模式来说,企业可以继续成为某个交易网中的一部分,或者离开这个
440 网络,同时,其他企业也可以加入这个交易流中。要研究这样的经济网络,需要评估企业、刻画这些网络的整体结构特征、对单位和关系都进行聚类。在这些网络中,有可能确认出以缺失行动者和缺失关系的形式存在的一些空隙。此外,流量不只存在于单位对(pairs of units)之间,因为间接流量也重要,值得关注。虽然网络分析者已经考虑了各种长度的间接路径,但是去思考什么东西从社会网络的一个单位流向另一个单位,再流向第三个单位,这比经济流网络更难以概念化。

随机块建模

如上所述,广义块建模的路数显然有决定论的味道,可以将表达聚类问题之

核心的准则函数最小化，以确定给定准则函数条件下的“最佳”分区。另一种策略是采用概率路数，以随机方式处理这个根本过程。如果两个行动者与其他单位的关系有等概率分布，他们就是随机对等的（Holland et al.，1983；Wasserman and Anderson，1987，Anderson et al.，1992），这就反映了结构对等性（structural equivalence）的基础概念。当位置使用了由数据创建的关系概率时，位置就被随机对等的单位所占据。

针对二方组单位的随机块建模，Nowicki 和 Snijders（2001）提出了一种贝叶斯路数。关系可以有分类值，模型参数由马尔科夫链蒙特卡罗（Markov Chain Monte Carlo，缩写为 MCMC）程序来估计。他们的路数中有两个特征值得讨论：（1）可以处理缺失数据，（2）给定网络数据，某些点有可能不可归类到一个位置上去。大多数的块建模讨论都暗中忽略了缺失数据问题，这会导致严重的后果（见下文）。也存在着一些不属于任何位置的单位，这个思想首先被 Burt（1976）以“残余聚类”（residual cluster）的形式注意到了，这个问题在广义块建模中也一直被忽略。

Airoldi 等（2007a，2007b）引入了一序列的随机块建模，在分层的贝叶斯框架中，这些建模将混合成员模型的特征与关系数据块模型结合在了一起。他们为这类模型提出了一个嵌套的方差推断方案，这个方案必须能顺利地执行快速近似的后验推断。Handcock 等（2007）提出了一种有潜在位置的新模型，在这个模型下，两个单位之间关系的概率取决于它们在一个未观察到的欧氏“社会空间”中的距离，单位在潜在社会空间中的位置来自一个混合分布，其中每个分布对应于一个聚类。Handcock 等人提出了两种估计方法：一是两阶段最大似然法，二是利用 MCMC 抽样的完全贝叶斯法。通过利用近似条件贝叶斯因子，他们也提出了确定存在的聚类数的贝叶斯方法。

符号网的广义块建模

上文指出，结构平衡理论表示的是一种独特的符号社会网络的块模型结构。然而，在创建人类行动者之间的符号社会关系时，作为一个过程或一系列过程的结构平衡并不是唯一的力量。尽管存在着结构平衡理论所预测的那种分区，还是很有可能存在着一些广受喜爱（或被一个群体中的大多数成员所喜欢）的行动者。果真如此的话，一个像矩阵（image matrix）在非主对角线上就会有正块。从解决冲突的视角看，当社会群体彻底分裂为相互敌对的子群，而正关系只在这些群之内，这可不是好的情况，因为在调停这些子群之间冲突的位置上，没有任何行动者。调停者要与相互敌对的子群中的至少两个成员有正关系。但是，如果在对抗的一对子群之间有一个或多个调解者，这也意味着正块不在像矩阵的主对角线上。最后，还有这样一些群体，其中有一些相互敌对的个体，他们的存在意味着在像矩阵的主对角线上有负块。结构平衡（structural balance）连同它的标识块模型（signature blockmodel）结构会遮盖所有这些特征，使之变得与结构平衡不一致。如果这些其他过程在群的结构中留有踪迹，那么利用结构平衡就无法识别它们。

为了解决这些问题,Doreian 和 Mrvar(2009)放宽了结构平衡的设定,默许的正块和负块可以出现在块模型中的任何地方。他们保留了与结构平衡所用函数一样的准则函数,并称其为宽松的结构平衡(relaxed structural balance)。他们证明,这是对结构平衡的一个恰当推广,将这个修订版的平衡运用到一些经典的符
441 号社会网络数据集之中,获得的块模型可以更好地拟合数据。最初的海德平衡理论(Heiderian balance theory)有两类关系。一类是人们之间的社会关系,另一类则采用了人与社会对象(如价值观和信仰)之间的"单位形成"关系形式。Cartwright 和 Harary(1956)所提出的推广掩盖了这个区别,只用了符号关系。实际上,单位形成关系被抛弃了。虽然这种形式的研究彻底改变了群体中符号社会关系的研究并取得了进展,但是它还是失去了一些东西。Mrvar 和 Doreian(2009)将单位关系的思想形式化为符号 2-模网络,将宽松的平衡分区算法扩展到了分区符号 2-模数据(partition-signed two-mode data)。重点介绍的主要经验实例是最高法院法官一届任期的投票模式。

对大型或复杂网络进行分区

Hsieh 和 Magee(2008)补充了大网络的广义块模型,他们提出了另一种算法,这个算法将一个社会网络分解为最优数目的结构对等类。针对位置数各不相同的社会网络,他们用 k-均值方法确定了其最佳的分解方案。通过将相似度(similarity)的位置内(intra-position)方差最小化,就可以确定最佳位置数,不过该方差会受到如下限制,即分成更多子群时带来的改进要好于对一个随机网进行分区时得到的改进。他们也描述了一种可分解量纲(decomposability metric),用它来评价导出的(derived)分解结果与只有结构对等类的理想网络有多接近。

为了对复杂网络内能动者的作用类别块建模,Reichardt 和 White(2007)提供了一个框架。Doreian,Batagelj 和 Ferligoj 使用的是任意给定块模型的网络测度,与这个测度相比,他们推导出了与之不同的拟合测度。他们的方法既可以处理 2-模和 1-模数据、有向和无向数据以及多值网络数据,还可以同时处理不同类型的关系。他们将自己的研究路数用于一个世界贸易网络,能够确立作为位置占据者的各个国家在世界贸易中扮演的角色。

Wang 和 Lai(2008)重新拾起了探查位置这个问题,进一步探讨了复杂网络中的块模型。他们利用 Newman 和 Leicht(2007)提出的混合模型和探索性分析,提出的一种算法适用于其各个点具有任何度数分布的网络。要在一个网络中"发现社区",这种言语可以看成是在网络中确认位置的一种变体,但是略有不同。一般来说,由相似的成分构成的聚类未必与一个社区网络中的社区完全相同;因此,将一个网络分区成由相似成分构成的聚类,这会提供关于网络结构的附加信息。当这些聚类和社区重叠时,就可以用他们提出的算法来探查社区了。通过引入一个参数来控制所涉及的异质性效应,他们探讨了如何将这个聚类结构与异质性特征连接在一起。他们展示了在所涉及的某些异质性效应已被调整

的情况下，一个群体分区（group partition）是如何逐渐发展成一个社群分区（community partition）的。他们的算法可以扩展到多值网络。

最近，为了将块建模与图论限制性（graph theoretical constraints）结合在一起，人们提出了两种研究路数。在德国计算机科学研究中心于2008年5月举行的第08191期代格斯图尔讨论班（Dagstuhl Seminar 08191）上，一群与会者（Batagelj et al.，2008）开始为图分解提出总体框架。Kemp和Tenenbaum（2008）也提出了一种基于图语法的路数。

开放性的广义块建模问题

目前存在着各种值得关注的开放性问题。其中的一些与全部广义块建模问题都有关，从这一意义上看，它们具有一般性。Doreian（2006）对这些一般性问题作了部分界定。其他的开放性问题都与具体的应用有关。从某种程度上看，这种分类有任意性，我们并不是要表明一般性问题对广义块模型的未来更重要。两者都有问题，解决这些问题会推动用广义块建模去确认角色和位置。在继续深入思考一些一般性的开放问题之前，我们首先讨论一些具体的开放性问题。

开放的具体的广义块建模问题

规则对等性

规则对等性的一个令人烦恼的问题是，作为一种对角色的定义，它比结构对
等性具有概念上的优势，但是在经验上，它似乎不太成功。如前文所述，两个位 442
置在多大程度上具有规则对等性，对这个问题并没有一个能兼容的测度，这不利于以规则对等性处理块建模网络的间接路数。从广义块建模的优势观点上看，这里有两大问题。其中之一是，如此多的块与默许的1-覆盖块类型相一致。它们的变化范围大，从结构对等块，到每行和每列中只有一个1的块。这是一个宽泛的变化，包含在单个规则对等性定义中。由此产生的一个结果是，在一个既定网络中，在给定位置数的情况下，基于规则对等性条件就会区分出许多拟合优度相同（equally well-fitting）的块模型，而无须选用某些非独断的方法。第二个问题源自Borgatti和Everett（1989）给出的一个重要结果，这个结果认为，每个网络都有一个规则对等分区的格（lattice）。有时，这些格子意义不大，但在大多数情况下不是这样。这就为广义块建模提出了一个显而易见的问题。假定一个网络中已经有多种与规则对等性相一致的精确分区，那么当我们试图基于规则对等性创建一个经验块模型时，哪个分区最适合于理想块模型？Lerner（2005）基于规则对等性提出了一个形式化的路数。

对符号网分区

对于在直接块建模路数中使用重定位算法，普遍存在的一个批评是，它保证不了用该方法能提供最佳的解决方案，或对一个特殊网络得出拟合优度相同的所有分区。Brusco等（2010）令人信服地证明，针对“小问题”（其点数少于30～

35),利用重新定位确实会得到符号 1-模网的全部最优分区。由于分支定界算法(branch and bound algorithm)可以保证得到全部的最佳分区,将重新定位法的执行表现与分支定界法作比较,就可以做到全部最优分区。然而,重新定位算法可以处理非常大的符号网络,分支定界算法却不能。因此,这种保证并不能扩展到大网络。而且,就其所遭遇到的不同网络特征——如网络规模、关系密度以及正与负关系的相对比例——上的困难而言,这两种算法都是不同的。Brusco 等(2010)主张,只要有可能,就两种算法都用,而不是只依赖一个。此时,保证得到最佳分区的思想还没有被扩展到符号 2-模网络。除了最高法院投票模式这个案例以外,对 2-模网络的 2-模符号分区的潜在应用还包括美国国会投票、其他审议机构投票以及联合国投票。对于所有这些可能的实例来说,它们的网络都大而紧密。对于这些大型网络来说,显然需要有成熟的创建分区方式。

对符号网络分区提出的一般方法(Doreian and Mrvar,1996,2009;Mrvar and Doreian,2009)允许对负块中正的不一致和正块中负的不一致进行不同的加权。然而,如何进行差异性加权,目前还缺乏深入的探究。对于经验网络来说,要使用这种差异性加权,需要描绘其含义是什么。当一种符号占主导时,可能有必要对这两类不一致给予不同的加权。但是,这种加权法的最佳方式目前还不为人知。符号网络中潜在的虚无块似乎也有相关性,需要被设定。至于有哪些一般方法可以按照规定的方式去处理这类问题,我们还不清楚,创建这样的方法就成了另一个开放性问题。

一般的块建模问题

边界问题

坦率地讲,块模型路数是位置性的探究,这是因为行动者的位置是这样被定义的,它是网络中所有其他位置发出与接收的关系的模式。这意味着正确地确认一个网络的边界是非常重要的。Laumman 等(1983)指出,一般而言,“边界问题”对网络分析来说很重要。然而,它对网络结构分析的位置路数来说更为重要。直觉上看,广义块建模很容易不正确地确认边界,超出了这个直觉,我们真的不知道错误地确认一个广义块建模的网络边界将会意味着什么。要确认(作为位置和角色的)块模型,一个重要的开放性问题是建立敏感性(sensitivity)的边界。

测量误差

对于广义和经典块建模在测量误差方面的脆弱性(vulnerability),我们对其
443 的理解也有限。这个问题有两种形式。一是数据可能会缺失,一个被记录为虚无关系的关系实际上经常是一种数据缺失的情形,而且这种情形大概是太常见了。另一种形式是,虽然记录了一个关系的某个值,但是其真值在量上可能是有误的。第一类测量误差的存在会严重影响到二值和多值网络的块建模,第二种情况的存在则对多值网络块建模影响最大。充分理解创建块模型对测量误差的敏感性是一个重要的开放性问题。有学者建议对缺失数据插补数值(如

Huisman,2009),不过缺失数据插补法对所描述的块模型或角色及地位有何影响,可能是需要评估的。有两条通向这些评估的路数。一条是通过受控的模拟,生成所记录的(虚构)数据的变异,评估其对块建模结果的影响。另一条路则始于真实数据,引入被控制的测量误差量并考察其结果(Doreian,2006)。

评估块建模的拟合度

基于结构或规则对等性,可以采用直接和间接的块建模路数比较不同的分区。在作这种比较的时候,Doreian 等(1994)的研究表明,间接路数中准则函数的最小化值绝不会低于通过直接路数得到的相应值,并且在许多情况下,与直接路数相比,用间接路数得到的分区准则函数值都要高得多。然而他们的论点是部分循环的,因为他们设计的这些方法是为了最小化那些针对某种特殊对等性而定义的准则函数。可能会有备选的、比他们所考虑的那些更好的准则函数。Reichardt 和 White(2007)重新开启了这个问题,他们用了一种针对特殊对等性的准则函数,这个函数不同于 Doreian 等(1994,2005)所使用的相应函数。为多类块模型创建更好的准则函数仍然是一个重要的开放性问题。

对于经验网络的结构对等性来说,最小化的准则函数值有可能相当大。当最小化的准则函数值为零或接近于零时,被描述的块模型显然是拟合的。虽然准则函数已经被最小化了,但是当严格地计算其与经验网的虚无块或完备块之间的全部差异时,却常常会得出较高的准则函数值。我们并不能确保,有了"高"的准则函数值时,所描述的分区就"真"与结构对等性的思想相一致。创建更好的边界是一个重要的开放性问题,基于 Nowicki 和 Snijders(2001)提出的那类随机对等性去拟合块模型时,我们完全可以从中获取洞见。在用蒙特卡洛法得到的准则函数值的分布中,所得分区的准则函数值也居于其中,从这里我们也能形成对这些分区的性质和质量的感觉。

大网络的块建模

对广义块建模来说,如果使用直接路数,占主导地位的方法就会建立在局部优化算法的基础之上。然而,这个算法的目前版本只能处理有数百个单位的网络。即便是这种规模有限的网络,我们也还是不知道该算法是否会得出所有的最优分区。它们不可能被用在更大的网络上。为了取得进展,我们需要构想出能够适合大网络的块模型,发展出更快的算法,或者更有效的启发法。间接路数似乎对大网络更有用,但是,它只是在非常有限的对等性类型范围内适用。虽然结构对等性是非常限定的,但是要对大型整体网作分区,它仍然是唯一切实可行的选择。但是,对大网络作的各类预处理都会形成很多简化的网络,可以就位置和角色对这些简化网络作进一步分析。有各种不同的关联性分解,如弱成分、强成分、图压缩度(condensation)、对称非周期性的分解、双关联(bi-connected)成分,基于这些关联性分解的简化网络是可以被非常有效地加以确定的。

位置数

即便网络不大,确定广义块建模的位置数也是个难题。在 Handcock 等(2007)以及 Reichardt 和 White(2007)所提出的方法中,都包括了一种从数据中经验地创建位置数的办法。将位置数作为一般特征纳入块建模中看起来重要。但是,最有效的创建块模型位置数的方式是有赖于一种成熟的理解的,即理解那些推动网络关系形成的实质性过程以及在给定经验情境下所生成的网络结构。
444 例如,在一个学校系统中,友谊的形成似乎最受学生所处的班级和水平的限制或驱动。对位置数的最佳猜测最有可能是这个学校系统中的年级数。

动态块模型

块建模的初始定位是要尝试分析和理解角色系统的运行。由于块建模具有确认位置与角色的能力,所以人们就创建它,把它作为一种能完成此任务的有效方式。因此,它成了一种对社会网络作分区的实用的经验方法。随着时间的推移,这意味着它可以被用于对任何网络(甚至是那些看起来与角色系统没有任何明显关联的网络)进行分区。但是,位置和角色的观念要求有某种一般化的形式,这样才能引领人们在许多网络中创建起意义明确的位置、角色和角色结构。如果试图了解作为角色结构的网络是如何形成和变化的,还有一个深层的问题需要解决。

在大多数用块建模思想描述网络结构的尝试背后,都有这样一个假设,即我们观察到的"表层网络"(surface networks)是这个网络的潜在的"更基本的结构"的显在或指标,不管采用什么样的具体形式进行块建模,它都能使我们确认这一基本结构。我们可以在不同的历时点上做到这一点。如果结构在整个观察期内都保持不变,这就是有用的知识。如果它随时间而变化,那么当它变化时,就有可能创建一个序列块模型来把握其基本结构。这也会是有用的知识,但是在连续时间点上拟合的块模型序列只是一个描述性序列。如果一个作为网络的社会结构确实在变化,那么就是基本结构在变化,观测到的变化是潜在的基本变化的指标。如果这些变化不只是随机事件,就需要解释它们。当一个系统随着时间的推移在演化,最有可能的是存在着连贯的过程性的规则在驱动着这些变化。仅仅描述所涉及的变化还是不够的,即使用块模型来表达也如此。我们需要了解引起结构变化的过程,这意味着要去了解表达位置和角色系统的那些块模型是如何演变的。这是广义块建模和理解角色系统运行的最大的开放性问题。

参考文献

Airoldi, E.M., Blei, D.M., Fienberg, S.E. and Xing E.P. (2007a) 'Combining stochastic block models and mixed membership for statistical network analysis', in *Lecture Notes in Computer Science*. Heidelberg: Springer. pp. 57-74.

Airoldi, E.M., Blei, D.M., Fienberg, S.E. and

Xing, E. P. (2007b) *Mixed Membership Stochastic Blockmodels*. Department of Statistics, Carnegie Mellon University.

Anderson, C. J., Wasserman, S. and Faust, K. (1992) ' Building stochastic blockmodels ', *Social Networks*, 14: 137-61.

Batagelj, V. (1997) ' Notes on blockmodeling ', *Social Networks*, 19: 143-55.

Batagelj, V., Brandenburg, F. J., Didimo W., Liotta, G. and Patrignani, M. (2008) 'Working group report—X-graphs of Y-graphs and their representations'. Dagstuhl seminar 08191, May 4-9, 2008. http: // drops. dagstuhl. de/portals/ index.php? semnr=08191.

Batagelj, V. and Ferligoj, A. (2000) 'Clustering relational data', in W. Gaul, O. Opitz, and M. Schader (eds), *Data Analysis*. Heidelberg: Springer. pp. 3-15.

Batagelj, V., Doreian, P. and Ferligoj, A. (1992b) 'An optimization approach to regular equivalence', *Social Networks*, 14: 63-90.

Batagelj, V., Ferligoj, A. and Doreian, P. (1992a) ' Direct and indirect methods for structural equivalence ', *Social Networks*, 14: 121-35.

Batagelj, V., Ferligoj, A. and Doreian, P. (2007) 'Blockmodeling of 3-way networks', in P. Brito, G. Cucumel, P. Bertrand, and F. de Carvalho (eds), *Selected Contributions in Data Analysis and Classification*. Heidelberg: Springer. 151-59.

Borgatti, S.P. and Everett, M.G. (1989) 'The class of all regular equivalences: Algebraic structure and computation ', *Social Networks*, 21: 183-88.

Borgatti, S. P. and Everett, M. G. (1992) ' Regular blockmodels of multiway multimode matrices', *Social Network*, 14: 91-120.

Breiger, R. L., Boorman, S. A. and Arabie, P. (1975) ' An algorithm for clustering relational data with applications for social network analysis and comparison to multidimensional scaling ', *Journal of Mathematical Psychology*, 12: 328-83.

Brusco, M. J. and Steinley, D. (2006) 'Inducing a blockmodel structure on two-mode data using seriation procedures ', *Journal of Mathematical Psychology*, 50: 468-77.

Brusco, M. J. and Steinley, D. (2007) ' An evaluation of a variable-neighborhood search method for blockmodeling of two-mode binary matrices based on structural equivalence ', *Journal of Mathematical Psychology*, 51: 325-38.

Brusco, M., Doreian, P., Mrvar, A. and Steinley, D. (2011) ' Two algorithms for relaxed structural balance partitioning: Linking theory, models and data to understand social network phenomena', *Sociological Methods and Research*, 40: 57-87.

Burt, R.S. (1976) 'Positions in networks', *Social Forces*, 93-122.

Cartwright, D. and Harary, F. (1956) 'Structural balance: A generalization of Heider's theory', *Psychological Review*, 63: 277-92.

Davis, J. A. (1967) ' Clustering and structural balance in graphs', *Human Relations*, 20: 181-87.

Davis, J. A. and Leinhardt, S. (1972) ' The structure of positive interpersonal relations in small groups', in J. Berger, M. Zelditch Jr. and B. Anderson (eds), *Sociological Theories in Progress, Volume* 2. Boston: Houghton Mifflin. pp. 218-51.

Doreian, P. (2006) 'Some open problems sets for generalized blockmodeling', in H.-H. Bock, V. Batagelj, A. Ferligoj and A. Žiberna (eds), *Data Science and Classification*. Heidelberg: Springer. pp. 119-30.

Doreian, P., Batagelj, V. and Ferligoj, A. (1994) ' Partitioning networks based on generalized concepts of equivalence', *Journal of Mathematical Sociology*, 19: 1-27.

Doreian, P., Batagelj, V. and Ferligoj, A. (2000) ' Symmetricacyclic decomposition of networks', *Journal of Classification*, 17: 3-28.

Doreian, P., Batagelj, V. and Ferligoj, A. (2004) ' Generalized blockmodeling of two-mode network data ', *Social Networks*, 26: 29-53.

Doreian, P., Batagelj, V. and Ferligoj, A. (2005) *Generalized Blockmodeling*. New York: Cambridge University Press.

Doreian, P. and Mrvar, A. (1996) ' A partitioning approach to structural balance ',

Social Networks, 18: 149-168.

Doreian, P. and Mrvar, A. (2009) 'Partitioning signed networks', *Social Networks*, 18: 149-68.

Faust, K. and Wasserman, S. (1992) 'Blockmodels: Interpretation and evaluation', *Social Networks* 14: 5-61.

Handcock, M.S., Raftery, A.E. and Tantrum, J.M. (2007) 'Model-based clustering for social networks', *Journal of the Royal Statistical Society: Series A*, 170: 301-54.

Heider, F. (1946) 'Attitudes and cognitive organization', *Journal of Psychology*, 21: 107-12.

Holland, P.W., Laskey, K.B. and Leinhardt, S. (1983) 'Stochastic blockmodels: Some first steps', *Social Networks*, 5: 109-37.

Hsieh, M.-H. and Magee C. L. (2008) 'An algorithm and metric for network decomposition from similarity matrices: Application to positional analysis', *Social Networks*, 30: 146-58.

Huisman, M. (2009) 'Imputation of missing network data: Some simple procedures', *Journal of Social Structure*, 10:1.

Kemp, C. and Tenenbaum, J.B. (2008) 'The discovery of structural form', *Proceedings of the National Academy of Sciences USA*, 105(31): 10687-92.

Krackhardt, D. (1987) 'Cognitive social structures', *Social Networks*, 9: 109-34.

Laumann, E.O., Marsden, P.V. and Prensky, D. (1983) 'The boundary specification problem in network analysis', in R.S. Burt and M.J. Minor (eds), *Applied Network Analysis: A Methodological Introduction*. Beverly Hills, CA: Sage. pp. 18-34.

Lerner, J. (2005) 'Role assignments', in Brandes and Erlebach (eds), *Network Analysis: Methodological Foundations*. Heidelberg: Springer. pp. 216-52.

Lorrain, F., and White, H.C. (1971) 'Structural equivalence of individuals in social networks', *Journal of Mathematical Sociology*, 1: 49-80.

Mrvar, A. and Doreian, P. (2009) 'Partitioning signed two-mode data', *Journal of Mathematical Sociology*, 33: 196-221.

Newman, M. E. J. and Leicht, E. A. (2007) 'Mixture models and exploratory data analysis in networks', *Proceedings of the National Academy of Sciences USA*, 104: 9564-69.

Nordlund, C. (2007) 'Identifying regular blocks in valued networks: A heuristic applied to the St. Marks carbon flow data, and international trade in cereal products', *Social Networks*, 29: 59-69.

Nowicki, K. and Snijders, T. A. B. (2001) 'Estimation and prediction for stochastic block structures', *Journal of the American Statistical Association*, 96: 1077-87.

Nuskesser, M. and Sawitzki, D. (2005) 'Blockmodels', in U. Brandes and Erlebach (eds), *Network Analysis: Methodological Foundations*. Heidelberg: Springer. pp. 253-92.

Reichardt, J. and White, D.R. (2007) 'Role models for complex networks', *The European Physical Journal B—Condensed Matter and Complex Systems*, 60: 217-24.

Roffilli, M. and Lomi, A. (2006) 'Identifying and classifying social groups: A machine learning blockmodeling', in H.-H. Bock V. Batagelj, A. Ferligoj, and A. Žiberna (eds), *Data Science and Classification*. Heidelberg: Springer. pp. 149-57.

Sailer, L. D. (1978) 'Structural equivalence: Meaning and definition, computation and application', *Social Networks*, 1: 73-90.

Wang, J. and Lai, C.-H. (2008) 'Detecting groups of similar components in complex networks', *New Journal of Physics*, 10: 1-26.

Wasserman, S. and Anderson, C. J. (1987) 'Stochastic a posteriori blockmodels: Construction and assessment', *Social Networks*, 9: 1-36.

Weber, M. and Denk, M. (2007) 'Valued blockmodeling for input-output applications', a paper presented at the Workshop on Blockmodeling, Faculty of Social Sciences, Ljubljana.

White, D.R. and Reitz, K.P. (1983) 'Graph and semigroup homomorphisms on networks of relations', *Social Networks*, 5: 193-234.

White, H.C., Boorman, S.A. and Breiger, R.L. (1976) 'Social structure from multiple networks, I Blockmodels of roles and positions', *American Journal of Sociology*, 81: 730-79.

Žiberna, A. (2007) 'Generalized blockmodeling

of valued networks', *Social Networks*, 29: 105-26.

Žiberna, A. (2008) 'Direct and indirect approaches to blockmodeling of valued networks in terms of regular equivalence', *Journal of Mathematical Sociology*, 32: 57-84.

Žiberna, A. (2009) 'Evaluation of direct and indirect blockmodeling of regular equivalence in valued networks by simulations', *Metodološki zvezki*, 6: 99-134.

关系代数与社会网络 30

RELATION ALGEBRAS AND SOCIAL NETWORKS

⊙ 菲利帕·帕蒂森(Philippa Pattison)

引　言

在用公式表示网络中的结构及结构变化的概念方面,代数方法发挥了重要的历史性作用。在本章中,笔者将概述一些已知的有助于理解社会网络结构的代数构造(constructions)。我认为,这些构造使得所谓的**关系代数**(relation algebras)成了代数网络分析中的一种自然框架。我还描述了一些网络的代数分析法,它们可用于网络分析。最后讨论了当代特别需要应对的一些挑战。

为什么对代数模型感兴趣?

社会网络通常是被作为离散的实体来加以分析的,它描述的是一个特定时刻上的一群特定的行动者之间的社会关系模式。每次我们会观察到一群行动者中的一个或多个社会网络。在许多可能的关系模式中,我们看到的是其中的一个关系模式中的一个特殊实例,哪些类型的结构规则刻画了这个特殊模式的特征?理解这个问题常常是人们的兴趣。有一些潜在的社会过程是共同的,但却是未被观察到,它们数量不多,能驱动网络关系的形成。由于这种社会过程,作为结果的结构规则性还是有可能发生的。要探讨这些未被观察到的社会过程有何性质,从它们当中涌现出来的这些规则形式会提供有用的经验指导。此外,结构规则性可能指的是所涉及的行动者的共同结果的可能性;因此,找出它们便会提供潜在的预测力。在网络文献中,这种规则性的例子大量存在,它包括的特征很多,如**关系互惠性**,即互惠的有向关系的发生倾向(如作为一个互惠过程的结果);**结构的或规则的对等性**,即一些行动者以同样的方式与同样的或类似的其他行动者建立关系的倾向(也许通过一个社会角色分化的过程);**聚类**,即密集子图在网络中的发生倾向(如作为关系封闭过程的结果);**网络枢纽**(network hubs),即度数高的节点的发生倾向(可能是某种节点之间潜在的异质性带来的结果，或者是某种内生的吸引过程的结果)；**循环**的存在，即网络中的封闭路径的发生倾向(可能是某种一般化的交换过程的结果)。

在这种情境下，代数建构尤其令人感兴趣，因为它们提供的语言表达了社会形式的规则，因此是确认结构过程的一个重要组成部分。下一节描述了许多具体的代数构造，然后将它们用作定义**某种关系代数**的基础。接下来的部分将概述这些代数描述的几项应用。本章结尾处讨论了未来的挑战和前景。 447

代数法的历史

要想理解关系网络结构的代数法，常常需要追溯到早期关于亲属系统分析的研究，这些研究认为，结构规则性与某些独特的关系式和分类学的术语的使用有关(如 Boyd，1969；Boyd et al.，1972；White，1963)。

早在 1963 年，White 就预示，这些代数法可能被用在更为广泛与更为现代的社会关系阵列(array)中。Nadel(1957)试图对社会系统内的关联角色结构(interlocking role structures)提出形式上的解释，在这种尝试中，他诉诸了一种抽象的集合论表达形式。在一篇现已众所周知的论文中，White，Boorman 和 Breiger(1971)展示了社会系统中两个行动者的**结构对等性**概念，并将它看成一个有效的分析性概念，据此引出了**块模型**，即分派行动者到不同的社会位置并描述那些位置之间的社会关系。Boorman 和 White(1976)在另外一篇不为众人所知的姊妹篇中，根据代数半群(algebraic semigroups)对嵌入社会网络的角色结构给出了一种表达方式。可以发现，这两篇论文之间有重要的联系，即给定的一个行动者集合中关系集合的半群完全等同于与之相关的块模型的半群(Lorrain and White，1971)。这些论文导致了一系列的重要推广，加深了对社会网络中的行动者分区与这些网络的代数结构之间关系的理解(Borgatti et al.，1989；Boyd et al.，1972；Kim and Roush，1984；Pattison，1982，1993；White and Reitz，1983；Winship，1988)。

进一步的工作则扩展了分析这些代数表达的代数工具集(Pattison and Bartlett，1982；Pattison，1982；Boyd，1990)。代数表达也被推广，以适于一系列更为丰富的潜在关系情境(Breiger and Pattison，1986；Mandel，1983；Pattison，1989；Winship and Mandel，1983；Wu，1983)以及附加的关系信息(Pattison，1993)。此外，从潜在随机网络观察结果中提取结构规则性的大量的方法也被提了出来，下面将进一步讨论这些方法。

社会网络的关系代数

可以将社会网络概念化为一群社会行动者之间的社会联系或关系集合。有些关系(如“从哪里征求意见”)被看作**有向的**，这样，从行动者 l 到行动者 k 的关系就区别于从行动者 k 到 l 的关系；而另一些关系，如“交换信息”则可能被看作**无向的**，从 k 到 l 的关系与从 l 到 k 的关系没有什么区别。在前一种情况中，关系被认为行动者有序对 (k, l) 的一种性质；在后一种情况中，关系被认为无序对 $\{k,$

$l\}$的一种性质。我们也将关系看作**有标签的**,用不同的标签来区分关系。例如,有"是谁的朋友"标签的关系就有别于有着"从哪里征求意见"标签的关系。我们可以在形式上表示这个**行动者**集合,其间的关系被定义为 $N=\{1,2,\cdots,n\}$。这些关系的关系**标签**集合标记为 $K=\{1,2,\cdots,r\}$。如果存在一个标签为 m 的从行动者 k 到行动者 l 的关系,我们就记作 $X_m(k,\ l)=1$;没有这样的关系,就记作 $X_m(k,\ l)=0$。我们感兴趣的关系标签可能只有一类(即 $r=1$),在这种情况下,就可以省略下角标 m,因为这个关系标签没有任何意义不清的地方。

对于每个关系标签 m,我们可以从三种对等性表达的角度来看待这种有 m 标签的关系集合。

第一,X_m是 N 上的一个**二值关系**。集合 N 中的一个二值关系不过是 N 的成员有序对集合。N 的所有可能的成员有序对集合为 $N\times N$,任何一种二值关系 X_m都是集合 $N\times N$ 的一个子集。换句话说,$X_m\subseteq N\times N$。

第二,如果 X_m是有方向的,带有标签 m 的关系就可被解释为是一种**有向图**,或如果 X_m是无向的,有标签 m 的关系就是一个**图**。这个图或有向图 G_m的**点集**是集合 N。如果关系 X_m是有向的,**弧集合**为 $E_m=\{(k,\ l):X_m(k,\ l)=1\}$,如果 X_m是无向的,**线集合**为 $E_m=\{(k,\ l):X_m(k,\ l)=1$ 并且 $k<l\}$。所谓**绘图**(graph drawing),就是给点集合中的每个行动者指派一个**点**或一个**节点**,如果 $X_m(k,\ l)=1$,就画一条线或者弧,这条线或弧要从指派给行动者 k 的那个点指向指派给行动者 l 的那个点。按照惯例,边要画成线,弧要画有箭头。

第三,X_m可以被看作一个 $n\times n$ 的二值阵列(array),这个阵列记录了每一对行动者之间是否存在着带有标签 m 的关系;X_m指的是有向图 G_m的**邻接矩阵**。如果 $X_m(k,\ l)=1$,这个矩阵在单元格$(k,\ l)$的值为 1,否则,单元格$(k,\ l)$的值就为 0。在带有标签 m 的关系无方向的情况下,当且仅当 $X_m(l,\ k)=1$ 时,$X_m(k,\ l)=1$,因此,X_m是一个对称矩阵。在许多情境下,在所观察的关系集合中,我们不考虑 $X_m(k,\ k)$形式的自我关系(self-ties)。因此,在这个图或与每个关系对应的有向图中就没有任何回路(loops),其邻接矩阵的对角线上的项目值被认为是结构零
448 (structural zeros)。不过,为方便起见,我们令 $X_m(k,\ k)=0$,并允许源自下文的观察到的关系中的某些关系中有非零值。表 30.1 例示了有向情况下的三种表达形式。

表 30.1 对点集 $N=\{A,B,C,D,E,F\}$ 上一个有向网络关系的三种表达

有向图	矩阵	关系
A B C D E F	0 1 1 0 0 0	$\{(A,B),(A,C),$
	1 0 0 1 0 0	$(B,A),(B,D),$
	0 0 0 1 0 1	$(C,D),(C,F),$
	0 0 0 0 1 1	$(D,E),(D,F),$
	0 1 0 1 0 1	$(E,B),(E,D),(E,F),$
	0 0 0 1 1 0	$(F,D),(F,E)\}$

代数运算

在描述行动者之间的关系时,即使我们一般不知道代数的基础,通常也会利用各种代数运算。我们会依次考察这样一些运算。

逆运算

在许多有向关系中,在描述它们的语言中,是能够恰当地识别出它们的非对称性的。例如,如果行动者 k 向行动者 l“报告”,我们就会认识到行动者 l 是行动者 k 的“老板”。我们可以把“是谁的老板”关系看作“向谁报告”关系的**逆**:将关系 Y 的**逆**关系 Y'定义为,当且仅当 $Y(l, k)=1$ 时,$Y'(k,l)=1$,否则,$Y'(k,l)=0$。例如,表 30.2(c)中显现的是表 30.2(a)中所示的逆关系。在有关社会关系的日常对话中,有许多角色术语都反映了逆关系的重要性。例如,父母和子女处于互逆关系中,老师和学生、领导和下属、提建议者和被建议者等都是这种关系。

表 30.2 关于两种关系的关系运算

(a)	(b)	(c)	(d)
Y_1	Y_2	Y'_1(逆)	Y_1^-(补)
0 1 1 0 0 0	0 1 0 0 0 1	0 1 0 0 0 0	1 0 0 1 1 1
1 0 0 1 1 0	1 0 0 0 0 1	1 0 0 0 0 0	0 1 1 0 0 1
0 0 0 1 0 1	0 0 0 0 0 1	1 0 0 0 0 0	1 1 1 0 1 0
0 0 0 0 1 1	0 0 0 0 1 1	0 1 1 0 1 1	1 1 1 1 0 0
0 0 0 1 0 1	0 0 0 1 0 1	0 1 0 1 0 1	1 1 1 0 1 0
0 0 0 1 1 0	0 0 0 1 1 0	0 0 1 1 1 0	1 1 1 0 0 1
(e)	(f)	(g)	(h)
$Y_1 \cap Y_2$(交集)	$Y_1 \cup Y_2$(并集)	$Y_1^{\circ} Y_2$(组合)	Y_1^*(星集)
0 1 0 0 0 0	0 1 1 0 0 1	1 0 0 0 0 1	1 1 1 1 1 1
1 0 0 0 0 0	1 0 0 1 1 1	0 1 0 0 1 1	1 1 1 1 1 1
0 0 0 0 0 1	0 0 0 1 0 1	0 0 0 1 1 1	0 0 1 1 1 1
0 0 0 0 1 1	0 0 0 0 1 1	0 0 0 1 1 1	0 0 0 1 1 1
0 0 0 1 0 1	0 0 0 1 0 1	0 0 0 1 1 1	0 0 0 1 1 1
0 0 0 1 1 0	0 0 0 1 1 0	0 0 0 1 1 1	0 0 0 1 1 1

补集

我们也认识到,关系在许多情况下是缺失的。例如,我们可能会意识到,一个行动者并“不熟悉”另一个行动者,或“不向他征求意见”。可通过关系的补集捕捉到这种带有某种特殊标签的不发生的关系:我们将关系 Y 的**补集**(complement)Y^-定义为,$Y^-(k, l)=1-Y(k, l)$(其中,不允许存在**自我关系**,即可以在补集 Y^-中选择排除自我关系;但在这里我们不这么做,相反,如果 $Y(k,k)=0$,

449 我们则令 $Y^{-}(k, k)=1$)。表 30.2(d)中显示了表 30.2(a)中关系的补集。角色描述词(descriptor)也可以反映补集关系,例如,**陌生人**就是不熟悉的人。

交集

在某些情况下,具有多个独特标签的关系将一对特殊的行动者联系在一起。在这种情况下,我们常常称这种关系为**多丛的**(multiplex),可将它与将行动者联在一起的单一或**独丛**(uniplex)关系情况作对比。可以用关系之间的交集来表达多丛关系的存在。我们将两个关系 Y 和 Z 的交集 $Y\cap Z$ 定义为:当且仅当 $Y(k,l)=1$ 和 $Z(k,l)=1$ 时,才有 $Y\cap Z(k,l)=1$;否则,$Y\cap Z(k,l)=0$。表 30.2(e)显示的是表 30.2(a)和表 30.2(b)中的关系的交集。日常生活中的一些指示词(referents)可能涉及交集,例如,我们可以将一位**工作上的朋友**指涉为是一个我们与之既是朋友又是同事关系的人。

交集运算也允许我们以一种非常自然的方式表达偏序(partial ordering)。可以将关系之间的偏序定义如下:就两个二值关系 Y 和 Z 而言,如果任何行动者有序对(k,l)都有如下情况发生,即当且仅当 $Z(k,l)=1$ 时就意味着 $Y(k,l)=1$,则有 $Y\leqslant Z$。换句话说,如果 Y 中关联着的有序对集合是 Z 中关联着的有序对集合的一个子集,就有 $Y\leqslant Z$。可以轻易看出:

$$Y \leqslant Z \text{ 等同于 } Y \cap Z = Y$$

并集

我们也可能对描述的以下情形感兴趣,即在行动者之间的大量不同类型的关系中是否存在着一类关系,并集(union)运算有助于描述这种情形。我们将两个关系 Y 和 Z 的并集 $Y\cup Z$ 定义为:当且仅当 $Y(k,l)=1$ 或 $Z(k,l)=1$ 时,$Y\cup Z(k,l)=1$;否则,$Y\cup Z(k,l)=0$。表 30.2(f) 显示了表 30.2(a)和 30.2(b)中关系的并集。对公共角色的描述词也可能指关系的并集,例如,某人的一个**亲戚**就是此人的许多可能的亲属关系中的一个人。

与交集中一样,从并集运算的角度也可以自然地表达关系的偏序,在这种情况下:

$$Y \leqslant Z \quad \text{等同于} \quad Y \cup Z = Z,$$

如上所述,$Y\leqslant Z$ 也等同于 $Y\cap Z=Y$。我们也可以利用下面的事实,即并集和交集是通过补集关联在一起的,即:

$$Y \cap Z = (Y^{-} \cup Z^{-})^{-}$$

和

$$Y \cup Z = (Y^{-} \cap Z^{-})^{-}$$

因此,假如可计算补集的话,我们就可以从并集运算中构造交集运算,反之亦然。

复合运算

一个特别重要的关系运算能够使我们追踪到一个网络中各类关系的序列。

例如,我们可以指"我的朋友的朋友"或"我的朋友的那个朋友"。在这种情况下,"是我的朋友的那个朋友"就会被看作一个复合关系,这个关系为"是谁的朋友"和"是谁的朋友"的复合。例如,如果行动者 l 是行动者 k 的朋友,行动者 h 是 l 的朋友,那么,行动者 h 就是 k 的朋友的朋友。在诸如"是我的父母的姐妹"或"是我的父母的父母"的情况下,就会出现如"是谁的姨"和"是谁的祖父母"这样的具体的复合关系标签,这些标签可以描述这种复合关系;在其他情况下,我们会利用日常语言中的复合形式。

我们可以用以下术语从形式化角度定义复合关系。两个关系 Y 和 Z 的复合关系 $Y°Z$ 指的是有序对$\{(k, h):\{(k, l) \in Y$ 并且$(l, h) \in Z$,行动者 $l \in N\}\}$的关系。当然,我们也可能在复合关系之间形成复合关系,从而导致了更为复杂的形式,如"是我的朋友的朋友的朋友",或者"我的老板的妻子的兄弟"。

用图论和二元矩阵术语也可以自然地表达复合运算。从图论的视角看,我们可以把每个复合关系 $Y°Z$ 思考为一个 N 内行动者之间的有着标签 YZ 的所有**线路**(walk)的集合:如果存在着某个行动者 h,使得行动者 k 可以通过一个关系 Y 与 h 相联,h 通过一个关系 Z 与 l 相联,那么行动者 k 就通过一条**有着标签 *YZ* 的线路**与 l 相联(如参见 Pattison,1993)。如果 Y 和 Z 本身就是复合关系,那么我们就可以定义由两个以上关系组成的**线路**了。复合关系 $Y°Z$ 的二值矩阵是与关系 Y 和 Z 相对应的两个二元矩阵的**布尔代数积**;换句话说,

$$YZ(k, l) = [Y(k, 1) \cap Z(1, l)] \cup$$
$$[Y(k, 2) \cap Z(2, l)] \cup \cdots \cup [Y(k, n) \cap Z(n, l)]$$

表 30.2(g)显示了 30.2(a)中关系与表 30.2(b)中关系的复合。 450

在刚才定义的五个关系运算中,逆和补是**一元**运算,因为它们是针对**一个**关系加以转换;交集、并集和复合集合是**二元**运算,因为它们把**一对**关系转换成了另一个关系。

特殊关系

我们也定义了有重要性质的三种特殊关系:

- 虚无关系(*null* relation)O 是没有关系的关系:对于所有对的行动者 k,l 来说,有 $O(k,l)= 0$;
- 全域关系(The *universal* relation)$U=O^{-}$是 O 的补集,是所有可能的关系都存在的关系:对于所有对的行动者 k,l 来说,有 $U(k,l)= 1$;
- 同一(*identity* relation)关系是只与自我关系有关系的关系:如果 $k=l$,那么 $I(k,l)= 1$;对于所有的 $k,l,k\neq l$,有 $I(k,l)= 0$。

这些特殊的关系也被称为是**零元**关系(nullary relations)。

星运算

最后,对于关系 Y 来说,我们将其一元星运算(unary star operation)定义为:

$$Y^{*} = I \cup Y \cup Y°Y \cup Y°Y°Y \cup \cdots$$

星运算将自我关系添加到了 Y 的关系中,有些有序对是由一些 Y 关系的复合体关联起来的,星运算也将自我关系加入所有这些有序对的集合中。这是关系 Y 的**自反传递闭包**(reflexive and transitive closure),即它至少包含 Y 并且既自反($Y^* \supseteq I$)又传递($Y^* \circ Y^* \subseteq Y^*$)。如果 k 和 l 相同,或者如果关系 Y 中有一些从 k 到 l 的路径,那么有序对(k,l)被包含在 Y^* 中。因此,星运算会得出关系 Y 的可达性模式,因为它包含了行动者对(k,l),其中要么 k 与 l 相同,要么 k 可以通过某个 Y 关系序列到达 l。将星运算用于表 30.2(a)中的网络,就得出了表30.2(h)中的网络。

其他运算还有价值吗?

可以论证,刚才描述的一系列运算足以描述网络中我们感兴趣的许多模式和规则。White(1992)给出了一个有力的案例,其中至少包括逆、交集和复合等运算,目的是区分一些社会结构形式;我们在这个基本的集合中添加了补集,因此也加入了并集和星集的派生运算。补集能让我们讨论没有发生的和发生的关系。许多作者在讨论重要的关系模式时,包括 White 等(1971)在描述块模型、Granovetter(1973)在讨论刻画强弱关系关联的模型、Freeman(1979)在讨论描述网络的各种中心度的模式、Burt(1992)在讨论描述结构洞和某些社会资本形式的模式时,都强调了没有发生的关系。并集运算增加了从更多基本关系项中创建组合关系类别的能力;这方面的例子包括,各种亲属关系项描述中的“亲戚”,或者是在诸如“熟人”“朋友”“亲戚”“邻居”“同事”这类项目中的“社会接触者”(contact)。对于网络行动者的不同有序对来说,一个基本的连通条件可能成立或不成立,星运算则增加了区分这些有序对的能力,这种能力颇具价值。

关系代数

对于一个给定的行动者集合 N 来说,假设 N 中所有可能的二元关系可构成集合 R_N。如果 N 包含 n 个行动者,R_N就有 $2^{n\times n}$ 个元素,因为在 N 中,$n\times n$ 个行动者有序对中的每一个都可能拥有一种关系或没有。用 $Y,Z,W,\cdots$来指涉 R_N中的各种关系,我们可能会考虑将刚刚定义的各种运算用于 R_N中的成员,可以看到这些运算会得出 R_N中其他成员。事实上,关系集合 R_N和运算集合 $F=\{',^-,\cup,\circ\}$(或可同等地表述为 $F=\{',^-,\cap,\cup,\circ\}$)会引出一种被称为**关系代数**的代数(如 Birkhoff,1967;Tarski,1941)。

更一般地,我们可以考虑$[A,F]$形式的代数,其中 A 是一个关系集合,$F=\{',^-,\cup,\circ\}$是一个运算集合,A 在 F 下是**封闭的**:也就是说,对于任何关系 $Y,Z\in A$ 来说,关系 $Y',Y^-,Y\cap Z,Y\cup Z$ 和 $Y\circ Z$ 也都是集合 A 的成员。然后,我们就可以将一种关系代数$[A,\{',^-,\cup,\circ\}]$描述为是一种代数,这一代数中的运算满足了一些规则或公理。Alfred Tarski 及其合作者以各种形式设定了关系代数的公理,后来关于关系演算方面的基础性工作则是由 Augustus de Morgan,Charles Sanders Peirce 和 Ernst Schröder 来完成的。

具体来说，如果对于所有的 $Y,Z,W,\cdots \in A$ 来说，下列公理都成立，那么 $[A,\{{}',{}^{-},\cup,\circ\}]$ 就是一个**关系代数**（如可参见 Birkhoff，1967；Givant，2006；Maddux，1991）： 451

[RA1] $Y \cup Z = Z \cup Y$

[RA2] $Y \cup (Z \cup W) = (Y \cup Z) \cup W)$

[RA3] $(Y^{-} \cup Z)^{-} \cup (Y^{-} \cup Z^{-})^{-} = Y$

[RA4] $(Y \circ Z) \circ W = Y \circ (Z \circ W)$

[RA5] $Y \circ I = Y$

[RA6] $(Y')' = Y$

[RA7] $(Y \circ Z)' = (Z') \circ (Y')$

[RA8] $(Y \cup Z)' = Y' \cup Z'$

[RA9] $(Y \cup Z) \circ W = (Y \circ W) \cup (Z \circ W)$

[RA10] $(Y' \circ (Y \circ W)^{-}) \cup W^{-} = W^{-}$

需要注意的是，运算 $\cap$ 和 * 已经从 F 的运算列表中删去了，因为如上所述，它们可以从并集和补集的角度方便地加以定义。其中的许多公理在其他代数中很常见。例如，RA1 指的是并集运算的**交换律**（commutativity）；RA2 和 RA4 指的是并集和复合运算分别具有的**结合律**（associativity）；RA8 和 RA9 指的是逆运算和复合运算在并集上分别具有的**分配律**（distributivity）；RA5 创建了特殊关系 I，将其作为复合运算的**单位**（identity）。

这些公理的子集也可以描述其他代数形式。例如，公理 RA1 到 RA3 证实了 $[A,\{{}^{-},\cup\}]$ 是在并集和补集运算下的**布尔代数**。公理 RA4 和 RA5 证实 $[A,\{\circ\}]$ 是在复合运算下的有着单位 I 的幺半群（monoid with identity I），而且公理 RA6 和 RA7 与 RA4、RA5 组合在一起，可证实 $[A,\{{}',\circ\}]$ 是一个有单位 I（identity）的幺半群，其中的逆运算是关于复合运算的一种对合运算（involution）。

公理 RA10 归功于 Tarski（1941），但可能有其他对等的公理化，如 Maddux（1991）所解释的那样。再如，Pratt（1990）用

$$[\text{RAT}]\ ((Z^{-} \circ Y')^{-} \circ Y) \cup Z = Z \cap (Y' \circ (Y \circ Z)^{-})^{-}$$

来展示一个布尔幺半群（Boolean monoid）方程式，它为关系代数提供了一个完整的方程式的公理化。

有传递闭包的关系代数

如果集合 $F=\{{}',{}^{-},\cup,\circ,{}^{*}\}$ 也包括一元星运算，那么 $[A,F]$ 就被称为**有传递闭包的关系代数**（relation algebra with transitive closure）（如 Pratt，1990），它也能满足上述所有的公理 RA1 至 RA10。此外，星被定义为：

$$[\text{S1}]\ I \leqslant Y^{*}$$

$$[\text{S2}]\ Y \circ Y^{*} \leqslant Y^{*}$$

和

$$[\text{S3}]\ (Y^{*}) \circ Z \leqslant Z \cup (Y^{*}) \circ ((Y \circ Z) \cap Z^{-})。$$

虽然 Y^* 必定包含在任何含有 I 和 Y 的关系代数中，然而这种运算有潜在的重要性，这使它成为了一个有益的补充运算，特别是在考虑偏代数的时候更是如此(见下文)。

$$\mathrm{RA}(N) \quad 和 \quad \mathrm{RAT}(N)$$

有时候 A 包含了集合 N 中所有二元关系的集合 R_N。在这种情况下，我们记 $\mathrm{RA}(N)=[R_N,\{',^-,\cup,^\circ\}]$ 和 $\mathrm{RAT}(N)=[R_N,\{',^-,\cup,^\circ,^*\}]$。

由观察到的关系集合生成的关系代数

在经验情境中，我们未必对一个行动者集合中所有可能的关系都感兴趣。相反，我们可能已经观察到 N 上具体关系中的一些小子集 A_{obs}，每个子集都有不同的标签，如"与谁一起工作""从哪里征求意见"。这有助于将 A 定义为是在集合 $F=\{',^-,\cup,^\circ\}$ 或在运算 $\{',^-,\cup,^\circ,^*\}$ 下的 A_{obs} 的**闭包**(closure)。换句话说，A 是包含 A_{obs} 的最小关系集合，且在 F 下是封闭的(即将 F 中的任何运算用于 A 中的任何关系或关系对，只要运用得当，结果都会产生 A 中的元素)。因此，代数 $[A,F]$ 是 F 下由 A_{obs} **生成**的代数，且如果 $F=\{',^-,\cup,^\circ\}$，$[A,F]$ 就是一种关系代数；如果 $F=\{',^-,\cup,^\circ,^*\}$，$[A,F]$ 就是一种有着传递闭包的关系代数。例如，假设我们观察到一家专业公司成员之间的工作协作关系(Y_1)和征求意见关系(Y_2)。在这种情况下，观察到的**生成元**关系(generator relations)是 $A_{obs}=\{Y_1,Y_2\}$，可以通过 F 中的连续运算得到 A 中的关系。

例如，将 $F=\{',^-,\cup,^\circ,^*\}$ 中的所有运算最先用于 $A_1=A_{obs}$ 中的关系，会得出 $A_2=\{Y_1',Y_2',Y_1^-,Y_2^-,Y_1\cup Y_1,Y_1\cup Y_2,Y_2\cup Y_1,Y_2\cup Y_2,Y^\circ{}_1Y_1,Y^\circ{}_1Y_2,Y^\circ{}_2Y_1,Y^\circ{}_2Y_2,Y_1{}^*,Y_2{}^*\}$。$A_2$ 中的一些关系不同于 A_{obs} 中的关系，另一些关系却与 A_{obs} 中的关系完全相同，这或者是因为那些控制了这些运算的公理 RA_1 到 RA_{10}，或者是因为所涉及的关系中存在特殊的关系模式。例如，我们从 RA_1 中得知，无论 Y_1 和 Y_2 连接上了什么样的具体关系对(pairs of relation)，都有 $Y_1\cup Y_2=Y_2\cup Y_1$，而对于一对具体的关系 Y_1 和 Y_2 来说，$Y^\circ{}_1Y_2$ 等于 Y_1 有可能恰巧为真。我们可以依次考虑在 A_2 中的每一个关系，如果它等于 A_1 中的某些元素或 A_2 中的一个先前的关系，就将它从 A_2 中移走，将这些等式记录为代数**方程组**。

然后，将 F 中的运算用于 $A_1\cup A_2$ 中的独特关系集合，这样就添加了一个关于其他可辨识关系和方程的集合 A_3，继续这个过程，直到不再生成任何新的可辨识
452 关系。这样，我们就构造了由 A_{obs} 和 F 生成的**代数** $[A,F]$。在这种代数构造过程中可，生成诸多方程组，它们反映了生成元集合(generator set)中关系的结构规则性特征。

广义质公理

Booman 和 White(1976)提出了**质公理**(Axiom of Quality)这个术语："它将任何一对包括了完全相同有序对集合的关系视为等同，将这种相等指代为一种由

生成元集合 A_{obs} 所生成的关系代数中的方程式。”刚刚所描述的构造就是建立在这一质公理的一个广义的版本之上的。

广义质公理的应用引出了关系代数（或有传递闭包的关系代数）的方程式。有了这样的方程式，就可以表示网络关系的许多重要特征了。例如：

- 如果 $Y=Y'$，关系 Y 就是对称的
- 如果 $Y\cap I=I^{\circ}$，关系 Y 就是自反的
- 如果 $Y^{\circ}Y\cap Y=Y^{\circ}Y$，关系 Y 是可传递的
- 如果 $Y=Y'$，$Y\cap I=I$ 和 $Y^{\circ}Y\cap Y=Y^{\circ}Y$，关系 Y 就是对等关系
- 如果 $Y^{\circ}Y'\cap Y'^{\circ}Y=I$，关系 Y 是置换关系
- 如果 $Y\cap I=I$ 和 $Y^{\circ}Y\cap Y=Y^{\circ}Y$，关系 Y 是拟序（quasi-order）关系
- 如果 $Y\cap Y'\cap I=Y\cap Y'$，关系 Y 就是反对称的
- 如果 $Y\cap Y'\cap I=Y\cap Y'$，$Y\cap I=I$ 和 $Y^{\circ}Y\cap Y=Y$，关系 Y 就是偏序的
- 如果 $Y^{*}=U$，关系 Y 就是强关联的
- 如果 $(Y\cup Y')^{*}=U$，关系 Y 是弱关联的

关系代数和有传递闭包的关系代数的应用

刚才描述的四种利用代数构造的不同方法已经见于文献，下面我依次简要讨论一下其中的每个路数。

全代数的构造与分析

对于小网络来说，要分析由一个或多个网络关系生成的全关系代数（full relation algebra），这还是可行的。Booman 和 White（1976）提出，可以将这样一种路数用于从一个或多个关系中构造的块模型，进而在网络中的**社会位置之间**的关系层次上提出对关系模式的更完备的理解，这种理解反映在块模型（而非个体行动者）层次。可以在文献中找到许多关于这个路数的例子（如 Mullins et al., 1977；Breiger and Pattison，1978）。Pattison（1993）利用这个路数，在从块模型中创建出偏序半群的情况下，发展了结构分析的一种扩展能力；她（Pattison，2009）将这种结构分析路数推广到了十分普遍的代数形式上，也推广到了关系代数上。

关系代数的比较

这种路数有一个值得特别提及的特殊应用，因为该路数提供了一种方法，这种方法可以用来在不同的行动者集合上比较诸多关系网络的结构规则性。如果某个关系代数与一个行动者集合上的关系集合有关，另一个关系代数与第二个行动者集合上类似的关系集合有关，那么从前一个关系代数到后一个关系代数的**结构保持**（structure-preserving）映射或**同态**（homomorphism）就是一个重要的构念（construct）。假定一个行动者集合 N 上有一个关系集合 $A_{obs}=\{Y_1,Y_2,\cdots,Y_k\}$，

第二个行动者集合 M 上有一个关系集合 $B_{obs}=\{W_1,W_2,\cdots,W_k\}$。我们假设关系 Y_j 和关系 W_j 是可比较的;事实上,在大多数情况下,我们会假设它们可以用相同的关系项来描述。

由集合 N 上的一个关系集合 $A_{obs}=\{Y_1,Y_2,\cdots,Y_K\}$ 可生成代数$[A,F]$,由集合 M 上的关系集合 $B=\{W_1,W_2,\cdots,W_K\}$ 可生成代数$[B,F]$。所谓从代数$[A,F]$到代数$[B,F]$上的**同态**指的是一个映射 $\varphi:S\rightarrow T$,就此而言,对于所有的 $Y,Z\in A$,有:

$$\varphi(Y')=\varphi(Y),\varphi(Y^-)=\varphi(Y)^- \text{ 并且 } \varphi(Y^*)=\varphi(Y)^*$$

和

$$\varphi(Y\cup Z)=\varphi(Y)\cup\varphi(Z) \text{ 并且 } \varphi(Y\circ Z)=\varphi(Y)\circ\varphi(Z)。$$

称代数$[B,F]$为$[A,F]$的一个(同态的)**像**(image),我们记为 $B=\varphi(A)$。每个从$[A,F]$映射到$[B,F]$的同态 φ 都在 A 上有一个相应的对等关系 π,它被称为**全等关系**(congruence relation),其中当且仅当 $\varphi(Y)=\varphi(Z)$,有$(Y,Z)\in\pi$。

如果$[B,F]$是$[A,F]$的一个**同态像**(homomorphic image),那么它的代数就包
453 含$[A,F]$的所有方程式,再加上一些其他的方程式。因此,它比$[A,F]$区别的关系更少,在此意义上,$[B,F]$可能被认为是一种$[A,F]$的"抽象"。

当然,只有在一个关系代数是另外一个关系代数的**同态像**的意义上,诸多关系代数才完全可比。尽管如此,如果它们有许多共同的同态像,我们还是可以视之为是"类似"的。Boorman 和 White 认为,在半群代数或幺半群(monoid)的情况下,最大的共享同态像,即所谓的**联合同态像**(joint homomorphic image),是一个用于比较不同网络代数的有效构造。另一方面,Bonacich 等(1980;参见 Bonacich and McConaghy,1979;McConaghy,1981)提出,在两个网络半群中,那些包含了每个半群的最小半群代数(the smallest semigroup algebra),即所谓的**共结构半群**(common structure semigroup),是对共半群结构(common semigroup structure)的更为合适的表征。正如 Pattison 和 Breiger 所言,这两个结构都有用,虽然它们的服务目的不同。联合同态像表达了共享同态像,而共结构半群则表达了共享方程组。

关系代数同态与网络块模型的关联

理解结构规则性的第二个重要策略是确定网络同态在何种条件下会导致网络半群同态。从行动者集合 N 上的多重网络$\{Y_1,Y_2,\cdots,Y_r\}$到行动者集合 M 上的多重网络$\{W_1,W_2,\cdots,W_r\}$的网络同态,就是一个从 N 到 M 的映射 ψ。这样就使得,(a)对于任何的 k,l,m,有 $Y_m(k,l)=1$ 都意味着 $W_m(\psi(k),\psi(l))=1$;(b)对于某些 i,j 来说,$W_m(i,j)=1$ 都意味着 $Y_m(k,l)=1$,这样也使得 $\psi(k)=I$ 和 $\psi(l)=j$。M 上的网络被称为映射 ψ 下的 N 上网络的像。

对于任意的 m 以及任意的 $k,l\in N,\psi(k)=\psi(l)$ 来说,当且仅当下列条件成立,映射 ψ 就满足**结构对等性**

- 对于任意 $j\in N$,当且仅当 $Y_m(l,j)=1$,有 $Y_m(k,j)=1$;以及

- 对任意 $j \in N$，当且仅当 $Y_m(j, l) = 1$，有 $Y_m(j, k) = 1$。

如果两个多重网络是通过一个满足结构对等性条件的网络同态联络起来的，它们的半群就是同构的，即可以说，它们具有**相同的**关系结构（Lorrain，1975；Lorrain and White，1971）。

Kim 和 Roush（1984）提出了一个一般性问题，即两个网络之间的同态是在什么条件下导致了它们半群之间的同态。

在集合 N 上，对于任何一对由映射 ψ 引起的对等类 ρ_1 和 ρ_2 来说，如果下列条件成立（这样的话，即 $\psi(k) = \psi(l)$，对于一些 h 来说就有 $k, l \in \rho_h$），那么一个网络同态 ψ 就会满足 Kim 和 Roush 的条件 G_i。令 ρ_1 和 ρ_2 中的元素数分别是 n_1 和 n_2。令 D 是 ρ_1 的任意子集，包含 i 个元素，或者如果 $i > n_1$，则令 $D = \rho_1$。那么，对于任意 $m = 1, 2, \cdots, r$ 来说，集合 $\{l: l \in \rho_2$ 和 $Y_m(k, l) = 1$，其中 $k \in D\}$ 就至少有 $\min(i, n_2)$ 个元素。条件 G_1 也被称为**点出度条件**（outdegree condition），G_n 被称为**点入度条件**（indegree condition）。一个同时满足 G_1 和 G_n 的网络同态被称为是规则的（regular）。

Kim 和 Roush 证明，如果 ψ 是一个从一个多重网络映射到另一个满足条件 G_i 的多重网络上的网络同态，那么就存在着这样一个同态，它会将第一个网络的半群映射到第二个网络的半群上。一个更为普遍的条件则结合了条件 G_i 和 Pattison（1982）所定义的**中心代表条件**（central representatives condition）。令 ψ 是一个网络同态。那么，对于由 ψ 引起的 N 集合中的每类 ρ 来说，如果下述条件成立，ψ 就满足条件 G_{im}。

- ρ 中存在着一个中心子集 C，从而使得对于任何 X_m 来说，
- 对于某个 $k \in \rho$，$Y_m(k, l) = 1$ 就意味着对于某个 $k^* \in C$ 来说，$Y_m(k^*, l) = 1$ 成立，并且
- 对于某个 $k \in \rho$，$Y_m(l, k) = 1$ 就意味着对于某个 $k^* \in C$ 来说，$Y_m(l, k^*) = 1$ 成立；以及
- 如果 C^* 表示中心子集 C 的并集，C 就满足 Kim 和 Roush 关于在 C^* 上定义的网络上的条件 G_i。

如果每个中心子集 C 都由单个行动者构成，那么这个条件就相当于 Pattison 的中心代表条件（central representatives condition），而如果每个中心子集 C 中都包含了 N 上由 ψ 导致的全体对等类，那么它就相当于条件 G_i。Kim 和 Roush（1984）表明，如果一个网络可以通过满足 G_{im} 条件的网络同态映射到另一个网络，那么就会存在一个从第一个网络半群到第二个网络半群的同态。条件 G_{im} 是个最一般的条件，我们知道，它能确保有这样一种同态。

对关系代数和有传递性闭包的关系代数来说，刚刚描述的构造很容易被定义。两个代数 $[A, F]$ 和 $[B, F]$ 的联合同态像（joint homomorphic image）无非是一个拥有最大数目不同关系数的代数，它既是代数 $[A, F]$ 的同态像，也是 $[B, F]$ 的同态像。另一方面，$[A, F]$ 和 $[B, F]$ 的联合关系代数（joint relational algebra）则是

一种包含最小数目的不同关系数的关系代数，它是一个将[A,F]和[B,F]都包
454 括进来的同态像。它会直截了当地显示，[A,F]和[B,F]的联合关系结构就是$C_{obs}=\{V_1,V_2,\cdots,V_k\}$生成的关系结构[$C,F$]，$C_{obs}$是在集合 N 和 M 的不相交并集(disjoint union)上被定义的；尤其是，C 中的 V_j 是 N 上的 Y_j 和 M 上的 W_j 的不相交的并集，这是一个被构造出来的关系。

完全结构分析的局限性

更为普遍的情况是，当提供分析起点的块模型能忠实地表达行动者之间的潜在网络关系时，完全分析的思路无疑是非常有用的。但是，当块模型省略了一些可能是很重要的结构规则性时，这个思路显然是不令人满意的。这是一个重要的限制条件，因为几乎可以肯定，块模型提供忠实表达的情况是十分罕见的。因此，可以证明，用下面谈到的其他几个方法去补充刚才描述的完全代数分析法，是有价值的。

偏代数的构造与分析

在经验情境中，[A,F]可能包含了数量巨大的独特元素。Mandel(1983)以及 Pattison 和 Wasserman(1995；亦参见 Pattison，1986；Pattison et al.，2000)提出了一个处理偏代数的思路，当对 F 中的运算次数施加限制时，所得到的全代数子集就构成了这个偏代数。Pattison(2009)对这一工作的主体部分作了总结。

更具体地说，要这样定义秩(rank)为 k 的**偏代数**(partial algebra)[A,F]$_k$，即在 F 中使用至多 k-1 个运算再加上 A_{obs} 自己的关系就可以生成关系集合 $A_{obs}\cup A_2\cup\cdots\cup A_k$，它便组成了偏代数。之所以称这个代数为**有偏**，是因为它不是封闭的，也就是说，将一个或多个运算用于[A,F]$_k$的元素，就可能得到不在集合 $A_{obs}\cup A_2\cup\cdots\cup A_k$ 中的元素；在这种情况下，运算的结果就被认为是未加定义的，并以一个星号来表示。尽管偏代数不封闭，但是，**无论何时去定义那些与一个公理有关的所有关系**，这个代数都会满足关系代数[R_N,F]中的所有公理。此外，将广义质公理用于偏代数[A,F]$_k$，就会得出 $A_{obs}\cup A_2\cup\cdots\cup A_k$ 中所有独特关系构成的集合，以及所有那些用至多 k-1 个 F 中的运算就可生成的方程式。因此，在用不超过一个固定数目的运算所生成的关系中，可以用偏代数去确认关系的规则性，并且具有将注意力限制在被推导出的关系上的优点，正如 Mandel(1983)最初所提出的，对于网络中的行动者来说，这些被推导出的关系更重要。有关运用这种方法的例子，可参阅 Pattison(1993，2009)，Pattison 和 Wasserman(1995)的研究。

这种方法有几个引人注目的特征。首先，它可以被直接用于观察到的行动者关系网，无须预先将行动者聚集成块。第二，将 k 的值限制为一个相对较小的值(如 2 或 3)，我们就能将注意力限定在那些导出性的关系上，在评估关系性情境以及推断行动的关系性结果时，行动者无疑会方便地得到这样的关系。例如，我们可能会觉察到我们的朋友的朋友，但是可能根本觉察不到我们的朋友的朋友的朋友。在构造某种偏代数时保持小的 k 值，就会将分析限定在这样的关系

上,即限定在那些网络成员有可能察觉到、因此也能识别出我们认为是局部规则性的关系。

不过,这种方法也可能有缺点,即它假定关系式纽带(relational ties)是决定论的,可以被无误差地观察到。其中不允许有变异和误差。这可能是一个站不住脚的假定,下文描述的几个重要进展也认识到了可能存在的网络关系变异,它们都在做利用代数构造的尝试。

通过方程式的统计识别来提出的近似代数表达

刚刚描述了全代数和偏代数,这些代数完全而详尽地表达了观察到的关系之间的结构性关系。它们所依赖的代数构造假定的是可以被精确测量的固定关系,它要求将关系视为固定而非可变的。下文讨论的下一个进路则放宽了这个要求。

在这种进路中,前文引入的广义质公理被一种**近似质公理**(Approximate Axiom of Quality)替代:"关于相等的'充分证据'表明,要将任何一对关系都视为相等,并且要将这个相等视为是一个由生成元集合 A_{obs}'(generator set)生成的关系代数中的方程式。"对于多重网络来说,这一进路可以导向一种有理论指导并在结构上聚焦的探索性数据分析形式。理论指导源自集合 F 中的选择运算,而
结构聚焦则在于这个进路所引起的代数与偏代数。 455

在具体的代数构造情境中,Pattison 和 Wasserman(1995),Pattison 等(2000)进一步提出,通过对关系方程式的证据作统计上的评估,就可以在$[A,F]_k$的元素中生成近似的方程式。他们提出,对于某些 k 值,在 $A_{obs}\cup A_2\cup\cdots\cup A_k$上的所有关系对(pairs of relations)中,其所遵循的随机多重图(multigraph)分布有多个,我们可以用其中的一个去系统地评估这些关系对重叠的**统计显著性与程度**的证据。他们开发了一个程序包 PACNET,将公理用于一系列由 PACNET 识别出的近似方程式。这意味着要导出方程式,用该程序能执行所要求的统计计算,可以生成所有这些方程式。如果需要的话,PACNET 还能方便地计算出每个经验性生成关系(generator relation)的补集和星以及它们的交集和并集,并把它们添加到生成元集合中去,尽管如此,PACNET 目前仅能做{',°}运算。

PACNET 中有一个统计程序,可以用它来评估两个关系的相等程度,还有一个程序,可以用它来评估它们之间的序列关系。对于关系代数来说,关于**相等**的统计评估是切题的。如果两个关系之间的统计相关检验符合某些预定的显著性与效应量的临界值,就可以判定,这两个关系近似相等。将观察到的网络视为是在给定行动者集合上的某种条件均匀随机多重图分布(conditional uniform random multigraph distribution)中的成员,就会构造出有关的统计检验。至于选择哪个特定的、适于统计评估的条件均匀随机多重图分布,影响这一选择的重要考虑有哪些,Pattison 等(2000)对此进行了讨论。

通过刚才描述的过程可以发现一些近似相等的关系对(pairs of relations),这些关系对可以相等,如近似质公理所容许的那样。Pattison 等(2000)描述了如何

确保一个封闭的偏代数从这种构造中涌现出来。他们说明了这一进路的应用,包括在一个情景中对几种不同条件均匀随机多重图分布的应用。

这种进路的优点是,它将一个独特的、基于随机图分布的、统计学的网络分析传统与某种代数视角结合在一起,因此,它能够对关系中那些以代数形式表达的结构性质(包括前文列出的性质)作出统计评估。

这种统计传统始于对互惠性质的分析(Moreno and Jennings,1938),它既包括三方组网络结构分析,该分析将传递性评估包含在内(如 Holland and Leinhardt,1970,1978),也包括用二次指派程序(Quadratic Assignment Procedure,QAP)评估两个网络之间的关系(如 Hubert and Arabie,1989)。

社会网络统计模型中的关系构型

关系代数的最终应用可能是发展出社会网络随机模型。

在将网络关系理解为变量的研究进路中,下一个合乎逻辑的发展步骤是,对一个给定的点或行动者集合 N 中的全体变量提出一个**参数**模型。在这个进路中,一对(有序)行动者的每个潜在关系都被认为是一个变量,对描述 N 中行动者之间关系的关系变量阵列(array)提出模型(Holland and Leinhardt,1981;Frank and Strauss,1986;Wasserman and Pattison,1996)。正如 Frank and Strauss(1986)所解释的那样,对这一进路的一般性表述产生了所谓的指数随机图模型(exponential random graph models),其形式是:

$$\boldsymbol{Pr}(\boldsymbol{Y}) = \exp\left(\sum\nolimits_{A}\gamma_{A}z_{A}(\boldsymbol{Y})\right)/\kappa$$

其中:

- A 是关系变量的一个子集(它界定了一个潜在的网络构型);
- γ_A 是一个与构型 A 有关的有待估计的模型参数,只有当子集 A 是依赖图(dependence graph)D 中的一个派系时,它才非零。
- $z_A(\boldsymbol{Y})=\Pi_{Y_{ij}\in A}Y_{ij}$ 是对应于参数 γ_A 的充分统计量,它表明构型 A 中所有的关系变量是否在网络 Y 中都取值为 1;并且
- κ 是一个标准化的量。

相关的**依赖图** D 将关系变量之间的期望依赖性进行编码(codify),并将 N 中节点之间的关系变量集合作为了点。在给定所有其他关系变量值的情况下,如果假定两个关系变量是条件依赖的,它们就会被 D 中的一条边连接。

在网络模型的随机表述和关系代数的方程式之间是有关联的,这个关联是,后者的方程式会引起期望的图构型,因此有可能与一个随机模型的指定效应(designated effect)有关。例如,假定在一个网络中存在着这样的倾向,即任意同伴的同伴就是自己的同伴(即方程式 $Y^{\circ}Y=Y$ 有成立的倾向)。否则的话,该方程式的一种随机表述形式便意味着大量不可预期的传递性三元组(i,j,k),其中有
456 $Y(i,j)=1=Y(i,k)=Y(k,j)$。

可以用网络指数随机图模型的所谓**退化**(degenerate)形式来例示网络规则性代数表达和随机表述之间的关系(Robins 等,2005)。一个点集合 N 上的所有

网络可以构成一个集合,由于指数随机图模型将该集合上的概率分布定义成某个参数向量的函数。因此,对于任何参数向量来说,某个网络子集就拥有了那种被定义为是最小"能量"(energy)的东西。可以视为这些有最小能量的网络为高度受限或"冻结"(frozen)的结构形式。这些形式与随机模型有关。它们的结构通常会保障可进行代数分析;此外,我们可以将非冻结模型理解成这些结构形式的随机概括。

前景与挑战

从关系代数角度来刻画网络是引人注目的,这是因为,定义关系代数的运算和我们对派生网络关系的日常概念化之间有很自然的关系。此外,上文刚刚描述了这些思想的四个应用,它们也清楚地表明,关系代数有相当大的灵活性。尽管如此,还是有一些意义重大的工作有待完成。不仅随机描述和确定性描述之间的关系需要进一步详析,一些重要的推广也有待发展。可以说,其中最重要的当属时间依赖型关系变量模型的发展(Moody,2002;Pattison et al.,2008),因为,要想理解网络关系对支撑它们的社会基本过程的影响,就必须有反映时间限制对关系运算影响的能力,这是至关重要的。 457

参考文献

Birkhoff, G. (1967) *Lattice Theory*. 3rd ed. Providence, RI: American Mathematical Society.

Bonacich, P. (1980) 'The "common structure semigroup", areplacement for the Boorman and White "joint reduction", *American Journal of Sociology*, 86: 159-66.

Bonacich, P. and McConaghy, M. (1979) 'The algebra of blockmodeling', in K.F. Schuesler (ed.), *Sociological Methodology* 1980. San Francisco: Jossey-Bass. pp. 489-532.

Boorman, S.A. and White, H.C. (1976) 'Social structures from multiple networks. II. Role structures', *American Journal of Sociology*, 81: 1384-446.

Borgatti, S. P., Boyd, J. P. and Everitt, M. G. (1989) 'Iterated roles—mathematics and application', *Social Networks*, 11: 159-72.

Boyd, J. P. (1969) 'The algebra of group kinship', *Journal of Mathematical Psychology*, 6: 139-67.

Boyd, J. P. (1990) *Social Semigroups: A Unified Theory of Scaling and Blockmodelling as Applied to Social Networks*. Fairfax, VA: George Mason University Press.

Boyd, J. P., Haehl, J. H. and Sailer, L. D. (1972) 'Kinship systems and inverse semigroups', *Journal of Mathematical Sociology*, 2: 37-61.

Breiger, R.L. and Pattison, P.E. (1978) 'The joint role structure of two communities' elites', *Sociological Methods and Research*, 7: 213-26.

Breiger, R. L. and Pattison, P. E. (1986) 'Cumulated social roles: The duality of persons and their algebras', *Social Networks*, 8: 215-56.

Burt, R. S. (1992) *Structural Holes: The Social Structure of Competition*. Cambridge, MA: Harvard University Press.

Burt, R. S. (2005) *Brokerage and Closure: An Introduction to Social Capital*. Oxford: Oxford University Press.

Frank, O. and Strauss, D. (1986) 'Markov

graphs', *Journal of the American Statistical Association*, 81: 832-42.

Freeman, L. C. (1979) 'Centrality in social networks: Conceptual clarification', *Social Networks*, 1: 215-39.

Givant, S. (2006) 'Calculus of relations as a foundation of mathematics', *Journal of Automated Reasoning*, 37: 277-322.

Granovetter, M. (1973) 'The strength of weak ties', *American Journal of Sociology*, 78: 1360-80.

Holland, P. W. and Leinhardt, S. (1970) 'A method for detecting structure in sociometric data', *American Journal of Sociology*, 76: 492-513.

Holland, P. W. and Leinhardt, S. (1978) 'An omnibus test for social structureusing triads', *Sociological Methods and Research*, 7: 227-55.

Holland, P. W. and Leinhardt, S. (1981) 'An exponential family of probability distributions for directed graphs', *Journal of the American Statistical Association*, 76: 33-50.

Homans, G. (1951) *The Human Group*. London: Routledge and Kegan Paul.

Hubert, L.J. and Arabie, P. (1989) 'Combinatorial data analysis: Confirmatory comparisons between sets of matrices', *Applied Stochastic Models and Data Analysis*, 5: 273-325.

Kim, K. H. and Roush, F. W. (1984) 'Group relationships and homomorphisms of Boolean matrix semigroups', *Journal of Mathematical Psychology*, 28: 448-52.

Lorrain, F. (1975) *Reseaux sociaux et classifications sociales*. Paris: Hermann.

Lorrain, F. and White, H.C. (1971) 'Structural equivalence of individuals in social networks', *Journal of Mathematical Sociology*, 1: 49-80.

Luce, R.D. (1956) 'A note on Boolean matrix theory', *Proceedings of the American Mathematical Society*, 3: 382-88.

Maddux, R. D. (1991) 'The origin of relation algebras in the development and axiomatization of the calculus of relations', *Studia Logica*, 50: 421-55.

Mandel, M. (1983) 'Local roles and social networks', *American Sociological Review*, 48: 376-86.

McConaghy, M. (1981) 'The common role structure: Improved blockmodelling methods applied to two communities' elites', *Sociological Methods and Research*, 9: 267-85.

Moreno, J. L. and Jennings, H. H. (1938) 'Statistics of social configurations', *Sociometry*, 1: 342-74.

Moody, J. (2002) 'The importance of relationship timing for diffusion', *Social Forces*, 81: 25-56.

Mullins, N., Hargens, L., Hecht, P. and Kick, E. (1977) 'The group structure of cocitation clusters: A comparative study', *American Sociological Review*, 42: 552-62.

Nadel, S.F. (1957) *The Theory of Social Structure*. Melbourne: Melbourne University Press.

Pattison, P.E. (1982) 'The analysis of semigroups of multirelational systems', *Journal of Mathematical Psychology*, 25: 87-118.

Pattison, P.E. (1989) 'Mathematical models for local social networks', in J. Keats, R. Taft, R. Heath and S. Lovibond (eds), *Mathematical and Theoretical Systems*. Amsterdam: North Holland.

Pattison, P.E. (1993) *Algebraic Models for Social Networks*. New York: Cambridge University Press.

Pattison, P.E. (2009) 'Algebraic models for social networks', in R. Myers (ed.), *Encyclopaedia of Complexity and System Science*. Berlin: Springer.

Pattison, P. E. and Bartlett, W. K. (1982) 'A factorization procedure for finite algebras', *Journal of Mathematical Psychology*, 25: 51-81.

Pattison, P. E., Robins, G. L. and Koskinen, J. (2008) 'Algebraic foundations for dynamic relation algebras: Preliminary steps', Sunbelt International Conference on Social Networks, San Diego.

Pattison, P. E. and Wasserman, S. (1995) 'Constructing algebraic models for local social networks using statistical methods', *Journal of Mathematical Psychology*, 39: 57-72.

Pattison, P., Wasserman, S., Robins, G. and Kanfer, A. (2000) 'Statistical evaluation of algebraic constraints for social networks', *Journal of Mathematical Psychology*, 44: 536-68.

Pratt, V. (1990) 'Dynamic algebras as a well-behaved fragment of relation algebras', Proceedings of Algebra and Computer Science, Ames, Iowa, June 2-4, 1988. Lecture Notes in Computer Science series.

Robins, G., Pattison, P. and Woolcock, J. (2005) 'Small and other worlds: Global network structures from local processes', *American Journal of Sociology*, 110: 894-936.

Tarski, A. (1941) 'On the calculus of relations', *Journal of Symbolic Logic*, 6: 73-89.

Wasserman, S. and Pattison, P. (1996) 'Logit models and logistic regressions for social networks, I. An introduction to Markov graphs and p^*', *Psychometrika*, 61: 401-25.

White, D.R. and Reitz, K.P. (1983) 'Graph and semigroup homomorphisms on networks of relations', *Social Networks*, 5: 193-234.

White, H. C. (1963) *An Anatomy of Kinship*. Englewood Cliffs, NJ: Prentice-Hall.

White, H. C. (1992) *Identity and Control*. Chicago: University of Chicago Press.

White, H.C., Boorman, S.A. and Breiger, R.L. (1971) 'Social structure from multiple networks: I. Blockmodels of roles and positions', *American Journal of Sociology*, 81: 730-80.

Winship, C. (1988) 'Thoughts about roles and relations: An old manuscript revisited', *Social Networks*, 10: 209-31.

Winship, C. and Mandel, M. (1983) 'Roles and positions: A critique and extension of the blockmodelling approach', in S. Leinhardt (ed.), *Sociological Methodology* 1983-1984. San Francisco: Jossey-Bass. pp. 314-44.

Wu, L. (1983) 'Local blockmodel algebras for analyzing social networks', in S. Leinhardt (ed.), *Sociological Methodology 1983-1984*. San Francisco: Jossey-Bass. pp. 272-313.

针对行动者与关系的统计模型 31

STATISTICAL MODELS FOR TIES AND ACTORS

⊙ 马里杰 A.J. 范·杜因(Marijtje A.J. van Duijn)
马克·豪斯曼(Mark Huisman)

引　言

如果知道研究人员之间是通过多少封电子邮件进行互动的,我们就能预测他们之间的友谊吗?在一次会议上,研究人员是更愿意结识那些来自同一研究领域中的同行,还是愿意与那些有高引文指数(high citation index)的同行互动呢?电子邮件接触、物以类聚性(homophily)、科学地位等因素在解释友谊与相识时都是重要的吗?如果是这样,哪个因素的解释力最强?基于研究者的相互熟识程度,我们能区分不同的研究者群体吗?如果能,这个分组(groupings)与研究领域或科学地位有关吗?

要回答这些类型的问题,我们需要统计模型,这些模型能综合处理网络数据与个体行动者和/或二方组的属性。本章将对此加以展示。依据可处理研究问题的类型,可以将统计模型进行归类。如此可区分出两个系列的分析:第一个是关系层次的模型,它对行动者之间的关系进行建模;第二个是行动者层次上的模型,该模型强调行动者之间的差异或行动者的分组。

如有可能,利用行动者或关系的附加信息,就可以用一些模型来解释或预测网络关系的发生或取值,从而解答上述前三个问题。最后一个问题可以利用随机后验(a posteriori)块模型来处理,该模型基于行动者之间的关系对行动者作分类或分组,如有可能,还可以再次利用附加的协变量(covariate)信息。随机块模型的原则是确认随机对等的行动者(的群体),他们与另外一些行动者有相同的关系概率分布。[1]

可以将这两种不同的建模思路看作是以不同的侧重点去分析相同的数据(根据 Wasserman and Faust[1994:89],它是一个社会关系系统)。在关系模型中,核心变量是通过关系形成的,可以表达为关系变量或二方组中的关系对(pairs of relation)变量,其结果可以被观察到且可以被属性解释。在行动者模型中，核心变量是行动者的群体成员资格，它被表达为潜在（未观察到）的行动者变量，其值可能是从行动者之间的关系、其他行动者以及二方组特征中导出来的。

可以将这里展示的模型看作是前文由 Hanneman 和 Riddle（本书）撰写的两章的续篇，那两章描述了个体网分析与整体网数据的基本概念，包括一些用于检验简单假设的统计学性质。关于统计网络模型的其他介绍可以在 Wasserman 和 Faust（1994），Scott（2000）的研究中找到。由 Robins（本书）探讨的指数随机图模型与本章中的关系模型有着相同的目的，但是，本章展示的大多数模型处理的是二方组依赖性（dyadic dependence），相比之下，指数随机图模型是用代表较复杂的依赖性结构的统计量对整体网创建模型。本书中，Snijders 撰写的一章针对的是历时性网络数据，他提出了行动者导向或基于行动者的随机模型，其目的是解释观察到的网络和观察到的行动者特征中的变化。有学者（O'Malley and 459
Marsden，2008）例示了指数随机图模型与针对个别结果的回归模型，并以此全面综述了社会网络分析。Goldenberg 等（2002）则对社会网络分析的统计模型作了更为全面的回顾。

这些方法与模型是以一种非技术性的方式呈现出来的，这样做是为了避免用到公式。我们的目的是要表达某个模型的主要目标，将模型与它可以回答的研究问题联系在一起。而且，我们还试图对回答了相似问题的模型加以比较和关联，虽然它们的定义或假设可能相异。我们用 EIES 数据（Freeman and Freeman，1979）和各种软件程序来说明本章中所呈现的方法与模型。[2]

EIES 数据简述

电子信息交换系统（Electronic Information Exchange System，缩写为 EIES），即 EIES 数据（Freeman and Freeman，1979；选自 Wasserman and Faust，1994，附录 B，表 8-11）包含了相识关系网（acquaintanceship network）的两次观察结果。相识关系是一个有向多值网络（directed valued network），用五分量表测量，范围从（0）"不认识其他人"到（4）"个人密友"。该数据的收集过程如下。1978 年，在一项调查电子沟通之影响的研究中，利用了电子信息交换系统（EIES），共有 50 位研究人员参加了该研究，最终得到了其中 32 位研究人员的整体网数据。参加者能用当时的新技术彼此发送电子邮件。在 8 个月的实验时间里，沟通数被记录下来，因此，它们可以被看作一个有向多值网。在研究之初（时间 1）和结束（时间 2）时，相识关系网都是确定的。除了相识关系与沟通关系以外，该研究也得到了行动者的属性数据：研究者的被引用数，是测量科学地位的指标，还有他们的主要专业归属（研究领域）。有四类研究领域：社会学、人类学、数学/统计学、"其他"领域。由于沟通数与引用数有偏态，就将这些（有时很大的）值的平方根用在了分析中。另外两个社群矩阵也被构造出来：第一个矩阵考虑到了地位的不同，表达的是两个研究人员之间的地位等级，第二个考虑到了地位上的绝对差异，测量是它们的距离。[3]另外,还创建了一个(对称邻接)矩阵,用它来标示研究人员在研究领域(包括"其他")方面的相似性或同质性(homophily)。

表 31.1 汇总了这个数据。对大多数社会网络分析来说,相识关系网必须要二值化,我们选择二值化来标明朋友关系:类别 3 和 4("朋友"或"私人密友")对应类别 0-2,后三者分别是"不认识""听说过但没见过面"以及"曾经见过"这个人。这些指标的计算针对的是整体网(n =32)以及根据研究领域定义的子网络。一些汇总性的统计量是用程序 StOCNET(Boer et al.,2006)和 NetMiner 3(Cyram,2009)计算的。

表 31.1 对 StOCNET 和 NetMiner 输出的 EIES 网络属性数据的描述

n	研究领域				
	社会学	人类学	数学/统计学	其他领域	总数
	17	6	3	6	32
相识 1					
总均值	28.88	12.50	3.67	4.33	42.44
列总和的标准差[1]	8.64	2.59	2.31	2.25	17.36
行总和的标准差[2]	6.98	3.15	1.53	3.08	13.29
相识 2					
总均值	31.76	13.17	4.67	5.00	52.09
列总和的标准差[1]	8.09	3.65	2.31	2.19	16.39
行总和的标准差[2]	7.92	2.32	0.58	3.52	14.33
朋友 1					
度数均值	3.53	2.50	0.67	0.17	4.78
点入度标准差	2.15	1.38	0.47	0.37	3.47
出度标准差	2.52	1.38	0.47	0.37	3.53
密度	0.22	0.50	0.33	0.03	0.15
互惠度[3]	0.67	0.53	1.00	0.00	0.56
传递度[4]	0.44	0.50	—	—	0.38
朋友 2					
度数均值	4.82	2.67	0.67	0.50	6.38
点入度标准差	2.73	1.80	0.47	0.50	4.78
出度标准差	3.00	0.94	0.47	0.50	3.82
密度	0.30	0.53	0.33	0.10	0.21
互惠度[3]	0.66	0.63	1.00	0.67	0.59
传递度[4]	0.44	0.50	—	0.00	0.40

续表

n	研究领域				
	社会学	人类学	数学/统计学	其他领域	总数
	17	6	3	6	32
被引数(平方根)					
均值	4.61	1.93	3.66	4.22	3.95
标准差	2.27	0.72	1.85	4.68	2.75
极差	0.0~8.0	1.0~3.0	2.0~5.7	1.0~13.0	0.0~13.0
发送消息(平方根)					
均值[5]	2.10	2.88	1.28	1.87	2.13
标准差	2.47	2.06	0.90	1.81	2.15
极差	0.1~9.0	0.2~5.3	0.3~2.1	0.2~5.2	0.1~8.9
接收消息(平方根)					
均值[5]	2.06	2.85	1.76	1.79	2.13
标准差	1.69	1.39	0.73	1.44	1.51
极差	0.8~7.1	1.1~4.3	0.9~2.3	0.8~4.6	0.8~7.1

注:1.n 列总和的样本标准差。

2.n 行总和的样本标准差。

3.$R=2M/(2M+A)$,M 是互惠对的数量,A 是不对称对的数量。

4.包含两个关系并有传递性的三方组所占比例。

5.发送/接受的平均数量(群体内和群体间)。

对于相识关系网来说,在第一个时点上,(行与列)关系总和的加权均值是42.4,在第二个时点上,这个值增加到52.1。得到的关系总和比发出的关系总和有更大的标准差。请注意,相识关系是多值的(0—4),这使得对数值的理解有点困难。因此,图31.1中展示了二值化的相识关系网(0→0并且>0→1)的度数分布。在两个时点上的点入度(indegree)与点出度(outdegree)分布都有偏态。在时点1上,平均关系数是20.3(总数是31个可能的关系;在表中并没有报告),表明这20.3个关系的均值大约是2.1("曾经见过这个人")。在时点2,关系均值增加到23.7,这使得均值增大一点,达到2.2。人类学家和数学/统计学家的群体小一些。在这个群体中,平均而言,在相识关系网却有着最强的关系:在时点1,均值分别为2.7和2.5,在时点2,均值分别为2.8和2.35(表31.1中没有报告这些数值)。

在时点1与时点2,朋友关系网的平均度数分别为4.8和6.4,密度分别为0.15和0.21。在社会学家网络中,朋友数的增加量最大,而在其他领域中,平均度数则或多或少地保持着相同的水平。因此,不同领域中的行动者之间的友谊得以建立。人类学家和数学/统计学家的子网络(在两个时点上都)有着最大的密度。在时点2上,除了数学/统计学家的网络没有变化(小)之外,所有的(子)网络都变得密集了,有着更多的相互关系。数学/统计学家有着最高的互惠性得分1,因为这个群体由三个人组成,其中存在一个互惠(mutual)二方组和两个虚无
二方组。在时点2上,所有的(子)网络都有0.59或更高的互惠得分,这表明了朋 460

友关系的提名常常是相互的。传递性只在整体网中稍稍增加一些,在社会学家与人类学家的网络中保持不变。对于两个时点上的数学/统计学家小群体以及时点 1 上的"其他"研究人员群体来说,并没有界定它们的传递性。

461 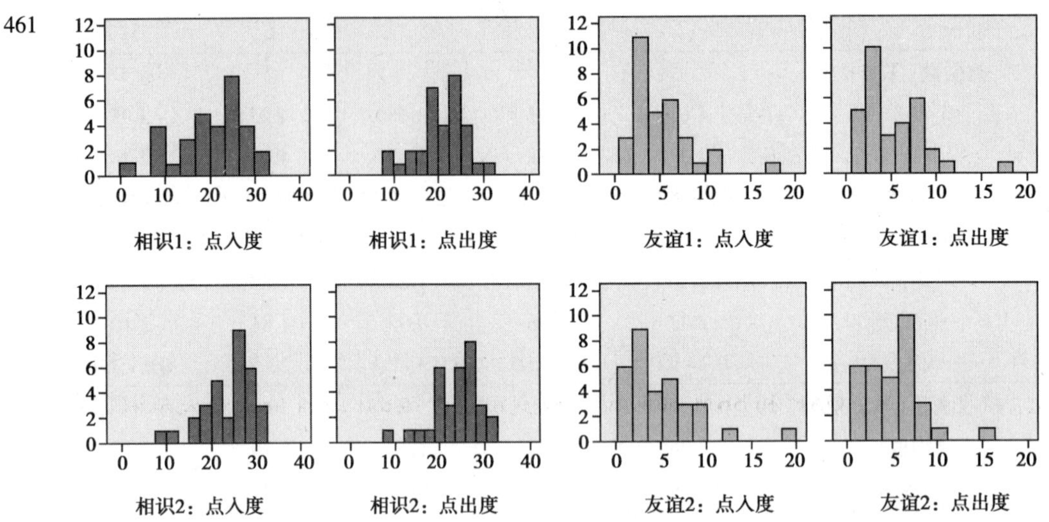

图 31.1 二值化的相识关系网与友谊关系网在两个时点上的度数分布

就引用数、发送数及收到的消息数来说,表 31.1 报告了它们的平均得分、标准差和极差(range)。社会学家和"其他"研究领域中的行动者有着最高的引用数和最高引用数方差。人类学家的被引用数最低,但是平均而言他们发送与接收的消息数却最多。有意思的是,数学/统计学家接收到的消息比他们发出的消息多,而对其他领域来说,接收与发送的消息数几乎相同。

图 31.2 描述了时点 2 上的朋友关系网络图。该图是利用画图软件 NetDraw (Borgatti,2002)中的根据类别属性的画图选项画出来的,这样就展示了各种领域内与领域间的关系。由 17 位社会学家组成的最大群体(以圆来表达)放在左上角位置。他们的地位(由点的规模来描述)变化大致从较低到中等。被引数最多的研究者隶属于一个 6 人群体,他们被归入"其他"研究领域(反映在表 31.1 中被引数的大标准差上)。与有具体领域的群体相比,这个群体的密度真是太低了(只有一个互惠对和一个非对称的二方组)。当将它与右下角那个有着同样规模的群体相比时,就会更清楚地看出这一点。这个群体是由 6 位人类学家构成,他们都有着相对较低的位置。左下角的那个小群体是由三个数学/统计学家构成的,其中第一个研究人员主要与社会学家群体有关联;第二个研究人员主要与人类学家有关联;第三个研究人员有着最高的被引数,他与其他三个群体都有着大约同样数量的关系。

对关系建模

如果考虑到研究领域和研究者地位,可能还要考虑他们在时点 1 上的相识关系,那么 EIES 数据的一个令人感兴趣的研究问题是,在实验中,沟通对时点 2

上的相识关系有什么影响,可以用发送消息数来测量沟通。这样的问题意味着要用协变量网络信息(时点 1 上的沟通、等级、距离与相识)和行动者属性(地位、研究领域)来对一个整体网(时点 2 上的相识关系)进行建模。

就(整体)网络数据而言,有几类可用的统计模型。它们的差异一方面表现在关系变量的测量层次(二值或连续)上,另一方面表现在统计建模的传统上。

本节始于二次指派程序(Quadratic Assignment Procedure, QAP)。该方法的
基础是对连续关系变量作回归模型和置换检验(参见 Dekker et al.,2007 对它的
发展进行的回顾)。接下来解释了社会关系模型(Social Relations Model,缩写为
SRM)。SRM 由两位学者(Kenny and La Voie,1984)首次提出,它根植于一种方
差分析(ANOVA)传统。在社会心理学和其他领域中,SRM 已有许多应用(更细
致的论述,参见 Kenny et al.,2006)。Snijders 和 Kenny(1999)(也可参见 Snijders 462
and Bosker,1999,第 11 章 3.3)提出了一个更为重要的扩展,即随机效应或多层模
型版本的 SRM。QAP 和 SRM 都假设关系变量是连续的(或者至少是关系取值足
够多)。

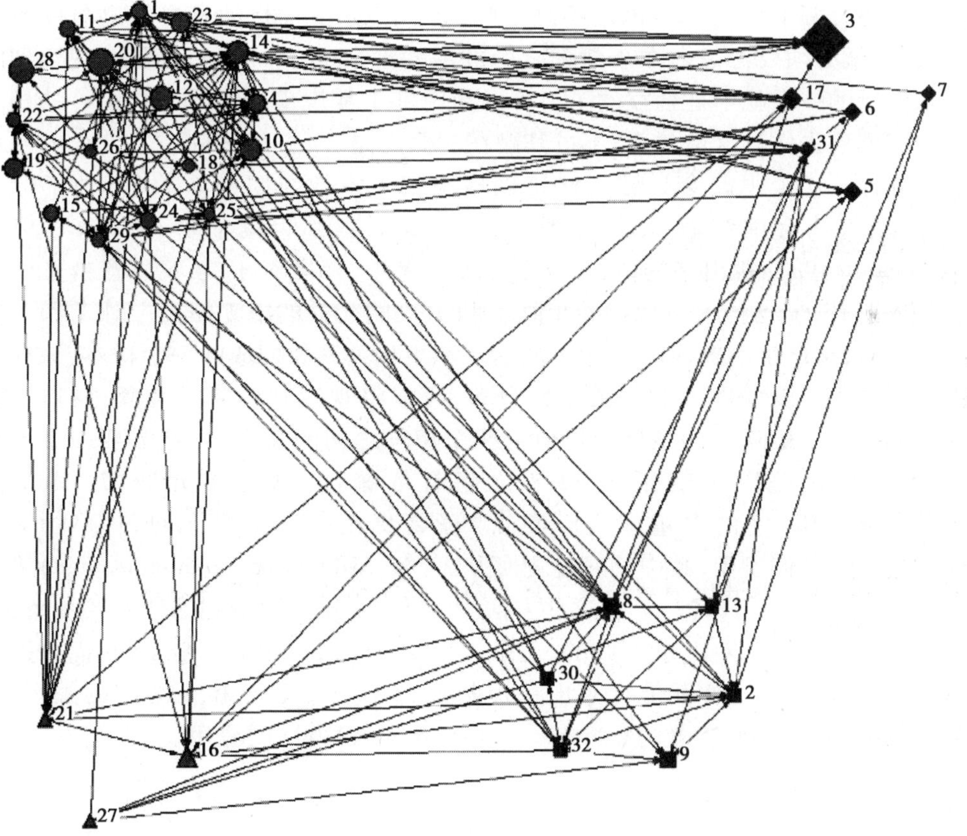

图 31.2 时点 2 上的 EIES 朋友关系网

注:通过研究领域(点、形态与颜色)及引用数(点的规模)将行动者区分开来。这个图是由 NetDraw 画出来的。

在对数线性建模的基础上,Holland 和 Leinhardt(1981)提出了分析二值整体网数据的 p_1模型。p_2模型(Van Duijn et al.,2004)则将这个传统与借鉴了 SRM 的随机效应研究结合在一起,p_2模型中包含了行动者与二方组属性。另一个对 p_1模型的扩展是所谓的 p^* 模型或指数随机图模型(Wasserman and Pattison,1996;Snijders et al.,2006;Robins et al.,2007)。该模型不在本章探讨之列,但是,在本书中,Robins 撰写的第 32 章探讨了这个主题。在关系模型下,共同使用的最终模型是 Hoff(2005)提出的双线性模型。与 SRM 和 p_2类似,双线性模型也将二方组与行动者的协变量结合在一起,它们都有随机的以及发送者与接收者的相关效应。然而它超出了二方组,因为它引入了额外参数,这样就可以捕捉到行动者之间的三阶依赖性(third-order dependence)(如传递性和平衡性)。这些额外参数定义了一个(潜)空间,在这个空间中,行动者被放在相互关联的位置上。双线性模型与本章稍后展现的潜聚类模型相关(Handcock et al.,2007)。

QAP

463 当研究两个(或多个)网络矩阵之间的关系时,由于行动者会发出与接收多重关系,就必须要考虑内在于数据之中的依赖性(dependence)。因此,观察到的关系变量的结果就不是独立的了。可以利用基于常规最小二乘法(OLS)的相关与回归模型去估计这个关系,不过其潜在的假定是,二方组之间或二方组内部都有独立性。这个思路会导致无法正确检验相关系数与回归系数(低估了标准误)。用于社会网络的二次指派程序(QAP)是由两位学者(Hubert,1987;Krackhardt,1987)提出来的,在两个矩阵 Y 和 X 中,保持 X 不变,反复置换 Y 中的行(和列)序列,这样就可以检验矩阵 Y 和 X 之间无关的虚无假设。对 X 和 Y 向量化之后,会产生由置换的 Y 和 X 的诸多积矩相关系数构成的一个样本,该样本提供了虚无假设条件下的相关系数分布,可以将观察到的系数与其进行比较。在控制第三个矩阵 Z 的条件下再研究两个矩阵之间的相关时,就需要一个更复杂的程序,这是因为变量 X 和 Z 之间有依赖性,这与多元回归(Multiple Regression,MR)中的多重共线性类似。学者提出了几个多元回归-QAP(MR-QAP)程序,他们发现,其中的残差置换方法(the residual permutation method)表现最佳(Dekker et al.,2007)。在这些方法中,第一步分析中得到的残差要被置换,无论这些残差是 Y 对 Z 的回归的,还是 X 对 Z 回归的,在第二步中,它们要被纳入回归方程之中,这样就能计算出在控制了 Z 的条件下 Y 和 X 之间的关系了。后一种进路是双-准-净效应(Double-Semi-Partialing)方法的应用。

在相识网中的应用

在 UCINET(Borgatti et al.,2002)和 SNA(Butts,2008)软件中可以运行 QAP 和 MR-QAP 方法。第一步,针对五个已知的有着连续关系变量的社会网络,计算它们之间的相关系数。结果见表 31.2。

表 31.2 UCINET 基于 5 000 次置换得到的 EIES 整体网数据的 QAP 相关系数

	1	2	3	4	5
1 网络时间 1	—	0.800 (<0.000 1)	0.214 (0.001)	−0.039 (0.153)	0.001 (0.490)
2 网络时间 2	—	—	0.355 (<0.000 1)	−0.043 (0.114)	−0.076 (0.215)
3 沟通	0.250 (<0.000 1)	0.431 (<0.000 1)	0.888 (<0.000 1)	−0.020 (0.170)	−0.157 (0.001)
4 等级	−0.070 (0.031)	−0.060 (0.039)	−0.045 (0.077)	0.928 (<0.000 1)	0.000 (1.000)
5 距离	−0.126 (0.067)	−0.180 (0.021)	−0.189 (0.009)	0.000 (1.000)	0.905 (<0.000 1)

注:括号内为 p 值;对角线下面是经过了平方根转换的变量之间 QAP 相关系数。

就相识关系的强度而言,EIES 网络在时点 1 与时点 2 之间的 QAP 相关系数最高(0.80),研究者之间在时点 2 上发出的消息数也多于时点 1 上发出的消息数,当对变量进行平方根转换后,时点 2 上发出的消息数就更多了。在两个时点上,对于做过平方根转换的变量来说,行动者之间被引数上的绝对差距(距离)和相识性(acquaintanceship)上的差量(等级)之间的相关系数都是负的、弱的和显著的,时点 1 上的距离和相识性除外。

距离的期望负效应表明,地位上相差甚远的研究人员之间不太相识;等级性有负效应,这表明有非对称现象,即研究人员们往往认为,他们与那些因被引次数而"排名较高"的其他人的相识度会更高一些,反之,可称之为是地位效应(status effect)或渴望效应(aspiration effect)。也有一些证据表明,在沟通与距离之间存在着某种弱相关,因为距离小一点的研究人员往往会有更多的沟通(r = −0.16,对于转换的变量来说,r=−0.19)。如我们所料,解释变量与它们的平方根转换变量之间的相关系数相当高。

在表 31.3 中,以时点 2 上的相识关系作为结果变量给出了 MR-QAP 的分析结果。我们将等级性与距离作为解释变量,从这里入手去决定两个引用效应中的哪一个更强些:等级性还是距离。接下来,将发送消息的效应加入模型中(表 31.3 中的模型 2)。利用 MR-QAP,通过 Dekker 等(2007)提出的残差置换方法计 464
算结果,在 UCINET 中,它被称为"Double Dekker Semi-Partialling"(基于2 000次置换和 t 统计量)。截距项的 p 值没有汇报。在 R 语言下的社会网络分析程序包 sna 中也有 QAP 和 MR-QAP 程序,要得到(几乎)相同的结果,则需要花稍长一点的时间。

表 31.3 UCINET 基于 2 000 次置换分析时点 2 上的 EIES 相识关系数据得到的 MR-QAP 分析结果

	模型 1	模型 2	模型 3
截距项	1.866	1.458	0.576
	—	—	—
沟通		0.175	0.102
		(0.001)	(0.001)
等级	−0.017	−0.012	0.000
	(0.041)	(0.103)	(0.454)
距离	−0.060	−0.047	−0.019
	(0.028)	(0.080)	(0.079)
网络时间 1			0.735
			(0.001)
R^2(调整的)	0.035	0.196	0.698
	(0.012)	(<0.000 1)	(<0.000 1)

注:括号内为 p 值。

表 31.3 中的模型 1 表明,距离比等级性对相识关系的影响更强。当沟通(如发送消息数的平方根)加入模型时,距离和等级性的效应就下降了,变得不再显著。沟通的效应是强的,(调整的)确定系数 R^2(分析中解释掉的方差比例)的大大提高也表明了这一点。将时点 1 上的相识关系度数作为解释变量也加入到这个模型中,就解释掉了更多的方差量。沟通的参数值虽然小了一些,不过还是显著的。等级性效应消失了,它显然被实验之初的相识关系完全吞并或表达了。因此,证据表明,沟通对相识关系有正向影响。

社会关系模型(SRM)

社会关系模型(SRM;Kenny and La Voie,1984)将二方组关系 Y_{ij} 中观测到的方差分解为三部分,它们是由关系的发送者、接收者以及其互动引起的。这个定义清楚地表明,该模型最初是以一个方差分析(ANOVA)模型来加以阐述的(Kenny and La Voie,1984)。后来被作为随机效应模型或多层模型重新得以修订(Snijders and Kenny,1999)。在修正时,纳入了解释性的二方组协变量,并利用行动者特征进一步对(随机的)发送者与接收者效应进行建模。请注意,二方组和行动者协变量可以是分类或连续变量。可以将 SRM 视为交互嵌套(cross-nested)的多层(回归)模型,其中的二方组嵌套在行动者之内,对于每一种有向关系来说,这些行动者都充当了发送者或接收者(Snijders and Bosker,1999,第 11 章)。[4]

SRM 要求给出连续的二方组结果,以便能在关系层次与行动者层次上做残差项正态分布(a normal error distribution of the residuals)的假定。用**随机的**发送者与接收者效应之间的协方差可以表示每个行动者在这两个角色之间的依赖性。可以认为，随机效应及其（协）方差测量了（未被解释的）行动者社交性（sociability）。用多层模型术语来说，行动者和二方组协变量的回归参数都是**固定**效应。SRM 不需要整体网数据，通过添加额外一个层次，就会很容易地将它扩展到多重（独立）网络情形（例如，可参见 Gerlsma et al.，1997）。针对独立二方组（只有两个行动者的网络）观测值的 SRM 被称为是行动者同伴独立模型（the Actor Partner Interdependence Model，缩写为 APIM），它是由 Cook 和 Kenny（2005）提出的，也可参见 Kenny 等（2006）关于二方组数据分析的教材。

在相识网中的应用

利用 Tom Snijders 编写的一个宏指令（macro），通过 MLwiN（Rasbash et al.，2005）就可以估计 SRM，从他的网址（http：//stat.gamma.rug.nl/）上可以下载这个宏指令。请注意，不管用什么软件，只要它能够设定带有复杂方差结构的随机效 465
应（关于 SRM 估计的软件具体信息，参见 David Kenny 的网址：http：//davidakenny.net/srm/srm.htm），就可以用该软件来评估这个模型。表 31.4 中展示了 SRM 是如何被用在 EIES 相识关系数据中的四种模型上的。第一个模型是所谓的虚无模型或空（empty）模型。这个模型是基准模型，对于既是关系发送者又是关系接收者的研究人员来说，如果通过发送者与接收者的方差来考虑这些研究人员之间的个体差异，就可以用该模型来获得相识关系强度的总均值。而且，还可以以有向关系残差之间协方差（或相关系数）的形式获得二方组内（within-dyad）互惠度的估计。也能得到关系方差的估计值，可以视之为对相识关系强度的行动者内（within-actor）变异性的测量。这些参数都出现在随后的所有模型中。接下来估计了一个 SRM，它与第一个 MR-QAP 模型有完全相同的效应，即在等级性、距离、基于行动者协变量地位的二方组方差（其被引数的平方根）方面的效应相等。第三个模型分别用地位的发送者与接收者（而不是二方组的等级性）效应来说明 SRM 的性质。这里也加入了二方组沟通效应与研究领域上的物以类聚（homophily）效应。在第四个和最后的模型中，加入了相识关系网的第一次测量，以判定已有效应的强度，并与 MR-QAP 的结果作比较。这些模型是通过偏离度（deviance）检验来加以比较的。加入（或删除了）协变量后，模型会得到改善，可以用偏离度来估计这个改善，但是它并不直接测量模型所解释的方差。因为这些模型是**嵌套的**，所以可以应用常见的模型比较程序。

表 31.4 用 MLwiN 处理时点 2 上的 EIES 相识关系数据得到的 SRM 分析结果

	模型 0	模型 1	模型 2	模型 3
截距	1.680	2.109	1.059	0.661
	(0.17)	(0.19)	(0.22)	(0.012)
沟通			0.120	0.065 5
			(0.014)	(0.000 91)
等级		−0.015 0		
		(0.009 8)		

续表

	模型 0	模型 1	模型 2	模型 3
距离		−0.142	−0.123	−0.036 5
		(0.022)	(0.020)	(0.012)
网络时间 1				0.690
				(0.021)
相同领域			0.331	−0.036 2
			(0.084)	(0.050)
发送者的地位			0.065 5	0.006 54
			(0.026)	(0.015)
接受者的地位			0.092 9	0.008 30
			(0.026)	(0.014)
发送者的方差	0.198	0.234	0.128	0.036 6
	(0.054)	(0.065)	(0.038)	(0.012)
接受者的方差	0.264	0.266	0.124	0.030 1
	(0.073)	(0.073)	(0.037)	(0.010)
发送者/接受者的协方差	0.193	0.215	0.084 2	0.020 6
	(0.059)	(0.063)	(0.031)	(0.008 7)
残差关系方差	0.869	0.809	0.717	0.328
	(0.047)	(0.043)	(0.037)	(0.015)
二方组内互惠度的协方差	0.531	0.471	0.370	0.053 4
	(0.047)	(0.043)	(0.037)	(0.015)
偏差值	2 563.7	2 521.6	2 437.2	1 769.1

注:括号内为标准误差。

466 表 31.4 中的模型 0 表明,相识关系强度的总均值是 1.68,在 0—4 量表上有点中间偏左。行动接收者的方差比发送者的方差稍大,这与表 31.1 中发现的情况相对应。随机的发送者与接收者效应的协方差等于 0.19,这意味着它们之间有更大的相关系数 0.84(0.19/ $\sqrt{0.20\times0.26}$),即如果某个行动者有着正的发送者效应(他向外发出的相识关系的强度高出均值),他接收到的相识关系等级(rating)的强度(一个正的接收者效应)往往也高出均值。请注意,该模型描述的是这个网络中的整体结构,并没有利用任何一种协变量的信息。残差关系方差远远大于行动者方差。网络中的总体互惠度很高,两个有向关系之间的相关系数是0.61(0.53/0.87)。

与 MR-QAP 分析中的情况一样,距离效应强于等级性效应,证据来自模型 1 中的等级性效应小且不显著。这个模型是对模型 0 的一个明显改进,它与模型 0 的偏离度之差为 42.1(2 563.7−2 521.6),其自由度为 2(因为增加了两个参数),在 0.001 水平上显著。减少了的总方差引起了更低的残差关系方差和略高的发送者与接收者方差（这在多层分析中是众所周知的现象，参见 Snijders and Bosker，1999：100）。与模型 0 中的情况差不多，发送者与接收者效应和未被解释的互惠性之间的相关系数大致相同（各为 0.86 和 0.58）。

在模型 2 中，当加入了地位、沟通和领域同质性（field homophily）的发送者与接收者协变量后，行动者方差与残差关系方差都减少了。t 检验（或近似于 z 检验）——t 检验是用参数估计值除以其标准误——结果表明，这些效应的参数都是显著的。在 5%的水平上，t 大于 2 就大致表示了显著性。在模型 3 中加入了时点 1 的相识关系后，协变量效应就大大下降了，除了沟通与距离之外，所有的参数估计值都不再显著。各个方差都减少了一半以上，未被解释的互惠度只有 0.16（0.05/0.33）。随机的发送者与接收者之间的相关系数仍然较大，等于 0.62（$0.02/\sqrt{0.03\times0.04}$）。

对这些变化的一种解说是，大部分时点 2 上的相识网都可以被时点 1 上的相识网所解释。尤其是领域相似性效应和（发送者与接收者）地位效应都为时点 1 上的网络捕捉到了，这是可以理解的，如果程度更小一些，距离效应也会被捕捉到。不过，消息数对解释时点 2 上的相识关系是有贡献的，这看起来与这项研究的目的非常一致。可以这样理解，这项计算机沟通实验是成功了。

p_1 和 p_2 模型

还有另一项独立的发展，即人们提出了针对（有向图中）二值关系的统计模型，这些模型区分了一个二方组的四种可能结果：一个虚无对（0，0）、一个互惠对（1，1）、两个非对称对（0，1）和（1，0）。Holland 和 Leinhardt（1981）提出了第一个所谓的 p_1 模型。可以把它看成是 Kenny 和 La Voie（1984）的方差分析社会关系模型（Analysis of Variance Social Relations Model，缩写为 ANOVA SRM）的对数线性姐妹篇（loglinear pendant），它区分了所有 n 个行动者的发送者与接收者角色。这个模型包括 $2n$ 个行动者参数，再加上密度与互惠性参数，它们分别表示加入任何一个关系（不论方向如何）以及一种互惠关系的总体倾向性。

与 Snijders 和 Kenny（1999）的 SRM 相似，用随机的发送者与接收者效应可以将 p_1 模型扩展到所谓的 p_2 模型上（Lazega and Van Duijn，1997）。这个模型提供了一种可能性，即将（行动者）发送者与接受者效应以及密度和互惠性效应的二方组协变量包含进来。在 p_2 模型中，以虚无二方组（0，0）为参照类，将一个二值关系的二方组的四个结果明确建模（可与多分类的逻辑斯谛回归［logistic regression］相比）。从而将随机的发送者与接收者效应关联在一起 了（正如 SRM 中一样）。不管这个二方组中其他关系的结果如何，它的密度参数都代表了一个有向关系（与无关系相比）的对数发生比（log-odds）。一个互惠二方组（mutual dyad）的对数发生比相对于两个非对称的二方组（asymmetric dyads）的对数发生比总和有一个增量，要用互惠性参数来表达这个增量的交互效应。

用对数线性模型或广义线性模型这些直接的方法可以方便地估计 p_1 模型。与 p_1 模型不同，有学者（Van Duijn et al.，2004）首次提出对 p_2 模型实施 IGLS 估计，后来用马尔科夫链蒙特卡罗(Markov Chain Monte Carlo)方法改进了 IGLS 估计(Zijlstra et al.,2009)。他们在 Wong(1987)的研究传统中利用了贝叶斯模型,该模型被 Wang 和 Wong(1987),Gill 和 Swartz(2004)扩展到分类的协变量上。也可以用
467 p_2模型估计多重(独立)网络(Zijlstra et al.,2006)和多元关系(Zijlstra,2008)。

在朋友关系网中的应用

现在,我们将注意力转向用二值朋友关系网来展示 p_1 和 p_2 模型。利用 StOCNET 中的 P_2 模块就可以估计 p_2模型。表 31.5 呈现了这个结果。p_1的估计值是用 UCINET 得到的,这里只报告了文本形式。在估计了 p_1模型之后,用四个 p_2模型去拟合 EIES 朋友关系数据:首先是零模型;下一个模型可以与表 31.4 中的 SRM 模型 2 作比较,它估计的是沟通、距离与地位效应;第三个模型显示了 p_2 模型的具体特征,以便将互惠性参数协变量纳入模型;用实验之始的朋友关系效应(密度)扩展这个模型,就能得到第四个模型。

表 31.5 用 StOCNET 处理时点 2 上的 EIES 朋友关系数据得到的 p_1和 p_2分析结果

	p_1	p_2			
	模型	模型 0	模型 1	模型 2	模型 3
密度	-3.34	-3.01	-4.67	-4.12	-5.22
		(0.27)	(0.50)	(0.53)	(0.76)
沟通			0.426	0.424	0.484
			(0.061)	(0.067)	(0.078)
距离			-0.224	-0.365	-0.340
			(0.055)	(0.085)	(0.121)
领域相同			0.717	0.736	0.677
			(0.20)	(0.20)	(0.34)
网络时间 1					6.59
					(0.62)
互惠度	4.33	3.82	3.30	2.43	0.839
		(0.45)	(0.48)	(0.60)	(0.71)
距离				0.364	0.519
				(0.16)	(0.21)
发送者的地位			0.171	0.155	0.108
			(0.12)	(0.13)	(0.14)
接受者的地位			0.096 2	0.085 1	0.025 1
			(0.077)	(0.087)	(0.10)

续表

	p_1	p_2			
	模型	模型 0	模型 1	模型 2	模型 3
发送者的方差	1.74[1]	1.06 (0.40)	3.40 (1.20)	3.49 (1.29)	2.97 (1.34)
接受者的方差	2.23[2]	1.46 (0.52)	0.730 (0.35)	0.740 (0.34)	0.731 (0.48)
发送者/接受者的协方差	-1.26[3]	-0.829 (0.40)	-1.15 (0.51)	-1.18 (0.55)	-0.901 (0.55)
偏差值(大约)		663.7	531.2	526.8	258.5

注:括号内是标准误差。

1.基于 n 个估计的发送者参数的方差。

2.基于 n 个估计的接受者参数的方差。

3.基于 n 对估计的发送者和接受者参数的协方差。

用 p_1 模型分析 EIES 数据会得出负密度估计值(-3.34)。这意味着一种关系出现的概率远远小于 0.50(对应于所观测到整体密度为 0.21)。互惠性参数是正数(4.33),其绝对值稍大于密度参数。这些值表明,互惠二方组发生的概率比两个非对称二方组结果之一发生的概率大(对应于观测到的互惠二方组数 60,这个数大于非对称二方组数 82 的一半)。个体发送者与接收者效应的 32 个估计值可用它们的方差与协方差来概括,它们分别是 1.74、2.23 和-1.26(后者意味着相关系数为-0.64)。

正如所料,p_2 的零模型(表 31.5 中的模型 0)表明了一个负密度参数估计值与一个正互惠性参数。接收者方差还是高于发送者方差,协方差(和相关系数)也为负。对于 SRM 来说,不同之处在于,不能把这个相关系数与观测到的点入 468
度与出度之间的相关系数联系起来,因为这个模型中包含互惠性参数。最后报告了偏差值(Deviance),由于该模型的非线性,得到的只是近似值(参见随机效应的逻辑斯谛回归)。在偏离度的基础上,无法做任何正式的模型比较检验(参见 Zijlstra et al.,2005)。

表 31.5 中的模型 1 类似于表 31.4 中的 SRM 模型 2,也与模型 2 有本质上相同的解释,即沟通与领域相似性有正效应,与朋友关系距离有负效应。然而,行动者的地位效应因太小而不显著(要将这些回归参数与先前的模型进行直接比较是有难度的,因为随着模型中变量的增加,它们往往在规模上也增加。在有随机效应的逻辑斯谛[logistic]回归中,这是众所周知的现象,例如可参见 Snijders and Bosker[1999])。需要注意的是,发送者的方差也增加了。最好通过与接收者的方差进行比较来解释它。显然,模型中包含的网络效应能够更好地解释接收到的朋友关系之差(而不是发出的朋友关系之差)。在 SRM 分析中,也可以观

察到类似的模式,尽管它不是那么强。

模型 2 将距离纳入模型(不仅针对密度,而且针对互惠性),展示互惠性协变量的典型 p_2特征。我们能发现距离对互惠性的正效应,这是令人感兴趣的,将其与距离对密度的负效应结合在一起,就可以解释它了。距离对密度的负效应意味着,研究人员的地位差异越大,其朋友关系的总体概率(overall probability)越小。互惠度距离参数是一个交互效应,指的是互惠二方组中密度对互惠性的正效应减少了距离对密度的负效应,因此,对于那些行动者之间距离相同的二方组来说,互惠关系与非对称关系发生的概率大致相等。

最后,时间点 1 上的朋友关系网也被加入了模型。[5]模型 3 表明,到目前为止,这个协变量产生的影响最大,正如 SRM 分析中的一样,领域相似性与距离的效应减少了(虽然对互惠性来说不是这样),而沟通的效应还是相对较强一些。

双线性模型

基于早期提出的二方组模型,Hoff(2005)提出的双线性模型包含了二方组与行动者协变量效应。这个模型超越了二方组的依赖性(dyadic dependence),因为它包含的额外参数可以捕捉到三阶依赖性(third-order dependence)的具体形式,将其定义为是平衡性或可聚类性(clusterability)。可以将其理解为是在模型的残差中进一步挖掘结构。残差被定义为行动者潜在特征的函数,它形成了某种距离或空间。因此,需要建立一个比 SRM 或 p_2模型更复杂的依赖性结构,尽管它不像指数随机图模型那样完整与复杂。把双线性模型作为一个贝叶斯广义线性模型建立起来,使之适于正态、泊松和二项式的关系分布,可用 MCMC 方法进行估计。研究者要在(贝叶斯)拟合统计量的帮助下决定潜空间的维度。如果选择潜空间的维度为 0,那么关系为正态分布的双线性模型就等于**社会关系模型**(SRM)。对于二值关系来说,不存在与 p_2模型对等的模型,因为在双线性模型的固定(均值)部分中不包括互惠性参数。至于这个模型是否令人满意地拟合了数据,可以用贝叶斯模型的汇总与选择工具来确定这个问题。

在相识关系网中的应用

双线性模型不是 R 中 statnet 套件的一部分(Handcock et al.,2003),不过它的估计可以在 Peter Hoff 的网址上(http://www.stat.washington.edu/hoff/Code/GBME/)找到 R 源代码。这里介绍的双线性模型只是用作展示,并无意于把它表达为是 EIES 数据的最佳拟合模型。当一个模型中的参数等于 SRM 的模型 2 和 p_1模型中的那些参数时,这个模型就是拟合的。也就是说,模型中包括沟通、距离、领域同质性的效应,以及地位的发送者与接收者效应,但是不包括时点 1 上的相识关系网(因为它在很大程度上解释了时点上的相识关系)。进一步来说,潜在空间被选择成二维的,就可以在经历普洛克路斯忒斯旋转(Procrustes rotation)后方便地表达为图形。[6]

将双线性模型的模型结果(如表 31.6 所示)与社会关系模型的模型结果(表

31.4 中的模型 2,令潜空间维度数等于 0,也可用双线性模型得到该结果)相比
较,就会清楚地看到,协变量的效应大大减小,尤其表现在领域同质性、距离以及
发送者地位的效应、接收者地位的效应也有所减少。发送者的方差与接收者的
方差实际上相同,但是残差关系的方差下降了。这两个潜维度的方差介于发送 469
者和接收者方差以及残差关系方差之间,并且(与 SRM 相比较)提升了一些残差
方差。

表 31.6 用 StOCNET 处理时点 2 上的 EIES 相识关系数据得到的双线性模型分析结果

密度	1.14	(0.25)
沟通	0.107	(0.014)
距离	-0.049 6	(0.026)
领域相同	0.175	(0.089)
发送者的地位	0.036 3	(0.028)
接受者的地位	0.065 0	(0.030)
发送者的方差	0.117	(0.039)
接受者的方差	0.136	(0.045)
发送者/接受者的协方差	0.088 0	(0.036)
残差关系方差	0.544	(0.029)
二方组内协方差	0.363	(0.041)
潜在维度 1 方差	0.317	(0.10)
潜在维度 2 方差	0.312	(0.094)

注:括号内为标准误差。

我们对结果的解释是,由于潜空间服务于捕捉三阶依赖性,这些结构效应中的某些效应就会隐藏在领域同质性与距离之中。对于某些效应——如传递性与平衡性对相识关系的效应——来说,这一点貌似有理,它们完全可以通过同一领域中的同事或有地位相似的同行起作用。有意思的是,沟通的(真实)二方组效应只是略微减少一点。图 31.3 描绘了行动者在潜空间中的位置。这些符号表示行动者的位置,运行马尔科夫链蒙特卡罗(MCMC)的后验模式(posterior mode)就可以得到它们。诸多细小的点是在运行全部马尔科夫链蒙特卡罗抽样器时得到的实现值,它们标示了节点位置的范围和重叠。位置靠近的行动者相互之间有许多关系和/或对其他行动者有相似的关系模式(Hoff,2005)。这里似乎有一些分群,下一节会总结用关系模型得到的结果,之后会进一步探讨行动者的分群。

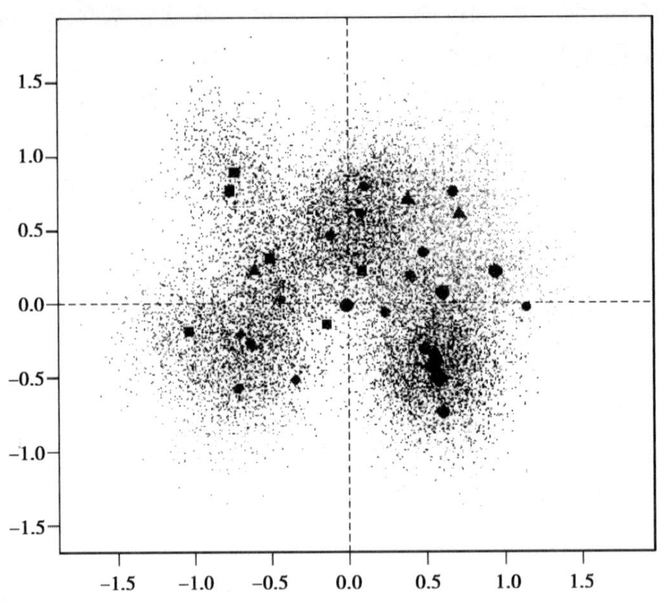

图 31.3　时点 2 上的 EIES 朋友关系网的双线性模型结果

470 关系模型的总结与讨论

本节讨论与展示了四种渐趋复杂的模型。利用 MR-QAP 模型,我们能够确认,沟通对时点 2 上的 EIES 相识关系网的影响是颇大的,在控制了时点 1 上的关系后,还是同样能够确认这个影响(不过其强度减弱了)。

所有的其他模型都明确地对二方组依赖性建了模型,在此意义上,它们是适于社会网络数据的。这些模型的分析表明,除沟通的二方组效应外,地位(距离)也有对称的二方组效应,在控制了对该网络的第一次测量之后也是如此(在双线性模型中没有计算)。平均而言,如果两个行动者之间的距离大,所报告的两个关系值就都会偏低。SRM 和双线性模型中的个体地位效应(只有一个显著的接收者效应)大于 p_2模型中的个体地位效应。由于 p_2模型对"朋友关系"(被定义为二值化的相识关系)建了模,就可以从本质上将这个差异解释为,相识关系比朋友关系对个体地位更敏感。这样的解释是尝试性的,因为可能由于存在着二分关系变量而使备选的解释缺乏效力(p_2模型中全部参数都有较大的标准误,这一事实表明了这一点)。

要想解释模型中包含的随机效应,最初可能看似困难,但是却富含信息。SRM 和双线性模型中最重要的信息都是由互惠性效应捕捉的,该效应能报告二方组中两个关系之间的相关性。由于可以就交互性来解释发送者和接收者方差,因此,对于 EIES 数据来说,我们会发现,与研究人员接收到的关系相比,他们报告出的关系彼此之间的差异更大。协方差为正表明,如果研究人员报告出的关系值大于关系均值,他们也往往接收到了这样的关系值,可以将其解释为是一种一般性的社交性(sociability)效应。在 p_2模型中,互惠性被看作固定效应,它也显示出了所期望的正效应。运行两维度潜空间的双线性模型，结果表明，由于有三阶效应，用其他模型得到的效应可能是有些膨胀的。

针对行动者群体的研究

在这一部分，我们采取了一个不同的视角来看待社会关系系统。在试图用二方组和/或行动者的特征来解释观察到的社会网络时，我们不再聚焦于关系，而是转向行动者。对于 EIES 数据来说，这意味着在已知的个体协变量或在相识关系与沟通关系的基础上，我们要怎样对研究人员进行最佳的分类。在继续介绍一些随机的后验(a posteriori)块模型之前，我们要提及其他的方法与模型，目的是在所研究的群体之间比较行动者(如根据研究领域比较)，或者是利用网络关系以及可能的行动者与二方组协变量去解释或预测某个行动者的结果变量(例如，利用相识关系或朋友关系网以及领域解释或预测科学地位)。

比较行动者群体

诸如 t 检验和 ANOVA 这样的方法已广为人知，如果用这些方法去比较行动者及其网络特征，就会深受错误的观测值独立性假设之苦(可参见 Hanneman and Riddle，2005：第 18 章)。概括行动者层次上的关系数据很容易(虽然概括性统计量可能是必选项)，但是根据定义，所产生的“行动者”数据有依赖性。对于相关性分析，一个解决方案是使用基于置换的方法(参见 QAP)，该方法在 UCINET 中可通过 t 检验、ANOVA 和回归来实施，得到行动者的结果。就 EIES 中的研究人员来说，通过他们的学科隶属关系去比较这些研究人员是很自然的事。

要研究关系对行动者特征的影响，人们提出了传染模型(contagion model)，可参见(Doreian，1980；Burt，1987；Friedkin，1998；Leenders，2002)。在这些模型中，行动者特征是结果变量，其中行动者之间的依赖性是通过将(某些形式的)社会网络包含进回归方程式来表达的。因此，传染模型是一种空间回归模型(参见 Ord，1975；Anselin，1988)，它对自回归或(网络)自相关建模，或对两者建模。可以用针对空间回归的软件或 sna(Butts，2008)来估计传染模型。有关它的较充分的综述以及这些模型的应用，参见 O' Malley 和 Marsden，2008。这里不再解释这些模型，因为可以用连续时间模型，在这个模型中，可以将传染与选择效应加以区分(参见 Steglich et al.，2010)。 471

确认行动者群体

随机块模型分析的目的是确认行动者群体(或位置)。如潜类别分析(latent class analysis)中那样，这样的分析有许多问题，其中之一是，要决定需要多少个群体才能足以区分行动者的集合；紧接着的下一个问题是，是否这个群体的指派与研究者的期望相一致，或者在给定其他量化(或质性)信息后，它是否可以被理解。在一些随机块模型中,可以获得关于行动者位置的额外信息,它们可以用来表达图。要注意的是,前文介绍的双线性模型也具有这个特征。关于随机块模型的早期例子可以在(Anderson and Wasserman,1992)中找到,他们对 p_1 模型中的发送者与接收者参数进行了分群。

在本节剩下的部分,我们要介绍四种随机块模型,它们会用执行计算的软件名来标示。第一个随机块模型是 BLOCKS,它是 Nowicki 和 Snijders(2001)针对(多值)社会网络数据提出的。这个模型继承了早期的用于(二值)网络数据的模型,将行动者指派给(潜)群体(Snijders and Nowicki,1997)。Tallberg(2005)用协变量信息进一步对群体概率建模,扩展了这个模型(这里不再说明,因为无可用的软件)。下一个要介绍的模型是由 Frank(1995)提出的随机块模型,即 KliqueFinder。除了指派群体之外,它可以得到行动者位置的图形示。第三个模型略有差异,它是由 Schweinberger 和 Snijders(2003)提出的,该模型建立在三方组中行动者之间超度量(ultrametric)距离的基础之上,可能会生成层次聚类群。要介绍的最后一个模型是 Handcock 等(2007)的潜聚类模型(latent cluster models)latentnet,这个模型将二方组和行动者协变量信息整合在一起了。这些模型与很多学者(Hoff et al.,2002;Shortreed et al.,2006;Krivitsky et al.,2009)提出的模型有关。

Blocks

由 Nowicki 和 Snijders(2001)提出的随机后验模型定义了随机对等的行动者群体,他们与自己群的行动者有相同概率的二方组结果,与其他群的行动者也有相同概率的二方组结果。它基于的假定是,在观察到的社会网络中,在行动者潜在(未知)的群体成员资格(他们所谓的颜色)条件下,二方组具有独立性(dyad independence)。颜色分布定义了每种颜色的后验概率分布(类似于潜类别分析),与它结合就可以得到这个二方组结果和颜色的联合分布。在 BLOCKS 中执行 MCMC 估计法,就可以得到每种颜色(每个行动者)后验概率的参数估计值。请注意,这个模型只利用了观察到的(二值)网络,并没有任何协变量信息。

每个行动者都被指派到能代表这个行动者最高后验概率的颜色上去。为了决定群体的数目,需要用两个拟合统计量,它们是关于所得到的行动者位置的于额外信息(I_y)与清晰度(H_x)。对于这两个指标,要首选趋于零的值。在拥有不同(预定)群体数的模型之间比较这些统计量,就会得到最优解。

在友谊网数据上的应用

在 EIES 朋友关系网数据上探索性地运行 BLOCKS,得到的解是有 2~6 类的模型。结果表明,在这些群体指派中,没有一个被划分得非常富含信息或清晰明确。我们将注意力放在 3~5 个群体(颜色)的解上。BLOCKS 有可选功能来逐步剔除“最差”拟合的行动者,目的是得到一个行动者数量有所减少的网络,留下的行动者能更容易地被指派到群体,这样的话,群内关系的概率就比群间关系的概率高了。采用这个逐步剔除的思路,在 5-群体解中只留下了 4 个群体。因此,我们选定 4 作为期望的群体数。出于与其他随机块模型比较的需要,我们不想遗漏网络中的行动者(虽然它的一个吸引人的特征是确定“不可分群的”行动者),因此,我们采用“可选项”(option)重新将行动者指派到群体中。这个算法给出了三个或四个最拟合的行动者,他们能被明确地指派到不同的行动者群体中去。前三个行动者都有着不同的研究领域,我们选择它作为一个 4-群解决方案的起始构型(configuration)。图 31.4 和表 31.7 描述了这个得出的群体指派情况。对于这个解,得到的两个值为 $H_x = 0.27$ 和 $I_y = 0.70$。它们表明,这个解并不是特别有信息量,我们选择将所有的行动者指派到一个群体中去,这至少是部分的原因。 472

表 31.7 针对时点 2 上的 EIES 朋友关系数据,用块程序 BLOCKS 分析得到的 4-群解

群体和行动者编号						
			AAA	BBBBBBBBBBBBB	CCCCCCCCCCC	DDDDD
			3	1111112222	1112233	12222
群体	编号	领域	181	3450256790138	26791386702	42459
A	1	S	A22	3.33.3.3..333	23322222332	3.3.2
A	8	A	2A.	......33..3..	33..23..332	3.333
A	31	0	2.A	.....2.......	22..2223.32	3...2
B	3	0	4..	B4..4..3...2.	....4......	2....
B	4	S	...	3B.2.3..2..33	....	33.33
B	5	0	4..	..B...3......	...4.......	3.3..
B	10	S	4..	.2.B2....2.2.	....	...32
B	12	S	...	3..2B....4...	....	3...3
B	15	S	4.2	.4...B....3..	....	2...2
B	16	SM	.4.	..4...B3..2..	3	2233.
B	17	0	44.	4.....4B.42..	....4......	24...
B	19	S	...	.2......B..33	....	32...
B	20	S	...	...23..3.B4..	....	22222
B	21	SM	44.	.....422.3B..	4...4......	3232.
B	23	S	4..	24.2....4..B.	....	2..34
B	28	S	4..	.4......4...B	....	343..
C	2	A	242	..........3..	C..243...22	.....
C	6	0	442	....	.C.........	..4.4
C	7	0	4..	....	..C..2.....	.....
C	9	A	2..	..3..........	2..C....2.2	.3...

续表

			群体和行动者编号			
			AAA	BBBBBBBBBBBBB	CCCCCCCCCCC	DDDDD
			3	1111112222	1112233	12222
群体	编号	领域	181	3450256790138	26791386702	42459
C	11	S	222	3......3..3..	3...C.....2	..3..
C	13	A	242	....	4.2..C..2.4	.....
C	18	S	2.2	....	......C3...	.....
C	26	S	2.4	....	......4C...	.....
C	27	SM	44.	....	...2.2..C3.	.....
C	30	A	444	....	2.......4C4	3...4
C	32	A	222	......4......	2..223...3C	.4..4
D	14	S	444	244.422242424	.........4.	D2222
D	22	S	...	.4....23222.3	...4.......3	2D232
D	24	S	44.	..4...4..24.4	.3..4.......	22D22
D	25	S	.4.	.4.4..4..224.	....	242D.
D	29	S	242	.4.242...2.3.	.3........33	222.D

注:节选自 StOCNET 得到的输出结果;稍作调整以便区分群体(群体;A-D)、行动者(编号)和研究领域(领域:社会学、人类学、数学/统计学和其他)。

473 表 31.7 和图 31.4 表明,D 组被置于右下角,在除了 D 组以外的所有其他群体中,由于都存在着来自于不同学科的研究人员(用他们在图中的点形状所展示)。因此,这些群体表明,群与研究领域之间没有任何相关性。这些群体之间有许多关系,尤其是在图下方的 B 群和 D 群之间。但是,这个图似乎展示了群体之间在引用地位上的等级性:最大的 B 群(左下方)包括了高引用地位的研究人员。接下来是较小的 D 群,它被置于右下边,由 5 位社会学家组成。第二大的 C 群(左上方)和小群 A(右上方)由居于不同领域中的地位低的研究人员组成,其中 C 群中的研究人员比 A 群中的研究人员地位更低。可以从表 31.7 中推导出一些更精确的信息来。该表反映的是邻接矩阵,如 BLOCKS 的输出结果那样,不过这个表被略加修改了:这里用小圆点取代原始的 1(表示虚无关系),再添加关于行动者领域的信息。2 表示相互关系,3 和 4 分别表示从列到行和从行到列的非对称关系。在群内,A 群(图 31.4 的右上方)有相互关系,它主要向其他群体发送关系(群 A 的行中有许多 3),同时也与群 C 有大量的相互关系(图 31.4 中的左上方),而 C 群是个地位较低的群。B 群(图 31.4 中的左下方)最大,地位最高,它在群内展示了所有的二方关系(有许多虚无二方组),并且只向第一个群体发送某些关系,向第三个群体发送更少的关系,但是从第四个群体中接收到了大量的关系(一些关系是互惠的)。像 B 群一样,C 群是个大群,有着相对较少的群内关系。它与群 B 和群 D 之间几乎没有任何关系,但是,它与群 A 有着更多的关系(一些是互惠的)。最后,群 D 非常密集,它的行动者主要向群 A 和群 B 发送关系(一些是互惠的),但是群 D 与群 C 的研究人员几乎没有任何关系,在图 31.4 中,我们可以很清楚地看到它与群 B 的许多关系。如果将等级性定义为接收到许多其他群的选择,那么根据这种等级性,群体的等级序列就是 A,C,B,D。

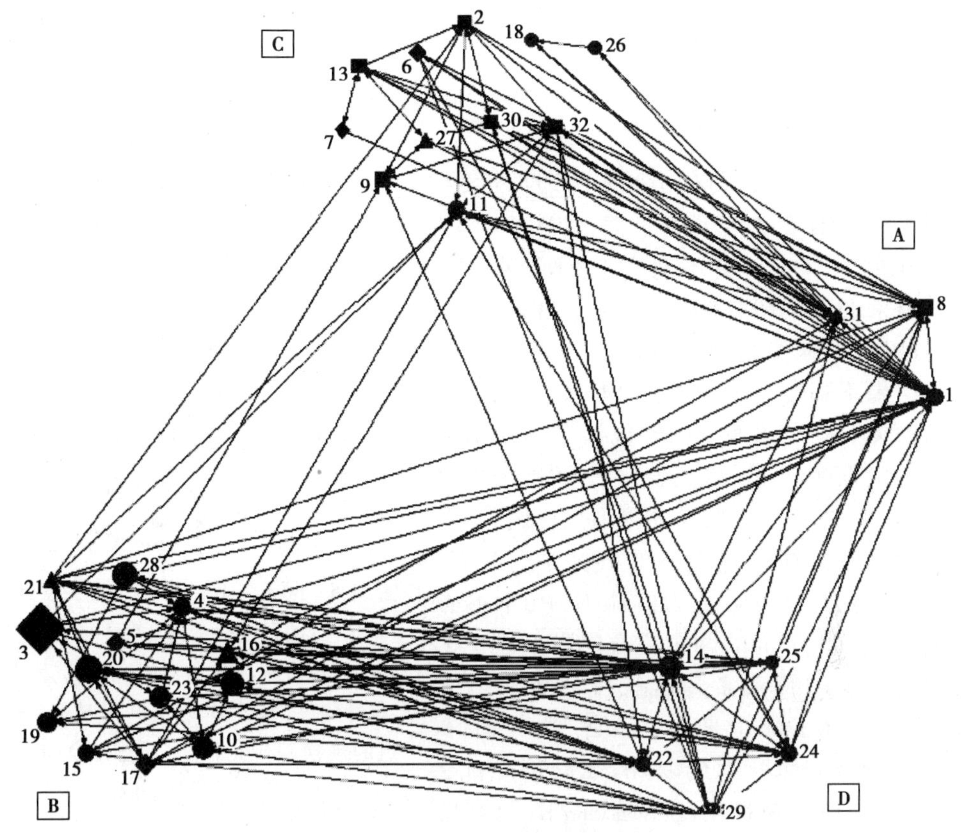

图 31.4　时点 2 上的 EIES 朋友关系网

注：行动者被指派到四个不同的群体中（以位置相区分），以研究领域（点的形状与颜色；与图 31.2 中相同）和引用数（点的规模）进行区分。通过 BLOCKS 得到群体解后，用程序 NetDraw 画出此图。

KliqueFinder

在 KliqueFinder 中执行的程序是建立在类似于 p_1 模型的基础之上的，[7]但是 474
用分类的行动者协变量（群）进行了扩展，采用的形式是利用群体相似性（同质性）对密度的影响。其潜含着的凝聚力（cohesion）思想是：同一群体中行动者彼此互动的概率应该高于其与其他群行动者互动的概率。如 BLOCKS 中的那样，除了观察到的社会网络，无须任何其他信息。与 BLOCKS 不同的是，KliqueFinder 不在关系的方向之间作任何区分。

在 MCMC 估计法变得普遍之前，这个模型就已经被提出了，它用一种所谓的迭代分区（iterative partitioning）算法进行估计。该算法始于一个由三个行动者组成的派系，行动者被预先指派到某个群体中去，这个指派在迭代中不断变化，直到目标函数（objective function）不可能得到任何改善为止。定义目标函数时，通常要使群内关系概率最大化，但是也可以给出其他一些与之有关的定义。将行动者预先指派到不同的群体中去，这个步骤是可选的。将行动者与群体之间的互动次数定义为距离,利用 MDS 就可以得到群体与群内行动者的图示。

在朋友关系数据上的应用

用 KliqueFinder 可以分析 EIES 朋友关系数据。分析结果产生了五个群,如图 31.5 所示。显然,五个群体并不对应于 EIES 数据中区分出来的四个研究领域。一个可能的解释是,可以根据地位去划分行动者的等级性,但是其结果不同于有四个群的 BLOCKS 解。上面的群体(表 31.8 中的 B)包括了被引数相对较低的研究人员,且远离了中间部分的两个群体(A 和 E),这两个群体则包括了大多数的行动者。在中间部分的群体中,只有三个或四个(在中间偏下的群体 E 中)有较高的地位。位于下面的两个重叠的群(C 和 D)包括了更少的行动者。这些行动者有着最高的地位,除了那个来自“其他”学科的、被引用数最高的研究人员以外,他们都是社会学家,但是他们在群内越来越远。图 31.6 是

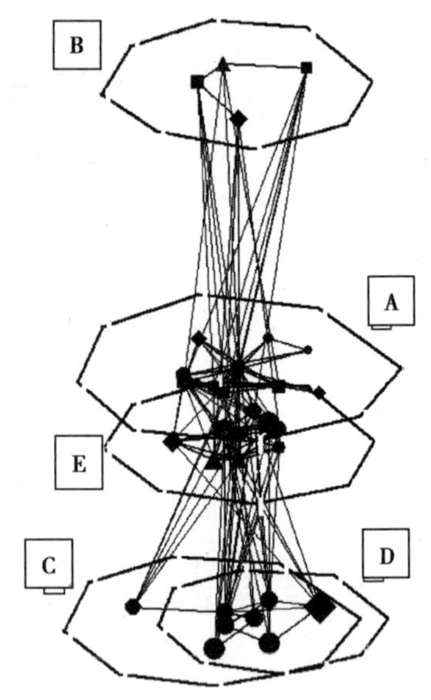

图 31.5 时点 2 上的 EIES 朋友关系网

注:行动者被指派到五个不同的群体当中(以位置来区分),以研究领域(点的形状和颜色;与图 31.2 相同)和被引用数(点的规模)区分开来。用程序 NetDraw 画出由 KliqueFinder 得到的图。

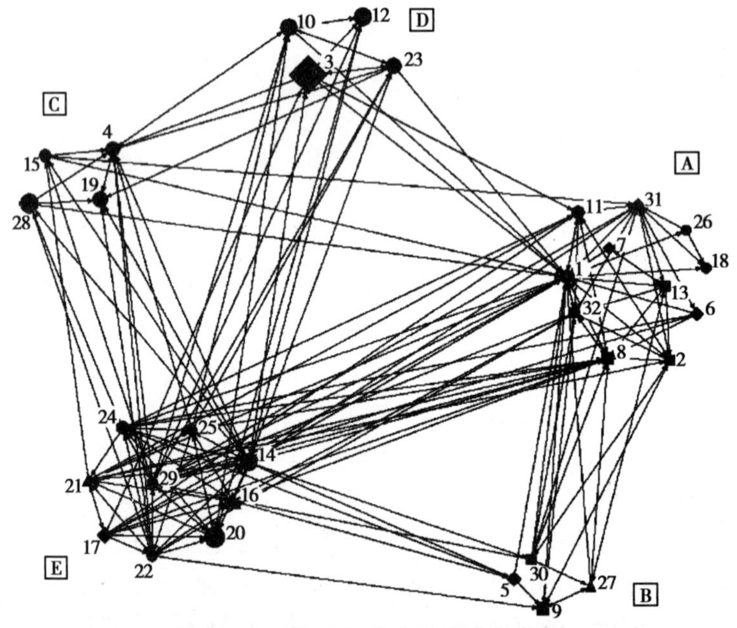

图 31.6 时点 2 上的 EIES 朋友关系网

注:行动者被指派到五个不同的群体当中(以位置来区分),以研究领域(点的形状和颜色;与图 31.2 相同)和被引用数(点的规模)区分开来。用程序 NetDraw 画出由 KliqueFinder 得到的分群的解。

表 31.8 KliqueFinder 在处理时点 2 上的 EIES 朋友关系数据时得到 5 个群体(群体缩写为 Grp,从 A 到 E)的解

475

N 32			Group And Actor Id AAAAAAAAAAA	BBBB	CCCC	DDDD	EEEEEEEEE
Grp	Fld	Id	1313 2 1 81118227663	2 3 9750	112 4958	112 2033	122221221 612094457
1A	A	8	A1 1 . . 1	. . . .	. . . .	. . . .	. . . .
1A	S	1	1 A 1 1 1 1 1 . 1 . 1	1 . . .	. . . .	. . . .	. . . . 1 . . . .
1A	S	11	1 1 A 1 . 1	. . . .	. . . .	. . . .	. . . .
1A	O	31	. 1 1 A 1 1 1 . . 1 1	. . . .	. . 1 .	. . . .	. . . . 1 . . . .
1A	S	18	. 1 . 1 A	. . . .	. . . .	. . . .	. . . .
1A	A	32	1 1 1 1 . A 1	1 . . .	. . . .	. . . .	1 . 1 . 1 . . . .
1A	A	2	1 1 1 1 . 1 A	1 . . 1	. . . .	. . . .	. . . .
1A	O	7	. 1 . . . . . A . . 1	. . . .	. . . .	. . . .	. . . .
1A	S	26	. 1 . 1 1 . . . A . .	. . . .	. . . .	. . . .	. . . .
1A	O	6	1 1 . 1 . . . . . A .	. . . .	. . . .	. . . .	. . . . 1 . 1 . .
1A	A	13	1 1 . 1 . 1 1 1 . . A	. 1 . .	. . . .	. . . .	. . . .
2B	A	9	. 1 . . . 1 1	B 1 . .	. . . .	. . . .	. . . .
2B	SM	27	1 1 1	1 B . .	. . . .	. . . .	. . . .
2B	O	5	. 1	1 . B .	. . . .	. . . .	. . . .
2B	A	30	1 1 . 1 . 1 1	. 1 . B	. . . .	. . . .	. . . . 1 . . . .
3C	S	4	. . . .	. . . .	C 1 . .	. 1 . .	. . . .
3C	S	19	. . . .	. . . .	1 C . .	. . . .	. . 1 . . . . . .
3C	S	15	. 1 . 1	. . . .	1 . C .	. . . .	. . . . 1 1 . . .
3C	S	28	. 1	. . . .	1 1 . C	. . . .	. . 1 . . . . . .
4D	S	12	. . . .	. . . .	. . . .	D 1 . .	. . . 1 . . . . .
4D	S	10	. 1	. . . .	1 . . .	1 D 1 .	. . . 1 1 . . . .
4D	S	23	. 1	. . . .	1 1 . .	. 1 D 1	. . . . 1 1 . . .
4D	O	3	. 1 1	. . . .	1 . . .	1 . 1 D	. . . . . 1 . . .
5E	SM	16	1	. . 1 .	. . . .	. . . .	E 1 1 . . 1 . . .
5E	SM	21	1 1 1 . . . 1	. . . .	. . 1 .	. . . .	1 E 1 . . . . 1 1
5E	S	22	. . . .	1 . . .	1 1 . .	. . . .	1 1 E 1 1 1 1 . .
5E	S	20	. . . .	. . . .	. . . .	. 1 . .	. 1 1 E 1 1 1 1 .
5E	S	29	1 1 . 1	. . . .	1 . 1 .	1 1 . .	. . 1 1 E 1 1 . .
5E	S	14	1 1 . 1	. . 1 1	1 1 1 1	1 . 1 1	1 1 1 1 1 E 1 1 1
5E	S	24	1 1 1	. . 1 .	. . . 1	. . . .	1 1 1 1 1 1 E 1 .
5E	S	25	1	. . . .	1 . . .	. 1 1 .	1 1 1 1 . 1 1 E .
5E	O	17	1 1 1	. . . .	. . . .	. . . 1	1 1 1 1 . 1 . . E

注:这里区分了行动者(Id)和研究领域(缩写为 Fld,包括社会学、人类学、数学/统计学家与其他)。

用 UCINET 得到的,这个图证实了 KliqueFinder 解中的观点,并就中间部分的这些群(左下方与右上方)给出了更多的信息,这些群体相互之间有许多关系,密度高。最后,表 31.8 呈现的邻接矩阵(该矩阵是对 KliqueFinder 的输出结果略作改写而成,以便标示初始的研究领域)显示了 5 个群体内部的高密度,其中 1 表示非对称关系或相互关系,圆点表示没有关系。

ULTRAS

该模型是由两位学者(Schweinberger and Snijders,2003)提出的,目的是找到群体(或者情景,如他们所称)。该模型基于这样一个假设,即网络中行动者之间存在着某种未知的距离,这个距离支配着他们之间关系的概率,它会导向对行动者的嵌套性分群。这个距离(或接近度)关乎他们与第三个行动者的距离,意味着传递性的结构,用一种针对行动者对(pairs of actors)而定义的超量纲(ultrametric)(潜)空间能测量这个距离。行动者之间的距离越大,其关系的概率越低。嵌套分群导向了密度更高的领域,就像一张有着等高线(contour line)的地形图所示(参见 Schweinberger and Snijders,2003:图 2)。ULTRAS 模型有以下要求:有一个对称矩阵,能分别采用关系概率、紧密度(intensity)或强度的伯努利、泊松或正态分布去处理二值的、计数的或连续的关系变量。用最大似然法或贝叶斯法可以估计该模型。

在对称化处理的朋友关系数据上的应用

"超量纲"模型是在 ULTRAS 的 STOCNET 模块中执行的。EIES 朋友关系数据的运行结果基于的是标准的设置,即用马尔科夫链蒙特拉罗抽样器(MCMC sampler)执行三次计算,每次都迭代 10 000 次。第一步要决定行动者分群时需要多少个层次。当执行 2~9 层的模块运算时,就会发现,对于距离为 5 或更大的行动者来说,他们之间发生关系的概率都极小。从这一意义上看,4 个层次的解就足够了,无须 5 个或更多层次的解。我们没有对收敛性或模型的拟合性作进一步检核。图 31.7 展示了这个解,它不是以图而是以一个邻接矩阵的形式展示的,包括几个"块"或"情景",其中最后的块只是由整体网构成,在网中,对于不属于更深层嵌套的两个行动者(此图中没有任何行动者)来说,它们之间有关系的总
476 概率非常低(大约为 0.001)。右下面的块包括行动者 7~12(其顺序由 ULTRAS 排定,见图 31.7),其关系概率为 0.05,而在左上方的块内(包括行动者4~20),这个概率增加到 0.20。这个分区(division)大体对应于 BLOCKS 解中的两个最大的群体。在这两个情景里,大部分群体是嵌套的,其中许多只包含了几对行动者。最高的密度是在较黑(darker)的块中发现的,其关系概率为 0.70。如此靠近的最大行动者块是邻接矩阵中的第二块(包含行动者 8~25),它显示了与 KliqueFinder 解中第五个群的某些相似性(见表 31.8)。

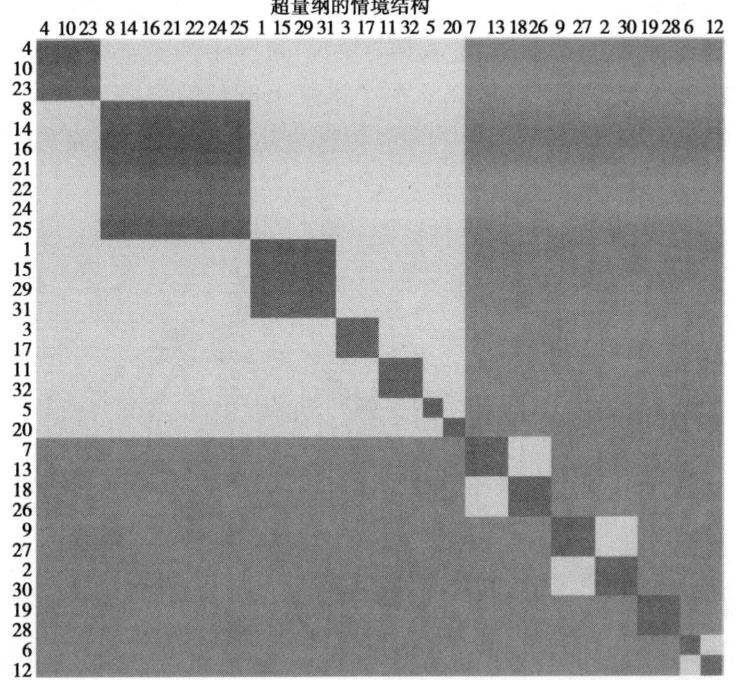

图 31.7 用 ULTRAS 处理时点 2 上对称的 EIES 朋友关系网得到的块结构

Latentnet

由 Handcock 等(2007)提出的潜位置聚类模型(latent position cluster model)则建立在一种不同的潜空间观念的基础之上,前文已经针对 Hoff(2005)的双线性模型讨论过了。Hoff 等(2002)提出的潜空间模型并不具有将群体位置指派给行动者的特征。通过在潜空间维度上假设行动者的未知群体(潜聚类)成员资格,就能将该模型扩展成潜位置聚类模型。在这个模型中,可以加入行动者与二 477
方组协变量,这就使得该模型比前文介绍的随机后验块模型更为精致。用高级贝叶斯(MCMC)技术可以估计这个模型,至于图形表达建立在何种定义的距离之上,则有几种选择(见 Shortreed et al.,2006)。如何选择最优的潜聚类数以及潜空间维度数,有时是有难度的,可以利用各类统计量去作这个选择(如在 BLOCKS 中那样)。有学者(Krivitsky et al.,2009)用随机的发送者与接收者效应扩展了这个模型(可与双线性模型相比)。

在朋友关系数据上的应用

可以用 R 程序包 latentnet 分析与双线性模型有同样协变量的 EIES 朋友关系网(见 Krivitsky and Handcock,2008)。我们仍然不去搜索一个最拟合的模型,而是去比较 4 个和 5 个潜聚类的解,包括针对沟通、距离与领域同质性的二方组协变量。根据贝叶斯信息准则(Bayesian Information Criterion),4 个潜聚类的解是首选。回归参数(未出现在表中)显示沟通效应最强,但有意思的是,这里也存在着领域相似性的显著效应,而距离效应小且不显著(回忆一下,在有随机的发送者与接收者效应的双线性模型中,领域相似性与距离都没有达到显著)。图31.8给出了这个解的图形表达,它显示了四个聚类中的大部分交叠和围绕着聚
478 类核心的大量变异。由图可见,在这两个维度上的位置之间,总体上有正关系。与KliqueFinder的解,该结果与BLOCKS的解更相似。

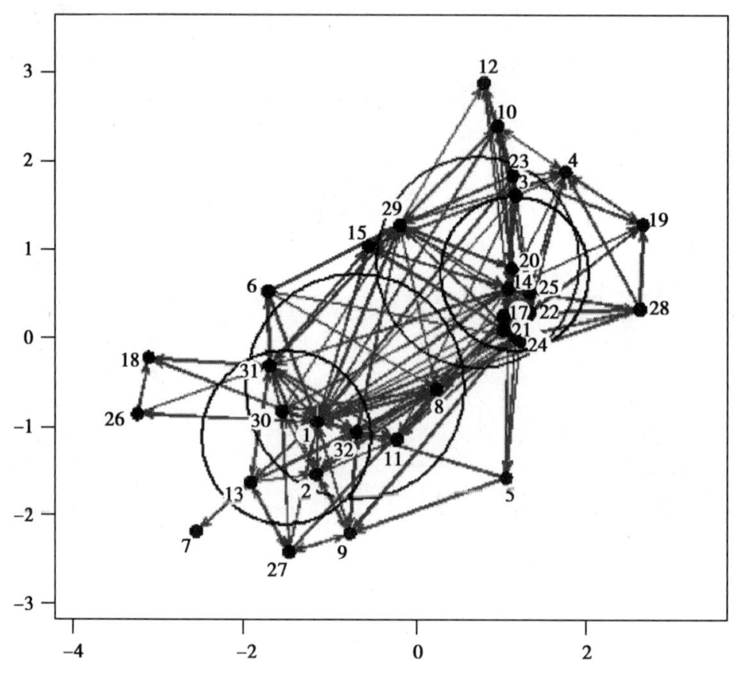

图31.8 用latentnet分析时点2上EIES朋友关系网得到的潜位置与潜聚类图

479 **总 结**

本章介绍了四种不同的随机后验块模型。虽然它们有着同样的目标,即发现一种(好的)关于网络行动者的分类,但是,它们的性质还是非常不同的。前三个模型没有用协变量信息,其目的是发现由随机对等行动者组成的群体,就KliqueFinder来说,此类群体的定义只是有一个尽可能高的群内关系概率(群间关系概率因而较低)。这也是ULTRAS中的假设之一,ULTRAS对距离的定义导向了嵌套群中行动者的分类学。在BLOCKS中,对随机对等性的定义更为一般,并扩展到了所有可能的二方组结果上(在二值数据条件下为四类)。在潜位置聚类模型中,对随机对等性概念的定义并不是非常明确,因为群体成员资格是在潜空间维度上被定义的(有可能还要考虑到协变量对关系概率的效应)。对这些维度的解释不总是那么容易或直截明确。从概念上讲,ULTRAS与latentnet相关,但是,ULTRAS利用了一个不同的潜空间与距离定义。

给定各类随机对等性的定义后,如果发现了相当不同的解,并不令人吃惊。KliqueFinder给出了一个5-群解,其群内密度高(见图31.5和31.6),这似乎与行动者的科学地位有一些关系,不太与研究领域相关,尽管科学地位与领域有相关性,因为社会学家都有着最高的被引数(参见表31.1)。对于BLOCKS发现的4-

群解来说,它也显示了与科学地位的弱关系。用 ULTRAS 得到的嵌套群体结构 480
可能与先前的两个解大体相关,但是却包含了许多更小的群。用 latentnet 做的分析表明,4-群解优于 5-群解,虽然从聚类之间的交叠看,有更少聚类的解应该更好些。将行动者指派到群体(这里没有严格地显示)与 BLOCKS 的群指派相类似,因此也与行动者的科学地位弱相关。令人感兴趣的是,这里发现了科学地位的不显著效应(通过二方组距离)。一个可能的解释是,距离不直接影响关系(二方组)的概率,却存在于能捕捉到三阶依赖性的潜维度中。

结 语

本章在导言部分提出了一些问题,我们虽然没有为全部问题都找到答案,但是本章介绍的这些模型与方法还是对 EIES 数据的结构以及网络与协变量之间的关系提供了更为深入的洞察。一些尝试性的回答是,我们观察到了 EIES 研究人员在时点 2 上的相识关系,而沟通是这一关系的一个重要解释变量。可以认为,这个结果证明产生该数据的实验是成功的。地位效应不太清晰,在相同领域中工作对关系的影响似乎在某种程度上依赖于所运用的模型。行动者是否以及怎样能被指派到不同的群体中去,这还不是非常明确,因为这里展示的方法给出了不同的解。总之,分群似乎与科学地位(而非研究领域)有关。

在尝试性的解释中存在着分歧,它突显了我们讨论的两类随机模型之间的差异。利用二方组与行动者协变量信息去对关系进行建模,这是直截了当的,因为我们将关注点放在协变量的解释力上,并不太关注行动者之间未被解释的差异。在致力于寻找行动者群体的模型中,似乎也存在着利用额外(协变量)信息去后验地解释群体的需要。

在这个意义上,有协变量的潜空间模型就形成了一类令人感兴趣的混合模型,这个模型具有利用协变量信息并发现群体的可能性,虽然它并没有解决一个问题,即解释潜空间的维度,捕捉三方组的依赖性形式。在模型中,关系的随机效应也可以被看作是潜变量,它形成了一个 2-维潜空间,该空间是由与行动者相关的(未被解释的)发送者与接收者效应构成的。与由双线性模型与潜空间模型所定义的潜空间的解释相比,这种解释更为从容与直接。即使不能得到进一步的解释,我们还是会期望,对网络依赖性建模能够明确地改善对协变量参数的估计。

本章提出的全部模型与方法都可以用现有的软件(或难或易地)进行估计。用于社会网络分析的 R 程序包取得了发展,这使得运用复杂的潜位置聚类模型几乎易如反掌。然而,对社会网络数据的解释仍然非常不容易。它要求应用型研究者具有专业技能,正如 EIES 中的研究人员一样,这些研究者在他们的网络中也可能需要具有统计专长的同仁。

致　谢

笔者衷心感谢 Christian Steglich,Tom Snijders 和 Peter Carrington 奉献的有益评论,也感谢 Ken Frank 在使用 KliqueFinder 方面的建议。

注　释

1.块建模原则是由 Doreian 等(本书)设定的;也可参见 Nooy 等(2005),Wasserman 和 Faust(1994,第 10 章)。

2.虽然我们在某种程度上讨论了软件的可获得性,但是关于网络分析软件的更为全面的回顾可参见 Huisman 和 van Duijn(本书)。这些图的彩色版可以在 http://www.gmw.rug.nl/~huisman/sna/figures.html 中得到。

3.这只是一个简单直接的表达研究人员中地位差异的方式,这里主要用于说明。我们还没有研究其他定义,不能声称这就是最好的,也不能说它是最有意义的对地位进行操作化的方式。针对右偏数据一般用对数转换,这里的平方根转换要优于对数转换,因为它保留了 0 和 1,这两个值作为引用数都常常发生。

4.针对个体网数据可直接利用多层模型,在非重叠个体网的条件下,指向他者(的关系)嵌套在自我之中,这会导致一个对自我之内与自我之间方差的简单区分(参见 Van Duijn et al.,1999)。

5.注意,用相识关系网而不是二值朋友关系网本应该是可能的,因为网络被用作了协变量。

6.这些结果是基于包含 1 000 个单位的样本得到的,该样本取自一个满足了诸多参数的后验分布的 50 000 个单位的样本,在经历一个 50 000 次"老化"程序(burn-in)后,每隔 50 个单位抽取一个。

7.请注意,p_1模型及其早期在定类行动者变量方面的扩展也可以被看作是随机块模型(其群体是先定义的),因为在这些模型中,属于同一个群的行动者是随
481 机对等的。

参 考 文 献

Anderson, C. J. and Wasserman, S. (1992) 'Building stochastic blockmodels', *Social Networks*, 14(1-2): 137-61.

Anselin, L. (1988) *Spatial Econometrics: Methods and Models*. Dordrecht, Netherlands: Kluwer Academic.

Boer, P., Huisman, M., Snijders, T. A. B., Steglich, C. E. G., Wichers, L. H. Y. and Zeggelink, E.P.H. (2006) *StOCNET: An Open Software System for the Advanced Statistical*

Analysis of Social Networks. Version 1.8. Groningen: ICS, University of Groningen/SciencePlus.

Borgatti, S.P. (2002) *NetDraw: Graph Visualization Software*. Harvard: Analytic Technologies.

Borgatti, S.P., Everett, M.G. and Freeman, L.C. (2002) *UCINET 6 for Windows: Software for Social Network Analysis*. Harvard, MA: Analytic Technologies.

Burt, R.S. (1987) 'Social contagion and innovation: Cohesion versus structural equivalence', *American Journal of Sociology*, 92(6): 1287-335.

Butts, C.T. (2008) 'Social network analysis with sna', *Journal of Statistical Software*, 24(6): 30.

Cook, W.L. and Kenny, D.A. (2005) 'The actor-partner interdependence model: A model of bidirectional effects in developmental studies', *International Journal of Behavioral Development*, 29(2): 101-9. Cyram (2009) *Cyram NetMiner 3*. Seoul: Cyram Co., Ltd.

Dekker, D., Krackhardt, D. and Snijders, T.A.B. (2007) 'Sensitivity of MRQAP tests to collinearity and autocorrelation conditions', *Psychometrika*, 72(4): 563-81.

De Nooy, W., Mrvar, A. and Batagelj, V. (2005) *Exploratory Social Network Analysis with Pajek*. Cambridge: Cambridge University Press.

Doreian, P. (1980) 'Linear models with spatially distribute data.' *Sociological Methods and Research*, 9(1): 29-60.

Frank, K. A. (1995) 'Identifying cohesive subgroups', *Social Networks*, 17(1): 27-56.

Frank, K.A. (1996) 'Mapping interactions within and between cohesive subgroups', *Social Networks*, 18(2): 93-119.

Frank, K. (2009) *KliqueFinder for Windows*. Version 0. 11. East Lansing: Michigan State University.

Freeman, S.C. and Freeman L.C. (1979) 'The networks network: A study of the impact of a new communications medium on sociometric structure', *Social Science Research Reports* 46. Irvine: University of California.

Friedkin, N.E. (1998) *A Structural Theory of Social Influence*. Cambridge: Cambridge University Press.

Gerlsma, C., Snijders, T.A.B., van Duijn, M.A. J. and Emmelkamp, P. M. G. (1997) 'Parenting and psychopathology: Differences in family members perceptions of parental rearing styles', *Personality and Individual Differences*, 23(2): 271-82.

Gill, P.S. and Swartz, T.B. (2004) 'Bayesian analysis of directed graphs data with applications to social networks', *Journal of the Royal Statistical Society. Series C (Applied Statistics)*, 53(2): 249-60.

Goldenberg, A., Zheng, A.X., Fienberg, S.E. and Airoldi, E.M. (2009) 'A survey of statistical network models', *Foundations and Trends in Machine Learning*, 2(2): 129-233.

Handcock, M.S., Hunter, D.R., Butts, C.T., Goodreau, S.M., Krivitsky, P.N. and Morris, M. (2003) *Statnet: Software Tools for the Statistical Modeling of Network Data*. Version 2. 1-1.31.

Handcock, M.A., Raftery, A.E. and Tantrum, J. M. (2007) 'Model-based clustering for social networks. With discussion', *Journal of the Royal Statistical Society A*, 170(2): 301-54.

Hanneman, R. A. and Riddle, M. (2005) *Introduction to Social Network Methods*. Riverside: University of California. http://faculty.ucr.edu/~hanneman/.

Hoff, P.D. (2005) 'Bilinear mixed-effects models for dyadic data', *Journal of the American Statistical Association*, 100(469): 286-95. 482

Hoff, P.D., Raftery, A.E. and Handcock, M.S. (2002) 'Latent space approaches to social network analysis', *Journal of the American Statistical Association*, 97(460): 1090-98.

Holland, P.W. and Leinhardt, S. (1981) 'An exponential family of probability distributions for directed graphs', *Journal of the American Statistical Association*, 76(373): 33-50.

Hubert, L. J. (1987) *Assignment Methods in Combinatorial Data Analysis*. New York: Marcel Dekker.

Kenny, D. A., Kashy, D. A. and Cook, W. L. (2006) *Dyadic Data Analysis*. New York: Guilford.

Kenny, D.A. and La Voie, L. (1984) 'The social relations model', in L. Berkowitz (ed.),

Advances in Experimental Social Psychology, Vol. 18. New York: Academic Press. pp. 141-82.

Krackhardt, D. (1987) ‘QAP partialling as a test of spuriousness’, *Social Networks*, 9 (2): 171-86.

Krivitsky, P. N. and Handcock, M. S. (2008) ‘Fitting latent cluster models for networks with latentnet’, *Journal of Statistical Software*, 24 (5): 1-23.

Krivitsky, P.N., Handcock, M.S., Raftery, A.E. and Hoff, P.D. (2009) ‘Representing degree distributions, clustering, and homophily in social networks with latent cluster random effects models’, *Social Networks* 31 (3): 204-13.

Lazega, E. and van Duijn, M. A. J. (1997) ‘Formal structure and exchanges of advice in a law firm: A logistic regression model for dyadic network data’, *Social Networks*, 19 (4): 375-97.

Leenders, R. Th. A. J. (2002) ‘Modeling social influence through network autocorrelation: Constructing the weight matrix’, *Social Networks*, 24 (1): 21-47.

Nowicki, K. and Snijders, T.A.B. (2001) ‘Estimation and prediction for stochastic blockstructures’, *Journal of the American Statistical Association*, 96 (455): 1077-87.

O’Malley, A.J. and Marsden, P.V. (2008) ‘The analysis of social networks’, *Health Services and*
483 *Outcomes Research Methodology*, 8(4): 222-69.

Ord, K. (1975) ‘Estimation methods for models of spatial interaction’, *Journal of the American Statistical Association*, 70(349): 120-26.

Rasbash, J., Charlton, C., Browne, W. J., Healy, M. and Cameron, B. (2005) *MLwiN Version* 2. 02. Bristol: Centre for Multilevel Modelling, University of Bristol.

Robins, G. L., Snijders, T. A. B., Wang, P., Handcock, M. S. and Pattison, P. (2007) ‘Recent developments in exponential random graph (p_ p*) models for social networks’, *Social Networks*, 29(2): 192-215.

Schweinberger, M. and Snijders, T.A.B. (2003) ‘Settings in social networks: A measurement model’, *Sociological Methodology*, 33 (1): 307-41.

Scott, J. (2000) *Social Network Analysis: A Handbook*. London: Sage.

Shortreed, S., Handcock, M.S. and Hoff, P.D. (2006) ‘Positional estimation within a latent space model for networks’, *Methodology*, 2 (1): 24-33.

Snijders, T. A. B. and Bosker, R. J. (1999) *Multilevel Analysis: An Introduction to Basic and Advanced Multilevel Modeling*. London: Sage.

Snijders, T.A.B. and Kenny, D.A. (1999) ‘The social relations model for family data: A multilevel approach’, *Personal Relationships*, 6 (4): 471-86.

Snijders, T. A. B. and Nowicki, K. (1997) ‘Estimation and prediction for stochastic blockmodels for graphs with latent block structure’, *Journal of Classification*, 14(1): 75-100.

Snijders, T.A.B., Pattison, P.E., Robins, G.L. and Handcock, M.S. (2006) ‘New specifications for exponential random graph models’, *Sociological Methodology*, 36(1): 99-153.

Steglich, C., Snijders, T.A.B. and Pearson, M. (2010) ‘Dynamic networks and behavior: Separating selection from influence’, *Sociological Methodology*, 40(1): 329-393.

Tallberg, C. (2005) ‘A Bayesian approach to modeling stochastic blockstructures with covariates’, *Journal of Mathematical Sociology*, 29(1): 1-23.

Van Duijn, M. A. J., Snijders, T. A. B. and Zijlstra, B.J.H. (2004) ‘p_2: A random effects model with covariates for indirected graphs’, *Statistica Neerlandica*, 58(2): 234-54.

Van Duijn, M.A.J., van Busschbach, J.T. and Snijders, T.A.B. (1999) ‘Multilevel analysis of personal networks as dependent variables’, *Social Networks*, 21(2): 187-209.

Wang, Y.J. and Wong, G.Y. (1987) ‘Stochastic blockmodels for directed graphs’, *Journal of the American Statistical Association*, 82 (397): 8-19.

Wasserman, S. and Faust, K. (1994) *Social Network Analysis: Methods and Applications*. Cambridge: Cambridge University Press.

Wasserman, S. and Pattison, P. (1996) 'Logit models and logistic regression for social networks: I. An introduction to Markov graphs and p* ', *Psychometrika*, 61(3): 401-25.

Wong, G. Y. (1987) 'Bayesian models for directed graphs', *Journal of the American Statistical Association*, 82(397):140-48.

Zijlstra, B.J.H. (2008) 'Random effects models for directed graphs with covariates'. Unpublished Ph. D. thesis, University of Groningen, The Netherlands.

Zijlstra, B.J.H., van Duijn, M.A.J. and Snijders, T.A.B. (2005) 'Model selection in random effects models for directed graphs using approximated Bayes factor', *Statistica Neerlandica*, 59(1): 107-18.

Zijlstra, B.J.H., van Duijn, Marijtje A.J., and Snijders, Tom A.B. (2006) 'The multilevel p_2 model: A random effects model for the analysis of multiple social networks', *Methodology* 2(1): 42-47.

Zijlstra, B.J.H., van Duijn, M.A.J. and Snijders, T.A.B. (2009) 'MCMC estimation of the p_2 network regression model with crossed random effects', *British Journal of Mathematical and Statistical Psychology*, 62(1): 143-66.

社会网络的指数随机图模型 32

EXPONENTIAL RANDOM GRAPH MODELS FOR SOCIAL NETWORKS

⊙ 加里·罗宾斯(Garry Robins)

引　言

人们一直对其所处的社会环境进行监控与回应。社会环境为我们提供了机遇,我们从这些机遇中寻找有利条件来改变自己的行为,以便对施加于我们的社会限制作出反应。我们通过改变社会世界才能将那些机会最大化,将诸多限制最小化。这个源源不断的社会过程流意味着社会网络不是固定的结构,不是预定的和奇异的(singular)。相反,它们是可变的,并不向着单一的最佳点演变(因为社会结构中并没有任何单一的最佳点),而是向着**一系列**不同的网络发展。广义地讲,每个网络都相互一致,不过是不同时点上的具现罢了。这个持续的变化并不意味着社会网络是随机的和不可预测的。它们是通过连续的和多元的社会过程建立起来的,并导致了可观测的网络子结构的出现。每个网络都呈现出一个"结构标识"(structural signature),它象征着某些自组织的网络原则。作为人类的我们已经进化出一般的恒常性社会行为,对于一个指定的网络来说,这种社会行为连同更为具体的规范、地方化的文化以及我们所处社会情境中的其他不会迅速变化的特定特征,都成为这些网络原则的稳定来源。但是,这些组织原则并且确实会或大或小地在局部上有所不同,因此他们不是确定的,没有一个最优的结果。社会过程是变量,社会网络是随机的实体,网络性质需要在统计上加以估计。

当只面对单个网络观测值时,研究者该如何从该网络中推出特殊的组织原则呢?我们是在什么样的意义上能够探测到一个结构标志呢?有时,数据是在极佳的条件下被完美无缺地收集到的,即使是这个时候,单个网络观测值也不过是某个持续变化流中的一个独立例证罢了。不过,由于网络组织原则具有相对持久性,单个网络的观测值就会捕捉到社会过程的累积值,正如考古学上的追溯踪迹(trace)一样。稳定的组织原则会生成网络关系模式,我们会在数据中观察到该模式,即便数据来自历时态中的单个情形也是如此。这些网络关系模式的确是网络的结构标志,我们有可能对建构了该网络的社会过程作出过某种推断,这些模式会提供证据。

因此,我们要寻找网络中的模式。不过,只检验某个时间点上的一个模式数据是不够的,因为结构是建立在互动的基础之上的。例如,一个三角关系包括了三个网络关系,因此可以断定,如果一个网络有许多关系,只偶然一瞥就会看到更多的三角关系。于是,问题就来了,给定网络密度后,我们还可以看到比预期更多的三角关系吗? 如果是这样,我们就可能需要假设一个可以导致三角关系——如网络闭合(network closure),见下文——的具体社会过程。如果不是这样,我们就不需要三角机制了,因为密度是网络内个体形成网络关系的倾向,密度就足以简约地解释了。 484

指数随机图模型(Exponential Random Graph Models,缩写为 ERGMs)有时被称为 p^* 模型,它是一组社会网络统计模型,在已知其他网络结构存在的情况下,这类模型能够对数据中的显著模式进行推断。在某种宽泛的意义上看,它们能够识别网络模式。ERGM 有好几类,其中的一些在社会网络分析中有较长的传统。Holland 和 Leinhardt(1981)的 p_1 模型可以被看作是一个早期的二方组独立版本。Frank 和 Strauss(1986)提出了马尔可夫随机图模型,后来被 Wasserman 和 Pattison(1996)进一步精致化。Robins,Pattison 等(2007)对这些早期的发展作了介绍性回顾。如下文所述,最近的研究开始关注这些模型在设定上的新改进。未来会有更多模型上的发展,但是潜在的动机仍然是继续寻找一种对小网络模式——所谓的**构型**[1](configuration),可以视之为网络得以建构的基石的简约描述。

每类不同的 ERGM 都涉及对网络关系之间依赖性的不同假设。它们是各种模型的理论基础,不只是技术上的决策。通过一种依赖性假设,研究者可以针对网络建构模式的类型、程度及累积作出声明。依赖性是至关重要的。观测值的独立性是一般线性模型统计技术的基础,它不能被简单地预设。某些关系的存在会促进其他关系的建立、保持或破坏。因此,依赖性假设是一种关于关系形成过程的基础的理论。网络的自组织原则反映了关系通过哪些方式引起(或消除)了其他关系。因此,可观测的关系构型就构成了网络的结构标志。

对网络关系的关注很重要:注意力要放在行动者对(pairs of actors)以及他们之间可能存在的关系上。这与其他社会科学领域大不相同,后者的分析单位通常是个体。这并不是说需要将个体的特征排除在外。个体特征可以有力地解释关系是如何建立的,如何以下文描述的方式将关系纳入模型。但是,本章主要关心的是,有哪些方法可以理解内生性网络关系的形成,外生的节点属性信息只是用作辅助罢了。

指数随机图模型的一般形式

本章旨在对指数随机图模型作一个相对直观的介绍。不过,这里还是需要一点数学记法与技术上的专门词汇。一个社会网络是由 n 个行动者及其之间的一系列网络关系组成的集合。对于网络中的每一对行动者 i 和 j 来说,如果存在着一个从 i 到 j 的网络关系,则令 $X_{ij}=1$,否则 $X_{ij}=0$。因此,X_{ij}是一个二值随机变量,我们用 $\boldsymbol{X}$ 表示所有这样的变量所组成的矩阵(其对角线上为空单元格 X_{ii},因为假定行动者与自身没有关系)。令 x_{ij}表示变量 X_{ij}的观测值,$\boldsymbol{x}$ 是观测到的关系矩阵(即观测到的网络)。$\boldsymbol{X}$ 可能是**有向的**(此时 X_{ij}就不同于 X_{ji})或**无向的**。

对于一个既定的由 n 个行动者构成的集合来说,在通过依赖性假说所假定的网络构型的基础上,通过指派一个概率到由 n 个行动者组成的每一个网络上,ERGM 就可以对观察到的网络 $\boldsymbol{x}$ 建立模型。这个模型的形式是:

$$Pr(\boldsymbol{X}=\boldsymbol{x})=(1/\kappa)\exp\{\textstyle\sum_{A}\eta_{A}g_{A}(x)\} \tag{32.1}$$

其中:

汇总是针对全部构型类型 A 进行的;$\boldsymbol{\eta}_A$是对应于构型类型 A 的一个参数;

$g_A(\boldsymbol{x})$是 A 的**网络统计量**,它是一个计数,记载了 $\boldsymbol{x}$ 中观察到的构型 A 的数目(尽管最近的研究扩展了这个统计量,超越了简单的计数);

κ 将公式(32.1)标准化为一个恰当的概率分布。

对于不关心数学公式的读者来说,方程式 32.1 本质上是要告诉我们,一个网络 $\boldsymbol{x}$ 的概率取决于构型 A,即像三角关系或互惠关系这样的小网络模式。研究者可以选择这些构型,但是如下文所示,在更深的层次上,构型是从关系依赖性理论中得来的。给定一系列的构型后,$\boldsymbol{x}$ 的概率取决于在 $\boldsymbol{x}$ 中实际观察到了多少个构型(统计量 $g_A(\boldsymbol{x})$),要根据这些模式的重要程度来进行加权(参数 $\boldsymbol{\eta}_A$)。用简单的术语来说,如果一个构型是重要的并且在 $\boldsymbol{x}$ 中被大量观察到,那么这个模型就表明,$\boldsymbol{x}$ 的概率会大一些。(在这一意义上看,指数随机图模型中的概括等同于一个回归模型。)方程式 32.1 意味着,所有包含 n 个点的可能网络都有一个概率分布,其中每个可能的网络都有一个特定的概率。

如果有单个网络的观察值 $\boldsymbol{x}$,我们的目标就是要发现一系列的能最好地反映
485 我们网络的参数值,然后根据 $\boldsymbol{x}$ 中的重要模式去解释这些结果。

在考虑我们怎么做这件事之前,值得注意的是,一个易处理的模型必须利用某种层次的**同质性**去限制参数的数量。这通常意味着一类构型对应一个参数:例如,网络中的三角关系有一个参数,而不是每个可能的三角关系都有一个参数。这个思想是说,可以在整个网络中推断出一个单一的三角关系过程,其中局部变异(local variations)被归入统计噪声。当然,这是一个可能对也可能不对的假设,正如证明模型是如何充分拟合数据时所显示的那样。

参数

参数值 η_A反映了我们模型中各种构型的重要性,从哪里得到参数值 η_A呢?对于一个给定的网络数据集 $\boldsymbol{x}$ 来说,我们用下面的进路寻找参数值的**估计**。这个模型假设,$\boldsymbol{x}$ 是来自由方程式 32.1 给出的网络分布中的单个网络,就这个方程式来说,我们并不知道参数 η_A值。实际上,可以想象,$\boldsymbol{x}$ 有可能来自一个极不寻常的网络分布,但是我们没有理由假设如此。相反,$\boldsymbol{x}$ **最可能**来自典型分布。因此,我们要寻找这样的参数值,在它们产生的图分布中,$\boldsymbol{x}$ 最具有代表性。这些参数值被称为**极大似然估计值**(maximum likelihood estimates)。极大似然估计法的实际步骤会在下文中讨论。当然,我们不能保证有一系列的极大似然估计值:例如,情况可能是这样的,即为我们的模型所选定的构型并不足以表达数据。但是,关于数据的一个设定良好的模型是会有合理的极大似然估计值的。

当一个参数估计值是大的正数,我们就可以推断,给定这个模型中的其他效应,这个构型发生的次数会多于随机(by chance)预期。假设我们用如下两个参数令一个模型拟合一个有向网络:一个是**弧**参数,它代表形成关系的基准倾向,另一个是**互惠性**参数,它代表二方组内互惠弧的存在。一个大而正的互惠性估计值就表明了一种明显的互惠过程,它高于基准的关系形成倾向(即网络密度)。当一个参数估计值是一个大而负的参数估计值时,则表明了一种背离这种构型的趋势。参数估计值集合就是以这种方式标示了该网络的结构标识(signature),使我们能推断那些起作用的自组织网络过程。

无向图的建网模块

我们从描述各种构型入手,这些构型与针对非有向网络的各序列 ERGM 有关。目前有三类重要模型,每类都建立在一个不同的依赖性假设的基础之上。

伯努利图模型

最简单的依赖性假设认为,关系变量之间没有任何依赖性。这个假设导致了伯努利随机图模型(Bernoulli random graph model)(也称为简单随机图,或 Erdös-Renyi 模型[Erdös and Renyi,1959],其中唯一可利用的构型就是单条边[图 32.1a])。这个模型只是提出,一对个体之间存在着以某个给定概率 p 形成关系的倾向。所产生的分布呈现出各种密度的网络,密度均值为 p。在这个分布中,任何图 $\boldsymbol{x}$ 的概率都能被描述为:

$$Pr(\boldsymbol{X}=\boldsymbol{x})=(1/\kappa)\exp\{\theta L(\boldsymbol{x})\} \tag{32.2}$$

其中,θ 是一条边或密度参数,$L(\boldsymbol{x})$是图 $\boldsymbol{x}$ 中的边数。极大似然估计值 θ 结果是 $\log\{p/(1-p)\}$,其中 p 是 $\boldsymbol{x}$ 的密度。

对于大多数社会网络来说,伯努利假定都是不够的,这是因为社会关系通常是以非独立的方式相互缠绕着的。尤其是社会网络,它往往会**聚类**成为密集的网络关系区域,而一个伯努利图模型却不能很好地反映它。一个聚类过程可能采用的最基本形式是三角关系,其中的三个行动者如果是通过一个 2-路径(2-path)关联的,就趋于形成一个派系(对于三个点来说,它一个三角)。在社会网络理论中,这个经常被观察到的构型反映了一种所谓网络闭合(network closure)的过程。在关系独立的情况下,一个伯努利模型没有任何通过 2-路径导致网络闭合的机制(除了偶然机会之外)。在真实的社会网络数据中,另一个常见的特征是它的偏态度数分布,即多数点的度数低,少数点的度数高。利用伯努利图模型时,这个偏态是不能被充分的捕捉到的,因为伯努利图往往会产生对称的度数分布。尽管如此,伯努利模型仍然可以作为一个有效的基准模型,它具有的重要
486 性质也得到了充分的研究(如 Bollobás,1985)。

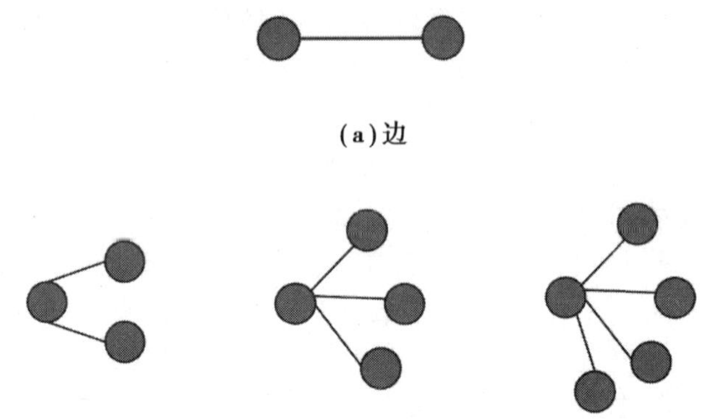

(a)边

(b)2-星、3-星、4-星(也可以包含更高阶的星构型)

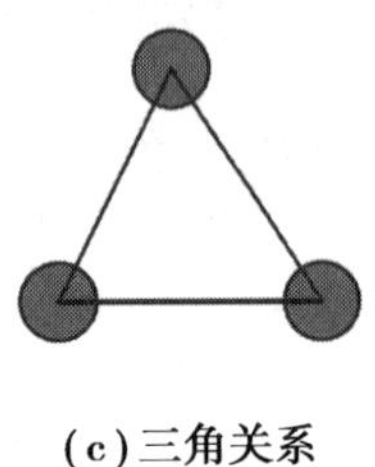

(c)三角关系

图 32.1　无向图的马尔可夫随机图模型的几个构型

马尔可夫随机图模型

Frank 和 Strauss(1986)提出了更为现实的依赖性假定。该假定认为,如果一些关系变量共享了一个行动者,就可以认为它们是条件依赖的。由此产生的模型被称为马尔可夫随机图模型(Markov random graph models)。在马尔可夫依赖性的条件下,关系变量 X_{ij}和 X_{ik}是条件依赖的,因为它们都与行动者 i 有关,而没有任何共同点的 X_{ij}和 X_{rs}就是条件独立的。[2]

可以看出,一个马尔随机图模型的构型包括这样一些构型,即每条边都与构

型中的每个其他边相关联。稍想一下就会相信,除了简单的边(图 32.1(a))以外,可能的构型是那些有着星状结构(star-like structures)的构型(如图 32.1(b))所示,其中所有的边都集中于一个行动者身上,边数为 k 则称之为 k-星)和三角关系(图 32.1(c))。因此,马尔可夫依赖性生成的模型是有能力(通过星参数)处理度数变异和(通过三角关系参数处理)网络闭合倾向的。

当然,为求简约,模型中未必包括所有星模型参数,最多需要在一个标准回归模型中纳入所有更高阶的交互项。因此,根据方程 32.1,一个包括了边、2-星、3-星及三角关系参数的简化模型就会有下列形式:

$$Pr(\boldsymbol{X}=\boldsymbol{x})=(1/\kappa)\exp(\theta L(\boldsymbol{x})+\sigma_2 S_2(\boldsymbol{x})+\sigma_3 S_3(\boldsymbol{x})+\tau T(\boldsymbol{x})) \quad (32.3)$$

其中,就伯努利图来说,θ 是一个关于边或密度的参数;$L(\boldsymbol{x})$ 是 $\boldsymbol{x}$ 中的边数;σ_2 和 σ_3 分别是 2-星与 3-星的参数,$S_2(\boldsymbol{x})$ 和 $S_3(\boldsymbol{x})$ 是 $\boldsymbol{x}$ 中 2-星与 3-星数;τ 是三角关系参数,$T(\boldsymbol{x})$ 是 $\boldsymbol{x}$ 中三角关系数的计数。

方程式 32.3 中的这个 4-参数模型表明,网络是从如下几个相互缠绕的过程中建立的:形成关系的基准倾向;节点有不同数目伙伴的(非线性)倾向,这取决于星参数;以及网络闭合的倾向。例如,如果 2-星参数为正,3-星参数为负,那么行动者会寻找多个伙伴,但是存在天花板效应(ceiling effect)。人们渴望某种层 487
次的网络活动,但是太多的活动会带来高昂的成本(Robins et al.,2005)。

多年来,马尔可夫随机图模型一直是 ERGM 的主要基础。Wasserman 和 Pattison(1986)将其扩展到了多变量(Pattison and Wasserman,1999)和多值网(Robins et al.,1999)上,进而将马尔可夫随机图模型精致为 p^* 模型。尽管马尔可夫随机图模型有复杂的估计和模拟程序,但是显而易见,该模型常常不足以对真实数据进行建模。尽管希望它们能处理偏态的度数分布和三角关系领域,但是当数据中存在着严重的异质性时,这些模型还是面临着难题,对真实的社会网络来说,这是常有的事。这里有两步需要考虑:首先,要求对三角关系给出一种比较复杂的表达(单个三角关系不足以描述网络的诸多密集区域的倾向),其次还需要一种方法,这种方法允许在度数和聚类上有更大的异质性。

社会回路模型

除了马尔可夫参数外,Snijders 等(2006)针对 ERGM 的使用提出了新的设定。它们意在克服马尔可夫模型的不足,并将自己建立在了新的依赖性假设的基础之上。Pattison 和 Robins(2002)主张,关系变量之间的依赖性之所以可能产生,是因为其他网络边的存在,这就是**偏条件依赖性**(partial conditional dependence)。Snijders 等提出了一个偏条件依赖性的版本,称为社会回路依赖性(social circuit dependence)(Robins,Snijders et al.,2007b)。

在社会回路假设的条件下,只要在观察到的网络中存在其他边,不共享一个点的两个关系变量就可以是条件依赖的。尤其是,至少需要两个能观察到的网络关系,这样的话,如果两个初始网络关系也存在,就创建了一个 4-回路(four-cycle)。因此,当在观察的网络中如有 $X_{rk}=X_{ls}=1$ 时,关系变量 X_{kl} 和 X_{rs} 就变成条件依赖的了。虽然这个假设可能看似复杂,但是其论点还是相对简单明了的,类似的思想至少可以回溯到 Coleman(1988)。假设 Rochelle 和 Ken 是朋友,Liam 和 Sally 也是朋友,如此便有 $X_{rk}=X_{ls}=1$。如果 Ken 认识 Liam,Sally 认识 Rochelle

的机会就会增加:也就是说,X_{rs}视 X_{kl}的状态而定,反之亦反,这样的话,两个变量就相互依赖了。这里有两点很重要。第一,除非 $X_{rk}=X_{ls}=1$,否则这个论点不会起作用,只有这样,依赖性才会从网络观察值中**涌现**出来。第二,这个论点独立于三角关系,因此,不要求 Ken 与 Sally 是朋友关系(虽然这可能是事实)。用比简单的"认识关系"更普通的一个关系来讲,这个要点会更清楚。假设这个关系拥有某种专业合作的形式,如此就有 $X_{rk}=X_{ls}=1$,这意味着 Liam 和 Sally 在一个项目中合作,Rochelle 和 Ken 在另一个项目中合作。因此,稍想一下就会知道,在四个不同的项目中,无须任何三角关系就很有可能出现 4-回路形式的合作。

尽管如此,同样显而易见的是,三角关系的合作依旧有可能出现,甚至更有可能,因此,Snijders 等(2006)提出,要在模型中保留马尔可夫依赖性,同时添加社会回路依赖性以使其精致化。于是,Snijders 等展示了一些新构型的可能性。虽然马尔可夫星结构(图 32.1)仍然是重要的元素,但是,那些反映了三角关系与非三角关系回路的新构型与依赖性假设是一致的。现在,被称为 k-三角关系(与 k-星类似)的多元三角关系(Multiple triangulation)构型就是可能的了:一个 k-三角关系在两个点 i 和 j 之间有一条边(这是 k-三角关系的基础),多个三角关系涉及 i 和 j 的 k 个共享伙伴,它们有着共同的基础(图 32.2)。另外一些反映短程(short-range)的多重关联性(multiple connectivity)构型则建立在点 i 和 j 之间的 2-路径(two-path)基础之上(不管是否它们是否有关系)。这些构型被定义为 k-2 路径(k-2paths)(图 32.2)。

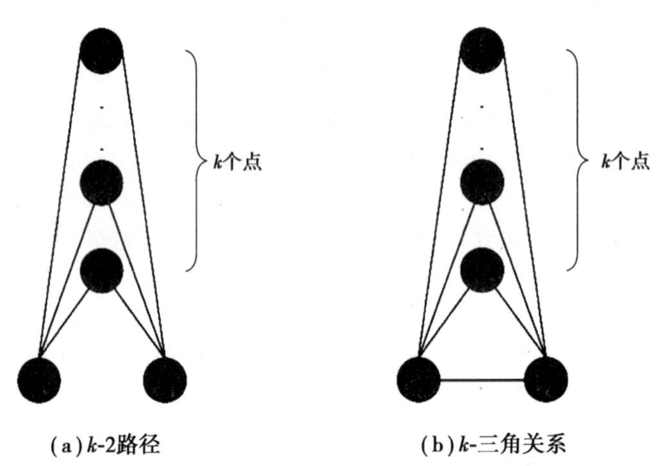

图 32.2　无向图的社会回路模型的一些构型

这些新构型是 Snijders 等(2006)提出的第一步。第二步与进一步推广同质性建模有关,其中假定高阶的参数与低阶参数有这样的关系,即高阶参数的效应会衰减以至于不占主导。他们提出,对于 k-星、k-三角关系和 k-2 路径参数中的每一个,都可以分别纳入一个基于度数的参数、一个三角关系参数和一个关联性参数。其具体的建议呈现出一种**备择参数**(alternating parameter)形式。对于星参数来说,这个变化形式是 $\sigma_k=-(1/\lambda)\sigma_{k-1}$,其中 σ_k是一个 k-星参数,λ 是一个衰减因子(attenuation factor),与 k-三角关系和 k-2 路径的参数版本相似。Snijders

等(2006)指出,对于星参数来说,这一步虽然明确地对度数分布进行了建模,但是却会把更多的权重赋予了度数较低的点,当度数增加时,权重呈几何下降(也可参见 Hunter,2007;Hunter and Handcock,2006)。结果是,这个模型能更好地容 488
忍以度数极高的点的形式表现出来的异质性。与之相类似,(以几何衰减的)k-三角关系参数对所有关系点对之间共享伙伴的分布进行了建模。在应对有着高度三角关系(high triangulation)的那些网络区域(regions)时,这个参数比马尔可夫三角关系参数会更好。衰减因子可以设为给定值(广泛使用的是 $\lambda=2$,参见 Robins et al.,2007a,b),但也可以设定为一个参数并给出最优估计值(Hunter,2007;Hunter and Handcock,2006)。

一些技术问题

模拟

选择一种模型设定(model specification)并设定参数值后,利用标准的统计算法(如 Metropolis-Hastings 算法)就会产生一个图分布,从中可以提取一个图样本(Handcock,2002,2003;Hunter and Handcock,2006;Robins et al.,2005;Snijders,2002;Strauss,1986),这样就可能模拟指数随机图模型了。可以考察一下所抽取的样本图的性质,包括那些不与模型构型直接有关的性质。例如,有可能对典型的度数分布、几何分布、聚类层次等进行考察。这个程序可以让我们对那些有着不同参数的指数随机图模型的性质进行理解。

例如,对于一个有 30 个点的网络来说,可以考虑如下三个不同的模型:

1. 伯努利模型(方程式 2),其中 $\theta=-2$
2. 马尔科夫模型(方程式 3),其中 $\theta=-2,\sigma_2=1,\sigma_3=-0.5,\tau=0$
3. 马尔科夫模型(方程式 3),其中 $\theta=-2,\sigma_2=1,\sigma_3=-0.5,\tau=1$

第一个模型是简单的随机图模型,第二个模型则限制了度数分布,尤其是限制了节点所展现的某些度数变异性(正的 2-星参数),反对出现高度数的点(负的 3-星参数)(3-star)的倾向。第三个模型包括了第二个模型的星效应,但也包括一个正的三角关系参数。

通过 500 000 次迭代来模拟这个模型,并抽取一个包含 1 000 张图的样本,我们就可以考察每个模型的三角关系的倾向性(propensity)。图 32.3 给出了每个样本的三角关系数的直方图,以及从每个模拟中得到的一个范图(example graph)。可以看出,模型 3 的三角关系数明显更大些,由于我们事先已经明确地将一个正的三角关系效应纳入该模型中,因此这个结果并不令人吃惊。

估计方法

对于观察到的网络数据来说,可以用模拟算法去估计参数值。Strauss 和 489
Ikeda(1990)基于逻辑斯谛(logistic)回归,最先提出了伪似然估计程序(pseudo-likelihood estimation)。该程序最多能做到接近,某些情况下却极具误导性(Van

Duijn et al.,2009)。蒙特卡罗马尔可夫链极大似然估计(Monte Carlo Markov chain maximum likelihood Estimation,MCMCMLE)则是一个更具原则性的方法。虽然存在着各种可能的方法,但是,它们都有着一个共同的概念基础。得到一些近似的参数估计值,将它们作为始点,然后对模型进行模拟,将模型统计量分布的均值(means)与观测数据相比较。接下来,对试探性的参数估计值加以调整,努力使之与这些均值更接近。一旦这些均值足以接近观测数据,这个估计就**收敛**了,最终的参数估计值就接近极大似然估计值。这个过程也可以得到参数估计值的近似标准误,用这个误差可以推断模型中的某个参数是否重要。有学者(Snijders,2002;Hunter and Handcock,2006)讨论了这个进路中的不同方法。Robins,Snijders et al.(2007b)回顾了现有的能用来估计这些模型的开放性软件(也参见 Handcock et al.,2008)。

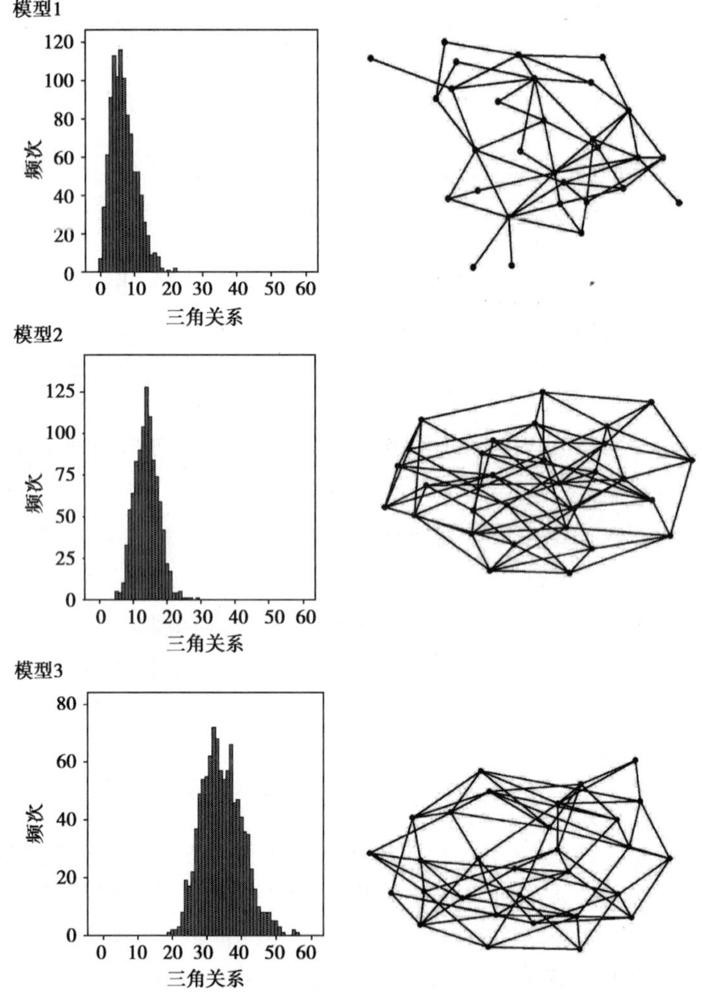

图 32.3 指数随机图模型的模拟

注:建立 30 个点上的三个模型,每个模型的样本量都是 1 000 张图,绘制每个样本中的三角关系数直方图,伴有来自每个模拟的三张范例图。

拟合优度诊断 490

有了收敛的参数估计值,我们就能研究这个模型利用模拟再生数据的拟合程度了,包括还没有明确建模的数据的某些方面。例如,假设图 32.3 中右下角的那个图(来自模型 3,它有正三角关系参数)就是所观测的网络。这个数据有 32 个三角关系,而伯努利图的样本(模型 1)平均有 6.8 个三角关系,其标准差为 3.7。因此,伯努利模型未能令人信服地再生出这个数目的三角关系,因为 $\theta=-2$ 的伯努利模型极不可能有一个拥有 32 个三角关系的网络(正如图左上角直方图中所见的那样)。对于这个观察到的有 32 个三角关系的图来说,假设它源自伯努利模型,那么在来自伯努利模型的三角关系分布中,这个图就会有一个接近于 7 的 t-统计量,这可不是靠目测得到的。启发式规则(heuristic rule)认为,如果观测值有绝对值大于 2 的 t-比率(ratio),它们就不太可能出现,根据这一规则,用这个伯努利模型的三角关系分布去反映这一数据中的三角关系就看似不那么合理了。

这个程序会标示出,观察数据的哪些方面可以被一个模型貌似合理地再生,哪些不能再生。也可以从性质上对图作检查,以决定一个模型与数据的度数分布、捷径分布和其他整体特征在多大程度上相一致(Hunter et al.,2008)。这个启示法程序等同于对模型作拟合优度检验上的诊断。

模型退化、不收敛及多元区域

前文中的段落都假设有可能获得一系列收敛的参数估计值。对于应用在一个指定网络上的指定模型来说,有时候并非如此。当一系列的参数值意味着图有两个或多个区域(regions)时,就会产生一个边的双峰或多峰分布,这时一个相关的问题就产生了。这两个区域常常以(近似)空图(empty graph)和全图(complete)为主要特征,不过我们并不希望有这种可能性。在这些情况下,该模型就无法充分地反映数据,我们将这些模型描述为是**近似退化的**(near degenerate)(Handcock,2002,2003)。对这些问题的进一步讨论超越了本章的范围,但是感兴趣的读者可以参考作过详细研究的作者(如 Burda et al.,2004;Häggström and Jonasson,1999;Handcock,2002,2003;Jonasson,1999;Park and Newman,2004;Robins,Pattison et al.,2005;Robins et al.,2007;Snijders,2002;Snijders et al.,2006)。总体来说,完全可以认为,马尔可夫模型比社会回路模型更有可能展现退化、多区域和不收敛(Robins,Snijders et al.,2007b)。如果参数估计不收敛,模型退化并有多元区域的迹象,那么该模型就不适合于这个数据。这就要求有一个不同的模型设定了。

关于无向图的实例

图 32.4 展示了一个 20 人之间的简单无向相识关系网络。表 32.1 则展示了拟合马尔可夫模型与社会回路模型的结果,包括参数估计值与标准差,以及收敛的统计量。这个收敛的统计量是 *t*-比率(*t*-ratio),该比率会报告从观察数据中得出的统计值与从该模型蕴含的图分布中得到的平均统计值之间有多接近。它的计算方式完全等同于上文讨论的启示式拟合优度的计算方式。如此看来,非常小的一个收敛统计值就能表明收敛是良好的。绝对值小于 0.1 就表示收敛是成
491 功的(Snijders et al.,2006;Robins,Snijders et al.,2007b)。从这个表中可以看出,两个模型都收敛得很充分。

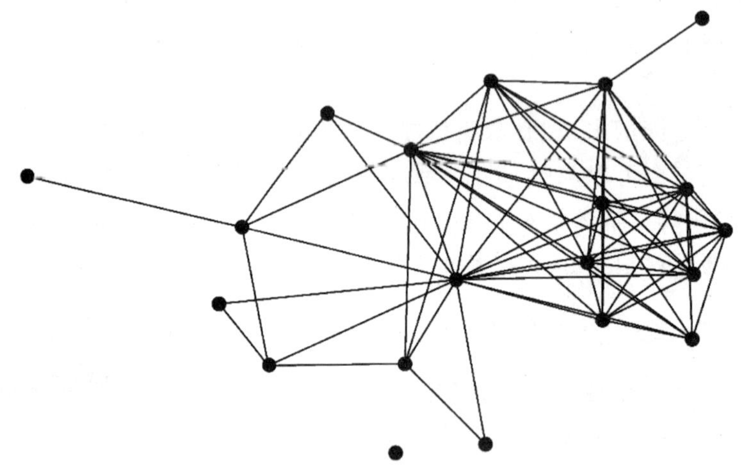

图 32.4 无向相识关系网

表 32.1 针对图 32.4 中网络的两个模型进行的参数估计、标准差与收敛统计量

参数	估计值	标准误	收敛值
马尔科夫模型			
边	-2.165*	0.716	-0.046
2-星	0.108	0.100	-0.038
3-星	-0.044*	0.012	-0.032
三角关系	0.733*	0.104	-0.022
社会回路模型			
边	-2.232	1.270	-0.015
流行度/活跃度(*k*-星)	-0.165	0.476	-0.015
多元三角(*k*-三角关系)	1.355*	0.535	-0.016
多元关联度(*k*-2 路径)	-0.252*	0.088	-0.025

* 表示估计值的绝对值大于标准误的两倍;模型拟合用的是 pnet 程序。

然而,好的收敛未必意味着这些模型就可以避开图的多元区域问题。对参数估计值实施模拟后,图 32.5 显示了边数和 2-星数的分布(这只是例子,我们本可以用其他模型统计量去说明同一个问题)。这个图表明,马尔可夫模型有双峰分布,但是社会回路模型却没有。观察到的网络有 68 条边和 583 个 2-星,可以将它们看作是处于马尔可夫模型双峰之间的分布区域(如果该模型收敛,它们就一定如此,68 条边和 583 个 2-星分别非常接近每个分布的均值,这与表 32.1 中的收敛统计值相一致)。换句话说,虽然如该估计程序所要求的那样,观察到的网络是处于两个分布的中心,但是,对于这个模型所蕴含的网络来说,这个观察到的网络并不具有“代表性”,更多的网络要么有着更低的密度,要么有着更高的密度(以及更低的和更高的 2-星数)。因此,马尔可夫模型并没有很好地反映这个数据。对于社会回路模型来说,同样的问题却没有发生,正如从图 32.5 中面板(c)和(d)中所看到的那样,因此,社会回路模型更可取。 492

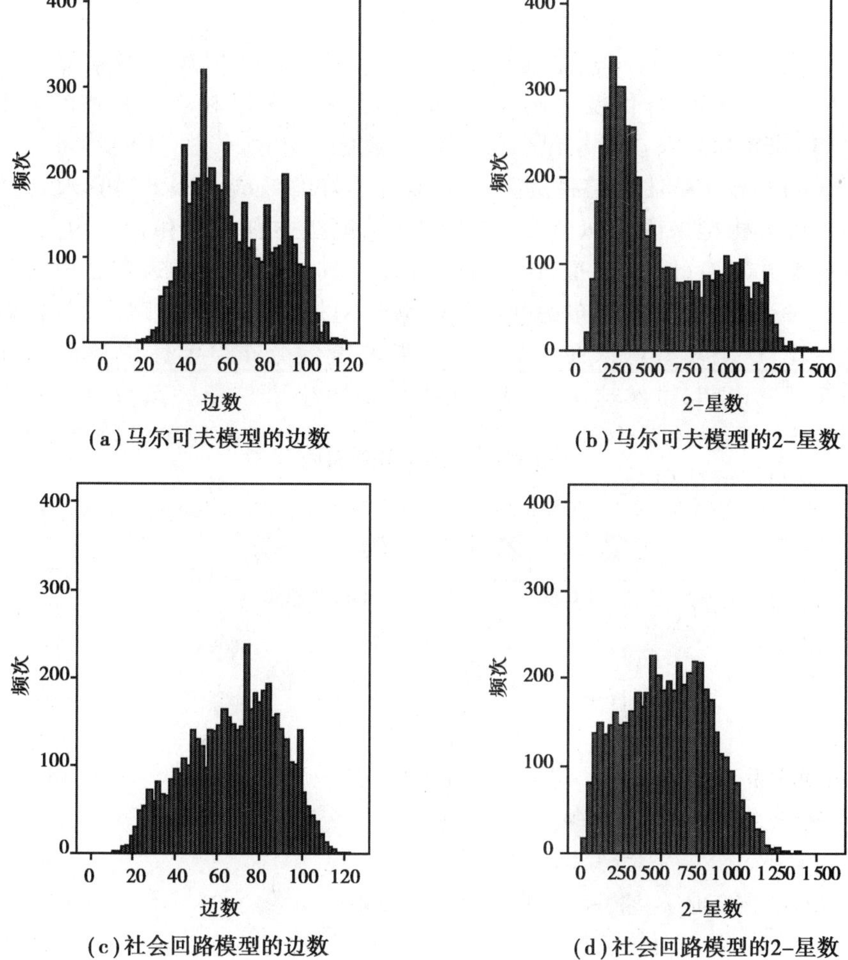

图 32.5 对表 32.1 的模型的模拟结果

对社会回路模型的解释是较为直截了当的。模型中重要的、可信的效应都在表中加了星号(表示参数估计值的绝对值大于标准误的两倍)。因为标准误大,负的边参数没有加星号(因此,我们不能完全确信该参数与零之差是否可信),但是,该参数仍然表明边是不寻常的,除非它们是这一模型中更高阶构型的组成部分。流行性/活跃度效应(popularity/activity effect)(对应于替换的 k-星构型)不大,这表明,在这个网络中不存在任何特殊的高度数的行动者,除非它们卷入到了三角关系或多重关联性效应中。换句话说,对于这个网络,我们无须诉诸
493 一个以度数为基础的解释。强的正三角关系效应表明,一些行动者已经形成了一个更为致密的多元三角关系的核心。负的关联性效应表明,有一种背离多元2-路径(2-path)的倾向,除非它们就包含在三角关系中。这说明,不是通过形成边,而是通过形成 k-三角关系的基础,三角关系才得以发生,也就是说,共享一些网络伙伴往往会有利于直接关系的出现。如果用一种更具有网络理论意味的解释,那就是,当一些结构洞被几个他者桥接了以后,这些结构洞往往会导致网络闭合。

为了检查该模型如何较好地再生了网络,可以用模拟法去考察那些尚未建模的效应的 t-比率拟合优度。例如,马尔可夫 2-星、3-星和三角关系的 t-比率分别是 0.15、0.34 和 0.78。对于没有被直接参数化的效应来说,我们就将一个绝对值大于 2 的 t 统计量估计值视为是一个拟合不好的效应。因此,可以说,这个模型对马尔可夫构型来说貌似合理(鉴于假定了模型中有 k-星和 k-三角关系效应,这一点可能并不意外)。但是,这个模型在再生其他效应时的表现就没有那么好了。例如,标准差及度数分布偏度的 t-比率分别是 2.1 和 1.1,因此,与在数据中看到的相比,这个模型意味着一个略加离散的度数分布。整体聚类系数[3]的 t 统计量为 3.5,它说明,虽然这个模型确实很好地再生了三角关系数,但是,它还是低估了包含在三角关系中的 2-星数。这个模型显示了强的聚类效应,但在实际数据中,它们甚至能更强。

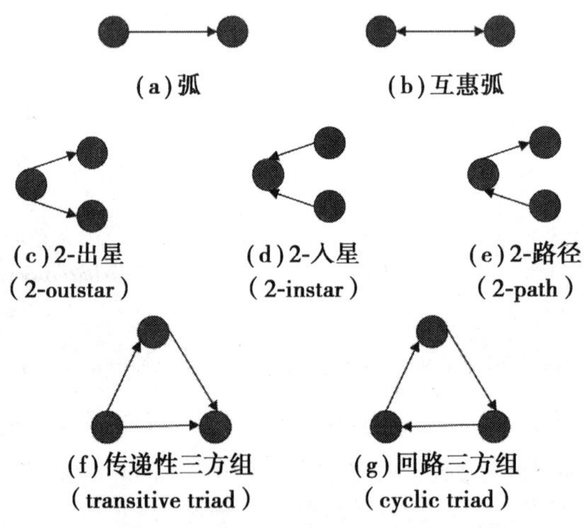

图 32.6 有向图中一些常见的马尔可夫构型

扩展到有向图

当处理有向图时,可能的构型就变得更复杂了。Wasserman 和 Pattison(1996)描述了有向网络的马尔可夫构型。图 32.6 描绘的是最普通的马尔可夫构型。通过再次使用变化的参数形式,Snijders 等(2006)最先在一个有限的范围内提出了有向社会回路构型。Robins 等(2009)提出了一系列扩展的社会回路构
型,包括图 32.7 中所陈述的那些构型。 494

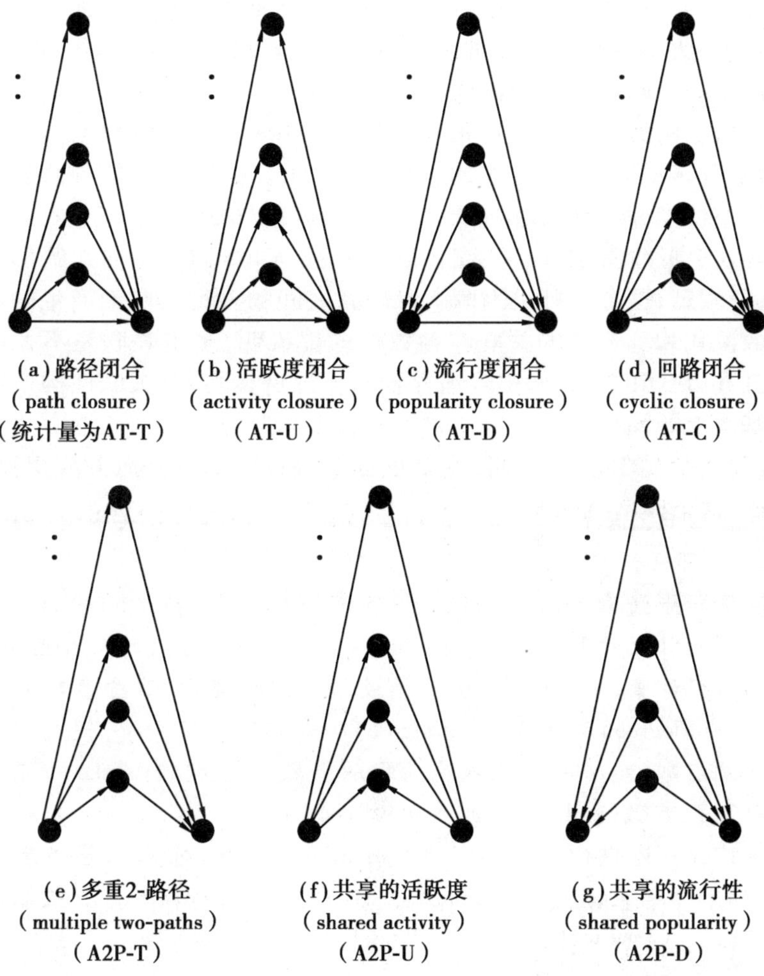

图 32.7 有向社会回路模型的闭合(closure)和关联性(connectivity)构型

对与这些闭合构型(closure configurations)有关的参数,Robins 等(2009)给出了理论上的解释。**路径闭合**(path closure)参数(图 32.7(a))连同与之有关的统计量 AT-T——表示替代性的 k-三角-传递性(alternating k-triangle transitive)——反映了传递性的路径闭合。一个非封闭的 2-路径也可以反映结构洞,这个结构

洞有着从行动者 i 经由伙伴 k 到行动者 j 的关联,因此,当 i 和 j 之间存在着多个2-路径时,这个路径闭合参数便表达了结构洞闭合的倾向。活跃度闭合(activity closure)参数(图 32.7(b))连同统计量 AT-U——其中 U 代表"向上的"(up)——也反映了一种趋向,Robins 等称之为是一种结构同质性(structural homophily)的形式。有些行动者对其他行动者作出了类似选择,这些行动者因此形成了一种关系。这是一种基于共同的选择或共享的网络活动(network activity)的同质性。另外,有着统计量 AT-D 的**流行度闭合**(popularity closure)参数——图 32.7(c)中的 D 表示"向下的"(down)——是一个基于共享的流行度的结构同质性效应。**回路闭合**(cyclic closure)参数连同其统计量 AT-C——图 32.7(d)中的 C 代表"回路的"(cyclic)——代表了非传递性(即非等级性)的回路形式的闭合。Robins 等主张,可以将这些参数视为一种广义交换版本的结构洞闭合(a generalized exchange version of structural hole closure)。

多重关联性构型(multiple connectivity configurations)(图 32.7(e)—(g)中的**多重 2-路径**、**共享的活跃度**、**共享的流行度**)对闭合构型来说是较低阶的。当与闭合、关联度对应的两个参数都在模型中时,就可以推断一个闭合效应的产生是否是因为有这个低阶基础(base)或 k-三角关系(k-triangle)。前文给出了一些解
495 释,这些解释假定,这个基础是因两个行动者之间的多重关联而产生的。一个正的闭合参数模式和一个负的关联性参数模式都说明,多重关联是不大可能出现的,除非它们以封闭的形式发生。这符合如下论点,即多重关联性构型容易导致这个低阶基础上的闭合。

除了图 32.7 中的闭合与关联性构型之外,Robins 等对下列效应提出了参数:

- **密度与互惠性**(density and reciprocity),如马尔可夫模型(图 32.6(a),(b))中的那样;
- **活跃展开度**(activity spread)和**流行展开度**(popularity spread),连同与之相关的替代的 k-出星(alternating k-outstars)和替换的 k-入星(alternating k-instars)统计量,正如由 Snijders 等最初提出的那样;这些参数分别控制了点出度(outdegree)与点入度(indegree)的分布;
- **源点数**(sources)(点入度为零的点数)、**汇点数**(sinks)(点出度为零的点数)、**孤点数**(isolates)(孤立点的数目);
- **广义传递性**(a generalized transitivity)效应,它以同等强度将路径闭合、活动闭合和流行度闭合效应结合成一个参数;对应的**广义关联度**参数也有可能。

行动者属性

个体层次变量也有助于社会关系的形成。可以用不同的方式将个体层次的变量纳入 ERGM 中去,但是,在这里,我们要介绍一些简单的**二方组社会选择**

(dyadic social selection)参数(Robins,Elliott et al.,2001)。当网络关系是因点的属性而形成的时候,某些社会选择过程就发生了。例如,**同类性**(homophily)是一个过程,个体之间因有类似性而形成某种关系(McPherson et al.,2001)。

在假设了存在社会选择过程之后,我们便可以致力于对网络 x 建模了。建模时,不只依据上文所述基于网络(network-based)的构型,还依据一个属性向量 $\boldsymbol{y}$。该向量可以反映一种对诸多点的测度。我们不采用方程式 32.1,而是采用一个略为复杂的形式:

$$Pr(\boldsymbol{X}=\boldsymbol{x} \mid \boldsymbol{Y}=\boldsymbol{y}) = (1/\kappa)\ \exp\{\sum\nolimits_A \eta_A g_A(\boldsymbol{x}) + \sum\nolimits_B \eta_B g_B(\boldsymbol{x},\boldsymbol{y})\} \quad (32.4)$$

其中,$\boldsymbol{\eta}_B$是与选择效应有关的一系列参数,$g_B(\boldsymbol{x},\boldsymbol{y})$本质上是构型计数的统计量,它既涉及属性,又涉及网络关系。在本章中,我们所考虑的属性 $\boldsymbol{Y}$ 要么是二值尺度的,要么是连续尺度的。通过对点着色,就可以将二值属性(值为 0 或 1)的信息纳入对网络构型的可视化表达中去,点的大小可以体现连续属性的信息。对于有向网络以及每类测度来说,图 32.8 展示了五个二方组构型,它们有可能被纳入一个模型(32.4)中去。

对参数的解释是直截了当的。对于构型 32.8(a)来说,一个大的正参数估计值就证明属性值为 1(即“有”该属性)的个体在网络中更活跃(常常称之为**发送者效应**,因为关系的“发送者”拥有属性);相比之下,构型 32.8(b)指的是基于属性的流行度效应,或**接收者效应**,它与如下问题有关,即由于接收了较多的关系,有这个属性的人是否往往会更受欢迎(popular)。构型 32.8(c)反映了一种同类效应(homophily effect),即共享某种属性的人更可能关联在一起。构型 32.8(d)和 32.8(e)是与活跃度/流行度(activity/popularity)和同质性(homophily)相对应的互惠-关系结构。构型 32.8(f)到 32.8(j)是与连续属性测度相类似的结构。

带有点属性的更为复杂的构型涉及星型与三角关系,它们也可以被纳入模型(如 Robins,Elliott et al.,2001)。参数的选择取决于所研究的问题。例如,互惠性可能与要研究的属性不是特别有关,出于简约的目的,可将互惠的活动性与同类性从模型中排除掉。通常来说,将活跃度与流行度参数作为基于属性的主效应是重要的。强且正的活跃度与流行度参数表明,它们本身就是一种形式的同类性,这是因为有该属性的个体既发送也接收了更多的弧,因此,从一个有属性者至另一个有属性者的弧的概率会提高。不过,只依据这两个参数我们还是不能确定在活动度与流行度上是否有明显的同类效应。

有向网络的例子

如何对那些包括属性的模型进行拟合,一个经验的实例是 Krackhardt 的高科技经理的(有向)意见网(Krackhardt,1987),该网络包括一个标示位置的二值属性(1=“地位较高”,0=“地位较低”)和表示连续属性的年龄。我们拟合了四个 496
模型:第一个模型中只有网络效应,第二个模型中有网络效应与位置,第三个模型中有网络效应和年龄,第四个模型中有网络效应、位置和年龄。我们拟合属性效应的发送者、接收者与同类性参数(鉴于网络中几乎没有互惠性——见下文,这些参数的互惠版本被排除在外了)。在用不同的三角关系构型作了一些试验后(图 32.7),我们选定了一个只有路径闭合和 2-路径关联性参数的模型。表32.2展示了参数估计值与标准误(收敛统计量并没有展示在表中,但是它们的绝对值都在 0.1 以下)。

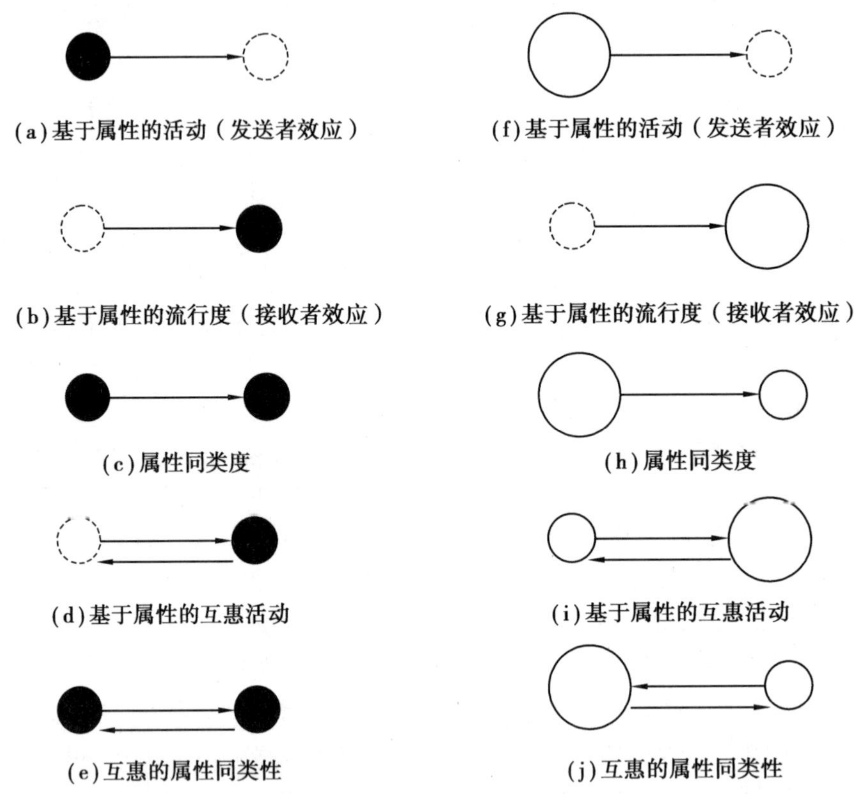

图 32.8 包括属性变量的诸多构型

注:左栏为二分值属性;右栏为连续值属性。虚线表示与属性值无关的点;黑点表示二分值属性值为 1;连续值属性点的规模表示属性测度的值。

从表 32.2 的第一栏,我们看到,可靠的效应(reliable effect)包括路径闭合(正)效应和多重 2-路径(负)效应。这种模式表明了结构洞有闭合倾向,随着洞上搭桥者的增加,这个倾向亦趋明显。互惠性接近于零,因此,该建议网络似乎颇具等级性。不存在明显的活动延展度(activity spread)效应,因此,也不存在任何行动者从许多其他行动者那里寻求意见的倾向。密度参数为正,流行度参数为负,其标准误都比较大,我们因而无法确定这些参数所反映的效应会有多大的信度。虽然如此,这些估计值的模式还是表明,没有任何一个行动者有成为明显意见源的趋势(流行度参数为负),在此限制下,人们是有意愿去征求意见(密度
497 参数为正)的。无论是这些管理者中的哪一个,他在多大程度上是流行意见之源,就会在多大程度上发生在涉及路径闭合的三方组构型之内。如果这样,这个证据就表明,在给定模型中各种效应的情况下,这就是一个反优先(antipreferential)

的依附网(attachment network)。在管理者中,对提意见的责任感是均匀分布的:在这里,很少有明显的组织瓶颈。

表 32.2 针对 Krackhardt 意见网络(包括位置与年龄属性)的四个模型的参数估计值

	结构的	+位置	+年龄	+位置+年龄
弧线	3.64(2.20)	6.09(2.12)*	3.19(2.34)	7.17(2.46)*
互惠	0.14(0.25)	0.24(0.30)	0.09(0.27)	0.19(0.31)
活动度延展	−0.64(0.51)	0.39(0.53)	−0.74(0.47)	0.34(0.56)
流行度延展	−1.94(1.01)	−4.11(1.05)*	−1.71(0.99)	−4.39(1.18)*
路径闭合	0.85(0.24)*	0.62(0.25)*	0.83(0.23)*	0.55(0.26)
多维 2-路径	0.36(0.03)*	−0.33(0.03)*	−0.37(0.03)*	−0.33(0.04)
发送者位置		0.02(0.22)		0.02(0.24)
接收者位置		1.03(0.28)*		1.03(0.29)
位置同类性		1.11(0.74)		1.27(0.81)
发送者年龄			0.01(0.01)	0.005(0.01)
接收者年龄			0.01(0.01)	−0.003(0.01)
年龄同类性			0.03(0.01)	0.03(0.01)

注:1. * 表明估计值的绝对值大于标准误;模型拟合采用的是 pnet。

2.(括号内为标准误):模型 1——网络结构效应;模型 2——网络结构效应+位置;模型 3——网络结构效应+年龄;模型 4——网络结构效应+位置+年龄(模型拟合采用的是 pnet)[5]。

加入属性后,就需要有解释。模型 2 包括位置效应。可见,地位较高的管理人员接受了更多的建议关系,一旦这种情况被控制,正的密度/负的流行度参数就会变得更强(在相反的方向上)。因此,在职位较低的管理者中,提意见的责任感广泛存在,其分布甚至比较高地位管理者中的分布更均匀。虽然由于标准误大,信度还是不确定,但在这里还是表明,较高地位的管理者之间有同类性。模型 3 包括年龄效应,我们看到了一个可信的年龄同质性效应。模型 4 既包含位置效应,也包含年龄效应。解释与前面的研究结果没有什么不同。这不是一个无所谓的结果,它表明年龄效应与位置效应在该网络中相对独立。例如,人们往往从年长的、地位较高的管理者那里寻求意见,如果是这样,年龄与位置就可能会略微混淆,当将两者都纳入模型时,一系列的参数就可能会不再重要了。不过这里的情况并不是这样。

进一步扩展与未来的方向

方程式 32.1 的形式是非常一般的,它并不限于单个二值网。原则上讲,ERGM 可以被用于任何形式的关系数据,尽管有一些重要而复杂的决策需要我们作出,即最适于实际数据集的精确参数有哪些。对各种可能的扩展的详述超出了本章的范围,有兴趣的读者可以在下列领域中查阅相关的文献:

- **二部网络**:马尔可夫模型最初由 Skvoretz 和 Faust(1999)提出的,随后由 Agneessens 等(2004)加入了点-层次效应。最近,Wang 等(2009)用社会回路类型的依赖性假设更新了模型的设定。
- **多值网络**:近期有关多值网的研究不多。Robins 等(1999)提供了一种马尔可夫参数化方法。
- **多变量网络**:人类的社会生活涉及很多不同类型的网络,这些网络可以同时运转,相互联系。例如,在一个组织中,我们可能旨在探讨信任与通信网络是如何相互交叉、相互联系的。多变量 ERGM 能够让我们对网络内与网络间的结构过程进行推断。Pattison 和 Wasserman(1999)最先着手于这
498 类马尔可夫模型。更进一步的令人感兴趣的扩展(Koehly and Pattison, 2005)包括延伸到了认识社会结构(Krackhardt, 1987)中的扩展。在组织中运用这些进路已经取得一些重要的应用性成果(Lazega and Pattison, 1999; Lomi and Pattison, 2006; Rank et al., 2010)。还有一个直接的进路,它将社会回路效应纳入一个二部模型,用标准的社会回路参数将网络内(within-network)效应包含进来,然后又将网络之间的二方多丛关系关联参数(dyadic multiplex tie association parameters)也包含进来了(尽管网络之间的效应可能更复杂一些)。
- **社会影响模型**:该模型不是以一套固定的属性为条件来进行网络建模,而可能是以一个 ERGM-型框架内的固定网络为条件对一系列(可变的)属性进行建模。这样的模型反映了一种社会影响或社会传染过程(social contagion process)。Robins, Pattison 和 Elliott(2001b)首次描述了这个进路;近期论著包括(Daraganova et al., 2007)的研究。
- 早期有一些令人感兴趣的模型研究,它们涉及数据网络缺失以及一些相关的问题,如网络的滚雪球抽样等。如果这些模型都开花结果,它们就极有可能扩宽 ERGM 的应用领域。参见(Handcock and Gile, 2010)和(Koskinen et al., 2010)。

结　论

自从 Wasserman 和 Pattison 在 1996 年发表论文以来,人们对指数随机图模型的兴趣大增。由于近年来出现了一些重要的、创新性的技术努力,这些模型现在容易理解多了,新的社会回路设定(specification)戏剧性地提高了它们对真实数据的适用性。但是这并不意味着,模型设定问题已经尘埃落定或者现在的模型有能力去应对所有的网络数据。对有向网络与较大网络来说,模型要得到收敛结果是很困难的。在进行参数估计时,计算上的要求意味着大网络建模也很

难,目前还不能对非常大的网络进行建模。滚雪球抽样可能有助于改善这种情况,但是技术上仍然需要充分开发。当我们转向对更大的网络进行建模时,非常有可能需要另外的参数去把握依赖性。

所有关于这些前沿方面的工作正在进行中。考虑到最近几年进展迅速,我们期望未来有进一步的发展。

注 释

1.这是沿用由 Moreno 和 Jennings(1938)最先使用的术语,而不是近年 Milo 等(2002)给出的网络主题。

2.条件独立性(conditional independence)(即以所有其他关系变量为条件)在这里是重要的,因为在马尔可夫依赖性的条件下,关系变量 X_{ij} 确实影响了 X_{rs},理由是它依赖于 X_{ir},X_{ir} 转而又依赖于 X_{rs}。但是,一旦控制"中间"关系变量如 X_{ir} 的值,X_{ij} 对 X_{rs} 就没有任何更进一步的效应了。换句话说,在 X_{ij} 和 X_{rs} 之间没有任何直接效应。

3.聚类系数等于三角关系数的三倍除以 2-星的数目。该指数介于 0 和 1 之间,测量的是网络中的 2-星意欲"封闭"成三角关系的倾向。之所以有(用于无向网络的)"三倍"这个因子,是因为每个无向三角关系都包括三个 2-星。

4.图的标签表明,弧的方向(在这种情况下是"向上的")与 Holland 和 Leinhardt(1970)对三方谱系(triad census)做标签时的用法相一致。

5.经常使用 pnet 的用户会意识到,在已知某种绝对差量效应(absolute difference effect)(但不适于二值属性)的情况下,估计出来的负参数值就证实了连续属性有同质性。这里为简单起见,连续属性的差值效应的符号已被修改。因此,在表 32.2 中,无论对于二值的还是连续的属性指标来说,正的参数估计值
都表示同质性(不是异质性)。 499

参 考 文 献

Agneessens, F., Roose, H. and Waege, H. (2004) 'Choices of theatre events: p* model for affiliation networks with attributes', *Metodološki zvezki*, 1:419-39.

Bollobás, B. (1985) Random Graphs. London: Academic Press.

Burda, Z., Jurkiewicz, J. and Kryzwicki, A. (2004) 'Network transitivity and matrix models', *Physical Review E*, 69: 026106.

Coleman, J. S. (1988) 'Social capital in the creation of human capital', *American Journal of Sociology*, S95-S120.

Daraganova, G., Pattison, P., Robins, G. and Wang, P. (2007) *Social Influence Models*. 8th Asia-Pacific Complex Systems Conference, Queensland, Australia.

Erdös, P. and Renyi, A. (1959) 'On random graphs. I', *Publicationes Mathematicae*, (Debrecen) 6: 290-97.

Frank, O. and Strauss, D. (1986) 'Markov

graphs', *Journal of the American Statistical Association*, 81: 832-42.

Häggström, O. and Jonasson, J. (1999) 'Phase transition in the random triangle model', *Journal of Applied Probability*, 36: 1101-15.

Handcock, M. (2002) 'Statistical models for social networks: Degeneracy and inference', in R. Breiger, K. Carley and P. Pattison (eds), *Dynamic Social Network Modeling and Analysis*. Washington, DC: National Academies Press. pp. 229-40.

Handcock, M. (2003) *Assessing Degeneracy in Statistical Models of Social Networks*. Center for Statistics and the Social Sciences, Working Paper no. 39, University of Washington.

Handcock, M. and Gile, K. (2010) 'Modeling networks from sampled data', *Annals of Applied Statistics*, 4: 5-25.

Handcock, M., Hunter, D., Butts, C., Goodreau, S. and Morris, M. (2008) 'Statnet: Software tools for the representation, visualization, analysis and simulation of network data', *Journal of Statistical Software*, 24(1).

Holland, P. and Leinhardt, S. (1970) 'A method for detecting structure in sociometric data', *American Journal of Sociology*, 70: 492-513.

Holland, P. and Leinhardt, S. (1981) 'An exponential family of probability distributions for directed graphs (with discussion)', *Journal of the American Statistical Association*, 76: 33-65.

Hunter, D. (2007) 'Curved exponential family models for social networks', *Social Netw-orks*, 29:216-30.

Hunter, D., Goodreau, S. and Handcock, M. (2008) 'Goodness of fit of social network models', *Journal of the American Statistical Association*, 103: 248-58.

Hunter, D. and Handcock, M. (2006) 'Inference in curved exponential families for networks', *Journal of Computational and Graphical Statistics*, 15: 565-83.

Jonasson, J. (1999) 'The random triangle model', *Journal of Applied Probability*, 36: 852-67.

Koehly, L. M. and Pattison, P. E. (2005) 'Random graph models for social networks: Multiple relations or multiple raters', in P. J. Carrington, J. Scott, and S. Wasserman (eds), *Models and Methods in Social Network Analysis*. New York: Cambridge University Press. pp. 162-91.

Koskinen, J., Robins, G. and Pattison, P. (2010) 'Analysing exponential random graph (p *) models with missing data using Bayesian data augmentation', *Statistical Methodology*, 7: 366-384.

Krackhardt, D. (1987) 'Cognitive social structures', *Social Networks*, 9: 104-34.

Lazega, E. and Pattison, P. (1999) 'Multiplexity, generalized exchange and cooperation in organizations', *Social Networks*, 21: 67-90.

Lomi, A. and Pattison, P. (2006) 'Manufacturing relations: An empirical study of the organization of production across multiple networks', *Organization Science*, 17: 313-32.

McPherson, M., Smith-Lovin, L. and Cook, J. (2001) 'Birds of a feather: Homophily in social networks', *Annual Review of Sociology*, 27: 415-44.

Milo, R., Shen-Orr, S., Itzkovitz, S., Kashtan, N., Chkovskii, D. and Alon, U. (2002) 'Network motifs: Simple building blocks of complex networks,' *Science*, 298: 824-27.

Moreno, J. and Jennings, H. (1938) 'Statistics of social Park, J. and Newman, M. (2004) 'Solution of the 2-star model of a network', *Physical Review E*, 70: 066146.

Pattison, P. and Robins, G. (2002) 'Neighbourhood based models for social networks', *Sociological Methodology*, 32: 301-37.

Pattison, P. and Wasserman, S. (1999) 'Logit models and logistic regressions for social networks, II. Multivariate relations', *British Journal of Mathematical and Statistical Psychology*, 52: 169-94.

Rank, O., Robins, G. and Pattison, P. (2010) 'Structural logic of intra-organizational networks', *Organization Science*. 21: 745-64.

Robins, G., Elliott, P. and Pattison, P. (2001a) 'Network models for social selection processes', *Social Networks*, 23: 1-30.

Robins, G., Pattison, P. and Elliott, P. (2001b) 'Network models for social influence processes',*Psychometrika*, 66: 161-90.

Robins, G., Pattison, P., Kalish, Y. and Lusher, D. (2007) 'An introduction to exponential random graph (p*) models for social networks',*Social Networks*, 29: 173-91.

Robins, G., Pattison, P. and Wang, P. (2009) 'Closure, connectivity and degrees: New specifications for exponential random graph (p*) models for directed social networks', *Social Networks*, 31:105-17.

Robins, G., Pattison, P. and Wasserman, S. (1999) 'Logit models and logistic regressions for social networks, III. Valued relations', *Psychometrika*, 64: 371-94.

Robins, G., Pattison, P. and Woolcock, J. (2005) 'Social networks and small worlds', *American Journal of Sociology*, 110: 894-936.

Robins, G. L., Snijders, T. A. B., Wang, P., Handcock, M. and Pattison, P. (2007) 'Recent developments in exponential random graph (p*) models for social networks', *Social Networks* 29: 192-215.

Skvoretz, J. and Faust, K. (1999) 'Logit models for affiliation networks', *Sociological Methodology*, 29: 253-80.

Strauss, D. (1986) 'On a general class of models for interaction',*SIAM Review*, 28: 513-27.

Strauss, D. and Ikeda, M. (1990) 'Pseudo-likelihood estimation for social networks', *Journal of the American Statistical Association*, 85: 204-12.

Snijders, T. A. B. (2002) 'Markov chain Monte Carlo estimation of exponential random graph models', *Journal of Social Structure*, 3: 2.

Snijders, T. A. B., Pattison, P., Robins, G. and Handcock, M. (2006) 'New specifications for exponential random graph models',*Sociological Methodology*, 36: 99-153.

Van Duijn, M., Gile, K. and Handcock, M. (2009) 'A framework for comparison of maximum pseudo likelihood and maximum likelihood estimation of exponential family random graph models',*Social Networks*, 31: 52-62.

Wang, P., Sharpe, K., Pattison, P. and Robins, G. (2009) 'Exponential random graph (p*) models for affiliation networks',*Social Networks*, 31: 12-25.

Wasserman, S. and Pattison, P. (1996) 'Logit models and logistic regressions for social networks: I. An introduction to Markov graphs and p*',*Psychometrika*, 61: 401-25.

网络动力学 33

NETWORK DYNAMICS

⊙ 汤姆 A.B. 斯奈德斯(Tom A.B. Snijders)

网络分析的动力学进路

许多社会网络分析都贯彻着动态思想。网络动力学对很多领域都很重要，例如，从朋友关系网(如 Pearson and West,2003;Burk et al.,2007)到组织间关系网(见 Borgatti and Foster,2003;Brass et al.,2004 的综述性文章)皆如此。但是，诸多网络分析的形式模型(无论在离散数学的传统还是在统计推断的传统中)都长期将注意力放在单类分析方法(即截面方法)上。

一些历史:经验研究

早期的一些重要的纵贯网络研究是由 Nordlie(1958)和 Newcomb(1961)作出的,他们基于所收集的经验数据,在一所大学的大学生互助会(fraternity)中研究朋友关系;Coleman(1961)利用 10 所学校的 9 702 位个体的朋友关系数据,开展了青少年协会(Adolescent Society)的研究;在赞比亚(当时为北罗得西亚[①])劳资纠纷时期,Kapferer(1972)对一家服装店中发生的互动作了 10 个多月的观察和研究;Sampson(1969)的博士论文研究了一所寺院内 18 位僧侣的群体关系演变;还有 Hallinan 用七轮数据作的研究(参见 Hallinan,1974,1979;Sørensen and Hallinan,1976)。不过,在大约 1990 年以前,学者的注意力还主要集中在观察单一的网络上。在 UCINET 程序包的数据集当中(Borgatti et al.,1998)共有 20 个数据,其中只有三个提供了纵向数据:Kapferer 的服装店数据、Newcomb 的大学生互助会数据和 Sampson 的寺院数据。Wasserman 和 Faust(1994)编写的社会网络分

① 罗得西亚为前南非的一个地区,包括北罗得西亚(Northern Rhodesia)(今赞比亚)和南罗得西亚(Southern Rhodesia)(今津巴布韦)两部分——译者注。

析教材走在了前列,但是也只有半页纸的篇幅谈及了动态与纵向网络模型。如何才能明确地分析社会网络的历时性,人们并不太关注这个问题,这可以从两个方面来理解。一方面是网络动态数据难以收集,当研究人员想纵向收集它们时,这种困难会加剧;另一方面是社会网络动力学模型难以建立。

从 1980 年代起,研究者开始更广泛地收集网络面板(panel)数据。面板数据是指研究人员就一个既定的社会行动者群体,在两个或多个连贯的时刻(所谓面板期[panel waves])上收集的数据。Bauman 等(1984)研究了五所学校中的朋友关系网,数据是从一项关注吸烟动因(dynamics of cigarette smoking)的研究中收集到的,在两期研究中,共形成了 954 份完整的问卷;在苏格兰做的青少年朋友与生活方式研究(the Teenage Friends and Lifestyle Study)有三期(West and Sweeting,1995;Michell and Amos,1997;Pearson and West,2003)。目前最有名的研究大概是在美国做的青少年及成人健康研究(the Add Health study),这项研究进行了三期(Harris et al.,2003;Udry,2003)。有学者(Christakis and Fowler,2007)在弗兰明汉心脏研究(the Framingham Heart Study)中发现了有趣的网络数据,而这个历时研究最初并没想包含其网络的部分。也可以把官方档案和名录用作历时性网络数据的来源。这种研究中的一些例子有(Gulati and Gargiulo,2000;Powell et al.,2005)以及一篇述评性文献(Hagedoorn,2002)。 501

一些历史:统计模型

网络动力学的概率模型要求明确设定 $\{X(t) \mid t \in T\}$ 的同时概率分布(simultaneous probability distribution),其中 t 是时间参数,它假设了一个时间点集合 T 中的值,$X(t)$ 是时间 t 上的网络。在概率论中,它被称为随机过程,其中的结果空间是一个网络空间。将网络思考为是一个有向图(digraph)会很方便。虽然依照当下的情形,这个网络可能会有不同的结构,例如无向网、多值网等。对于一个有向图来说,网络 $X(t)$ 是由有向关系变量 $X_{ij}(t)$ 构成的,在时间 t 上,如果存在一条弧 $i \to j$,就用数值 1 表示,不存在这样的关系,其值就是 0。在所有的情况下,我们都假设没有任何自我圈(self-loops),即总有 $X_{ii}(t) = 0$。我们会关注点集固定的情形,用 $\{1,\cdots,n\}$ 表示。因此,网络是由 n 个行动者组成的。有些行动者是在数据收集开始之后才进入(enter),或在结束之前已离开,如果我们允许表示这类行动者的点具有某些灵活性,对于网络面板数据来说,这通常具有意义。应该注意的是,也有一些针对成长性网络(点进入网络中)的模型,它常常伴有附加的假定,即关系一旦被创建,就不会改变,网络的变化取决于新创建的点所创立的关系。在随机图的数学理论中(如 Bollobás,1985),这是一个经典的研究进路。

动态网模型必须反映反馈过程,这个过程是网络的特征。作为实例,我们可以考虑一些社会网络分析中经典的关系创建过程:互惠性(reciprocation)(Moreno,1934)、传递性闭合(Rapoport,1953a,1953b;Davis,1970)和马太效应("因为凡有的,还要加给他,叫他有众。没有的,连他所有的也要夺回来";

Merton,1963;de Solla Price,1965,1976;Barabási and Albert,1999 称之为“偏好依附”[preferential attachment])。如果在某个时刻 t,关系 $i \rightarrow j$ 不存在,那么如果现在有一个关系 $j \rightarrow i$,互惠性就有可能在随后的某个时刻被创建;如果有两个关系被安排在一个 2-路径 $i \rightarrow h \rightarrow j$ 中,即现在有一个从 i 到 j 的间接关联,那么传递性闭合就有可能被创建;如果存在许多其他行动者 h,对他们来说,存在关系 $h \rightarrow j$,即现在从高点入度(indegree)的意义上看,行动者 j 是受欢迎的(popular),那么马太效应就有可能被创建。这些例子说明,网络动力学的统计模型必须表达历时态之间的依赖性和关系之间的依赖性。

历时态之间的依赖性

在对历时态的依赖性建模时,绝大多数已发表的模型都看似利用了马尔可夫性质中的某种变异。宽泛地讲,这种性质是针对随机过程定义的,其意在于,未来经由现在依赖于过去。一个较形式化的定义(虽然仍然有些不完整)是:对于时点 $t_1 < t_2 < t_3$ 来说,$X(t_3)$ 以 $X(t_2)$ 为条件,独立于 $X(t_1)$。在最早提出的模型中,假定面板数据是 $X(t_1)$,$X(t_2)$,$\cdots$ $X(t_n)$,这 n 个连续的观测点就构成了一个马尔可夫过程。例如,很多学者(Katz and Proctor,1959;Wasserman,1987;Wasserman and Iacobucci,1988;Robins and Pattison,2001)都作了这样的假定。由于观测值在数量上有限,这被称为离散-时间的马尔可夫过程。

然而,可以将上文提到的反馈过程假设为是未被观察到却在观测值之间运行着的过程。例如,在一个马太效应运行于其中的群体里,如果某个点 i 在时点 t_1 上有一个低的点入度,在下一个观测点 t_2 上有一个非常高的点入度,那么通过逐渐积累那些指向 i 的关系,如下情况就更容易发生:这些关系本来就有发生的机会,只不过一旦点入度相对较高,它就会变成一个自我强化(self-reinforcing)的过程了。这样一个模型预设了在观察点 t_1 和 t_2 之间会发生变化。最为漂亮的和在数学上最易处理的建模方式是假设一个连续-时间的(continuous-time)马尔可夫过程 $\{X(t) \mid t_1 \leqslant t \leqslant t_m\}$。换句话说,当仍然坚持对观察数据作面板设计时,令过程 T 的时点集合为整个区间 $[t_1, t_m]$,因此就假设了网络变化过程是发生在没有被观测到的那些数据收集的时刻之间。这个假设是由 Sørensen 和 Hallinan(1976;Holland and Leinhardt,1977)等提出来的。这些作者也提出,在这个变化过程中,在任何时间 t 的情况下,都至多有一个关系变量 $X_{ij}(t)$ 在变化。这就将变化过程分解为它的最小可能成分(smallest possible constituents),排除了同时创建一系列关系的协调形式,正如在一见钟情的恋人或在默契十足的一群朋友中那样。这是一个合理的要求,它会大大减少建模的复杂性。Sørensen 和 Hallinan(1976)的模型聚焦在三方谱系(census)的动因上(Holland and Leinhardt,1975),这个模型具有一个矢量集合,该集合将三方谱系的结果定义成了结果空间。然而,这个模型是不完整的,因为它不能详尽说明一个网络中三方组之间的依赖
502 性。Hallinan(1979)提出了一个类似但更为简单的模型,该模型聚焦于二方谱系(dyadic census)。Holland 和 Leinhardt(1977)提出了将网络动态表达为连续-时

间马尔可夫过程的一般模型，这个模型中的关系是逐个变化的。但是，他们并没有详述如何去设定网络中的关系依赖性的方式。

关系之间的依赖性

Katz 和 Proctor(1959)的马尔可夫链模型假设关系变量之间要独立，这种变量在每个后续观测点上都依据马尔可夫链变化。当然，关系的独立性只不过是一个稻草人(straw-man)假设，因为它违反了社会网络分析的基本思想。对这个假设的第一次放宽是假定二方组或($X_{ij}(t)$，$X_{ji}(t)$)之类的一对对关系变量(pairs of tie variables)的独立性。Wasserman(1977，1979，以及其他出版物)针对历时态模型、Hallinan(1979；Leenders，1995 和其他出版物)针对连续-时间的马尔可夫过程、Wasserman 和 Iacobucci(1988)针对离散-时间的马尔可夫过程等都作出了这一假设。

独立二方组假设将随机过程分裂为 $n(n-1)/2$ 个独立的子过程。这是易处理的，但是在上文举例时提到的三个基本的成分过程(component process)(互惠性、可传递性和马太效应)中，它只反映了互惠性。Wasserman(1980)提出了所谓的流行度模型(popularity model)，可以认为这个模型反映了马太效应，却没有反映互惠过程。在这个模型中，随机邻接矩阵($X_{ij}(t)$)的各行是独立的，这就再次简化了这个模型，使其易于处理。

针对等级(rankings)形式的数据，有学者提出了允许三方组与更高阶依赖性存在的随机模型，正如 Snijders(1996)在 Newcomb-Nordlie 数据中，Snijders 和 Van Duijn(1997)以及 Snijders(2001)针对有向图数据所做的那样。本章后文将详述后一个模型。

无尺度网络

在 De Solla Price(1976)，Barabási 和 Albert(1999)，Dorogovtsev 等(2000)提出的模型中，将新的点加入现有的网络中，每个新点都以某种概率与 m 个现有的点相联系，这个概率线性地依赖于现有点的度数。这就导致了所谓的无尺度网络(scale-free networks)，该网络中的度数呈现出一种幂分布(power distribution)。从人类个体之间的大多数网络类型看，这好像并不现实，因为各种约束条件会限制极高度数发生的频率。

网络动力学的随机模型

在 1990 年代之前，网络动力学随机模型并没有得以快速发展，原因之一是，描述网络特征的依赖性结构(dependence structures)太复杂了，那些貌似合理的网络动力学模型只能作为计算机模拟模型才能实现(至少在现有的知识状态下似乎是如此)。正如在基于能动者的模型(agent-based models)中所提到的那样，在前计算机时代,我们是没有能力在数据分析中作精确计算的。

在这一节中,我们首先介绍基于关系的(tie-based)动态模型,然后介绍基于行动者的模型(actor-based models)。前者比较简单,后者更接近于社会科学中的大多数理论。应该将两者都看作是可以通过概率规则来定义的过程模型,这个概率规则能反映网络怎样从一个观测值发展到下一个观测值。从技术上讲,上述所有模型都是在有向图空间上的马尔可夫过程。它们都是连续-时间模型,这意味着时间是以一种无限小的方式递增的,某种变化会在任意时刻发生。为了使模型相对简单,就要给出一个假定,这一点最先由 Holland 和 Leinhardt(1977)提出。该假设认为,在任何给定的时刻(在任何瞬间),只有一个关系可能发生。这就在最小可能的步骤(steps)中将网络动态作了分解。它假设行动者不具有同时协调(coordination)的可能性:行动者是相互依赖的,因为行动者之间相互反应(参见 Zeggelink,1994),而不是相互协调。

基于关系的模型

要建构非常具有一般性的依赖性结构的动态网络模型,最简单的进路就是构想这样一个模型,选定一个随机对(i,j),确定以多大概率来改变关系变量 X_{ij} 的值:是创建一个新关系(将值0改变为1),还是终止一个现有的关系(将值1变
503 为0)。这一改变的概率可以由这个网络的各种函数决定,因而反映的是几种“机制”、理论与限制等的联合体。在技术上,它基于的是指数随机图模型的马尔可夫过程思想与 Gibbs 的抽样思想结合。我们还是先考虑这样一个例子,它有四种驱动网络运动的理论或机制成分(component),这四种成分是:趋于指定的度数均值、互惠性、传递性以及马太效应的倾向。在这里,马太效应被解释为是自我加强(self-reinforcing)的流行过程,它对点入度的分散性有贡献。所有这些都被理解为是随机且非确定性的倾向。可以通过下列网络统计量反映这四种成分:

$$L(X) = \sum_{ij} X_{ij} \quad \text{关系数} \quad (33.1)$$

$$M(X) = \sum_{ij} X_{ij} X_{ji} \quad \text{互惠二方组数} \quad (33.2)$$

$$T(X) = (1/6) \sum_{ij} X_{ij} X_{jh} X_{ih} \quad \text{传递性三方组数} \quad (33.3)$$

$$V_{in}(X) = (1/n) \sum j(X_{+i} - X_{+.})^2 \quad \text{点入度的方差} \quad (33.4)$$

其中

$$X_{+i} = \sum_j X_{ji} \quad i\text{的点入度} \quad (33.5)$$

$$X_{+.} = (1/n) \sum_i X_{+i} \quad \text{平均度数} \quad (33.6)$$

如果这些网络动力的趋向是分别增加这四个统计量的值,那么这种趋势就会将这个网络过程分别导入到一个密度更高、优惠更多、传递性更强或点入度(流行性)差异性更大的方向上去。通过下列方式,用一个模型就可以实现这一点。首先,让我们重新将点入度的方差 $V_{in}(X)$ 改写如下:

$$V_{in}(X) = (1/n) \sum_i X_{+i}^2 - \overline{X}_{+.}^2$$

$$= (1/n)\sum_i X_{+i}(X_{+i}-1)+\overline{X}_{+.}-\overline{X}_{+.}^2$$

$$= (1/n)S_2(X)-\overline{X}_{+.}(\overline{X}_{+.}-1)$$

其中，$S_2(X)$是有向图 X 中的2-入星(two-in-stars)数，即满足$j\to i;k\to i$以及$j\neq k$的i,j,k的构型数。这表明，对于一个固定的平均度数$X_{+.}$来说，有一个大点入度的方差$V_{in}(X)$完全等同于有大量2-入星数的$S_2(X)$。下文就一直用2-入星，而不再用表达马太效应的点入度方差了。

遵循这四种理论成分的倾向在强度上是各不相同的，为了容纳这些不同的强度，可以定义线性组合如下：

$$F(x;\beta)=\beta_1 L(x)+\beta_2 M(x)+\beta_3 T(x)+\beta_4 S_2(x) \tag{33.7}$$

其中，参数β_k的值决定了这四种倾向的强度，x 是任意一个有向图。现在就可以定义网络的变化过程了，它是通过改变(“切换”)单个关系变量$X_{ij}(t)$来操作的，这个操作根据系数b_k的值促成了统计量L,M,T和S_2的改变。这要通过下列算法来实现，这些算法会表明，当关系发生改变时，现有的图$X(t)$是怎样转换为下一幅图的。

算法1:基于关系的网络动力学

对于有向图x来说，除了下面的关系变量外，可以将$x^{(ij+)}$和$x^{(ij-)}$定义为等同于x的两个图，即对于有序对(i,j)关系来说，如果$x^{(ij+)}$确有$i\to j$这个关系，那么$x^{(ij-)}$就没有这个关系。换句话说，$x_{ij}^{(ij+)}=1$和$x_{ij}^{(ij-)}=0$。

1.选择一个有同样概率的随机点对(i,j)，假定$i\neq j$。

2.定义$x=X(t)$。

3.定义下式

$$p_{ij}=\frac{\exp(f(X^{(ij+)});\beta)}{\exp(f(X^{(ij+)});\beta)+\exp(f(X^{(ij-)});\beta)} \tag{33.8}$$

的概率为π_{ij}，将下一个网络选定为$x^{(ij+)}$；定义概率为$1-\pi_{ij}$，将下一个网络选定为$x^{(ij-)}$。

4.时间变量t的增量为Δt，它是一个随机变量，服从参数为ρ的指数分布。

这是一个网络动力学模型，它与 Frank 和 Strauss(1986;Frank,1991;Wasserman and Pattison,1996)所提出的指数随机图模型关系密切。为了阐明这个网络动力学模型与指数随机图模型的关系，一个基本的问题是，上述指数随机图分布的条件下，假定除了$i\to j$这个特殊关系是否存在以外，假定我们是知道整个网络x的，那么(33.8)就是关系$i\to j$存在的条件概率。而指数随机图分布是由下面的概率函数定义的：

$$P(X=x)=\frac{\exp(f(x;\beta))}{C} \tag{33.9}$$

其中，C是标准化常数：

$$C = \sum_x \exp(f(x;\beta))$$

504 这是在全部有向图 x 上的总和。因此,在对关系 $i \to j$ 是否存在进行选择时,上面的动态算法利用了模型(33.9)下该关系的条件概率,这个条件就是该关系之外的整个网络构型。从马尔可夫过程的一般原理,或具体而言从吉布斯的抽样原理出发(Geman and Geman,1983),就可以认为,当这个算法被无限反复使用时,$X(t)$的分布(其中,无限反复意味着 t 趋于无穷大)就趋于有概率函数(33.9)的分布。从这个模型中可以得到随机抽取(random draws)的多种标准算法,这个动力学算法就是其中之一(见 Snijders,2002;Robins et al.,2005)。

通过选取(33.7)中的参数 β_k,就可以用不同强度的密度、互惠性、传递性与自我强化的流行性等倾向去选择不同的模型。例如,当 $\beta_2=\beta_3=\beta_4=0$ 时,就得到一个随机图,"鄂尔多斯-仁义图"(Erdös-Rényi),"伯努利图"(Bernoulli)。当$\beta_3=\beta_4=0$ 时,这是 Wasserman(1977,1979)互惠性模型的一个特例,它有着独立的二方组。当 $\beta_3\neq0$ 或 $\beta_4\neq0$ 时,这种二方组之间的独立性就被破坏了。当 $\beta_2=\beta_3=0$ 时,就得到了 Wasserman(1977,1980)的名气模型(popularity model)。β_3 及 β_4 的值可能为正,这样的模型可表达传递性与马太效应等倾向。

基于行动者的模型

网络分析的挑战之一是如何将能动性(agency)融入网络模型。Emirbayer 和 Goodwin(1994)令人信服地阐述了这一点,他们同样强调了文化的重要性,不过本章必须将这一点放置一边。在一个统计模型中,要将能动性与结构结合在一起,一种自然的方式就是采用网络动力学模型。在这个模型中,关系的改变是由行动者发起的。这样的模型可能是一个表达与检验社会科学理论的良好的工具,行动者在这种理论中发挥着重要的作用(参见 Udehn,2002;Hedström,2005)。Snijders(1996)针对等级网数据、Snijders 和 van Duijn(1997)针对二值网数据都提出了基于行动者的模型。接下来,我们会介绍 Snijders(2001)的模型。他们(Snijders et al.,2010)对这些模型做了一个入门教程,其中包括怎样使用与设定它们的实际建议。

在连续-时间的表现(representation)中,关系一次只能改变一个,而且改变的概率要顾及当前的全部网络构型,在这些限制条件下的模型就具有了基于行动者的性质,这意味着该模型中的行动者好像已经控制了他们发送的关系似的。这个模型设定用了两个函数。一个是所谓的比率函数(rate function)$\lambda_i(x;\alpha)$,它由行动者 i 和目前的网络状态 x 所决定,表明了每个单位时间的频次,行动者 i 就是以这个频次获得了改变一个发出关系的机会;另一个是目标函数(objective function)$f_i(x;\beta)$,可以将它解释为是一种关于网络状态 x 对行动者 i 有多大吸引力的测量。比较中立地讲,目标函数是这样的:当作出一种改变时,行动者会以较高的概率移向网络 x,x 的目标函数 $f_i(x;\beta)$ 也较高。可以用统计参数 α 和 β 来反映包含在比率函数与目标函数中的各种不同成分的强度。(创建一个新关系与终止一个现有关系之间有反对称性,至于在不含反对称性时对该模型的诸多扩展,参见上文提及的满意(gratification)或捐赠(endowment)函数文献中的讨论)。

这个算法只是根据概率分布来构想的,但是也可以这样来解释,即它反映了嵌入于一个网络中的行动者。网络是他们彼此之间正在改变的环境(参见Zeggelink,1994),在其发出的每个关系中,他们都以某种比率(rate)$\lambda_i(x;\alpha)$在改变(它可能是常数,但如果比率函数是关于 x 的一个非恒量函数,它就是变化的),这样就能在假定随机扰动(disturbance)被加入目标函数的条件下,优化他们在作出改变之后获得的目标函数值了。可以称该算法为目标函数的短视(myopic)随机优化,在网络形成的博弈论模型中常常会用到它(如 Bala and Goyal,2000)。

算法 2:基于行动者的网络动力学

对于有向图 x 来说,除了有序对(i,j)这个关系变量和 $x_{ij}^{(ij\pm)}$ 中恰好是 x 中关系变量的反变量(即在 $x_{ij}^{(ij\pm)}=1-x_{ij}$的意义上)之外,针对所有其他关系变量,定义 $x_{ij}^{(ij\pm)}$ 为等于 x 的图。

定义 $x_{ij}^{(ij\pm)}=x$(作为一个方便的没有未指明意义的形式定义)。

1.定义 $x=X(t)$。

2.对于 $i\in\{1,\cdots,n\}$,定义

$$\tau_i=\frac{\lambda_i(x;\alpha)}{\sum_{h=1}^{n}\lambda_h(x;\alpha)} \tag{33.10}$$

以概率τ_i选择行动者 i。

3.对于$j\in\{1,\cdots,n\}$,定义

$$\pi_{ij}=\frac{\exp(f_i(x^{(ij\pm)};\beta))}{\sum_{h=1}^{n}\exp(f_i(x^{(ij\pm)};\beta))} \tag{33.11}$$

以概率 π_{ij},选择下一个网络为 $x^{(ij\pm)}$。 505

4.时间变量 t 的增量为数量 Δt,它是一个随机变量,服从参数为 $\sum_{h=1}^{n}\lambda_h(x;\alpha)$ 的指数分布。

这一指数函数的性质意味着方程式(12)可以改写为:

$$\pi_{ij}=\frac{\exp(f_i(x^{(ij\pm)};\beta)-f_i(x;\beta))}{\sum_{h=1}^{n}\exp(f_i(x^{(ij\pm)};\beta)-f_i(x;\beta))} \tag{33.12}$$

也就是说,给定变化的概率是由目标函数的增加而单调决定的,而目标函数又是由这一改变引起的。这表明,对于行动者 i 来说,如果他目前的网络状态 x 接近于目标函数$f_i(x;\beta)$的最优值,他就很有可能不改变,因为选择维持现状至下一个网络 $x^{(ii\pm)}=x$ 的概率 π_{ii}较高。

模型设定

在基于关系与基于行动者的模型中,为了设定模型,研究者必须分别设定

$f(x;\beta)$或$f_i(x;\beta)$函数(在基于行动者的模型中,还要设定改变比率$\lambda_i(x;\alpha)$)。这个选择应该建立在要研究的主题、理论思考与假设的基础之上。这里仅讨论基于行动者的情况。

如在广义线性建模中一样,如下线性组合会提供一类方便的函数:

$$f_i = \sum_k \beta_k s_{ki}(x) \tag{33.13}$$

其中,$s_{ki}(x)$是网络函数,从行动者i的视角看,在许多情况下,它就是i的个体网函数。该函数与(33.7)相类似,但是,现在它被定义为是基于行动者的模型,即:

$$f_i(x;\beta) = \beta_1 \sum_j x_{ij} + \beta_2 \sum_j x_{ij}x_{ji} + \beta_3 \sum_{j,h} x_{ij}x_{jh}x_{ih} + \beta_4 \sum x_{ij}x_{hj} \tag{33.14}$$

该模型很像(33.7)中的那四项,不过现在是从行动者i的视角上看待的,这四个统计量分别代表关系数、互惠关系数、传递性三方组$\{i \rightarrow j \rightarrow h, i \rightarrow h\}$数以及补加的行动者$j$的点入度$\sum_h x_{hj}$,行动者$i$向$j$发出了一个关系。基于关系的模型具有设定(33.7),基于行动者的模型具有设定(33.14),两个模型都定义了网络动力学的概率分布,这些定义的方差相似,却仍然有差别;如果想识别出任何拟合上的差异,就要在基于关系的与基于行动者的设定之间作抉择,就必须建立在理论偏好或经验拟合的基础之上。

在这里,这个模型设定只是一个例子,用这个例子可以说明,这些模型是怎样被用来通过四个参数β_1至β_4来表达一些趋向的,即趋于一个给定度数均值、互惠性、传递性闭合以及对已受欢迎的行动者的偏好的趋势。值得注意的是,这四个统计量高度相关,这意味着虽然参数β_2、β_3和β_4可以被用来检验各自的趋势,但是,一些统计量的概率分布是可以从这个网络中计算出来的,从这些参数对于这些统计量概率分布的意义来讲,这些参数是互相勾连的(collaborate)。在所有实际的情况中,我们都希望能控制平均度数,因此,总体上,检验关于β_1的假说似乎不是非常地有意义。

在目标函数的表达式(33.13)中,行动者i的个体网的许多其他统计量都可以被用作$s_{ki}(x)$。这样的统计量被称为**效应**(effects)。由于行动者只能控制发出的关系变量,所以,这里重要的是,效应是怎样依赖于发出的关系变量x_{ij}的;效应只依赖于进入的(incoming)关系变量,它们对条件概率(33.11)没有任何影响。Snijders 等(2010)充分地讨论了可以加入的许多统计量,它们能反映有各种理论指向的网络倾向,也会有助于充分表达关系变量之间的依赖性。下面是一个不完全的提纲。

1.两个基本的统计量

(a)点出度$\sum_j x_{ij}$,它的参数——如例子(33.14)中的β_1——可用来拟合平均度数的水平与倾向;大多数其他的统计量会与平均度数相关,这意味着这个参数的精确值会高度依赖于其他参数。

(b)互惠度定义为$\sum_j$,这意味着$x_{ij}x_{ji}$(即行动者i涉及的互惠关系数)

也包括在(33.14)中;在几乎所有的有向社会网络中,互惠性都是一个基本的倾向,将这个效应包含在内,就可以更好地表达趋于互惠的倾向。 506

2.网络的局部结构是由三方组决定的,即三个点上的子图(Holland and Leinhardt,1975)。三方组中关系之间的主依赖性(main dependencies)是由下列两个量把握的:

(a)传递性:“朋友的朋友成为朋友,或继续为友”的倾向,用个体网中的传递性三方组数 $\sum_{j,h} x_{ij}x_{jh}x_{ih}$ 来表达,如(33.14)中包含的第三项所示。

(b)3-回路(three-cycles):形成回路 $i \to j \to h \to i$ 的倾向,用 $\sum_{j,h} x_{ij}x_{jh}x_{hi}$ 来测量。这可以反映一般化的交换(generalized exchange)(Bearman,1997);但是常见的情况是这个效应有个负号,这意味着3-回路往往会被避免(Davis,1970),这是一种局部等级性(local hierarchy)的符号。

3.点入度与点出度是个体网位置的两个基本面向,关系的创建与终止或多或少取决于所涉及的行动者的度数。这可以用与度数相关的效应来表达。基本的度数效应有:

(a)点入度知名度(in-degree popularity),它表示的是,当前点入度高的行动者作为新关系的接收者在多大程度上更知名,这就是前文提到的马太效应和(33.14)中的第四项。

(b)点出度活跃度(out-degree activity),它表示的是,目前点出度高的行动者是否有更大的创建而非终止关系的倾向。

(c)点出度知名度。

(d)点入度活跃度。

同样,高阶的度数效应(higher-order degree effects),如基于度数的配套性(assortativity)也有可能被纳入进来,它取决于两者在度数上的结合,表达了一种形成并保持关系的或强或弱的倾向。

4.除了这些基于网络结构本身的效应之外,把那些由行动者属性决定的统计量包含进来也很重要,如他们的人口统计学特征、资源的指标等。可以将一个给定的行动者变量作为一个自我效应纳入进来,它反映了该变量对发送关系倾向的影响,并且作为一个他者效应,它也反映了对接收关系倾向的影响。此外,发送者与接收者的结合通常是重要的,如他们在突出属性上的相似性反映了趋于同质性的倾向(McPherson et al.,2001)。

5.也可能把行动者对(pairs of actors)的属性包括在内,它们可能是其在一个不同网络中的相关性。例如,这样的二方组协变量(dyadic covariates)可能表达了二方组关系的见面机会、成本或收益等。

基于行动者模型的统计推断

当参数 α 和 β 取不同值时,就会得到不同的网络动力学。对于一个给定的历时网络数据集来说,问题是如何确定这些参数值,以达到模型与数据之间的充分拟合(good fit)。这就是常见的统计推断问题。这里存在一个技术上的困难,即对于模型与数据之间的拟合来说,还不存在任何一种便利的、可计算的指标,如方差分析中的平方和那样。实际上,对模型性质的评估只能通过计算机模拟。基于行动者的模型的确可以被看作一个基于能动者的计算模型(参见 Macy and Willer,2002),这意味着要去模拟网络演化的方式。

估计

文献中基于行动者的模型提出了三种参数估计方法。第一种是积矩法(the Method of Moments)(Snijders and van Duijn,1997;Snijders,2001),它适当选择一系列历时态网络数据集的统计量,每个统计量对应于一个待估计的参数,确定这些参数,使得对于这些统计量来说,在观测值与来自该模型的全部模拟总体的期望值之间能完美拟合(perfect fit):期望值应该等于观测值。实际上,这只能通过一种随机逼近算法近似地达到,由于实际做的模拟次数有限,结果中就会有某些随机性。

第二种是 Koskinen 和 Snijders(2007),Schweinberger(2007)提出的贝叶斯程序(Bayesian procedures)。贝叶斯方法假定参数的概率分布反映了某些先验的信念(prior beliefs)或先验的无视(prior ignorance),然后计算或粗略估计所谓的参数后验分布。给定观察数据后,后者就是参数的条件分布,它反映了先验的信念是怎样通过经验观察转换的。第三种是 Snijders 等(2010)提出的一种逼近最大似然估计量的算法。这个算法需要模拟可能的连续-时间过程,该过程可能从一期观测引向下一期观测,用一种适当的平均法就能近似地估计这些参数。

对于不那么小的数据集来说,如果这个模型能做到非常近似,那么这三种方
507 法就会产生相似的估计结果。

检验

积矩法和最大似然法都是估计方法,与这些方法相关联,遵循建构统计检验的一般原则(如参见 Cox and Hinkley,1974),就有一些检验参数的统计假设的程序了。最直接的方式常常会用参数估计值及其标准误。例如,为了检验

$$H_0: \beta_k = 0$$

这个原假设,那么检验所用的统计量就是这个估计值与标准误之比

$$t = \frac{\hat{\beta}_k}{s.e.(\hat{\beta}_k)} \tag{33.15}$$

这可以用一个标准正态参考分布来检验,也可称之为 t-检验,因为它建立在 t-比率的基础之上。用一种类似的方式可推导出多参数检验。用积矩法得到估计值的检验,可以被称为是沃尔德式检验(Wald-type tests),用最大似然法得到估计值的检验则被称为是沃尔德检验。

还有一种不同的假设检验方式,它不需要对有待检验的参数进行估计。这就是 Rao 的效率分检验(Rao's efficient score test)一般原则。对于积矩法来说,它需要作一种特殊的适应性改变,才能产生 Schweinberger(2008)提出的得分式检验(score-type test)。对于这些模型来说,得分或得分式检验都有一种特殊实用的优点。这是因为在模型相对复杂的情况下,给定数据信息量,参数估计的蒙特卡罗算法可能会不收敛;因此,即使没有作参数估计,得分法也可以提供检验。

与最大似然估计相关的是似然率检验。Snijders 等(2010)对此提供了一种算法。

与最大似然估计与检验算法相比,目前可用的积矩法算法更节省时间。不过,这是一个发展迅速的领域,现有算法的计算效率可能会改变。

网络与行为的动力学

使网络变得重要起来的因素常常是个体的行为与其他个体的结果,它们以某种方式与行动者的网络嵌入性相关(如可参见 Granovetter,1973;Burt,1992;Lin et al.,2001)。然而,这样的个体特征在解释网络动力学时也发挥着作用。因此,我们遭遇到了一种可以将网络与行为都看作是因变量的情形,它们的变化相互依赖,这里用了"行为"这一术语,它是行动者的相关可变特征的简略表达,也可以指态度、操行等。这里的假定是,行为变量是定序的离散变量,值为 1、2 等,直至某个最大值,如一个从左至右的量表上的多级酒精消费或多级政治态度;二值变量则是一种特殊的情形。网络动力对网络与行为的依赖性被统称为社会选择过程(social selection process),行为动力对网络与行为的依赖性被称为社会影响过程(social influence process)(An,本书)。

在有关系的行动者之间,社会影响与社会选择都能引起相似性,可以描述性地称之为网络自相关(network autocorrelation)(Doreian,1989;Leenders,1997)。这个网络自相关主要由影响引起,还是由选择引起,这是一个重要问题。Ennett 和 Bauman(1994)针对吸烟、Haynie(2001)和 Carrington(本书)针对少年犯罪行为说明了这一点。

基于行动者的模型

要回答这样的问题,用过程模型可能会有帮助,该模型反映了关系变量及行动者行为变量之间的互依性演化(interdependent evolution)。这里,很自然地会想到基于行动者的模型;在 Snijders 等(2007;Steglich et al.,2010)的研究中,这种模型就被设定了。他们假设,一个行动者发出的关系及其行为是在该行动者的控制之下的,它会受到各种限制。

过程模型假定,在任意时刻,可能改变的要么是一个网络关系,要么是一个行动变量。行动者分别有网络与行为的比率函数与目标函数。网络与行为是由不同的过程潜在地控制着的,这一点可以被证明,例如,有学者将网络选择与行
508 为选择看作是由不同的决策框架确定的(Lindenberg,2001)。

将这些变化分解为最小可能的步骤,在这里,它意味着,对于一个给定的("无限小")瞬间,一个行动者改变他或她行为变量的可能性只限于在定序尺度上左右移动一个类别。

在向量 $Z(t)$ 中可以采集到行动者 i 在时间 t 上的行为,我们标记为 $Z_i(t)$。现在假设,网络变化的概率取决于该网络的目前状态及行为;行为变化的概率取决于该行为的目前状态与网络。用 $f_i^X(x,z;\beta)$ 表示行动者 i 关于网络的目标函数,用 $f_i^Z(x,z;\beta)$ 表示关于行为的目标函数。与网络的目标函数相类似,行为的目标函数也如此,这样的话,趋于更高目标函数值的改变就比趋于更低目标函数值的改变更有可能发生。用 $\lambda_i^X(x,z;\alpha)$ 表示行动者 i 对于网络改变的比率函数,用 $\lambda_i^Z(x,z;\alpha)$ 表示对于行为改变的比率函数。

算法 3:基于行动者的"网络与行为动力学"

对于网络来说,其采用的算法定义等同于基于行动者的网络动力学的算法。对于行为来说,就任何行动者 i 和潜在的增量 d 来说,我们将 $z^{(i+d)}$ 定义为行为向量,除了将 d 加到第 i 个坐标上之外,它都等于 z。$z_i^{(i+d)}=z_i+d$。

1. 定义 $x=X(t)$,$z=Z(t)$。
2. 以概率 ϕ_X 计算如下比率

$$\phi_X=\frac{\sum_{h=1}^{n}\lambda_h^X(x,z;\alpha)}{\sum_{h=1}^{n}(\lambda_h^X(x,z;\alpha)+\lambda_h^Z(x,z;\alpha))} \tag{33.16}$$

转到第 3 条,迈一个网络步(make a network step);否则(以概率 $1-\phi_X$)转向第 5 条,迈一个行为步(make a behavior step)。

3. 对于 $i\in\{1,\cdots,n\}$ 来说,定义

$$\tau_i^X=\frac{\lambda_i^X(x,z;\alpha)}{\sum_{h=1}^{n}(\lambda_h^X(x,z;\alpha)} \tag{33.17}$$

以概率 τ_i^X 选择行动者 i。

4. 对于 $j\in\{1,\cdots,n\}$ 来说,定义

$$\pi_{ij}^X=\frac{\exp(f_i^X(x^{(ij\pm)},z;\beta))}{\sum_{h=1}^{n}\exp(f_i^X(x^{(ij\pm)},z;\beta))} \tag{33.18}$$

以概率 π_{ij}^X 选择的下一个网络为 $x^{(ij\pm)}$。

转到第 7 步。

5. 对于 $i\in\{1,\cdots,n\}$ 来说,定义

$$\tau_i^Z = \frac{\lambda_i^Z(x,z;\alpha)}{\sum_{h=1}^{n}(\lambda_h^Z(x,z;\alpha)} \tag{33.19}$$

以概率τ_i^Z选择行动者 i。

6.对于 $d\in\{-1,0,1\}$,如果 z_i+d 处在 Z 允许的范围内,则定义

$$\pi_{id}^Z = \frac{\exp(f_i^Z(x,z^{(i+d)};\beta))}{\sum_{k=-1}^{1}\exp(f_i^Z(x,z^{i+k};\beta))} \tag{33.20}$$

z_i+d 在允许的范围之外的 d 值不包含在分母之内。

以概率 π_{id}^Z选择下一个行为矢量为 $z^{(i+d)}$。

转向第 7 步。

7.令时间变量 t 的增量为 Δt,它是一个随机变量,服从参数为 $\sum_{h=1}^{n}(\lambda_h^X(x;\alpha)+\lambda_h^Z(x;\alpha))$ 的指数分布。

这个 $d=0$ 的选择意味着行动者 i 具有改变她或他行为的机会,但是却克制了自己没有这样去做。对于 $d=-1,+1$ 来说,与邻域状态的目标函数$f_i^Z(x,z^{(i+d)};\beta)$相比,目前状态的目标函数$f_i^Z(x,z;\beta)$取值较高。因此,行动者克制自己不改变行为的概率较高。

模型设定

对于行为来说,最方便的目标函数表达式也是一个线性组合

$$f_i^Z(x,z;\beta) = \sum_k \beta_k^Z s_{ki}^Z(x,z) \tag{33.21}$$

其中,$s_{ki}^Z(x,z)$是关于行为与行动者 i 其他特征的函数,但是,它也可能取决于个体网,以及与行动者 i 有关系的那些行动者的行为。在关于选择与影响的研究中,通过设定网络动力学模型,是可以对依赖于行为(behavior-dependent)的选择部分进行建模的,例如,可以设定这样一项,它表示的是与其他行动者建立关系的偏好,这些行动者在行为变量 Z 上表现类似(同质性)。

用行为目标函数中的某些适当项是可以对依赖于网络(network-dependent)的影响部分进行建模的。该函数设定的一个基本例子是

$$f_i^Z(x,z;\beta) = \beta_1^Z z_i + \beta_2^Z z_i^2 + \beta_3^Z z_i\left(\frac{\sum_j x_{ij}z_j}{\sum_j x_{ij}}\right) \tag{33.22}$$ 509

前两项代表了行为 Z 的一个二次偏好函数。如果偏好是单峰的,那么二次项的系数 $\beta_2{}^Z$就是负的。然而对于成瘾(addictive)行为来说,这个系数可能为正。第三项表明,对于行为 z_i来说,行动者 i 的"值"取决于 i 向其发出关系的那些行动者的平均行为。

实　例

因篇幅有限,本章并没有给出一个详述的经验实例。前文提到的方法论文章进一步解释了网络动力学的基于行动者的模型,其中有一些例子可以查阅。其他发表过的网络动力学实例(以行动者总体的年龄排序)有:学龄前儿童之间的朋友关系动力学,包括互惠性、传递性与流行性效应(Schaefer et al.,2010);人格特征决定青少年朋友关系的动力学方式(Selfhout et al.,2010);大学生之间的那些可察觉的与不可察觉的属性对其朋友关系的动力学(van Duijn et al.,2003);管理人员的流动性如何影响到公司之间的关系(Checkley and Steglich,2007)。

有关网络与行为的联合动力学(joint dynamics)案例只是在最近才有发表,因为它是一个新近提出的模型。一些例子如下:

Burk 等(2007)研究了青少年友谊与犯罪行为动力学方面的影响与选择过程。Steglich 等(2010)在一所中学的同期群中,研究了友谊、吸烟及喝酒行为的共同演化(co-evolution)。Mercken 等(2009)作了一项大规模的研究,研究涉及 6 个国家中的 70 所学校的网络,探讨了青少年中吸烟启动(smoking initiation)的影响与选择过程。还有学者(De Klepper et al.,2010)针对一所海军军官学校,研究了友谊与军纪演变中的互依性。

SIENA 程序

网络动力学的基于行动者的模型,以及针对网络与行为的动力学模型,都可以在“对经验网络分析的模拟探究”(Simulation Investigation for Empirical Network Analysis)即 SIENA 程序中执行。最初,它是一个经由程序 StOCNET 的脱机程序,有用户界面,自 2009 年以来,它就是一个在统计系统 R 内的程序包了(R Development Core Team,2009),名为 RSiena。R 系统及其程序包是免费软件,在 Windows、Mac 和 Unix/Linux 系统上运行。它有一个全面并频繁更新的手册(Ripley and Snijders,2010)。这个手册对安装与使用 RSiena 给出了详细的操作指南。

第一项要求是安装 R、程序包 RSiena 和一些辅助性程序包,正如在 RSiena 手册中描述的那样。如果要使用它,显然可以在不了解任何 R 的情况下,利用一个图用户界面(graphical user interface)来操作 RSiena;安装结束后,就不必再操作 R 了。一旦安装结束,RSiena 就可以通过两种方式运行:

1.运行 R,装上程序包 RSiena 以及辅助程序包,从 R 内通过命令 siena01Gui()运行 RSiena 图用户界面。它会提供 RSiena 的基本功能,并且有可能将 RSiena 的使用与任何其他 R 程序包的使用整合在一起。它的优点是无需任何 RSiena 命令的知识。

2.运行 R,装上程序包 RSiena 和辅助程序包,通过使用 RSiena 的 R 命令来运行 RSiena。对于熟悉 RSiena 的用户,这是最佳选择。

Snijders 等(2010)的文章是基础性文献,最好将它作为方法论教程。如果要了解数据形式与软件操作,可利用(Ripley and Snijders,2010)(或其近期版本)。

展望与讨论

社会网络分析的统计方法以一种令人满意的方式表达了网络的依赖性,这些方法只在最近才有可能被使用。这里所介绍的分析网络演化及网络与行为共同演化的方法,能够使研究者检验那些关于网络演变的竞争性及互补性的理论。现在,需要从理论及方法论的视角更多地反思如何将统计进路与网络进路相结合。在结构与位置分析上,网络进路成果颇丰。相比之下,统计进路则具有简约性的传统,它常常将假设检验的模型设定限制在对检验变量连同少量控制变量的选择上。统计进路中的大多数研究是完全个体性的(purely individualistic),忽略了区别出多类分析单位的重要性,在"控制 *A* 后,*X* 就导致 *Y*"这样的方案
(scheme)下,所构想的假设是唯一的,无须多费周折。对于诸如杂志的审阅者与 510
编辑这样的守门员来说,让他们相信网络进路(其中的理论与统计模型比较复杂)的重要性是有难度的。

下面谈谈完全个体性进路的两个主要局限。首先,大多数的网络研究都是观测性的而非实验性的,这意味着分析方法中一定要包含对竞争性假说与理论的适当控制,对观测变量之间统计依赖性的良好设定,这些对于得到可信的结论来说都是必要的。在网络现象中,内生性的(也称为是自我参照的、涌现的和自组织的反馈)过程是必要的,这些过程会导致变量之间的依赖性,而不是导致某个测量变量(measured variable)*X* 对一个因变量 *Y* 的效应。不能恰当地设定这样的依赖性会导致假设检验不足以控制竞争性的理论。

其次,网络依赖性有可能是一个深藏着有趣的理论与假设的宝地,沿着像 Hedström(2005)分析社会学那样的理论路线,将网络进路注入理论思考与统计假说检验之中,就可以更好地解释经验现象,也可以促进诸如公共健康领域中的干预。在更早一些的情境分析中,通过多层建模就已经开始一种类似的发展了。现在,分析性地使用几类单位已经被广为接受,该做法被认为是效果好,甚至有必要,虽然目前还没有被用于实践中,例子可参见(Sampson et al.,2002;O'Campo,2003)。

当网络动力学的统计建模沿着三条路线进一步发展时,这些理论-方法论上的进步就会更容易一些。这三条路线是:第一,适于更丰富的数据结构的模型、更少限制的模型和更丰富的统计程序。至于数据结构,当还在网络面板设计的范围内时,人们可能思考的是如何将这类数据建模扩展到诸如多值网络、多变量网络与无向图网络这样的数据类型中去。然而,发展不应该仅限于面板设计。在研究两个组织之间的网络时,有时有些观测时点(moments)间隔太紧,这样的话,可以用网络自回归(autoregressive)模型,利用前面的网络状态观测值来预测

下一个观测值,如某些学者(Leenders,1997;Gulati and Gargiulo,1999)所做的那样,这种近似估计是合理的;有时候,观测值甚至会提供一个连续的关系创建记录,虽然并不总是关于关系终止的记录,如 Hagedoorn(2002)所作的研究那样。第二,就模型而言,值得提出非马尔可夫过程的模型,例如有潜变量的模型或更广义的、隐藏的马尔可夫模型(Cappé at al.,2005)。这里介绍的模型显然假设了行动者充分了解这个网络,并以一种貌似合理的方式对更大的网络建模,因此,有必要提出非完备信息假设的模型。第三,必须进一步开发统计程序。应该改进算法,研究它们的数学性质。除此之外,还应该开发估计拟合优度的程序,研究参数估计量的稳健性和对设定错误的检验。这些工作连同软件实现都意味着
511 相当艰巨的方法论工作在等待着我们。

参考文献

Barabási, A.L. and Albert, R. (1999) 'Emergence of scaling in random networks', *Science*, 286: 509-12.

Bala, V. and Goyal, S. (2000) 'A noncooperative model of network formation', *Econometrica*, 68: 1181-229.

Borgatti, S.P. and Foster, P.C. (2003) 'The network paradigm in organizational research: A review and typology', *Journal of Management*, 29: 991-1013.

Brass, D.J., Galaskiewicz, J., Greve, H.R. and Tsai, W. (2004) 'Taking stock of networks and organizations: a multilevel perspective', *Academy of Management Journal*, 47: 795-817.

Bauman, K.E., Fisher, L.A., Bryan, E.S. and Chenoweth, R.L. (1984) 'Antecedents, subjective expected utility, and behavior: A study of adolescent cigarette smoking', *Addictive Behaviors*, 9: 121-36.

Bearman, P.S. (1997) 'Generalized exchange', *American Journal of Sociology*, 102: 1383-415.

Bollobás, B. (1985) *Random Graphs*. London: Academic Press.

Borgatti, S., Everett, M.G. and Freeman, L.C. (1998) *UCINET V, Reference Manual*. Columbia, SC: Analytic Technologies.

Burk, W.J., Steglich, C.E.G. and Snijders, T.A.B. (2007) 'Beyond dyadic interdependence: Actor-oriented models for co-evolving social networks and individual behaviors', *International Journal of Behavioral Development*, 31: 397-404.

Burt, R.S. (1992) *Structural Holes*. Cambridge, MA: Harvard University Press.

Cappé, O., Moulines, E. and Rydén, T. (2005) *Inference in Hidden Markov Models*. New York: Springer.

Checkley, M. and Steglich, C.E.G. (2007) 'Partners in power: Job mobility and dynamic deal-making', *European Management Review*, 4: 161-71.

Christakis, N.A. and Fowler, J.H. (2007) 'The spread of obesity in a large social network over 32 years', *New England Journal of Medicine* 357: 370-379.

Coleman, J.S. (1961) *The Adolescent Society*. New York: Free Press of Glencoe.

Cox, D.R. and Hinkley, D.V. (1974) *Theoretical Statistics*. London: Chapman & Hall.

Davis, J.A. (1970) 'Clustering and hierarchy in interpersonal relations: Testing two graph theoretical models on 742 sociomatrices', *American Sociological Review*, 35: 843-52.

De Klepper, M., Sleebos, E., van de Bunt, G. and Agneessens, F. (2010) 'Similarity in friendship networks: Selection or influence? The effect of constraining contexts and non-visible individual attributes', *Social Networks*, 32: 82-90.

de Solla Price, D. (1965) 'Networks of scientific

papers', *Science*, 149: 510-15.

de Solla Price, D. (1976) 'A general theory of bibliometric and other advantage processes', *Journal of the American Society for Information Science*, 27: 292-306.

Doreian, P. (1989) 'Network autocorrelation models: Problems and prospects', in D. A. Griffith (ed.), *Spatial Statistics: Past, Present, Future*. Ann Arbor: Michigan Document Services.

Dorogovtsev, S. N., Mendes, J. F. F. and Samukhin, A. N. (2000) 'Structure of growing networks with preferential linking', *Physical Review Letters*, 85: 4633-36.

Emirbayer, M. and Goodwin, J. (1994) 'Network analysis, culture, and the problem of agency', *American Journal of Sociology*, 99: 1411-54.

Ennett, S. T. and Bauman, K. E. (1994) 'The contribution of influence and selection to adolescent peer group homogeneity: The case of adolescent cigarette smoking', *Journal of Personality and Social Psychology*, 67: 653-63.

Frank, O. (1991) 'Statistical analysis of change in networks', *Statistica Neerlandica*, 45: 283-93.

Frank, O. and Strauss, D. (1986) 'Markov graphs', *Journal of the American Statistical Association* 81: 832-42.

Geman, S. and Geman, D. (1983) 'Stochastic relaxation, Gibbs distributions, and the Bayesian restoration of images', *IEEE Transactions on Pattern Analysis and Machine Intelligence*, 6: 721-41.

Granovetter, M.S. (1973) 'The strength of weak ties', *American Journal of Sociology*, 78: 1360-80.

Gulati, R. and Gargiulo, M. (1999) 'Where do interorganizational networks come from?', *American Journal of Sociology*, 104: 1439-93.

Hagedoorn, J. (2002) 'Inter-firm R&D partnerships: an overview of major trends and patterns since 1960', *Research Policy*, 31: 477-92.

Hallinan, M.T. (1974) *The Structure of Positive Sentiment*. New York: Elsevier.

Hallinan, M.T. (1979) 'The process of friendship formation', *Social Networks*, 1: 193-210.

Harris, K.M., Florey, F., Tabor, J., Bearman, P. S., Jones, J. and Udry, J. R. (2003) 'The national longitudinal study of adolescent health: Research design'. Technical report, University of North Carolina. http://www.cpc.unc.edu/projects/addhealth/design/.

Haynie, D.L. (2001) 'Delinquent peers revisited: Does network structure matter?' *American Journal of Sociology*, 106: 1013-57.

Hedström, P. (2005) *Dissecting the Social: On the Principles of Analytical Sociology*. Cambridge: Cambridge University Press.

Holland, P.W. and Leinhardt, S. (1975) 'Local structure in social networks', *Sociological Methodology—1976*, pp. 1-45.

Holland, P. W. and Leinhardt, S. (1977) 'A dynamic model for social networks', *Journal of Mathematical Sociology*, 5: 5-20.

Kapferer, B. (1972) *Strategy and Transaction in an African Factory*. Manchester: Manchester University Press.

Katz, L. and Proctor, C. H. (1959) 'The configuration of interpersonal relations in a group as a time-dependent stochastic process', *Psychometrika*, 24: 317-27.

Koskinen, J. H. and Snijders, T. A. B. (2007) 'Bayesian inference for dynamic network data', *Journal of Statistical Planning and Inference*, 13: 3930-38.

Leenders, R.T.A.J. (1995) 'Models for network dynamics: A Markovian framework', *Journal of Mathematical Sociology*, 20: 1-21.

Leenders, R. T. A. J. (1997) 'Longitudinal behavior of network structure and actor attributes: Modeling interdependence of contagion and selection', in P. Doreian and F. N. Stokman (eds), *Evolution of Social Networks*. New York: Gordon and Breach.

Lin, N., Cook, K. and Burt, R.S. (eds) (2001) *Social Capital: Theory and Research*. New York: Aldine de Gruyter.

Lindenberg, S. (2001) 'Social rationality versus rational egoism', in J. Turner (ed.), *Handbook of Sociological Theory*. New York: Kluwer/Plenum. pp. 635-68.

Macy, M. W. and Willer, R. (2002) 'From factors to actors: Computational sociology and agent-based modelling', *Annual Review of Sociology* 28: 143-66.

McPherson, M., Lynn, S.-L. and James M. C. (2001) 'Birds of a feather: Homophily in social networks', *Annual Review of Sociology*, 27: 415-44.

Mercken, L., Snijders, T.A.B., Steglich, C. and de Vries, H. (2009) 'Dynamics of adolescent friendship networks and smoking behavior: Social network analyses in six European countries', *Social Science and Medicine*, 69: 1506-14.

Merton, R. (1963) 'The Matthew effect in science', *Science*, 159(3810): 56-63.

Michell, L. and A. Amos, (1997) 'Girls, pecking order and smoking', *Social Science and Medicine*, 44: 1861-69.

Newcomb, T.M. (1961) *The Acquaintance Process*. New York: Holt, Rinehart and Winston.

Nordlie, P.G. (1958) 'A longitudinal study of interpersonal attraction in a natural group setting', PhD thesis, University of Michigan.

O'Campo, P. (2003) 'Invited commentary: Advancing theory and methods for multilevel models of residential neighborhoods and health', *American Journal of Epidemiology*, 157: 9-13.

Pearson, M. and West, P. (2003) 'Drifting smoke rings: Social network analysis and Markov processes in a longitudinal study of friendship groups and risk-taking', *Connections*, 25(2): 59-76.

Powell, Walter W., White, Douglas R., Koput, Kenneth W. and Owen-Smith, Jason. (2005) 'Network dynamics and fieldevolution: The growth of interorganizational collaboration in the life sciences', *American Journal of Sociology*, 110: 1132-205.

R Development Core Team (2009) *R: A Language and Environment for Statistical Computing*. R Foundation for Statistical Computing, Vienna, Austria. http://www.R-project.org.

Rapoport, A. (1953a) 'Spread of information through a population with socio-structural bias: I. Assumption of transitivity', *Bulletin of Mathematical Biophysics*, 15: 523-33.

Rapoport, A. (1953b) 'Spread of information through a population with socio-structural bias: II. Various models with partial transitivity', *Bulletin of Mathematical Biophysics*, 15: 535-46.

Ripley, R. and Snijders, T.A.B. (2010) *Manual for SIENA version* 4.0. Oxford: University of Oxford, Department of Statistics, http://www.stats.ox.ac.uk/siena/.

Robins, G. and Pattison, P. (2001) 'Random graph models for temporal processes in social networks', *Journal of Mathematical Sociology*, 25: 5-41.

Robins, G.L., Woolcock, J., and Pattison, P. (2005) 'Small and other worlds: Global network structures from local processes', *American Journal of Sociology* 110: 894-936.

Sampson, R. J., Morenoff, J. D. and Gannon-Rowley, T. (2002) 'Assessing "neighborhood effects": Social processes and new directions in research', *Annual Review of Sociology* 28: 443-78.

Sampson, S.F. (1969) 'Crisis in a cloister', Ph.D. dissertation, Cornell University.

Schaefer, D. R., Light, J. M., Fabes, R. A., Hanish, L. D. and Martin, C. L. (2010) 'Fundamental principles of network formation among preschool children', *Social Networks* 32: 61-71.

Schweinberger, M. (2007) 'Statistical methods for studying the evolution of networks and behavior', Ph. D. dissertation, University of Groningen.

Schweinberger, M. (2008) 'Statistical modeling of network dynamics given panel data: Goodness-of-fit tests'. Submitted for publication.

Selfhout, M., Burk, W., Branje, S., Denissen, J.J.A., Van Aken, M.A.G. and Meeus, W. (2010) 'Emerging late adolescent friendship networks and big five personality traits: A dynamic social network perspective', *Journal of Personality*, 78: 509-38.

Snijders, T. A. B. (1996) 'Stochastic actor-oriented dynamic network analysis', *Journal of Mathematical Sociology*, 21: 149-72.

Snijders, T. A. B. (2001) 'The statistical evaluation of social network dynamics', *Sociological Methodology*—2001, 361-95.

Snijders, T.A.B. (2002) 'Markov chain Monte

Carlo estimation of exponential random graph models' ,*Journal of Social Structure*, 3: 2.

Snijders, T.A.B. (2005) 'Models for longitudinal network data', in P.J. Carrington, J. Scott, and S. Wasserman (eds), *Models and Methods in Social Network Analysis*. New York: Cambridge University Press.

Snijders, T. A. B., Koskinen, J. H. and Schweinberger, M. (2010) 'Maximum likelihood estimation for social network dynamics', *Annals of Applied Statistics*, 4: 567-588.

Snijders, T. A. B., Pattison, P., Robins, G. L., Handock, M. (2006) 'New specifications for exponential random graph models', *Sociological Methodology*—2006, 99-153.

Snijders, T. A. B., Steglich, C. E. G. and Schweinberger, M. (2007) 'Modeling the co-evolution of networks andbehavior', in Kees van Montfort, Han Oud and Albert Satorra (eds), *Longitudinal Models in the Behavioral and Related Sciences*. Mahwah, NJ: Lawrence Erlbaum. pp. 41-71.

Snijders, T.A.B., van de Bunt, G.G. and Steglich, C.E.G. (2010) 'Introduction to stochastic actor-based models for network dynamics', *Social Networks*, 32: 44-60.

Snijders, T. A. B., and van Duijn, M. A. J., 'Simulation for statistical inference in dynamic network models'. In: R. Conte, R. Hegselmann, and P. Terna, (eds) *Simulating Social Phenomena*. Lecture Notes in Economics and Mathematical Systems, 456. Berlin: Springer, 1997, pp. 493-512.

Sørensen, A. B. and Hallinan, M.T. (1976) 'A stochastic model for change in group structure', *Social Science Research*, 5: 43-61.

Steglich, C.E.G., Snijders, T.A.B. and Pearson, M. (2010) 'Dynamic networks and behavior: Separating selection from influence', *Sociological Methodology*—2010, pp. 329-393.

Udehn, L. (2002) 'The changing face of methodological individualism' ,*Annual Review of Sociology*, 8: 479-507.

Udry, J. R. (2003) 'The national longitudinal study of adolescent health (add health), Waves I & II, 1994-1996; Wave III, 2001-2002', technical report, Carolina Population Center, University of North Carolina at Chapel Hill.

van Duijn, M. A. J., Zeggelink, E. P. H., Huisman, M., Stokman, F.N. and Wasseur, F. W. (2003) 'Evolution of sociology freshmen into a friendship network', *Journal of Mathematical Sociology*, 27: 153-91.

Wasserman, S. (1977) 'Stochastic models for directed graphs', Ph.D. dissertation, University of Harvard, Dept. of Statistics.

Wasserman, S. (1979) 'A stochastic model for directed graphs with transition rates determined by reciprocity' ,*Sociological Methodology*—1980, pp. 392-412.

Wasserman, S. (1980) 'Analyzing social networks as stochastic processes', *Journal of the American Statistical Association*, 75: 280-94.

Wasserman, S. (1987) 'The conformity of two sociometric relations' ,*Psychometrika*, 53: 261-82.

Wasserman, S. and K. Faust. (1994) *Social Network Analysis: Methods and Applications*. New York: Cambridge University Press.

Wasserman, S. and D. Iacobucci. (1988) 'Sequential social network data' ,*Psycho-metrika*, 53: 261-82.

Wasserman, S. and Pattison, P.E. (1996) 'Logit models and logistic regression for social networks: I. An introduction to Markov graphs and p*' ,*Psychometrika*, 61: 401-25.

West, P. and Sweeting, H. (1995) 'Background rationale and design of the West of Scotland 11-16 Study', Working Paper No. 52. Glasgow: MRC Medical Sociology Unit Glasgow.

Zeggelink, E. P. H. (1994) 'Dynamics of structure: An individual oriented approach', *Social Networks*, 16: 295-333.

识别同伴效应的模型与方法 34

MODELS AND METHODS TO IDENTIFY PEER EFFECTS

◎ 安卫华(Weihua [Edward] An)

引 言

关于同伴效应的研究有很多。但是,如何对同伴效应作出有效的因果推断,该问题并没有引起足够的注意,这或者是由于智识上的忽视,又或者是由于方法论上的局限。本章将回顾同伴效应统计建模与推断方面的新进展,并指出该领域中一些未来的研究方向。在社会学中,同伴效应研究的方法论文献至少可以回溯到由 Duncan 等(1968)撰写的经典论文。其他著名的研究与回顾包括 Kandel, 1978; Marsden and Friedki, 1993; Doreian, 2001; Carrington et al., 2005; Valente, 2005; Mouw, 2006; O' Malley and Marsden, 2008; Smith and Christakis, 2008 等。在经济学中也存在一些非常好的关于该主题的回顾,包括(Manski(1993, 2000, 2010); Brock and Durlauf(2001a); Blume and Durlauf(2005); Soetevent, 2006; Hartmann et al., 2008; Jackson, 2008; Moffitt,(即将发表))的研究;政治学中的研究有 Fowler, Heaney et al., 2009; 在物理学与统计学中包括 Albert and Barabási, 2002; Newman, 2003; Goldenberg et al., 2009; Kolaczyk, 2009 的研究。

一般来说,可以将同伴效应的方法论研究分为两种不同的进路:一是关于同伴效应的数学建模,如 Jackson(2008,尤其是第 8 章)主要研究同伴群体社会互动的长期行为与均衡;二是对同伴效应的统计识别与估计。本章的述评主要聚焦于第二种进路,尤其是识别问题。此外,本章有两个方面不同于先前的述评。首先,它是跨学科的,不只是从社会学,还从经济学、政治科学和统计学的角度利用文献。其次,它利用潜在的结果框架去统一与详述这些评论,强调了哪些条件可以归因于同伴效应。

什么样的同伴效应重要,为什么重要

在现有文献中,“同伴”到底意味着什么,并没有共识。他们可能指朋友、室

友、同学、同事、邻居、共犯、同居者,甚至是生产同一产品或提供同一服务或在同一地区工作的公司,这都要视情境而定。为了方便详细阐述,在下文中,我会交替使用“同伴”和“朋友”,除非有另外的明示。虽然有时人们会提名他们的配偶或兄弟姐妹,把他们作为密友,但研究人员一般不会将那些通过婚姻或亲属关系连在一起的社会接触者认定为同伴。即使如此,实际上,还是难以明确定义同伴关系。以“朋友”为例:朋友指的是什么,不同的人会有非常不同的定义。处理这类模糊性的一般进路是提供一个明确的提名法(name generator),如“通常与谁讨论重要的事情?”。但是,什么是“重要事件”,对于不同的人来说也可能不同,并 514
且对于朋友来说,讨论重要事件既不是唯一的也不是重要的因素。暂且不考虑这些概念化的问题,至少有如下 8 种可以对同伴效应进行归类的方式,它们有助于更好地理解同伴效应的微妙性(subtleties)和多样性。

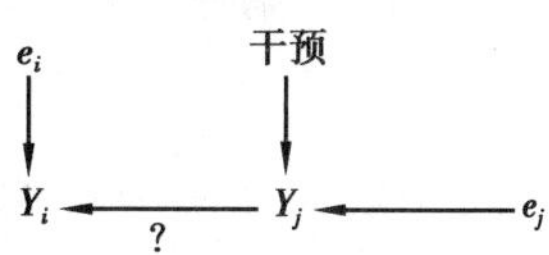

图 34.1 从 Y_j到 Y_i的同伴效应

1.外生的对内生的同伴效应。外生与内生效应之间的差异主要在于同伴效应的终极原因。前者通常指的是外在政策干预的超溢效应(spillover effects),这些效应的对象并不是干预的初始目标,但是,它们与干预的初始目标总体有关系。例如,在图 34.1 中存在着一个外生干预(如一个防止吸烟或中止吸烟的计划),这个干预意在改变对象 j 的吸烟态度与行为 Y_j。在这个例子中,同伴效应指的是,由于受到干预,对象 j 改变了其吸烟的态度与行为,进而对他或她的朋友对象 i 的吸烟态度与行为产生了超溢或传染(contagion)效应。相比之下,内生的同伴效应则直接来自同伴。仍用图 34.1 来说明,内生同伴效应指的是对象 j 直接影响对象 i 而没有先受到任何外在干预影响的情形。实际上,可能很难从外生同伴效应中完全分离出内生同伴效应,因为很多内生同伴效应可能最初是由外在力量引起的,而这些外生力量对于研究者来说是不可观测的。

2.正同伴效应对负同伴效应。从期许性(desirability)方面来看,同伴效应有正、负之分。例如,通常会认为,吸烟的同伴对他们的接触者有负效应,而努力学习的学生可能对他们的同学有正效应。

3.积极同伴效应对消极同伴效应。积极同伴效应产生于一个人能够明确识别出的联络人,消极同伴效应也产生于诸同伴,但是这个人与他们没有明确的关系。朋友效应是前者的例子。传染病传播或市场竞争可以作为后者的例子。

4.即时的(contemporaneous)对滞后的(lagged)的同伴效应。同伴的即时影响多导致的效应被称为即时的同伴效应,同伴的先前影响所导致的效应被称为滞后的同伴效应。一个研究小组中的社会互动会产生即时同伴效应,而传染病传播反映了滞后的同伴效应。

5.群体同伴效应对个体同伴效应。同伴效应可能基于群体,也可能基于个体。有时,人们最可能受到其同伴群体的影响,而其他时候只受到其最好朋友或其他类型个体的社会关系的影响。一个研究小组中的同伴效应可以是前者的一个例子,而肥胖症、吸烟或垄断性竞争可以被看作是后者的例子。

6.单向同伴效应对双向同伴效应。当同伴效应只沿一个路径流动,即从一个对象到另一个对象,而没有以相反的方向流动,这时就发生了单向同伴效应。如果同伴相互影响,同伴效应相互流动,这时就发生了双向同伴效应。

7.对称同伴效应对不对称同伴效应。一个对象对他或她的同伴施加的效应与同伴对该对象施加的影响相同,则称之为对称的同伴效应。当这两个效应不相等时,则称之为不对称的同伴效应。例如,宗教人士使他们的接触者皈依宗教的效应有可能强于他们的接触者将其从宗教中拉出来的效应。吸烟者与非吸烟者之间的同伴效应与之相似。

8.对偏好、行为或结果的同伴效应。根据同伴影响的内容,同伴效应可以在偏好、行为、结果或它们的组合中起作用。

同伴效应在调节社会经济结果方面发挥的重要作用在文献中已有反复论述。研究表明,同伴具有重要影响,表现在创新扩散(Coleman et al.,1957)、技术采纳(Oster and Thornton,2009)、求职和地位获得(Granovetter,1973,1974;Williams,1981;Fernandez and Weinberg,1997;Lin,1999;Fernandez et al.,2000)、社会经济不平衡的扩大(Finneran and Kelly,2003;Calvo-Armengol and Jackson,2004,2007;Salganik et al.,2006)、肥胖症的社会扩散(Christakis and Fowler,2007;Trogdon et al.,2008;Halliday and Kwak,2009;Carrell et al.,2010)、孤独症(Liu 等,2010)、吸烟(Ennett and Baumann,1993;Maxwell,2002;Christakis and Fowler,2008)、犯罪或过失行为(Baerveldt et al.,2008;Carrington,本书)、性传播的疾病(Laumann and Youm,1999;Bearman et al.,2004)、大众传播流动(Katz and Lazarsfeld,2005)、社会运动与公民参与的动员(Diani and McAdam,2003;Lim,2009)、移民模式(Garip,2008)、能量消费(Ayres et al.,2009)、政治意见一致性(Lazer et al.,2008)、工人生产力的超溢(Moretti,2004;Greenstone et al.,2008;Mas and Moretti,2009)等方面。

515 透过社会网络分析的镜头去理解同伴效应对公共政策具有重要意义。我们可以改变或利用同伴群体的社会网络结构,以此去改进政策的实效效果。以一间教室中的座位安排为例。如果对于平均绩点 GPA(Grade Point Average)高的学生来说,他们对 GPA 低的学生的正同伴效应要大于他们对 GPA 高的学生的正同伴效应。之所以要会安排 GPA 高的学生与 GPA 低的学生坐在一起,目的是使学生的平均 GPA 最大化。当然,座位安排也取决于教育的目标与教师的动机。教师也许不关心平均 GPA,但是关心 GPA 高于某个临界值的学生数。如果真是这样,就可能安排高 GPA 的学生坐在一起。另外一个例子是防止吸烟。我们可以选择受欢迎的对象,即那些在一个同伴群体中得到了大多数朋友提名的人,将其作为意见领袖去主持防止吸烟的计划,促进关于吸烟的积极信息、态度与行为的扩散(Valente and Davis,1999)。

用有向非回路图和反事实来理解同伴效应

在同伴效应研究中，一个重要的问题是，如果我们在同伴的态度、行为或结果之间发现了相关关系，如何将它们识别为因果关系。有向非回路图（Directed acyclic graphs，DAGs）（Pearl，2000）提供了一个非常直观的表达因果关系路径的概念工具，下面用这个图来显示同伴效应的因果路径。为简单起见，假设有一些要研究的结果（Y）和属性（X）的数据，它们都是关于一个对象群体的，我们感兴趣的是，对象的结果是否受到其同伴结果的影响。可以用下面的有向非回路图（DAG）去呈现这种内生同伴效应的假定的因果路径。

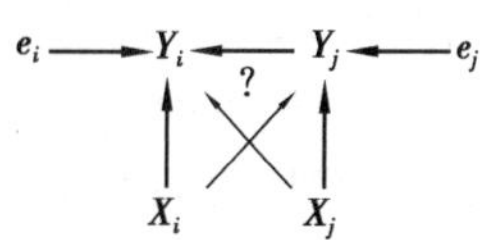

图 34.2　从 Y_j 到 Y_i 的内生同伴效应的因果路径

在图 34.2 中，假定对象 i 已经提名 j 为自己的同伴，我们感兴趣的问题是，Y_j 是否对 Y_i 有任何效应。假设每个对象的结果 Y 不仅受其协变量 X_i 的影响，还受到与他们相关联的同伴的协变量 X_j 的影响，e_i 和 e_j 只是特异性误差项（idiosyncratic error）。这是一个关于同伴效应的极其简化的版本。如果我们精确地测量了所有的相关变量，图精确地描述了同伴效应在现实中运作的特征，那么从 Y_j 到 Y_i 的因果效应当然就是可识别的，因为所有的后门（backdoor）途径实质上都被堵塞了（blocked）。但是，在我们作出这种乐观的断言之前，还有几个问题需要解决。

第一个问题是我们所说的“因果效应”。关于这一点已经有大量哲学上的讨论，从亚里士多德、休谟到刘易斯等（Zalta，2008）。在这些学者中，Donald Rubin 的反事实模型或潜结果框架（potential outcomes framework）（Rubin，1974）越来越受欢迎，也与本文关联密切。下面简要介绍这个框架。至于更综合的回顾，参见（Morgan and Winship，2007）和（Pearl，2009）。

假设存在一个我们感兴趣的二值干预（treatment）D 和结果 Y。令 $Y_i(1)$ 表示单位 i 在干预条件下的潜结果，$Y_i(0)$ 表示单位 i 在控制条件下的潜结果。将个体的干预效应定义为两个潜结果之差，即 $\tau_i = Y_i(1) - Y_i(0)$。然而，由于对于每个单位来说，我们只能观测到这些潜结果中的一个，所以还不能直接识别出干预效应 τ_i。为了识别出每个个体的 τ_i，就需要对每个单位的那个遗漏了的可能结果进行插补，例如通过协变量或倾向值匹配插补。在识别同伴效应时会有各种困难，下面，我会利用潜结果的框架去进行考察。

“处理”一词的模糊性

如果我们正在研究某种外在政策干预下的同伴效应，“处理”就会得以充分地定义，它就是设计好的政策干预。但是，如果我们对内生同伴效应感兴趣，那么“处理”就会在概念上模糊不清。为明晰思想起见，我们假设正在研究一个假想之人（hypothetical person）的挚友的吸烟状态对他或她自己吸烟状态的影响。这种情况下的“处理”是什么？这个人的朋友是不是一个吸烟者，这个纯事实是“处理”吗？或这个朋友每天的吸烟数是“处理”吗？或两者都是处理吗？此外，

516 这种情况下的反事实是什么？这个人根本没有任何朋友，这是反事实吗？或这个人不知道这个特殊的朋友，或这个人知道这个朋友但他或她不是一个吸烟者？这些都是反事实吗？实际上，我们常常用二方组来估计同伴效应。这样做的时候，就已经内在地假设了所估计的同伴效应只适用于有朋友的总体，不适用于那些无朋友的人。从这个视角看，可以认为，同伴效应是有条件的效应，它以如下事实为条件，即我们感兴趣的对象是那些至少有一个朋友的主体。因此，在上述例子中，如果一个人的密友是一个吸烟者，这个人的反事实就是，该密友不是一个吸烟者。如果用匹配法来估计同伴效应，我们就必须采纳一种双匹配(double-matching)算法，即所关注的人及其朋友都必须用另一对人来匹配。这一对人分别与初始的那一对人(original pair of people)具有相似的特征，除了反事实的朋友不是一个吸烟者。一般来说，在任何一项具体的研究中，都必须先认真思考后才能够明确定义反事实。

违反可忽略性

在观测性的研究中，利用潜结果框架去分析因果效应时，还要具备一个非常重要的条件，它就是条件的可忽略性(conditional ignorability)，即要以独立于处理的协变量和潜结果为条件。当研究同伴效应时，可忽略性很可能不成立，这出于两点原因。一是由于选择性偏误(selection bias)或物以类聚性(homophily)。也就是说，对象往往结交的是与自己同道的人，这会导致处理的分配由潜结果决定。例如，超重的人可能是其他超重者的朋友，腐败的官员往往是其他腐败官员的朋友，等等。因此，不是你的超重或腐败的朋友使你超重或腐败，而是你在一开始就选择了超重或腐败者为友。如果不考虑这种选择，同伴效应的估计当然是有偏的，常常是高估了(upwardly)。二是由于其他因子的干扰(confounding)，这些因子与对象及其同伴的结果都相关，不管是生物性的还是情境性的因子，都在模型中被忽略了。例如，可能是因为一个人及其朋友都住在贫困地区，他们两位才都肥胖或超重。在分析中如果不考虑地区之类的因素，就会在估计的同伴效应中引出忽略变量偏差(omitted variable bias)。图 34.3 显示了同伴效应的因果路径，其中有一个被忽略变量 U。不控制 U，Y_j 和 Y_i 之间的秘密路径就会处于启动状态。

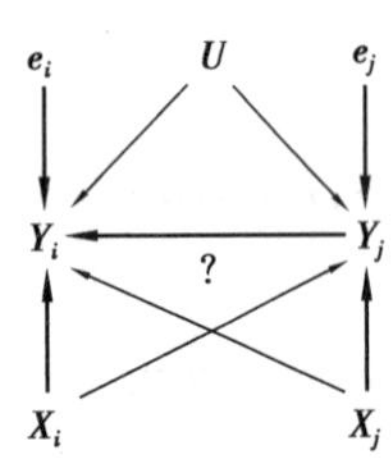

图 34.3 带有忽略变量 U 的同伴效应

违反"稳定的处理单位值假定"

潜结果模型的一个基本假定是所谓的"稳定的处理单位值假定"(stable treatment unit value assumption, STUVA)，它指的是一个对象的"处理状态"(treatment status)不应该影响到另一个对象的结果。明显违反这样一种假设的同伴效应有两个特征：一个是同时性(simultaneity)，另一个是传递性。同时性指的是，Y_j 在影响 Y_i 的同时，Y_i 也影响着 Y_j。同时性使得对同伴效应进行估计的普通最小二乘法(Ordinary Least Squares)有偏且不一致。传递性指的是对象 k 是对象 j 和对象 i 的一个共同朋友,Y_k对 Y_j和 Y_i都有影响。它也使 Y_i和 Y_j对 Y_k作出反应。在某种意义上,可以把传递性看作是一种特殊类型的同时性。图 34.4 显示了具有同时性与传递性的同伴效应。

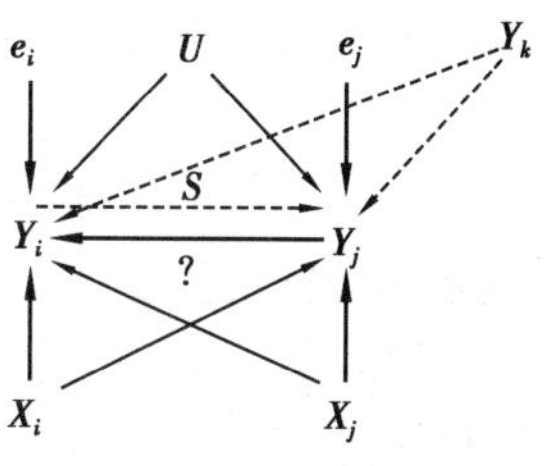

图 34.4　带有被忽略变量、同时性与传递性的同伴效应

一些特殊的技术已被用于解决同时性与传递性问题。例如,我们可以用豪斯曼检验(Hausman test)来查验同时性。如果同时性确实存在,并且控制同伴效应的参数不是低度识别的,或者是间接最小二乘法(Indirect Least Squares, ILS)的估计量,或者是两阶段最小二乘法(Two Stage Least Squares, 2SLS)的估计量,那么都可以被用于估计同伴效应(要想了解同时性问题的介绍,可以参见
Gujarati,2002,第 18 至 20 章)。至于传递性问题,某种方程组的方法似乎是必要 517
的。该领域需要有进一步的研究。

建模与估计同伴效应时的第二大问题源于网络与行动的静态视角。我们通常会假定,社会网络与嵌入其中的社会行为是固定的。但是,在许多情况下,网络与行为都不断演化,我们需要对网络与行为的共同演化进行建模,目的是从同伴影响中分离出同伴选择,并获得关于同伴效应的精确估计。到目前为止,只有少数研究采用了这种进路。下文将比较全面地回顾这些研究。

识别同伴效应的第三个问题源自缺失数据与测量误差。它们的产生有多种原因。例如,人们在被询问时有可能忘记他们的一些社会关系,还可能存在数据上的编码误差(例如,因存在重复的名字而导致偏差),或者某个网络只是用方便抽样构造的,抽样中对象并没有被恰当地抽取,他们的关系没有被充分地追踪,等等。

总之,在研究同伴效应时一些最大的问题产生于:(1)对同伴效应的界定不明确。(2)处理的模糊性。(3)由于选择或干扰而违反了可忽略性。(4)由于同时性或传递性而违反了 STUVA。(5)网络与行为的静态视角。(6)缺失数据与测量误差。

前两个问题更多地处于概念层次上,前文已经讨论过了。在下面的部分中,我会对其他四个问题作一个比较全面的回顾。具体而言,在第 2 节中,我会回顾人们为什么形成以及怎样形成同伴网络的文献。这会帮助我们更好地理解同伴效应得以出现的机制以及将同伴选择从同伴影响中分离出来的重要性,从而得到能对同伴效应作出有效度的因果估计。最近有学者提出了一些很流行的识别同伴效应的模型与方法,第 3 节将回顾这些文献。这也是本述评的核心部分。第 4 节会聚集于社会网络中的缺失数据与测量误差,回顾它们对同伴效应估计与推断的影响。最后,我会总结并讨论一些同伴效应研究方面的重大进展,它们会在不远的将来成为现实。

同伴网络为什么形成,怎样形成

选择、机会与基因

为了方便论述一些思想,我用朋友关系网作为例子来解释同伴网为什么会形成以及怎样形成。在文献中,有三个因素被认为在朋友关系形成中起了重要作用。简而言之,它们是选择、机会与基因。选择指的是,被试具有某种偏好与自主性(autonomy)去选择交往伙伴。其背后的假定是,朋友关系的形成是建立在功利性考量的基础之上的。许多经济学家持这种观点,他们认为,朋友关系是获得物质或情感利益的工具,这并不令人吃惊。例如,Jackson 和 Wolinsky(1996:44)假设,“自利的个体会选择去建立新的关系或切断现有的关系”。另一个例子是,Bala 和 Goyal(2000:1181)主张“社会网络是因个体决策而形成的,这一决策要在建立与维持关系的成本与这样做时所获得的潜在酬赏之间达成平衡。我们假设,如果某个个体与另一个能动者有某种关系,该个体就能适时地通过自己的多个联络人而部分地获取后者的既有利益”。类似的功利主义观点也可以在(Christakis, et al.2010;Ellison,2010)中找到。想要阅读更多以经济学视角研究群体形成的论文,参见 Demange and Wooders,2005。根据功利主义观点来探讨朋友关系的形成,就可以预测出一些特殊的网络,这些网络通常只有简单的结构,如轮网(wheel)与星网(star)(Bala and Goyal,2000)。

朋友关系形成中的另一个重要因素是机会。说到机会,我指的不是“随机性”,而是控制人们相识或知晓的机会结构(opportunity structure)。根据 Zeng 和 Xie(2008:4)的说法,机会结构指的是“所有因素的影响,而不是对选择的偏好”。它可以包括总体构成、组织结构和活动。显然,精确地操作化与测量机会结构是极其困难的。其中的基本观点是,任何一对主体要形成某种朋友关系,其可能性不仅取决于他们的偏好与选择,而且取决于他们相识与互动的可能性和次数。在这一意义上,正如 Zeng 和 Xie 这样的研究者所认识到并强调的,朋友选择受到机会结构的限制。机会结构发挥了重要的作用,接下来的研究提供了支持它的经验证据。例如,Abu-Ghazzeh(1999:41)指出:“相比之下,绕过一小排房屋或坐在小而封闭空间中的机会,是与社会互动及朋友关系的形成呈显著相关的。”再举一个例子,Carrington(2002)证实,共犯中观测到的性别同质性的数量,尤其是在男性同犯之间,在很大程度上可以被归因为有相对少量的女性卷入了犯罪,而
518 不是表达了性别同质性偏好。最后,Marmaros 和 Sacerdote(2004:1)指出:“对于两个随机选出的白人学生来说,他们互动的频繁程度比一个黑人学生与一个白人学生互动的频繁程度高三倍。但是,如果将黑人学生与白人学生安置在同一个新生宿舍中,他们的互动频次会增加两倍。”

许多学者承认,在生成社会网络时,上述两个因素可能共同起作用。例如,

Jackson 和 Rogers(2007:1)指出,将随机的与局部的搜索过程结合起来去生成社会网络,会"形成通过大社会网络展现出来的连续特征"。Currarini 等(即将发表)指出,"可以通过偏好偏差与会面偏差产生经验的社会网络"。

无论背后有怎样具体的驱动力,就许多社会人口学的、行为的与个体内的特征而言,社会网络都表现出相当程度的同质性(McPherson et al.,2001:415)。如果没有恰当地予以说明,由于结果选择而引起的同质性就会使同伴效应的估计值有偏差。例如,Arala 等(2009)发现,先前的方法将产品(product)采纳决策中的同伴影响高估了三倍到七倍,在一个拥有 2 740 万用户的全球即时通信网(instant messaging network)中,就感知到的行为传染而言,同质性解释了50%以上。

最近的一些研究表明,朋友行为与其社会网络特征之间会产生关联,基因对其发挥了某种作用。Fowler 等(2007)发现,基因对青少年朋友的饮酒有显著影响(约 30%),在基因对其朋友饮酒的影响、对青少年自己饮酒的影响和对其酗酒问题的影响之间也存在显著的相关。Fowler,Dawesa 等(2009)表明,至少三个社会网络的属性(点入度、传递性和中心度)是可遗传的,它们有可能被归因于基因因素。类似的研究也可参见 Madden et al.,2002。他们用双胞胎或兄弟姐妹对(siblings pairs)分别估计了同伴选择与同伴影响对同伴行为相关性的解释贡献。

上述研究都有一个局限性,即他们忽略了那些由社会网络结构产生和限定的社会机会,也忽略了它们在朋友关系形成中所扮演的角色。发明随机图模型的部分动因就是为了解决这个问题。

随机图模型

为简便起见,这里只回顾三类经典的随机图模型。我们鼓励读者阅读其他的相关模型,如随机块模型(Holland et al.,1983;Wang and Wong,1987)和潜空间模型(Hoff et al.,2002)。

假设二方组有独立性后,Holland 和 Leinhardt(1981)提出了朋友关系形成的 p1 模型。给定两个随机选择的对象 i 和 j,二者之间便存在四种可能的关系:(1)他们之间无关系。(2)存在着从 i 到 j 的关系。(3)存在着从 j 到 i 的关系。(4)存在着 i 与 j 之间的相互关系。这四类关系的概率可假定如下:

$$\ln(P_{00}) = k_{ij} \tag{34.1}$$

$$\ln(P_{10}) = k_{ij} + \alpha_i + \beta_j + \mu \tag{34.2}$$

$$\ln(P_{01}) = k_{ij} + \alpha_j + \beta_i + \mu \tag{34.3}$$

$$\ln(P_{11}) = k_{ij} + \alpha_i + \beta_j + \alpha_j + \beta_i + 2\mu + \rho_{ij} \tag{34.4}$$

其中 k_{ij} 是一个标准化的常数,可以确保总概率为 1,α 是发送者效应(sender effect)(或"发出度参数"),β 是接收者效应(receiver effect)(或"吸引度参数"),μ 是关系形成的基础比率(base rate)或密度参数,ρ 是互惠度效应("互惠力")。出于识别的考虑,需要假定 ρ_{ij} 对所有关系都相同,并命名为 ρ。因此,观测到一个网络 w 的对数似然函数可以写成

$$\ln P_1(w) \propto \mu L(w) + \sum_i^N \alpha_i w_{i+} + \sum_j^N \beta_j w_{+j} + \rho M(w) \tag{34.5}$$

限制条件为 $\alpha_+ = \beta_+ = 0$。其中 $L(w)$ 是网络中的关系数，w_{i+} 是发出的关系数，w_{+j} 是收到的关系数，$M(w)$ 是互惠(mutual)关系数。可以用最大似然法来估计这些参数。

作为 $p1$ 模型的一个随机效应版本，人们提出了 $p2$ 模型，用它来说明共享同一个对象的关系之间的依赖性以及协变量对关系形成的影响(Van Duijn et al., 2004)。除了下列各方程式之外，这个模型的设定与 $p1$ 模型相同：

$$\alpha_i = X_{1i}\gamma_1 + \alpha \tag{34.6}$$

$$\beta_i = X_{2i}\gamma_2 + \beta \tag{34.7}$$

$$\mu_{ij} = \mu + Z_{1ij}\lambda_1 \tag{34.8}$$

$$\rho_{ij} = \rho + Z_{2ij}\lambda_2 \tag{34.9}$$

其中，α 和 β 是从均值为零的一个多变量分布中抽取的随机变量，各个 Z 是在二方组层次上测量到的属性。在通常情况下，可以用广义最小二乘法或马尔可夫
519 链蒙特卡罗法(MCMC)来估计参数。

$p*$ 模型还能包含网络结构之间更为复杂的依赖性形式。在过去的几年间，关于 $p*$ 模型的文献急剧增长。其中的一些名篇有——Wasserman and Robins, 2005; Snijders et al., 2006; Goodreau, 2007; Robins, Pattison et al., 2007; Robins, Snijders et al., 2007; Robins，本书。这才只是其中的一小部分。在 $p*$ 模型中，假定所观测到的任何一个网络的概率都采取以下的形式：

$$\ln P(W = w \mid \theta) \propto \sum_k \theta_k S_k(w) \tag{34.10}$$

S_k 可以是任何感兴趣的网络统计量，如互惠关系数、三角关系数等。要注意的是，$p1$ 模型实际上是 $p*$ 模型的特殊形式，两者都属于指数随机图模型(ERGMs)。一般情况下，可用伪似然法(Pseudo-likelihood methods)或 MCMC 法估计 $p*$ 模型中的参数。

总结一下本节就可以看到，同伴网不是随机形成的。一方面，人们在择友时是自由的；另一方面，他们有生物学倾向，在所嵌入的自然或社会环境中可能有相识的人，这些又限制了他们的择友自由。在估计同伴效应时，考虑朋友关系形成的过程对处理选择问题很重要。

识别同伴效应的模型与方法

下面考察如何在具体的模型中处理选择、干扰和同时性问题。依据数据结构的不同，这些模型大致可分为四组：静态模型、动态模型、实验室实验与自然实验、模拟研究。

静态模型

一般来说，存在着两类研究同伴效应的静态模型，具体模型取决于因变量的特征。均值线性模型(linear-in-means model)适于对连续结果变量进行建模，而

二值模型(binary model)旨在处理二值结果变量。

均值线性模型

均值线性模型在经济学中很普遍(Manski,1993;Weinberg,2007;Graham and Hahn,2009;Bramoullé et al.,2009)。它假定,一个对象的结果不仅由自身的协变量决定,还由其同伴群体的协变量和结果变量的各自均值决定。为了不失普遍性,我们可以假定,在任何一个同伴群体中只有两个对象。其结果可以用下列方程组来建模:

$$Y_i = \alpha_1 X_i + \alpha_2 X_j + \beta Y_j + e_i \tag{34.11}$$

$$Y_j = \alpha_1 X_j + \alpha_2 X_i + \beta Y_i + e_j \tag{34.12}$$

首先要注意的是,上述联立方程组不能用 OLS 来估计,因为回归项(regressors)中的 Y 与误差项相关。如果写出上述两个方程式的简化形式,就可以看到

$$Y_i = \frac{\alpha_1 + \beta\alpha_2}{1 - \beta^2} X_i + \frac{\alpha_2 + \beta\alpha_1}{1 - \beta^2} X_j + (be_j + e_i) \tag{34.13}$$

从根本上讲,我们要做的就是用方程式的简化形式将结果对所有外生协变量作回归,利用估计的系数去揭示最初的参数值。由于外生协变量只有两个,而待估计的参数(α_1、α_2和 β)却有三个,所以,如果不作进一步假定,上述联立方程组就不能被识别。一个假定是,存在着一个包含在一个方程之中,却不包含在另一个方程之中的外生变量,这个假定在某些条件下是合理的。例如,我们可以设想 α_2 在方程式(34.11)中等于零。如果是这样,那么(34.11)就是可识别的,间接最小二乘法(Indirect Least Squares,ILS)可提供一个同伴效应系数 β 的估计值。如果存在一个以上这样的外生变量,这个模型就是过度识别的。在这种情况下,二阶段最小二乘法(two-Stage Least Squares,2SLS)就可以被用来估计同伴效应。另一个进路是对回归项中的 Y_i和 Y_j使用工具变量(IVs),这样就会阻断它们与误差项之间的相关性。例如,我们可以用滞后的 Y 作为回归项中 Y 的工具变量,但是,这需要有动态数据。Bramoullé 等(2009)提出,可以将非传递(intransitive)的和间接的接触者的结果用作工具变量去识别同伴效应。例如,根据他们(Bramoullé et al.,2009)的研究,假设存在着一个非传递的三方组(intransitive triad),其中对象 j 影响对象 i,对象 k 影响对象 j,但是 k 不影响 i,那么就可以用 k 的结果做 j 的结果的工具变量,这样就可以识别 j 对 i 的影响。他们(Bramoullé et al.,2009)也将上述技术扩展处理有固定网络效应的情形。关于解决同时性问题的一般性技 520
术的其他讨论,参见 Greene,2002,第 15 章;Wooldridge,2002,第 10—11 章。如果存在着传递性,即一些同伴群体彼此之间有交叠,就可以使用 Bramoullé 等(2009)提出的方法,或者使用一些基于方程组的其他方法,这样才能估计同伴效应。这需要更进一步的研究。

二值结果模型

如果感兴趣的结果变量是二值测量,通常会采用 logit 或 probit 模型去对同

伴效应建模(Brock and Durlauf,2001a,2001b;Bulte and Lilien,2001;Sorensen,2006;Krauth,2009)。下面是 logit 模型:

$$\text{logit}[P(Y_i = 1)] = \ln\left(\frac{P(Y_i = 1)}{P(Y_i = 0)}\right) = \alpha_1 X_i + \alpha_2 X_j + \beta Y_j \tag{34.14}$$

$$\text{logit}[P(Y_j = 1)] = \ln\left(\frac{P(Y_j = 1)}{P(Y_j = 0)}\right) = \alpha_1 X_j + \alpha_2 X_i + \beta Y_i \tag{34.15}$$

似然函数可以写为

$$L(Y \mid X, \alpha_1, \alpha_2, \beta) = \prod_{i=1}^{n} \left[\frac{1}{1 + e^{-(\alpha_1 X_i + \alpha_2 X_j + \beta Y_j)}}\right]^{y_i} \left[\frac{1}{1 + e^{-(\alpha_1 X_i + \alpha_2 X_j + \beta Y_j)}}\right]^{1-y_i} \tag{34.16}$$

根据学者(Brock and Durlauf,2001b)的研究,预测项(predictors)与结果项(outcomes)之间的非线性可以解决同时性问题,并且有助于识别同伴效应。

静态模型遭遇的一个挑战是其中可能存在着忽略了的变量偏差。换句话说,所估计的同伴效应可能是共同的环境因素而不是同伴影响造成的。例如,Bulte 和 Lilien(2001)指出,最初,医师处方的社会传染是被 Coleman 等(1957)归因于同伴影响的,不过,当控制了药物的标记结果(pharmaceuticals' marking efforts)后,这一社会传染却消失了。

其他识别同伴效应的静态方法包括方差分解(Glaeser et al.,1996)、在群体与个体层次上比较回归系数(Glaeser et al.,2002)、非参数方法(Rosenbaum,2007)、基于群体规模变异(variation)的策略(Davezies et al.,2009;Lee,2009)等。

动态模型

动态模型数据对解决或缓解"选择"与"干扰"问题是非常有益的。除了下面要回顾的模型之外,还包括其他一些适用于分析动态网络数据的有效技术:事件史分析(如 Liu et al.,2010)、动态匹配样本估计框架(dynamic matched sample estimation framework)(Aral et al.,2009)等。

动态 logit 模型

一些学者(Christakis and Fowler,2007,2008;Fowler and Christakis,2009a)用动态 logit 模型分别研究了肥胖症、吸烟与幸福感的同伴效应。假定结果是从下列模型产生的:

$$\text{logit}[P(Y_{it}=1)] = \alpha_1 X_{it} + \gamma Y_{it-1} + \beta_1 Y_{jt} + \beta_2 Y_{jt-1} + e_{it} \tag{34.17}$$

$$\text{logit}[P(Y_{jt}=1)] = \alpha_1 X_{jt} + \gamma Y_{jt-1} + \beta_1 Y_{it} + \beta_2 Y_{it-1} + e_{jt} \tag{34.18}$$

如 Christakis 和 Fowler(2007:373)所言,他们用"广义估计方程去解释针对自我的多重观测值和自我-他者的多重观测值","假设了一个独立起作用的聚类相关结构……利用(相对于先前的考察来说是)时间滞后的因变量会消除误差中的序列相关(用拉格朗日乘子检验来评估),也会充分控制自我的遗传禀赋以及任何导致肥胖的内在而稳定的倾向。利用针对他者重量状况的时间滞后自变量(lagged independent variable)则会控制同质性。"

在 Christakis 和 Fowler(2007)的研究中,使用了动态 logit 模型,该模型受到了一些批评（Cohen-Colea and Fletcherb，2008）。批评者指出，该模型有可能因忽略情境效应而高估了同伴影响。不管是什么样的模型设定问题，最近的一些研究发现，同伴影响的程度可能因健康行为或结果而不同。例如，Vander Weele（2010）发现，对于可能的同质性或情境效应来说，肥胖症与吸烟的传染效应是相当稳健的，而幸福感的传染效应却并非如此。

固定效应模型

可以利用固定效应来明确说明忽略变量偏差与选择偏差中的某个部分（如Nanda and Sorensen，2008；Mas and Moretti，2009）。例如，假设存在变量 U_{ij}，它测 521
量的是对象 i 和 j 的共同环境要素，且存在另一变量 S_{ij}，它测量的是对象 i 和 j 打算形成某种关系的倾向。我们可以用 G 表示时间的不变量（time-invariant variable），如种族、性别甚至是基因。于是，一个动态线性同伴效应模型就可以写为：

$$Y_{it} = \alpha_1 X_{it} + \alpha_2 X_{jt} + \beta Y_{jt} + \theta_1 U_{ijt} + \theta_2 S_{ijt} + \theta_3 G_i + e_{it} \tag{34.19}$$

上述方程式两边都减去前面的值，得到一阶差分估计量（first-difference estimator）

$$\Delta Y_{it} = \alpha_1 \Delta X_{it} + \alpha_2 \Delta X_{jt} + \beta \Delta Y_{jt} + \theta_1 \Delta U_{ijt} + \theta_2 \Delta S_{ijt} + \Delta e_{it} \tag{34.20}$$

时间不变量的效应被差分掉了。如果假设 U_{ijt} 和 S_{ijt} 都不随时间而变，它们的效应也会被差分掉，上述方程式就可简化为

$$\Delta Y_{it} = \alpha_1 \Delta X_{it} + \alpha_2 \Delta X_{jt} + \beta \Delta Y_{jt} + \Delta e_{it} \tag{34.21}$$

如果 U_{ijt} 和 S_{ijt} 都确实随时间而变，且不能被直接观测或测量，那么一般来说，有两种解决这个问题的方式。一是利用代理变量（proxy variable）来测量这两个变化的变量。例如，ΔU_{ijt} 表示环境变化，它可以用对象 i 和 j 邻域（neighbors）结果中的变化均值来近似估计。找到 ΔS_{ijt} 的代理变量有困难。因此，需要用朋友关系形成模型去预测任何一个被试的形成朋友关系的倾向。例如，可以用前一部分介绍的随机图模型去对朋友关系的形成进行建模，并建立与结果模型的关系，即用预测的朋友关系形成概率去解释朋友关系的选择。二是利用工具变量。由于很难提出任何一种针对 ΔS_{ijt} 的工具变量，所以这个进路更适于处理未被观测到的 ΔU_{ijt} 问题。例如，我们可以用被试 j 的不住在同一地区的兄弟姐妹的结果作为对象 j 的结果。在许多情况下，可以合理地假设兄弟姐妹之间的结果是相关的，且被试 j 的兄弟姐妹的结果对被试 i 的结果没有直接影响，因此，工具变量在这一意义上是有效度的。当然，如果能很好地测量环境变量，我们就应该直接将它们纳入模型。但是，由于实际上不可能对环境变化作全面而精确的测量，因此，在许多情况下，上述进路还是有益的。

此外，我们可以将方程式 34.19 右边的滞后结果变量纳入进来，以解释后继结果之间的某种惯性。Arellano 和 Bond（1991）提出了一个估计这类动态面板数据模型的方法。

基于行动者的随机模型

基于行动者的随机模型是由 Snijders(2001,2005)提出来的,同时也出现在 Snijders et al.,2009;Steglich et al.,2010;Snijders,本书等的论文中,这一模型旨在对同伴网形成与同伴影响(即行为变化)联合起来建模。它假设同伴网与行为的变化遵循着两个独立的连续马尔可夫过程。两类变化的频率是由两个比率函数决定的,一个函数决定一个频率:λ_N决定网络,λ_B决定行为。假定任何变化的等待时间都遵循着一个指数分布 $P(T>t)=e^{-(\lambda N+\lambda B)}t$。可能的情况是,将被试的协变量与网络位置都包含在比率函数中时,不同的被试就会有不同的 λ 值。被试会根据两个目标函数作出两类改变,我们假定,它们是对网络结构与行为特征效应的线性概括。

$$f_i^N(w,w',z)=\sum_k \beta_k^N S_k^N(i,w,w',z) \tag{34.22}$$

$$f_i^B(w,w',z)=\sum_k \beta_k^B S_k^B(i,w,w',z,z') \tag{34.23}$$

w 和 w'分别表示被试 i 及其同伴的网络统计量,z 和 z'分别表示被试 i 及其同伴的协变量(包括行为测度)。这个模型将随机网络模型与行为模型结合在一起了,因此能使我们将同伴选择从同伴影响中分离出来。该模型的缺点是它太复杂了,不能对参数作封闭式估计(closed-form estimation)。通常情况下,需要用 MCMC 这样的随机模拟技术去估计参数。Koskinen(2004),Koskinen 和 Snijders(2007)用贝叶斯法扩展了基于行动者的随机模型。该模型的另一个局限是,它假设了在任意给定的时间上,在一个社会网络中只能有一种变化发生,而这在某些情况下可能是不现实的。例如,在派系政治(faction politics)中,派系领袖之间的不和能同时引起两个派系成员之间关系的大规模破裂。在国际政治学中,在
522 人们同时交多个朋友的社会事件中,都可以发现类似的例子。

实验室实验与自然实验

在估计数据分析过程中的同伴效应时,会遇到各种问题,如果说上述模型与方法是在试图处理这些问题,那么实验室实验与自然实验则被用于解决数据生成过程中的一些问题。一般来说,有两类实验。一类是对被试进行随机指派性的策略处理(randomly assigning policy treatment)。这类实验不特别关心估计同伴效应。相反,它提供了一个包括同伴效应在内的总体策略效应(policy effects)估计值。为了分离出同伴效应,有必要进行特殊的实验设计。例如,可以用部分总体设计(partial population design)去估计"控制下的同伴效应"(peer effects under control,PEC)。其中,处理只施加在每个处理组中的部分成员身上。处理组中未被处理单位的结果均值和控制组中受控单位的结果均值之差就可以被视为是 PEC 的一个估计值。为了估计"处理下的同伴效应"(peer effects under treatment,PET),需要一个基于组的处理设计(group-based treatment design)。在这一设计中,处理被指派到两个组上:一组中的参加者是随机个体,相互之间无关联;另一组中的参加者内部相关,如一群朋友或同事。前一组中参加者的结果均值与后

一组中参加者的结果均值之差就是 PET 的估计值。

另一类实验则是随机指派朋友给被试。其目的是排除选择问题,但是要注意,它未必排除干扰问题。例如,在许多大学中,室友是随机指派的。假设室友的学习成绩之间正相关。由于室友是随机指派的,我们就会知道,这种相关不可能归因于以下事实,即学生选择了学习成绩与之相似的其他学生做室友。但是,这并不排除下面这种可能性,即这个相关中的一部分可能是由于室友们有着共同的助教、共同的生活环境等引起的。所以必须特别关注减轻共同环境因素效应的问题,这样才能获得对同伴效应的良好估计。

已经有很多基于第一类实验的研究了。这里有几项研究 PEC 的例子。在某大学的一些院系中,Duflo 和 Saez(2003)向员工承诺,只要出席一个退休计划信息展(retirement plan information fair)就会有酬金,这样就招募到了一个员工随机样本。他们发现,“实验组中被处理的个体的参加率(相对于控制组)增加了 5 倍,而对于在有个体被处理过的系里的那些未被处理的个体来说,实验组的参加率是他们的 3 倍。”(Duflo and Saez,2003:815)他们还发现,“在展会后的 5 个月和 11 个月,在有员工被‘处理’(treatment)(这里所说的“处理”,指的是经历了实验的“对待”,而不是受到什么纪律的“处分”——译者注)过的系中,退休计划登记人数显著高于那些没有任何员工被处理过的系里的退休计划登记人数。”再举一例,Cipollone 和 Rosolia(2007)证明,年轻男性的学习成绩对年轻女性的学习成绩有社会互动效应。作者发现,由于 1980 年的一场地震,居住在意大利南部的一些男性同期群(cohort)被获准免服兵役义务,他们的研究表明,这个豁免使男孩的高中毕业率提高了 2 个百分点以上,女孩子同期群的毕业率同时也提高了约 2 个百分点。由于在意大利女性并不受到兵役管制,他们就把女孩在学习成绩上的这个变化归因于那些被豁免了兵役的男孩的学校行为(schooling behavior)(Cipollone and Rosolia,2007:948)。

Wing 和 Jeffrey(1999)也提供了一个研究 PET 的例子,他们表明,在一个减肥计划中,与那些独自被招募来参加这个计划的参加者相比,与朋友一起招募来的参加者具有更高的“处理”(treatment)完成率,减肥效果也更明显;Falk 和 Ichino(2006)提供的实验证据表明,与独自工作的被试相比,与伙伴一起工作的被试具有更高的生产率;Hartman(2010)发现,对于那些受过健身激励的学生来说,如果其被“处理”过的朋友较多,他们去健身房的次数也较多。

第二类实验的例子非常丰富。Sacerdote(2001)发现,在达特默斯学院(Dartmouth College)大一新生的室友和随机被指派的室友中,同伴对平均积分点有影响,对决定是否参加诸如大学联谊会这样的社群也有影响。Kremer 和 Levy(2003)考察了一所大型州立大学中的学生,通过一个抽奖系统(lottery system)将他们随机指派成室友。他们发现,在这些指派的室友中,有人报告说在进入大学之前醉过酒,将被指派了这样室友的男性与被指派了没有醉过酒的室友的男性作比较,前者的 GPA 平均降低了四分之一。在先前的研究中,Boisjoly 等(2006:2)发现,“在一所大型的州立大学中,那些在第一学年就被随机指派了黑人室友的白人学生更有可能去支持反歧视的行动。他们将学生的多样化视为高质量教育的根本”。Carrell 等(2009)用了一个学生是被外在地指派给同伴群体的数据集,因此能够觉察出高过 Boisjoly 等先前研究中的大学生同伴效应。Camargo 等
523 (2010:1)证明:“随机指派的不同种族的室友与随机指派的同一民族的室友都可能成为朋友,这两种可能性相同”,并且“从长远看,与被随机指派了白人室友的白人学生相比,被随机指派了黑人室友的白人学生会有更多黑人朋友,这个结果显著”。Rao 等(2007)发现,在一所大型私立大学里,将本科生随机指派到宿舍中,如果在一个学生的朋友中,那些接受了流感疫苗注射的人增加了10%,他或她免于感冒的可能性也会提高,达到 8.3 个百分点。Carrell 等(2010)报告说,当个体被随机指派给同伴群体时,同伴对体型结果(fitness outcomes)的效应就在统计上显著,这种效应主要源自那些最不健美的朋友。Cook 等(2007)作了另一项有趣的研究,他们指出,与小学生相比,中学生更有可能因纪律问题而被传讯。作者解释说,这可能是因为中学生能接触到更年长的同伴,年长的同伴相对来说少受监管一些。最近,Fowler 和 Christakis(2009b:1)做了一项关于信任博弈的实验,在实验中,“被试被随机指派到了一系列不同的群体中”。他们指出:“在与其他人的未来互动中,焦点个体(‘自我’)受同伴群体成员(‘他者’)的影响。而且,这个影响会延续多个阶段,并蔓延至三度分离(从一个人到一个人再到一个人)。”

不可否认的是,还有一些研究只报告了适中的或临界的同伴效应。例如,Angrist 和 Lang(2004)发现,一项学校整合计划(school integration program)决定将波士顿学校的少数民族学生送到比较富裕的城郊学校时,这个计划并没有显著影响白人学生的分数,只是适度地降低了三年级少数民族学生的分数,两者都在主城区(host district)。另一项研究(Imberman et al.,2009)表明,由于飓风卡特丽娜(Katrina)和丽塔(Rita)的影响,休斯敦的一些学校接收了被疏散的学生,这些学校原本在校的学生的小学数学考试分数会适度降低,而卡特丽娜的被疏散学生则从重新安置中获益,他们的分数提高了 0.15 个标准差(Sacerdote,2008)。Jackson(2010:1)发现,只有在成绩好的学校里,校内同伴的成绩才会提高。要想了解更多有关教育同伴效应的实验研究,参见 Boozer and Cacciola,2001;Boruch,2005;Carrell et al.,2008;Ammermueller and Pischke,2009;Duflo et al.,2009。

应该注意的是,同伴效应常常与邻里效应(neighborhood effect)相关。一般情况下,我们可以说,同伴效应反映了邻里社会环境的影响。在这一意义上,那些用实验法探究邻里效应的近期研究(例如,Ludwig 等(2008)的“走向机会实验”)会对同伴效应研究有所启示(Kling et al.,2007;Clampet-Lundquist and Massey,2008;Ludwig et al.,2008;Sampson,2008)。关于这些研究,有三种评论。首先,如果没有任何邻里效应,也就不可能有同伴效应,因为同伴效应常常嵌入邻里效应之中。其次,当参与实验者可以移入不同的邻里中时,需要考虑一些测量的选择性偏差。如果我们用邻里效应表示“居住在某类地区所带来的后果”,那么就应该将地区指派设为固定。例如,我们可能将被试从一个不利的邻区迁

移到一个有利的邻区,并且不允许他们随后又迁移到其他类型的地区,尤其是迁移到一些不利的地区中去。否则的话,如果我们让个体自由选择他们想要居住的地区,所导致的邻里效应估计值就会有偏差。最后,一个更有趣的问题是,来自不利地区的被试为什么往往会搬到其他不利的地区。正如 Sampson(2008)指出的那样,选择偏误是一个基本的社会过程,这个过程本身就值得研究。这是因为个人偏好、在各种地区中的社会资本储备,还是因为接收地区有隔离政策与行动?与之相似,如果研究同伴对吸烟的效应,我们就需要询问吸烟者为什么往往与其他吸烟者做朋友,这样的同质性从何而来,等等。要想更好地、更正确地估计邻里效应与同伴效应,对这些问题的回答很关键。

模拟研究

模拟能使研究者按照自己的意愿操控社会网络特征与策略性处理,因而向研究者提供了一种灵活的工具,可以用该工具对同伴效应进行建模与识别,对模型的表现作出评估等。下面有一些用模拟法研究同伴效应的著名研究。Christakis 和 Fowler(2007)主张,要想从其他社会相关性的效应中区分出同伴影响,就可以用社会关系的方向性(directionality)作为一种识别策略。他们表明,朋友之间的相互影响最多,被其他人提名为朋友的人对提名者具有影响,而提名者对被提名者却没有任何影响。Anagnostopoulos 等(2008:11)重新将其表述为边 524
逆转检验(edge-reversal test)。他们认为:"由于其他形式的社会相关性(而不是社会影响)只是建立在这样的事实的基础上,即两个朋友常常拥有共同的特征,或受到了相同外部变量的影响,至于这两个个体中的哪一个将另一个提名为自己的朋友,社会相关性却对其保持独立性。因此,我们直觉地期望将边逆转过来而不是显著地改变我们对社会相关性的估计。另外,社会影响会在由图中边所规定的方向上扩散,因此直觉上看,反转边应该改变相关性的估计值。"但是,他们所作的模拟表明,边反转检验可能并不如预期的那么有效。我推测,一个原因是,即使边反转检验有可能消除由于情境效应所产生的偏差,也未必排除选择偏差。可能的情况是,在我们所感兴趣的结果上,恰恰是这些被提名者往往有较小的变异(variation)。例如,体型较好的人更有可能被提名为朋友。在最简单的 OLS 框架中,当你用这些朋友的体重作为提名者体重的预期项时,就很可能看到结果是显著的。但是,在逆回归设定中(reverse regression setting),你用提名者的体重去预测被提名者的体重,此时由于提名者体重上有较大的变异,你就有可能得不到显著的结果了。

此外,这种情况的发生也可能是由于有随机抽样误差。被提名者通常只是一个社会网络中被试的一个小子集,他们被其他人反复地提名为朋友或社会接触者。即使被提名者是从全体被试中随机选取的,但是由于反复提名,被提名者的结果变异也可能小于提名者的结果变异;而在一次又一次的试验(trial)中,被提名者结果变异的方差就可能大于提名者结果变异的方差。因此,任何一种观测到的有向同伴效应都可能只是一种抽样误差的结果。

在动态网络数据中,Anagnostopoulos 等(2008)提出了另一类对同伴效应的新检验:重置检验(shuffle test)。简而言之,他们提出,如果同伴影响没有发挥作用,那么不管同伴行动的时机(timing)是否重置(shuffled),同伴效应的估计值都会彼此接近;相比之下,如果社会影响确实发挥了作用,那么当重新设置同伴行动的时机时,一般来说,同伴效应的估计值就会有所不同。

Bahr 等(2009)提供了一个有趣的例子,他们利用模拟法研究肥胖症的社会传染。作者指出:"具有相似体质指数(Body Mass Index,BMI)的个体会聚类为群体,如果不加抑制,那么现有的社会力量就会驱使这些群体向着更肥胖的方向发展……。与朋友一起进餐的普遍策略显示,这种长期的减肥策略没有效果,然而,与朋友的朋友一起进餐,就会促使聚类边界上的某种转换,这个进餐的策略就有点效力了……。模拟也显示,当将干预锁定在那些处在聚类边缘上且有着良好关联和/或正常体重的个体上时,这些干预可能会快速地中止肥胖症的蔓延。"(Bahr, et al.2009:723)。另一项有趣的模拟研究探讨了社会网络中接种行为的模仿动力学,参见(Fu,2011)。

缺失数据与测量误差

到目前为止,我们一直假定,在观测到的社会网络中既不存在缺失数据又不存在测量误差。但是实际上,缺失数据与测量误差在社会网络的数据中相当普遍。首先,缺失数据可以从几种脚本中产生(Handcock and Gile,2007)。这里有一些例子:

1.针对被试的非随机抽样。这种抽样的一个典型例子是,仅利用方便抽样去收集社会网络数据,该方便抽样中的被试与他们的接触者都会被不恰当地抽取。

2.缺失关系。被试可能不想发布任何有关其接触者的信息,或者只是忘记提名他们的一些朋友。因此,当被试之间没有关系时,我们就不能辨别他们之间是真无关系,还是在数据收集过程中关系缺失了。

3.没有充分跟踪的关系。例如,一个固定选择设计中,要求被试只提名固定数目的接触者。其结果是,被试会少报其真实的接触人数。这个问题也可能来自于这样一个事实,即所研究的社会网络的边界没有得到明确的定义。例如,当说到朋友关系、同伴群体或邻居时,它们并不总是很明确的,或者研究者与应答者对它们的理解不总是一致的。

4.被试的缺席或损耗。当被试或他们的接触者在调查时间内缺席、迁移
525 或死亡等,他们就会退出一项研究,这时,缺席或损耗就会发生。

5.缺失的协变量。当收集社会网络数据时,如收入与教育这样的协变量可能不容易获得。

与之类似，社会网络数据中的测量误差也可能由几个原因引起。第一，朋友关系指的是什么，每个作答者都可能有不同的理解，我们允许作答者提他们自己、他们的配偶或亲戚作为其最好的朋友吗？第二，虽然不太可能，但是还是有可能出现这样的情况，即人们误报了他们的接触者。例如，如果你要求中学生提名他们的密友，许多学生可能会多报了他们拥有的密友数，这是因为他们之间隐含着对知名度(popularity)的社会争夺。除此以外，众所周知，由于敏感性问题，在报告一些像收入、性活动、政治倾向、心理测量等这样的协变量时，往往会有大量的测量误差。最后，不准确的数据输入可能会引起另一种测量误差源。例如，有同样名字的人可能会在数据输入时产生误差等。

缺失数据与测量误差可能会严重影响同伴效应的社会网络分析。Brewer 和 Webster(1999:361)注意到："平均而言，居民们会忘掉他们 20%的朋友。遗忘也影响到一些社会网络结构性质的测量，如密度、派系数、中心势(centralization)和个体的中心度。"Ghani 等(1998:2079)发现，当存在缺失数据时，"会导致实质性的系统偏差。这些偏差的方向与量级表明，若忽略它们，就会低估某个总体中建立与保持传染性(infection)的风险性。"Robins 等(2004:257)"从连接从作答者与非作答者的关系中"区分出了"两个作答者之间的关系"，他发现："如果假定非作答者是随机缺失的，……将相当大比例的点处理成非作答者，也还是有可能得到估计值的，并且对结构效应的推断与对整体网的推断相一致……另一方面，如果主要的研究只是聚焦在作答者的结构上，且非作答者显然不随机缺失，……那么，就不能将参数估计值与排除了非作答者的模型中的参数估计值直接作比较了。"Kossinets(2006:247)指出："网络边界设定与固定选择设计可以极大地改变网络层次统计量的估计值。如果忽略隶属关系或固定选择，观察到的聚类系数与相配系数(assortativity coefficients)就会被高估，而行动者的非作答又会使它们被低估，这会导致膨胀的测量误差。"

人们尝试解决因缺失数据与测量误差产生的问题。Butts(2003:103)提出了一系列的层次贝叶斯模型(hierarchical Bayesian models)，这些模型考虑到了以下情形，即"在测量误差与缺失数据存在的条件下去同时推断报告者的准确性与社会的结构"。Handcock 和 Gile(2007)基于适应性网络机制的信息，提出了有缺失数据的社会网络推断。Koskinen 等(2008:2)讨论了"用指数家族的随机图模型去拟合有缺失数据的网络的各个方面，并提出了旨在估计的贝叶斯数据扩张算法。"

在处理社会网络分析中的缺失数据(以及潜在的测量误差)时，Butts(2003:105)提出了一个一般程序，值得在此重复一下：(1)确定现有数据中的误差程度。(2)确定误差产生的机制。(3)找到收集更高质量数据的方法。(4)使网络分析中与缺失数据有关的不确定性最小化，并加以说明。

小结与未来方向

本章回顾了同伴效应识别的模型与方法方面的文献。下面简要总结一下我们从中可以学到些什么。需要记住的是,对于在研究同伴效应时要处理的问题而言,这个总结只提供了一般性的概述。在任何一项具体的研究中,下列这些问题都必须给予特定的考量与解决:

(1)明确地定义同伴概念与同伴群体边界。(2)明确地讨论同伴效应的内容、意义与方向性。(3)如果可能,尝试使用动态数据分析技术(如固定效应模型)去对网络与行为的共同演化进行建模,并控制干扰与选择。(4)使用诸如工具变量、2SLS 或方程组之类的统计技术去说明同时性或传递性。(5)通过插补法对缺失数据与测量误差进行调整等。

尽管过去的十年间,同伴效应建模与分析方面已取得重大进步,但是,仍然
526 有需要进一步研究的领域,这样的研究可能会产生出更为丰硕的成果。

1.实验。倘若在用观测数据分析同伴效应时很复杂,有困难,那么就应该更多地利用诸如部分总体设计(partial population design)这样的实验,以此跨越一些障碍,并获得同伴效应的更佳的估计值。

2.前门机制。要识别与描述同伴效应运行的具体机制,需要作更多的研究。例如,假设我们对肥胖症的社会蔓延感兴趣。可能的前门机制(front door mechanisms)包括:朋友们通常会共享相似的标准体重、吃相似的食物、一起做团体操等。如果能将这些机制中的一些操作化,得到关于所涉及变量的测量,我们就可以研究这些同伴相互影响的具体机制(如 Anderson,2009;de la Haye et al.,2009)。此外,基于访问与焦点小组的质性研究(如 Michell and West,1996;Stewart-Knox et al.,2005)也可以满足这一目的。

3.对网络形成与同伴效应联合建模。一方面,需要对这些连续的马尔可夫过程模型加以精炼,这样才能说明同伴网络形成与同伴影响的更为细微的过程。例如,通过恰当地区分社会传染、社会影响与相互社会学习(Young,2009),就可以探究其细微的过程。另一方面,需要开发一些新的易于传播、便于计算的模型与方法(如 Mercken, et al.,2009)。它们虽然简单,但也接近真实世界。如果已知空间模型与网络模型之间有相似性,那么从空间分析中发展起来的一些技术也会适用于社会网络分析(如 O' Malley and Marsden,2008;Lee,2009)。

4.用大社会网络进行计算。随着大社会网络数据越来越易获得,模型越来越变得复杂,必须有新的和更好的解决方法去减少社会网络分析中不断攀升的计算成本。一个可能的解决方案是使用社会网络数据中的部分样本去估计与推断同伴效应;另一个方案是坚持一种强力算法(brute force approach),这只不过是创造更为快速的计算方法,如并行计算法(parallel computing)。对于大社会网络数据的分析来说,网络抽样与计算都要求进一步的研究。

行文至此,我们发现《论语》(*The Analects of Confucius*)中的一段话完全符合本章的主要意图,把它作为本章的结束语,能让我们洞悉同伴影响过程的动力学。“见贤思齐焉,见不贤而内自省也。”(When we see men of worth, we should think of equalling them; when we see men of a contrary character, we should turn inwards and examine ourselves.)(引自 Legge 的英文版本,2004)。

注 释

作者感谢 Nicholas Christakis, Christopher Winship, Filiz Garip 和 Peter Carrington 教授提出颇有见地的评论与建议。也感谢在伊利诺伊大学厄本那-香槟分校(University of Illinois at Urban-Champaign)举行的美国社会学学会方法论分会会议(04/03,2010),在哈佛医学院的卫生保健政策系举行的“健康与社会结构工作坊”(06/24,2010),在意大利加尔大达湖(Riva del Garda)举行的国际社会网络分析网阳光地带第 30 次会议(07/04,2010),在瑞典哥德堡举行的国际社会学学会世界大会(07/12,2010)以及在美国佐治亚州亚特兰大举行的第 105 次美国社会学学会会议(08/15,2010)的全部相关与会者。 527

参考文献

Abu-Ghazzeh, T. M. (1999) 'Housing layout, social interaction, and the place of contact in Inabu-Nuseir, Jordan'. *Journal of Environmental Psychology*, 19: 41-73.

Albert, R. and Barabási, A.-L. (2002) 'Statistical mechanics of complex networks'. *Reviews of Modern Physics*, 74(1): 47-97.

Ammermueller, A. and Pischke, J.-S. (2009) 'Peer effects in European primary schools: Evidence from the progress in international reading literacy study'. *Journal of Labor Economics*, 27(3): 315-48.

Anagnostopoulos, A., Kumar, R. and Mahdian, M. (2008) 'Influence and correlation in social networks'. In *Proceedings of the 14th ACM SIGKDD International Conference on Knowledge Discovery and Data Mining*. New York: ACM, pp. 7-15.

Anderson, L. B. (2009) 'The trend in obesity: The effect of social norms on perceived weight and weight goal'. *Working paper*, http://www2.binghamton.edu/economics/graduate/documents/prospectus-by-l-anderson.pdf.

Angrist, J.D. and Lang, K. (2004) 'Does school integration generate peer effects? Evidence from Boston's Metco program'. *American Economic Review*, 94(5): 1613-34.

Aral, S., Muchnika, L. and Sundararajana, A. (2009) 'Distinguishing influence-based contagion from homophily driven diffusion in dynamic networks'. *PNAS*, 106(51): 21544-49.

Arellano, M. and Bond, S. (1991) 'Some Tests of Specification for Panel Data: Monte Carlo Evidence and an Application to Employment Equations'. *The Review of Economic Studies*, 58(2): 277-297.

Ayres, I., Raseman, S. and Shih, A. (2009) 'Evidence from two large field experiments that peer comparison feedback can reduce residential energy usage'. *NBER Working Paper* No. 15386, http://www.nber.org/papers/w15386.pdf

Babcock, P. S. and Hartman, J. L. (2010) 'Networks and Workouts: Treatment Size and Status Specific Peer Effects in a Randomized Field Experiment'. *NBER Working Paper* No. 16581, http://www.nber.org/papers/w16581.pdf

Baerveldt, C., Volker, B. and Rossem, R. V. (2008) 'Revisiting selection and influence: An inquiry into the friendship networks of high school students and their association with delinquency'. *Canadian Journal of Criminology and Criminal Justice*, 50(5): 559-87.

Bahr, D.B., Browning, R.C., Wyatt, H.R. and Hill, J.O. (2009) 'Exploiting social networks to mitigate the obesity epidemic'. *Obesity*, 17 (4): 723-28.

Bala, V. and Goyal, S. (2000) 'A noncooperative model of network formation'. *Econometrica*, 68(5): 1181-229.

Bearman, P.S., Moody, J. and Stovel, K. (2004) 'Chains of affection: The structure of adolescent romantic and sexual networks'. *American Journal of Sociology*, 110: 33-91.

Blume, L. and Durlauf, S.N. (2005) 'Identifying social interactions: A review'. http://www.ssc.wisc.edu/econ/archive/ wp2005-12.pdf.

Boisjoly, J., Duncan, G.J., Kremer, M., Levy, D.M. and Eccles, J. (2006) 'Empathy or antipathy? The impact of diversity'. *American Economic Review*, 96(5): 1890-905.

Boozer, M.A. and Cacciola, S.E. (2001) 'Inside the 'bBlack box' of Project Star: Estimation of peer effects using experimental data'. Yale Economic Growth Center Discussion Paper No. 832, http://www.econ.yale.edu/growth-pdf/cdp832.pdf.

Boruch, R.F. (ed.). (2005) *Place-Based Trials: Experimental Tests of Public Policy*. Thousand Oaks, CA: Sage.

Bramoullé, Y., Djebbari, H. and Fortin, B. (2009) 'Identification of peer effects through social networks'. *Journal of Econometrics*, 150 (1): 41-55.

Brewer, D. and Webster, C. (1999) 'Forgetting of friends and its effects on measuring friendship networks'. *Social Networks*, 21: 361-73.

Brock, W. A. and Durlauf, S. N. (2001a) 'Interactions-based models'. Chapter 54 of *Handbook of Econometrics V*, edited by J. J. Heckman and E. Leamer. Elsevier Science.

Brock, W. A. and Durlauf, S. N. (2001b) 'Discrete choice with social interactions'. *The Review of Economic Studies*, 68(2): 235-60.

Bulte, C.V. d. and Lilien, G.L. (2001) 'Medical innovation revisited: Social contagion versus marketing effort'. *American Journal of Sociology*, 106(5): 1409-35.

Butts, C. (2003) 'Network inference, error, and informant (in) accuracy: A Bayesian approach'. *Social Networks*, 25: 103-40.

Calvo Armengol, A. and Jackson, M. (2004) 'The effects of social networks on employment and inequality'. *American Economic Review*, 94 (3): 426-54.

Calvo-Armengol, A. and Jackson, M. (2007) 'Networks in labor markets: Wage and employment dynamics and inequality'. *Journal of Economic Theory*, 132: 27-46.

Camargo, B., Stinebrickner, R. and Stinebrickner, T. R. (2010) 'Interracial Friendships in College'. *NBER Working Paper* No. 15970, http://www.nber.org/papers/w15970.pdf

Carrell, S.E., Fullerton, R.L. and West, J.E. (2009) 'Does your cohort matter? Measuring peer effects in college achievement'. *Journal of Labor Economics*, 27(3): 439-64.

Carrell, S. E., Hoekstra, M. and West, J. E. (2010) 'Is poor fitness contagious? Evidence from randomly assigned friends'. *NBER Working Paper* No. 16518, http://www.nber.org/papers/w16518.pdf.

Carrell, S.E., Malmstrom, F.V. and West, James E. (2008) 'Peer effects in academic cheating'. *Journal of Human Resources*, 43 (1): 173-207.

Carrington, P.J. (2002) 'Sex homogeneity in co-offending groups', in J. Hagberg (ed.), *Contributions to Social Network Analysis, Information Theory and Other Topics in Statistics: A Festschrift in Honour of Ove Frank*. Stockholm: Stockholm University. pp. 101-16.

Carrington, P.J., Scott, J. and Wasserman, S. (eds) (2005) *Models and Methods in Social Network Analysis*. New York: Cambridge University Press.

Christakis, Nicholas A., and Fowler, James H. (2007) 'The spread of obesity in a large social network over 32 years'. *New England Journal of Medicine* 357(4): 370-79.

Christakis, N.A. and Fowler, J.H. (2008) 'The collective dynamics of smoking in a large social network'. *New England Journal of Medicine*, 358(21): 2249-58.

Christakis, N.A., Fowler, J.H., Imbens, G.W. and Kalyanaraman, K. (2010) 'An empirical model for strategic network formation'. *NBER Working Paper* No. 16039, http://www.nber.org/papers/w16039.pdf

Cipollone, P. and Rosolia, A. (2007) 'Social interactions in high school: Lessons from an earthquake'. *The American Economic Review*, 97(3): 948-65.

Clampet-Lundquist, S. and Massey, D.S. (2008) 'Neighborhood effects on economic self-sufficiency: A reconsideration of the moving to opportunity experiment'. *American Journal of Sociology*, 114(1): 107-43.

Cohen-Colea, E. and Fletcherb, J.M. (2008) 'Is obesity contagious? Social networks vs. environmental factors in the obesity epidemic'. *Journal of Health Economics*, 27: 1382-1387.

Coleman, J., Katz, E. and Menzel, H. (1957) 'The diffusion of an innovation among physicians'. *Sociometry*, 20: 253-70.

Cook, P.J., MacCoun, R., Muschkin, C. and Vigdor, J. (2007) 'Should sixth grade be in elementary or middle school? An analysis of school configuration and student behavior'. *NBER Working Paper* No. w12471, http://www.nber.org/ papers/w12471.pdf.

Currarini, S., Jackson, M. and Pin, P. (forthcoming) 'An economic model of friendship: Homophily, minorities and segregation'. *Econometrica*.

Davezies, Laurent, D" Haultfoeuille, Xavier Fougre, Deni. (2009) 'Identification of peer effects using group size variation'. *Econometrics Journal*, 12: 397C413. Demange, G. and Wooders, M. (2005) *Group Formation in Economics: Networks, Clubs, and Coalitions*. New York: Cambridge University Press.

Diani, M. and McAdam, Doug. (eds) (2003) *Social Movements and Networks: Relational Approaches to Collective Action*. New York: Oxford University Press.

Doreian, Pa. (2001) 'Causality in social network analysis'. *Sociological Methods & Research* 30(1): 81-114.

Duflo, E., Dupas, P. and Kremer, M. (2009) 'Peer effects, teacher incentives, and the impact of tracking: Evidence from a randomized evaluation in Kenya'. *NBER Working Paper* No. 14475, http://www.nber.org/papers/w14475.pdf.

Duflo, E. and Saez, E. (2003) 'The role of information and social interactions in retirement plan decisions: Evidence from a randomized experiment'. *The Quarterly Journal of Economics*, 118(3): 815-42.

Van Duijn, M., Snijders, T. and Zijlstra, B. (2004) 'p2: A random effects model with covariates for directed graphs'. *Statistica Neerlandica*, 58: 234-54.

Duncan, O.D., Haller, A.O. and Portes, A. (1968) 'Peer influences on aspirations: A reinterpretation'. *American Journal of Sociology*, 74(2): 119-37.

Ellison, G., Glaeser, E.L. and Kerr, W.R. (2010) 'What causes industry agglomeration? Evidence from coagglomeration patterns'. *American Economic Review*, 100: 1195-1213.

Ennett, S.T. and Baumann, K.E. (1993) 'Peer group structure and adolescent cigarette smoking: A social network analysis'. *Journal of Health and Social Behavior*, 34: 226-36.

Falk, A. and Ichino, A. (2006) 'Clean evidence on peer effects'. *Journal of Labor Economics*, 24(1): 39-57.

Fernandez, R.M., Castilla, E.J. and Moore, P.

(2000) 'Social capital at work: Networks and employment at a phone center'. *American Journal of Sociology*, 105(5): 1288-356.

Fernandez, R. M. and Weinberg, N. (1997) 'Sifting and sorting: Personal contacts and hiring in a retail bank'. *American Sociological Review*, 62(6): 883-902.

Finneran, Lisa, and Kelly, Morgan (2003) 'Social networks and inequality'. *Journal of Urban Economics* 53: 282-99.

Fowler, J. H. and Christakis, N. A. (2009a) 'Dynamic spread of happiness in a large social network: Longitudinal analysis over 20 years in the Framingham heart study', *British Medical Journal* 337(42): 2338-47.

Fowler, J. H. and Christakis, N. A. (2009b) 'Cooperative behavior cascades in human social networks'. http://www.citebase.org/abstract?id=oai:arXiv.org:0908.3497.

Fowler, J., Dawesa, C. and Christakis, N. (2009) 'Model of genetic variation in human social networks'. *Proceedings of the National Academy of Sciences of the USA*, 106(6): 1720-24.

Fowler, J.H., Heaney, M.T., Nickerson, D.W., Padgett, J. F. and Sinclair, Betsy (2009) 'Causality in political networks'. *Political Networks Paper Archive Working Papers*, Southern Illinois University Carbondale, http://opensiuc.lib.siu.edu/cgi/viewcontent.cgi?article=1034&context=pn_wp.

Fowler, T., Shelton, K., Lifford, K., Rice1, F., McBride, A., Nikolov, I., Neale, M. C., Harold, G., Thapar, A. and van den Bree, M. B. M. (2007) 'Genetic and environmental influences on the relationship between peer alcohol use and own alcohol use in adolescents'. *Addiction*, 102: 894-903.

Fu, F., Rosenbloom, D. I., Wang, L. and Nowak, M.A. (2011) 'Imitation dynamics of vaccination behaviour on social networks'. *Proceedings of Royal Society B*, 278 (1702): 42-49.

Garip, F. (2008) 'Social capital and migration: How do similar resources lead to divergent outcomes?', *Demography*, 45(3): 591-617.

Ghani, A.C., Donnelly, C.A. and Garnett, G.P. (1998) 'Sampling biases and missing data in explorations of sexual partner networks for the spread of sexually transmitted diseases'. *Statistics in Medicine*, 17(18): 2079-97.

Glaeser, E.L., Sacerdote, B.I. and Scheinkman, J.A. (1996) 'Crime and social interactions'. *Quarterly Journal of Economics*, 111 (2): 507-48.

Glaeser, E.L., Sacerdote, B.I. and Scheinkman, J.A. (2002) 'The social multiplier'. *NBER Working Paper* 9153, http://www.nber.org/papers/w9153.pdf.

Goldenberg, A., Zheng, A.X., Fieberg, S.E., and Airoldi, E. M. (2009) 'A survey of statistical network models'. *Foundations and Trends in Machine Learning*.

Goodreau, S. (2007) 'Advances in exponential random graph (p *) models applied to a large social network'. *Social Networks*, 29: 231-48.

Graham, B. S. and Hahn, J. (2009) 'Identification and estimation of the linear-in-means model of social interactions' *Economics Letters*, 88(1): 1-6.

Granovetter, Mark S. (1973) 'The strength of weak ties'. *American Journal of Sociology* 78 (6): 1360-80.

Granovetter, M.S. (1974) *Getting a Job: A Study of Contacts and Careers*. Chicago: University of Chicago Press.

Greene, W.H. (2002) *Econometric Analysis*. 5th ed. Prentice Hall.

Greenstone, M., Hornbeck, R. and Moretti, E. (2008) 'Identifying agglomeration spillovers: Evidence from million dollar plants'. *NBER Working Paper* 13833, http://www.nber.org/papers/w13833.pdf.

Gujarati, D. (2002) *Basic Econometrics*. 4th ed. McGraw-Hill/Irwin.

Halliday, T.J. and Kwak, S. (2009) 'Weight gain in adolescents and their peers'. *Economics and Human Biology*, 7: 181-90.

Handcock, M. and Gile, K. (2007) 'Modeling social networks with sampled or missing data'. *Working Paper* No. 75, Center for Statistics and the Social Sciences, University of Washington, http: // www. csss. washington. edu/Papers/ wp75.pdf.

Hartmann, W. R., Manchanda, P., Nair, H., Bothner, M., Dodds, P., Godes, D., Hosanagar, K. and Tucker, C. (2008) 'Modeling social interactions: Identification, empirical methods and policy implications'. *Marketing Letters*, 19: 287-304.

de la Haye, K., Robins, G., Mohrd, P. and Wilsone, C. (2009) 'Obesity-related behaviors in adolescent friendship networks'. *Social Networks*.

Hoff, P.D., Raftery, A.E. and Handcock, M.S. (2002) 'Latent space approaches to social network analysis'. *Journal of the American Statistical Association*, 97: 1090-98. Holland, P.W., Laskey, K.B. and Leinhardt, S. (1983) 'Stochastic blockmodels: First steps'. *Social Networks*, 5(2): 109-37.

Holland, P. W. and Leinhardt, S. (1981) 'An exponential family of probability distributions for directed graphs (with discussion)'. *Journal of the American Statistical Association*, 76: 33-65.

Imberman, S, Kugler, A. D. and Sacerdote, B. (2009) 'Katrina's children: Evidence on the structure of peer effects from Hurricane evacuees'. *NBER Working Paper* No. 15291, http://papers.nber.org/papers/w15291.pdf.

Jackson, C. K. (2010) 'Peer Quality or Input Quality?: Evidence from Trinidad and Tobago'. *NBER Working Paper* No. 16598, http://www.nber.org/papers/w16598.pdf

Jackson, M. O. (2008) *Social and Economic Networks*. Princeton: Princeton University Press.

Jackson, M. O. and Rogers, B. W. (2007) 'Meeting strangers and friends of friends: How random are socially generated networks?' *American Economic Review*, http: // citeseerx. ist. psu. edu/viewdoc/download? doi = 10. 1. 1. 84.8381&rep=rep1&type=pdf.

Jackson, M. O. and Wolinsky, A. (1996) 'A strategic model of social and economic networks'. *Journal of Economic Theory*, 71: 44-74.

Kandel, D. B. (1978) 'Homophily, selection, and socialization in adolescent friendships'. *American Journal of Sociology*, 84(2): 427-36.

Katz, E. and Lazarsfeld, P. F. (2005) *Personal Influence: The Part Played by People in the Flow of Mass Communications*. New Brunswick, NJ: Transaction.

Kling, J. R., Liebman, J. B. and Katz, L. F. (2007) 'Experimental analysis of neighborhood effects'. *Econometrica*, 75(1): 83-119.

Kolaczyk, E. (2009) *Statistical Analysis of Network Data*. Springer.

Koskinen, J. (2004) 'Bayesian inference for longitudinal social networks'. Research Report 2004: 4, Department of Statistics, Stockholm University, http://gauss.stat.su.se/site/pdfer/RR2004_4.pdf.

Koskinen, J.H., Robins, G.L. and Pattison, P.E. (2008) 'Analysing exponential random graph (p-star) models with missing data using Bayesian data augmentation'. MelNet Social Networks Laboratory Technical Report 08-04, Department of Psychology, School of Behavioural Science, University of Melbourne, Australia, http: // www. sna. unimelb. edu. au/publications/MelNet_Techreport_08_04.pdf.

Koskinen, J. and Snijders, T. (2007) 'Bayesian inference for dynamic social network data.' *Journal of Statistical Planning and Inference*, 137: 3930-38.

Kossinets, G. (2006) 'Effects of missing data in social networks'. *Social Networks* 28: 247-68.

Krauth, B. V. (2009) 'Simulation-based estimation of peer effects'. *Journal of Econometrics*, 1: 243-71.

Kremer, M. and Levy, D. M. (2003) 'Peer effects and alcohol use among college students'. *Working Paper*, http: // www. povertyactionlab. org/papers/12_Kremer_Peer_Effects_and_Alcohol_Use.pdf.

Laumann, E.O. and Youm, Y. (1999) 'Racial/ethnic group differences in the prevalence of sexually transmitted diseases in the United States: A network explanation'. *Sexually Transmitted Diseases*, 26(5): 250-61.

Lazer, D., Rubineau, B., Katz, N., Chetkovich, C. and Neblo, M. A. (2008) 'Networks and political attitudes: Structure, influence, and co-evolution'. *Harvard Kennedy School Faculty Research Working Paper Series* RWP08-044, http://web.hks.harvard.edu/publications/getFile.aspx? Id=310

Lee, L.-f. (2009) 'Identification and estimation of spatial econometric models with group interactions, contextual factors and fixed effects'. *Journal of Econometrics*, 140(2): 333-74.

Legge, J. (Trans.) (2004) *The Analects of Confucius*, http://ebooks.adelaide.edu.au/c/confucius/c748a/part4.html.

Lim, C. (2009) 'Mobilizing on the margin: How does interpersonal recruitment affect citizen participation in politics?' *Social Science Research*.

Lin, N. (1999) 'Social networks and status attainment'. *Annual Review of Sociology*, 25: 467-87.

Liu, K.-Y., King, M. and Bearman, P.S. (2010) 'Social influence and the autism epidemic'. *American Journal of Sociology*, 115(5): 1387-1434.

Ludwig, J., Liebman, J. B., Kling, J. R., Duncan, G.J., Katz, L.F., Kessler, R.C. and Sanbonmatsu, L. (2008) 'What can we learn about neighborhood effects from the moving to opportunity experiment?', *American Journal of Sociology*, 114(1): 144-88.

Madden, Pamela A. F., Bucholz, Kathleen K., Todorov, Alexandre A., Grant, Julia D., and Heath, Andrew C. (2002) 'The assessment of peer selection and peer environmental influences on behavior using pairs of siblings or twins'. *Twin Research*, 5(1): 38-43.

Manski, C. F. (1993) 'Identification of endogenous social effects: The reflection problem'. *Review of Economic Studies*, 60: 531-42.

Manski, C. F. (2000) 'Economic analysis of social interactions'. *NBER Working Paper* No. 7580, http://papers.nber.org/papers/w7580.pdf.

Manski, C.F. (2010) 'Identification of treatment response with social interactions'. *Working Paper*, http://faculty.wcas.northwestern.edu/~cfm754/treatment_with_interactions.pdf.

Marmaros, D. and Sacerdote, B. (2004) 'How do friendships form?' *NBER Working Paper* 11530, http://www.nber.org/papers/w11530.pdf.

Marsden, P. V. and Friedkin, N. E. (1993) 'Network studies of social influence'. *Sociological Methods Research*, (22): 127-51.

Mas, A. and Moretti, E. (2009) 'Peers at work'. *American Economic Review*, 99(1): 112-45.

Maxwell, K.A. (2002) 'Friends: The role of peer influence across adolescent risk behaviors'. *Journal of Youth and Adolescence*, 31(4): 267-77.

McPherson, M., Smith-Lovin, L. and Cook, J.M. (2001) 'Birds of a feather: Homophily in social networks'. *Annual Review of Sociology*, 27: 415-44.

Mercken, L., Candela, M., Willemsd, P. and de Vries, H. (2009) 'Social influence and selection effects in the context of smoking behavior: Changes during early and mid adolescence'. *Health Psychology*, 28(1): 73-82.

Michell, L., and West, P. (1996) 'Peer pressure to smoke: The meaning depends on the method'. *Health Education Research*, 11(1): 39-49.

Moffitt, R. A. (forthcoming) 'Policy interventions, low-level equilibria, and social interactions'. In Steven Durlauf and Peyton Young (eds), *Social Dynamics*. MIT Press.

Moretti, E. (2004) 'Workers' education, spillovers and productivity: Evidence from plant-level production functions'. *American Economic Review*, 94(3): 656-90.

Morgan, S. L. and Winship, C. (2007) *Counterfactuals and Causal Inference: Methods and Principles for Social Research*. New York: Cambridge University Press.

Mouw, T. (2006) 'Estimating the Causal Effects of Social Capital: A Review of Recent Research'. *Annual Review of Sociology*, 32: 79-102.

Newman, M. E. J. (2003) 'The structure and

function of complex networks'. *SIAM Review*, 45: 167-256.

Nanda, R. and Sorensen, J. B. (2008) 'Peer effects and entrepreneurship'. *Harvard Business School Working Paper*, pp. 08-051, http://papers.ssrn.com/sol3/papers.cfm? abstract_id=1084874.

O'Malley, J.A. and Marsden, P.V. (2008) 'The analysis of social networks'. *Health Services and Outcomes Research Methodology*, 8 (4): 222-69.

Oster, E. and Thornton, R. (2009) 'Determinants of Technology Adoption: Private Value and Peer Effects in Menstrual Cup Take-Up'. *NBER Working Paper* No. 14828, http://www.nber.org/papers/w14828.pdf.

Pearl, J. (2000) *Causality: Models, Reasoning, and Inference*. New York: Cambridge University Press.

Pearl, J. (2009) 'Causal inference in statistics: An overview'. *Statistics Surveys*, 3: 96-146.

Rao, N., Mobius, Markus M. and Rosenblat, T. (2007) 'Social networks and vaccination decisions'. *FRB of Boston Working Paper* No. 07-12, http://papers.ssrn.com/sol3/papers.cfm? abstract_id=1073143.

Robins, G., Pattison, P., Kalish, Y. and Lusher, D. (2007) 'An introduction to exponential random graph (p *) models for social networks'. *Social Networks*, 29: 173-91.

Robins, G., Pattison, P. and Woolcock, J. (2004) 'Missing data in networks: Exponential random graph (p *) models for networks with non-respondents'. *Social Networks*, 26: 257-83.

Robins, G., Snijders, T. Wang, P., Handcock, M. and Pattison, P. (2007) 'Recent developments in exponential random graph (p^*) models for social networks'. *Social Networks*, 29: 192-215.

Rosenbaum, P.R. (2007) 'Interference between units in randomized experiments'. *Journal of the American Statistical Association*, 102 (477): 191-200.

Sacerdote, B. (2001) 'Peer effects with random assignment: Results for Dartmouth roommates'. *Quarterly Journal of Economics*, 116: 681-704.

Sacerdote, B. (2008) 'When the saints come marching in: Effects of Hurricanes Katrina and Rita on student evacuees'. *NBER Working Paper* No. 14385, http://www.nber.org/papers/w14385.pdf.

Salganik, M. J., Dodds, P. S. and Watts, D. J. (2006) 'Experimental study of inequality and unpredictability in an artificial cultural market'. *Science*, 311: 854-56. Sampson, R.J. (2008) 'Moving to inequality: Neighborhood effects and experiments meet social structure'. *American Journal of Sociology* 114 (1): 189-231.

Smith, K.P. and Christakis, N.A. (2008) 'Social networks and health'. *Annual Review of Sociology*, 34: 405-29.

Snijders, T. A. B. (2001) 'The statistical evaluation of social network dynamics'. In M. Sobel and M. Becker (eds), *Sociological Methodology*. Boston: Basil Blackwell. 361-95.

Snijders, T.A.B. (2005) 'Models for longitudinal network data'. In Peter Carrington, John Scott, and Stanley Wasserman (eds), *Models and Methods in Social Network Analysis*. New York: Cambridge University Press. Chapter 11.

Snijders, T. A. B., van de Buntz, G. G. and SteglichIn, C. E. G. (2009) 'Introduction to stochastic actor-based models for network dynamics'. Draft article for special issue of *Social Networks on Dynamics of Social Networks*, http://www.stats.ox.ac.uk/~snijders/SnijdersSteglichVdBunt2009.pdf.

Snijders, T.A.B., Pattison, P., Robins, G. and Handcock, M. (2006) 'New specifications for exponential random graph models'. *Sociological Methodology*, 36: 99-153.

Soetevent, A. R. (2006) 'Empirics of the identification of social interactions: An evaluation of the approaches and their results'. *Journal of Economic Surveys*, 20(2): 193-228.

Sorensen, A. T. (2006) 'Social learning and health plan choices'. *RAND Journal of Economics*, 37(4): 929-45.

Steglich, C., Snijders, T. and Pearson, M. (2010) 'Dynamic networks and behavior: Separating selection from influence'. *Sociological Methodology*, http://www.stats.ox.

ac. uk/~ snijders/siena/SteglichSnijdersPearson,2009.pdf.

Stewart-Knox, B.J., Sittlington, J., Rugkasa, J., Harrisson, S., Treacy, M. and Abaunza, P.S. (2005) 'Smoking and peer groups: Results from a longitudinal qualitative study of young people in Northern Ireland'. *British Journal of Social Psychology*, 44: 397-414.

Trogdon, J. G., Nonnemaker, J. and Pais, J. (2008) 'Peer effects in adolescent overweight'. *Journal of Health Economics*, 27: 1388-99.

Valente, T. W. (2005) 'Network models and methods for studying the diffusion of innovations'. In Peter Carrington,

John Scott, and Stanley Wasserman (eds) *Models and Methods in Social Network Analysis*. New York: Cambridge University Press. pp. 98-116.

Valente, T. W. and Davis, R. L. (1999) 'Accelerating the diffusion of innovations using opinion leaders'. *The ANNALS of the American Academy of Political and Social Science*, 566: 55-67.

VanderWeele, T.J. (2010) 'Sensitivity analysis for contagion effects in social networks', Unpublished Manuscript.

Wang, Y.J. and Wong, G.Y. (1987) 'Stochastic blockmodels for directed graphs'. *Journal of the American Statistical Association*, 82 (397): 8-19.

Wasserman, S. and Robins, G. (2005) 'An introduction to random graphs, dependence graphs, and p *'. In Peter Carrington, John Scott, and Stanley Wasserman (eds), *Models and Methods in Social Network Analysis*. New York: Cambridge University Press. Chapter 8.

Weinberg, B.A. (2007) 'Social interactions with endogenous associations'. *NBER Working Paper* No. 13038, http://www.nber.org/papers/w13038.pdf.

Williams, R.A. (1981) 'Peer influence vs. peer selection: An attempted separation'. *CDE Working Paper* 81-20, http://www.ssc.wisc.edu/cde/cdewp/8120.pdf.

Wing, R.R. and Jeffery, R.W. (1999) 'Benefits of Recruiting Participantswith Friends and Increasing Social Support for Weight Loss and Maintenance'. *Journal of Consulting and Clinical Psychology*, 67(I): 132-138.

Wooldridge, J. (2002) *Econometric Analysis of Cross Section and Panel Data*. Cambridge: MIT Press.

Young, H. P. (2009) 'Innovation diffusion in heterogeneous populations: Contagion, social influence, and social learning'. *American Economic Review*, 99(5): 1899-924.

Zalta, E.N. (2008) *The Stanford Encyclopedia of Philosophy*. The Metaphysics Research Lab Center for the Study of Language and Information, Stanford University, http://plato.stanford.edu/. Especially the entries on 'Aristotle on Causality', 'David Hume', 'Causal Processes' and 'Counterfactual Theories of Causation'.

Zeng, Z. and Xie, Y. (2008) 'A preference-opportunity choice framework with applications to intergroup friendship'. *American Journal of Sociology*, 114(3): 615-48.

亲属关系网络分析 35

KINSHIP NETWORK ANALYSIS

⊙ 克劳斯·汉伯格(Klaus Hamberger)　迈克尔·豪斯曼(Michael Houseman)
道格拉斯(Douglas)　R.怀特(R. White)

网络视角下的亲属关系

如语言一样,亲属关系是一种结构而非一个实体(substance)。[1]亲属关系网络的独特特征主要不在于它们的构成性关系——不管是生物的、法律的、仪式的、符号性的关系,还是其他关系——是怎样被定义和建立的,而在于这些关系被组织起来的方式。因此,亲属关系网络理论不只是一般网络理论方法在某个特殊社会领域中的另一种"应用",它本身就是一种具体的社会网络理论分支,该理论由自己的公理所定义,用自己的定理来描述。

亲属关系网络以如下三条基本原则的交互作用为特征,这三条原则是:亲子关系(filiation)、婚姻与性别。我们一般用一套从双亲指向子女的**弧**(arcs)(继嗣**弧**,descent arcs)表示**亲子关系**,用配偶之间的一套没有标明指向的**婚姻边**(至于那种不用边来表示的亲属关系网络的方式,见下文)表示**婚姻**。因此,亲属关系网络是混合图,既包括弧,也包括边。通常用点集分区(partitioning)来说明**性别**(**性别分区**),一般将点集分为两个或三个不相交的类别(男性、女性以及可能的未知性别)。

除此之外,也可以根据回路性(cyclicity)来描述亲属关系网络的独有特征。虽然亲属关系网络不包括**定向回路**(oriented cycles)(没有人能够成为他或她自己的后代[2]),却可能包含着回路(其中,弧的方向不重要):人们可能同那些与之已有亲属或姻亲关系(affinity)的人结婚。现在,这样的回路构型不只是随机发生,还以提供网络自组织行为信息的方式发生。某些类型的亲属几乎不结婚,而配偶之间的其他类亲属关系又可能被过度地表达了。婚姻条例与禁令、居住组织(residential organization)、社会形态学等都影响到一个亲属关系网络中各类回路的相对频率。因此,分析回路的分布是对亲属关系网络进行分类与解释的关键。

亲属关系网络中的路径与回路

如此看来,亲属关系网络是建立在回路构型(cyclic configurations)的理论基础之上的。我们称**路径**(path)为由点和线构成的序列(任何方向上的边与弧),在这个序列中,每个点都与前面、后面的线相连,且所有的点都各不相同。相比之下,如果首点与末点相同(其他点都不同),我们就得到了一条回路(cycle)。如果一条路径的首点与末点被连上了,就把这条路径变成了一个回路,我们称这条路径是**封闭的**。如果一条路径或回路中的所有的线都是同指向的弧,则称该路径或回路为**定向的**(oriented)。[3]一个**弱的非回路网络**(weakly acyclic network)不包含任何定向回路,一个**非回路的网络**(acyclic network)不包括任何回路。

可以将路径和回路定义为(开放或封闭的)点、线**序列**,除此之外,还常常将它们定义为由这些点与线构成的**图**(根据这个视角,回路就是一个关联图,其中每个点的度数都是2,路径也是一个关联图,不过图中两个点的度数为1,所有其他点的度数都为2)。然而,这两个概念之间有重大差异。如果将路径定义为序
533 列,始点就很重要。一条路径ABC是不同于它的逆路径(inverse)CBA的,或者举一个亲属关系的例子,路径“父亲的妻子的女儿”(FWD)不同于它的逆路径“母亲的丈夫的儿子”(MHS)。相比之下,如果定义路径为一个图,那么ABC和CBA只是对同一个数学对象的两种不同的标记法罢了,对于亲属关系这种情况,这意味着FWD和MHS不过是表达同一亲属关系链的两种不同的方式而已。

在回路的情况下,歧义性不太严重,在这里,图论学者按照惯例将始点与终点视为无关:他们认为,序列ABCA等同于BACB。尽管如此,在亲属关系网络的分析中,我们一般是需要区分它们的。从自我中心(ego-centric)视角出发,与一个人的“父亲的妻子的女儿”(FWD)结婚不同于与一个人的“儿子的妻子的母亲”(SWM)结婚。相比之下,从社会中心(socio-centric)视角出发,如它所要求的那样,如果要计算一个亲属关系网络中某种给定类型的回路全体,我们就必须将FWD婚姻和SWM婚姻看作是同一构型的两个不同方面。换句话说,当采纳**自我中心**视角时,就应该将路径与回路定义为**序列**,当采纳**社会中心**视角时,就应该将它们定义为图。为避免任何歧义性,我们要对序列保留术语“路径”和“回路”,当我们谈到对应的图时,就使用术语“链”(chain)和“回路”(circuit)。[4]因此,**链**是单一路径上的点与线所构成的图,**回路**是由单一回路的点与线所构成的图。基于度数与关联度给出的替代性定义参见下文:

> **路径**是点与线(弧或边)交替的序列,其中每个点都连着前一条线和后一条线,一条线的前点与后点是其端点(endpoint),所有的点都不同。
>
> **回路**是具有路径性质的点、线序列,不过其首点与末点相同(所有其他点都不同)。

如果**路径**或**回路**的所有的线都是同向的弧，则称它们为**定向的**（oriented）。

弱的非回路图（weakly acyclic）是一个不包括任何定向回路的图，而**非回路**则是一幅什么回路都不包括的图。

链（chain）是这样一幅图，即其顶点与弧形成了单个路径（备选的定义是，链是一幅关联图，其中两个点的度数为 1，所有其他点的度数都是 2）。

回路（circuit）是点与弧形成的单个回路图（其备选定义也是一幅关联图，不过其中每个点的度数都是 2）。

一条路径的首点与末点被称为**端点**（endpoint）。连接一条路径两个端点的任何一条线都可以将路径**关闭**（close）；将这条线加到这条路径上，就将路径转换成了一条回路。

装备了这些基础概念后，无须对所涉及关系的性质作出陈述，我们就能用这些结构术语完整地描述亲属关系网络了。用弱非回路的亲子关系（filiation）、非回路的性别化继嗣（gendered descent）、某类回路的不发生（nonoccurrence）等均可以描述亲属关系网络的特征，不过，这并不等于说，没有任何一个人可以生产他或她自己的后代，也不等于说随便让一对男女生育后代，或者通过乱伦禁忌（它阻止某些亲属关系中的人之间发生性关系）而引起自组织。亲子关系并不必然涉及生物性关系，生殖并不是亲子关系的唯一基础，在任何地方都不是从性关系角度去定义婚姻禁令（marriage prohibition）的。亲属关系网络的结构可能有生物学的解释，但是，这些是由文化决定的，随社会的不同而异，远非普适。

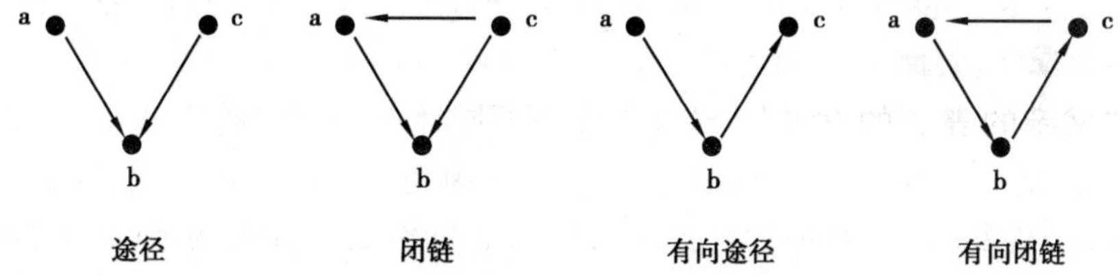

图 35.1　亲属关系网络中的路径与回路

对于亲属关系来说，生物学是特许模型（privileged model），因为它为表达后者的基本关系提供了编码，这些编码具有普适性，易理解。如用生殖表示亲子关系模型，用性表示婚姻关系模型，等等。但是，是一个关系的模型并不意味着是这个关系的本质。无论是根据结构准则，还是在相关人士的思想里，许多社会网络显然就是亲属关系网络，但是，在这里，亲子关系、婚姻与性不能仅根据生物学假设来定义。亲属关系是一类**社会**结构，如果全世界的人都选择用某种生物学 534
的习语（idiom）去表达其基本关系，那么就会有很多如下的情形，即对亲属关系的定义是独立于生物性关系的，有时甚至是反向于生物性关系的。用网络术语定义亲属关系时需要认识到这一事实。

亲属关系的网络表达

奥利-图表示法

在前言中,我们描述了亲属关系网络最惯用的表示法,其中点表示个体,弧表示亲子关系(filial ties),边表示婚姻。这样的网络被称为奥利-图(Ore-graph)。[5]在本章中,如果不单独规定,亲属关系网络就是指奥利-图,其独特之处在于它们是弱的非回路。[6]因而,亲属关系网络包含了一个有向的世代等级结构(generational hierarchy)。

可以用点集分区(partition)来表达奥利-图(Ore-graph)中的性别。按照发出弧的点的性别,性别分区就会引起类似的弧分区。由同性别的父母点(parental vertices of the same gender)发出的弧会产生一个子图,称之为继嗣图(descent graph)。我们一旦施以唯一继嗣(unique descent)这个条件,即父和母这两个性别中,只有一个有亲子弧(filial arcs),这样就排除了继嗣图中出现回路的可能性。在这一条件下,继嗣图是非回路的,它们的连通成分(connected component)是**树**(trees),即众所周知的单线"继嗣"血统树(unilinear descent trees of "lineages")。这个条件与异性婚姻紧密相关,在异性婚姻中,婚姻边只能连着一个来自不同性别的点。如果唯一继嗣与异性婚姻这两个条件都被满足了,我们就是在谈论一种**标准的亲属关系网络**了。这里,非标准亲属关系网络存在的可能性是被考虑在内的,由于非标准亲属关系网络允许有多个继嗣[7]和同性婚姻(multiple descent and homosexual marriage),就需要作更为复杂的分析。本章的讨论仅限于标准的亲属关系网络。

在许多情况下,婚姻涉及拥有共同子女,有时候甚至拥有共同子女的条件或对等物。因此,一个有益的做法是,辨别出哪些符合已婚共同父母(married co-parent)条件的网络,将他们视为一类特殊的标准亲属关系网络:如果存在着从两个父母点指向同一个子女点的继嗣弧,必定意味着父母点之间存在婚姻边,这种标准的亲属关系网络被称为**典型**(canonical)网络。

> **亲属关系网络**是一个混合图 G(V,E,A,~),其中 V 是一个点集,称为**个体点**,E 是一个边集,称为**婚姻**边,A 是一个弧集(从父母指向子女),称为**继嗣弧**(descent arcs),~是 V 上的一个对等关系,将 V 区分为 n 个不相交的类 V_i(i=1,…,n),称之为**性别**(对于{男性,女性}来说,通常情况下 n=2),它有下列性质:
>
> 1.该网络是弱的非回路
>
> 由来自性别为 i 的个体的全体继嗣弧能生成亲属关系网络子图,它就是第 i 个性别的**继嗣图**。如果是针对男性性别的,它们就被称为**父系**的(agnatic);若是针对女性的,就被称为**母系**的(uterine)。

如果一个亲属关系网络满足如下条件,则称之为**规则的**(regular):

2.[唯一继嗣] 在一个子图 $G(V,A_i)$(第 i 个性别的继嗣关系图)中,没有任何一个点的点入度大于 1(这就在继嗣关系中排除了回路),其中 A_i 是起点在 V_i 中的弧的子集。规则的亲属关系网络的继嗣关系图是非回路的。

如果以下条件成立,则一个规则的亲属关系网络就是**标准的**(standard):

3.[异性婚姻] 子图 $G(V_i,E)$ 是空的。

如果以下条件成立,一个标准的亲属关系网络就是**典型的**(canonical)。

4.[已婚共同父母] 与同一个点有弧线邻接关系的任何两点[8]都彼此有边邻接。

每个亲属关系网络 $G(V,E,A,\sim)$ 在 V 上都是**局部有序的**(partially ordered),任何一个弱的非回路图都如此。这是世代的局部有序关系(generational partial order relation)。此外,向每个个体任意指派一个唯一的身份号(这不仅对计算问题来说很重要,而且一般来说,对数据存储来说也重要,见下文),V 上的亲属关系网络就会有**秩序**。

通过一条继嗣关系弧可以连接两个个体,称他们为亲子(父/母与子/女)。通过一条**定向的**继嗣关系弧可以连接两个个体,称他们为**前代**与**后代**(ascendant and descendant)。通过一条婚姻边连接起来的两个个体称为彼此的**配偶**。如果两个个体是同一个孩子的父母(有指向同一个点的弧邻接),则称他们为**共同父母**(co-parents);如果他们是同一父母的子女(有来自同一个点的弧邻接),则称他们为**兄弟姐妹**;如果他们是同一配偶的配偶(与同一个点有边邻接),则被称为**共同配偶**(co-spouses)。 535

我们可以将条件(1)至(4)重新表述如下(见图 35.2):

1.在一个亲属关系网络中,没有任何一个个体能成为他或她自己的前代或后代。

2.在一个常规的亲属关系网络中,任何个体的同一性别的父母都不能超过一个。

3.在一个标准的亲属关系网络中,父母是常规的,配偶始终性别不同。

4.在一个典型的亲属关系网络中,配偶是标准的,所有的共同父母都是配偶。

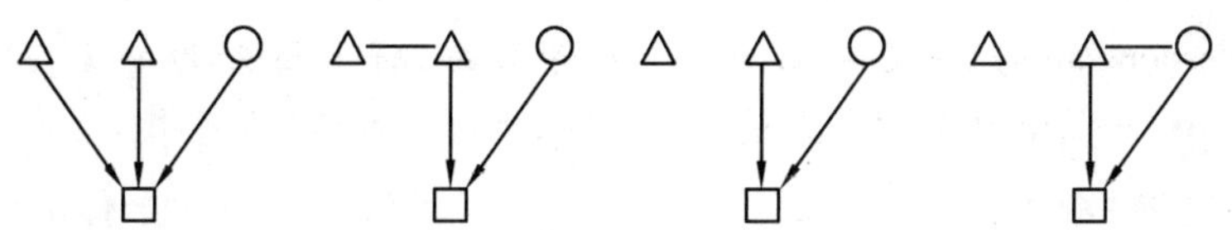

亲属关系网络　常规的亲属关系网络　标准的亲属关系网络　典型的亲属关系网络

图 35.2　亲属关系网络的类型

简单有向图的表达

有多种方式可以将标准的亲属关系网络表示为有向图。除了奥利-图(Ore-graph)以外,还有 P-图(White and Jorion,1992;Harary and White,2001,也可参见 White,本书)和二部 P-图(bipartite P-graphs)(由 White 提出,由 Batagelj and Mrvar,2004 实现),如图 35.3 所示,其中字母代表个体(一对已婚夫妇,妻子 A 和丈夫 B,他们有一个女儿 C 和一个儿子 D)。[9]一旦 P-图包含弧标签,这些就都是同构(isomorphic)的。

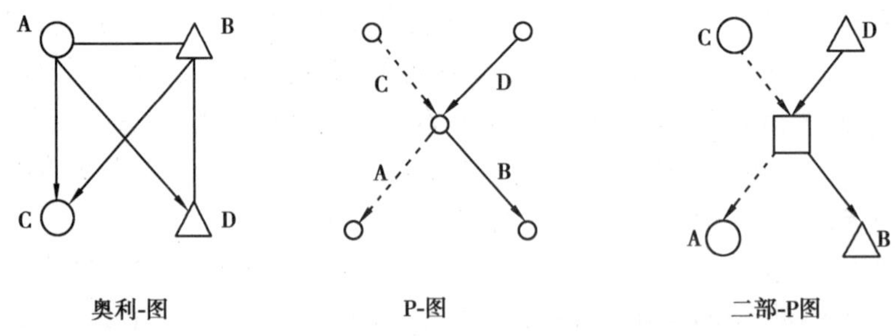

图 35.3 亲属关系网络的图形表达

P-图

P-图(P-graphs)[10]将夫妻(couples)表示为点,将个体表示为打了性别标签的单条线。由于这些个体同时为一对夫妻所生,并且可能成为另一对夫妻的子女的配偶,所以,表示这种情况的弧则始于一个个体及其配偶形成的夫妇,指向其父母形成的夫妇。未婚的个体被视为类似于夫妻。

P-图的优点在于它包含较少的线与点,能让我们更方便地探查婚姻回路。一个结了几次婚的个体就用几条线来表示。这些线用个体身份号(ID)来编号,或者给它们命名。用两条线可以表示同一个体,也可以表示两个同性别的亲兄弟姐妹。要想区分这两种情况,可使用以下两种方法之一:要么通过线的身份号(ID),要么通过每个点的男性或女性个体的身份号(ID)向量。除了这两点差异之外,P-图还有奥利-图(Ore-graph)的结构性质,如弱的非回路性(weak acyclicity)和世代局部排序(generational partial ordering)。

二部 P-图

536 二部 P-图(bipartite P-graphs)是 2-模网络,用点表示其中的个体与夫妻。因此,这里不存在婚姻边,却存在着从个体指向夫妻和从夫妻指向个体的弧。

二部 P-图是弱的非回路图,而且,由于用点来表示婚姻,即使兄弟姐妹的父母是未知的,它也有可能表示兄弟姐妹关系。此外,它有可能方便地区分婚姻,例如,根据结婚日期就可以轻松地做到这一点。

亲属关系路径、亲属关系与婚姻回路

亲属关系路径与亲属关系

在一个亲属关系网络中,存在着一条将一个个体与另一个个体连接起来的路径,关于亲属关系最一般的定义就取决于这条途径。如果从诸多点的个体身份(identity)中进行提取,就可以用诸如点的**性别**和线的**方向**这样的一般性质去描述亲属关系路径的特征。亲属关系路径的这种抽象形式就是**初级亲属关系**(elementary kinship relation)。因此,可以将初级亲属关系视为一条抽象的亲属关系路径(其中只要保持了点的性别、线的方向与点-线关联,点的身份就不重要了)。在不考虑个体点的时候,无论怎样论述一条路径的性质,我们都可以认为,它就是一种相应的初级亲属关系的性质。

我们将连接自我与他者的单条线称为**简单亲属关系**。相比之下,如果一种关系是通过几条连续的线将自我与他者关联起来的,则称这种关系为**复合关系**(compound)。通过多条简单关系的组合可以定义**复合关系**。例如,"父亲"是**简单亲属关系**,而"母亲的父亲"就是**复合关系**。

对于那些连接了自我与他者的单个亲属关系路径来说,通过对其性别及方向模式(direction pattern)加以全面规定,就可以定义**初级**亲属关系。而利用一个或多个逻辑操作("并""或""非"等)合并多个初级关系,就可以得到**复杂的**亲属关系。如果逻辑连接词是"或",就得到一个**析取的**(disjunctive)(或"分类的")关系(如"同父异母的兄弟姐妹"被定义为"母亲的儿子**或**母亲的女儿")。如果连词是"并",就得到一个**析取的**(conjunctive)(或"多重的")关系(如"亲兄弟"被定义为"母亲的儿子**和**父亲的儿子")。如果连词是"非",就得到一个剩余的(residual)关系(如"非父系亲属的亲戚")。

最后,在定义亲属关系时,如果用到的是点和线的性质而非性别与方向,就称这个亲属关系是**混合的**;例如,要定义"寡妇",就要求补充一个点分区(partition of vertices)(在世对去世),"哥哥"的定义涉及了在亲子关系弧(filial arc)上定义局部次序关系,等等。

> **亲属关系路径**是一条亲属关系网络中的路径。其始点被称为**自我**;终点被称为**他者**。
>
> 对于亲属关系路径来说,如果其中的一条线是婚姻边,线的**方向**就是0("水平的"),如果线是一条指向后继者的弧,线的方向就是-1("降代的"),如果线的指向反过来,线的方向就是+1("升代的")。
>
> 如果两条亲属关系路径之间存在着一个双射(bijection)(即一一映射——译者注),它保留了点的性别、线的序列及方向,那么这两条路径就是**同构的**(isomorphic)。

初级亲属关系(elementary kinship relation)对应于亲属关系网络中最大的同构路径集合。在这些路径中,任何一条都**代表**亲属关系。这些路径中的任何不变的性质——始于性别与方向序列——都可以看成是初级关系的性质。

复杂亲属关系是任何一种可以通过几个初级亲属关系的逻辑连接而得到的关系。

亲属路径与关系的标记法

亲属关系的传统记法是,用大写字母表示**他者**的方向与性别(必须在首字母前添加诸如♂[男性自我]或♀[女性自我]的符号,才能表示**自我**的性别):升序弧(ascending arcs)是F(父亲)与M(母亲),降序弧(descending arcs)是S(儿子)与D(女儿),婚姻边是H(丈夫)和W(妻子),补加字母B(兄弟)和Z(姐妹)的关系。例如,MBD(母亲的兄弟的女儿,是母亲一方的舅表亲)、ZH(姐妹的丈夫,内兄弟)和FWS(父亲的妻子的儿子,继子)。

这个传统标记法是英语亲属关系术语的简单缩写,具有易学易用的优点,却不是最佳的分析工具。它甚至有可能掩盖亲属关系的结构相似性与独特的性质。

就此而言,它与另一种备选方法,即由Barry(2004)提出的位置标记法(positional notation)形成了对比。在Barry这里,可以用一系列的字母表示亲属关系,这些字母规定了点标签(性别)与区分记号(diacritical sign)。这些记号表
537 示婚姻边的存在(标点或句点".")和点的顶点位置(apical position)(括号"()")。所有那些没有被一个标点"."分开的字母都表示由弧连接的点,处于"顶点"位置(即那些点并不是一个邻点的子女)的点被放在了括号里,根据惯例,一个顶点左边的所有弧的方向都是升序的,一个顶点右边的所有弧的方向都是降序的,婚姻点意味着改变了关系的方向。

例如,考虑这样一条亲属关系路径,它将一个男性自我(1)与一个女性他者(5)连接起来了,后者是自我的父亲的姐妹的丈夫的女儿(FZHD)(图35.4)。在位置标记法中,这个关系被写成1(2)3.(4)5,其中2是自我,3是父亲,4是自我的姐妹的丈夫,5是后者的女儿。

通过提取被关注个体的具体身份(用他们的号码来表示),并且只保留他们的性别(H表示男性,F表示女性[11]),我们就能得到所讨论的亲属关系:H(H)F.(H)F。[12]至于如何使用标准标记法和位置标记法,可以参见表35.1的婚姻谱(Matrimonial census)例子。

位置标记法的原则也适用于P-图。在P-图记法中,当使用弧标签而非点标签时,图35.4中的ZHD关系就可以写为HfH.hf,其中,H和F(实线与虚线)分别代表父亲与母亲,[13]关系的逆 $h=H^{-1}$ 和 $f=F^{-1}$ 代表儿子与女儿,因此,婚姻分别被写为fH和hF。H.h中的句点"."识别了不同夫妻关系中的相同个体,为了澄清5是4的孩子而不是3的孩子,这个区分很有必要。

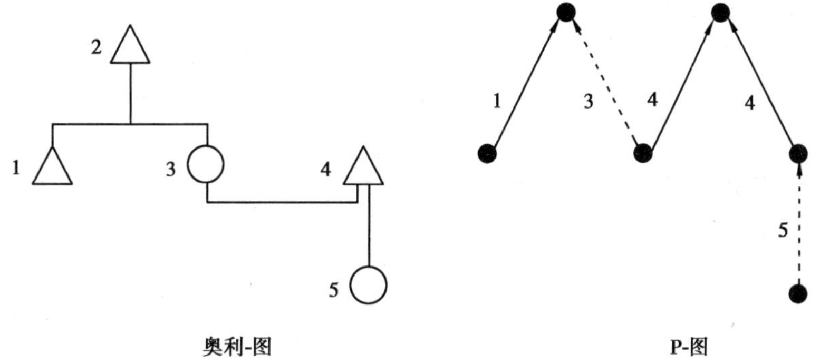

图 35.4 奥利-图与 P-图表示法中的亲属关系

位置记法有许多重要的优点。它包含了自我的性别与他者的性别，明确地表达了亲属关系的结构性质，这种结构性质不会因对称性转换而发生根本的改变。因此，例如，一个与他的 HF( )HF 结婚的男性是他的妻子的 FH( )FH(在 P-图版本中是 HFhf 和 FHfh)，而在传统的标记法中，一个与他的母亲的兄弟的女儿(MBD)结婚的男性是他的妻子的父亲的姐妹之子(FZS)。(带有个体号的)亲属关系路径、(带有性别字母的)亲属关系和(有性别变量的)亲属关系类别，这些表达具有同质性，如果将它们考虑在内，就不仅可以用位置记法作标记工具，还可以用它作分类或程序性的(programming)工具。

亲属关系的分类

为了比较亲属关系，分析其生成特殊网络结构的结合方式，可以根据不同的标准对这些关系进行分类。在这里，我们将自己限定在一些基本的定义里(如想了解更广泛的处理，参见 Hamberger and Daillant，2008；Hamberger，即将出版)。

如果一个亲属关系是定向的(我们说的是“定向的”路径而不是“线性的”关系)，它就是**线性**的。

任何线性的亲属关系都可以通过如下**特征数**(Characteristic number) λ 来表示：

$$\lambda = \sum_{i=0}^{k}(1+\sigma_i)\cdot 2^i$$

其中，k 是这个关系的度(见注释 15)，σ_i 是升序方向上第 i 个个体(始于自我 $i=0$)的性别号(0=男性，1=女性)。例如，对于男性自我来说，$\lambda=1$，对于 *F/S* 来说，$\lambda=3$，对于 *M/S* 来说，$\lambda=5$，对于 *FF/SS*，$\lambda=7$，对于 *MM/DS*，$\lambda=13$，等等。[14]特征数对所有线性亲属关系施加了一种次序。

如果亲属关系中不包含任何一个连接子女的位置，即如果亲属关系路径并不经由如下文定义的父母三方组(parental triad)，它就是**典型**关系。

如果典型的亲属关系不含婚姻边，它就是**血缘**(consanguineous)关系。

亲属关系网络中的**血缘成分**是一个以血缘路径相互连接的最大个体集合(对于一个没有血缘亲属关系的个体来说，他本身就是一个血缘成分)。 538

亲属关系的**长度**(length)是它包含的弧与边的数目。一个亲属关系的

深度(depth)是它包含的最长的线性亲属关系的长度。一个亲属关系的**级数**(order)是它包含的血缘成分数。[15]例如,图 35.4 中的路径表示的亲属关系,其长度为 4,深度为 2,级数为 2。

表 35.1 婚姻谱

在级数为 1、深度为 3 的 37 个不同类型的 114 个回路(平均频次为 3.08)中,包含有 111 个婚姻(2.06%),涉及 211 个个体(占 1.41%)(105 位男性,106 位女性)

ID	标准记法	位置记法	P-图	婚姻数	回路数	占百分比
1	FBD	HH( )HF	HHhf	3	3	2.63
2	FZD	HH( )FF	HHff	5	5	4.39
3	FFSD	HH(H)HF	HHH.hhf	4	4	3.51
4	FFDD	HH(H)FF	HHH.hff	10	10	8.77
5	MBD	HF( )HF	HFhf	9	9	7.89
6	MZD	HF( )FF	HFff	2	2	1.75
7	MFSD	HF(H)HF	HFH.hhf	13	13	11.4
8	MFDD	HF(H)FF	HFH.hff	2	2	1.75

…

在级数为 2、深度为 2 的 152 个不同类型的 267 个回路(平均频次为 1.76)中,包含有 372 个婚姻(6.89%),涉及 667 个个体(占 4.47%)(339 位男性,328 位女性)

ID	标准记法	位置记法	P-图	婚姻数	回路数	占百分比
46	FWFSD	H(H).F(H)HF	HH.hfH.hhf	6	3	1.12
47	FWFDD	H(H).F(H)FF	HH.hFH.hff	2	1	0.37
48	FWFFSD	H(H).FH(H)HF	HH.hFHH.hhf	2	1	0.37
49	MHBD	H(F).H( )HF	HF.fHhf	2	1	0.37
50	BW	H( )H.(F)	HhF	20	10	3.75
51	BWMD	H( )H.F(F)F	HhFF.ff	2	1	0.37

…

在级数为 3、深度为 1 的 16 个不同类型的 23 个回路(平均频次为 1.44)中,包含有 62 个婚姻(1.15%),涉及 112 个个体(占 0.75%)(53 位男性,59 位女性)

ID	标准记法	位置记法	P-图	婚姻数	回路数	占百分比
190	FWBWZ	H(H).F( )H.F( )F	HH.hFhFf	6	2	8.7
191	FWZHD	H(H).F( )F.(H)F	HH.hFfH.hf	6	2	8.7
192	FWFSWFD	H(H).F(H)H.F(H)F	HH.hFH.hhFH.hf	3	1	4.35
193	FWFDHD	H(H).F( )F.(H)F	HH.hFH.hfH.hf	6	2	8.7
194	BWBWFD	H( )H.F( )H.F(H)F	HhFhFH.hf	3	1	4.35

…

婚姻回路

婚姻回路的概念

真实世界的网络以两种方式生长。一方面，新的个体出生，一般来说，自出生之日起，他就被指派了一位父亲与一位母亲。换句话说，产生了一个新的点以及两条弧，弧将它与其父母连接起来，新个体出生之时，父母是该个体在这个网络中仅有的**直接邻点**（neighbors）。如果我们假定，父母已经通过婚姻边连接起来了（即我们应对的是一个典型的亲属关系网络），那么在对于那些还没有被较短的链连接起来的个体来说，新出现的子女点就不会在这些个体之间创造一条链。因此，这个点对整体结构的影响可以说是边缘性的：它扩大了网络，却没有改变它的关联性。

另一方面，亲属关系网络也会因婚姻而生长，即通过在两个点之间创造新边而生长，每个点可能早已通过几条各个方向的线与邻域（neighborhood）的其他点连接着，新的婚姻边在所有这些邻点之间创建新的关联。婚姻就是以这种方式改变了社会结构。但是，与此同时，潜在的婚姻改变社会结构的方式不管是明确 539
的（通过婚姻条例与乱伦禁忌）还是内隐的（凭借偏好或策略），直接的（通过考虑潜在配偶之间的亲属关系）还是间接的（通过依次考虑与亲属关系有关的其他因素），都会影响婚姻选择本身。因此，两个潜在的配偶成为一对夫妻的概率就取决于二者之间的亲属关系链的性质。现在，研究这种依赖性的最为直接的方式是，寻找那些将婚姻伙伴真正联系起来的亲属关系链，换句话说，即寻找回路（circuits）。

从先前的评论中应该显见，我们不对任何一类回路感兴趣，而是对那些至少包含了一条婚姻边的回路感兴趣。然而，这个限定还不够。一对夫妻与他们的孩子会组成一个三角，即**父母三角**（parental triangle）。每个三角都是包含了婚姻边的一个回路，然而，这对夫妻与其共同子女之间的关系却不是我们要考量的婚姻条件。更一般地说，我们想要排除所有那些包含了双亲及其孩子的回路——**父母三方组**（parental triad）。因此，可以将我们感兴趣的婚姻类型定义成那些包括了至少一条婚姻边且不包括任何父母三方组的回路。但是，事实上，第二个条件就表明了第一个条件：因为继嗣（descent）是弱的非回路，在一个亲属关系网络中，无须经过父母三方组而形成一条回路的唯一路径，就是经由一条婚姻边。因此，我们就得出了一个简单的关于**婚姻回路**（matrimonial circuit）的定义：

> **父母三方组**是一幅图，该图由三个点和其中两个点指向第三点的弧（即通过父母与其子女）组成。如果父母是通过一条婚姻边连接的，所形成的回路就构成了一个**父母三角**。
>
> **婚姻回路**是一个不包含父母三方组的回路。换言之，可以将它定义为这样的一幅关联子图，即图中每个点的度数都为 2，但没有一个点的弧点入度（arc-indegree）为 2。由于继嗣具有弱的非回路性（亲属关系网络定义中

的条件1),这个定义便意味着,一个婚姻回路必定包含至少一条婚姻边。在P-图表达法中(其中婚姻是点而不是边),每条回路都是婚姻回路。

在一个回路中,任何一个最大的关联血缘链都被称为这个回路的**拱形结构**(arch)。

婚姻路径(matrimonial path)是这样一种亲属关系路径,它经过一条婚姻回路中的所有点与所有线,但是,不包括将该路径的始点与终点连接起来的封闭婚姻边。对于一个包含了 n 条婚姻边的婚姻回路来说,存在着 $2n$ 个不同的婚姻路径。

如果亲属关系网络是有序的(例如,通过任意的身份号),那么对于任何一个婚姻回路来说,就有唯一的选择某种**特征路径**(characteristic path)的规则,即它是婚姻路径,其中自我的可能性和他者的可能性都最低(如果有两个这样的路径)。

婚姻回路类型(matrimonial circuit type)是一系列同构的(isomorphic)婚姻回路。任何婚姻回路类型都可以表示为复杂的亲属关系,该关系是通过一个婚姻关系和另一个初级亲属关系形成的。在这些关系中,我们可以定义一个独特的选择规则,用它来选择一个婚姻回路类型的特征关系(characteristic relation):例如,始于最长升序弧序列的关系和特征数最低的关系(如果长度相等的序列有多条)。

回路内含与圈

婚姻回路已经用最一般的方式定义为不经由父母三方组的回路。然而,也可能存在这样一些情形,即我们可能想简化一下分析,只研究其中的某些回路,这些回路中并不含有把其中两点连起来的"捷径"。例如,考虑一个与舅舅的妻子的女儿(MBWD)的婚姻。现在,如果这个女人同时也是舅舅的女儿(MBD),许多人类学家就会认为,将她的婚姻看作 MBWD 不合适,他们想把这种婚姻与"真正的"MBWD 婚姻(继女而不是舅舅的女儿)区分开来。是否要计算包含这类"捷径"的回路,对这个问题的回答并没有先例。这个选择既取决于人类学的情境,[16]也取决于要研究的回路的类型。[17]无论是哪种情形,区分无捷径的回路和有捷径的回路都是有益的,这些捷径连接了回路中的点。后者被称为**圈**(rings)(White,2004)。[18]

如果回路 B 中的全部点组成了回路 A 的一部分,我们就可以说,回路 **A 包含了**另一个回路 B。也可以这样表述,在由 A 的点诱发的(induced)子图中,B 成了其中的一部分,即图是由整体网(global network)中的这些点和连接它们的**所有**线构成的(如果回路 A 包含了回路 B 中的所有点,那么由这些点诱发的子图也包含 B 中的线)。因此,可以将一个**诱发回路**(induced circuit)或**圈**定义为是一个回路,这个回路是它自己诱发的子图。[19]

在以 V 为点集的图 G 的子图中,由点集 V **诱发的** G 的子图是最大子图
540 (见 Harary,1969:11)。由亲属关系网络 G 中的一个回路所诱发的子图就是

由这个回路的点所诱发的 G 的子图。我们简称它为这个回路诱发的子图。

如果回路 B 中的每个点也是回路 A 中的一个点（即如果 B 位于 A 的诱发子图中），则称回路 A **包含**回路 B。

诱发回路或**圈**是一个回路，它不包含任何其他的回路（即一条回路就是它自己诱发的子图）。换言之，可以将它定义成一个回路，其中没有任何两个点是通过一条本身不是这个回路一部分的线关联的。

回路交集与构成

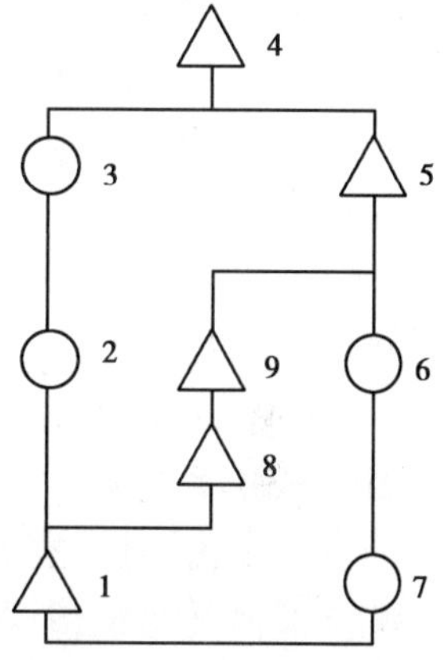

图 35.5 回路的交集与构成

定义诱发回路（或圈）时，排除了那些以附加**线**（extra lines）将点连接起来的回路。然而，它并没有排除以附加**链**（包括一条以上的线）将点连接起来的回路。例如，在图 35.5 中，一个男人与他的“奶奶的兄弟的外孙女”（MMBDD）结婚了，而他自己的母亲是他的父亲的“爷爷的姐妹的女儿（FFZD）。[20]

链 1-8-9-5 和 2-8-9-5“缩短了”（MMBDD 类型的）外回路（outer circuit）1-2-3-4-5-6-7-1，形成了两个 FFZD 类型的内圈（inner ring）：8-9-5-4-3-2-8 和 1-8-9-5-6-7-1。但是，要注意的是，外回路也构成了一个圈：因为点 8 和 9 不属于这个圈，任何一个内圈都不包含在这个圈中。[21]但是，它与两个内圈有一条或多条共同的线（有关回路交集的进一步讨论，见下文），在这一意义上，它与两个内圈是**相交**（intersect）的。而且，通过取两个内圈与父母三方组 1-2-8-1 的并集（union），并删除那些作为一个以上回路的组成部分的全部线［这种操作被称为回路合并（circuit union）］，就可以**组成**整个外圈。可以用这种方式将回路完全分解为比它自己更短的回路，这种回路就被称为是**可化简的**（reducible）；不能这样分解的回路，就称之为**不可化简的**（irreducible）。根据定义，每个不可化简的回路也是一个圈。

应当强调的是，从社会学角度看，可化简的回路未必比不可化简的回路更有意义。例如，假设有一位游牧民族即富拉尼族（Fulani）的男人，居住在尼日利亚北部沙漠边缘地带，他与一位“父亲的父亲的兄弟的儿子的女儿”（FFBSD）结婚，后者同时也是一位“母亲的兄弟的女儿”（MBD）［这是由于在这个丈夫的双亲之间有父亲的兄弟的女儿（FBD）婚姻］，这个明显的交表亲（cross-cousin）婚姻 MBD 就可能只是一个接替性平表亲婚姻（successive parallel-cousin marriage）的副产品（FBD 和 FFBSD），因此，它是一个对婚姻决策有重要影响的较长的圈，而不是较短的圈。能形成一个可化简回路，并不能预设先前已经形成了某些不可化简回路（见注释 17）。

对不可化简婚姻回路的研究与广义图论中的**回路基**（cycle basis）思想紧密相关。所谓图的回路基，指的是一个最小的回路集合，这些回路的并集可以构成一个图的**所有**回路。不同的回路集合可以构成回路基。但是,这个基中回路的数量——也称为回路的秩(circuit rank)或图的**回路记录数**(cyclomatic number)——并不变。我们可以用一个简单的公式计算它的弧、边与成分数(见下文)。为了找到一个亲属关系网络的回路基,把关注点放在不可化简的回路上还是合理的。但是要注意的是,回路基可能比不可化简的回路集合小:如果一个男人与三个姐妹结了婚,我们就有了三个不可化简的回路,但是回路秩只是2(因为两个回路足以构成第三个回路了)。

> 如果两个回路有共同的线,它们就**相交**(intersect)。如果有共同的婚姻边,它们就**在婚姻上相交**(intersect matrimonially)。
>
> 两个回路的**并集**是图,这个图把它们的线(点)集的并集作为自己的线(点)集。两个相交回路的**回路并集**(circuit union)就是取它们的并集并删除它们共同的线。
>
> 如果一个回路不能由这样的回路并集构成,即其中的回路都短,则该回路**不可化简**。
>
> 图的**回路基**(cycle basis)是某些回路的一个最小集(minimal set),这些回路的并集包含了这个图的所有回路。
>
> 一幅图的**回路数**或**回路秩**(circuit rank)是构成其回路基的回路数(它等于人们要想使图成为非回路所必须移除的线数)。对于一个有 e 条线、v 个点和 c 个成分的图来说,这个数可用以下公式计算:
>
> $$\gamma = e - v + c$$

541 **对回路进行计数:婚姻谱系**

在给定的亲属关系网络中,婚姻谱系(matrimonial census)会提供一份完备的关于具体性质的全部婚姻回路清单,对于每种不同的回路类型(它可能或不能汇总到更广的类别中),谱系都会计算它的发生数。

通常情况下,一定要将回路搜寻(circuit search)限制在一个有限的回路类型集合内。即使有限网络中的回路总数不是无限的,通常也会非常之大,以致最先进的个人计算机都对这种无限搜寻无能为力。出于探索性分析的目的,我们建议,可以用尽可能中立的标准——如回路的最大级数(order)和最大深度——去限定婚姻回路的搜寻。要想确定你是否正在处理"广义交换""阿拉伯婚姻"等,就不要只计算第一代堂(表)亲的婚姻,只要看一下更高程度的(higher degree)血亲婚姻以及姻亲之间的婚姻,就可能改变整个图景!亲属关系结构等同于一个整体(a whole),只有这样,它才能被理解。不能用此类或彼类回路的频率,只有用这些频率的相对比例与互依性才能描述它们的特征。因此,即使接下来的回路搜寻可能更受限和更精细,婚姻谱系也必须是全面的,这样才能为进一步的分析与解释提供基础。显然,如果没有计算机的支持,即便是小网络,这样的任务也不能完成。

可以在整个网络上搜寻回路,或者局限在点的某些子集内搜索。这个限制并不意味着婚姻回路中的**所有**点都必须属于这个子集(例如,如果对 1800 年后出生的人之间缔结的血亲婚姻感兴趣,我们就会允许血缘链经过 1800 年以前出生的前辈)。可以对网络中的个体作记录(生日、死亡或婚姻、居住地、职业等),这是根据“外生”标准来定义子集;也可以根据“内生”标准来定义子集。内生标准出自亲属关系网络本身(例如,兄弟姐妹群体的规模、已知的前辈数、配偶数等)。作这种限制不仅便于作比较性分析与代表性(representativity)检验,也会有助于确定要处理的最佳网络(见下文)。

在多哥共和国(Togo)南部讲沃奇语(Watchi)的人[22]中,学者收集到一个亲属关系网络。用软件 Puck(选择其 infra 菜单)处理这个网络,就生成了一个婚姻回路谱系片段。表 35.1 展示了这个片段,它被限制在级数(order)为 1、深度为 3 的回路,级数为 2、深度为 2 的回路,以及级数为 3、深度为 1 的回路中。

回路结构的网络表达

利用真正的网络分析工具,可以依次对得到的婚姻回路集合进行研究。

在这些工具中,有一种工具打算构建由回路组成的网络,这会给我们一个初始亲属关系网络的**子网络**。第二个工具是建构诸多回路之间的结构关系网络,这会给我们一个**二阶网络**(second order network),该网络中的回路表示点,线表示点的结构相关性。

在下面的部分中,我们先讨论第一类网络中的一种,即婚姻关系网络;再讨论第二类网络中的一种,即回路交集(intersection)网络。

源于回路集合的网络:婚姻关系网

婚姻关系网是亲属关系网络的子图,它源于婚姻回路的并集,如表 35.1 中的婚姻谱系中的回路那样。要注意的是,婚姻关系网并不等于这个集合**诱发的**子图:对于子图中的弧或边来说,它的每一个端点都居于某个回路之中,但是这是不够的,这个弧和边本身还必须是回路的一部分才行。因此,如果我们在亲属关系网络中发现了一个婚姻回路集合,源自这个集合的婚姻关系网就无非是由这些回路构成的网络。换句话说,它是由这个初始亲属关系网络中“令人感兴趣”的婚姻区域(region)构成的。这个婚姻关系网中的成分(我们称之为**婚姻成分**)是婚姻回路有关系的子网,可从各种视角来研究这些子网。一方面,我们可能假设,特殊婚姻模式的频繁发生与所关注的网络区域的其他性质(如社会阶级、地理区域或历史时期)有关;因此,我们有可能将这个网络分成几个分区(partitions),这样就可以评估分区聚类(partition clusters)与婚姻成分的对应程度。另一方面,我们可以将回路密度解释成自我加强的社会机制(存在行动传播、模仿或规则)效应,或者这样来解释,当我们定义初始回路的搜寻标准时,它是那个未加考虑的简单网络效应(回路合并构成了其他回路)。 542

婚姻关系网的概念独立于任何一种特殊的回路集合,其本身也是有意义的。甚至是在不能准确识别亲属关系网络中全部婚姻回路(规模不限)的情况下,还是有可能确定这个网络中的哪个部分是由婚姻回路(与长度是多少无关)构成的。这个结果——即最大的可能婚姻关系网——就是亲属关系网络的**核**(nucleus),是该网络中所有回路的并集(见 Grange and Houseman,2008)。

通过引入**婚姻双成分**(matrimonial bicomponent)的概念,可以更严格地描述核的概念,即它是一个最大的子图,其中每两个点都组成了婚姻回路的一部分(注意,与只构成回路的部分这一条件比,这是一个更为严格的条件,它也是由更为一般的双成分概念所要求的)。核只是所有婚姻双成分的并集。[23]

结果是,(只由回路构成的)婚姻**成分**与婚姻**双成分**紧密相关:两者是线-二部关联的(line-biconnected)(两个不同的线系列将每个点与每个其他点连接起来),但是,婚姻双成分也具有成为点-二部关联的(vertex-biconnected)附加特征(两个相互连接的线系列绝不会穿过相同的点)。

例如,在图 35.6 展示的亲属关系网络中,阴影表示的个体和他们在粗边分界线内的相互关联就构成了核,它由两个婚姻成分(A 和 B)及三个婚姻双成分(1,2 和 3)构成,其中两个双成分相重叠(一个个体同时包含在双成分 1 和 2 中)。

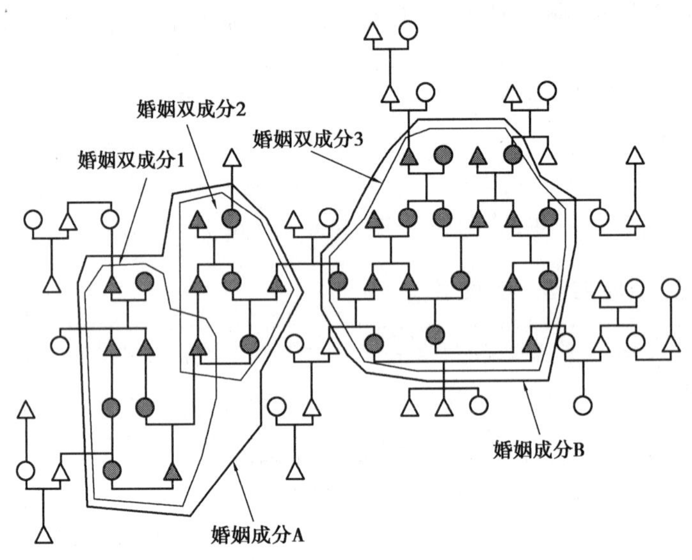

图 35.6　婚姻成分与双成分

给定一个亲属关系网络 K 中诸多回路构成的集合 R,源于 R 的婚姻关系网是 K 的子图,这个子图就产生于 R 的回路并集。换句话说,它是这样的一个子图,其中每条线都属于 R 的某个婚姻回路。称婚姻关系网络的成分为 K 关于 R 的**婚姻成分**。婚姻成分是线-二部关联的,但未必是点-二部关联。

543 婚姻双成分是 K 的子图,其中每一对点(不管多远)都属于一个婚姻回路(因此,没有任何一对点可以通过移除单个中介点而被分离)。在 P-图表达法中，每个双成分都是**婚姻双成分**。

亲属关系网络的**核**是来自 K 中所有婚姻回路并集的网络。核等于这个亲属关系网络中所有婚姻双成分的并集。这些婚姻双成分中的最大者构成了亲属关系网络的**核心**(kernel)。

回路网络：回路交集网

回路图是分析婚姻回路互依性(interdependence)的工具。一个简单的例子是**回路交集网络**(circuit intersection network)，用共享婚姻边的频次来测量回路互依性。

一个给定的婚姻组成了两个或多个婚姻回路的一部分，这种情况时常发生。这种过度的确定性(overdetermination)向社会学解释提出了以下问题：如果一位男性娶的一位女性既是他父亲的姐妹的女儿，同时又是他的姨母(maternal aunt)和妻妹(sister-in-law)，我们是应该说他娶了他的表姐妹，还是应该说他娶了他的姨母或妻妹？例如，如果认为一个人娶他的表姐妹很好，但娶他的姨母很糟，那么我们该怎样解释上面这种情形呢(即一个男性娶的女人既是他的表姐妹，同时又是他的姨母和妻妹)？在这种情形下，不去考虑那些同时是表姐妹，因而表现为“好”配偶的一小部分姨母，只计算作为配偶的姨母的频次并断言有大量“糟糕的”婚姻，这显然是不够的。但是，要求确定回路交集频次是有更深层原因的：如果一位父亲的姐妹的女儿同时也是一位姨母，那么从数学上看，这样一个构型意味着这个丈夫的父亲娶了他姐妹的女儿。因此，在我们的网络中，必定会找到大量的舅甥婚案例(niece marriages)，如果我们还没有搜寻到它们，这样的发现就会促使我们去作这样的搜索。

在探究这些问题时，回路交集网是一个方便且直观的工具。在这些网络中，点表示回路类型，点的规模(或向量值)表示回路的频率，连接两个点的线值表示婚姻数，这些婚姻同时也是两类对应回路的一部分。

两个回路类型 A 和 B 的**婚姻交集**是所有婚姻边的集合，这些边同时属于类型 A 的一个回路和类型 B 的一个回路。

对应于回路类型 T 的**回路交集网络**是一个多值图 G，这样的话：

1.G 的每个点对应于 T 的一个回路类型，点的值(规模)与所对应的回路类型的频次成比例。

2.两个点之间的每条边都对应回路类型的一个非空婚姻交集，边的权重对应于这个交集的规模。

联姻网

到目前为止，所有讨论过的婚姻结构都是根据个体之间的子女与婚姻关系定义的。但是，亲属关系也涉及群体之间的关系，这些群体源自个体之间的关系。要分析这些关系,一个方便的工具就是**联姻网**(alliance network)。

联姻网与给定(真实或虚拟)的亲属关系网络相对应,它由点和弧构成,点表示个体构成的**群体**,弧表示群体之间的**婚姻频次**,其中,从 A 到 B 的弧值表示 A 中的女性与 B 中的男性的婚姻数。在将婚姻边转换成指向丈夫方向的弧之后,即从"赠妻"(wife-givers)群体指向"纳妻"(wife-takers)群体,我们就有可能这样来思考联姻网,即它来自某个分区上的"萎缩的"(shrinking)亲属关系网络。由两个群体各自成员之间的通婚产生了有关系的总体,这个分区聚类就是总体(collectivities)。所使用的分区可能外在于亲属关系(例如,如果我们正在处理居住单元、职业类别或社会阶层),但是,它也可能源自亲属关系网络本身。因此,聚类可能表示如父系亲属或母系亲属子网络这样的成分,即表示亲属关系网络内的"世系"(lineage)。

联姻网不再拥有亲属关系网络的特性了。它们是简单的多值图。联姻网中
544 的回路可称为**夫妻回路**(connubial circuit),以区别于亲属关系网络中的婚姻回路,一个联姻网中的夫妻回路结构可以用它的矩阵来表示(联姻矩阵)。在异族通婚体系(exogamous systems)里,联姻矩阵的对角线上只有零值;在一个完备的平衡的双边联姻体系(balanced bilateral marriage alliances)——被列维·斯特劳斯(Lévi-Strauss)[1949(1967)]命名为"限定的交换"(restricted exchange)——中,它是对称的;在拥有单条有向汉密尔顿回路(single directed Hamiltonian cycle)["一般化的交换"(generalized exchange)]的体系里,它是不对称的,在每条线与每个列上只包含一个非零值。但是,要注意的是,真实世界的联姻结构不会这么清晰。例如,一方面,某些回路模式有可能是叠加的,如果这样,即使局部模式不对称,作为结果的累积性模式也可能表现出对称性。另一方面,联姻网的结构对定义赠妻(wife-giving)与纳妻(wife-taking)群体极为敏感,至于群体聚合层次上的变化,夫妻回路结构一般来说并不连续。因此,在一个层次上看起来是同族婚姻联姻,在另一个层次上就可能是异族通婚,由于同族婚姻与平衡交换在一个层次上结合在了一起,这就引起了另一个层次上的非对称模式(例如,参见 Gabail and Kyburz,2008)。

与一个分区的亲属关系网络 K 相对应的**联姻网**是一个有向图 G,其中:

1.G 的每个点都对应于 K 的一个分区聚类。

2.G 中每两点之间的弧都对应于两个聚类 A 和 B,每个弧都对应于 A 中的一位女性与 B 中的一位男性之间所存在的婚姻,弧的权重对应于这一婚姻的数目。

夫妻回路是联姻网中的一条回路。

应用性问题

数据的收集与保存

数据收集的定位

当然,以什么样的方式去收集亲属关系数据,这主要取决于我们想要去发现些什么。然而,为了使偏差最小化,让数据能为其他人所用,还是应该有某些标准,即不管收集的具体目的是什么,每个亲属关系数据库(corpus)都应该执行如下标准:

- 记录数据集之中每个部分的日期与线人(informants);这不仅有益于检查可能的错误和偏差,而且其本身就是一个有趣的数据,例如,可以用它来评估宗谱记忆(genealogical memory)。
- 记录缺失数据;在记录给定个体的配偶与孩子时,根据你的了解,标示出你的记录是否完整。
- 在数据相互矛盾的情况下,记录信息(及其来源)的备选项以及你选择的原因。
- 从一开始就要既沿着男性线又沿着女性线,努力避免偏差出现;不要只记录那些容易给出的亲属关系,而是要努力搜寻那些缺失的亲属关系,在婚姻区域广泛的情况下,这样做可能代价很大,即使是这样,也要这么做。
- 如果你对两个个体之间的亲属关系感兴趣,就不要满足于询问他们是怎样有关的,而是要设法建立他们在给定界限内的全部宗谱——你一定会发现大量的其他关系,它们是你的线人没有自然而然地提到的。
- 即使无法得到绝对的日期,也要设法确定出生与婚姻的相关次序[尤其是在多偶制(polygamy)情况下]。在用姻亲(affines)或交叠婚姻回路来解释婚姻时,会显示出这种数据的重要性。
- 记下所用的研究方法,详细说明建立这个数据库(corpus)(或其部分)的目的。

在没有计算机的情况下储存数据

数据不仅是一种结果,而且是一种数据收集的方式。为了指导你的研究并交叉检查(cross-check)线人的回答,它们应该是不难获得的。当处理档案文件时,这常常是相当简单的:你可以随身带一台电脑。但是,在许多田野研究的情形下,这是不可能的。然而,如果遵守一些基本的原则,"手工"记录亲属关系可能极为快速,也很高效。

- 要始终使用一种便携的工具,如笔记本。不要用文件纸或散页纸,因为在访问时,你使用它们时会有不便,也极可能会丢失一部分。
- 将图与文本分开。一个好的方法是用笔记本,左边的页用来画宗谱,右边的页用来列举个体及其性质,以及用来识别这些个体的号码(如果号码变大,建议使用词首字母,万一编号有误差,可以防止识别问题)。
- 给每个个体一个身份号码,绝不能将该号码给另一个个体。如果你有
545 “复本”,则要建立一个从冗余号码到原始号码的关系,但不要重新指派它。在号码系列上出现中断不会招致任何破坏性后果,但是在身份号码上有模糊性则会导致大的麻烦,极难探查。
- 不用身份号码进行编码。可以用身份号码去识别个体,除此以外别无他用(可能除非回忆你进入数据的次序,以及用来记录你的数据库历史)。如果你想传达个体性别、宗派隶属关系、居住地等信息,就不要用身份号码去实现这一目的。
- 千万不要忘记做复本,将它们保存在不同的地方。这适用于所有数据,尤其适用于亲属关系数据,这是因为亲属关系有网络性质:丢失了一个笔记本,就可能使所有其他的笔记本都变成了废纸。

数据解释

此外,我们还有必要了解宗谱库(genealogical corpus)的偏差、断裂与局限。在一些情况下,这可能会导致人们作出这样的判断,即无法合理地作出某些分析。例如,在一个非常肤浅的宗谱库中搜寻血亲婚姻回路,这是没有多少意义的。这里,正如在所有情况中的那样,了解这个库的基本品质对解释结果很重要。

重要的是,尤其要牢记亲属关系网络实际上具有无限性。每个库必然只是更大整体的一部分,就个体与连接他们的关系来说,库都不是完备的。关于宗谱库的划界(delimitation)与构成(composition)的选择不仅发生在田野调查中,而且先于分析,它是一种能将所收集的数据约简为一个有意义的核的方式。

对基础与边界的选择

外生性化简(exogenous reduction)引入了社会学的、地理学的与人口统计学的标准,其好处不言而喻。但是,内生性约简的价值是基于网络本身的结构特征的,这也许就不那么显明,它取决于人们想要展现些什么。例如,如果想后比较婚姻关系回路的频次同亲属关系回路的频次,我们就不能先排除所有的未婚个体(如 White,1999)。这不仅适于网络的外生性化简,也适于网络的内生性扩展,如创造出虚构的个体,以便在一位或两位父母都未知的情况下保留全部的兄弟姐妹的信息。

有一个相关的问题,它涉及以分析为目的的网络划界。首先,一些结果与婚姻关系网中互不关联的成分有关,这些结果不能被不加选择地结合在一起。这一点很重要,因为每个成分都表示一个自主的婚姻世界,其遵循的模式可能不会

遵循同样的规则。在相对较小的程度上,这一点也适于婚姻双成分。然而,即使是在将分析限定在亲属关系网络中最大的婚姻双成分(核心)内时,额外的限制也常常是必要的。因为双成分包括了任何长度、深度和级数(order)的婚姻回路,包括了那些有极远关系的婚姻回路。这些关系太远了,以至于其在社会学意义上的相关性值得怀疑。因此,将分析限定在子网络内是有益的,这种子网络由某个极大深度与级数(order)的婚姻回路构成。并不总能轻易地为这种被限定的婚姻关系网选定最优的标准,因为这些选择主要由两个相反的原则操纵。一个原则是,这个子网络是从更大的亲属关系网络中抽取的,作为结果的子网络就应该尽可能地大,如此才能足以代表这个更广大的亲属关系网络。另一个原则是,为避免冗余,就要使回路数与回路类型保持在可控的比例上,使后者保持在极小值上是关键。

确定代表性与显著性

一旦选择一个划了界的数据集,得到了最初的结果,就会产生另一个难题:在这个库中,观测到的规律性(regularities)在多大程度上提供了真实社会网络中的组织结构信息呢?当然,这固然是网络分析中的一般问题。但是,在宗谱研究中,不完备性(incompleteness)问题无所不在,亲属关系网络的代表性问题尤为紧要。

有一个核心问题,它涉及一个库的边界在何种程度上对应于现实的亲属关系网络中可内生定义的子网络。还有另一个相关问题,它涉及对属于某些亲属关系类别的人的代表过度和代表不足(over-and underrepresentation)。这些问题不仅适于那些构成这个库的个体(点),也适于这些个体(点)之间的关系(线)。亲属关系网络时常有偏差,这是因为相对于其他类型的关系而言,它们更喜欢某些类型的关系(例如,对于一个婚后住在男方家中的总体来说,其中的个体会喜欢父系亲属关系胜于母系亲属关系)。我们可以调整人们的研究结果,以消除这种偏差。但是,这些偏差本身就可能是一个婚姻行为的函数:与其他亲属关系相比,那些成为婚姻回路组成部分的亲属关系更容易被牢记。网络结构与集体记 546
忆之间的关系越强,越难消除相关的偏差。

网络偏差问题与显著性问题直接相关:观测到的规律性表明了一种行为模式吗?抑或这些规律性只是偶然出现的?要用与随机亲属关系网络可比较的方式来处理这个问题,就有必要模拟一个网络。这个网络不仅能再生产出所涉及总体的人口统计学特征,还能再生产出这个库的偏差本身。由于这个原因,可以证明,与传统的人口统计学模拟相比,随机置换(见 White,1999;White,本书)或对数据收集过程进行明确模拟(虚拟的田野调查)更加有用。

解释结果

如果在分析中出现了令人"感兴趣"的规律性,而已知的社会规范与制度并没有对此提供明确的说明,人们就会立刻禁不住诱惑,认为它们表示了某种隐藏的规范与制度。在分析亲属关系数据时,最重要的事情就是要抵抗住这种诱惑。在明确阐述一个社会学假设之前,我们一定要始终检验以下内容:

- 首先,"令人感兴趣的"的结构特征只是反映了这个库的一种偏差吗?(例如,一个库中父系婚姻有高发生率,库中的母系世系很浅)。
- 其次,如果结构特征并不符合任何已知的规则,那么它是已知的规则组合起来而导致的结果吗?[如,在一个优先选择外甥女做配偶且避娶姨妈的社会里,姑表姐妹(patrilateral cross cousin)由于有更大的可能同时成为姨妈,因此,即使没有任何规定说不能娶姑表姐妹,人们也会避免出现娶姑表姐妹的情形]。
- 最后要记住的是,如果再也没有其他解释可以说明观测到的结构特征,这一简单的事实也不能使得一个社会学假设具有合法性。社会学假设只能在田野中被证实。

资源

可以用各类商业软件(Brother's Keeper,Family Tree Maker,Legacy,Kith and Kin et al.)及非商业的程序(Personal Ancestral File、Gramps et al.)来录入、存储和输出宗谱数据。其中的一些软件尤其灵活,它们被社会科学家们广泛使用:许多法国历史学家使用的软件是**宗谱**分析(Généatique);澳大利亚人类学家普遍使用由日本学者 S. Sugito 和 S. Kubota(Sugito,2004)开发的**联姻项目平台**(Alliance Project);M. Fischer 撰写的**亲属关系编辑器**(Kinship Editor)是欧洲亲属关系与社会保障(European Kinship and Social Security,KASS)项目中的关键元素,它既可收集系统数据,又可以对亲属关系现象(如术语使用)进行建模。人口统计学家与历史学家还开发了其他的软件工具,用它们去管理那些基于经验宗谱数据的记录,并依据这些软件去计算人口统计学变量和其他变量[如 CASOAR(Hainsworth and Bardet,1981)]。然而,这些程序都没有考虑对亲属关系的深度分析问题。

通过使用服务于一般目的的社会网络分析工具,也可以作这样的分析。这类工具中用的最多的大概是网络分析与可视化程序 Pajek,其开发者是 V. Batagelj和 A. Mrvar(de Nooy et al.,2005;Batagelj and Mrvar,2004,2008;Mrvar and Batagelj,2004)。该软件的作者与其他人都为 Pajek 开发了许多以亲属关系为中心的宏命令(如 K. Hamberger 开发的 Tip4Pajek 命令)。

最后,某些程序是专为分析亲属关系网络(包括婚姻回路谱系)而开发的。最早的尝试有很多,如 Selz(1987;亦参见 Héritier,1974)开发的 Gen-Par; 由 White(1997;White et al.,1999)开发的 Pgraph;此后,它们就让位给了更为灵活与更易使用的软件了,如 Barry(2004)的 Genos,在近期,还有 Hamberger 等(2009)的 Puck。

在历史学与人类学数据库中,有一个开放的亲属关系网络存储库,它由一个科学委员会掌管,入主在"亲属资源"(kinsources)项目的网站上(http://kinsource.net)。

注 释

1.感谢 Isabelle Daillant, Vladimir Batagelj 和编辑 Peter Carrington 和 John Scott 提供了有益的评论与讨论。

2.我们谈论的是个体而非类属(classes)。一个个体可以属于其父母的父母的婚姻类别,正如澳大利亚人的交替世代模型(alternating generation models)中的那样。

3.在有向图中,“路径”和“回路”概念常常被限于定向的路径与回路内,而如果弧不总是定向的,就用术语“半路径”(semipath)与“半回路”(symicycle)。由于我们谈论的是混合图(包括边和弧),所以我们将“路径”和“回路”用作一般性术语(正如在无向图中的情况一样),如果它们所有的线都是同指向的弧,就将它们规定为“定向的”。 547

4.在图论文献中,术语“链”和“回路”等同于“路径图”和“回路图”。但是要注意的是,有时候,这些术语在使用时也有不同的意义,即它们是“线路”(walk)的同义词(分别有开放线路和封闭线路)。

5.以斯堪的纳维亚地区数学家 Oystein Ore(1960)的名字命名。用边表达婚姻,这已经被引入计算机程序 Pajek 中了(参见 Batagelj and Mrvar, 2008)。

6.要注意的是,亲属关系网络的弱回路性对再婚回路也成立,因为包含全体边的回路不是定向回路。

7.对于那些包含了收养、教父(母)或共同父母(co-genitor)关系的亲属关系网络来说,通常情况下,它们必须将某个给定性别对应多(即大于 1 个)个父母的可能性考虑在内,即多重继嗣(multiple descent)。

8.如果弧是从点 x 指向点 y,点 x 就有**指向**另一个点 y 的弧邻接(arc-adjacent)。如果弧是从 y 指向 x,x 就有**来自**点 y 的弧邻接。

9.与奥利-图(Ore-graph)相比,P-图和二部 P-图上面与下面的点都在图 35.3 中被反过来了。这是因为它们的箭头反过来了,从孩子指向父母,这通常是被当作一种唯一(unique)函数。这个函数映射的是一个孩子到一对独一无二的父母。该函数的逆给出了父母到孩子的关系。

10.P 代表 parenté(法语,意为“亲属关系”)。

11.来自法语 homme(男人)和 femme(女人)。

12.如果亲属关系有经由两个性别的顶端先祖(apical ancestors)的亲属关系路径,那么使括号空着(或者放两个字母在括号里),也能在其所限的范围内用这种位置标记法去表达复杂的亲属关系。例如,MBD(母亲的兄弟的女儿)关系就可以表示为 HF( )HF,ZH(姐妹的丈夫)关系就可以表示为 H( )F.H。

13.最初的 P-图标记法(White and Jorion, 1992)用字母 G 和 F 表示,它们来自法语中的 garcon(男孩)和 fille(女孩)。在它目前的版本中,P-图标记法与关于位置的奥利-图标记法使用了同样的字母（但是，P-图标记法将它们用于线，Ore-图标记法将它们用于点）。

14.这是血统宗谱编号系统（ahnentafel genealogical numbering system）的一个变体。

15.就血缘亲属关系而言，长度也被称为是罗马度数（roman degree）或公民度数（civil degree），而深度也被称为纯真度数（german degree）或典型度数（canonic degree）（这些术语源自欧洲亲属关系史）。就线性亲属关系而言，罗马度数与德国度数相同，我们可以只说它的度数。

16.例如，就南印度的德拉威人（Dravidian）的亲属关系网络而言，可以认为，交表亲（cross-cousin）婚姻（而不是血亲婚姻）加强了联姻关系［Dumont，(1953) 1975］，计算全部“母亲的兄弟的妻子的女儿”（MBWD）［不管它们是否也是“母亲的兄弟的女儿”（MBD）］是有意义的。

17.例如，如果两兄弟娶了两姐妹，一个兄弟死了，活着的那个兄弟就娶了这个寡妇，［兄弟的妻子的姐妹（BWZ）型的］这个较长的回路包括［兄弟的妻子（BW）型和妻子的姐妹（WZ）型的］这两个较短的回路。这一事实丝毫不失其社会学意义：BWZ 婚姻明显先于 BW（和 WZ）婚姻（感谢 Isabelle Daillant 谈及此例）。

18.回路与圈（诱发的回路）之间的区别是最近才提出来的。在 Hamberger 等（2004）的研究中，前文讨论过的大部分婚姻圈指的是一般的婚姻回路，而在 White（2004）的研究中，圈指的是诱发回路。

19.但是要注意，在 P-图和奥利-图（Ore-graph）的表达法中，这个限制可能不意味着同一件事情。根据把点定义为个体（奥利-图）还是婚姻（P-图），由一个回路的点所诱发的子图就会改变其意义。例如，与一位同时是“母亲的兄弟的女儿”（MBD）的“母亲的母亲的兄弟的女儿的女儿”（MMBDD）的人婚姻，就构成了Ore-图表达法中（而不是 P-图表达法）中的圈。如果情境不明确，人们就要说奥利-圈（Ore-rings）和 P-圈（P-rings），以避免模糊性。

20.这个例子在 P-图表达法和奥利-图表达法中是成立的：在这两种情况下，外回路（outer circuit）是一个圈（ring）。一般来说，奥利-圈不总是 P-圈（见注释 19）。

21.在 P-图表达法中，这同样正确，其中两个个体 8 和 9 是通过两条线表示的，这两条线形成了一条居于这个外回路的点（表示婚姻）之间的附加链。

22.参见 http://kinsource.net/kinsrc/bin/view/KinSources/Watchi.

23.根据定义，婚姻双成分中的每条线都在某个婚姻回路中。另一方面，每条婚姻回路或者本身就是一个婚姻双成分，或者成为某个更大的婚姻双成分中的一部分。核心（nucleus）这个概念是对学者（White and Jorion，1996；参见 Houseman and White，1996）提出的**核**（core）定义的一种限定，即所有婚姻双成分的并集和它们的单关系（single-link）的联系（相当于 2-核，如 Seidman（1983）定义
548 的那样）。二者都未必是关联的。

参考文献

Barry, L. (2004) ‘Historique et spécificités techniques du programme Genos’, *Ecole Collecte et traitement des donnees de parente*, http://llacan.vjf.cnrs.fr/SousSites/EcoleDonnees/

Batagelj, V. and Mrvar, A. (2004) ‘Analysing large genealogical networks with Pajek’, paper presented at Sources et Resources pour les Sciences Sociales, Paris, EHESS, December 9-11, 2004, http://vlado.fmf.uni-lj.si/pub/networks/doc/seminar/Geneo04.pdf.

Batagelj, V. and Mrvar, A. (2008) ‘Analysis of kinship relations with Pajek’, *Social Science Computer Review*, 26(2): 224-46, http://ssc.sagepub.com/cgi/content/abstract/26/2/224.

Dumont, L. [(1953) 1975] ‘Le vocabulaire de parenté dravidien comme expression du mariage’, in *Dravidien et Kariera, l' alliance de mariage dans l' Inde du Sud et en Australie.* Paris/La Haye: Mouton. pp. 85-100 and 145-46.

Gabail, L. and Kyburz, O. (2008) ‘Hurons chez les Touregs’, *Annales de Demographie Historique*, 116:197-232.

Grange, C. and Houseman, M. (2008) ‘Objets d' analyse pour l' étude des réseaux de parenté’, *Annales de Demographie Historique*, 116: 105-44.

Hainsworth, M. and Bardet, J.-P. (1981) ‘Logiciel C.A.S.O.A.R.: Calculs et analyses sur ordinateur appliqués aux reconstitutions’, *Cahier des Annales de Demographie Historique*, 1: 1-175.

Hamberger, K. (forthcoming) ‘Matrimonial circuits in kinship networks: Calculation, enumeration and census’, *Social Networks.*

Hamberger, K. and Daillant, I. (2008) ‘L' analyse de réseaux de parenté: concepts et outils’, *Annales de Demographie Historique* 116: 13-52.

Hamberger, K., Houseman, M., Daillant, I., White, D.R. and Barry, L. (2004) ‘Matrimonial ring structures’, *Mathematiques et Sciences humaines*, 168 (*Les reseaux sociaux*, ed. Alain Degenne), pp. 83-119.

Hamberger, K., Houseman, M. and Grange, C. (2009) ‘La parenté radiographiée: Un nouveau logiciel pour l' analyse des réseaux matrimoniaux’, *L' Homme*, 189: 107-137.

Harary, F. (1969) *Graph Theory*. Reading, MA: Addison-Wesley.

Harary, F. and White, D.R. (2001) ‘P-systems: A structural model for kinship studies’, Connections 24(2): 35-46.

Héritier, F. (1974) ‘Systèmes Omaha de parenté et alliance. Etude sur ordinateur du fonctionnement réel d'une société africaine’, in P.A. Ballonoff (ed.), *Genealogical Mathematics*. Paris-La Haye: Mouton.

Houseman, M. and White, D. R. (1996) ‘Structures réticulaires de la pratique matrimoniale’, *L' Homme*, 36 (139): 59-85.

Lévi-Strauss, C. [(1949) 1967] *Les structures elementaires de la parente*. 2nd ed. Paris/La Haye: Mouton.

Mrvar, A. and Batagelj, V. (2004) ‘Relinking marriages in genealogies’, *Metodološki zvezki - Advances in Methodology and Statistics* (Ljubljana), 1: 407-18, http://mrvar.fdv.uni-lj.si/pub/mz/mz1.1/mrvar.pdf.

de Nooy, W., Mrvar, A. and Batagelj, V. (2005) *Exploratory Social Network Analysis with Pajek.* New York: Cambridge University Press.

Ore, O. (1960) 'Sex in graphs', *Proceedings of the American Mathematical Society*, 11: 533-39.

Seidman, S. B. (1983) 'Network structure and minimum degree', *Social Networks*, 5: 269-87.

Selz, M. (1987) 'Parenté et Informatique', *Mathematiques et Sciences Humaines*, 97: 57-66.

Sugito, S. (2004) 'Possibility of genealogical study in population study', *Journal of Population Studies*, 34: 23-29 (in Japanese).

White, D.R. (1997) 'Structural endogamy and the Graphe de Parenté', *Mathematiques et sciences humaines*, 137: 107-25.

White, D.R. (1999) 'Controlled simulation of marriage systems', *Journal of Artificial Societies and Social Simulation*, 2(3), http://www.soc.surrey.ac.uk/JASSS/2/3/5.html.

White, D.R. (2004) 'Ring cohesion in marriage and social networks', *Mathematiques et sciences humaines*, 168(4): 59-82.

White, D.R., Batagelj, V. and Mrvar, A. (1999) 'Analyzing large kinship and marriage networks with Pgraph and Pajek', *Social Science Computer Review*, 17(3): 245-74.

White, D.R. and Jorion, P. (1992) 'Representing and computing kinship: A new approach', *Current Anthropology*, 33(4): 454-62.

White, D. R. and Jorion, P. (1996) 'Kinship networks and discrete structure theory: Applications and implications', *Social Networks*, 18: 267-314.

软件

Alliance Project: http://study.hs.sugiyama-u.ac.jp/e/

Brother's Keeper: *http*://www.bkwin.org/

Family Tree Maker: http://www.familytree-maker.com/

Geneatique: http://www.cdip.com/

Gramps: http://gramps-project.org/wiki/index.php? title=Main_Page

Kinship Editor: http://era.anthropology.ac.uk/Kinship/

Kith and Kin: http://www.spansoft.org/

Legacy: http://www.legacyfamilytree.com/

Pajek: http://pajek.imfm.si/doku.php

Personal Ancestral File: http://www.familysearch.org/eng/paf/ Pgraph: http://eclectic.ss.uci.edu/~drwhite/pgraph/pgraph.Html

Puck: http://kintip.net/Tip4

Pajek: http://kintip.net/, http://intersci.ss.uci.edu/wiki/.

大规模网络分析 36

LARGE-SCALE NETWORK ANALYSIS

◎ 弗拉迪米尔·巴塔格吉(Vladimir Batagelj)

引　言

人们对大型网络分析的兴趣始于1990年代中期,这是个人电脑(彩显、更大的内存和硬盘及互联网)和大数据库发展的结果,因为大数据库可以引出大网络。

在计算机科学中,人们认为多项式(数量级)复杂度算法问题是简单且易处理的。当处理大型数据集(数据量以百万计)时,我们观察到,已有的二次项复杂度算法的速度太慢。因此,在分析大型数据集时,我们就只考虑那些可以使用快速的**次平方**(subquadratic)量级算法的概念。

在20世纪,在图论及其相关的领域中提出了几种算法:不同种类的连通性、最小生成树(Minimum spanning tree)、最短路径(shortest paths)、最大流(maximal flow)、寻路算法(Pathfinder)、关键路径法CPM(Critical Path Method)、拓扑排序法(topological sort)、平面性检验法(planarity testing)等(Knuth,1993;Ahuja et al.,1993;Cormen et al.,2001;Brandes and Erlebach,2005)。

与大型网络有关的第二个问题是,它们一般情况下是**稀疏的**。通常,将"常规"单元(行动者)链接到其他单元上的数目是有一个上限的。在社会学界,这个上限被称为**邓巴数**(Dunbar's number)(Hill and Dunbar,2002)。它代表我们能结识并与之维持稳定社会关系的人数上限,这个数大约是150。针对社会网络,Bernard,Killworth等人的研究给出的上限值大约是290(McCarty et al.,2001)。

基本概念

网络建立在一个非空的点(单元、行动者、节点)集合 V 之上。一对点通过线(链条、联系)连在一起,形成线集合 L。具有方向的线称为**弧**(arcs),无方向的线称为**边**(edges)。对于点 $u,v \in V$,线 $p \in L$ 来说,我们有如下记法:

- $p(u:v)$:线 p 连接点 u 和 v;u 和 v 是线段 p 的两个**端点**(endpoints);
- $p(u,v)$:线 p 从点 u 连到点 v;如果 p 是一个弧,u 是它的起点,v 是它的**终点**。

端点重合的线称为一个**环**(loop)。

点的数目通常用 $n=|V|$ 表示,线的数目用 $m=|L|$ 表示。

以点 $u \in V$ 为端点的线数被称为点 u 的**度数**(degree),用 $\deg(u)$ 表示。点集 V 的**最大度数**(maximum degree)用 $\Delta = \max\{\deg(v): v \in V\}$ 表示。指向点 $u \in V$ 的线数称为点 u 的**点入度**(indegree),用 $\text{indeg}(u)$ 表示。从点 $u \in V$ 一端引出的线
550 数称为点 u 的点出度(outdegree),用 $\text{outdeg}(u)$ 表示。

点集 V 与线集 L 形成了一个**图** $G=(V,L)$,它描述了一个网络的结构。在一个网络 $N=(V,L,P,W)$ 中,点的附加**属性** P 或线的**权重** W 通常是已知的。如果 $V' \subseteq V, L' \subseteq L, P' \subseteq P, W' \subseteq W$,并且 L' 中的所有线的端点都属于 V',则称网络 $N'=(V',L',P',W')$ 是网络 N 的**子网络**。如果 $V'=V$,则称 N' 是 N 的**生成子网**(spanning subnetwork)。

多个点和多条线可以形成一个序列 $v_0, p_1, v_1, p_2, v_2, p_3, \cdots, v_{k-1}, p_k, v_k$,称 $p_i(v_{i-1}, v_i)$,$i=1,2,\cdots,k$,为从 v_0 到 v_k 的一条**长度**为 k 的**线路**(walk)。对于 $i=1,2,\cdots,k$ 来说,如果仅有 $p_i(v_{i-1}: v_i)$ 成立,则称之为从 v_0 到 v_k 的**半线路**(semi-walk)。需要注意,其反向的序列确定了一个从 v_k 到 v_0 的**半线路**。如果一个线路上的所有点都各不相同,则称之为一条**路径**(path)。如果一个路径的起点 v_0 和终点 v_k 相同,则该路径是**闭合的**。如果一个闭合路径中的所有中间点都互不相同,则称之为一个**回路**(cycle)。如果一个网络不包含任何循环,则它是**非回路网络**。非循环网络有非常有效的算法。

如果存在一条从点 v 到点 u 的半线路,则 u 和 v 是(弱)连接的;如果存在从 u 到 v 和从 v 到 u 的双向线路,则 u 和 v 是**强连接的**。强连接和弱连接都是点集上的等价关系。

如果点 u 和 v 位于同一回路上,则称 u 和 v 是**双连接的**(biconnected)。双连接性决定了线集合上的等价关系。

如果必须去除至少 k 个点或线才能断开一个网络,或将它简化为一个单点网络,则称该网络是 k-点/线连接的。在 k-点/线连接的网络中,每一对点都由 k 条不相交的点/线路径相连接。

设 U 是一个有限的单元集,它的非空子集 C 称为一个类(cluster),$\emptyset \subseteq C \subseteq$

U;一组类的集合 $\boldsymbol{C}=\{C_1,C_2,\cdots,C_k\}$ 称为聚类(clustering)。通常情况下,属于聚类 $\boldsymbol{C}$ 的各个类不必两两不相交;然而聚类理论和实践主要处理的是作为 $\boldsymbol{U}$ 的分区的聚类($U_iC_i=U$ 并且 $i\neq j$ => $C_i\cap C_j=\varnothing$)。每一个分区决定了 U 上的一个等价关系,反之亦然。我们用 $\prod_k(\mathrm{U})$ 来标记 U 分区为 k 个聚类的全部分区集合。

如果一个聚类中的任何两个类要么不相交,要么一个类是另一个类的子集,即 $C_i\cap C_j\in\{\varnothing,C_i,C_j\}$,则称 C 是一个**分层**聚类。如果 $\cup C=U$,则称分层聚类 C 是**完备的**,如果对于所有 $v\in\cup C$ 来说,有 $\{v\}\in C$ 成立,则称 C 是**基础的**。

有一些特殊类型的网络:

- 在一个 2-**模网络**中,其点集是两个不相交子集 V_1 和 V_2 的并集,并且每条线的一个端点在 V_1 内,另一个端点在 V_2 内。
- 在一个**多重关系网络**中,线集合是不相交的子集 $L_1,L_2,\cdots,L_s$ 的并集。
- 在一个**时间网络**中,每一个点和线都有附加信息,该信息标志着点和线活跃(出现)的时点区间。

研究方法

大数据集的细节不能在总体上来把握。为了获取给定(大型)数据集的全景,标准做法是,确定其不同的(统计)特征,将它们用于分析中:

- 搜寻被测变量和结构变量之间的关系。一个典型的例子是 Pitts(1978)关于中世纪俄罗斯河流域的贸易网络分析。
- 1970 年代和 1980 年代,人们基于三方谱系(triad census)对网络进行了细致的描述性研究(Holland and Leinhardt,1981;Batagelj and Mrvar,2001)。
- 1990 年代后期的研究特色在于引入了物理学中的度数(和其他)分布概念。最好称这种研究为"无标度网络"(scale-free networks)(Watts and Strogatz,1998;Albert and Barabási,2002;Newman,2003;Newman et al.,2006;Dorogovtsev and Mendes,2003;Li et al.,2005)。
- 网络演化的概率模型(Frank and Strauss,1986;Robins et al.,2007)。

在本章中,我们不会深入探讨诸多统计方法(也可参见 Kolaczyk,2009)。我们将详细讨论其他一些方法,用它们揭示网络的整体结构,识别网络的重要元素和部分,分析所选的元素或元素组在网络中的位置。

为了揭示大型网络的结构,可将其分区成若干个易于处理的小部分。对于这些部分,或者单独抽取与分析它们,或者将它们压缩成更小的结构,这样可以描述各个部分之间的关联。

网络分解

图的基本分解针对的是(弱)连接成分(components):即对顶点(和连线)进行分区。弱连接性确定了网络的关联部分。先对每一个弱成分求解,再将获得
551 的解组合成一个解,这样就可以对大多数网络问题求解。在确定弱成分时可用一种 O(m)快速算法(Cormen et al.,2001:499-501)。

将图分解为双连接成分(biconnected components),可为我们提供额外的关联成分内部结构的信息。这对于系谱分析来说很重要:在一个系谱(genealogy)的P-图中,一些不可忽视(至少有两个顶点)的弱双关联成分完全对应于再连接的婚姻(relinking marriage)。双关联成分可在 O(m)时刻确定(Cormen et al.,2001:558-59)。

定向图的基本分解结果可参见 Harary 等(1965)的研究。在定向图中,如果我们将每一个强成分都缩小成一个顶点,就会得到非回路图。至于将这种结果向对称连接性推广,参见 Doreian 等(2000)。对于短回路连接性来说,可参考 Batagelj 和 Zaveršnik,2007。可以在 O(n+m)时刻确定强成分(Cormen et al.,2001:552-556)。

在现实生活的大型有向网络(如互联网)中,常常有大的强成分。与这种强成分对应的弱成分构成了点集合,可以将该点集合分解为:强的、导入的、导出的、绕过的、卷须的——蝴蝶结领结状的分解(Kleinberg et al.,1999)。

在 1970 年代和 1980 年代,Matula(1977)研究了图的不同连接类型及其结构。在多数情况下,这些算法需要的计算量太大,不能用于大型图。有关连接性算法的近期综述,可参见 Esfahanian(2008)。

学者们也开发出了模块分解(Habib and Paul,2009;Papadopoulos and Voglis,2006)和分区分解(Joeris et al.,2009)的高效算法。

框　架

要想洞悉大型网络的结构,一种研究路数是去掉不太重要的线和点,从而将大型网络还原为其**架构**(skeleton)。对于加了权的网络来说,有两种方法可用:最小生成树(minimum spanning tree, MST)和路径搜索算法(Pathfinder algorithm)。这两种方法都关注关联性。

在加权的关联网络 $N=(V, L, w)$,$w > 0$ 中,最小生成树是它的一个子网络 $T=(V, L_T, w)$,在 N 的全部关联生成网络中,其值 $w(T) = \sum \{w(e):e \in L_T\}$ 最小。有一种 $O(m+n.\log n)$ 算法,可以用它来确定最小生成树(MST)(Cormen et al.,2001:561-579)。

为了简化加权网络,在 1980 年代,人们提出了路径搜索算法(Schvaneveldt,1990;Schvaneveldt et al.,1988,1989)。它将所有那些不满足三方不平等(triangle inequality)的线从网络中去除掉:如果有一条短路径将一条线的端点连在一起,则去掉该条线。

最初的路径搜索算法(pathfinder algorithm)的基础是矩阵,其复杂度为 $O(qn^3)$,其中 q 是邻域规模参数。因此,它只能用于相对较小的网络(规模最大为几百个点)。人们对路径搜索算法的兴趣是在 2000 年左右又再出现的(Chen,1998)。

基于能快速运算的计算机,Guerrero-Bote 等(2006)学者作出了第一个推进,他们将复杂度降低为 $O(n^3\log q)$。当 $q>n-1$ 时,路径搜索网络就可以用 Fletcher(1980)的路径搜索半环(semiring)上的算法来决定。这种推进是 Quirin 等(2008b)提出来的,他们将复杂度降低为 $O(n^3)$。对于无向网络来说,在 $q\geqslant n-1$ 和 $r=\infty$的情况下,也有其他的改进。在这种情况下,路径搜索网络是 N 的所有最小生成树的组合。Quirin 等(2008a)描述了一种改进型的克鲁斯卡尔最小生成树算法(Kruskal's minimal spanning tree algorithm),利用它就能得到这种网络。这种算法的复杂度为 $O(m.\log n)$。对于稀疏的网络来说,在一般情况下,也还是有某种可推进的空间的:对于每一个点来说,我们必须计算到达其全部邻点的最短路径的值(Batagelj and Vavpetic,2010)。这种算法可以被用于那些拥有成千上万个点的稀疏网络。

一种架构同时也是一个核(core)。为了描述密集网络(Wasserman and Faust,1994),我们会介绍图论中一些不同的概念,其中,k-核(k-cores)这个概念也可以被高效地加以确定。核这个概念是由 Seidman 提出来的(Seidman,1983)。

在图 $G=(V, L)$ 中,如果所有的 $v\in C$:$\deg_H(v)\geqslant k$ 都成立,则从集合 C 中引出的子图 $H_k=(C,L|C)$ 就是一个 **k-核或秩为 k 的核**,H_k 是拥有这种性质的最大子图。拥有最大秩的核也叫做主核(main core)。点 v 的核数(core number)是包含此点的一个核的最大秩数。如果 $i<j\Rightarrow H_j\subseteq H_i$ 成立,则称两个核是嵌套的,但二者未必是关联的子图。在确定核的分解时,存在着一种高效的算法 $O(m)$(Batagelj et al.,1999;Batagelj and Zaveršnik,2003)。

核这个概念可以被推广到网络(V, L, p),其中 p 是一个点属性函数。研究表明,对于局部单调的点性质函数来说,其对应的核可在 $O(m.\max(\Delta, \log n))$ 时刻被决定(Batagelj and Zaveršnik,2002)。 552

我们可以用核来确定一个图的最为紧密的部分(Alvarez-Hamelin et al.,2005,2009)。可以基于点之间或块之间的差异性,利用标准的聚类程序去揭示主核的内在结构。也可以用核进行局部搜索,加速搜索某些有着更高计算要求的子结构。

重要的测度

为了识别网络中的重要元素(点或线),通常的做法是,用相应元素的重要性的适当测度(性质或权重)来表达我们认为重要的直觉想法。在收集网络数据时可以测量到这种测度(如互动频次),在计算这些数据时也可以得到。它要与我们的目标相一致,这一点非常重要(Roberts,1976:473-502)。利用它,通过确认那些选定了数目的有最大值的元素,就可以识别出重要的元素了。人们提出了许多这样的关于重要性的测度。

点有非常重要的性质,包括:度数,即点在网络中的直接联络数;中间度,即对网络中沟通的控制程度(Anthonisse,1971;Freeman,1979;Brandes,2001);接近度,即其在总体中的沟通中心度(Sabidussi,1966);特征向量中心度(Bonacich,1987);枢纽和权威度(hubs and authorities),即针对有向网络中两个基于特征向量的重要测度(使用者、提供者)(Kleinberg,1998);聚类系数,即局部密度(Watts and Strogatz,1998)。

线也有一些重要的权重,包括雅可比系数(即端点和邻点的相对重合度)、余弦相似度(cosine similarity)和边中间度(Melançon and Sallaberry,2008)。那些属于网络局部紧密部分的线也属于一些短的半回路,即 3-环和 4-环(Ahmed et al.,2007;Batagelj and Zaveršnik,2007;Schank and Wagner,2005;Latapy,2008)。

在非环的网络(宗谱、引文)中,有一个元素重要性的指标,即从某个起点 $\text{indeg}(v)=0$ 到某一终点 $\text{outdeg}(v)=0$ 之间,有各种包含该元素的路径,这些路径的数目即为该指标(Hummon and Doreian,1990;Batagelj,2003)。来自运筹学的关键路径法(Critical Path Method,CPM)可以用于这种分析。

切割点和孤岛

假定在网络中,我们能用每个点的性质 p 表达其重要性,或者用权重 w 表达每条线的重要性。

从一个网络 $N=(V, L, p)$ 中,我们可以针对**临界值** t 得到子网络 $N(t)=(V_t, L_t, w)$,其中有

$$V_t = \{v \in V : p(v) \geqslant t\}$$

并且

$$L_t = \{e(u,v) \in L : u,v \in V_t\}$$

它就是在 t 层次上的**点切割**(vertex cut)。

同样,从一个网络 $N=(V, L, w)$ 中,我们可以针对**临界值** t 得到子网络 $N(t)=(V_t, L_t, w)$,其中有

$$L_t = \{e \in L : w(e) \geqslant t\}$$

并且

$$V_t = \{v \in V : \deg_{N(t)}(v) > 0\}$$

它就是在 t 层次的**线切割**(line cut)。

从点/线切割 $N(t)$ 中,我们可以得到聚类 $C(t)$,它以关联成分为聚类。对于

不同的临界值来说,这些聚类形成了等级。

切割研究有如下问题:我们必须选定一个恰当的临界值 t,否则所获得的切割成分可能太大或太小了。引入**孤岛**这个概念之后,这些问题就会得到部分解决。

规模为$[k,\ K]$的**点孤岛**(vertex island)是一个弱关联的子网络,其规模在区间$[k,\ K]$内,岛内的点比岛外的点在性质 p 上有更大的值。

规模为$[k,\ K]$的**线孤岛**(line island)是一个弱关联的子网络,其规模在区间$[k,\ K]$内,与岛内生成树的弧线值相比,将岛内点与岛外邻点连起来的弧线有更小的权重 w。

对于(点孤岛的)$O(\max(n.\log n,\ m))$和(线孤岛的)$O(m.\log n)$来说,它们都有高效的算法来确定孤岛的等级(Zaveršnik and Batagelj,2004)。

要将既定网络中的重要子网络确定为关联子网(聚类),切割点和孤岛都会是极为常见和高效的研究方法,这样的子网络相对于其邻域来说有更大的内在凝聚力。为了使用这些概念,必须用相关的点性质或线权重来表达我们的分析目的。孤岛的重要性质是,它们可以在不同的层次上区分出局部重要的子网络。因此,它们也能探测到正在出现的群体。 553

模　式

如果一个选定的模式或片段——也叫模体(motif),参见 Milo 等(2002)——由一个既定小图决定,不能在稀疏的网络中经常发生,那么即便在非常大的网络中,用于模式搜索的直接回溯算法(backtracking algorithm)也能极快地发现所有的模式表现(Batagelj,1989;Batagelj and Mrvar,1997)。

用模式搜索法能成功地搜索到分子(碳环)中的原子模式和系谱中的再连婚姻(Batagelj and Mrvar,2008)。

聚类和块模型

可以将聚类问题(Φ,P)表示如下:

决定聚类 $C^* \in \Phi$,使得 $P(C^*)=\min\{P(C):C\in\Phi\}$。

其中 C 是聚类,Φ 是**可行聚类**(feasible clusterings)的一个非空集,$P:\Phi\to R_0^+$ 是**校标函数**(criterion function)。在图 $G=(V,\ L)$ 中,由于我们有两类对象(点和线),因而可以谈及**点聚类**和**线聚类**。通常,我们关注的是点聚类。

由于单元集合 U 是有限集,因此,可行聚类的聚合也是有限的,因此,所有问题解(优化聚类)的集合 $\mathrm{Min}(\Phi,P)$非空。我们将优化聚类的校标函数值标记为 $\min(\Phi,P)$。从理论上讲,可通过完全搜索算法来确定集合 $\mathrm{Min}(\Phi,P)$。但不幸

的是,可行聚类数随着 $n=|U|$ 的增加而急速增加。例如,基数 card($\prod_k$) = $S(n,k)$,其中 $S(n,k)$ 是第二类斯特灵数(Stirling number of the second kind)。因此,完全搜索算法只是在理论上有意义,最多适用于包含 15~20 个单位的网络。尽管多项式复杂度有一些特殊的聚类问题,但是,它们似乎主要是非确定性多项式的难题(non-deterministic polynomial,缩写为 NP-hard)(Brücker,1978;Garey and Johnson,1979)。

在将各个点单位加入聚类 C 时,会有一定的"误差",这会在它们之间创造出"紧张",将这个量标记为 $p(C)$。校标函数 $P(C)$ 将这些"部分/局部误差"组合成"整体误差" $P(\mathbf{C})=\bigoplus\{p(C):C\in\mathbf{C}\}$,其中 $\bigoplus$ 表示诸如"+"或"最大"这样的操作。

在标准的聚类方法中,"聚类误差"函数 $p(C)$ 的基础通常是点之间的适当的不相似度(an appropriate dissimilarity between vertices)。

通常的方法是针对每个点 $v\in V$,界定一个向量描述项 $[v]=[t_1,t_2,\cdots,t_m]$,然后用 R^m 上某个标准的差异量 δ 来比较这些向量 $d(u,v)=\delta([u],[v])$。在这样的描述项中,有些是"非标准"的,关于它们的细节,参见 Moody(2001),Harel 和 Koren(2001)。

当根据点的性质对其进行聚类的时候,我们也可以将网络结构视为一种关系上的限制——所获得的聚类应该引出已经选定类型的关联子网(Ferligoj and Batagelj,1983;Batagelj and Ferligoj,2000)。近年来,我们针对大网络提出了一种高效的层次聚类算法(Batagelj et al.,2010)。为了得到大网络的高效算法,我们只针对现存的线(限制性的关系)的端点计算诸多单位(网络中的点)之间的不相似度,只基于对应的线的不相似度来界定聚类之间的不相似度,从而导出校正的关系。我们也发现,对于那些选定的聚类之间的不相似度,有学者(Bruynooghe,1977)提出的可还原性质依然成立。这就使我们能够使用"互选最近邻域法"(reciprocal nearest neighbors approach)(Murtagh,1985)去加速层次聚类的进程。

在其他领域(如数值数学和生物信息学)中,网络聚类也是一个重要的课题(Karypis and Kumar,1999;Demmel,1996)。物理学家更愿意使用"社群探测"这个词。近期有相关研究结果的详细述评,参见(Fortunato,2010)。

并不是所有的聚类问题都可以用一个简单的校标函数来表达。在某些应用中,人们提出了一种通用的校标函数,它需要有如下形式:

$$P(\mathbf{C})=\bigoplus\{q(C_1,C_2):(C_1,C_2)\in\mathbf{C}\times\mathbf{C}\},q(C_1,C_2)\geqslant 0$$

我们将在块模型中用到它。块建模的目的是,将一个具有潜在不凝聚性的大网络还原为易于解释的小结构。

一个聚类 $\mathbf{C}$ 也将线 L 分区成为各个块 $L(C_i,C_j)=\{e(u,v)\in L:u\in C_i\wedge v\in C_j\}$。每个这样的块都由隶属于聚类 C_i 和 C_j 的点构成,并且所有的线都从聚类 C_i 指向 C_j。如果 $i=j$,则块 $L(C_i,C_i)$ 也叫对角线块。

通过识别来自聚类 $\mathbf{C}$ 的同属一类的所有单元,就可以得到结构,块模型就是由这些结构组成的。要想精确地定义块模型，我们必须清楚地知道哪些块能在**简化网络**或**像网络**中产生弧线关系，哪些不能，它们是哪**类**块，取值如何等。有些集合是由认可了的类型构成的，它们决定了对等性的类型（细节参见 Doreian et al.，2005；Batagelj and Ferligoj，2000；Žiberna，2007）。

所引出的优化问题可用局部优化来解决。块模型问题也是一个非确定性多项式难题（NP-hard）（Roberts and Sheng，2001）。高效近似的大网络块模型算法还处于发展之中。 554

2-模网络

可以用 2-模网络 $N=(V_1, V_2, L, w)$ 表示矩阵$A=[a_{uv}]_{V1\times V2}$，其中，如果$(u,v)\in L$，则有 $a_{uv}=w(u,v)$，否则 $a_{uv}=0$。

令 $N_1=(V_1, V_2, L_1, w_1)$，$N_2=(V_2, V_3, L_2, w_2)$是两个可比的网络（N_1的第二个点集等同于 N_2的第一个点集）。然后，我们可以用标准的方式将对应的矩阵相乘，得到的网络 $N_3=(V_1, V_3, L_3, w_3)$称为 N_1和 N_2的乘积网（product network）。网络之积的问题在于，两个稀疏的网络的乘积未必是稀疏的。幸运的是，在许多重要的情况下，这种稀疏性是能够得到保障的。例如，在谱系中，我们可以利用网络进行操作，从基础的亲属关系（父母、性别、婚姻）中计算出全部的其他亲属关系：兄弟、叔叔、祖母等（Batagelj and Mrvar，2008）。

2-模网络出现在很多应用之中（例如，文章、作者；人员、事件；董事会成员、公司）。本质上讲，我们可以将任何单元×性质表转换为相应的 2-模网络（单元、性质$_i$），其中第二个集合中的点是性质$_i$的取值（区间）。由于网络（单元、性质$_i$）转置与网络（单元、性质$_j$）具有可比性，因此，我们可以运用网络乘积来计算导出的网络（性质$_i$，性质$_i$）。

在分析 2-模网络时，传统的方法是将网络乘以其转置，然后分析得到的 1-模网络。

针对 2-模网络，还有一些直接的方法。可以将 Kleinberg（1998）的枢纽和权威指标（hubs and authorities）直接拓展到 2-模网络。为了接受 2-模网络的核这个概念，我们将(P,q)-核（(p,q)-core）定义为最大子集(V'_1,V'_2)，从而使得在导出的子网络中，来自 V_1 的每个点的度数都不小于p，来自 V_2 的每个点的度数都不小于 q。在确定(p,q)-核时是有很高效算法的。为了确定 2-模网络中的紧密部分，我们要计算 4-环（4-*rings*）权重（其中不存在 3-环），然后对它们使用孤岛算法（Ahmed et al.，2007）。

可视化

网络可视化是一种重要的工具，可以用它来探索网络结构，也可以用它来传播分析结果(Freeman,2000)。但不幸的是,我们只能得到小型稀疏网络的清晰图像。因此,通常情况下,我们只对网络中那些选定的重要部分或其块模型进行可视化。

对于不太大、较密集的网络来说,对矩阵中的点进行适当的排序呈现,就可以得到富含信息的可视化(Batagelj et al.,1999;Henry and Fekete,2006)。这个排序通常取决于聚类或块模型。

在刻画了社群的图中,人们针对大网络提出了一些可视化算法(Hu,2005;Hachul and Jünger,2007;Brandes and Pich,2009)。这些算法能揭示出总体的网络结构(如果它存在)。

Pajek

在针对大网络分析及可视化的程序 Pajek 中,上述大多数程序都可以实现(de Nooy et al.,2005;Batagelj and Mrvar,2003)。该程序可免费下载,以供非商业
555 之用,下载地址为 http://pajek.imfm.si.

参考文献

Ahmed, A., Batagelj, V., Fu, X., Hong, S-H., Merrick, D. and Mrvar, A. (2007) 'Visualisation and analysis of the Internet Movie Database', Proceedings of the Asia-Pacific Symposium on Visualisation. New York: IEEE. pp. 17-24.

Ahuja, R.K., Magnanti, T.L. and Orlin, J.B. (1993) *Network Flows: Theory, Algorithms, and Applications*. New Jersey: Prentice-Hall.

Albert, R. and Barabási, A.-L. (2002) 'Statistical mechanics of complex networks', *Reviews of Modern Physics*, 74: 47-97.

Alvarez-Hamelin, J.I., Dall'Asta, L., Barrat, A. and Vespignani, A. (2005) 'k-core decomposition: A tool for the visualization of large scale networks', arXiv: cs.NI/0504107.

Alvarez-Hamelin, J.I., Gastón, B.M. and Busch, J.R. (2009) 'Understanding edge-connectivity in the Internet through core-decomposition', arXiv: cs.DM/0912.1424v1.

Anthonisse, J.M. (1971) 'The rush in a directed graph', Technical Report BN 9/71, Stichting Mathematisch Centrum, Amsterdam.

Batagelj, V. (1989) 'Similarity measures between structured objects', in A. Graovac (ed.), Proceedings of International Course and Conference on the Interfaces between Mathematics, Chemistry and Computer Science, Dubrovnik, 20-25 June 1988, Vol. 63. Amsterdam: Elsevier. pp. 25-40.

Batagelj, V. (2003) 'Efficient algorithms for citation network analysis', arXiv: cs/0309023.

Batagelj, V. and Ferligoj, A. (2000) 'Clustering relational data', in W. Gaul, O. Opitz, and M. Schader (eds), Data Analysis. Berlin: Springer. pp. 3-15.

Batagelj, V., Ferligoj, A. and Mrvar, A. (2010) 'Hierarchical clustering with relational constraints of large data sets', paper presented at IFCS'09, Dresden.

Batagelj, V. and Mrvar, A. (1997) 'Pajek 0.14: Fragments, June 15, 1997', http://pajek.

imfm.si/doku.phpid=history.

Batagelj, V. and Mrvar, A. (2001) 'A subquadratic triad census algorithm for large sparse networks with small maximum degree', *Social Networks*, 23: 237-43.

Batagelj, V. and Mrvar, A. (2003) 'Pajek - Analysis and visualization of large networks', in M. Jünger and P. Mutzel (eds), *Graph Drawing Software*. Berlin: Springer. pp. 77-103.

Batagelj V. and Mrvar A. (2008) 'Analysis of kinship relations with Pajek', *Social Science Computer Review-SSCORE*, 26(2): 224-46.

Batagelj, V., Mrvar, A. and Zaveršnik, M. (1999) 'Partitioning approach to visualization of large graphs', in Jan Kratochvíl (ed.), Proceedings of 7th International Symposium on Graph Drawing, September 15-19, 1999, Štirín Castle, Czech Republic. Berlin: Springer. pp. 90-97.

Batagelj, V. and Vavpetic˅, A. (2010) 'Fast Pathfinder algorithm for large sparse networks', submitted paper.

Batagelj, V. and Zaveršnik, M. (2002) 'Generalized cores', arXiv: cs.DS/0202039.

Batagelj, V. and Zaveršnik, M. (2003) 'An O (m) algorithm for cores decomposition of networks', arXiv: cs/0310049.

Batagelj, V. and Zaveršnik, M. (2007) 'Short cycle connectivity', *Discrete Mathematics*, 307 (3-5): 310-18.

Bonacich, P. (1987) 'Power and centrality: A family of measures', *The American Journal of Sociology*, 92(5): 1170-82.

Brandes, U. (2001) 'A faster algorithm for betweenness centrality', *Journal of Mathematical Sociology*, 25(2): 163-77.

Brandes, U. and Erlebach, T. (eds) (2005) *Network Analysis: Methodological Foundations*. Berlin: Springer.

Brandes, U. and Pich, C. (2009) 'An experimental study on distance-based graph drawing', in Proceedings of the 16th International Symposium on Graph Drawing. Berlin: Springer. pp. 218-29.

Brücker, P. (1978) 'On the complexity of clustering problems', in R. Henn, B. Korte, and W. Oettli (eds), Optimization and Operations Research, Proceedings, Bonn 1977, Vol. 157. Berlin: Springer.

Bruynooghe, M. (1977) 'Méthodes nouvelles en classification automatique des données taxinomiques nombreuses', *Statistique et Analyse des Donnees*, 3: 24-42.

Chen, C. (1998) 'Generalised similarity analysis and Pathfinder network scaling', *Interacting with Computers*, 10(2): 107-28.

Cormen, T.H., Leiserson, C.E., Rivest, R.L. and Stein, C. (2001) *Introduction to Algorithms*. Cambridge, MA: MIT Press.

Demmel, J. (1996) 'U. C. Berkeley CS267: Applications of parallel computers/graph partitioning, part 1 and part 2', http://www.eecs.berkeley.edu/demmel/cs267/.

de Nooy, W., Mrvar, A. and Batagelj, V. (2005) *Exploratory Social Network Analysis with Pajek*. New York: Cambridge University Press.

Doreian, P., Batagelj, V. and Ferligoj, A. (2000) 'Symmetricacyclic decompositions of networks', *Journal of Classification*, 17(1): 3-28.

Doreian, P., Batagelj, V. and Ferligoj, A. (2005) *Generalized Blockmodeling*. New York: Cambridge University Press.

Dorogovtsev, S.N. and Mendes, J.F.F. (2003) *Evolution of Networks: From Biological Nets to the Internet and WWW*. New York: Oxford University Press.

Esfahanian, A-H. (2008) 'On the evolution of graph connectivity algorithms', in Robin Wilson and Lowell Beineke (eds), *Selected Topics in Graph Theory*. New York: Cambridge

University Press.

Ferligoj, A. and Batagelj, V. (1983) 'Some types of clustering with relational constraints', *Psychometrika*, 48(4): 541-52.

Fletcher, J.G. (1980) 'A more general algorithm for computing closed semiring costs between vertices of a directed graph', *CACM*, pp. 350-51.

Fortunato, S. (2010) 'Community detection in graphs', *Physics Reports*, 486: 75-174; also arXiv: 0906.0612.

Frank, O. and Strauss, D. (1986) 'Markov graphs', *Journal of the American Statistical Association*, 81: 832-42.

Freeman, L. C. (1979) 'Centrality in social networks: A conceptual clarification', *Social Networks*, 1: 211-13.

Freeman, L. C. (2000) 'Visualizing social networks', *Journal of Social Structure*, 1(1).

Garey, M. R. and Johnson, D. S. (1979) *Computers and Intractability*. San Francisco: Freeman.

Guerrero-Bote, V. P., Zapico-Alonso, F., Espinosa-Calvo, M.E.,

Crisóstomo, R.G. and de Moya-Anegón, F. (2006) 'Binary Pathfinder: An improvement to the Pathfinder algorithm', *Information Processing and Management*, 42(6): 1484-90.

Habib, M. and Paul, C. (2009) 'A survey on algorithmic aspects of modular decomposition', arXiv: cs. DM/0912.1457v2, 8 Dec 2009.

Hachul, S. and Jünger, M. (2007) 'Large-graph layout algorithms at work: An experimental study', *JGAA*, 11(2): 345-69.

Harary, F., Norman, R. Z. and Cartwright, D. (1965) *Structural Models: An Introduction to the Theory of Directed Graphs*. New York: John Wiley.

Harel, D. and Koren, J. (2001) 'On clustering using random walks', in LNCS 2245. Berlin: Springer-Verlag. pp. 18-41.

Henry, N. and Fekete, J. D. (2006) 'MatrixExplorer: A dualrepresentation system to explore social networks', *IEEE Transactions on Visualization and Computer Graphics*, 12 (5): 677-84.

Hill, R.A. and Dunbar, R.I.M. (2002) 'Social network size in humans', *Human Nature*, 14 (1): 53-72.

Holland, P.W. and Leinhardt, S. (1981) 'An exponential family of probability distributions for directed graphs', *Journal of the American Statistical Association*, 76(373): 33-50.

Hu, Y. F. (2005) 'Efficient and high quality force-directed graph drawing', *Mathematica Journal*, 10: 37-71.

Hummon, N. P. and Doreian, P. (1990) 'Computational methods for social network analysis', *Social Networks*, 12: 273-88.

Joeris, B.L., Lundberg, S. and McConnell, R.M. (2009) 'O(m log n) split decomposition of strongly-connected graphs', in Proceedings Graph Theory, Computational Intelligence and Thought, Haifa, September 2008, LNCS 5420. Berlin: Springer. pp. 158-71.

Karypis, G. and Kumar, V. (1999) 'A fast and high quality multilevel scheme for partitioning irregular graphs', *SIAM Journal on Scientific Computing*, 20(1): 359-92.

Kleinberg, J. (1998) 'Authoritative sources in a hyperlinked environment', Proceedings of the 9th ACM-SIAM Symposium on Discrete Algorithms.

Kleinberg, J., Kumar, R., Raghavan, P., Rajagopalan, S. and Tomkins, A. (1999) 'The Web as a graph: Measurements, models and methods', in Proceedings of the 5th International Computing and Combinatorics Conference, pp. 1-17.

Knuth, D.E. (1993) *The Stanford GraphBase: A*

Platform for Combinatorial Computing. New York: ACM Press.

Kolaczyk, E. D. (2009) *Statistical Analysis of Network Data: Methods and Models*. Springer Series in Statistics. Berlin: Springer.

Latapy, M. (2008) 'Main-memory triangle computations for very large (sparse (power-law) graphs', *Theoretical Computer Science*, 407(1-3): 458-73.

Li, L., Alderson, D., Tanaka, R., Doyle, J.C. and Willinger, W. (2005) 'Towards a theory of scale-free graphs: Definition, properties, and implications', arXiv: cond-mat/0501169.

Matula, D. W. (1977) 'Graph theoretic techniques for cluster analysis algorithms', in J. Van Ryzin (ed.), *Classification and Clustering*. New York: Academic Press. pp. 95-127.

McCarty, C., Killworth, P. D., Bernard, H. R. and Johnsen, E. C. (2001) 'Comparing two methods for estimating network size', *Human Organization*, 60(1): 28-39.

Melançon, G. and Sallaberry, A. (2008) 'Edge metrics for visual graph analytics: A comparative study', in 12th International Conference on Information Visualisation, IV. 610-15.

Milo, R., Shen-Orr, S., Itzkovitz, S., Kashtan, N., Chklovskii, D. and Alon, U. (2002) 'Network motifs: Simple building blocks of complex networks', *Science*, 298 (5594): 824-27.

Moody, J. (2001) 'Peer influence groups: Identifying dense clusters in large networks', Social Networks, 23: 261-83.

Murtagh, F. (1985) 'Multidimensional clustering algorithms', Compstat lectures, 4. Vienna: Physica-Verlag.

Newman, M. E. J. (2003) 'The structure and function of complex networks', *SIAM Review*, 45: 167-256.

Newman, M.E.J., Barabósi, A-L. and Watts, D. (2006) *The Structure and Dynamics of Networks. Princeton Studies in Complexity*. Princeton, NJ: Princeton University Press.

Papadopoulos, C. and Voglis, C. (2006) 'Drawing graphs using modular decomposition', in LNCS (GD'05) 3842.

Berlin: Springer. pp. 343-54.

Pitts, F. R. (1978) 'The medieval river trade network of Russia revisited', *Social Networks*, 1: 285-92.

Quirin, A., Cordón, O., Guerrero-Bote, V. P., Vargas-Quesada, B. and Moya-Anegón, F. (2008a) 'A quick MST-based algorithm to obtain Pathfinder networks (∞, n-1)', *Journal of the American Society for Information Science and Technology*, 59(12): 1912-24.

Quirin, A., Cordón, O., Santamaria, J., Vargas-Quesada, B. and Moya-Anegón, F. (2008b) 'A new variant of the Pathfinder algorithm to generate large visual science maps in cubic time', *Information Processing and Management: An International Journal Archive*, 44(4): 1611-23.

Roberts, F. S. (1976) *Discrete Mathematical Models*. Englewood Cliffs, NJ: Prentice-Hall.

Roberts, F.S. and Sheng, L. (2001) 'How hard is it to determine if a graph has a 2-role assignment' *Networks*, 37(2): 67-73.

Robins, G. L., Snijders, T. A. B., Wang, P., Handcock, M. and Pattison, P. E. (2007) 'Recent developments in exponential random graph (p *) models for social networks', *Social Networks*, 29(2): 192-215.

Sabidussi, G. (1966) 'The centrality index of a graph', *Psychometrika*, 31(4): 581-603.

Schank, T., and Wagner, D. (2005) 'Finding, counting and listing all triangles in large graphs, an experimental study', in Workshop on Experimental and Efficient Algorithms (WEA). LNCS 3503. Berlin: Springer, pp.

606-9.

Schvaneveldt, R. W. (ed.) (1990) *Pathfinder Associative Networks: Studies in Knowledge Organization.* Norwood, NJ: Ablex.

Schvaneveldt, R.W., Dearholt, D.W. and Durso, F.T. (1988) 'Graph theoretic foundations of Pathfinder networks', *Computers & Mathematics* with *Applications*, 15(4): 337-45.

Schvaneveldt, R.W., Durso, F.T. and Dearholt, D.W. (1989) 'Network structures in proximity data', in G. Bower (ed.), *The Psychology of Learning and Motivation: Advances in Research and Theory*, Vol. 24. New York: Academic Press. pp. 249-84.

Seidman, S. B. (1983) 'Network Structure and Minimum Degree', *Social Networks*, 5: 269-87.

Wasserman, S. and Faust, K. (1994) *Social Network Analysis: Methods and Applications.* Cambridge: Cambridge University Press.

Watts, D.J. and Strogatz, S. (1998) 'Collective dynamics of 'small-world' networks', *Nature*, 393: 440-42.

Zaveršnik, M. and Batagelj, V. (2004) 'Islands', slides from Sunbelt XXIV, Portorož, Slovenia, 12-16 May 2004. http://vlado.fmf.uni-lj.si/pub/networks/doc/sunbelt/islands.pdf.

Žiberna, A. (2007) 'Generalized blockmodeling of valued networks', *Social Networks*, 29: 105-26.

网络的可视化 37

NETWORK VISUALIZATION

◎ 洛萨·克莱姆佩尔(Lothar Krempel)

引 言

随着网络范式的扩散,在社会学、人种学(ethnology)、计算机科学、生物学、物理学和经济学等领域,都出现了能在视觉上呈现网络的计算机程序。虽然用图形表达网络数据比以往任何时候都更容易,但是,到目前为止,这些新技术的快速散播还没有充分展露出它们的潜力。怎样才能改善视觉表达?要想获得这方面的知识,还需要对这些新的探索性工具有一种更为有效的(active)理解。

本章旨在对可视化技术给出一般性的理解,目的是设定一些网络可视化的基本原则,传播怎样提高网络可视化效能的知识。可视化有可能更为探索性地去补充网络数值分析,至于它怎样以及为什么具有这种可能性,则需要进一步的理解。

一直以来,网络数据的收集都是复杂低效的,即使对小网络来说也是如此。但是,互联网改变了一切。今天,我们可以获得海量的信息,这些信息能让我们分析成千上万甚至数百万连接到大系统中的个体、技术单位或语义学单位之间的相互作用。

近十年间,有几项发展推动了网络研究的进步,这些发展拓展了获得更大网络数据的途径。在最近的 20 年间,除了计算能力上的惊人增长与数据库技术的发展之外,高效算法也得以发展,成为技术上的驱动力。虽然矩阵代数是形式语言,能使许多社会网络分析的概念先被形式化(Wasserman and Faust,1994),但是,它并不非常适用于目前的编程计算机,因为大网络通常是稀疏的(Brandes and Erlebacher,2005)。所有这些都促使我们去分析那些几乎不能以数值方式来审视的巨型网络(huge network)和海量数据。这些年来,网络数据分析通常都伴以可视化,这就让我们能很容易地看到整个体系。

虽然 1950 年代后就出现了计算机,但是早期使用的计算技术特别适于数值计算(numerical computation)。图形显示设备昂贵,计算能力有限。直到 1980 年代中期,才出现针对小型计算机的低分辨率图形设备。在 1990 年代初期之前,还没有颜色输出设备。今天,图形描述可以检查由数千个点构成的网络,而数值数据是不可能做到这些的。

该领域的发展是由不同的共同体(community)推动的:**社会网络共同体**(social network community)通常为实质性的(substantive)与方法论的问题所激发;**数学绘图共同体**(mathematical Graph Drawing Community)研究了在各种限制条件下的 2D 和 3D 空间映射;[1] **信息可视化共同体**(information visualization
558 community)尤其关注界面,它们能使我们对网络数据有更深刻的洞见。第四个群体是**统计图共同体**(statistical graphics community)(Wilkinson,2005,2008;Chen et al.,2008)。这个共同体积极地努力地整合许多新的可视化选项,以加强较为传统的统计图示。并且,受动态系统的魅力与数字可视化的可能性所鼓舞,美术家也将注意力转到了数据流和网络拓扑结构(topologies)的分析与绘图上(Ars Electronica,1994)。

作为数学图的网络

网络是由相互**连着**的点(node)构成的。点是真实世界中的实体:个体、组织、国家,以及由关系连着的技术或逻辑实例(instance),见图 37.1。[2]

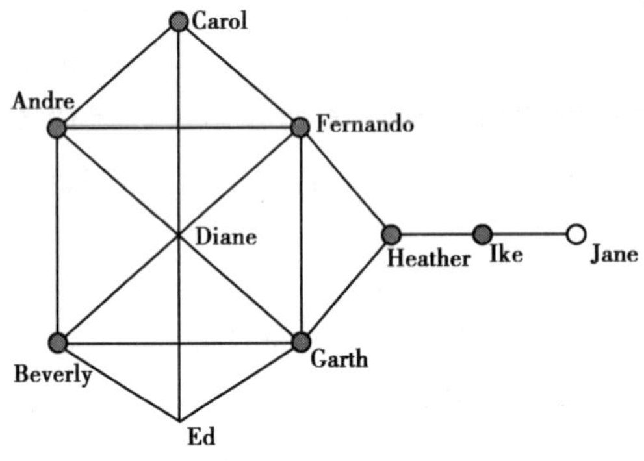

图 37.1　一个网络示意图

联系可以有各种类型:接触的、友谊的、控制的、命令的、交换的、投资的、贸易的或信息的。联系也可能用于描述共同在场、共同作者、引用等更多内容。

数学图(mathematical graph)的形式定义将观测值描述为通过**关系**连在一起的点集。联系(点对)是所可能对子(pairs)的子集,即点集的笛卡尔乘积(Cartesian product)。

联系可能是**无向的或有向的**。如果一个网络中的联系有不同的强度,就认为这个图是**多值的**。当点是通过不同类型的**联系**(link)关联着的时候,它就是**多重图**(multigraph)。连着**两个不同点集**的图是**二部图**或 **2-模图**(Borgatti and

Everett,1997)。

那些尤为丰富的图形描述的是多个概念的相互关系。网络文本分析(Network text analysis,NTA)旨在用形式化的图语法(graph grammar)去表达自然语言的内容(Diesner and Carley,2004a,b),描述了 n **个不同点集**中的关系,会产生丰富的数据集。用各种实例(instance)如**行动者**、**地点**、**资源与机构**等去表达文本的图就是 n-**模图**(n-mode graphs)。

映射网络

在映射网络(mapping networks)时,最重要的任务是为图中关系的点确定其 2D 或 3D 的位置。这种**布局图**(layout)对网络的某些特征进行编码,并尽可能多地保留那些与点的嵌入性(embeddedness)有关的信息。

虽然高维空间的表达具有较大的自由度,这个因素能在像空间(image space)中理顺网络中大部分的复杂性,但是,要想详细地探索这种排序(ordering),还需要有直观的导航界面(navigation interface)。也需要额外的信息,这样就能用透视投射法(perspective projections)通过 2D 窗口去探索 3D 表达了。

网络数据的一些映射会导致这样的景观(landscape),即图像中的接近度(proximity)对应于所观测关系的(linkage)强度。通常用点或圈(ring)来表示在网络中被连接的**实体**(entities),用两点之间的直线表示**联系**(linkages)。与地图相比,网络中的接近度是依据功能参照项(functional reference)来定义的:谁与谁的关联强,或者谁以同样的方式与谁关联。在有序的社会网络中,接近度描述了**影响的范围**、**行动的潜在范围**以及**相互差别显著的实体情境**。它们的显著性因 559
关系的类型(如朋友、接触、沟通、合作、交换、贸易、信息传送、能量流动或食物链)而有别。

长久以来,人们是用试错法将点指派到平面空间坐标上的。今天,我们用的算法就能将相关联的点互相移近,同时将以间接路径联系上的点或不关联的点映射得距离远一些。现在,各类弹簧嵌入算法(spring embedder)是最常使用的算法,而多变量统计程序如因子分析、对应分析以及奇异值分解法(singular values decomposition,SVD)则用的是生成空间嵌入(spatial embedding)的其他工具(Freeman,2000,2005)。

网络地图

几个世纪以来,无论用哪种形式的图形去表达科学知识,人文科学都与之没有太大的关系。要用视觉形式表达信息,制图学是第一门科学。制图学的地图会告诉我们有关"什么在哪里"的信息。

早在 16 世纪,制图者就知道怎样利用三角测量法在地图上表达位置了。在平面上,通过测量 A 和 B 之间的距离以及 A 和 B 连向 C 的线之间的**角度**,就可以计算出位置 A 到位置 C 的距离。已经证明,对街道、协定航线、贸易网以及那些有图示符号的位置之间的移动进行映射,是非常能增进知识的处理方式,在社会生活中,它也有许多用处。

由于许多社会现象都或多或少地依赖于物理距离(physical distance),地理空间就成了一个自然的社会网络参考框架。贸易网被映射到地图上已有 200 多年的时间了(Playfair,1807;也可参见 Friendly,2008);流动模式是另一种形式的信息,它也已经被地理学家广为研究过了,该模式能将流动映射到地理空间上(Tobler,1987,2004)。

社会活动通过现代通信与交通技术克服了地理上的距离,进而改变了世界。要想理解这些是如何发生的,比较地理映射与网络映射很可能对我们有益。令人吃惊的是,该领域还没有被深入细致地研究过,虽然对理解变动世界中的人类行为来说,它看似提供了一个重大机会。

算法

对网络数据做各种平面编码是可以承载不同信息的。图 37.2 用弹簧嵌入算法(Höpner and Krempel,2004)描绘了 1996 年规模最大的德国百强公司之间的重要关系。用这种方式将重要关系可视化,就生成了一个布局图。在图中,当公司 A 持有 B 的股份时,就将这两个公司放置得近一些。图 37.9b 给出了同一数据的第二张布局图,该图对地位差异作了编码,用一个放射状的布局图(radial layout)来加以展示。我们会发现,地位高的公司居于图的中心,它与边缘地带上的公司之间有距离,该距离对应于它们的地位差异,其结果是,关联强的公司不一定被放置在彼此靠近的位置上。此外,对于那些有相似地位的公司,其位置(与中心的距离相同)被最优化了。这样的话,有关系的公司就会靠得近一些。

有一些统计程序可以反映统计数据与网络数据的相似性与距离,这些程序的开发可回溯到 1960 年代、1970 年代,当时,贝尔实验室的一些学者(Torgerson,1958;Kruskal,1964)进行了开创性的研究。他们根据相似性与距离的观测值设计了算法,将观测值嵌入度量空间(metric space)中(Kruskal and Wish,1984)。通过一类最小二乘法程序解决了距离数据上的不一致性问题。制图者在将地理距离映射到 2D 地图上时有许多思想,他们的统计处理遵循了这些思想。用托格森图(Torgerson diagram)可以将图像中的距离与数据中的距离联系起来,这样就可以检查这些映射的拟合度。

今天,定位(placement)问题通常是利用各类弹簧嵌入算法(spring embedders)来解决的(Eades,1984;Fruchterman and Reingold,1991;Kamada and Kawai,1989)。这类算法通过将关系转化为机械力(mechanical force)来安排图中的点,而排斥力(repulsive force)会抵消机械力,它模仿(mimic)“电场”斥力,这样就在每个点的周围设置了一个最小距离。排斥力可用比例尺度来衡量,这样的话,图像中的距离就可以变小或变大了:紧密的邻域(neighbors)会散开一些,而大的距离被缩小了。只要保留点周围的邻点,缩放比例(scaling)就不会影响到一个布局图(layout)的可读性。在这种图的中心,可以找到中心点(central node),而关联度低或只有局部关联度的点则被放置在了边缘地带。

Fruchterman 和 Reingold 算法用直接关系来画网络图,而 Kamada 和 Kawei 算法需要用距离数据。通常情况下,连接任何一对点的最短路径,即**捷径距离**(geodesic distance)可以被用于计算布局图(layout)。根据关系权重的大小,单个强关系有可能胜过许多与一个点连着的弱关系,因为这会将关系强的点相互 560
移近。

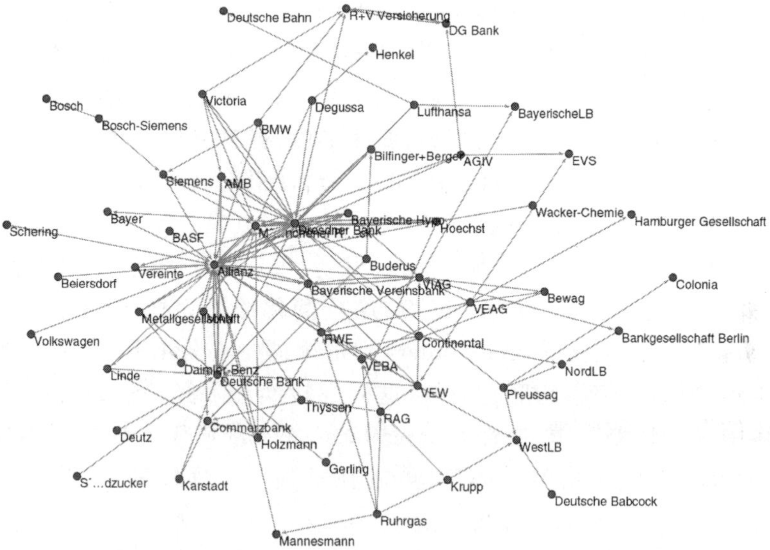

图 37.2 1996 年德国公司之间重要关系的弹簧嵌入算法图

弹簧嵌入算法有能力获得截然不同的表达,它的相对吸引力就源于此。当排斥力增加时,布局图不仅能接近度量空间(metric space),而且能得到有坐标方格的布局图(gridlike layout)。不过,嵌入法的主要特征是,弹簧算法提供了**局部关联性**(local connectivities)的信息,也就是说,谁与谁有关系以及关系强度的信息。关联着的点通常被安放得彼此接近。

更多的平面空间

在映射网络量纲(metrics)的图形手段中,空间嵌入最有效,所以,许多方法都寻求利用平面空间去传达网络的性质。

传统的统计学展示的是将双变量关系映射为散点。在图像中,x 和 y 坐标描绘了一个观测单位的两个属性,该观测单位是在次序(度量)尺度(scale)上被测量的。这些尺度决定了 x 轴或 y 轴的间隔(spacing)和图中观测实例(instance)的位置。由于统计调查中的观测值是抽样得到的,因此,没有任何关于这些单位是如何联系着的信息。

然而,**关系数据**(relational data)描述了两个观测单位之间的联系。如果映射能够保存关联单位的**局部环境**(local environment),就能追踪到谁与谁有关联:将朋友放置得比朋友的朋友更近。检查直接连接的近点(close nodes),就可以读出**直接影响**。

为了一览社会行动的系统性(systemwide)**潜能**,需要一些网络度量,如中心度(接近度或中间度)或**地位测度**。这些测度不仅评估了直接关系,而且评估了**间接关系**,这样就能够了解社会行动的潜在整体影响。这种分析将焦点从**双边行动**(bilateral action)转到了**系统视角**(system perspective):在一个分布中,占据更高等级的行动者被认为更有影响力。

绘图共同体(Graph Drawing Community)中的学者探索了数学图形,这些图形能生成**平面的**、**正交的**(orthogonal)、**基于格的**(grid-based)、**层次的**或**环型的**(circular)图的诸多算法。还有一些其他的类型,即那些有着曲线或正交线的图。
561 这些算法进路都是在各种不同限制条件下去探索有意义的表达方法的。此外,要想提高一个视觉表达的总体可读性,如**相交最小化**(crossing minimizations),还需要在算法的某些阶段上额外执行众所周知的美观处理。

如果像空间(image space)被限制在一些等距点的范围内,这些等距点就定义了一个 2D 或 3D 空间中的**格子**(grid),这会**简化**绘图。格子能降低图像的分辨率,产生关联性的等级次序(rank order)。密集的中心分散开来,而大的距离得以缩小。然而,当显示密集情形的时候,这样的转换会限制联系的可见性。

在网络中,一个接近**等级性**(hierarchies)的布局图是**分层地图**(layered map):用 y 轴表达行动者地位的信息,点放在 x 轴上。这样的话,关联着的点就被安放得近一些(Brandes et al.,2002)。

中心度地图(Centrality map)是辐射状的排序(radial ordering),它们围绕一幅图的中心来安排点,其中,与中心点的距离反映了**中心度**、**权威性**或其他网络度量的差异。较低值的点放在较远的同心圆上。给定了这些限制,仍然可能优化单位之间的关系,不同圆上的点如果有关联,就会被放置得彼此接近。

网络属性的视觉层次

将数值信息进行视觉上的转换,不只是给研究者提供了**更为完备的多变量**视图,使他们能观察到行动者是怎样嵌入整体结构中的,还能促进向科学领域与非科学领域的读者**传播**这些结构性结果。正如 Jacques Bertin(法国的一位制图学者)在他的"制图法记号学"(Semiology of Graphics)(1983)中所注意到的,使用视觉系统的优点是,它允许同时传递多条数字信息,而数字、数学公式及书面语则必须被依次加以解读。

从更一般的视角看,可视化将数字信息转化成视觉符号系统。最好将**数字信息编码为视觉层次**(visual layer)理解为是利用了独立的沟通渠道,每个渠道都发送了一条独立的信息。选择不同的视觉模态(mode)去映射网络性质,就可以研究与指定布局图的排序(ordering)原则有关的网络性质了。有效的数据可视化既需要计算机制图(怎样**编码**信息)方面的知识,又需要关于人类视知觉(visual perception)性质(人类怎样对图的信息**解码**)以及何时会**快速解码**的知识。

编码

Bertin(1983)描述过,有效的地图制作就是将数字数据编码成**初级的知觉**任务(elementary perceptual task)。利用人类知觉的"自然秩序"会使视觉沟通几乎是下意识的。如果使用了普通编码,图的语言就会是即刻的(instantaneous)与国际通用的。如果存在一些严格的、可以执行双映射(因此,一个视觉表达会维持观测值之间的关系与次序)的转译规则,就可以将视觉符号解码为人类的印象(human impression)了。这些印象与包含在数字数据中的信息完全匹配。

心理学对视觉刺激印象的研究已超百年。**身心量表**(Psycho-physical scaling)与**心理计量函数**(psychometric function)描述了视觉刺激的物理维度是怎样与人的印象相关的(Stevens,1975)。要想有效地将信息**编码为**视觉符号,就有必要知道观测者是怎样读取(解码)给定图形的信息的。除了对线所作的描绘以外,这些函数中的大多数都是非线性的。

解码

如果可视化能被更快地加以诠释,它就是更**有效的**,与备选的表达法相比,它能使我们辨别出更多的区别,产生更少的误差。有一些规则能使观察者快速提取被编码的视觉信息,使可视化更**高效**。实践者在报告中注意到,某些视觉编码几乎能被瞬间解读(Tufte,1983,1990),而其他的编码则制造了视觉中的困惑。

人类大脑是通过专门的中心来同时处理初级知觉任务的,这个事实能解释某些知觉任务可以被瞬间解读的现象。**前注意知觉**(Preattentive perception)比人类眼动需要更少的时间(小于200毫秒)。然而,复杂的图形符号可能会将几条信息结合起来作为图符(icons),或者利用隐喻(metaphors),这种符号的**效率很低**。它们的意义同样限于具体的文化领域,而初级的知觉任务则不是这样。

网络视觉化入门

点和线可以有**不同的规模**,可以有不同的**颜色与质地**,可以用2D或3D指针
来表达。它们中的大多数都在Bertin的关于初级知觉任务(位置、规模、质地、颜 562
色、形状、方向与角度)的清单中。近年来视觉研究所确认的清单更复杂,它们可以识别2D与3D指针,移动与闪动,这些已经被**前注意地**(pre-attentively)解读了。然而在这些任务中,某些任务的组合却不是前注意的,而是需要较长的时间才能解码。

规模

如何将对图形符号的描绘转换为感觉印象,这一直是一百多年来身心研究的主题。Stevens(1975)指出,在**物理刺激**大小(magnitude)与其**知觉强度**(perceived intensity)或力度之间存在着一般性的关系。他将这个关系描述为一种幂律(power law):$f(I)=kI^a$,其中,I 是物理刺激量,$f(I)$ 是身心函数。该函数与这个刺激所唤起的**主观感觉量**(subjective magnitude of the sensation)有关;a 是一个指数,它取决于刺激的类型,k 是取决于刺激类型和所用单位的比例常数。至于多种物理刺激及其与所对应的印象是怎样相关的,则需要进一步探究。

虽然人们对线的印象是线性的(指数为1),但是,一个标识的"视觉区域"却与以指数0.7进行度量的物理区域相关。在制图实践中,这是一个被独立发现的规则,当描绘一个地图上的城市规模时,会经常用到这个规则。

形状与符号

利用**形状**、**图符**或**符号**,我们就可以在一个布局图上表达**点的类别**了。**颜色码**(Color codes)是一种备选。基本的形状有**圆**、**三角形**、**四方形**、**星形**或者是一些3D的元素如**立方体**或**圆锥**,它们都可以被用于表达不同类型的点。在网络表达中,标记实体的其他方法有符号与标记(trademark),但是,它们的意义只限于具体的文化领域。

今天,象形文字被用在许多公共符号系统中,人们用它们来传达信息。这种符号(signs)源自图像统计学(image statistics)的维也纳学派,以及Otto Neurath和Gerhard Arntz在1920年代的研究工作。他们提出了简化的符号("isotypes"),设计这些符号是为了让普通人能够洞察复杂的社会现象(Neurath,1936,1937;Hartmann,2002)。

线

线可以有不同的规模(宽度),如果图是密集的,它们就很容易引起交叠。如果用规模来设置(arrange)线,使强(短)线画在弱(长)关系的上方,就会在某种程度上弥补线的交叠。

从起源点(source)或目标点(target node)的点属性中,可以派生出用颜色进行编码的线,但是,它们也可以表达关系本身的属性。如果关系有量化属性,就可能使用量化的颜色方案,即将等距的颜色指派到数字的范围上。

颜色

用**颜色**对属性进行编码是一个非常复杂的主题,本章几乎不能将其勾画出来,但是其潜力巨大。甚至在今天,**颜色知觉**都只是在非常基本的层次上被理解的。颜色可以被用于制造出**可识别的与次序的**(ordered)印象。在较高层次的颜色知觉上,颜色也与美学印象、文化意义及生理反应有关。

人类的颜色印象是依据三个维度来组织的：**色调**、**明度**与**饱和度**，这就提供了三个表达信息的层次。这些视觉讯号中的每一个都有自己的信号(signal)。

虽然存在着许多知觉导向的颜色系统，它们根据色调、明度与饱和度来区分颜色，但是，几乎所有这些系统都不能协调一致地描述知觉到的梯度。图 37.3 中的门瑟尔颜色系统(Munsell color system)被认为是知觉统一的(uniform)。Munsell 系统区分了 9 个明度与 10 个色调，并在每个垂直的层面上呈放射状地组织起来。饱和度(浓度)相同的颜色与中心的距离相等。它是一个在感知上一致的颜色系统。今天，"对许多人来说是未知的"的心理测量学颜色，都已经进入了我们的日常生活。1976 年，这些颜色被作为国际标准(CIE Lab)提出来了。它们不仅是几十年来有抱负的色度计量学者(colorimetricians)群体的量化研究结果，而且是对数学函数的认同。通过他们，心理测量学的门瑟尔(Munsell)系统才能被用于物理的颜色模型上。

自 20 世纪初，色度计量学者就一直在探索颜色现象，他们成功地将光的物理性质(红、绿、蓝)映射到人类的颜色感觉上(色调、明度与饱和度)。历经一个世纪的努力后，他们确认了复杂的公式。人类在颜色知觉上存在几乎不可察觉的差异。这些公式描述了物理光波的结合是怎样与这种差异相关的(Wyszecki and Stiles,1982)。

为了使图变得精致，单一颜色的外观要用附加的变量来修正，最重要的是，要通过与**一幅图的背景作对比**来修正。颜色与周围背景之间的对比度不同，对某种颜色配置的印象也大不相同(Jacobson and Bender,1996)。暗的背景使颜色 563
显得更亮些，白的背景使相同的颜色配置显得暗一些。因此，用颜色去表达信息是高度依赖于一幅图的整个构图的，也依赖于如何使用**色调**、**明度**与**饱和对比度**，还依赖于一幅图的**背景的对比度**。

图 37.3 门瑟尔颜色系统

心理测量学的颜色系统描述了**颜色**的层次,在人类的大脑中,这些颜色层次被知觉为是**等距的**。它们是利用颜色来表达**次序信息**与**量化**信息的关键。自1976年起,现代知觉等距颜色系统(equidistant color systems)如CIE实验室(CIE Lab)就是国际标准了,它允许选择色调、饱和度与明度的级别(grade),从而使编码值对人类来说显现出**等距性**。这就使得人们提出了表达定类、定序甚至是定量信息的颜色配置。HSB和HSV是相关联的标准,它们用相似的维度来显示颜色,却不用知觉的方式去测量维度。

如果用颜色表达属性,就值得考察一下宾夕法尼亚州立大学(Penn State)地理学家Cynthia Brewer(1994,1999)的工作了。她致力于设计地理地图的颜色方案,充分展现了现代颜色系统的潜能。她开发的颜色配置不仅可以处理**质性的**、**序列的**或**发散的**(diverging)分布,而且能处理如色盲这样的特殊主题。当外生数据的数量或分布必须被映射到网络的布局图上时,她的颜色配置就是一个不错的起点,见图37.4。

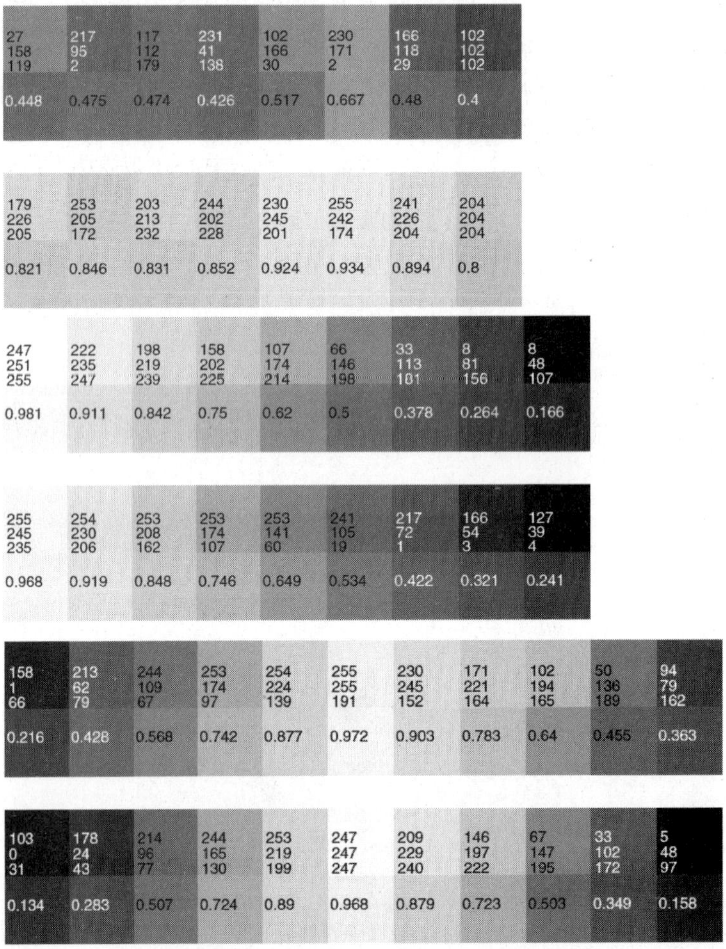

27	217	117	231	102	230	166	102
158	95	112	41	166	171	118	102
119	2	179	138	30	2	29	102
0.448	0.475	0.474	0.426	0.517	0.667	0.48	0.4

179	253	203	244	230	255	241	204
226	205	213	202	245	242	226	204
205	172	232	228	201	174	204	204
0.821	0.846	0.831	0.852	0.924	0.934	0.894	0.8

247	222	198	158	107	66	33	8	8
251	235	219	202	174	146	113	81	48
255	247	239	225	214	198	181	156	107
0.981	0.911	0.842	0.75	0.62	0.5	0.378	0.264	0.166

255	254	253	253	253	241	217	166	127
245	230	208	174	141	105	72	54	39
235	206	162	107	60	19	1	3	4
0.968	0.919	0.848	0.746	0.649	0.534	0.422	0.321	0.241

158	213	244	253	254	255	230	171	102	50	94
1	62	109	174	224	255	245	221	194	136	79
66	79	67	97	139	191	152	164	165	189	162
0.216	0.428	0.568	0.742	0.877	0.972	0.903	0.783	0.64	0.455	0.363

103	178	214	244	253	247	209	146	67	33	5
0	24	96	165	219	247	229	197	147	102	48
31	43	77	130	199	247	240	222	195	172	97
0.134	0.283	0.507	0.724	0.89	0.968	0.879	0.723	0.503	0.349	0.158

图37.4 颜色配置用于表达质性的、序列的与发散的分布之间的关联

(Cynthia Brewer,www.colorbrewer.org)

将统计信息编码成为颜色配置的要求已经被学者(Rogowitz and Treinish,
1996)阐明了:要对**定类**类别进行编码,颜色不应该太相异;要想表达等级次序
(rank order),就应该将颜色知觉为**次序的**(ordered);要想对量化信息进行编码, 564
就需要利用**颜色梯度**,其中**不同的水平表现出等距性**。

对图形性质进行映射

网络、它的成分实体或某些子系统都有一些特殊的品质。当尝试以额外的
图形特征形式来描绘这些品质时,就有了第二类图形。这就有必要使用额外的
图形属性了:**规模**、**颜色**或**形状**,它们能生动地将这些特征赋给网络布局图。通
过这种方式,从关系中派生出来的图论性质就会被整合进这个描绘中,并且可以 565
被同时读取。

如果用符号**规模**来描绘一些特殊实体的**中心度**,对图形表达进行解读时就会得到额外的信息,这些信息关乎谁卷入了大量的关系(度数)中,谁能经由特别短的**路径**(接近度)到达许多能动者,谁控制了到一个邻接网络(中间度)的大量**最短关系**。利用符号规模对点的性质进行编码是一个研究整体与局部位置的简单方法。图 37.5(a)—(d)通过点的规模将不同的中心度映射到了图 37.1 的布局图上。这就允许我们详细分析它们的分布,并通过具体类型的中心度去解读哪个行动者是重要的。

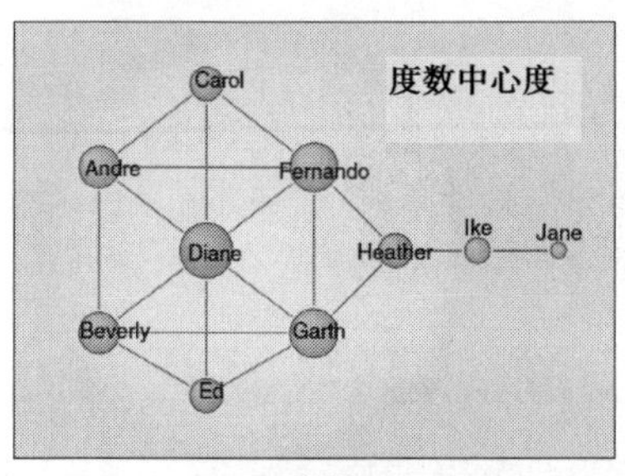

(a)度数

(b)接近度

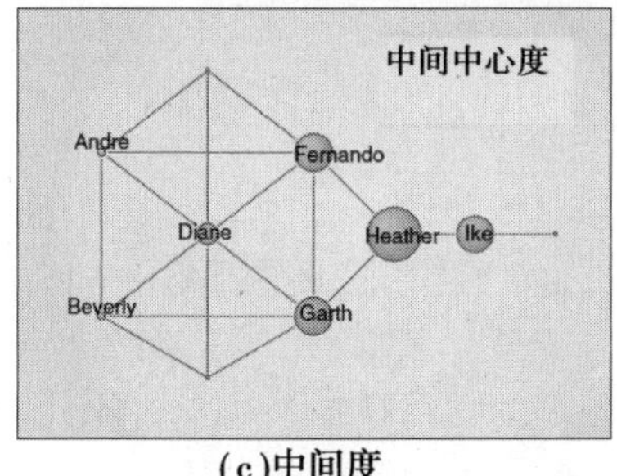

(c)中间度

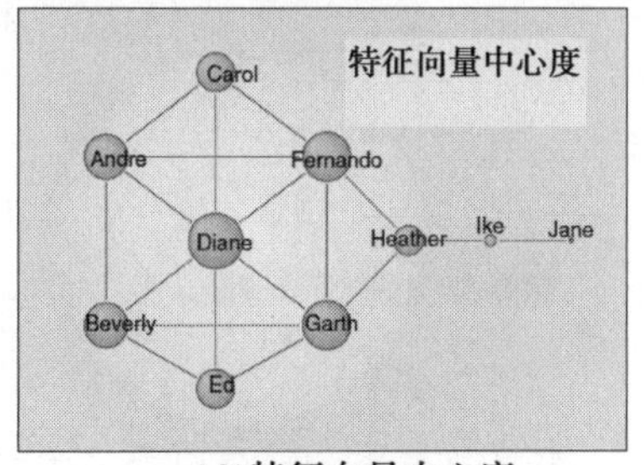

(d)特征向量中心度

图 37.5 利用规模表示不同的中心度便于比较它们的分布(与图 37.1 比较)

将图的性质作为第二个层次的信息映射到一个网络的平面布局图上,就会生成信息丰富的景象,它可以让我们更深入地探索这个布局图。它们的导引方

式与地图类似。关于这些图的迷人之处在于,它们就像一个拼图中的各个块一样,将大量的观测值组合在一起,形成了一幅系统的整体画面。人们用肉眼就能够比较容易地从中发现特殊的模式。

566 特别令人感兴趣的是社会结构中的**全部中间层次**。**密集区域**是紧密关联的点的子集。一大批概念可以被用于确认网络中的**凝聚子集**(**成分**、**核**、**派系**、*n*-**派系**、**分派和俱乐部**)。

为了展示各种网络度量是怎样被同时映射到一个网络布局图上的,我们可以用经典的“南方妇女”网数据集(Davis et al.,1941)。这个数据集描述了 18 位女性在 9 个月内参加了 14 个非正式事件的情况。在文献中,人们常常用这个二部图去展示新网络算法的有效性(Breiger,1974;Freeman,2003)。图 37.6 和图 37.7 是在弹簧嵌入算法的帮助下生成的。它们展示的是,这个被广为研究的图的各种性质是如何以不同的图的层次映射到布局图上的。

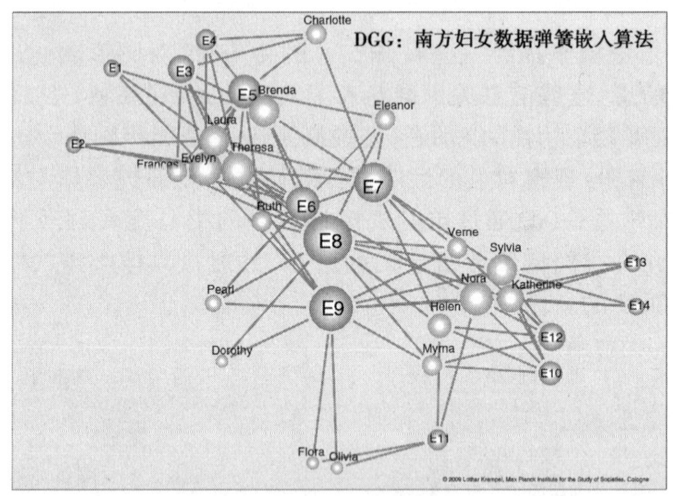

(a)布局图：度数与集合

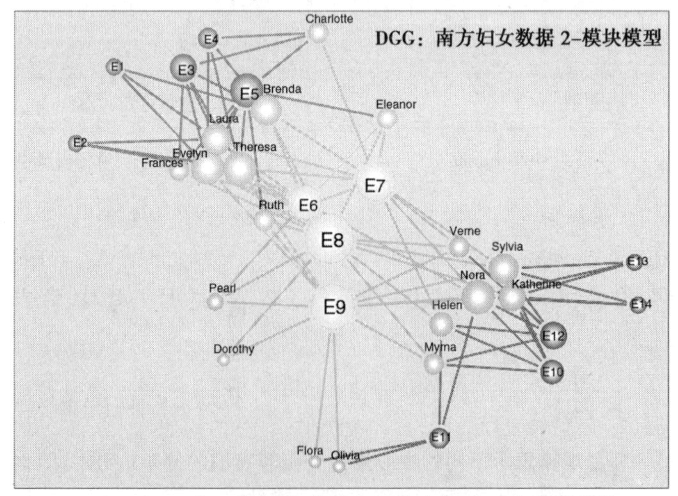

(b)一个2-模的块模型：两位女性与三个事件的块

图 37.6　一个二部图:Davis 南方妇女网络

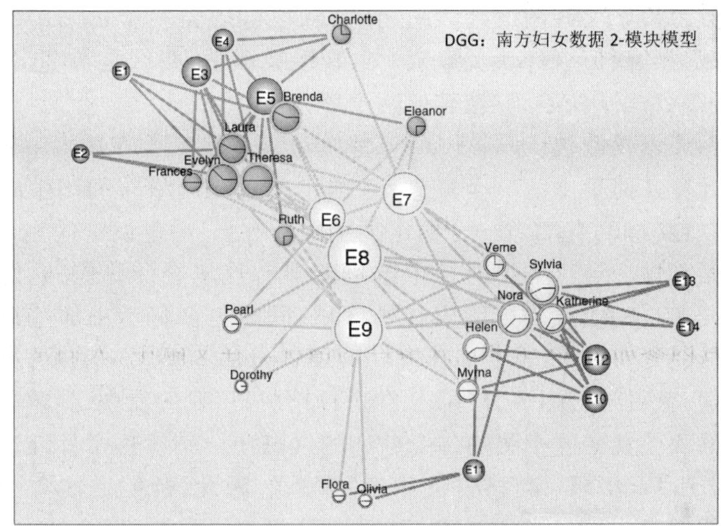

(a)作为点符号的饼图

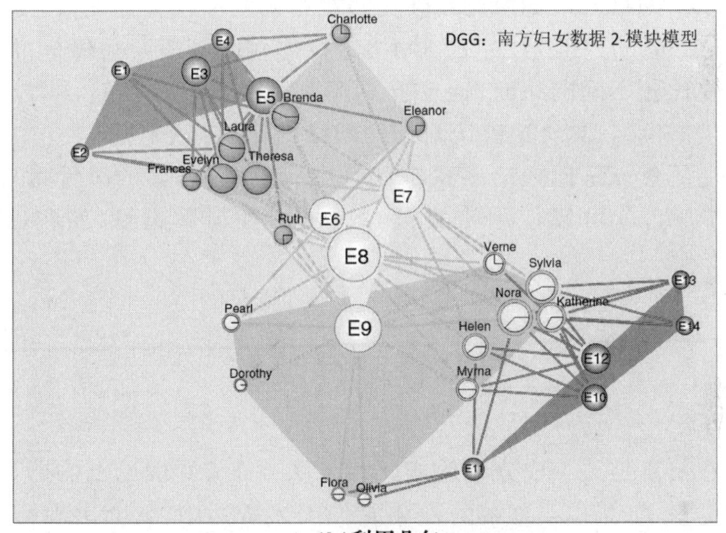

(b)利用凸包

图 37.7　一个块模型:南方妇女网络

图 37.6(a)用两种不同的颜色(在原始版本中,它们是黄色与蓝色)显示了两类点(女性与事件),用规模映射了女性与事件的度数。

位置与角色描述了结构对等的行动者集合,这些行动者有类似的关联性截面与某些比较优势:高层次的自主性或竞争性。只要用一些中间结构,如核或块等来探查子图,就能将点分解为不交叠的子集(分区)。要显示这些类别,用不同的色调就足够了。对南方妇女数据执行 2-模块模型计算,会得到关于事件的三个结构对等块和关于女性的两个结构对等块。利用颜色(在原始的版本中,事件用深绿、黄与深蓝表示;女性用浅绿与浅蓝表示)将块的成员映射到图 37.6(a)的布局图上,就生成了图 37.6(b)。

通过饼图可以详细地审视妇女与不同事件块的关联性。它们描绘了指向各

567 种块的连接数,揭示了哪些女性与一个特殊的事件块关联着。图 37.7(a)表明,所有的女性都只与两个事件块关联着(在原始版本中,要么是黄/蓝,要么是黄/绿)。黄色的事件居于核心,它被其他两个群体所拜访。

另一个图元素是**凸包**(convex hull),它有助于识别给定布局图中的行动者集合。**凸包**是计算几何学中的一个概念,它被用于观测网络布局图中的点分区是如何分配的。**包**(hull)包裹着一个给定类别中所有点,通过识别这些点所覆盖的**区域**就可以做到这一点。如果对一个类别的所有点集合计算**包**,它们的**交集**就会识别出不同集合的成员被近距安置的区域,同时也会标示出那些只包括一个特定集合成员的专有区域(参见 Johnson and Krempel,2004)。对南方妇女数据集的块进行映射,就得到了图 37.7(b)。在这种情况下,我们发现,弹簧嵌入布局图已经将所有的块放置在这个图的各个分离的区域了。解读这个女性饼图也可以发现,Dorothy 和 Pearl 都只与事件的中心块关联,因此,她们在这个网络中占据着不寻常的位置(参见 Doreian et al.,2005:257-65)。

虽然对单个网络的视觉探究允许我们在布局图中检查点及其性质的全分布(complete distribution),但是,对不同网络进行比较时却需要另做标准化,校正点数或线数。在比较不同网络时,通常会利用到很多传统的统计学方法论。其例外的情况是动态网络,它会追踪历时态的网络变化。

如果关注的焦点是比较诸多**系统**,就可以使用一整套的统计量。如果在系统层次上比较图,就可以使用**密度**、**度数**、**传递性**与**聚类性**、**密集区域数**或**位置数**。

对解释进行映射

有些外在信息是关于成分单位或其相互关系的(如理论上的分类或独立地收集到的数据)。如果以类似的方法将它们引入表达中,就会出现第三类"分析制图法"。在对解释进行映射时,该制图法通常会使用**颜色配置法**(color scheme)。

要了解各种外在分类的行动者子集——如 White(2008)所定义的类属网(catnets)——之间的关系是如何被组织的,就会大大地用到关系属性。可以使用分区的颜色码与源于这些外在分类的颜色配置,它们能显示出谁与谁有关联,以及它们是在何种程度上关联的。

将外在属性映射到一个图的布局图上,就有可能探索这个网络中某类行动者是怎样互动的,某种给定的外在属性模式是怎样与一个图中的布局图相关的(图 37.8)。此外,相关性会以局部模式显现,它能让我们理解社会过程是何以涌现的。

例如,在分析权益资金的相互关系时,将公司分类为工业企业、银行与保险公司,给每一类都选择一种不同的颜色,帮助识别网络中那些特殊的集中区域。

在所展示的同颜色的单位中,大多数都标示出了内在的相互关系。

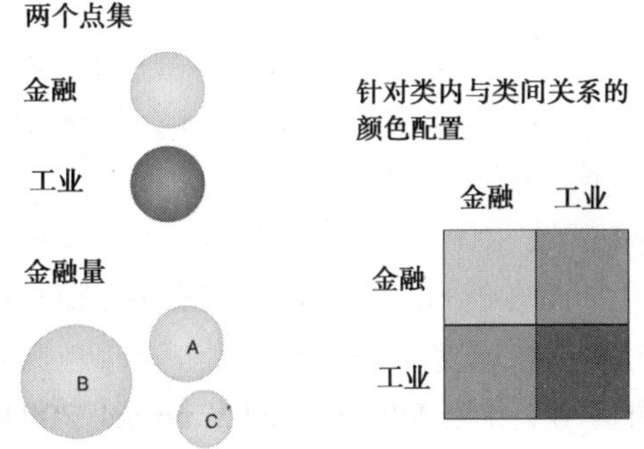

图 37.8 对外部属性的映射

通过一个**派生的颜色方案**(derivative color scheme)中的线,就可以更细致地考察它们了:这些投资在多大程度上只为银行与工业企业所持有,或者是否大多 569
数的相互关系都含有银行与工业企业的股本权益的相互渗透。在这种情况下,利用不同的颜色就可以将理论上重要的分类投射到网络布局上了。

这个描绘有可能使我们发现,理论区分过程是否在网络的最优化布局中表现出了系统的模式。与完全利用统计处理相比,在网络中也出现了弱的局部相互关联性。它们标示出了结构的发展潜势。

弹簧嵌入算法的解决方案展示出了一个中心核,它由交叉关联的银行组成,居于这个图的中心,(在这个图像的原始颜色版本中)呈现为黄色模式。还有第二个(黑的)工业聚类,它位于图的东北角(图 37.9a)。

这个放射状图(图 37.9b)也基于相同的数据。在该图中,地位差异被编了码。该图依赖于这样的一个假定,即隶属于资本关系的双边控制权利超出了直接的控制权。在这里,德国的安联保险公司(Allianz)占据着中心,处于最主导的位置,而其他交叉关联的银行则出现在半-边缘的位置上(即他们的位置较低)。再看一下颜色的模式,很容易发现,银行占据着最主导的位置,而工业聚类则可以在外圆的北-北-西(north-north-west)方向上被探查到。

复杂图与大图

即使使用大的输出格式,由几千个点构成的网络也不容易被展示。对于大网络分析来说,只能用**形式的**或**实质的策略**来阐明总体结构中的过程。

一个常见的策略是使用**某种过滤**(filtering),它将网络还原为**最关联的点或最主导的线**。这个思想是要辨别出总体结构中的**某种支柱**(backbone)。**点-切割**(node-cuts)或**线-切割**(line-cuts)就是两种有助于识别一个网络中最重要部分的策略。点-切割源于一种决策,这个决策只保留那些超过某一**临界值**的点,如有某个度数或中心度的点。这个子图只包括所选定的元素之间的线。然而,如果我们对线施加一个临界值(**线-切割**),那么由超出某一临界值的所有线连着的全部点也会定义一个子图。只有那些被至少一条选中的线连上的点才能被包含进该子图中。

570 另一条进路是选择那些超出某个关联度临界值的**密集区域**。**核**是由一定数量的关系连接的点集。虽然在定义密集聚类时会产生交叠的派系,但是诸多的核却是等级嵌套的,这会导致非交叠的网络分区。

在分析社会网络时,块建模是传统的进路,它允许将图还原为块结构(点的分区),它提供的信息会告诉我们,谁与系统中类似的行动者关联着。**结构对等性**(structural equivalence)旨在确认与行动者关联着的(相同的)**位置**(点集)。社会位置不必密集地关联着,它们描述了那些有相同接触关系的行动者。针对块中的点和关系实施聚集(Aggregating),会产生一个简化图(简化的结构与像),它描述了**位置**之间的相互关系(Krempel,2005)。

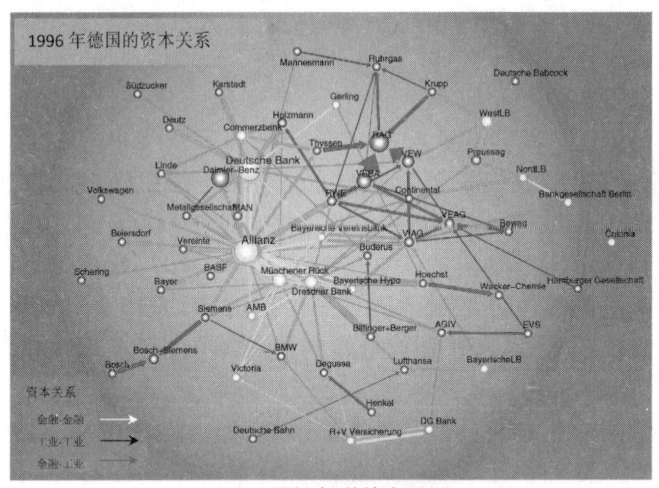

(a)属性与弹簧布局图

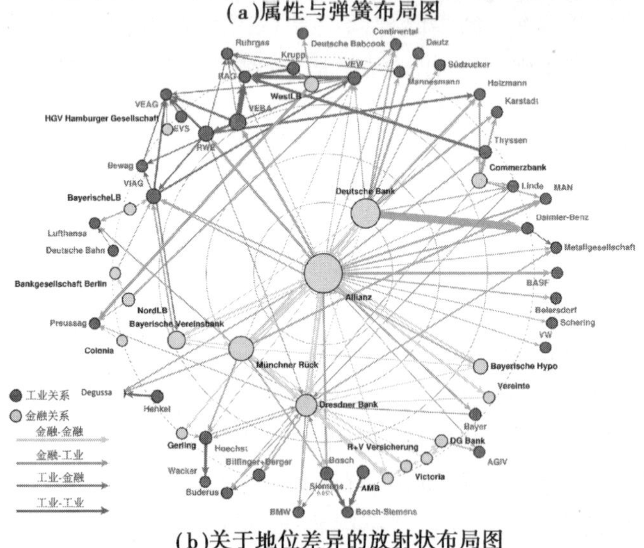

(b)关于地位差异的放射状布局图

图 37.9 资本关系与属性(《资本关系与属性:一个关于地位差异的放射状布局图》。Baur,Brandes 和 Wagner,2008。)

多重图(multigraphs)是由不同类型的关系构成的。此时,我们推荐一种**剥离法**(peeling approach):哪类关系会达到最高水平的关联性?一旦移除最占主导的关系,哪类关系会对整体关联性有贡献? 571

时间网(temporal network)是当今网络研究与可视化的前沿之一。

时间信息与关系信息联合使用后,通常称之为"动态网分析"。……令人疑惑的是,文献中使用"动态网"这个术语时,常常被用来描述各种具体的子类:

- 网络中的边集与点集保持固定,但是点和边的属性值可能因时而异(传播模型)
- 网络中的边随时间推移而加入或删除(计算机网络、朋友关系)
- 网络中边的权重会历时而变(神经网、交换网)
- 网络中的点会历时地加入或删除(生态食品网、组织)

显然,这些类别不是互斥的(BenderdeMoll et al.,2008)。

然而,许多真实世界中的问题会展现出更为复杂的动力学:如果历时态地追踪公司之间的资本关系,就会发现,新的公司**出现了**,某些公司**不复存在**了,成对的公司**合并成为一个新的法人实体**,而其他的公司则会**分裂或剥离出来,成为新**公司。

时间网历时地描述了图的变化,学者对它的分析越来越有兴趣(Moody et al.,2005; de Nooy,2008)。由于**时间**给数据加入了一个额外的维度,所以也存在着一种使用3D图的趋势。当总体中只有少量历时态转向时,如果**利用图形序列**,2D表达就可以成为备选。

结构生长的过程反映了一些简单的情形,其中数量日渐增多的关系历时地重塑着点的总体。关系附着在一个先前形成的核上,产生了雪片状的增长。随着时间的推移,新(没有衰退)的关系会连上更多的点。一个名为Graphael的绘图系统(Forrester et al.,2004)考察了制图学家之间的合作发展。其呈现的网络表明,这个网络是围绕着一个初始的核而发展起来的。

要想历时态地追踪网络,可以使用**图形序列**。然而,如果布局图在各个时间单点之间变化太大,就极难追踪到发生了什么。在处理这个问题时,绘图共同体(Graph Drawing Community)用了保持**心像地图**(mental map)的算法。在整个布局图中,将历时性变化限制在不同时间点之间的那些点上(Purchase et al.,2006)。一个策略是计算超图(supergraph)(即所有依序排列的图的并集)的**布局图**,它只显示那些在某些时间点上活跃的元素。

有学者(Skye Bender-deMoll 和 McFarland,2006)提供了不同的方法,他们将网络过程可视化为**像的序列**(sequences of image)或**影像**。作者们使用了**如移动平均指标**(moving averages)这样的**平滑技术**(smoothing techniques)。**在较大的时**间框架中聚集网络信息,或在两个离散的时间点之间插入布局图,从而得到了更易读的结果。

可以在可视化工具 GEOMI 中找到放射状图的历时性扩展(Ahmed et al.,2006)。

Mannesmann
Ruhrgas
Deutsche Babcock
Südzucker
Karstadt
Krupp
Gerling
Holzmann
WestLB
Deutz
Commerzbank
RAG
Thyssen
Preussag
Deutsche Bank
VEW
Linde
Daimler-Benz
VEBA
NordLB
Continental
Volkswagen
RWE
Bankgesellschaft Berlin
Metallgesellschaft MAN
VEAG
Bewag
Bayerische Vereinsbank
Beiersdorf
Vereinte
Allianz
VIAG
Colonia
Buderus
Schering
BASF
Münchener Rück
Hoechst
Hamburger Gesellschaft
Bayer
Bayerische Hypo
Wacker-Chemie
Dresdner Bank
Siemens
AMB
EVS
Bilfinger+Berger
AGIV
Bosch-Siemens
BMW
Lufthansa
BayerischeLB
Bosch
Degussa
Victoria
Henkel
DG Bank
Deutsche Bahn
H+V Versicherung
资本关系 1996
金融-金融
工业-工业
金融-工业

(a)1996

Kirch
Wacker
Springer
NordLB
Salzgitter
Aventis
Spar
Bosch
SAP
Vodafone D
BabcockBorsig
BoschSiemens
Ateco
Shell D
Deutsche Post
Ruhrgas
Preussag
Siemens
WestLB
ThyssenKrupp
Telekom
DG Bank
RAG
Schering
KarstadtQuelle
R+V Vers
Lufthansa
RWE
EON
BayLB
Bewag
Allianz
BMW
Dresdener Bank
BASF
MG Technologies
BayHypoV
Münchener Rück
K+S
DaimlerChrysler
Deutsche Bank
Bayer
Südzucker
MAN
VW
EADS
Generali
Continental
Gerling
Linde
Commerzbank
资本关系 2000
金融-金融
工业-工业
金融-工业

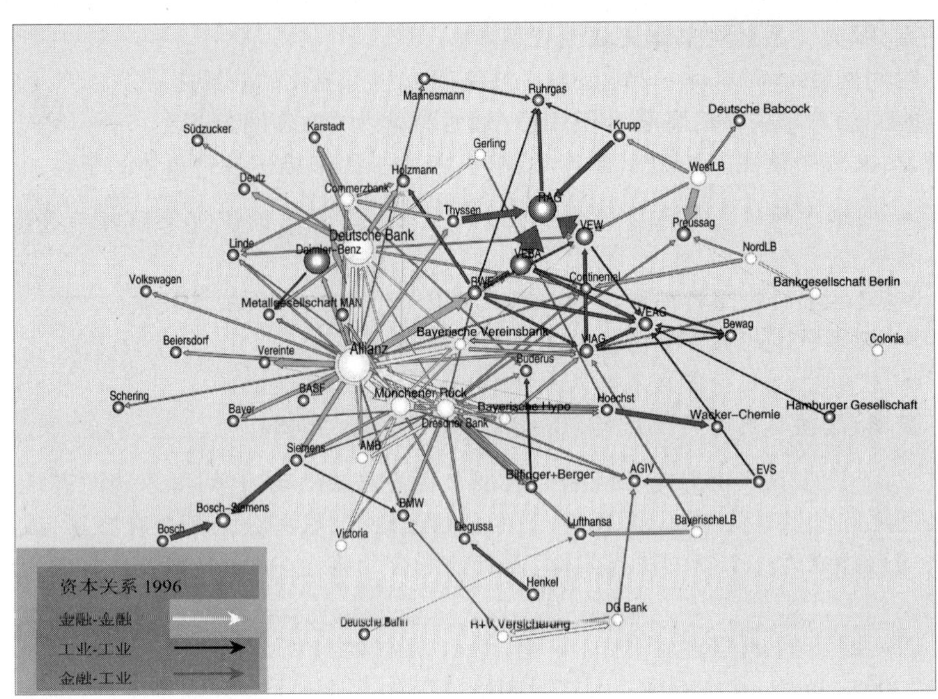

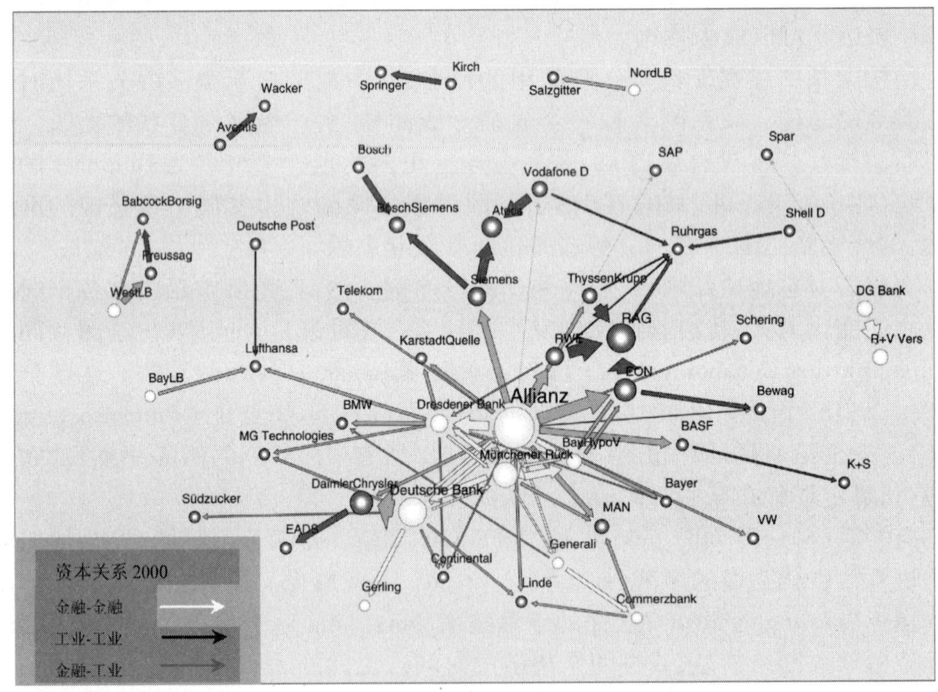

(b)2000

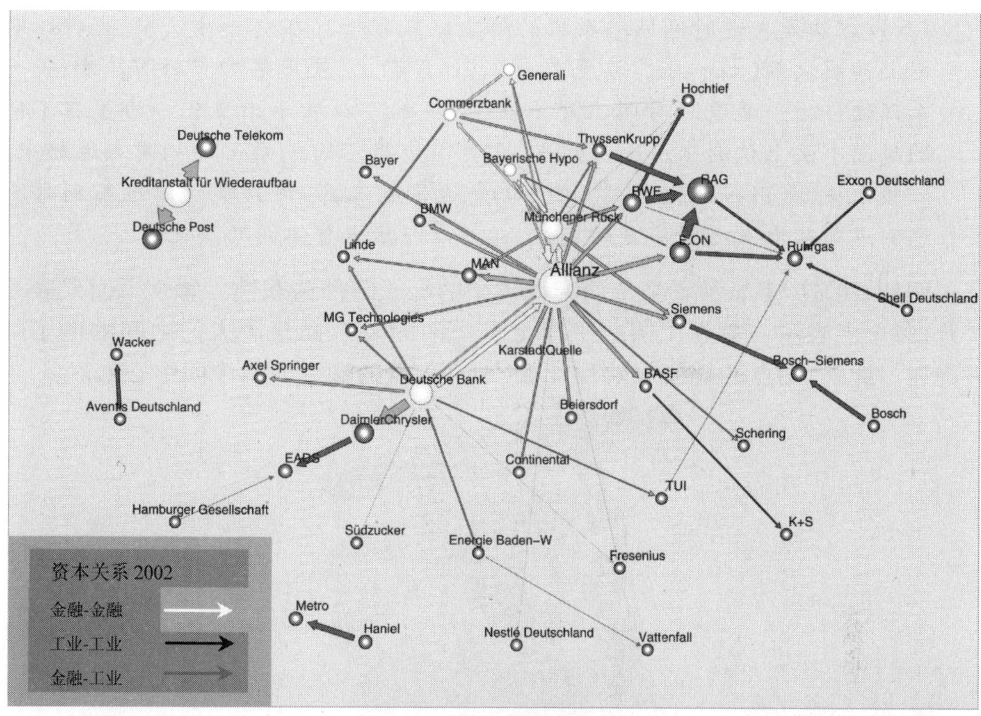

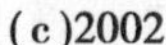
(c)2002

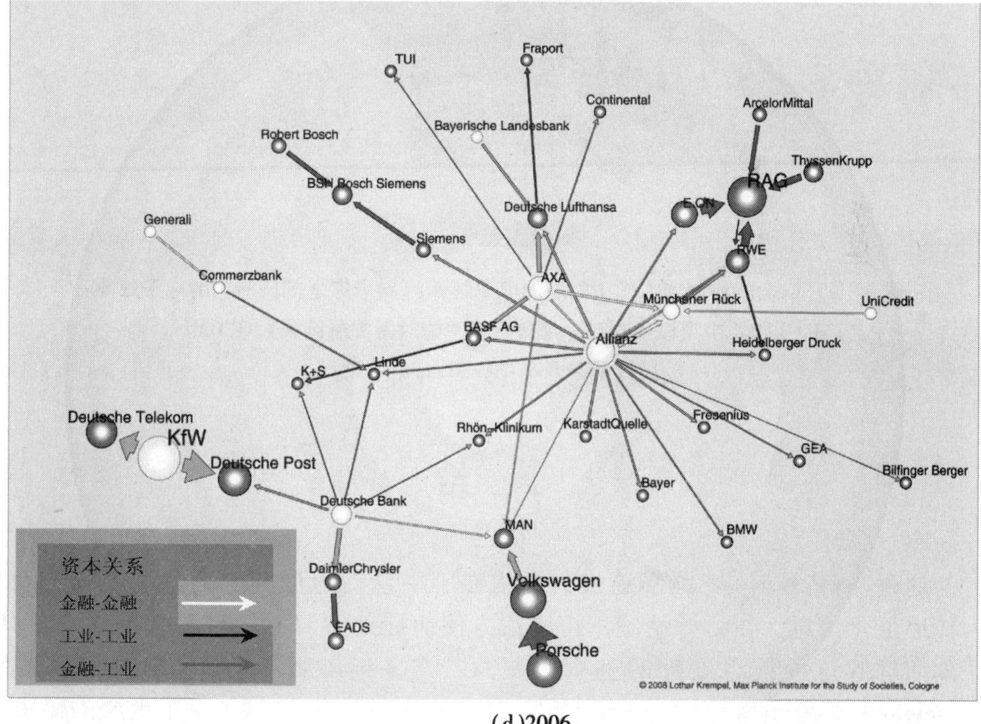

573

(d)2006

图 37.10 对德国公司系统中静态发展比较的可视化(1996—2006)

> 2.5 D 方法是表达时间网络数据的解决方式之一。在这一方法中,将特殊时刻上的图快照(snapshot)放置在一个 2D 平面上,使用某种布局图算法;将一系列这样的平面遵照时间次序堆在一起,就可以展示出变化。为了在不同的时间平面上识别出一个特定点,需要用边将不同平面上的相同点连起来。一般来说,利用可视化工具 GEOMI 中的导航工具,用户就可以追踪到每个个别点与其他点之间关系的变化,也可以评估出整体网的演化。

例如,图 37.11 显示了某个研究群体中的电子邮件关联性。每个平面代表一
个月,每个点表示一个人。同一平面上点之间的关系描绘了人们之间的电子邮
574 件沟通。此外,用点的规模来映射度数中心度,点的颜色表示中间中心度。

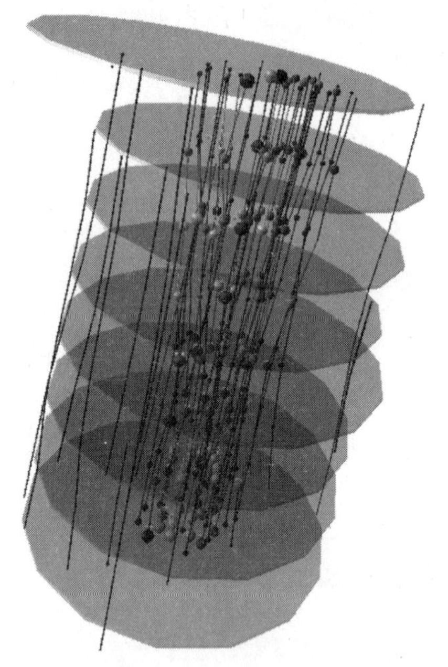

图 37.11 Geomi:科学家之间历时态的电子邮件(《科学家之间历时态的电子邮件:在 GEOMI 中可以找到对一个放射状图的时间扩展结果》,GEOMI)。图片承蒙 Seok-Hee Hong 的帮助。

小 结

这种"视觉统计学"的潜能极大地依赖于一系列附加问题的解决。例如:如何传递量化信息?在哪些情况下可以很方便快捷地解释对各种信息的描绘?对于如何理解这种信息处理的基本问题,在 1983 年出版的著作《制图记号学》(Semiology of Graphics)中,法国制图学家 Jacques Bertin 提供了一个重要的秘诀。

视觉符号有能力同时传递不同类型的信息。这种能力使它区别于其他符号系统(笔迹、语言与音乐)。转换数字信息就是转换成初级图形符号的过程。有了规模、颜色与形状这些初级图形符号,就可以相互独立地同时表达多个信息集

合。如果在此过程中，再利用人类知觉的先天分类，这个转换就会尤其有成效。

如果依据系统规则对关系观测值实施排序，并依据一些生理-心理原则将附加的外在信息绘画般地投射到这些排序中，所得到的结果就是高度优化的图形信息地形图——人造世界，它拟合了对同一对象的多种描述，并重建了这些对象。这就有可能看到局部的多维模式，并且有可能去研究整个系统中的元素定位，此前已经以这个方式多样化地描述了这个定位。

在这些结构中，是有可能发现那些能识别出多变量关系的特征集中区(concentrations of characteristics)的，颜色的使用尤其扩展了这种可能性。无论是自动生成颜色的技术，还是利用各种技术去唤起不同人对相似颜色感受的工具，都是建立在更深地理解了人类颜色感知的基础之上的。虽然在日常生活中，这些颜色技术的利用已经被迅速而广泛地普及了，但是，在复杂问题的研究中，可以认为颜色的科学利用仍然处于起步阶段。

我们能在多大程度上更好地理解与应用这些规则，就能在多大程度上出于科学的目的去更好地利用人类知觉的先天属性。人体工程学的优化制图法始终是以系统的方式去利用人类知觉的特殊能力的。这就可能将自动程序的潜能与人类知觉的特殊能力结合在一起。

如果用系统编码的规则去表达数字信息，并且选择能几乎被无意识解码的编码，就可以克服“视觉映射会创造出人工产品”的历史性担忧。一些程序可以让我们将社会空间映射到有意义的平面表达上，伴之而来的，就会得到一个科学映像(image)的新世界。如果做得好的话，这些像就是双射映射，它们只描绘数字数据中被编码的信息。果真如此的话，研究者就可以在数字数据以及它们的视觉形象(visualization)之间来回穿梭，进行比较，这会提供许多新的洞察。将较传统的统计学探索与探索性的视觉检验相结合，其前景尤为光明，届时将会生成新的知识。

可视化可以补充统计程序，捕捉到局部事件，而统计分析通常是无法探查到这些事件的。这是因为如果在系统尺度上计算，观测到的局部的规律性就只会引起中介效应(medium effect)。可视化的潜能在于，它们能识别出外部属性的局
部组合，这些组合被连接到那些作为社会过程涌现之前兆的聚类里。多维网络 575
数据的可视化比传统的统计学进路更敏感：线性统计学能通过揭示出某些外部变量组合的所有情形，从而确认因果性；而视觉层(layer)则揭示出了**最大关联的局部模式**(maximal connected local pattern)，对于一个具体的外在变量组合来说，该模式是**同质的**(homogeneous)。此类模式需要多加关注，因为它们是正在涌现的社会过程的候选者，而由于我们的知识与信息太有限，目前，该过程还不能被完全理解。可视化能暗示哪里需要新信息，这有助于引导我们去关注那些需要进一步探索的领域。无论是质性分析还是量化研究，对于所有这些研究来说，映射网络数据都提供了一个新起点。

注　释

1.大量的出版物可参见 http://www.graphdrawing.org。

2.本章中图的彩色版本可以从 http://www.mpifg.de/people/lk/downl_de.asp
576 中获得。

参考文献

Ahmed, A., Dwyer, T., Forster, M., Fu, X., Ho, J., Hong, S.-H., Koschützki, D., Murray, C., Nikolov, N. S., Taib, R., Tarassov, A. and Xu, P. (2006) 'GEOMI: GEOmetry for maximum insight', In P. Healy and Eadcs (eds), *Proceedings on Graph Drawing*. Springer Verlag. pp. 468-79.

Ars Electronica. (2004) 'Language of networks'. Conference and exhibition on networks, curated by Gerhard Dirmoser, Lothar Krempel, Ruth Pfosser, and Dietmar Offenhuber, http://www.aec.at/en/festival2004/programm/LON-folder-lowres.pdf.

Baur, M., Ulrik B. and Dorothea W. (2008) 'Attribute-based visualization in Visone', at the 15th International Symposium on Graph Drawing, Sydney, Australia, September 2007.

Bender-deMoll, S., Morris, M. and Moody, J. (2008) 'Prototype packages for managing and animating longitudinal network data: Dynamic networks and RSonia', *Journal of Statistical Software*, 24(7), http://www.jstatsoft.org.

Bender-deMoll, S. and McFarland, D.A. (2006) 'The art and science of dynamic network visualization', *JOSS Journal of Social Structures*, 7(2).

Bertin, J. (1983) Semiology of Graphics. DiagrBorgatti, S. and Everett, M.G. (1997) 'Network analysis of 2-mode data', *Social Networks*, 19: 243-69.

Brandes, U. and Erlebacher, T. (eds) (2005) *Network Analysis: Methodological Foundations*. Heidelberg: Springer.

Brandes, U., Raab J. and Wagner, D. (2002) 'Exploratory network visualization: Simultaneous display of actor status and connections', *Journal of Social Structure*, 2 (4).

Breiger, R.L. (1974) 'The duality of persons and groups', *Social Forces*, 53: 181-90.

Brewer, C.A. (1994) 'Guidelines for use of the perceptual dimensions of color for mapping and visualization', in J. Bares (ed.), *Color Hard Copy and Graphic Arts III*, Proceedings of the International Society for Optical Engineering (SPIE), San José, Vol. 2171. pp. 54-63.

Brewer, C.A. (1999) 'Color use guidelines for data representation', Proceedings of the Section on Statistical Graphics, American Statistical Association, Baltimore. 55-60.

Chen, C., Härdle, W. and Unwin, A. (eds) (2008) *Handbook of Data Visualization*. Berlin: Springer-Verlag.

Davis, A., Gardener, B.B. and Gardener, M.R. (1941) Deep South. Chicago: University of Chicago Press.

Diesner, J. and Carley, K. (2004a) 'AutoMap 1.2 Extract, analyze, represent, and compare mental models from texts', *CASOS Technical Report*, January 2004 CMU-ISRI-04-100.

Diesner, J. and Carley, K. (2004b) 'Revealing social structure from texts: Meta-matrix text analysis as a novel method for network text analysis', in *Causal Mapping for Information Systems and Technology Research: Approaches, Advances, and Illustrations*. Harrisburg, PA: Idea Group Publishing.

Dorein, P., Vladimir, B. and Ferligoj, A. (2005) *Generalized Blockmodeling*. Cambridge University Press.

Eades, P. (1984) 'A heuristic for graph drawing', Congressus Numerantium, 42: 149-60.

Forrester, D., Kobourov, S., Navabi, A., Wampler, K. and Yee, G. (2004) 'Graphael: A system for generalized force-directed layouts', Department of Computer Science, University of Arizona, http://graphael.cs.arizona.edu.

Freeman, L.C. (2005) 'Graphic techniques for exploring social network data', in Peter J. Carrington, John Scott, and Stanley Wasserman (eds), *Models and Methods in Social Network Analysis*. pp. 248-69.

Freeman, L.C. (2003) 'Finding social groups: A meta-analysis of the Southern Women data', in Ronald Breiger, Kathleen Carley and Philippa Pattison (eds), *Dynamic Social Network Modeling and Analysis*. Washington, DC: National Academies Press, 2003.

Freeman, L. C (2000) 'Visualizing social networks', *JOSS Journal of Social Structure*, 1(1).

Friendly, M. (2008) 'Milestones in the history of thematic cartography, statistical graphics, and data visualization', http://www.math.yorku.ca/SCS/Gallery/milestone/milestone.pdf.

Fruchterman, T.M.J. and Reingold, E.M. (1991) 'Graph drawing by force directed placement', *Software-Practice and Experience*, 21(11): 1129-64.

Hartmann, F. and Bauer, E.K. (eds) (2002): *Bildersprache, Otto Neurath: Visualisierungen*. Vienna: WUV Universitätsverlag.

Höpner, M. and Krempel, L. (2004) 'The politics of the German company network', *Competition and Changem*, 8(4): 339-56.

Jacobson, N. and Bender, W. (1996) 'Color as a determined communication', *IBM Systems Journal*, 36(3 and 4): 526-38.

Johnson, J.C. and Krempel, L. (2004) 'Network visualization: The "Bush team" in Reuters news ticker 9/11-11/15/01', *Journal of Social Structure*, 5(1).

Kamada, T. and Kawai, S. (1989) 'An algorithm for drawing general undirected graphs', *Information Processing Letters*, 31(1): 7-15.

Krempel, L. (2005) *Visualisierung komplexer Strukturen. Grundlagen der Darstellung mehrdimensionaler Netzwerke*. Frankfurt: Campus.

Kruskal, J. B. and Wish, M. (1978) *Multidimensional Scaling*. Beverly Hills, CA: Sage.

Kruskal, J.B. (1964) 'Nonmetric multidimensional scaling: A numerical method', *Psychometrika*, 29(2): 115-29.

Moody, J., McFarland, D.A. and Skye Bender-deMoll. (2005) 'Dynamic network visualization: Methods for meaning with longitudinal network movies' *American Journal of Sociology*, 110: 1206-41.

Neurath, O. (1937) *Basic by Isotype*. London: K. Paul, Trench, Trubner.

Neurath, O. (1936) *International Picture Language: the First Rules of Isotype*. London: K. Paul, Trench, Trubner.

de Nooy, W., Mrvar, A. and Batagelj, V. (2005) *Exploratory Social Network Analysis with Pajek*.

Structural Analysis in the Social Sciences. New York: Cambridge University Press.

de Nooy, W. (2008) 'Signs over time: Statistical and visual analysis of a longitudinal signed network', *Journal of Social Structure*, 9(1).

Playfair, W. (1807) *An Inquiry into the Permanent Causes of the Decline and Fall of Powerful and Wealthy Nations*. London: W. Marchant for Greenland and Norris.

Purchase, H., Hoggan, E. and Görg, C. (2006) 'How important is the "mental map"—an empirical investigation ofa dynamic graph layout algorithm', in Proceedings of 14th International Symposium on Graph Drawing, Karlsruhe, Germany, September 2006.

Rogowitz, B.E. and Treinish, L.A. (1996) 'Why should engineers and scientists be worried about color' http://www.research.ibm.com/people/l/lloydt/color/color.HTM.

Scott, J. (2000) *Social Network Analysis*. London: Sage. Spence, I. and Wainer, H. (1997) 'Who was Playfair' *Chance*, 10: 35-37.13

Stevens, S.S. (1975) *Psychophysics. Introduction to Its Perceptual, Neural, and Social Prospects*. New York: John Wiley.

Tobler, W. (2004) 'Movement mapping', http://csiss.ncgia.ucsb.edu/clearinghouse/FlowMapper.

Tobler, W. (1987) 'Experiments in migration mapping by computer', *American Cartographer*.

Tufte, E. R. (1990) *Envisioning Information*. Cheshire, CT: Graphics Press.

Tufte, E. R. (1983) *The Visual Display of Quantitative Information*. Cheshire, CT: Graphics Press.

Torgerson, W.S. (1958) *Theory and Methods of Scaling*. New York: John Wiley.

Wasserman, S. and Faust, K. (1994) *Social Network Analysis: Methods and Application*. Cambridge: Cambridge University Press.

White, H. (2008) *Identity and Control. How Social Formations Emerge*. 2nd ed. Princeton, NJ: Princeton University Press.

Wilkinson, L. (2008) 'Graph-theoretic graphics', in C. Chen, W. Härdle, and A. Unwin (eds), *Handbook of Data Visualization*. Berlin: Springer-Verlag. pp. 122-50.

Wilkinson, L. (2005) *The Grammar of Graphics*. New York: Springer Science and Business Media.

Wyszecki, G. and Stiles, W. S. (1982) *Color Science. Concepts and Methods, Quantitative Data and Formulae*. 2nd ed. New York: John Wiley.

社会网络分析软件指南 38

A READER'S GUIDE TO SNA SOFTWARE

⊙ 马克·豪斯曼(Mark Huisman)　马里杰·A.J.范·杜因(Marijtje A.J. van Duijn)

引　言

到哪里可以找到一份社会网络分析软件应用的综合性清单呢？这似乎是一个颇有可能出现的问题，对于社会网络分析(Social Network Analysis，SNA)的新手，或者对于不熟悉SNA软件的研究者来说，尤其如此。是否有这样一份清单，[1]不能用简单的是或否来回答这个问题。说"是"，是因为在文献中的确有几个可利用的清单，而且更为重要的是，在网上就有这样的清单，但是说"否"，是因为这些清单中没有一份是全面的或综合的。

然而，在搜索SNA软件时，可以找到两个好的起点：在社会网络分析国际网(International Network for Social Network Analysis，INSNA)的网站上，其软件网页中有公开的SNA工具大全，维基(Wikipedia)网站上也有社会网络分析软件方面的文章。

在一个飞速变化的研究领域中回顾其各种分析软件，这看似是一项无望的任务。一份软件清单在出版后如果不立刻更新，就会很快过时。不过，我们感到，读者还是需要程序包信息的，因为对于哪些特殊的程序包能用在自己的研究中，他们需要有个大致的了解，这个清单有可能做到这一点(Erickson，2005；Butts，2007)。我们为读者提供了一个回顾，选择了56个SNA的软件程序与工具包。

本章对软件的选择建立在前面提到的两个综合性清单的基础之上：INSNA清单与维基清单。我们省略了那些只针对可视化的程序，以及那些高度专业化，且不直接适用于社会网络分析的程序。搜索因特网时，我们会发现，有一些软件是适用于评述的，但是并没有在两个清单中被提及。在这一点上，我们强调的是，我们的清单也可能是不完整的，因为它选择的是可用于分析社会网络(某些方面)的软件(即至2010年1月止，我们可能找到的软件)。然而，我们确实认为,清单包括了该领域中最知名的和最重要的程序。

我们不会详细回顾这些程序,只能给出整体的描述和对其特征的分类,强调新的发展并在程序包之间进行大致的比较。焦点是社会网络**分析**,虽然我们确实在分析工具中考察了可视化程序。网络可视化是本书第 37 章的研究主题。像脸书(Facebook)、推特(Twitter)或领英(LinkedIn)这样的社交网应用(Boyd
578 and Ellison,2007)也不在此讨论。

为了对选中的软件进行排序,我们选了三本一般介绍性的社会网络分析文献:Wasserman 和 Faust(1994)、Degenne 和 Forsé(1999)以及 Scott(2002)。这三本书简要回顾了七个用于社会网络分析的计算机程序(也见 Scott,1996)。可以将它们视为 1990 年代的主要 SNA 程序,列在表 38.1 中。[2]

表 38.1 近二十多年来被评析过的一些重要的 SNA 程序包

程序名	*F* 1988	*WF* 1994	*DF* 1999	*S* 2002	*HvD* 2005	*LY,K* 2008
SONISM	M					
SONET	M					
GRADAP	M	M		M	m	
STRUCTURE	M	M	P	M	M	
SNAP		M			m	
NEGOPY/FATCAT/MultiNet	M	M		M	M	
UCINET	M	M	P	M	M	M
KrackPlot		M		m	m	
Pajek				M	M	m
NetMiner					M	M
StOCNET					M	m
其他软件包					19	17

M=在对应的评析中被认为是一个重要的(major)程序包。

m=在对应的评析中被认为是一个辅助的(minor)程序包。

P=在对应的评析中被认为是一个流行的(popular)程序包。

斜体字表示与先前的评述相比,该程序没有变化。

评析性文献有(Freeman,1988;Wasserman and Faust,1994;Degenne and Forsé,1999;Scott,2002;Huisman and van Duijn,2005a;Loscalzo and Yu,2008;Kirschner,2008)

表 38.1 几乎展示了一段 SNA 软件简史(Freeman,1988,给出了截至 1988 年的一段 SNA 工具史;Hummon 和 Carley,1993,提供了截至 1990 年的一段 SNA 重大事件史,包括程序包历史)。除了这些教材中提到的七款软件外,表 38.1 还包括了四款添加的程序:较陈旧、已淘汰的程序 SONIS 和 SONET(Freeman 于 1988 年有评述),以及近期刚开发的两个程序包 NetMiner 和 StOCNET(Huisman 和 van Duijn 于 2005 年有述评;Loscalzo,Yu 和 Kirschner 于 2008 年有评述)。大多数程序都是通用性程序包,它包含许多程序与分析方法,但有两个例外:KrackPlot,它

是首批画图程序中的一个；还有 StOCNET，其目标是对横剖的与历时的网络数据进行统计建模。在一些重要的通用程序包中，有三个在 2002 年（GRADAP and STRUCTURE）和 2005 年（SNAP）就不再更新了。只有 UCINET 这个程序出现在所有的评述中，它至今仍然在不断更新，可视之为二十多年来最杰出的 SNA 程序包。

在 1990 年代初期（以及 1980 年代），GRADAP 和 STRUCTURE 是与 UCINET 齐名的重要程序，但是后来，它们的地位被程序 Pajek 和 NetMiner 取代了。MultiNet 的定位应该居于早期程序（它源自更早的程序 NEGOPY 和 FATCAT）和新近进展之间，在 2006 年左右达到顶峰。本章对这些程序进行的这种分类是有证据支持的。自 2000 年以来，国际社会网络分析网协会举办了多次阳光地带会议（INSNA Sunbelt conferences on social networks）。会议中组织的（软件）工作坊次数就是证据。所有 11 次阳光地带会议（包括 2010 年的那次会议）都侧重了 UCINET 和 SIENA（它是 StOCNET 程序包中的主要程序之一）工作坊。Pajek 工作坊始于 2002 年，已经被组织了九年，MultiNet 工作坊举办了四年（2000 年、2003 年、2005 年、2006 年）。在工作坊的进度表中，也揭示了两个正在出现的重要程序包：statnet/sna（自 2006 年以来的工作坊）以及 ORA（2009 年、2010 年）。

SNA 程序包概述

表 38.2 和表 38.3 展示了我们评述的 56 个选中的程序包。其中的大多数都列在 INSNA 的网站上，也列在维基百科网（Wikipedia）中的社会网络分析的文章中。表 38.2 列出了 42 个单独的软件程序，表 38.3 包含了 14 个软件工具箱与库 579
（libraries）。这两个表都描述了每个程序的主要目标或特征、目前的版本数（以及自 2005 年以来是否更新）以及工具包与库的开发环境。数据格式还区分了可用程序处理的数据类型与输入格式。接下来展示了功能性：是否有网络可视化选项，以及程序中是否强调了网络分析类型的信息。在 Wasserman 和 Faust（1994）提出的网络术语与分类的基础上，我们定义了下列分析类型（参考 Huisman and van Duijn，2005a）：

- 数据收集（如调查设计与互联网搜索）；
- （关于关系和点的）描述性测度；
- 结构与定位（对群体和子群的探究，如中心度或派系）；
- 角色与位置（关于社会角色、地位与位置的概念，如结构对等性或块建模）；
- 二方组与三方组方法；
- 统计概率模型（如 QAP 或指数随机图模型）；
- 网络动力学（网络演化与历时网络数据模型）。

在这些表列出的诸多程序中，最后一个性质是支持数，即程序包的可获得性（免费或商用，但是没有列出价格）以及可以得到的帮助类型（内置帮助功能、手册、教程、用户/邮件清单）。[3]

表 38.2 社会网络分析程序概览

程序	目标	版本	数据		功能		支持	
			类型[a]	输入[b]	可视化	分析性[c]	可提供性	帮助项[d]
通用性程序								
Agna	应用图/网络分析	2.1.1[e]	c	m	是	d,sl	免费软件	h,m
Blue Spider	网络分析	0.8.2	c,e	m,ln	是	d,sl	商业软件	
DyNet(SE/LS)	知识可视化	1.1	c,e	ln	是[i]	dc,d,sl,rp	商业软件[k]	h,m,t
GRADAP	图定义和分析	2.0[e f]	c	ln	否	d,sl,dt	商业软件	m
GUESS	可视化探索	1.0.3	c	ln	是[i]	d,sl	免费软件[m]	m,t,u
InFlow	分析与可视化	3.1	c,e,a,l	Ln,n	是	d,sl,rp	商业软件	h,m,t
MDLogix solutions	分析与可视化	_[g]	c,e	m,ln	是	dc,d,sl,rp	商业软件	h,m
MultiNet	情景及网络分析	5.24	c,l	ln	是	d,sl,rp,dt,s	免费软件	h,m,t
NetMiner 3	可视探索和分析	3.4.0	c,e,a	m,ln	是	d,sl,rp,dt,s,dy	商业软件[k]	h,m,u
NetVis	动态可视化	2.0[e]	c,e,a	m,ln	是	d,sl	免费软件[m,n]	h,t
Network Workbench	分析、建模、可视化	1.0.0	c,e	m,ln	是	d,sl	免费软件[m]	h,m,t,u
ORA	动态网络分析	1.9.5	c,e,a,l	m,ln	是[i]	dc,d,sl,rp,dt,dy	商业软件	h,m,t,u
Pajek	网络分析与可视化	1.26	c,a,l	m,ln	是[i]	d,sl,rp,dt,dy	免费软件	m,t,u
Sentinel Vosualizer	关联分析与可视化	4.0	c,e	ln	是[i]	sl,dt	商业软件[k]	h,m
SocNetV	分析与可视化	0.6	c,c	m,ln	是	d,sl	免费软件[m]	h,m
STRUCTURE	结构分析	4.2[e f]	c,a	m	否	sl,rp	免费软件	m
UCINET 6(+ NetDraw)	网络分析与可视化	6.220	c,e,a,l	m,ln	是	d,sl,rp,dt,s	商业软件[k]	h,m,t,u

visone	分析与可视化	2.4	c,e,a,l	m,ln	是	d,sl,rp,dt	免费软件	m,u
专业程序								
CID-ABM	信息的传递	1.0	c	m,ln	否[j]	dy	免费软件	m
C-IKNOW	知识网络	—	e,l	n	是	dc,d,sl	免费软件	h,m
Commetrix	动态网络可视化	1.4	c,e,l	ln	是[i]	dc,d,sl,dt,dy	商业软件[kl]	h
MetaSight	知识和电子邮件网络	4.16	c,e,a,l	ln	是	dc,d,sl	商业软件	h
Referral Web	探索互联网	2.0[e]	e,l	ln	是	dc,d	免费软件	h,m
SONIVIS	可视信息空间	0.8	c,a	ln	是[i]	dc,d,sl,dy	免费软件[m]	h,m,t,u
UNISoN	短信网络	1.0	c,e,l	ln	是	dc	免费软件	m
CiteSpace	引用网络	2.2	e	ln	是[i]	d,sl,dy	免费软件[n]	h,t,u
E-Net	个体网络分析	0.022	c,e	m,ln	是	d,sl	免费软件	
Ego Net	个体网络	—	c,e	m	否[j]	dc,sl	免费软件[m]	u
VennMaker	行动者中心的网络分析	0.9	c,e	m	是	dc,d	免费软件	m,t
Financial Network Analyzer	金融数据的网络分析	1.2	c	ln	否	d,sl	免费软件[m]	h,m
PGRAPH	婚姻网络分析	2.7[e]	c	ln	是	d,rp	免费软件	m[o]
Puck	亲属关系数据分析	0.7	c	ln	否	dc,d,sl,rp	免费软件[m]	h,m
Blanche	网络演化	4.8.1	c	m	是[i]	s,dy	免费软件	h,m
PermNet	置换检验	0.94[e]	c	m	否	dt,s	免费软件	h
PNet	指数随机图模型	1.0	c,a,e	m	否	s,dy	免费软件	m,t
Snowball	隐藏的总体	—[e f]	e	m	否	s	免费软件[m]	m

续表

程序	目标	版本	数据		功能		支持	
			类型[a]	输入[b]	可视化	分析性[c]	可提供性	帮助项[d]
StOCNET(+SIENA)	高级统计分析	1.8	c	m,ln	否	d,dt,s,dy	免费软件[m]	h,m,t,u
CFinder	密集群体和可视化	2.0.1	c,l	ln	是	sl	免费软件	h,m
KeyPlayer	区分干预点	1.45[h]	c,e	m,ln	否[j]	sl	免费软件	h,m
CliqFinder	凝聚子群体	0.11	c	m,ln	否[j]	sl,s	免费软件[m]	m,t
Network Genie	网络调查的设计与管理	—	c,e	m,ln,n	否	dc	商业软件[n]	h,m,t
ONA surveys	组织网络调查	—	c,e	m,ln,n	否	dc	免费软件[k,n]	m,t

注:a c=整体网的,e=个体网的,a=隶属关系,l=大网络(>10000 个点)。

b m=矩阵, ln=关系-点清单,n=点清单。

c dc=数据收集,d=描述,sl=结构/定位,rp=角色/位置,dt=二方组/三方组方法,s=统计模型, dy=动力学。

d h=内置帮助功能,m=手册,t=教程/演示,u=用户群/邮件列表。

e 自 2005 年的先前回顾以来,版本数未变。

f MS-DOS 程序。

g 几个单独程序的集合。

h KeyPlayer1 存在着两个版本,见 UCINET 部分。

i 支持网络演化的可视化。

j 使用或要求其他网络可视化程序。

k 有评估/示范/试验版本。

l 免费的研究合作:针对研究项目的一个有限部分可提供免费软件。

m 开源软件。

n 可获得互联网上的程序/ Webstart 技术。

o 注册并支付管理费后可以获得手册。

表 38.3 社会网络分析的软件包与工具箱概览

程序	目标	环境	版本	数据		功能		支持	
				类型[a]	输入[b]	可视化	分析性[c]	可提供性	帮助项[d]
NodeXL	分析与可视化	Excel/.NET	1.0.1	c,e	ln	是	dc,sl	免费软件[h]	h,u
MatMan	矩阵操作与分析	Excel	1.1[e]	c	m	否	d,sl,s	商业软件	h,m
SNAP	社会网络分析	Gauss	2.5[e]	c	m	否	d,sl,rp,dt,s,dy	商业软件	m
JUNG	建模、分析,可视化	Java	2.0	c	m,ln	是[i]	d,sl,rp,dt	免费软件[h]	m,u,t
yFiles	网络可视化	Java/.NET	2.6/3.2	c,e	ln	是[i]	d,sl	商业软件[i]	m,t
libSNA	社会网络分析	Python	0.32	c,l	ln	否	Sl	免费软件[h]	
NetworkX	复杂网络	Python	0.99	c,a	ln	是	d,sl	免费软件[h]	m,t,u
UrlNet	互联网的网络数据挖掘	Python	0.83	c,e	ln	否[g]	dc	免费软件[h]	m
igraph	创建和操作图	R/Python/C	0.5.1	c,e,l	ln	是	d,sl,rp,dt	免费软件[h]	h,m,t,u
latentnet	潜位置和聚类分析	R	2.2.3	C	m,ln	是	d,s	免费软件[h]	h,m
RSiena	网络演化和行为	R	4.0	C	m,ln	否	d,s,dy	免费软件[h]	h,m,t,u
sna	社会网络分析	R	2.0	c,e,a,l	m,ln	是	d,sl,rp,dt,s	免费软件[h]	h,m,t
statnet	网络的统计模型	R	2.2	c,e,a,l	m,ln	是	d,s,dy	免费软件[h]	h,m,t,u
tnet	加权和历时数据	R	0.1.0	c	ln	否	d,sl	免费软件[h]	h,m

注:a c=整体网的,e=个体网的,a=隶属关系,l=大网络(>10 000 个点)。

b m=矩阵, ln=关系-点清单,n=点清单。

c dc=数据收集,d=描述,sl=结构/定位,rp=角色/位置,dt=二方组/三方组方法,s=统计模型, dy=动力学。

d b=内置帮助功能, m=手册,t=教程,u=用户群/邮件清单。

e 自 2005 年先前的回顾以来,版本数未变。

f 支持网络演化的可视化。

g 使用或要求其他网络可视化程序。

h 开源软件。

i 可获得评估/示范/试验版本。

表 38.2 区分了两类程序包:通用(general)程序包与专业(specialized)程序包。如果程序包中有大量通用的网络数据探索与分析程序,我们就将它定义为**通用程序包**。虽然开发其中一些程序包的初衷是为了网络的可视化(如 visone),或者承接了(较旧的)专业的程序(如 MultiNet),但是,设计的通用程序包不只是为了执行一些专业性的分析。表 38.2 列出了 18 个通用程序包,以字母顺序展示。此外,也区分了 24 个**专业程序包**。如果程序包中有少数独特的网络分析程序(例如,旨在发现凝聚性子群体的 KliqFinder 程序),或者包括了一系列用来操作某种具体分析类型的分析程序(如用作统计分析的 StOCNET),就将它们归类为**专业程序包**。根据专业性,将这些程序包(大致)分为:沟通网(知识/信息/消息)、引用网、个体网、金融网、亲属关系网络、统计方法、子群体分析和网络调查。在专业性分类内部,按字母顺序排列这些程序。

表 38.3 提供了 14 个工具箱与库,并未区分它们的通用性和专业性。根据其环境(程序包/开发环境或编程语言)对这些程序包作了分组。所有程序的参考文献都可以在本章的参考文献中找到。个别程序包的网页地址(URL)未被列在参考文献中。不过,表 38.2 与表 38.3 中的所有程序包的网站和网址都展示在伴随本章的一个网站上了。该网站也列出了一些网络可视化的软件,还有一些具体应用分析(如网络文本分析)的,而不是社会网络数据分析的程序。

在接下来的小节中,我们会简要讨论表 38.2 和表 38.3 中展示的三类程序包。在每类程序包中,我们都参考了 2005 年述评(Huisman and van Duijn,2005a)中所考虑到的程序包数。即使这两个清单都不完整,这种比较还是能说明,程序包的绝对数在近 5~10 年是增加了的。

通用程序包

在 2005 年的述评中展示了 22 个程序,[4] 其中 12 个是通用性程序包。表 38.2 中展示的是目前流行的通用性程序包清单,包括其中的 10 个。有两个程序包没有列入,因为它们或者难以获得(程序与网站都已无法使用),或者已经嵌入一个新的程序包中了,不能再作为单独的程序进行更新。这里还展示了 8 个新的通用性程序。先前在表 38.1 中列出的重要程序(除了 1994 年以前的那些)都已包含在这个述评中,虽然有两个程序(GRADAP and STRUCTURE)已经不再更新。在这些程序包中,MultiNet、NetMiner、Pajek 和 UCINET 都拥有大量不同的 SNA 程序(表 38.2 中的**功能性**一列),因此,它们是最综合的程序。另一个列在综合性分析清单中的程序是 ORA,在本篇回顾中,它是个新程序(2004 年以后才开发)。

所有的程序(除了 GRADAP 和 STRUCTURE 以外)都包括可视化路径。几乎所有的程序都利用了关系-点输入文件,那些近期开发的程序包更是如此。人们要求软件具有分析大网络(例如,可通过互联网得到的网络)的能力,考虑到这一点,上述情况就不足为奇了。就功能性来说,近期的很多程序包都常把那些有助于数据收集或网络动力学(也常常包括网络动态或演化的可视化)的程序与功
584 能包括在内。由于增加了这一功能,在更新一些的程序包中,各种分析类型的数

目就会更大一些。虽然在某类分析内,与较旧的程序相比它们的测度数可能下降。大约一半的程序可以免费使用,一些支持(以手册或内置帮助的形式)也总是可以获得的(除了 Blue Spider 以外)。

表 38.1 表明,最近 5~10 年以来,普遍使用的、重要的程序 MultiNet、NetMiner、Pajek 和 UCINET 仍然居于最综合的程序之列。当考虑到这些程序中所包括的不同程序数时,就更是如此。为了争得一席之地,较新的程序包至少应该包含所有的分析类型,如果再包括一些新的分析类型那就更好了。visone 就是这样的一种程序,它有强大的图形程序,与 DyNet 一样,它也包括数据收集项。ORA 看起来具有成为一个重要程序包的特定潜能,因为它包括了数据收集与网络动力学的程序,其优势还包括可免费获取并拥有强大的支持功能。

专业程序包与工具箱

这个清单包括 24 个专业程序包,它们属于下列类别中的一个:沟通网、引用网、个体网、金融网、亲属关系网络、统计方法、子群体分析以及网络调查。

在 2005 年的专业程序包清单中有 10 个程序,其中的 8 个出现在目前的清单中。MultiNet 中的 FATCAT 和 MDLogix 解决方案程序包中的 SM LinkAlyzer 两个程序不再被列入,因为它们被纳入另一个程序(集合)中了。自 2005 年以来,这些程序中的一些没有继续更新,但是还是可用的。

表 38.2 中那些与功能有关的列表明,开发专业程序是为了执行特定类型的分析。大约一半的程序并没有视觉化程序,尤其是那些旨在统计建模或网络调查的程序就更是没有了。在其他的类别中,可视化是一个重要的探索性工具(例如,探查子群体或分析个体网)。可以用绘图(graph-drawing)算法程式,或者通过其他程序包去助成可视化的程序。与通用程序的情况一样,最新开发的程序包括了数据收集程序:开发 Network Genie 和 ONA Surveys 的目的是通过调查来收集网络数据;在关于沟通网一类的大多数程序包中,都支持基于万维网的数据收集。几乎所有的程序包都是免费的。

表 38.3 回顾了软件工具箱与库。在 14 个软件中,有 5 个已经被纳入到 2005 年的述评中了。大多数的最新进展都与 Python 和 R 程序库有关,但是,也有针对 Excel 和 Java 的程序集。R 程序包尤其覆盖了一系列的分析方法,范围极其广泛。在 R 中,statnet 套装连同 sna 程序包都被看作是社会网络分析的通用程序包,因此 R 是重要的程序包(集合)之一(正如第一部分已表明的,在阳光地带会议的工作坊中讨论过这些)。在这些重要的统计分析程序中,有一个是(StOCNET 程序包中的)SIENA。最近,该程序已经被 R 程序包中的 RSiena 所替代,再加上前面提到过的两个程序包 sna 和 statnet 以及 igraph,latentnet 和 tnet。这样的话,在 R 中就可以得到一个关于 SNA(统计)分析程序的综合性集合包。

几乎所有表 38.3 中的工具箱与库都可以免费获得,它们是开源(open-source)软件。这些程序不仅可以免费使用,还可以根据研究者的兴趣进行修正,这就使得它们在一个编程的环境中尤其派得上用场(如 Java,Python 或 R)了。

通用性的 SNA 程序:进一步的考察

在本部分中,我们分别简要讨论表 38.2 中展示的通用程序包。我们从 UCINET,Pajek,NetMiner 和 MultiNet 这些重要的程序开始概述。它们已经被使用了很多年,并且在 2005 年的回顾中被详加阐述(Huisman and van Duijn, 2005a)。接下来介绍一款更新的程序(ORA),最后,我们会对表 38.2 中列举的其他软件作简要回顾。由于这些都是综合性的通用性程序包,所以,每年都要经历许多修正(有时是大的修正)。幸运的是,对于所有的程序来说,我们都可以找到变化与更新的详细回顾,在需要的时候,我们会提到一些重要的更新。

UCINET

UCINET 6(版本 6.220;Borgatti et al.,2002)是一款对社会网络数据以及其他
585 1-模与 2-模数据进行分析的综合程序包。它可以合理地处理大网络,内含大量的社会网络分析方法。此外,这个程序具有强大的矩阵分析路径,拥有使用手册与教程(Hanneman and Riddle,2005),还有社会网络可视化程序 NetDraw,它也被整合进 UCINET 中了。其他的一些程序是随着 UCINET 而一同发布的:用于识别干扰点(nodes for intervention)的 KeyPlayer(见表 38.2),用于扩展中心性测量而包含点属性的 Eicent,还有可以从 UCINET 内部启动的 Pajek。Hanneman 和 Riddle 的章节(本书第 23 和 24 章)给出了用 UCINET 执行分析的实例。

UCINET 是一个通过菜单-驱动的 Windows 程序,它的"开发求的是速度而非舒适"(Borgatti et al.,2002)。用菜单打开参数表(forms),设定程序的输入项,输出项就显示在屏幕上并存储在 log 文件中。这个程序是矩阵导向的,数据是以 UCINET(矩阵)格式被存储和输入。出于这个目的,可以使用内置的数据表(spreadsheet),或输入(import)和输出(export)功能。它们会处理一些类型的网络格式[5](包括关系-点 Pajek 格式)。此外还可以使用网络生成程序(如 Erdös-Rényi)。

NetDraw 程序支持网络可视化。它有一些高级的绘图性质,可以独立下载更新(在本书写作期间,版本 2.084 是最新版)。图 38.1 显示了用 NetDraw 程序展示的 Krackhardt 高科技管理者建议网(Krackhardt,1987;本书中,Robins 一章利用了这些数据)的例子。UCINET 包括大量的分析程序,可以被用来探查凝聚子群与区域、(群体)中心性测度、个体网及结构洞分析。它还包括量表程序(多维量表和 2-模量表)、聚类分析、(结构的、角色的和规则的)对等性分析以及核心-边缘模型程序。虽然(基于概率模型的)统计技术数目有限,但是 UCINET 仍然具有强大的基于置换的(permutation-based)检验程序,尤其是 QAP 程序。最近的更新包括了基于 Dekker 等(2007)方法的 QAP 相关与回归,在 van Duijn 和 Huisman 的那一章(本书第 31 章)中给出了一个例子。这个程序还有一个用来估计

Holland 和 Leinhardt(1981)的 p_1 模型的程序(参见 Robins,本书)。

586

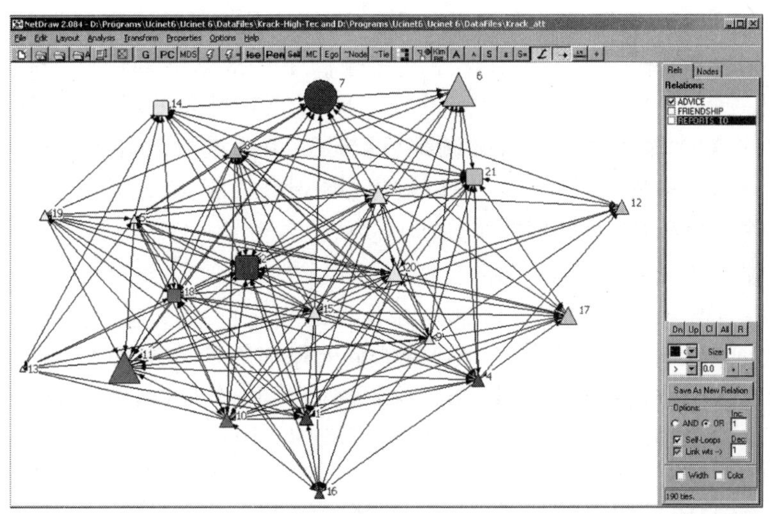

图 38.1 NetDraw 用户界面中显示的 Krackhardt 高科技管理者建议网图形

Pajek

Pajek(版本 1.26;Batagelj 和 Mrvar,1998,2010)是一款用于大网络分析与可视化的程序(Batagelj et al.,本书)。其主要目标有:促成大网络简化为小网络以便用更精致的方法进行分析;提供更有效的可视化工具;选择有效的网络算法(Batagelj and Mrvar,1998)。Pajek Wiki 可以提供新闻、更新、资源、帮助等,通过 Pajek Wiki 能免费下载使用这个程序。也可以找一本参考手册和用 Pajek 作探索性网络分析的介绍(de Nooy et al.,2005)。由于没有一个内置的帮助功能,掌握这个程序有时会复杂一些。我们发现,教科书对新手来说非常有益。

Pajek 是为分析巨型(点数为百万级的)网络而开发的,但是,它之所以知名,很可能是因为它有强大的可视化工具。其所用的算法建立在六个不同的数据结构(网络、分区、置换、聚类、等级与向量)的基础之上。目的是支持抽象化的过程(abstraction),即将大网络分解为几个小网络。这个程序包的结构完全以数据对象(object)以及对象之间的转换为基础。菜单项(Menu item)是根据数据对象排序的,分析结果的输出项也常常用数据结构来呈现。这样的话,我们就会方便地将输出项用作进一步分析程序中的输入项了。数据是用点和关系(弧/边)清单(对于小网络来说,可以用邻接矩阵)录入的,或者可以在这个程序内部对它们进行模拟与定义。对于所有的数据结构来说,Pajek 都有丰富的操作选项与描述方法,它也有助于历时网络数据的非统计分析。Pajek 包含的程序还可以探查结构平衡与聚类性(clusterability)、层次分解(hierarchical decomposition)和块建模。虽然它不包括网络的统计程序(有一些向量与分区的标准化程序),却有着从 Pajek 中调用统计程序包 R 和 SPSS 的选项。如果有这个程序,Pajek 就会打开它,生成一个能在选定的程序中打开数据对象(通常是网络或向量)的脚本或句法(syntax)文件。

Pajek 的绘图选项很先进。它包括一些针对 2D 和 3D 可视化的布局图程序(layout procedure),从简单的布局图(圆形、随机安排)到基于特征向量与弹簧嵌入算法(spring embedder)的复杂程序。这些程序是根据下列规则创建网络可视化的:交叉线不能过多、共享一个点的线之间不能有过多的小角度、线的长度近似相等、点不能太靠近线。所有的图都可以通过手动进行改进,也可以将表示点的属性的分区与向量纳入其中。使用输出(export)功能,还能用几种输出格式对图进行保存(例如,BMP 或 EPS)。

NetMiner 3

NetMiner 3(版本 3.4.0;Cyram,2009)是一款对网络数据进行探索性网络分析与可视化的程序。该程序能让用户交互地探索网络数据,将分析与可视化方法整合在一起,帮助探查潜在的网络模式与结构。NetMiner 是一款商业产品(基本模块后的专业模块可以分别购买),也可使用四周的评估版。NetMiner 还有很好的在线帮助、用户手册以及万维网站上的留言板。

NetMiner 采用了将分析与可视化相整合的优化网络进路。在录入数据时,可以通过内置的数据表(spreadsheet)编辑器,或者通过不同的格式打开数据集(NetMiner NTF 文件、Excel 数据表、UCINET 数据集),或者通过不同的算法去模拟数据。这个程序有许多数据操作选项、一个操作矩阵的矩阵计算器、一个追踪数据转换史的数据管理器,因此可以处理大型的数据集。它包含的程序可以检查网络关联性和邻域(neighborhood)结构(如结构洞、同配性),探究子图构型、最短路径、凝聚性(cohesion)(如成分、派系或宗派),计算中心性测度。NetMiner 也有多维量表、聚类分析、矩阵分解与块建模程序,以及探索网络的角色-集合结构的程序(结构的、角色的与规则的对等性)。

比 UCINET 和 Pajek 高级一点的是,NetMiner 还支持相当数量的统计程序。它有一些标准的统计程序,如相关分析(包括自相关)、回归分析(包括 logistic 回归)以及置换检验(包括 QAP 置换)。而且,加入的 p_1 模型可以拟合网络数据,$p*$ 或指数随机图模型也是如此(ERGM;见 Robins,本书)。后面的程序基于的是 MultiNet 中执行的程序,并利用了伪似然估计(pseudo-likelihood estimation)。这
587 个估计给出了有偏的结果,最多只能做到近似(van Duijn et al.,2009)。NetMiner
最近的更新包括了拟合幂律模型(power law model)(Clauset et al.,2009)。

正如 Pajek 和 NetDraw,NetMiner 也具有先进的绘图性质。几乎所有的结果都能用文本与图形来表达。基于几个弹簧嵌入算法(spring embedding)或多维量表可以进行网络绘图。也可以展示聚类的、闭包的和简单的布局图。这个程序支持 3D 可视化,所有的视觉表达都可以手动改进,并可以保存为大量不同的格式。它也能生成几种其他类型的(标准)图形显示,如饼图、矩阵图表、箱图、散点图或轮廓图(contour plot)。

MultiNet

MultiNet(版本 5.24;Richards and Seary,2009)是一个出于探索性分析网络数

据的目的而设计的程序。它可以处理大数据集与大量的变量。它能将属性数据与结构数据结合在单一的模型中,以进行情境(contextual)分析:在网络结构的情境中分析属性,反之亦然。该程序始终用文本与交互式可视化的方式来共同表示结果,也有着非常好的在线帮助。MultiNet 是一款免费程序,还有一本综合性的用户手册(Seary,2005)。

正如前文所提到的那样,在 MultiNet 中,一些分析方法与程序最初是包含在一些单独的程序中的。FATCAT 可用于定类的社会网络分析,PSPAR 可以基于伪似然估计(像 NetMiner 那样)用 $p*$ 模型去拟合(以关系-点格式的)邻接矩阵。更新一些的 NEGOPY 是一款用于发现凝聚子群的程序,它也被嵌在 MultiNet 中了。

如 Pajek 一样,设计 MultiNet 的目的是分析大网络。它拥有的程序可以计算网络描述项(如中间性、接近性、稀疏网络的三方谱),执行定类网络分析(如列联表),利用特征空间方法分析网络结构。这些特征程序(eigenprocedures)创建了网络的视觉表达,这样就能用行动者的位置揭示关系的结构及其模式。可以对网络中的关系作许多标准的统计分析(如 ANOVA)。对这些结果的解释需要谨慎,因为通常情况下,所有关系都独立的假设会不成立。

ORA

ORA(版本 1.9.5;Carley,2009)被描述为"一个为了定位个体或群体的风险评估工具,在给定社会、知识与任务网络信息的条件下,这些个体或群体是有潜在风险的。"设计它是为了分析大量不同的网络,包括社交网、活动网、知识网、沟通网等。这个程序有能力分析大规模的多模态(multimode),分析多元关系(multilink)的网络数据,还可以估计网络结构的历时态变化。也就是说,它将复杂系统当作动态社会网络去分析。该程序有一本综合性的使用手册、教程与邮寄清单,能提供良好的支持。

ORA 中的主要输入单位是所谓的元网络(meta-network),这是一个互连(interlinked)的网络生态系统(ecology),能像组织那样表达复杂的系统。可以在 ORA-文件(XML)或逗号分隔文件(comma delimited files)(CSV;来自 Excel)中打开元网络,或者通过导入各种数据格式的网络(包括 UCINET 和 Pajek 文档)来创建元网络。也可以用 CEMAP II 导入数据,它是一个工具,能够导入那些来自真实世界数据源集合中的数据。这个集合的范围广泛且有可扩展性(常常是基于万维网的数据,如从 email 提取出的网络,不过也可以是从文本文件中提取的网络),或者使用不同的模型与程序,它们也可以生成网络。ORA 有一个元网络管理器,可以在编辑器与工具面板中提供所激活的元网络(meta-networks)的基本信息,因而能快速获取三个重要工具:ORA 可视化工具(Visualizer)、报告工具(reports tool)和绘图工具。通过生成所选定元网络的报告,就可以分析网络数据(的分区)。通过下拉式菜单(droP-down menu)可以选择用来生成报告的统计量。这些测量指标丰富多样,包括各类中心度、聚类、成分、一致性、三方组计数、派系与重要的行动者。还可以使用其他类型的(统计)分析,包括潜语义分析(latent semantic analysis)、对应分析、可随机检验的空间自相关(Geary 的 C 和 Moran 的 I)以及 QAP 分析。此外,通过执行“测度历时视图分析”(view measures over-time analysis),ORA 也能(在视觉上)分析这些统计量的变化。

在 ORA 中有三类(标准)图:柱图、散点图与直方图。可以用这些图去表示所选定的网络测度。伴随着常规选项,ORA 还有一些独特的绘图性质。可以历时态地看到测量指标和网络,制作网络挖掘图(drill-down plot)、地理空间网络与点云图(node cloud)。在交互式的 ORA 可视化工具(Visualizer)中,ORA 能提供
588 网络的可视化。选择不同的布局图(有用弹簧嵌入算法得到的 MDS、树与圈),有可能实现 2D 和 3D 的可视化,并伴有一些很好的选项去(手动)提升图形品质。该程序还有个体网的绘图程序,以及一个将各个点分到不同群的群查看器(group viewer)。图 38.2 用弹簧嵌入布局图法展示了 Krackhardt 高科技管理者建议网络图,图解了 ORA 可视化工具(Visualizer)。

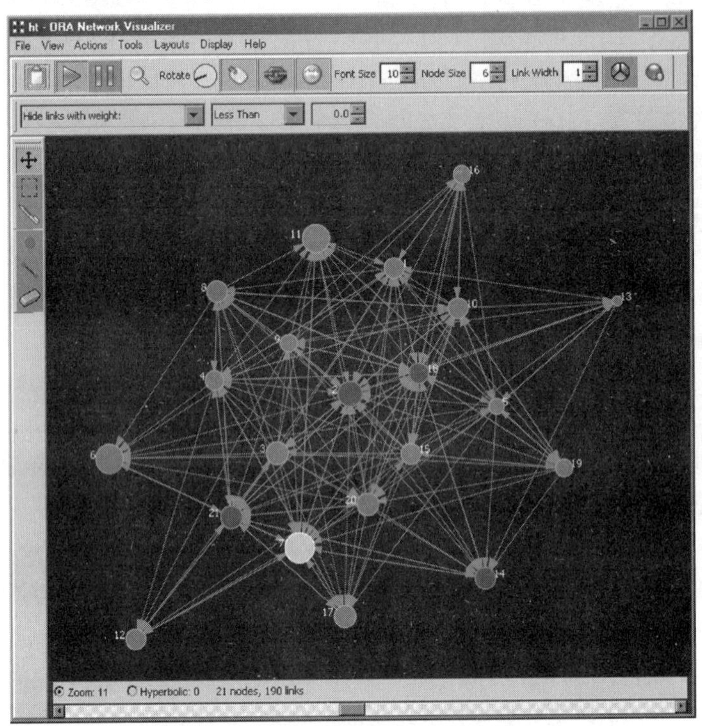

图 38.2 ORA 可视化工具用户界面展示的 Krackhardt 高科技管理者建议网络图

其他程序包

说到功能性,前文描述的五个程序都可以被视为重要的通用性程序包。紧接着这些程序的是中等规模的程序包,它们也有许多分析或绘图程序。DyNet 是中等程序中的一个。这个程序包被用于分析网络数据,通过绘图与文本输出项,可以提示关系或相互相关性。程序包 MDLogix solution 是一款中等规模的程序

包,它包括了程序 VisuaLyzer,因而能用绘图去分析网络;EgoNet 可用于分析个体网数据;linkAlyzer 可从隐藏的总体中构建网络。开发程序 visone 的目的是整合并推动网络分析与可视化。它具有先进的绘图性质,能够绘制大量的图形布局图(graph layout),也包括一些标准的分析程序,可以同时对多元网络进行分析。589
此外,它也整合了统计程序包 SIENA,可执行历时网络分析。

GUESS,InFlow 和 Network Workbench 是稍小一点的程序包。GUESS 是一款用于图和网络的探索性分析与可视化工具,支持静态图像与动态影像的导入。它是一款基于 Java 的开源软件(也使用像 JUNG 这样的开源软件),有许多绘图选项,有一个通向 R 的界面,能调用统计程序包 R 进行分析(见表 38.3)。InFlow 是一款用于网络映射的商业程序,其目的尤其重在组织上的应用。它着重强调了一些描述性的与基于程序(procedure-based)的程序,可以同时执行网络分析与可视化。最后,Network Workbench 是一个用于大规模网络分析、建模与可视化的工具箱。它被设计成一种资源环境,能为那些来自不同研究领域的、对各类网络感兴趣的研究者提供在线门户(portal),也支持 SNA 算法的整合与散播。Network Workbench 包括一些先进的分析与建模程序。在网络可视化方面,JUNG 和 GUESS 对它是有贡献的。

GRADAP 和 STRUCTURE 程序基于 DOS,它们已经落伍。不过,这两款程序都有一些独特之处,这是其他软件不易获得的。Agna,Blue Spider,SocNetV 和 Sentinel Visualizer 都是小程序(包括很少的程序)。其中,后两个程序最初是为了网络可视化的目的而开发的。NetVis 是一个开源的、基于万维网的工具,也是有强大可视化选项的最小程序包之一。

专业化的程序包与工具箱:进一步的考察

在本部分中,我们简要讨论表 38.2 和 38.3 中展示的专业程序包与工具箱。我们在它们的专业或环境内介绍软件,并不想要对它们进行比较或作出排序,因为这太取决于研究者头脑中的目的了。

通信网

近五年来,学者们开发了大量的程序包,将它们用在互联网上,收集与分析(常常是大规模的)网络与网络数据。其中的一些程序还将注意力放在了特殊类型的通信网(communication networks)上,如电子邮件(email)网或知识网;另一些则比较一般,它们可以处理各种网络,但是旨在从互联网上收集数据。

在表 38.2 中,最综合的一款程序是 Commetrix,它是一个探索性的分析工具,可用于动态网络数据。有一些经由因特网得到的网络数据,这个程序可以读取其中的全部资源,不过它是特别为分析(大型)通信网而设计的。该程序利用 SNA 及动态图形可视化去探索社交网,它包括表 38.2 中几乎所有分析类别的程序,因此有成为通用程序的潜质。然而,在这些类别中,Commetrix 包含的各种测度与程序数量(还)不大,只有少数选项可识别子群体、得出核结构或分析网络动力学(如两个网络的稳定性或整合性)。它的焦点在于对电子通信(如 E-mail 与讨论清单)的演化模式进行分析。Commetrix 利用专门设计的、动态的弹簧嵌入法,能对大的、异质性的及演化的网络进行可视化。因此,可以认为,Commetrix 是一款专业程序,使用它,“由数千个同时变化的关系构成的通信网的详尽生命周期就变得可以观察了”(Trier,2008)。

用于分析基于互联网数据的其他程序还有:C-IKNOW,MetaSight,ReferralWeb,SONIVIS 和 UNISoN。C-IKNOW 是对较古老程序包 IKNOW 的扩展,它映射、测量并(如果需要的话)修正网络中的知识与信息流。该程序具有自动的数据收集技术,包括互联网(Web-administered)上的网络调查与程序,上传那些可公开获得的来自互联网的网络数据。这些数据要么以个体网可视化的形式,要么以整体网(的部分)的展示形式加以分析与映射。MetaSight 是一个商业程序包,它利用从 E-mail 数据中生成的网络去映射生意经(business expertise)与关系。SONIVIS 是一款基于 Java 的开源软件,可以分析所谓的互联网上的虚拟信息空间,并将其可视化。它主要关注基于维基网络(wiki)的信息空间(网络博客与社交网址也是要研究的虚拟空间样本),可以在维基网络中探究并映射不同类型网络(如社交网、知识网、信息网或事件网)的知识过程(knowledge process)。UNISoN 是一个基于 Java 的程序包。它可以获得并分析来自新闻组网络系统
590 (usenet)的信息,是一个全球性的因特网讨论系统。在 usenet 中选定了一个新闻组后,就可以下载信息并进行可视化处理。可以将信息存为 Pajek 网络数据,以便进一步分析。ReferralWeb 是搜索互联网的最古老的程序了。可以用它探索研究者的社交网,目的是要找到一个研究者(自我)与他者之间的短参考(referral)链。因特网上还有一些公开的、可利用的文档,从那里可以获取网络信息。

CID-ABM 是一个稍有不同的程序包。它不使用因特网数据,但是,它考虑到了网络结构与行动者(能动者)的特征,能使研究者通过网络去研究信息传播。这个程序使用了模拟模型,即利用网络结构与决策模型去模拟那些通过网络的信息传播过程。

另一个利用万维网收集网络数据的程序是 CiteSpace。它是一款引用网程序,被列在了表 38.2 中,可以用它来探查科学文献中的趋势与模式,并将其作可视化处理。CiteSpace 将科学网数据库(Web of Science)用作了主要的信息源。也可以利用其他的资源(如 PubMed),或构建其他的资源(如 Scopus)。这些网络被可视化,可通过谱聚类(spectral clustering)分解为互斥的群。

个体网

与整体网(全网)数据相反,个体网数据反映了一个行动者(自我)与其他行动者(他者)之间的关系。有关个体网的讨论与分析方法,参见 Hanneman 和 Riddle 的章节(本书)。大多数的通用程序都可以处理个体网数据,一些专业程

序包也可以分析。

E-Net 就是这样一个程序，它由 UCINET 的开发者设计，因而与这个软件包有很强的关系。E-Net 利用的是自我与他者的属性数据，以及他者之间的关系数据。对于所有被选中的自我来说，都可以计算网络的构成、异质性、同质性与结构洞指标。这些个体网也可以被可视化处理。EgoNet 是一款收集与分析个体网数据的程序包。它包括那些有利于问卷开发与数据收集的程序，在数据探索中，第一步是计算一般性的网络指标。要想进一步深入地分析，可以将数据保存为其他 SNA 软件可读取的形式。VennMaker 是一款收集个体网数据的软件工具。这个程序的主要特征之一是，它能利用提名法，也提供设置(configure)与执行调查访问的框架，以此进行问卷开发。VennMaker 还能对收集到的网络数据进行视觉上的探索，手动改变，或导出到其他程序中(如 Excel 或 UCINET)。

统计方法

近十年间，统计方法领域有了重大进展(Huisman and van Duijn，2005b 回顾了统计网络分析软件)。这导致统计程序与软件程序包有大幅度增加。最近的进展与 $p*$ 指数随机图模型(ERGMs)有关。$p*$ 模型始于 Holland 和 Leinhardt (1981)的 p_1 模型；接着有 Frank 和 Strauss(1986)提出的马尔可夫随机图模型；最终，是由 Wasserman 和 Pattison(1996)引入的该模型。为了估计这些模型，最初使用的是伪似然估计法，并在软件中加以实施。但是，这个程序给出的是有偏结果(van Duijn et al.，2009)。于是，人们提出了基于马尔可夫链蒙特卡罗法(MCMC)的新程序，同时导致了新的模型设定与软件工具(更多的细节与实例，参见 Robins，本书)。

有几个程序都具有估计 ERGM 的程序。在通用性的程序包中，NetMiner 和 MultiNet 含有用伪似然估计去估计 $p*$ 模型的(较旧的)程序。这个方法因给出不正确的结果而为众人所知，所以我们不建议使用这些程序。新的估计法能给出模型参数与标准误的无偏估计，这些方法可在几个(新开发的)程序包中执行。程序 SIENA 和 Pnet 基于的是 Snijders(2002)提出的方法；R 程序包 statnet 使用了 Hunter 和 Handcock(2006)提出的方法。Robins 等(2007)对这些程序进行了回顾。

SIENA 是一个分析历时网络数据的程序(见 Snijders，本书)，它在 StOCNET 软件包中运行。StOCNET 是一个社会网络高级统计分析的程序包。它被设计成一个平台，该平台可以方便地分配统计方法，使新的程序易于执行。除了 SIENA，它还用于以下模块(modules)：随机块建模(BLOCKS)、利用超量纲(ultrametrics)估计潜在的传递性结构(transitive structures)(ULTRAS)、决定随机图统计量的概率分布(ZO)、基于偏代数(partial algebra)拟合结构模型(PACNET)、估计 p_2 指数随机图模型(P_2)和 p^* 指数随机图模型(PNet 和 591
SIENA)。p_2模型是一个随机效应模型，它以二方组关系作为因变量(van Duijn et al.，2004)。由于 MCMC 估计方法有改进，这个模型与软件最近也更新了(Zijlstra

et al.,2009)。在 van Duijn 和 Huisman(本书)撰写的章节中,细致地讨论了一些程序,并展示了实例。

设计 SIENA 的目的是分析历时的网络与行为数据(即网络与行为的共同演化;见 Snijders et al.,2010 编的手册)。在 StOCNET 程序包中,SIENA 模块(module)也可被用于横剖网络数据,这样就可以估计指数随机图模型(ERGM)了。最近,SIENA 被 R 程序包 RSiena 替代了,后者只执行历时态的分析程序。在 StOCNET 中执行的旧版本已经不再更新。

Net 是一款对指数随机图(p^*)模型(ERGMs)进行模拟与估计的程序。该程序有六个版本,分别针对单一网络、多变量网络、历时分析、二部网络、社会影响模型与滚雪球抽样。还有一个 PNet 版本,在 StOCNET 程序包内,可以将它当作一个模块(module)来运行。这个程序提供了对(已知 ERGM 参数值的)网络分布的模拟。用这个模型的参数估计值去模拟网络分布,就可以检验一个待估计模型的拟合优度。

其他(较旧的)统计分析程序是**滚雪球抽样**(Snowball),它是一个 DOS 程序,用于估计 1-轮滚雪球样本中的隐藏总体规模;PermNet 提供了一系列对多值社会网络数据的置换检验(如对称检验或传递性检验);Blanche 通过运用描述关系强度与点属性历时变化的非线性差分方程(difference equation),来创建与模拟网络动力学模型。

子群体分析

表 38.2 中列出了三个用于分析子群体的程序包。CFinder 是一个在稀疏大网络中搜索子群体的程序包。它基于 Palla 等(2005)提出的派系过滤法(clique percolation method),目的是发现点的交叠密集群(overlapping dense group)(k-派系共同体)。这个程序内含几个子程序,它们可以探索那些在网络中发现的(交叠的)共同体,并将其可视化。第二个程序是 KeyPlayer,它是随 UCINET 发布的,用来识别网络中的重要行动者(key actor)。该程序利用了关于重要行动者的两个定义:(1)最优点集,如果该点集中的点被移除,就使网络分崩离析,或(2)要施加监视或设法通过某种干预施加影响的最优点集。该程序用这些点集去检验网络的脆弱性(vulnerability),识别那些拥有大量信息、关联良好的点。最后,KliqFinder 也有识别子群体的目的,它基于的是群内关系(关联性)对数发生比(log-odds)的极大化与群间关联性的极小化(Frank,1995),或基于结构的对等性。最近,该程序已被更新了,加入了向 NetDraw 的导出功能,这样就可以对群内行动者的位置以及行动者与群之间的距离做可视化了。

调查与数据收集

在讨论通用性程序包时,我们提到了新进展中的一种趋势,即在新程序包中,常常含有数据收集程序。在通信网的专业程序包内,我们也看到了同样的现象。在这一类别中,几乎所有的程序都含有收集数据的程序,要么通过设计调查

（最常见的情况是），要么通过搜索网络（几乎所有的程序都是在最近的五至六年之间开发出来的）。也有通过调查（而不搜索网络）来收集数据的程序包，不过只开发出两款，它们是 Network Genie 和 ONA surveys。

Network Genie 是一个基于万维网的程序包，它被用于设计与管理社会网络调查项目。Network Genie 可实施在线调查问卷设计，既包括网络题项（如社会排序、社会提名或社会同伴感知），也包括以个体为核心的题项（人口统计学或行为的主题）。利用它就能通过问卷收集网络数据。Network Genie 区分了三类数据：个体网、整体网与滚雪球抽样。所收集的数据可以被导出到其他的网络软件中去（如 UCINET，MultiNet 或 InFlow），以进行进一步的分析或可视化处理。

ONA surveys 是一款进行组织网络分析的程序。可以用它来设计基于互联网的网络调查，收集与处理调查数据。调查可以是以个体为中心的，为每位参加者设置许多问题；或者是以问题为中心的，对每个问题去估计关系。这个研究路数估计的是一个预设群体中或“雪球”内的关系，它要求初始群体对它的接触者提名，接着要求被提名者再对他们的接触者提名，因此，这个进路是“有限的”。 592
调查可以被检验与发布，也有向其他软件导出的功能。

其他专业的程序

表 38.2 提供了两款分析亲属关系数据的程序。PGRAPH 是一款用于亲属与婚姻网的软件，它处理的是所谓的 *P*-图，这种图表达的是这样的网络，即点是个体（如婚姻）之间的交集而不是个体本身（见 White and Hamberger 等撰写的章节，本书）。在 Pajek 中也有这种用 *P*-图的表达（参见 White et al.，1999）。Puck 是一个分析宗谱和其他亲属关系数据的程序，它可以在视觉上探索亲属关系理论中的元素。

金融网分析器（Financial Network Analyzer）是一个分析金融网的开源程序包。它从支付/交易（payment/trade）数据中构建网络，可以表明银行之间的支付/交易关系。这个程序包括的选项有编辑和转换网络、计算一些基本的 SNA 指标（如中间度、特征向量中心度、平均最短路径、互惠性或偏心度）。

R

在过去的几年间，R 中含有的社会网络分析软件包的数量激增。它们都始于 SNA，该程序包是由 Carter Butts 在 S（R 的前驱；参见 Butts，2008b）中开发的。R 程序包 SNA 包括了各种用于可视化与分析的工具与功能（图 38.3 给出了一个例子，展示了 Krackhardt 高科技管理者的建议网）。虽然它还能被独立使用，但是现在已经被并入 statnet 中了。后者是围绕指数随机图模型（ergm）的功能而建立的，这样就可以估计指数随机图模型了。statnet 教程（Goodreau et al.，2008）对 593
如何利用这个程序包去估计 ERGM 提供了不错的介绍。

社会网络分析的软件工具套装 statnet（Handcock et al.，2008）要求网络（Butts，2008a）提供 R 类型的关系数据（如果可以得到数据，大体上是邻接矩阵或关系-点清单形式的网络数据,具有关系与点的属性信息)。网络类别也与程序包 igraph 使用的图类别有联系(见表 38.3)。通过 statnet 的开发者,另外两个程序与 statnet 也联系上了:degreenet(Handcock,2003),它对偏计数分布(skewed count distribution)(这在度数分布中很典型)进行建模,networksis(Admiraal and Handcock,2008),它用固定的边缘值去模拟二部网络。

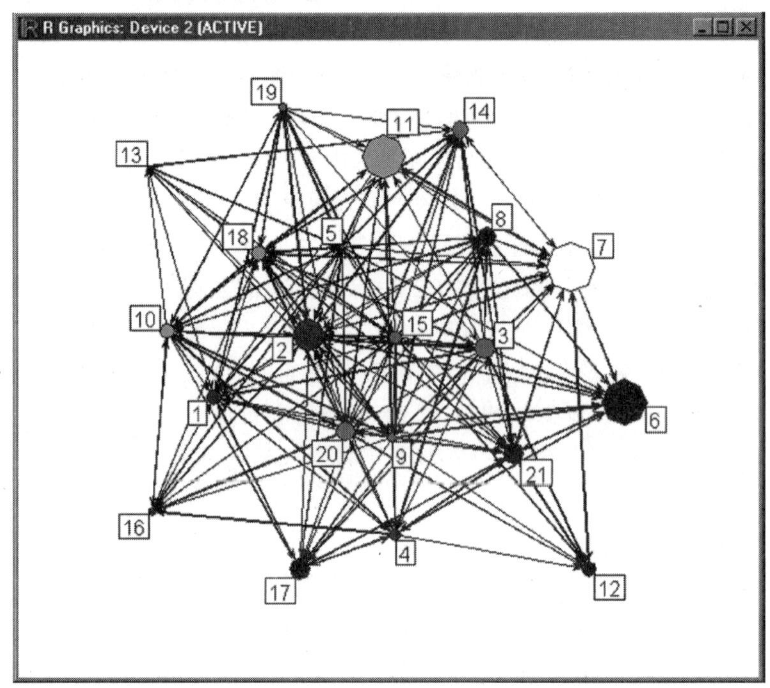

图 38.3 R 绘图视窗所展示的用 SNA 制作的 Krackhardt 高科技管理者建议网

另一类社会网络分析的统计模型是在 latentnet 及 statnet 套装中执行的。可以用它估计一类随机块模型或潜位置模型(Hoff et al.,2002;Handcock et al.,2007;也参见 Krivitsky and Handcock,2008)。有两个对 R 程序包的补充,它们是 RSiena 和 tnet。RSiena 是 StOCNET 中 SIENA 模块的继任程序,对历时性过程而言,RSiena 具有类似的功能。程序包 tnet 重点推出了加权(或多值)的、2-模的与历时的网络数据功能。

其他程序包

对于 Excel,GAUSS,Java 和 Python 而言,还可以利用一些其他的程序包和库。GAUSS 程序包 SNAP 包含了通用性的分析程序,但是,自 2005 年以来未被更新过。对于 Excel 程序包 MatMan 来说也是如此,它分析的是社会支配(dominance)与相关性。NodeXL 是 Excel2007 的更一般化的模板,有内置的关联性设置(connection),可以从 Twitter,Flickr,YouTube 以及当地的电子邮件(E-mail)中导入网络,还具有强大的可视化选项。

Java 库(library)JUNG 提供了一个常见的和可扩张的语言,用这个语言可以对图进行建模、分析与可视化处理。在 GUESS 和 Network Workbench 等程序中，使用了这个开源程序包中的程序。另一个 Java 库是 yFiles，它提供了有效率的和高效的可视化算法，具有描述性分析的程序。它也向 NET 平台提供了构成成分，正如 NodeXL 所做的那样。

表 38.3 中的三个程序包是 Python 库，它是通用的编程语言，这个语言的设计哲学强调了编码的可读性。像其他动态语言一样，Python 常常被用作脚本语言。LibSNA 是一款小型的通用程序包。开发 NetworkX 则是为了创建、操作与探索复杂网络的结构、动力学（dynamics）和功能。UrlNet 库旨在提供一个强大、灵活、易用的类似“蜘蛛”的机制，以便从互联网中生成网络。

建　议

在结束本章之际，我们对表 38.2 和表 38.3 中展示的一些程序包作一小结和比较，并提供一些综合性的建议。

表 38.4　几款通用的程序包的得分

	功能性					支持性			操作简便
	数据	可视	描述	程序	统计	动态	文本	帮助	
MultiNet	+ -	+	+ -	+	-	0	+	+ +	+
NetMiner 3	+ +	+ +	+ +	+ +	+ -	+ -	+	+	+ +
ORA	+ +	+ +	+	+ +	+	+	+	+	+ -
Pajek	+	+ +	+	+ +	0	+ -	+	0	+ -
statnet/sna	+ +	+	+ +	+ +	+ +	+	+ +	+	+ -
UCINET+NetDraw	+ +	+ +	+ +	+ +	+	0	+ +	+	+

通用的程序

比较不同的程序并给出建议是一项困难（甚至也许是不可能完成）的任务，因为这些程序包的目标不同，因此其功能也大不相同。不过，我们还是认为，对于我们所讨论过的一些通用性程序包而言，还是值得作一个详尽的比较的。这些程序包是 MultiNet，NetMiner 3，ORA，Pajek，statnet/sna 和 UCINET。我们用九个标准对这些软件打分：[6]（1）数据操作；（2）网络可视化；（3）网络描述（如中心 594
度）；（4）基于程序的方法（如聚类分析或特征值分解）；（5）统计方法（如指数随机图模型或 QAP 程序）；（6）网络动力学；（7）用户资料（手册、教程）的可获得性；（8）在线帮助和（9）操作简便性。

表 38.4 对通用程序包进行了评估。用+表示这个程序包是好的（至少能胜任），++表示这个软件非常好或非常强大。-表示这个程序有一些缺点，0 表示所

考虑的方面不存在,+-表示还未确定(既有好又有坏的部分)。在下文中,我们会对临界得分(-和+-)给予特别关注,对每个标准给出进一步的评估。

就数据操作而言,只有 MultiNet 得到了+-分,因为它包括了相对较少的选项。所有其他程序的得分都是+(好的)或 ++(强的)。Pajek 有许多选项,但是,它的数据结构让人们在用该程序时有困难。ORA 也利用了复杂的数据结构,但是它是唯一支持数据收集的程序(通过搜索互联网)。可视化选项在所有的程序包中都不错。虽然 MultiNet 有一个最低得分,但它却有着一些独一无二的、基于特征值分解的可视化程序。不过,这些程序并不像其他程序包中的程序那样强。statnet/sna 要求有编程语言 R 的知识,却没有互动式可视化的用户界面。

对于那些描述的、基于程序的和统计方法的得分来说,它们都标示着各种特征的数量。在几乎所有的程序包中,描述性方法都很强。只有 MultiNet 有相对不多的方法。所有的程序都包括了许多基于程序的方法。在 statnet 中,统计方法是强的,它比其他程序拥有更多的、更先进的方法。Pajek 中的统计方法太有限了,它们的得分是 0(虽然可以从 Pajek 中调用 R 程序包)。ORA 和 UCINET 包括了一些最新的程序。NetMiner 确实包括许多统计方法,但它们是不加辨别地予以呈现的,而要估计 p^* 模型和 QAP 回归,就一定要确保有某种警惕性。这同样适于 MultiNet,我们不建议使用它的统计方法,尤其是其中的 ANOVA 和 p^* 程序。

MultiNet 和 UCINET 含有很少的(或没有)网络动力学程序,因此,它们的得分是 0。Pajek 利用的是时间指标,提供了横剖网络系列的描述性分析,但是,选项又太少了。NetMiner 同样如此。只有较新的程序包 ORA 和 statnet/sna 才有一些好的网络动力学(绘图)程序。

statnet/sna 的文档较强,它在《统计软件杂志》(*Journal of Statistical Software*)上有专刊(教程)介绍。UCINET 也拥有渐阶教程,它是由 Hanneman 和 Riddle (2005)编写的。应该注意的是,虽然在一些情况下,其他程序的参考资料有综合性,但它们几乎总是包含着一长串的程序,这并非总是有教益且易于使用的。在 MultiNet 中,内置的帮助(help)强大,而 Pajek 中却没有帮助项。

在这些程序中,有三个程序的用户友好得分为+-。对于 ORA 来说,这是由于用元网络(meta-network)会导致数据管理复杂的缘故。虽然这个程序是菜单驱动的,却不能得到程序与方法上的直观结果。例如,与 NetMiner 和 UCINET 相比,我们发现,ORA 不是一个适于新用户的程序。Pajek 的用户友好得分为+-,这或多或少是出于同样的原因。程序开发要面对不同的数据结构,由于数据结构上有差异,就难于找到合适的程序并分析数据集(de Nooy 等在 2005 年撰写了一本非常有帮助的书,但它不是一本教程)。与菜单驱动的通用程序包相比,R 程序包 statnet 和 sna 则要求用户方面作出更大的努力,如果用户对 R 陌生就尤为如此了。因此,我们用+-来评估 statnet/sna。R 程序包 RSiena 是一个例外,因为它或多或少地模仿了 StOCNET 中用到的界面与逐步建模进路。

最后的观察

由表 38.4(功能性)可见,在所有的分析类型上,较新程序包的得分都是+(好的)或++(强的)。ORA 尤其如此,它有从互联网和网络动态中收集数据的程序。至于那些用于搜索因特网和收集历时网络数据的程序,那些用于网络或网络动态的统计建模算法,都只是在近 5 至 10 年中才出现的。对于较新的程序包来说,这是一件好事,因为它们能开发出含有这些新技术的框架来。在几乎不可能得到这些程序的那段时间里,现有(较旧)的程序被开发出来,执行这些程序却是一件非常艰难的事。

虽然在描述性的或基于程序的方法上,几乎所有的程序都得到了+(好的)或++(强的)的分数,但是,这并不意味着所有的程序包都侧重于同样的汇总统计量(summary statistics)。Xu 等(2010)比较了六个程序包的程序重叠,其中有
Pajek,statnet 和 UCINET。他们发现,在实测一般网络概念时,这些程序包是(略 595
有)不同的,在这一意义上,它们是彼此互补的。因此,一个新用户应该先完全了解他或她想要执行什么样的分析或程序,再去寻找恰当的软件。在那些社会网络分析的应用已经专业化了的研究领域里,这个选择会很明确,因此,可以轻而易举地选定一个专业程序包。

如果研究者来自的领域中不常使用社会网络分析方法,他们就可能会面临着更困难的任务了。在上手复杂的分析方法之前,我们强烈建议他们去研究文献,例如使用前文提到的某本教材,以了解社会网络分析的概念与应用。在研究领域之间,一个重要的区别是所研究网络的规模。自动收集大网络(如基于互联网)的工具越来越易获得,软件也需要有应对日益增长的存储要求的能力。Xu 等(2010)发现,在这方面,Pajek 的得分相当令人满意,而 UCINET 和 statnet 根本没有好的得分,这大概是出于编程语言的原因。

对于社会网络分析的初学者来说,如果需要通用的和相对易学的程序包,我们建议他们使用 UCINET 或 NetMiner。[7]从用户友好方面说,NetMiner 表现突出,因为它在可视化、数据管理和数据探索方面进行了整合。UCINET 也如此,尽管在这方面稍差一些,它与 NetMiner 的菜单驱动程序有着相同的直观诉求,但是没有相同的视觉探索性质。有些研究者对数据分析和各种程序包更有经验。在花一些(或许多)时间去学习新程序的问题上,他们也许不会犹豫。对这些研究者来说,程序包 ORA 和 Pajek 会提供更多的可能性。对于已经有编程经验或愿意花时间学习 R 语言的研究者来说,程序包 statnet 和 sna(以及可以在 R 中得到的所有其他的 SNA 和非 SNA 程序包)提供了一系列的程序。[7]

本章开篇提出了一个问题,即是否有一个社会网络分析软件的综合性清单。表 38.2 和表 38.3 给出了这样一份综合性清单。但是,正如我们在引言中提到的,维护这样一个清单是一项艰巨的任务。2010 年 1 月,在 INSNA 的电子邮件服务器 SOCNET 上出现了一个建议,即用维基百科(Wikipedia)上的 SNA 软件文章来实现这个目的,因为“社会网络共同体”会向维基百科投稿。我们支持这个

建议,增加并更新了这个清单上的 SNA 程序包,维持并维护这份 SNA 软件的综合性清单。这个清单令人期待、有用,甚至必要,这是因为选择一个程序去执行 SNA 并非易事或直截了当。在很大程度上,它取决于分析的类型和所要分析的数据。正如本部分开头已指出的那样,比较不同的程序包仍然有难度。我们希望已经给出了某种有用的标准并在选择上提供了某种建议,但是,最后用什么软件进行社会网络分析,我们就必须将这个问题的决定权留给本章的读者了。

表 38.5 本章提到的全部网站的网址

网 站	网 址
本章	http://www.gmw.rug.nl/~huisman/sna/software.html
INSNA	http://www.insna.org/software/index.html http://www.insna.org/software/software_old.html
Wikipedia	http://en.wikipedia.org/wiki/Social_network_analysis_software
Formats diagram	http://mdround.blogs.com/usingnetworks/2009/07/sna-tools-and-formats-diagram-updated.html

注 释

1.实际上,在 2010 年 1 月,这个要求就已经张贴在 SOCNET 上了(它是 INSNA 的电子邮件列表服务器)。

2.对于本文提到的每一个程序包,我们都没有给出参考文献。所有程序包的参考文献都可以在本章最后的软件参考文献中找到。

3.表 38.2 和表 38.3 中所有软件的开发者都有机会检查表中那些关于他们所开发的程序包的内容。

4.NetDraw 不计算在内,因为它是一款包含在 UCINET 程序包中的可视化程序。

5.Mark Round(2009)在他的网站上综合性地(绘图)回顾了 SNA 工具中的数
596 据格式和格式图解(见表 38.5)。

6.在 2005 年的回顾中,我们利用九个标准中的八个(除了网络动力学),将 StOCNET 和 STRUCTURE 这两个程序也纳入比较之中。在本次比较中不再使用这两个程序了,因为它们不是通用的程序包(StOCNET),或者已落伍(STRUCTURE)。

7.这个建议是由 Loscalzo 和 Yu(2008)以及 Kirschner(2008)分享给我们的。

参考文献

Admiraal, R. and Handcock, M. S. (2008) 'networksis: A package to simulate bipartite graphs with fixed marginal through sequential importance sampling', *Journal of Statistical Software*, 24(8).

Batagelj, V. and Mrvar, A. (1998) 'Pajek: A program for large network analysis', *Connections*, 21(2): 47-57.

boyd, D.M. and Ellison, N.B. (2007) 'Social network sites: Definition, history, and scholarship', *Journal of Computer-Mediated Communication*, 13(1): article 11.

Butts, C.T. (2007) 'Book review: Carrington, P. J., Scott, J., Wasserman, S., 2005'. *Models and Methods in Social Network Analysis. Cambridge*: Cambridge University Press, *Social Networks*, 29(4): 603-8.

Butts, C. T. (2008a) 'network: A package for managing relational data in R', *Journal of Statistical Software*, 24(2).

Butts, C.T. (2008b) 'Social network analysis with sna', Journal of Statistical Software, 24(6).

Clauset, A., Shalizi, C.R. and Newman, M.E.J. (2009) 'Powerlaw distributions in empirical data', *SIAM Review*, 51(4): 661-703.

Degenne, A. and Forsé, M. (1999) *Introducing Social Networks*. London: Sage.

Dekker, D., Krackhard, D. and Snijders, T.A.B. (2007) 'Sensitivity of MRQAP tests to collinearity and autocorrelation conditions', *Psychometrika*, 72(4): 563-81.

de Nooy, W., Mrvar, A. and Batagelj, V. (2005) *Exploratory Social Network Analysis with Pajek*. Cambridge: Cambridge University Press.

Erickson, B. H. (2005) 'Book Review: Carrington, P.J., Scott, J., Wasserman, S., 2005. *Models and Methods in Social Network Analysis*. Cambridge: Cambridge University Press', *Canadian Journal of Sociology Online* Sept.-Oct.

Frank, K. A. (1995) 'Identifying cohesive subgroups', *Social Networks*, 17(1): 27-56.

Frank, O. and Strauss, D. (1986) 'Markov graphs', *Journal of the American Statistical Association*, 81(395): 832-42.

Freeman, L.C. (1988) 'Computer programs and social network analysis', *Connections*, 11(2): 26-31.

Goodreau, S.M., Handcock, M.S., Hunter, D. R., Butts, C.T. and Morris, M. (2008) 'A statnet tutorial', *Journal of Statistical Software*, 24(9).

Handcock, M.S. (2003) 'degreenet: Models for skewed count distributions relevant to networks', statnet Project, http://statnetproject.org/, Seattle, WA.

Handcock, M.S., Raftery, A.E. and Tantrum, J. M. (2007) 'Model-based clustering for social networks. With discussion', *Journal of the Royal Statistical Society A*, 170(2): 301-54.

Handcock, M.S., Hunter, D.R., Butts, C.T., Goodreau, S.M. and Morris, M. (2008) 'statnet: Software tools for the representation, visualization, analysis and simulation of network data', *Journal of Statistical Software*, 24(1).

Hanneman, R. A. and Riddle, M. (2005) *Introduction to Social Network Methods*. Riverside: University of California. http://faculty.ucr.edu/~hanneman/.

Hummon, N.P. and Carley, K. (1993) 'Social networks as normal science', *Social Networks*, 15(1): 71-106.

Hunter, D. and Handcock, M. S. (2006) 'Inference in curved exponential families for networks', *Journal of Computational and Graphical Statistics*, 15(3): 565-83.

Hoff, P. D., Raftery, A.E. and Handcock, M.S. (2002) 'Latent space approaches to social network analysis', *Journal of the American Statistical Association*, 97(460): 1090-98.

Holland, P.W. and Leinhardt, S. (1981) 'An exponential family of probability distributions for directed graphs', *Journal of the American Statistical Association*, 76(373): 33-50.

Huisman, M. and van Duijn, M. A. J. (2005a) 'Software for social network analysis', in P.J. Carrington, J. Scott and S. Wasserman (eds), *Models and Methods in Social Network Analysis*. Cambridge: Cambridge University Press. pp. 270-316.

Huisman, M. and van Duijn, M. A. J. (2005b) 'Software for statistical analysis of social networks', in C. van Dijkum, J. Blasius and C. Durand (eds), *Recent Developments and Applications in Social Research Methodology, Proceedings of the RC33 Sixth International Conference on Social Science Methodology*, August 17-20, 2004, Amsterdam, the Netherlands. Leverkusen: Budrich-Verlag.

Kirschner, A. (2008) *Overview of Common Social Network Analysis Software Platforms* (presentation). San Francisco: Monitor Institute.

Krackhardt, D. (1987) 'Cognitive social structures', *Social Networks*, 9(2): 104-34.

Krivitsky, P. N. and Handcock, M. S. (2008) 'Fitting latent cluster models for networks with latentnet', *Journal of Statistical Software*, 24 (5).

Loscalzo, S. and Yu, L. (2008) 'Social network analysis: Tasks and tools', in H. Liu, J. J. Salerno and M. J. Young (eds), *Social Computing, Behavioral Modeling, and Prediction*. New York: Springer. pp. 151-59.

Palla, G., Derényi, I., Farkas, I. and Vicsek, T. (2005) 'Uncovering the overlapping community structure of complex networks in nature and society', *Nature*, 345: 814-18.

Robins, G. L., Snijders, T. A. B., Wang, P., Handcock, M. S. and Pattison, P. (2007) 'Recent developments in exponential random graph ($p*$) models for social networks', *Social Networks*, 29(2): 192-215.

Round, M. D. (2009) 'SNA tools and formats diagram', http://mdround.blogs.com/.

Scott, J. (1996) 'A toolkit for social network analysis', *Acta Sociologica*, 39(2): 211-16.

Scott, J. (2002) *Social Network Analysis: A Handbook*. 2nd ed. London: Sage.

Seary, A. J. (2005) 'MultiNet: An interactive program for analyzing and visualizing complex networks', Unpublished Ph. D. thesis, Simon Fraser University.

Snijders, T. A. B. (2002) 'Markov chain Monte Carlo estimation of exponential random graph models', *Journal of Social Structure*, 3(2), http://zeeb.library.cmu.edu:7850/JoSS/snijders/Mcpstar.pdf.

Snijders, T. A. B., Steglich, C. E. G. and van de Bunt, Gerhard G. (2010) 'Introduction to actor-based models for network dynamics', Social Networks, 32(1): 44-60.

van Duijn, M.A.J., Snijders, T.A.B. and Zijlstra, B.J.H. (2004) '*p*2: A random effects model with covariates for indirected graphs', *Statistica Neerlandica*, 58(2): 234-54.

van Duijn, M.A.J., Gile, K. and Handcock, M.S. (2009) 'A framework for the comparison of maximum pseudo-likelihood and maximum likelihood estimation of exponential family random graph models', Social Networks, 31 (1):52-62.

Wasserman, S. and Faust, K. (1994) *Social Network Analysis*: Methods and Applications. Cambridge: Cambridge University Press.

Wasserman, S. and Pattison, P. (1996) 'Logit models and logistic regression for social networks: I. An introduction to Markov graphs and $p*$', *Psychometrika*, 61(3): 401-25.

White, D.R., Batagelj, V and Mrvar, A. (1999) 'Analyzing large kinship and marriage networks with PGRAPH and Pajek', *Social Science Computer Review*, 17(3): 245-74.

Xu, K., Tang, C., Ali, G., Li, C., Tang, R. and Zhu, J. (2010) 'A comparative study of six software packages for complex network research', paper presented at the 2010 International Conference on Communication Software and Networks, Singapore, http://cs.scu.edu.cn/~tangchangjie/paper doc/2010/XKKcomparision.pdf.

Zijlstra, B.J.H., van Duijn, M.A.J. and Snijders, T.A.B. (2009) 'MCMC estimation for the p2 network regression model with crossed random effects', *British Journal of Mathematical and Statistical Psychology*, 62(1): 143-66.

软件参考文献

Agna: Benta, I. Marius (2003) Agna. Cork: University College Cork, Ireland.

Blanche: Hyatt, A., Contractor, N. and Jones, P. M. (1996) 'Computational organizational network modeling: Strategies and an example', *Computational and Mathematical Organization Theory*, 2(4): 285-300.

BLOCKS: Nowicki, K. and Snijders, T. A. B. (2001) 'Estimation and prediction for stochastic blockstructures', *Journal of the American Statistical Association*, 96(455): 1077-87.

Blue Spider: Blue Spider Analytics (2009) *Blue Spider*. King George: Blue Spider Analytics.

CFinder: Adamcsek, B., Palla, G., Farkas, I.J., Derényi, I. and Vicsek, T. (2006) 'CFinder: Locating cliques and overlapping modules in biological networks', *Bioinformatics*, 22(8): 1021-23.

CID-ABM: Elbrit, B. (2009) 'Competing idea diffusion ABM (CID-ABM)', ET Software and Consulting.

C-IKNOW: Contractor, N. (2009) 'C-IKNOW cyber-infrastructure for inquiring knowledge networks on the Web'. Evanston, IL: Science of Networks in Communities (SONIC), Northwestern University.

CiteSpace: Chen, C. (2006) 'CiteSpace II: Detecting and visualizing emerging trends and transient patterns in scientific literature', *Journal of the American Society for Information Science and Technology*, 57(3): 359-77.

Commetrix: Trier, M. (2008) *Commetrix. Dynamic Visualization and Analysis*. Berlin: Technical University Berlin.

DyNet: ATA SpA (2007) *DyNet (SE and LS)*. Lucca, Italy: ATA SpA Advanced Technology Assessment.

EgoNet: EgoNet Development Team (2009) *EgoNet*. http://sourceforge.net/projects/egonet/.

Eicent: Borgatti, S.P. (2002) Eicent. Attribute-*Based Partitioning of Centrality*. Harvard: Analytic Technologies.

E-Net: Borgatti, S. P. (2006) *E-Net Software Package of Ego-Network Analysis*. Harvard: Analytic Technologies.

FATCAT: Richards, W. D. and Seary, A. J. (1993) *FATCAT. Version* 4.2. Burnaby: Simon Fraser University.

Financial Network Analyzer: Soramaki, K. (2010) *Financial Network Analyzer v1.2*. http://www.financialnetworkanalysis.com.

GRADAP: Sprenger, C.J.A. and Stokman, Frans N. (1989) *GRADAP: Graph Definition and Analysis Package*. Groningen: iec. ProGAMMA.

GUESS: Adar, E. (2006) 'GUESS: A language and interface for graph exploration', paper presented at CHI 2006, April 22-28, 2006, Montreal, Canada.

igraph: Csérdi, G. and Nepusz, T. (2009) *The igraph Project*. Budapest: Hungarian Academy of Sciences.

InFlow: Krebs, V.E. (2003) *InFlow*. Cleveland: Orgnet.com.

JUNG: JUNG Framework Development Team (2009) *JUNG: The Java Universal Network/Graph Framework*. http://jung.sourceforge.net/.

KeyPlayer: Borgatti, S. P. (2003) *KeyPlayer*. Harvard: Analytic Technologies.

KliqFinder: Frank. K. A. (1995) 'Identifying Cohesive Subgroups', *Social Networks*, 17(1): 27-56.

latentnet: Krivitsky, P.N. and Handcock, M.S. (2008) 'Fitting latent cluster models for networks with latentnet', *Journal of Statistical Software*, 24(5).

LibSNA: Usher, A. (2008) libsna: The Library for Social Network Analysis. Washington, DC: Sharp Ideas LLC.

MatMan: Noldus (2004) *MatMan: Software for Matrix Manipulation and Analysis*. Wageningen, The Netherlands: Noldus Information

Technology.

MDLogix - EgoNet: mdlogix (2007) *EgoNet.* Baltimore, MD: Medical Decision Logic.

MDLogix - LinkAlyzer: mdlogix (2007) *LinkAlyzer.* Baltimore, MD: Medical Decision Logic.

MDLogix - VisuaLyzer: mdlogix (2007) *VisuaLyzer.* Baltimore, MD: Medical Decision Logic.

MetaSight: Morphix (2009) *MetaSight.* Crowthorne, UK: The Morphix Company.

MultiNet: Richards, W. D. and Seary, A. J. (2009) *MultiNet for Windows.* Burnaby, Canada: Simon Fraser University.

NEGOPY: Richards, W. D. (1995) *NEGOPY. Version 4.30.* Burnaby: Simon Fraser University.

NetDraw: Borgatti, S.P. (2002) *NetDraw: Graph Visualization Software.* Harvard: Analytic Technologies.

NetMiner 3: Cyram (2009) *Cyram NetMiner 3.* Seoul: Cyram Co., Ltd.

NetVis: Cummings, J.N. (2009) *NetVis Module—Dynamic Visualization of Social Networks.* Cambridge: Massachusetts Institute of Technology.

Network Genie: Hansen, W.B. and Reese, E.L. (2008) *Network Genie.* Greensboro, NC: Tanglewood Research.

Network Workbench: NWB Team (2006) *Network Workbench Tool.* Indiana University, Northeastern University, and University of Michigan.

NetworkX: Hagberg, A. A., Schult, D. A. and Swart, P. J. (2008) 'Exploring network structure, dynamics, and function using NetworkX', in G. Varoquaux, T. Vaught and J. Millman (eds), *Proceedings of the 7th Python in Science Conference (SciPy2008)*, August 2008, Pasadena. pp. 11-15.

NodeXL: NodeXL Development Team (2009) *NodeXL: Network Overview, Discovery and Exploration for Microsoft Excel 2007.* http://nodexl.codeplex.com/.

ONA surveys: Optimice (2009) *ONA surveys.* Sydney: Optimice Pty.

ORA: Carley, K. (2009) *ORA. The Organizational Risk Analyzer.* Pittsburgh, PA: Carnegie Mellon University.

P2: Van Duijn, M. A. J., Snijders, T. A. B. and Zijlstra, B.J.H. (2004) 'p2: A random effects model with covariates for indirected graphs', *Statistica Neerlandica*, 58(2): 234-54.

PACNET: Pattison, P., Wasserman, S., Robins, G. and Kanfer, A. M. (2000) 'Statistical evaluation of algebraic constraints for social networks', *Journal of Mathematical Psychology*, 44(4): 536-68.

Pajek: Batagelj, V. and Mrvar, A. (2010) *Pajek—Package for Large Networks.* Ljubljana: University of Ljubljana.

PGRAPH: White, D.R. and Skyhorse, P. (1997) *PGRAPH: Representation and Analytic Program for Kinship and Marriage Networks.* Irvine: University of California.

PermNet: Tsuji, R. (1997) 'Permutation tests for symmetry and transitivity in real-valued data', paper presented at JAMS 24th Conference, November 10, 1997, Hokkaido University, Saporro.

PNet: Wang, P., Robins, G. and Pattison, P. (2008) *PNet: Program for the Simulation and Estimation of p * Exponential Random Graph Models.* User manual. Melbourne: University of Melbourne.

PSPAR: Seary, A. J. (1999) *PSPAR: Sparse Matrix Version of PSTAR.* Burnaby: Simon Fraser University.

Puck: Research Group TIP (2007) *Puck: Program for the Use and Computation of Kinship Data.* Paris: Centre National de Recherche Scientifique, Research Group TIP (Traitement Informatique de la Parenté).

ReferralWeb: Kautz, H., Selman, B. and Shah, M. (1997) 'The hidden web', *American Association for Artificial Intelligence Magazine*, 18(2): 27-36.

RSiena: Ripley, R. M. and Snijders, T. A. B. (2010) *Manual for SIENA Version 4.0.* Oxford, UK: University of Oxford.

Sentinel Visualizer: FMS (2009) *Sentinel Visualizer. The Next Generation of Data Visualization.* Vienna, VA: FMS Advanced

Systems Group.

SIENA: Snijders, T. A. B., Steglich, C. E. G, Schweinberger, M. and Huisman, M. (2009) *Manual for SIENA Version* 3.2. University of Groningen/ICS, University of Oxford.

Snowball: Frank, O. and Snijders, T. A. B. (1994) 'Estimating the size of hidden populations using snowball sampling', *Journal of Official Statistics*, 10(1): 53-67.

sna: Butts, C. T. (2008b) 'Social network analysis with sna', *Journal of Statistical Software*, 24(6): 51 pp.

SNAP: Friedkin, N. E. (2001) *SNAP: Social Network Analysis Procedures for GAUSS*. Maple Valley, WA: Aptech Systems, Inc.

SocNetV: Kalamaras, D. V. (2009) *SocNetV*. http://socnetv.sourceforge.net/index.html.

SONET: Seidman, S.B. and Foster, B.L. (1980) 'SONET-1: 'Social network analysis and modeling system', *Social Networks*, 2(1): 85-90.

SONIS: Pappi, F. U. and Stelck, K. (1987) 'SONIS: Ein Datenbanksystem zur Netzwerkanalyse', in F. U. Pappi (ed.), *Techniken der empirischen Sozialforschung. Methoden der Netzwerkanalyse*. Munich: Oldenbourg Verlag. pp. 253-66.

SONIVIS: SONIVIS:Team (2009) *SONIVIS:Tool*. http://www.sonivis.org/.

statnet: Handcock, M. S., Hunter, D. R., Butts, C. T., Goodreau, S. M. and Morris, M. (2003) *statnet: Software Tools for the Statistical Modeling of Network Data. Version 2*. Seattle, WA: Statnet Project.

StOCNET: Boer, P., Huisman, M., Snijders, T. A.B., Steglich, C.E.G., Wichers, L.H.Y. and Zeggelink, E.P.H. (2006) *StOCNET: An Open Software System for the Advanced Statistical Analysis of Social Networks. Version* 1.8. Groningen: ICS, University of Groningen/SciencePlus.

STRUCTURE: Burt, R.S. (1991) *STRUCTURE. Version* 4.2. New York: Columbia University.

tnet: Opsahl, T. (2009) tnet. *Analysis of Weighted and Longitudinal Networks*. London: Queen Mary University of London.

UCINET 6: Borgatti, S. P., Everett, M. G. and Freeman, L. C. (2002) *UCINET 6 for Windows: Software for Social Network Analysis*. Harvard, MA: Analytic Technologies.

ULTRAS: Schweinberger, M. and Snijders, T.A.B. (2003) 'Settings in social networks: A measurement model', in M.E. Sobel (ed.), *Sociological Methodology 2003*. London: Basil Blackwell. pp. 307-41.

UNISoN: Leonard, S. (2008) 'UNISoN: A tool to aid evaluation of sociability in on-line discussion boards', unpublished MSc thesis. London: City University.

UrlNet: Hunscher, D. (2009) *UrlNet: A Python Class Library for Generating Networks for Analysis*. Ann Arbor: University of Michigan Medical School.

VennMaker: Schoenhuth, M., Gamper, M. and Stark, M. (2009) *VennMaker*. Trier, Germany: University of Trier.

visone: Brandes, U. and Wagner, D. (2004) 'visone—Analysis and visualization of social networks', in M. Jünger and P. Mutzel (eds), *Graph Drawing Software*. New York: Springer. pp. 321-40.

yFiles: yWorks (2009) *yFiles Graph Visualization Library*. Tübingen, Germany: yWorks GmbH.

ZO: Snijders, T.A.B. (1991) 'Enumeration and simulation models for 0—1 matrices with given marginals', *Psychometrika*, 56(3): 397-417.

主题索引*

* 索引中页码为页边码。

后　记

这部砖头厚的著作全面地述评了社会网络分析的理论、方法及各种应用。回想起来，我们似乎不太“应该”承担本书的翻译工作。一是因为，该书涉及的学科多，难度大，译者翻译过程中常有如履薄冰之感；二是因为，翻译这部书似乎“不划算”。“不划算”又有两层含义：一是译者可以利用翻译这部书的 500 天时间做更有“创新意义”的工作；二是“考核体制”在评价工作量时，译著基本上不算“业绩分”。如果真“计算”的话，那么本书大约有 130 万字，是否可以折算成 3 部或 4 部译著？这样的话，“业绩分”或许能高一些。实际上，我们在承担此项工作前，就已经知道译著基本上不算工作量了。不过，作为“理性人”，我们也“计算”。我们“计算”后得到如下“见识”：翻译本书有助于国内社会网络研究的发展，促进学术积累与传播，因此，本书值得一译。如此看来，似乎“不应该”承担的翻译工作就由我们实际来承担了。思虑及此，当我们咬牙切齿译毕本书后，心中还是感到些许的高兴。

先后有多人参与了本书初稿的翻译。第 1—7 章由赵岩博士初译，第 8—22 章由李艳春博士译校，第 23—38 章由刘辉老师校译。哈尔滨工业大学社会学系 2012 级研究生于慧等同学参与第 11—30 章初稿的翻译。孙毅颖负责第 21 章和 36 章的校译。哈尔滨工程大学 2012 级本科生张津梁和西安交通大学社会学系聂菁、杨珺彦、王娜、朱翠翠等同学帮我校对译稿，哈尔滨工程大学的杜雄同学帮助处理图像，最后由刘军、刘辉再按照原文共校对两遍，中文校对一遍定稿。南京大学社会学院褚建芳教授、中国人民大学社会学系梁永佳教授倾情相助，校阅第 10 和 35 章内容，精通统计学的天才张磊师弟帮我澄清译文，特向他们表示致谢。尽管我们已经尽力，但因能力有限，译文中仍然难免有疏漏之处，敬请宽容的读者少批评多指正。

刘军　刘辉
2017 年 6 月 9 日

译者简介

刘军，男，博士，西安交通大学社会学系教授、博士生导师。研究方向为关系社会学、社会学方法论。出版《法村社会支持网络》等专著、译著18部，发表学术论文近40篇。目前提出“关系整全论”思想，探讨关系的“存在”。

刘辉，女，硕士，哈尔滨工程大学社会学系副教授、硕士生导师。2003年赴丹麦奥胡斯商学院访学1年。研究方向是网络结构与资源分配、社会流动，出版著述多篇。